Op stap met Prisma

Italiaans

D1434077

Op stap met Prisma

Italiaans

Het Spectrum

Uitgeverij Het Spectrum B.V.
Postbus 2073
3500 GB Utrecht

Redactionele bijdragen: Patrizia Zanin
Omslagontwerp: Meijster Design B.V. Vijfhuizen
Zetwerk: Elgraphic+DTQP bv, Schiedam
Druk: Bercker, Kevelaer
Eerste druk: 2002

ISBN 90 274 7347 1
NUR 507

www.spectrum.nl

INHOUD

DE UITSPRAAK

In het katern met de praktische zinnen vindt u de vertalingen van de Nederlandse zinnen **vet** afgedrukt. De uitspraak wordt *cursief* weergegeven.

Voor de gehele reeks *Op stap met Prisma*-reiswoordenboeken hebben wij zo veel mogelijk afgezien van de ingewikkelde uitspraaknotatie die in gewone woordenboeken gebruikelijk is. Weliswaar is deze nauwkeuriger, maar in de praktijk blijkt behoefte te bestaan aan een meer herkenbaar woordbeeld.

Vandaar dat het aantal afwijkende tekens tot het minimum is beperkt: je spreekt uit wat je ziet staan.
De *è* klinkt als de ai in *fair* en de *ò* als de o in het al even Engelse *more*.
De enige uitzondering is de hoofdletter *G*, die klinkt als de g in *goal*.

De klemtoon wordt weergegeven door de betreffende klinkers te onderstrepen:
arriewedertsjie

Daar waar vrouwen andere verbuigingen gebruiken dan mannen, is dit weergegeven door direct achter de mannelijke vorm tussen haakjes de vrouwelijke vorm of uitgang te plaatsen:

Ik voel me ziek.   **Mi sento malato(-a).**

Een man voelt zich dus 'malato' en een vrouw 'malata'.
In de zin:

Dat zeggen ze allemaal.   **Dicono tutti(-e) così.**

zijn 'tutti' alle mannen die 'dat' zeggen, en 'tutte' alle vrouwen.

taalproblemen

Ik spreek geen Italiaans.
Non parlo italiano.
non parlò ietaaljaanò.

Een klein beetje.
Un po – Un poco.
oen pò – oen pòkò.

Spreekt u/Spreek jij Duits/Engels?
Parla/Parli tedesco/finglese?
parla/parlie teedeskò/ingleeze?

Kunt u/Kun je wat langzamer spreken?
Può/Puoi parlare più lentamente?
pwòh/pwoi parlaarè pjoe lentamente?

Ik versta u/je niet.
Non La/ti sento.
non laa/tie sentò.

Kunt u/Kun je dat herhalen?
Può/Puoi ripetere questo?
pwòh/pwoi ripèterè kwestò?

Ik zal het woord opzoeken in dit boekje.
Cercherò la parola in questa guida.
tjsèrkerò la paròla ien kwestà Gwieda.

Wat is het Italiaanse woord hiervoor?
Come si dice questo in italiano?
komè sie dietsjè kwestò ien itaaljaanò?

Dat ding daar.
Quella cosa lì.
kwellà kòzà lie.

Hoe spreek je dit uit?
Come si pronuncia (questa parola)?
komè sie pronoentsja (kwesta paròla)?

Wat is dat?
Che cos'è?
kè kozè?

Wat zegt u? Wat zeg je?
Cosa dice? Cosa dici?
kòzà dietsjè? kòzà dietsjie?

Ik begrijp het (niet).
Ho capito./Non ho capito.
ò kapietò/non ò kapietò.

Kun je/Kunt u dat voor me opschrijven?
Scrivimelo/Me lo scriva per favore.
skriewiemelò/mè lò skriewa per fawòre.

plichtplegingen

begroeten/afscheid nemen

hallo	**ciao**	*tjsauw*
goedemorgen		
(tot 16.00 uur)	**buongiorno**	*bwon-dzjorno*
goedemiddag		
(na 16.00 uur)	**buona sera**	*bwonà sèra*
goedenavond	**buona sera**	*bwonà sèra*
goedenacht/		
welterusten	**buona notte**	*bwonà nottè*
tot ziens	**arrivederci**	*arriewedertsjie*
groetjes (doei)	**ciao**	*tsjauw*
tot gauw/straks	**a presto ... a più tardi**	*aa prestò ... aa pjoe tardie*
goede reis	**buon viaggio**	*bwon wjadzjò*
fijne dag	**buona giornata**	*bwonà dzjornaata*
wel thuis	**buon ritorno**	*bwon rietornò*
veel plezier	**buon divertimento**	*bwon diewertiementò*
tot morgen	**a domani**	*aa domaanie*

Hoe heet u/jij?
Come si chiama/ti chiami?
komè sie kjaama/tie kjaamie.

Ik heet ...
Mi chiamo ...
mie kjaamò ...

Mag ik bij u/je komen zitten?
Posso sedermi con te/con Lei?
possò sedeermie kon tè/kon lei

Gaat u/Ga zitten.
Si sieda/Siediti
sie sjeeda/Sjeedietie.

Dit is meneer/mevrouw ...
Questo è il signor .../Questa è la signora ...
kwestò è iel sienjor .../kwestà è la sienjòra ...

Aangenaam kennis te maken.
Piacere.
pjaatsjèrè.

Insgelijks.
Piacere.
pjaatsjèrè.

Hoe maakt u/maak je het/hoe gaat het?
Come sta/Come stai/Come va?
komè stà/komè staj/komè wà.

Goed/uitstekend. En u/jij?
Bene/benissimo. E Lei/tu?
bènè/beeniessiemò. ee lei/toe?

Tot (volgende) maandag/week.
Ci vediamo lunedì/la prossima settimana.
tsjie weedjaamò loenedie/la prossiemà settiemaana.

Het beste.
Tante belle cose.
tantè bellè kòzè.

Aangenaam kennis met je/u gemaakt te hebben.
E' stato un piacere conoscerti/conoscerLa.
è staatò oen pjaatsjèrè koonosjertie/koonosjerla.

Ik moet er vandoor.
Devo andare.
deewò andaarè.

Nog een prettige vakantie.
Buone vacanze!
bwône waakantsè.

Ik wacht op iemand.
Sto aspettando qualcuno.
stò aspettandò kwalkoenò.

Zie ik je nog eens?
Ci rivediamo?
tsjie rieweedjaamò?

Het was fantastisch.
E' stato bellissimo.
è staatò belliessiemò.

Het was heel leuk.
Mi è piaciuto molto.
mie è pjaatsjoetò moltò.

gelukwensen

gefeliciteerd	**auguri**	*auwGoerie*
succes	**in bocca al lupo**	*ien bokkaa aal loepo*
sterkte	**coraggio**	*kooradzjò*
van harte beterschap	**tanti auguri di buona guarigione**	*tantie auwGoerie die bwônà Gwaariedzjònè*

Gefeliciteerd met je/uw verjaardag.
Auguri per il tuo/Suo compleanno.
auwGoerie per iel toewò/soewò kompleeannò.

beleefdheden

dankuwel	**grazie**	*Graatsjè*
alstublieft (bij verzoek)	**per favore**	*per fawòrè*
alstublieft (bij aangeven)	**ecco/prego**	*ekkò/prèGò*
graag gedaan	**prego/non c'è di che**	*prèGò/non tsjè die kè*
geen dank	**di niente**	*die njentè*
pardon	**(mi) scusi**	*(mie) skoezie*

Bedankt voor de gastvrijheid/de moeite.
La ringrazio della Sua ospitalità/del Suo interessamento.
la rienGraatsjo della soewa ospietalieta/del soewò ienteressamentò.

Vriendelijk dank.
Grazie tante!
Graatsjè tantè.

Neem me niet kwalijk.
Mi scusi.
mie skoezie.

Sorry, dat ging per ongeluk.
Scusami, non l'ho fatto apposta.
skoezamie, non l' ò fattò apposta.

Het spijt me.
Mi dispiace.
mie diespjaatsjè.

Geeft niets, hoor.
Non fa niente.
non fà njentè.

Laat maar zitten.
Lascia stare.
Lasjaa staarè.

Mag ik hier roken/zitten/staan?
Posso fumare qui/sedermi qui/stare qui?
possò foemaarè kwie/sedèrmie kwie/staarè kwie?

Natuurlijk, ga je/uw gang./Liever niet./Nee, beslist niet.
Certo, fai pure/faccia pure./Preferisco di no./Assolutamente no.
Tsjertò, fai poerè/fattsja poerè./preeferieskò die nò./assoloetamentè nò.

Mag ik er even langs, alstublieft?
Permesso?
permessò?

---

conversatie

---

buurman	il vicino (di casa)	*iel wietsjienò (die kaaza)*
buurvrouw	la vicina (di casa)	*la wietsjiena (die kaaza)*
familie	la famiglia	*la famielja*
gesprek	il discorso/la conversazione/	*iel dieskorsò/la saatsjònè/*
	il colloquio	*iel kollookwiejo*

hobby	l'hobby	l' ôbie
houden van	amare	amaarè
kerstvakantie	le vacanze di Natale	le wakantsè die nataalè
praten	parlare/discorrere/ conversare	parlaarè/dieskorrerè/ konwersaarè
schoolvakantie	le vacanze scolastiche	lewakantsè skolastiekè
vriend	l'amico	l' amiekò
vriendin	l'amica	l' amieka
wintersportvakantie	le vacanze invernali	le wakantsè ienwernaalie
zomervakantie	le vacanze estive	le wakantsè estiewè

Lekker weertje, hè?
Che bel tempo, vero?
kè bel tempò, werò?

Wat een slecht weer, hè?
Che brutto tempo, non ti/Le pare?
kè broettò tempò, non tie/lè paarè?

Ik vind het wat te warm/koud/vochtig.
Lo trovo un po' troppo caldo/freddo/umido.
lo tròwò oen pò troppò kaldò/freddò/oemiedò.

Wilt u/Wil je een foto van ons maken?
Vuole/Vuoi farci una fotografia, per favore?
woe-òlè/woe-oi faartsjie oena fotoGrafieja, per fawòrè?

Je/U hoeft alleen dit knopje in te drukken.
Basta premere questo tasto
basta prèmerè kwestò taastò.

Waar komt u/kom je vandaan?
Di dov'è/di dove sei?
die dow' è/die dowè sei?

Ik kom uit Nederland/België.
Sono olandese/belga.
sonò olandèzè/belGa.

Hoe lang bent u/ben je hier al?
Da quanto tempo è/sei qui?
da kwandò è/sei kwie?

Hoe lang blijft u/blijf je nog?
Quanto tempo rimane/rimani ancora?
kwantò tempò riemaanè/riemaanie angkòra?

Waar logeert u/logeer je?
Dov'è/dove sei alloggiato/a?
dowè/dowè sei allodzjaatò/a?

Is dit je/uw eerste bezoek aan dit/ons land?
E' la prima volta che visiti/visita questo/il nostro paese?
è la priema wolta ke wiesietie/wiesieta kwestò/iel nostrò pa-èze?

Vindt u/Vind je het leuk hier?
Le/ti piace qui?
lè/tie pjaatsjè kwie?

Ik vind het hier erg leuk.
Mi piace molto qui.
mie pjaatsjè moltò kwie.

Het is een prachtig land.
E' un bellissimo paese.
è oen belliessiemò pa-èze.

De Italianen zijn erg aardig.
Gli italiani sono molto gentili.
ljie ietaaljaanie sonò moltò dzjentielie.

Dat is erg aardig van u/je.
E'/Sei molto gentile.
è/sei moltò dzjentiele.

Bent u hier alleen?
E' qui da solo(-a)?
è kwie da sòlò(-a)?

Dit is ...
Ecco/Le presento ...
ekkò/lè prezentò ...

Dit is ...
Questo è (il).../(la) ...
kwestò è (iel) .../(laa) ...

Ik ben hier met (mijn) ...
Sono qui con ...
sonò kwie kon ...

FAMILIE EN VRIENDEN

– broer	mio fratello	*miejò fratellò*
– dochter	mia figlia	*mieja fielja*
– gezin	la mia famiglia	*la mieja famielja*
– man	mio marito	*miejò marietò*
– moeder	mia madre	*mieja maadrè*
– ouders	i miei (genitori)	*ie mjei-ie (dzjenietòrie)*
– vader	mio padre	*miejò paadrè*
– een vriend(in)	un amico (un'amica)	*oen amiekò (oen' amieka)*
– vrienden	alcuni amici	*alkoenie amietsjie*
– vrouw	mia moglie	*mieja moljè*
– zoon	mio figlio	*miejò fieljò*
– vriendin (partner)	la mia ragazza	*la mieja raGattsa*
– vriend (partner)	il mio ragazzo	*il miejò raGattsò*
– familie	la mia famiglia	*la mieja famielja*
– zus	mia sorella	*mieja sorella*
– kinderen	i miei figli	*ie mjei-ie fieljie*
– buren	i vicini	*ie wietsjienie*

Ik ben getrouwd/gescheiden/alleenstaand.
Sono sposato(-a)/divorziato(-a)/scapolo (nubile).
sonò spozaatò(-a)/diewortsjaatò(-a)/skaapolò (noebielè).

Ik woon alleen/samen (met mijn vriend/vriendin).
Vivo da solo(-a)/con il mio ragazzo/con la mia ragazza.
wiewò da sòlò(-a)/kon iel miejò raGattsò/kon la mieja raGattsa.

Hoe oud bent u/ben je?
Quanti anni ha/hai?
kwantie annie à/ai?

Ik ben (bijna/net) ... jaar en ... maanden.
Ho (quasi/appena) ... anni e ... mesi.
ò (kwaazie/appeenaa ... annie ee ... meezie.

Heeft u/Heb je kinderen?
Ha/Hai figli?
à/ai fieljie?

Wat is uw/je beroep?
Qual è la Sua/tua professione?
kwaalè la soewa/toewa professjònè?

Ik (ben) ...	Io ...	iejò ...
– ambtenaar	sono impiegato	sonò iempjeGaatò
– in zaken	sono uomo/donna d'affari	sonò woe-òmò/donna d' affaarie
– leraar/lerares	sono insegnante	sonò iensenjantè
– verkoper/ster	sono commesso/commessa	sonò kommessò/ kommessa
– verpleegster	sono infermiera	sonò ienfermjèra
– werk in een fabriek	lavoro in una fabbrica	lawoorò ien oena fabbrieka
– werk op kantoor	lavoro in ufficio	lawoorò ien oeffietsjò
– werk in de techniek	lavoro nel settore tecnico	lawoorò nel settoorè tekniekò
– werk in de bouw	lavoro nell' edilizia	lawoorò nell' eedielietsjaa

Ik ben gepensioneerd/werkloos/student.
Sono pensionato(-a)/disoccupato(-a)/studente(-studentessa).
sonò pensjonaatò(-a)/diesokkoepaatò(-a)/stoedentè (stoedentessa).

Ik zit nog op school/de universiteit.
Sono studente (studentessa).
sonò stoedentè (stoedentessa).

Wat doe je/doet u in uw vrije tijd?
Che cosa fai/fa nel tempo libero?
kè kòza fai/fà nel tempò lieberò?

Heb je/Heeft u hobby's?
Hai/ha degli hobbies?
ai/à deljie ôbiez?

Ik hou van ...	Mi piace ...	mie pjaatsjè ...
– reizen	viaggiare	wjadzjaarè
– lezen	leggere	leddzjerè
– spelletjes	fare i giochi da tavolo	faarè ie dzjôhkie d aa taawolò
– puzzelen	fare i puzzles	faarè ie puzuls
– dansen	ballare	ballaarè
– muziek maken/ luisteren	fare/ascoltare la musica	faarè/askoltaarè la moezieka

Ik ga graag naar ...
Mi piace andare ...
mie pjaatsjè andaare ...

– films	al cinema	al tsjienema
– concerten	ai concerti	ai kontsjertie
– theater	a teatro	a tejaatrò
– musea	ai musei	ai moezee-ie
– het café	al bar	al bar

angst	**la paura**	*la paoera*
bang	**pauroso(-a)**	*pauwrozò*
blij	**contento(-a)**	*kontentò*
blijheid	**la contentezza**	*la kontentetza*
boos	**arrabbiato(-a)**	*arrabjaatò*
boosheid	**la rabbia**	*la rabbjaa*
onzeker	**insicuro(-a)**	*iensiekoerò*
onzekerheid	**l'insicurezza**	*l' iensiekoeretsa*
teleurgesteld	**deluso(-a)**	*deloezò*
teleurstelling	**la delusione**	*la deloezjònè*
verdriet	**il dolore**	*iel dolòrè*
verdrietig	**triste**	*triestè*
zich voelen	**sentirsi**	*sentiersie.*

Je maakt me ...	**Mi fai ...**	*mie fai...*
Ik voel (me) ...	**(Mi) sento ...**	*(mie) sentò...*
Dat komt door ...	**E' perché ...**	*è perkhi...*

afspreken

Heeft u zin bij ons langs te komen?
Le piacerebbe venire a trovarci?
lè pjaatsjerebbè wenierè a trowaartsjie?

Zullen we vanavond uitgaan?
Usciamo stasera?
oesjaamò stasèra?

Zullen we ...?

– naar een café gaan	**Andiamo in un bar?**	*andjaamò ien oen bar?*
– naar een disco gaan	**Andiamo in una discoteca?**	*andjaamò ien oena dieskotèka?*
– uit eten gaan ('s middags/'s avonds)	**Usciamo a pranzo/a cena?**	*oesjaamò a prantsò/ a tsjèna?*
– een eindje gaan wandelen	**Andiamo a fare due passi?**	*andjaamò a faarè doewè passie?*
– naar een feest gaan	**Andiamo ad una festa?**	*andjaamò ad oena festa?*
– de stad in gaan	**Andiamo in città?**	*andjaamò ien tsjietta?*

Ja, dat lijkt me leuk.
Sì, mi piacerebbe.
sie, mie pjaatsjerebbè.

Nee, liever niet/ik kan niet.
No, non mi va/non posso.
nò, non mie wah/non possò.

Hoe laat zullen we afspreken?
A che ora ci vediamo?
a kè oora tsjie weedjaamò?

Mag ik je adres?
Mi dai il tuo indirizzo?
mie dai iel toewò iendierietsò?

Ik kom je afhalen.
Vengo a prenderti.
weng-Gò a prendertie.

versieren

schat	**tesoro**	*tezòrò*
liefje	**amoruccio**	*amoroetsjò*
lieverd	**amore**	*amòrè.*
kussen	**baciare**	*batsjaarè*
lief	**carino(-a)**	*karienò*
strelen	**accarezzare**	*akkareddzaarè*
vrijen	**fare l'amore**	*faarè l' amòrè*
condoom	**il preservativo**	*iel prezerwaatiewò*

Wil jij even mijn rug insmeren?
Vuoi spalmarmi la schiena?
woe-oi spalmaarmie la skjèna?

Heb je/Heeft u een vuurtje?
Hai/ha da accendere?
ia/a da attsjenderè?

Nee, ik rook niet.
No, non fumo.
nò, non foemò.

Wil je/ Wilt u iets drinken?
Vuoi/Vuole bere qualcosa?
woe-oi/woe-òlè bèrè kwalkhoza?

Heeft u/Heb je zin om te dansen?
Vuole/Vuoi ballare?
woe-òlè/woe-oi ballaarè?

Nu niet, straks misschien.
Adesso no, forse più tardi.
ad_essò nò, fors_è pjoe ta_rdie.

Leuke tent hier!
E' un bel locale.
è oen bel loka_alè.

Ik ben graag bij u/je.
Mi piace stare con Lei/te.
mie pja_atsjè sta_arè kon lei/tè.

Ik heb je (ontzettend) gemist.
Mi sei mancato(-a) (molto).
mie sei mangka_atò(-a) (m_oltò).

Ik denk de hele dag aan je.
Ti penso tutto il giorno.
tie p_ensò to_ettò iel dzj_ornò.

Je bent erg lief.
Sei molto dolce.
sei m_oltò d_oltsjè.

Je bent heel mooi.
Sei molto bello(-a).
sei m_oltò b_ellò(-a).

Mag ik je kussen?
Posso baciarti?
p_ossò baatsja_artie?

Wil je me kussen?
Mi vuoi baciare?
mie woe-_oi baatsja_arè?

Ik ben verliefd op je.
Sono innamorato(-a) di te.
s_onò iennamora_atò(-a) die tè.

Ik niet/ook op jou.
Io no/Anch'io.
i_ejò nò/angk' i_ejò.

Ik hou van jou.
Ti amo.
tie a_amò.

Ik niet/ook van jou.
Io non ti amo/Ti amo anch'io.
iejò non tie aamò/tie aamò angk' iejò.

Ik heb al een vriend/vriendin.
Ho già un ragazzo/una ragazza.
ò dzjàh oen raGattsò/oena raGattsa.

Zullen we weggaan?
Andiamo?
andjaamò?

Zullen we naar mij/ergens anders heen gaan?
Andiamo a casa mia/in un altro posto?
andjaamò a kaaza mieja/ien oen altrò postò?

Waar zullen we slapen vannacht?
Dove dormiamo stanotte?
dowè dormjaamò staanottè?

Maak het je gemakkelijk.
Accomodati.
akkòmodaatie.

Doe alsof je thuis bent.
Fai come a casa tua.
fai komè aa kaaza toewa.

Ik wil (niet) met je naar bed.
(Non) voglio andare a letto con te.
(non) woljò andaarè a lettò kon tè.

Alleen met condoom.
Soltanto con un preservativo.
soltantò kon oen prezerwaatiewò.

Heb je een condoom bij je?
Hai portato un preservativo?
ai portaatò oen prezerwaatiewò?

Ik heb geen voorbehoedsmiddelen (bij me).
Non ho preservativi (con me).
non ò prezerwaatiewie (kon mè).

Niet nu, ik heb hoofdpijn/geen zin.
Ora no, ho mal di testa/non ho voglia.
oora nò, ò mal die testa/non ò wolja.

Dat zeggen ze allemaal.
dicono tutti(-e) così.
diekonò toetie(-è) kòzie.

Goed, dan doen we het niet.
Bene, allora non lo facciamo.
bènè, alloora non lò fattsjaamò.

Probeer de belangrijkste woorden en zinnetjes uit uw hoofd te leren: in een noodsituatie zult u waarschijnlijk niet naar dit boekje gaan zoeken...

ambulance	l'ambulanza	l' amboelantsaa
arts	il medico	iel mèdiekò
bellen	telefonare	telefonaarè
botsing	l'urto	l' oertò
brand	l'incendio	l' ientsjendiejo
brandtrap	la scala di emergenza	la skaala die emerdzjentsa
brandweer	i pompieri	ie pompjèrie
dokter	il medico	iel mediekò
eerstehulppost	il pronto soccorso	iel prontò sokkorsò
ernstig	serio(-a)	sèrjò/sèrja
gewond	ferito(-a)	ferietò/(-a)
help!	aiuto!	ajoetò
nooduitgang	l'uscita di emergenza	l' oesjieta die emerdzjentsa
politie	la polizia	la polietsieja
reanimeren	rianimare	rie-aniemaarè
ruzie	la lite	la lietè
spoedgeval	l'emergenza	l' emerdzjentsa
vechten	lottare	lottarè
ziek	malato(-a)	malaatò

Help!

Houd de dief!
Al ladro!
al laadrò!

Ik word aangevallen!
Mi assaltano!
mie assaltanò!

Mijn zoon/dochter is zoek.
Non riesco a trovare mio figlio/mia figlia.
non riejèskò a trowaarè miejò fieljò/mieja fielja.

Er is een ongeluk gebeurd.
C'è stato un incidente.
tsjè staatò oen ientsjiedentè.

Er is iemand (in het water) gevallen.
Qualcuno(-a) è caduto(-a) (in acqua).
kwalkoenò(-a) è kadoetò (ien aakwa).

Er is brand uitgebroken.
E' scoppiato un incendio.
è skoppjaatò oen ientsjendjo.

Wat is het alarmnummer?
Qual è il numero di pronto intervento?
kwalè iel noemerò die prontò ienterwentò?

Bel direct een dokter/een ambulance!
Faccia venire subito un medico/un' ambulanza!
fattsja wenierè soebietò oen mèdiekò/oen' amboelantsa!

Er zijn (geen) gewonden.
(Non) ci sono dei feriti.
(non) tsjie sonò dei-ie ferietie.

U moet zich niet bewegen!
Non si muova!
non sie mwòwa!

Raak hem/haar niet aan.
Non lo/la toccare.
non lò/la tokkaarè.

Wilt u de politie bellen?
Mi chiami la polizia, per favore?
mie kjaamie la polietsieja, per fawòrè?

Wilt u een dokter/een ambulance halen?
Mi mandi un medico/un' ambulanza, per favore?
mie mandie oen mèdiekò/oen' amboelantsa, per fawòrè?

We moeten wachten tot de politie komt.
Bisogna aspettare la polizia.
biezonja aspettaarè la polietsieja.

Mag ik uw naam en adres?
Mi dia il Suo nome ed il Suo indirizzo?
mie dieja iel soewò nòmè ed iel soewò iendierietsò.

Wilt u mijn getuige zijn?
Potrebbe farmi da testimone?
potrebbè faarmie da testiemònè?

Waar bent u verzekerd?
Qual è la Sua società d'assicurazione?
kwalè la soewa sootsjeetà d' assiekoeraatsjònè?

U bent schuldig aan het ongeluk.
L'incidente e' colpa Sua.
lientsjiedentè è kolpa soewa.

De ander is schuldig aan het ongeluk.
L'altra persona ha causato l'incidente.
l' altra persòna à kauzaatò l' ientsjiedentè.

kwijt/gestolen

Ik heb mijn ... hier laten liggen.
Ho lasciato il mio (la mia) ... qui.
ò lasjaatò iel miejò (la mieja) ... kwie.

Ik heb mijn ... verloren.
Ho perso il mio (la mia) ...
ò persò iel miejò (la mieja) ...

Is mijn ... hier gevonden?
Avete trovato il mio (la mia) ... qui?
awète trowaatò iel miejò (la mieja) ... kwie?

Iemand heeft mijn ... gestolen.	**Mi hanno rubato ...**	*mie annò roebaatò ...*
-auto	la macchina	*la makkiena*
– autoradio	l'autoradio	*l' autoraadjò*
– autosleutels	le chiavi della macchina	*le kjaawie della makkiena*
– bagage	i bagagli	*ie baGaljie*
– bankpas	la tessera bancomat	*la tessera bangkomat*
– betaalcheques	gli assegni	*ljie assenjie*
– betaalpas	la carta bancomat/la tessera	*la karta bangkomat/ la tessera*
– caravan	la roulotte	*la roelottè*
– cd-speler	il lettore CD	*iel lettòrè tsie die*
– creditcard	la carta di credito	*la karta die krèdietò*
– fiets	la bicicletta	*la bietsjiekletta*
– fototoestel	la macchina fotografica	*la makkiena fotografieka*
– geld	i soldi	*ie soldie*

– gettoblaster	lo maxistereo portatile	lo maksiesteerjo portaatielè
– giropas	la tessera bancomat	la tessera bangkomat
– handtas	la borsa/borsetta	la borsa/borsetta
– horloge	l'orologio	l' orolòdzjò
– mobiele telefoon	il cellulare	iel tsjelloelaarè
– notebook	il taccuino	iel takkwienò
– organizer	l'agenda	l' aadzjenda
– paraplu	l'ombrello	l' ombrellò
– paspoort	il passaporto	iel passaportò
– pinpas	la tessera bancomat	la tessera bangkomat
– portefeuille	il portafoglio	iel portafoljò
– portemonnee	il portamonete	iel portamonètè
– reis- en kredietbrief	la lettera di credito	la lettera die kreedietò
– reischeques	gli assegni turistici	ljie assenjie toeriestietsjie
– rijbewijs	la patente	la patentè
– sieraden	i gioielli	ie dzjôjellie
– travellerscheques	gli assegni turistici	ljie assenjie toeriestietsjie
– videocamera	la videocamera	la wiedjokaamera
– vliegticket	il biglietto aereo	iel bieljettò a-èrejò

politie

agent	il poliziotto, l'agente	iel polietjsottò, l' aadzjentè
politiebureau	la questura	la kwestoèra.
bekeuring	la multa	la moelta
dief	il ladro	iel laadrò
bestolen	derubato	deroebaatò
aangerand	violentato	wieolentaatò
geslagen	picchiato	piekkjaatò

Agent, deze persoon valt mij lastig!
Agente, questa persona mi dà fastidio.
aadzjentè, kwesta persòna mie dà fastiedjo.

Ik wil aangifte doen van ...
Vorrei denunciare ...
worrei denoentsjaarè ...

– beroving	un furto	oen foertò
– diefstal	un furto	oen foertò
– verkrachting	uno stupro	oenò stoèprò
– inbraak	un furto con scasso	oen foertò kon skassò
– mishandeling/	un maltrattamento/	oen maltrattamentò/
aanranding	uno stupro	oenò stoeprò
– verlies	uno smarrimento/una perdita	oenò smarriementò/
		oena perdieta
– vernieling	un atto di vandalismo	oen attò die wandaliezmò

Mijn auto is opengebroken.
Mi hanno scassinato la macchina.
mie annò skassienaatò la makkiena.

Er zijn spullen gestolen uit mijn tent/caravan/hotelkamer.
Mi hanno rubato delle cose dalla mia tenda/roulotte/camera d'albergo.
mie annò roebaatò dellè kòzè dalla mieja tenda/roelottè/kaamera d' alberGò.

Kunt u proces-verbaal opmaken?
Potrebbe stendere il verbale?
potrebbè stenderè iel werbaalè?

Mag ik een kopie voor de verzekering?
Mi potrebbe dare una copia per l'assicurazione?
mie potrebbè daarè oena kòpja per l' assiekoeraatsjònè?

Kunt u voor een tolk zorgen?
Potrebbe provvedere a un interprete?
potrebbè prowedère a oen ienterpretè?

Wilt u de getuigenverklaringen opnemen?
Annoterà le testimonianze?
annoterà le testiemoonjantsè?

Ik wil graag mijn hulpverleningscentrale bellen.
Vorrei chiamare il centralino di soccorso nel mio paese.
worrei kjamaarè iel tsjentralienò die sokkorsò nel miejò pa-èzi.

Ik wil het Nederlands/Belgisch consulaat bellen.
Vorrei chiamare il consolato olandese/belga.
worrei kjamaarè iel konsolaatò olandèzè/belGa.

Ik heb hier niets mee te maken.
Non ho niente a che fare con questa faccenda.
non ò njentè a kè faarè kon kwesta fattsjenda.

Ik ben onschuldig.
Sono innocente.
sonò iennootsjentè.

Ik heb een getuige.
Ho un testimone.
ò oen testiemònè.

Ik wil een advocaat spreken.
Vorrei parlare con un avvocato.
worrei parlaarè kon oen awwokaatò.

Dove/A che ora è successo?
dowè/a kè oora è soettsjessò?
Waar/Hoe laat is het gebeurd?

Ci sono dei testimoni?
tsjie sonò dei-ie testiemònie?
Heeft u getuigen?

Deve andare all'ufficio oggetti smarriti.
dewè andaarè all' oeffietsjò oddzjettie zmarrietie.
U moet naar het bureau gevonden voorwerpen gaan.

Stenderò il verbale.
stenderò iel werbaalè.
Ik zal proces-verbaal opmaken.

Mi faccia vedere la patente/i documenti dell'assicurazione/i documenti dell'automobile?
mie fattsja wedeerè la patentè/ie dokoementie dell' assiekoeraatsjònè/ie dokoementie dell' automòbielè?
Mag ik uw rijbewijs/verzekeringspapieren/autopapieren zien?

(Lei) ... – L'altro ...
(Lei) ... – L' altrò ...
U hebt/bent ... De ander heeft/is ...
-è passato(-a) col rosso
è passaatò(-a) kol rossò
door rood licht gereden
-non ha dato la precedenza
non à daatò la preetsjedentsa
geen voorrang verleend
-non ha mantenuto la distanza di sicurezza
non à mantenoetò la diestantsa die siekoeretsà
geen afstand gehouden
-ha superato il limite di velocità
à soeperaatò iel liemietè die welootsjieta
te hard gereden
-si è fermato(-a) di colpo
sie è fermaatò(-a) die kolpò
plotseling gestopt
-ha (oltre)passato la striscia bianca
à (oltrè)passaatò la striesja bjangka
de middenstreep overschreden

27

La Sua macchina è stata rimossa.
la soewa makkiena è staata riemossa.
Uw auto is weggesleept.

Deve pagare una multa di ... euro.
dewè paGaarè oena moelta die ... eejoeroo.
U moet een boete betalen van ... euro.

Le do solo un avvertimento.
lè dò sòlò oen awwertiementò.
Ik geef u alleen een waarschuwing.

Le do una multa.
lè dò oena moelta.
U krijgt een bekeuring.

Deve pagare subito.
dewè paGaarè soebietò.
U moet direct betalen.

Devo sequestrare la Sua patente/macchina.
dewò seekwestraarè la soewa patentè/makkiena.
Ik neem uw rijbewijs/uw auto in beslag.

U moet mee naar het politiebureau.
Deve venire in questura.
dewè wenierè ien kwestoera.

U moet een blaastest/bloedproef ondergaan.
Deve subire l'alcoltest/l'analisi del sangue.
dewè soebiere l' aalkoltest/l' anaaliesie del sangGwè.

U moet een verklaring afleggen.
Deve fare una dichiarazione.
dewè faarè oena diekjaraatsjònè.

arts

Waar is een ...?	**Dove si trova ...?**	*dowè sie tròwa ...?*
– dokter	**un medico**	*oen mèdiekò*
– ziekenhuis	**un ospedale**	*oen ospedaalè*
– eerstehulppost	**un pronto soccorso**	*oen prontò sokkorsò.*

Ik ben ziek.
Sto male/Sono malato(-a).
stò maalè/sonò malaatò(-a).

Mijn vrouw/man/kind/vriend(-in) is ziek.
Mia moglie/mio marito/mio(-a) figlio(-a)/il mio ragazzo(-la mia ragazza) sta male.
mieja moljè/miejò marietò/miejò(-a) fieljò(-a)/iel miejò raGattsò (la mieja raGattsa) sta maalè.

Dit is een spoedgeval.
E' un caso d'emergenza.
è oen kaazò d' emerdzjentsa.

Wanneer heeft de dokter spreekuur?
Quando riceve il medico?
kwandò rietsjèwè iel mèdiekò?

Kan de dokter hier langskomen?
Potrebbe venire qui il medico?
potrebbè wenierè kwie iel mèdiekò?

LICHAAMSDELEN

ader	la vena	*la weena*
anus	l'ano	*l' aanò*
arm	il braccio	*iel brattsjò*
been	la gamba	*la Gamba*
bil	la natica	*la naatieka*
blaas	la vescica	*la wesjieka*
blindedarm	l'appendice	*lappendietsjè*
borst	il petto	*iel pettò*
borsten	i seni	*ie seenie*
bovenarm	il braccio superiore	*iel brattsjò soepeerjòrè*
bovenbeen	la gamba superiore	*la Gamba soepeerjòrè*
buik	il ventre	*iel wentrè*
darm	l'intestino	*l' ientestienò*
dij	la coscia	*la kosja*
duim	il pollice	*iel pollietsjè*
elleboog	il gomito	*iel Gômietò*
enkel	la caviglia	*la kaawielja*
gezicht	la faccia	*la fattsja*
haar	i capelli	*ie kaapellie*
hak	il tallone	*iel tallònè*
hals	il collo	*iel kollò*
hand	la mano	*la maanò*
hart	il cuore	*iel kwôhrè*
hersenen	il cervello	*iel tsjerwellò*
hoofd	la testa	*la testa*
keel	la gola	*la Gòla*
kies	il molare	*iel molaarè*
knie	il ginocchio	*iel dzjienokkjò*

knieschijf	la rotella	*la rotella*
lever	il fegato	*iel fègGatò*
lip	il labbro	*iel labbrò*
long	il polmone	*iel polmònè*
luchtpijp	la trachea	*la trageeja*
milt	la milza	*la mieltsa*
mond	la bocca	*la bokka*
nagel	l'unghia	*l' oengGja*
navel	l'ombelico	*l' ombeliekò*
nek	la nuca	*la noeka*
neus	il naso	*iel naazò*
nier	il rene	*iel reenè*
onderarm	l'avambraccio	*l' aavambrattsjò*
onderbeen	la gamba inferiore	*la Gamba ienfeerjòrè*
oog	l'occhio	*l' okkjò*
oor	l'orecchio	*l' orekkjò*
penis	il pene	*iel peenè*
pink	il mignolo	*iel mienjolò*
pols	il polso	*iel polsò*
ruggengraat	la spina dorsale	*la spiena dorsaalè*
schedel	il cranio	*iel kraanjò*
schouder	la spalla	*la spalla*
schouderblad	la scapola	*la scaapola*
slagader	l'arteria	*l' arteerja*
slokdarm	l'esofago	*l' ezoofaGò*
tand	il dente	*iel dentè*
teen	il dito del piede	*iel dietò del pjèdè*
teenkootje	la falange (del dito del piede)	*la falandzje (del dietò del pjèdè)*
tepel	il capezzolo	*iel kapeddzolò*
tong	la lingua	*la liengGwa*
vagina	la vagina	*la waadzjiena*
vinger	il dito	*iel dietò*
vingerkootje	la falange	*la falandzje*
voet	il piede	*iel pjèdè*
voetzool	la pianta del piede	*la pjanta del pjèdè*
wervelkolom	la colonna vertebrale	*la kolonna wertebraalè*

30

aids	l'aids	l' ai-die-es
astma	l'asma	l' azma
blaasontsteking	una cistite	oena tsjiestietè
blindedarmontsteking	un'appendicite	oen' appendietsjietè
bronchitis	la bronchite	la brongkietè
buikgriep	la gastroenterite	la Gastro-enterietè
een hartinfarct	un attacco cardiaco	oen attakkò kardiejakò
een hartkwaal	un vizio al cuore	oen wietsjò al kwòrè
een maagzweer	una gastrite/un'ulcera gastrica	oena Gastrietè/oen' oeltsjera Gastriekà
epilepsie	l'epilessia	l' epielessieja
galstenen	i calcoli biliari	ie kalkolie bieljaarie
geelzucht	l'itterizia	l' ietterietsja
griep	l'influenza	l' ienfloewentsa
hernia	un'ernia	oen' ernieja
hersenschudding	una commozione cerebrale	oena kommootsjònè tsjerebraalè
hiv	l'HIV	l' iev
hoge bloeddruk	l'ipertensione	l' iepertensjònè
hooikoorts	la febbre da fieno	la febbrè da fjènò
hyperventilatie	l'iperventilazione	l' ieperwentielaatsjònè
longontsteking	una polmonite	oena polmonietè
migraine	l'emicrania	l' emiecraanja
muisarm	il braccio RSI	iel brattsjò ErEsIe
nierstenen	i calcoli renali	ie kalkolie renaalie
ontsteking van ...	un'infezione a ...	oen' ienfetsjònè aa ...
reuma	il reumatismo	iel reeuwmatiezmò
RSI	l'RSI	l' ErEsIe
spit	la lombaggine	la lombaddzjienè
suikerziekte	il diabete	iel diejabètè
verkoudheid	il raffreddore	iel raffreddòrè
voedselvergiftiging	un'intossicazione alimentare	oen' ientossiekaatsjònè aliementaarè
voorhoofdsholte-ontsteking	la sinusite	la sienoezietè
zonnesteek	un'insolazione	oen' iensolaatsjònè

Kent u de wetenschappelijke term voor uw ziekte, noem die dan. Medische termen zijn vaak internationaal.

klachten

Ik voel me ziek/zwak/rillerig.
Mi sento malato(-a)/debole/Ho i brividi.
mie sentò malaatò(-a)/dèbolè/ò ie briewiedie.

Ik heb het benauwd.
Ho il respiro corto.
ò iel respierò kortò.

Ik heb kou gevat.
Mi sono preso(-a) un raffreddore.
mie sonò prèzò(-a) oen raffreddòrè.

Ik heb hier pijn.
Mi fa male qui.
mie fà maalè kwie.

Zware/stekende/zeurende pijn.
Dolori forti/pungenti/noiosi.
dolòrie fortie/poendzjentie/nojòzie.

Het jeukt hier.
Ho il prurito kwie.
ò iel proerietò kwie.

Ik heb ...	Ho ...	ò ...
– aambeien	le emorroidi	*le emmorro-iedie*
– buik-/maagpijn	mal di pancia/stomaco	*mal die pantsja/stòmakò*
– hartkloppingen	le palpitazioni	*le palpietaatsjònie*
– hoofdpijn	mal di testa	*mal die testa*
– keelpijn	mal di gola	*mal die Gòla*
– koorts	la febbre	*la febbrè*
– krampen	i crampi	*ie krampie*
– menstruatiepijn	il dolore mestruale	*iel dolòrè mestroewaalè*
– oorpijn	male agli orecchi	*maalè aljie orekkie*
– rugpijn	mal di schiena	*mal die skjèna*
– spierpijn	i dolori muscolari	*ie dolòrie moeskolaarie*

Mijn kind wil niet eten/huilt veel/slaapt niet.
Mio figlio non mangia/piange molto/non dorme.
miejò fieljo non mandzja/pjandzje moltò/non dormè.

Ik ben duizelig/misselijk.
Mi gira la testa/Ho la nausea.
mie dzjiera la testa/ò la nauzeja.

Ik ben flauwgevallen.
Sono svenuto(-a).
sonò zwenoetò(-a).

Ik heb iets verkeerds gegeten.
Ho mangiato qualcosa di sbagliato.
ò mandzjaatò kwalkòza die zbaljaatò.

Ik heb (een paar keer) overgegeven.
Ho vomitato (varie volte).
ò womietaatò (waarjè woltè).

Ik heb last van diarree.
Ho la diarrea.
ò la diejareeja.

Ik heb last van verstopping.
Ho disturbi di costipazione.
ò diestoerbie die kostiepaatzjònè.

Ik slaap slecht.
Dormo male.
dormò malè.

Ik heb mijn enkel verstuikt.
Mi sono storto(-a) la caviglia.
mie sonò stortò(-a) la kawielja.

Ik kan niet op mijn been staan.
Non posso apoggiarmi sulla gamba.
non possò apoddzjaarmie soella Gamba.

Ik kan mijn ... niet bewegen.
Non riesco a muovere ...
non rie-eskò a mwòwerè ...

– arm	**il braccio**	*iel brattsjò*
– been	**la gamba**	*la Gamba*
– hand	**la mano**	*la maanò*
– knie	**il ginocchio**	*iel dzjienokkjò*
– nek	**la nuca**	*la noeka*
– voet	**il piede**	*iel pjèdè*

Ik ben gebeten door een hond/slang.
Sono stato(-a) morso(-a) da un cane/serpente.
sonò staatò(-a) morsò(-a) da oen kaanè/serpentè.

Ik ben gestoken door een ...
Sono stato(-a) punto(-a) da ...
sonò staatò(-a) poentò(-a) da ...

– insect	un insetto	*oen iensettò*
– kwal	una medusa	*oena medoeza*
– vlieg	una mosca	*oena moska*
– wesp	una vespa	*oena wespa*

Deze wond wil niet genezen.
Questa ferita non cicatrizza.
kwesta ferieta non tsjiekatrietsa.

Het is een brandwond/snijwond.
E' una bruciatura/ferita da taglio.
è oena broetsjatoera/ferieta da taljò.

Ik denk dat de wond ontstoken is.
Probabilmente la ferita è infiammata.
probabielmentè la ferieta è ienfjammaata.

Ik denk dat ik een geslachtsziekte heb.
Probabilmente ho una malattia venerea.
probabielmentè ò oena malattieja wenèreja.

Ik ben misschien zwanger geraakt.
Forse sono incinta.
forsè sonò ientsjienta.

Kunt u me ... geven?
Potrebbe prescrivermi ... ?
potrebbè preskriewermie ...?

– een pijnstiller	un analgesico	*oen analdzjèziekò*
– slaappillen	dei sonniferi	*dei-ie sonnieferie*
– een kalmeringsmiddel	un tranquillante	*oen trankwiellantè*
– de anticonceptie-pil	la pillola (anticoncezionale)	*la piellola (antiekontsjetsjonaalè)*
– de morning-afterpil	la pillola del giorno dopo	*la piellola del dzjornò dòpò*

Is het besmettelijk?
E' contagioso(-a)?
è kontadzjòso?

bijzonderheden over uzelf

Ik ben ... maanden zwanger.
Sono incinta di ... mesi
sonò ientsjienta die ... mèzie.

Ik ben allergisch voor penicilline/antibiotica.
Sono allergico(-a) alla penicillina/agli antibiotici.
sonò allerdzjiekò(-a) alla penietsjielliena/aljie antiebiejòtietsjie.

Ik heb eerder ... gehad.
Ho avuto ... prima.
ò awoetò ... priema.

Ik heb een suikervrij/zoutloos/zoutarm/vetvrij dieet.
Seguo una dieta senza zucchero/senza sale/con poco sale/senza grassi.
sèGwò oena diejèta sentsa dzoekkerò/sentsa saalè/kon pokò saalè/sentsa grassie.

onderzoek door de dokter

ITALIAANS - NEDERLANDS

E' la prima volta che ha questi disturbi?
è la priema wolta kè à kwestie diestoerbie?
Is het de eerste keer dat u deze klachten heeft?

Da quanto tempo ha questi disturbi?
da kwantò tempò à kwestie diestoerbie?
Hoe lang heeft u deze klachten?

Ha la febbre?
à la febbrè?
Heeft u verhoging?

Prende delle medicine?
prendè dellè medietsjienè?
Gebruikt u medicijnen?

Che cosa ha mangiato?
kè kòza à mandzjaatò?
Wat heeft u gegeten?

Devo (far) analizzare il Suo sangue/la Sua orina/le Sue feci.
dewò (faar) analieddzaarè iel soewò sang-Gwè/la soewa oriena/le soewè feètsjie.
Ik moet uw bloed/urine/ontlasting onderzoeken.

Non è niente di grave.
non è njentè die graawè.
Het is niets ernstigs.

Il muscolo/l'osso ha ...	iel moeskolò/l'osso a ...	De spier/het bot is ...
-una frattura	oena frattoera	gebroken
-una contusione	oena kontoezjònè	gekneusd
-una lussazione	oena loessaatsjònè	verstuikt
-uno strappo muscolare	oenò strappò moeskolaarè	verrekt
-uno slogamento	oenò zloGamentò	verstuikt
-una scissura	oena sjiessoera	gescheurd (bot)
-una lacerazione muscolare	oena laatsjeraatsjònè moeskolaarè	gescheurd (spier)

La indirizzo da uno specialista.
la iendierietsò da oenò speetsjaaliesta.
Ik moet u doorsturen naar een specialist.

Bisogna fare una radiografia all'ospedale.
Bizonja faarè oena raadjoGrafieja all' ospedaalè.
U moet naar het ziekenhuis voor een röntgenfoto.

Deve essere ricoverato(-a) in ospedale.
dewè esserè riekoweraatò(-a) ien ospedaalè.
U moet in het ziekenhuis opgenomen worden.

Deve sottoporsi ad un'operazione.
dewè sottoporsie ad oen' operaatsjònè.
U moet geopereerd worden.

Deve restare a letto/casa.
dewè restaarè a lettò/kaaza.
U moet in bed/binnen blijven.

Bisogna che si riposi per qualche giorno.
biezonja kè sie riepòzie per kwalkè dzjòrnò.
U moet een paar dagen rust houden.

Per il momento non può viaggare.
per iel momentò non pwò wjaddzjaarè.
U mag voorlopig niet reizen.

Per ora non può camminare/viaggiare/fare sport/nuotare.
per oora non pwò kamminaarè/wjadzjaarè/faare sport/nwotaarè.
U mag voorlopig niet lopen/reizen/sporten/zwemmen.

Deve ritornare a casa.
dewè rietornaarè a kaaza.
U moet naar huis terugkeren.

Ritorni fra ... giorni.
rietornie fra ... dzjornie.
Komt u over ... dagen terug.

Le scrivo una ricetta.
lè skriewò oena rietsjetta.
Ik geef u een recept.

Prenda questa medicina ... volte al giorno.
prenda kwesta medietsjiena ... woltè al dzjornò.
Neemt u dit medicijn ... maal per dag in.

het ziekenhuis

Wanneer mag ik uit bed?
Quando potrò alzarmi?
kwandò potrò altsaarmie?

Ik voel me nu beter/slechter.
Adesso mi sento meglio/peggio.
adessò mie sentò meljò/peddzjò.

Hoe lang moet ik in het ziekenhuis blijven?
Per quanto tempo devo rimanere all'ospedale?
per kwantò tempò dewò riemaneerè all' ospedaalè?

Ik word liever in Nederland/België behandeld. Is dat mogelijk?
Preferisco una cura in Olanda/nel Belgio. E' possibile?
preferieskò oena koera ien Olanda/nel Beldzjò – è possiebielè?

Moet ik direct betalen?
Devo pagare subito?
dewò paGaarè soebietò?

Mag ik een kwitantie voor de verzekering?
Potrei avere una ricevuta per l'assicurazione?
potrei awèrè oena rietsjewoeta per l' assiekoeraatsjònè?

Kunt u me een medische verklaring geven?
Mi potrebbe dare un certificato medico?
mie potrebbè daarè oen tsjertiefiekaatò mèdiekò?

de apotheek

Waar bevindt zich een apotheek?
Dove si trova una farmacia?
dowè sie tròwa oena farmaatsieja?

Welke apotheek heeft nachtdienst?
Quale farmacia fa servizio notturno?
kwaalè farmaatsjieja fà serwietsjò nottoernò?

Kunt u dit recept nu klaarmaken?
Mi potrebbe preparare questa ricetta adesso?
mie potrebbè preparaarè kwesta rietsjetta adessò?

Er is haast bij.
E' urgente.
è oerdzjentè.

Wanneer kan ik het afhalen?
Quando posso ritirarlo?
kwandò possò rietieraarlò?

Heb ik voor dit middel een recept nodig?
Ho bisogno di una ricetta per questa medicina?
ò biezonjò die oena rietsjetta per kwesta medietsjiena?

recepten

RECEPTEN

capsule	*kapsoelè*	capsules
compressa	*kompressa*	tablet
gocce	*Gottsjè*	druppels
polverina	*poolweriena*	poeder
pomata	*pomaata*	zalf
sciroppo	*sjieroppò*	siroop
supposta	*soepposta*	zetpil
... cucchiaini/cucchiai	*... koekkjajienie/koekkjajie...*	theelepels/eetlepels
... volte al giorno	*... woltè al dzjornò...*	keer daags
a stomaco vuoto	*aa stòmaako woe-òtò*	op de nuchtere maag
al mattino/alla sera	*al mattienò/alla sèra's*	ochtends/'s avonds
in caso di dolore	*ien kaazò die dolòrè*	bij pijn
ogni ... ore	*onjie ...oorè*	elke ... uur

per uso esterno/ interno	*per oezò esternò/ ienternò*	voor uitwendig/inwendig gebruik
prenda con acqua	*prenda kon aakwa*	met water innemen
prima di/dopo ogni pasto	*priema die/dòpo onjie pastò*	voor/na de maaltijd

Dit middel beïnvloedt de rijvaardigheid.
Questa medicina agisce sull'abilità di guida.
kwesta medietsjiena aadzjiesjè soell' abilietà die Gwiedaa.

tandarts

boren	**trapanare**	*trapanaarè*
gaatje	**un dente cariato**	*oen dentè kaarjaatò*
kiespijn	**il mal di denti**	*iel mal die dentie*
tand/kies	**il dente/il (dente) molare**	*iel dentè/iel (dentè) molaarè*
trekken	**estrarre un dente**	*estrarrè oen dentè*
verdoving	**l'anestesia**	*l' anestezieja*

Waar kan ik een tandarts vinden?
Dove posso trovare un dentista?
dowè possò tròwaarè oen dentiesta?

Ik heb (ontzettende) kiespijn.
Ho (un terribile) mal di denti.
ò oen terriebielè maal die dentie.

Er is een kies/tand afgebroken.
Ho un dente/molare spezzato.
ò oen dentè/molaarè spettsaatò.

Ik wil de kies niet laten trekken.
Non voglio un'estrazione.
non woljò oen' estraatsjònè.

Ik ben een vulling kwijt.
Ho perso un'otturazione.
ò persò oen' ottoeraatsjònè.

Ik heb last van pijnlijk/bloedend tandvlees.
Soffro di gengive che fanno male/che sanguinano.
soffrò die dzjendzjiewè kè fannò maalè/kè sang-Gwienanò.

Kunt u dit kunstgebit repareren?
Potrebbe aggiustare questa dentiera?
potrebbè addzjoestaarè kwesta dentjèra?

Wilt u het provisorisch behandelen?
Potrebbe curarlo adesso in modo provvisorio?
potrebbè koerarlò adessò ien modò prowwiezòrjò?

Wilt u het plaatselijk verdoven?
Potrebbe fare un'anestesia locale?
potrebbè faarè oen' anestezieja lokaalè?

ITALIAANS - NEDERLANDS

Devo estrarre questo dente/Devo fare un'otturazione su questo dente.
dewò estrarrè kwestò dentè/dewò faare oen' ottoeraatsjònè soe kwestò dentè.
Ik ga deze kies trekken/vullen.

Ha un ascesso/un'infiammazione.
à oen asjessò/oen' ienfjammaatsjònè.
U heeft een abces/ontsteking.

3 – AUTORITEITEN

personalia

il numero di volo	*iel noemerò die wòlò*	vluchtnummer
il cognome	*iel konjòmè*	achternaam
il nome (di battesimo)	*iel nòmè (die battèsiemò)*	voornaam
il cognome da ragazza	*iel konjòmè da raGattsa*	meisjesnaam
il sesso	*iel sessò*	geslacht
maschile/femminile	*maskielè/femmienielè*	mannelijk/vrouwelijk
il luogo di nascita	*iel lwògò die nasjieta*	geboorteplaats
la data di nascita	*la daata die nasjieta*	geboortedatum
la residenza/il domicilio	*la riesiedentsa/iel domietsjieljò*	woonplaats
l'indirizzo	*l' iendierietsò*	adres
la nazionalità	*la naatsjonalieta*	nationaliteit
la professione	*la professjònè*	beroep
lo stato civile	*lo staatò tsjiewielè*	burgerlijke staat
celibe(man)/nubile (vrouw)	*tsjeeliebè/noebielè*	ongehuwd
sposato(-a)	*sposaatò(-a)*	gehuwd
divorziato(-a)	*diewortsjaatò(-a)*	gescheiden
il numero del passaporto	*iel noemerò del passaportò*	paspoortnummer
rilasciato a ... il ...	*rielasjaatò a ... iel ...*	uitgegeven te ... op ...
la data di arrivo/partenza	*la daatà die arriewò/ partentsa*	aankomst/ vertrekdatum
la durata del soggiorno	*la doeraata del soddzjornò*	verblijfsduur
lo scopo del soggiorno	*lo skòpò del soddzjornò*	verblijfsreden
gli affari – il turismo -	*ljie affaarie – il toeriezmò*	zakelijk – toeristisch -
visitando parenti/amici	*wiesietandò parentie/ amietsjie*	bezoek aan verwanten/ vrienden
l'indirizzo del soggiorno in Italia	*l' iendierietsò del sodzjornò ien itaalja*	verblijfsadres in Italië
la firma	*la fiermà*	handtekening

de douane

alt	stop
controllo (dei) passaporti	paspoortcontrole
dogana	douane
passaporti CEE	EU-ingezetenen
altri passaporti	niet-EU-ingezetenen
dichiarazione	aangifte goederen
macchine persone	personenauto's
traffico merci	vrachtverkeer

ITALIAANS - NEDERLANDS

Il Suo passaporto, per favore.
iel soewò passaportò per fawòrè.
Uw paspoort, alstublieft.

Quanto tempo si ferma?
kwantò tempò sie ferma?
Hoe lang blijft u?

Dov'è alloggiato(-a)?
dowè allodzjaatò(-a)?
waar logeert u?

Dove va? – Qual è la Sua destinazione?
dowè wa? – kwalè la soewa destienaatsjònè?
Waar reist u naartoe?

E' qui per lavoro/come turista?
è kwie per lawoorò/komè toeriesta?
Bent u hier voor zaken/op vakantie?

Il Suo passaporto è scaduto/non è valido.
iel soewò passaportò è skadoetò.
Uw paspoort is verlopen/niet geldig.

Il ragazzo/la ragazza deve avere il proprio passaporto.
iel raGattsò/la raGattsa dewè awèrè iel proprjò passaportò.
De jongen/Het meisje moet zijn/haar eigen paspoort hebben.

Ha qualcosa da dichiarare?
à kwalkòza daa diekjaaraarè?
Heeft u iets aan te geven?

Per favore, apra il bagagliaio.
per fawòrè, aapra iel baGaljajò.
Maakt u de kofferruimte open, alstublieft.

Per questo deve pagare i diritti d'importazione.
per kwestò dewè paGaarè ie dierietie d' iemportaatsjònè.
U moet hiervoor invoerrechten betalen.

Non può importare/esportare questo.
non pwò iemportaarè/esportaarè kwesto.
U mag dit niet invoeren/uitvoeren.

Venga un momento in ufficio.
weng-Ga oen momentò ien oeffietsjò.
Wilt u even meekomen naar het kantoor?

Aspetti un attimo.
aspettie oen attiemò.
Wilt u even wachten?

E' questo il Suo bagaglio?
è kwesto iel soewò baGaljo?
Is dit uw bagage?

Ha fatto le valigie Lei stesso(-a)?
à fattò le waliedzjè lei stessò(-a)?
Heeft u dit zelf ingepakt?

Ha un certificato di vaccinazione del Suo animale?
à oen tsjertiefiekaatò die wattsjienaatsjònè del soewò aniemaalè?
Heeft u een inentingsbewijs voor uw dier?

Può passare.
pwò passaarè.
U kunt verder gaan.

Ik heb niets aan te geven.
No ho niente da dichiarare.
non ò njentè da diekjaraarè.

Ik wil dit aangeven.
Vorrei sdoganare questo.
worrei sdoGanaarè kwestò.

Dit is voor eigen gebruik.
E' per uso personale.
è per oezò personaalè.

Ik ben mijn paspoort kwijt/vergeten.
Ho perso/dimenticato il mio passaporto.
ò persò/diementiekaato iel miejò passaportò.

Mijn paspoort is gestolen.
Mi hanno rubato il passaporto.
mie annò roebaatò iel passaportò.

Ik blijf een paar dagen/een week/drie weken.
Mi fermo per qualche giorno/una settimana/tre settimane.
mie fermò per kwalkè dzjornò/oenà settiemaana/tre settiemaanè.

Ik weet het nog niet.
Non saprei dirlo adesso.
non saprei dierlò adessò.

Ik ben op doorreis naar ...
Sono di passaggio per ...
sonò die passaddzjò per ...

seconden, minuten, uren...

DE TIJD

12.00	**mezzogiorno/le ore dodici**	*meddzòdzjornò/le oorè doodietsjie*
13.15	**le (ore) tredici e quindici**	*le (oorè) treedietsjie ee kwiendietsjie*
13.20	**le (ore) tredici e venti**	*le (oorè) treedietsjie ee wentie*
13.25	**le (ore) tredici e venticinque**	*le (oorè) treedietsjie ee wentietsjiengkwè*
13.30	**le (ore) tredici e trenta**	*le (oorè) treedietsjie ee trenta*
13.35	**le (ore) tredici e trentacinque**	*le (oore) treedietsjie ee trentatsjiengkwè*
13.40	**le (ore) tredici e quaranta**	*le (oorè) treedietsjie ee kwarantaa*
13.45	**le (ore) tredici e quarantacinque**	*le (oorè) treedietsjie ee kwarantatsjiengkwè*
13.50	**le (ore) tredici e cinquanta**	*le (oorè) treedietsjie ee tsjiengkwanta*
13.55	**le (ore) tredici e cinquantacinque**	*le (oorè) treedietsjie ee tsjieng-kwantatsjiengkwè*
14.00	**le (ore) quattordici**	*le (oorè) kwattordietsjie*
14.05	**le (ore) quattordici e cinque**	*le (oorè) kwattordietsjie ee tsjiengkwè*
14.10	**le (ore) quattordici e dieci**	*le (oorè) kwattordietsjie ee djètsjie*
00.00	**mezzanotte**	*meddzanottè*

seconde	**un secondo**	*oen seekondò*
minuut	**un minuto**	*oen mienoetò*
kwartier	**un quarto d'ora**	*oen kwartò d'oora*
half uur	**una mezz'ora**	*oena mezzoora*
uur	**un'ora**	*oen' oora*
dagdeel	**una parte del giorno**	*oena partè del dzjornò*
vanochtend	**questa mattina**	*kwesta mattiena*
vanmiddag	**questo pomeriggio**	*kwestò pomerieddzjò*
vanavond/vannacht	**stasera/stanotte**	*stasèra/stanottè*

Tussen ... en ...	**fra le ... e le ...**	*fra le ... ee le ...*
Vanaf ... tot ...	**dalle ... alle ...**	*dallè ... allè ...*

We zijn/U bent (te) vroeg/laat/mooi op tijd.
Siamo presti/Lei è presto (in anticipo)/tardi/proprio in tempo.
sjaamò prestie/lei è presto (ien antietsjiepò)/tardie/proprjò ien tempò.

Hoe laat is het?
Che ore sono?/Che ora è? ...
kè oorè sonò/kè oorà e? ...

Het is 20.23.
Sono le venti e ventitre.
sonò le wentie ee wentietrè.

Hoe laat begint het?
A che ora comincia?
aa kè oorà komientsja?

dagen, weken, maanden, jaren

eergisteren	l'altro ieri	*l' altrò jèrie*
gisteren	ieri	*jèrie*
vandaag	oggi	*oddzjie*
morgen	domani	*domaanie*
morgenochtend	domani mattina	*domaanie mattiena*
morgenmiddag	domani pomeriggio	*domaanie pomerieddzjò*
morgenavond	domani sera	*domaanie sèra*
overmorgen	dopodomani	*dòpò domaanie*
maandag	lunedì	*loenedie*
dinsdagx	martedì	*martedie*
woensdag	mercoledì	*merkoledie*
donderdag	giovedì	*dzjowedie*
vrijdag	venerdì	*wenerdie*
zaterdag	sabato	*sabatò*
zondag	domenica	*domèniekà*
week	settimana	*settiemaana*
twee weken	quindici giorni	*kwiendietsjie dzjornie*
maand	un mese	*oen mèzè*
jaar	un anno	*oen annò*
eeuw	un secolo	*oen sèkolò*

januari	gennaio	*dzjennajò*
februari	**febbraio**	*febbrajò*
maart	**marzo**	*martsò*
april	**aprile**	*aprielè*
mei	**maggio**	*maddzjò*
juni	**giugno**	*dzjoenjò*
juli	**luglio**	*loeljò*
augustus	**agosto**	*aGostò*
september	**settembre**	*settembrè*
oktober	**ottobre**	*ottòbrè*
november	**novembre**	*nowembrè*
december	**dicembre**	*dietsjembrè*
lente	**(la) primavera**	*(la) priemawèra*
zomerx	**(l')estate**	*(l')estaate*
herfst	**(l')autunno**	*(l')auwtoennò*
winter	**(l')inverno**	*(l')ienwernò*

Welke datum is het vandaag?
Quanti ne abbiamo oggi?
kwantie ne abbjaamo oddzjie?

Donderdag, 25 oktober 2001.
Giovedì, 25 (venticinque) ottobre 2001 (duemilauno)
dzjowedie, wentietsjiengkwè ottòbrè 2001 (doewemiela-oenò)

Deze/volgende/vorige ...
Questo(-a)/il (la) prossimo(-a)/l'ultimo(-a) ...
kwestò(-a)/iel (la) prossiemò(-a)/l' oeltiemò(-a) ...

| Over een week. | **Fra una settimana.** | *fra oena settiemaana.* |

Wat voor weer wordt het vandaag?
Che tempo farà oggi?
kè tempò farà oddzjie?

Wordt het weer beter/slechter?
Il tempo si migliorerà/peggiorerà?
iel tempò sie mieljorerà/pedzjorerà?

Het is vandaag erg warm/koud
Oggi fa molto caldo/freddo.
oddzjie fà moltò kaldò/freddò.

Komt er meer/minder wind?
Ci sarà più/meno vento?
tsjie sarà pjoe/menò wentò?

Regent het hier vaak?
Piove spesso qui?
pjôwè spessò kwie?

Komt er meer regen/sneeuw/onweer?
Avremo più pioggia/neve/temporali?
awrèmò pjoe pjoddzja/nèwè/temporaalie?

Hoe zijn de sneeuwcondities?
Quali sono le condizioni di neve?
kwaalie sonò le kondietsjònie die nèwè?

De temperatuur is 10°C.
Il termometro segna 10⁰ C.(dieci gradi).
iel termometrò senja djeetsjie Gradie.

Met behulp van de volgende woordenlijst kan het weerbericht in de krant worden ontcijferd.

acquazzoni	*aakwaddzònie*	buien
afoso	*afòzò*	zwoel, benauwd
area di alta pressione	*aarja die alta pressjònè*	hogedrukgebied
area di bassa pressione	*aarja die bassa pressjònè*	lagedrukgebied
assolato	*assolaatò*	zonnig
brina	*briena*	rijp
bufera di neve	*boefèra die nèwè*	sneeuwstorm
caldo	*kaldò*	warm
chiaro	*kjaarò*	helder
est	*est*	oosten
freddo	*freddò*	koud
gelo notturno	*dzjèlò nottoernò*	nachtvorst
gelo	*dzjèlò*	vorst
ghiaccio	*Gjatsjò*	ijzel
grandine	*Grandienè*	hagel
nebbia	*nebbja*	mist, nevel
neve	*nèwè*	sneeuw
nevischio	*newieskjò*	natte sneeuw
nord	*nord*	noorden
nuvoloso	*noewolòsò*	bewolkt
ovest	*owest*	westen
piogge sparse	*pjoddzjè sparsè*	hier en daar een bui
pioggerella	*pjoddzjerella*	motregen
pioggia	*pjoddzja*	regen
piuttosto freddo/caldo	*pjoettostò freddò/kaldò*	vrij koud/warm
precipitazioni	*preetsjiepietaatsjònie*	neerslag
schiarite	*skjaarietè*	opklaringen
sud	*soed*	zuiden
tempesta	*tempesta*	storm
temporale	*temporaalè*	onweer
uragano	*oeraGaanò*	orkaan, cycloon
variabile	*waarjaabielè*	wisselvallig
vento debole	*wèntò dèbolè*	zwakke wind
vento forte	*wèntò fortè*	harde wind
vento moderato	*wèntò moderaatò*	matige wind

OPSCHRIFTEN

de luchthaven	l'aeroporto	l' èrroportò
vlucht	il volo	iel wòlo
vluchtnummer	il numero di volo	iel noemerò die wòlò
aankomst	l'arrivo	larriewò
vertrek	la partenza	la partentsa
binnenlandse vluchten	i voli nazionali	ie wòlie natsjonaalie
internationale vluchten	i voli internazionali	ie wòlie ienternatsjonaalie
geannuleerd	annullato	annoelaatò
vertraagd	in ritardo	ien rietardò
alleen handbagage	solo bagaglio a mano	sòlò baGaljo a maanò
alleen passagiers	solo passeggeri	sòlò passeddzjèrie
belastingvrije winkels	i negozi duty-free	ie neGòtsie djoetie-frie
terminal	il terminal	iel termienal
passagiersterminal	l'area/il terminal passeggeri	l' aareja/il termienal passeddzjèrie
inchecken	fare l'accettazione	faare l' attsjettatsjònè
verboden te roken	vietato fumare	wjeetaatò foemaarè.
gevonden voorwerpen	oggetti smarriti	oddzjettie zmarrietie

Waar is de informatiebalie?
Dov'è il banco informazioni?
dowè iel bangkò ienformaatsjònie?

Waar moet ik inchecken?
Dove devo fare il check-in/l'accettazione?
dowè dewò faarè iel tsjek-ien/l' attsjettaatsjònè?

Waar kan in mijn bagage laten inchecken/inschrijven?
Dove si fa il check-in per i bagagli?
dowè sie fà iel tsjek-ien per ie baGaljie?

Hoeveel vertraging heeft het vliegtuig?
Quanto tempo è in ritardo l'aereo?
kwantò tempò è ien rietardò l' a-èrejò?

Ik wil een ticket naar ... voor (datum).
Vorrei un biglietto per ... il ...
worrei oen bieljettò per ... iel ...

Graag een plaats aan het raam/gangpad, roken/niet roken.
Preferisco un posto accanto alla finestra/al corridoio/fumatori/non fumatori.
preeferieskò oen postò akkantò alla fienestra/al korriedojò/foematòrie/non foematòrie.

Wanneer zijn er vluchten naar...?
Quando ci sono dei voli per ...?
kwandò tsjie sonò dei-ie wòlie per ...?

Is het een directe vlucht?
E' un volo diretto?
è oen wòlò dierettò?

Hoeveel kost een vlucht naar ...?
Quanto costa un volo per ...?
kwantò kostà oen wòlò per ...?

Zijn er gereduceerde tarieven?
Ci sono delle tariffe ridotte?
tsjie sonò dellè tarieffè ridottè?

Hoe laat moet ik inchecken?
A che ora devo fare il check-in?
aa kè oora dewò faarè iel tsjek-ien?

Gaat er openbaar vervoer naar het vliegveld?
Ci sono dei mezzi di trasporto pubblici per l'aeroporto?
tsjie sonò dei-ie meddzie die trasportò poebblietsjie per l' a-eroportò?

Ik wil mijn reservering wijzigen/herbevestigen/annuleren.
Vorrei cambiare/confermare/annullare la mia prenotazione.
worrei kambjaarè/konfermaarè/annoellaarè la mieja prenootaatsjònè.

Ik heb mijn vlucht gemist, kan ik met een volgende mee?
Ho perso il mio volo, potrei prendere il prossimo volo?
ò persò iel miejò wòlò, potrei prenderè iel prossiemò wòlò?

Ik ben mijn ticket/instapkaart kwijt.
Ho perso il mio biglietto/la mia carta d'imbarco.
ò persò iel miejò bieljettò/la miejà karta d' iembarkò.

Mijn vluchtnummer is ...
Il mio numero di volo è ...
iel miejò noemerò die wòlò è ...

Hoe laat komen we aan?
A che ora arriviamo?
aa kè oora arriewjaamò?

Van waar vertrekt mijn transfer naar ...?
Da dove parte il mio transfer per ...?
Da dowè partè iel miejò transfur per ...?

bagage

boodschappentas	**la borsa della spesa**	*la borsà della spèsa*
(kartonnen) doos	**la scatola (di cartone)**	*la skaatolà (die kartònè)*
handtas	**la borsetta**	*la borsettà*
instrumentkoffer	**la custodia per strumenti**	*la koestòdjà per stroementie*
koffer	**la valigia**	*la waliedzjà*
plastic tas	**la busta di plastica**	*la boestà die plastiekà*
rugzak	**lo zaino**	*lò dzajnò*
tas	**la borsa**	*la borsà*
valies	**la valigia**	*la waliedzjà*

Is er misschien ergens een bagagekluisje?
C'è per caso un armadietto qui?
tsjè per kaasò oen armaadjettò kwie?

Is er een bagagedepot hier in de buurt?
C'è un deposito bagagli qui vicino?
tsjè oen depòsietò baGaljie kwie wietsjienò?

Waar kan ik mijn bagage kwijt?
Dove potrei lasciare i bagagli?
dowè potrei lasjaarè ie baGaljie?

Kan ik ergens een bagagekarretje huren?
Potrei noleggiare un carrello da qualche parte?
potrei noleddzjaarè oen karrellò da kwalkè partè?

Zijn er ook kruiers/bagagekarretjes?
Ci sono dei facchini/carrelli?
tsjie sonò dei-ie fakkienie/karrellie?

Kan ik ergens mijn bagage in bewaring geven?
Dove potrei lasciare i bagagli?
dowè potrei lasjaare i baGaljie?

Mijn bagage is niet aangekomen
Non sono arrivati i miei bagagli.
non sonò arriewaatie ie mjei baGaljie.

Er ontbreekt een ...   **Manca un(-a) ...**   *mankà oen(-a) ...*

Ha ... chili di sovrappeso.
à ... kielie die sowrappèzò.
U heeft ... kilo te veel bagage.

Deve pagare ... euro in più.
dewè paGaare ... eejoerò ien pjoe.
U moet ... euro toebetalen.

7 – REIZEN 2: MET HET OPENBAAR VERVOER

algemeen

vertrekken	**partire**	*partierè*
aankomen	**arrivare**	*arrievaarè*
bagage	**i bagagli**	*ie baGaljie*
bagagerek	**la rete portabagagli**	*la reetè portabaGaljie*
reserveren	**prenotare**	*prenotaarè*
halte	**la fermata**	*la fermaata*
kaartje	**il biglietto**	*iel bieljettò*
stempel	**il timbro**	*iel tiembrò*
loket	**lo sportello**	*lò sportello*
dienstregeling	**l'orario**	*l' oraarjò*
enkeltje	**un biglietto di andata**	*oen bieljettò die andaata*
retour	**un biglietto di andata e ritorno**	*oen bieljettò die andaata ee rietornò*
perron	**il binario**	*iel bienaarjò*
station	**la stazione**	*la staatsjònè*
pier	**il molo**	*iel mòlò*
veerboot	**il traghetto**	*iel traGhettò*
lijn	**la linea**	*la lieneja*
vertraging	**il ritardo**	*iel rietardò*
stadsbus	**(auto)bus**	*(auto)boes*
touringcar	**il pullman**	*iel poellman*
metro	**la metropolitana**	*la metropolietaana*
tram	**il tram**	*iel tram*
streekbus	**il pullman**	*iel poelman*

arrivo/arrivi	*arriewò/arriewie*	aankomst
prenotazioni	*prenotaatsjònie*	plaatsreserveringen
coincidenza	*ko-ientsjiedentsa*	aansluiting
partenza/partenze	*partentsa/partentsè*	vertrek
deposito bagagli	*depòsietò baGaljie*	bagagedepot
oggetti smarriti	*oddzjettie smarrietie*	gevonden voorwerpen
armadietti	*armaadjettie*	bagagekluizen

solo/eccetto domenica e giorni festivi
sòlò/etsjettò domènieka è dzjornie festiewie
op/behalve zon- en feestdagen

binario	*bienaarjò*	perron
prenotazione obbligatoria	*prenotaatsjònè obbliGatoorja*	reserveren verplicht
biglietteria	*bieljetterieja*	kaartverkoop
orario	*oraarjò*	dienstregeling
binario	*bienaarjò*	spoor
sala d'attesa/d'aspetto	*saala d' attèsa/d' aspettò*	wachtkamer
giorni lavorativi	*dzjornie laworatiewie*	op werkdagen
segnale d'allarme	*senjaale d' allarme*	noodrem
non fumatori	*non foematòrie*	niet roken
aperto/chiuso	*aperto/kjoezo*	open/dicht
fumatori	*foematòrie*	roken
uscita d'emergenza	*oesjieta d' emerdzjentsa*	nooduitgang

In de zinnen hieronder kunt u 'trein' (**il treno**) vervangen door ...

stadsbus	**l'(auto)bus**	*l' (auto)boes*
touringcar	**il pullman**	*il poellman*
metro	**la metropolitana**	*la metropolietaana*
tram	**il tram**	*iel tram*

Waar is het station?
Dov'è la stazione?
dowè la staatsjònè?

Waar is de (dichtstbijzijnde) halte?
Dov'è la fermata (più vicina)?
dowè la fermaata (pjoe wietsjiena)?

Waar is het informatieloket?
Dov'è l'ufficio informazioni?
dowè l' oeffietsjò ienformaatsjònie?

Ik wil graag naar Florence.
Vorrei andare a Firenze.
worrei andaarè a fierentsee.

Waar kan ik een kaartje kopen naar ...?
Dove potrei comprare un biglietto per ...?
dowè potrei kompraarè oen bieljettò per ...?

Wat kost een kaartje naar Napels?
Quanto costa un biglietto per Napoli?
kwantò kosta oen bieljettò per napolie?

Geldt er een korting voor kinderen/studenten/senioren/groepen?
C'è una riduzione per bambini/studenti/anziani/gruppi?
tsjè oena riedoetsjònè per bambienie/stoedentie/antsjaanie/Groeppie?

Mag de hond/kinderwagen/fiets/deze bagage mee en kost dat extra?
Si può portare il cane/la carrozzina/la bicicletta/questi bagagli, e quanto costa in più?
sie pwò portaare iel kaanè/la karroddziena/kwestie baGaljie, ee kwantò kostaa ien pjoe?

Wanneer gaat de volgende/eerste/laatste trein naar ...?
Quando parte il prossimo/il primo/l'ultimo treno per ...?
kwandò partè iel prossiemò/iel priemò/l'oeltiemò trènò per ...?

Van welk perron vertrekt de trein naar ...?
Da qual binario parte il treno per ...?
daa kwaal bienaarjò partè iel trènò per ...?

Is er aansluiting naar ...
C'è una coincidenza per ...?
tsjè oena ko-ientsjiedentsà per ...?

Hoe laat komt de trein aan in ...?
A che ora arriva il treno a ...?
aa kè oora arriewa iel trènò a ...?

Moet ik overstappen?
Devo cambiare?
dewò kambjaarè?

Kunt u mij helpen met mijn bagage?
Mi potrebbe aiutare con i bagagli?
mie potrebbè ajoetaarè kon ie baGaljie?

Is deze plaats vrij?
E' libero questo posto?
è lieberò kwestò postò?

Mag het raam open/dicht?
Posso aprire/chiudere il finestrino?
possò aprierè/kjoederè iel fienestrienò?

Ik ben mijn kaartje kwijt.
Ho perso il mio biglietto.
ò persò iel miejò bieljettò.

Ik heb geen tijd gehad/Het was onmogelijk een kaartje te kopen.
Non ho avuto tempo di comprare un biglietto – Era impossibile comprare un biglietto.
non ò awoetò tempò die kompraarè oen bieljettò -eerà iempossiebielè kompraarè oen bieljettò.

Hoe lang stopt de trein hier?
Per quanto tempo si ferma il treno qui?
per kwantò tempo sie ferma iel trènò kwie?

Waar zijn we?
Dove siamo?
dowè sjaamo?

ITALIAANS - NEDERLANDS

I biglietti, per favore.
le bieljettie, per fawòrè.
Mag ik uw kaartje zien?

Ha sbagliato treno.
à sbaljaatò trènò.
U zit in de verkeerde trein.

Deve cambiare a ...
dewè kambjaarè a ...
U moet overstappen in ...

Deve pagare una multa/un supplemento di ...
dewè paGaarè oena moeltà/oen soepplementò die ...
U moet een boete/toeslag betalen van ...

de trein

autotrein	il treno auto accompagnate	*iel trènò auto akkompanjaatè*
couchette	la cuccetta	*la koetsjetta*
coupé	lo scompartimento	*lò skompartimentò*
eerste klas	la prima classe	*la priema klassè*
enkele reis	(solo) andata	*(sòlò) andaata*
intercity	l'intercity	*l' ientersietie*
interrail-pas	la carta Inter-Rail	*la karta ienter-reel*
retour	andata e ritorno	*andaata e rietornò*
slaaptrein	un treno con vagoni-letto	*oen trènò kon waGònie-lettò*
sneltrein	l'espresso/il rapido/il diretto	*l' espresso/iel raapidò/ iel dierietò*
spoor	il binario	*iel bienaarjò*
spoorboekje	un orario ferroviario	*oen ooraarjò ferrowjaarjò*
stoptrein	il locale	*iel lokaalè*
toeslag	il supplemento	*iel soepplementò*
treinconducteur	il controllore	*iel controllòrè*
tweede klas	la seconda classe	*la sekonda klassè*

OPSCHRIFTEN

e' pericoloso sporgersi dal finestrino	niet uit het raam leunen
vietato fumare	verboden te roken

Is er een slaap-/restauratiewagen in de trein?
C'è una vagone letto/ristorante nel treno?
tsjè oena waGòne lettò/riestorantè nel trènò?

Hoe lang is dit kaartje/een retour geldig?
Fino a quando è valido questo biglietto/un biglietto di andata e ritorno?
fienò aa kwandò è waaliedò kwestò bieljettò/oen bieljettò die andaata e rietornò?

Geldt er een korting voor kinderen/studenten/senioren/groepen?
C'è una riduzione per bambini/studenti/anziani/gruppi?
tsjè oena riedoetsjònè per bambienie/stoedentie/antsjaanie/Groeppi?

Ik wil een plaats reserveren.
Vorrei prenotare un posto.
worrei prenotaarè oen postò.

Kan ik mijn fiets meenemen in de trein?
Posso portare (con me) la mia bicicletta in treno?
possò portaarè (kon mè) la miejà bietsjiekletta ien trènò?

Vertrekt de trein naar ... vanaf dit perron?
Il treno per ... parte da questo binario?
iel trènò per ... partè da kwestò bienaarjò?

Kunt u mij helpen met mijn bagage?
Mi potrebbe aiutare con i bagagli?
mie potrebbè ajoetaarè kon ie baGaljie?

Heeft de trein naar ... vertraging? Hoe lang?
E' in ritardo il treno per ... ? Di quanto?
è ien rietardò iel trènò per ...? Die kwantò?

Gaat deze trein naar ...?
Questo è il treno per ...?
kwestò è iel trènò per ...?

Sorry, ik heb deze plaats gereserveerd.
Scusi, ho prenotato questo posto.
skoezie, ò prenotaatò kwestò postò.

Welk station is dit?
Quale stazione è questa?
kwaalè staatsjònè è kwesta?

Is dit het centraal station?
Questa è la stazione centrale?
kwesta è la staatsjònè tsjentraalè?

ITALIAANS - NEDERLANDS

Il suo biglietto non vale per questo treno.
iel soewò bieljettò non waalè per kwestò trènò.
Uw kaartje is niet geldig voor deze trein.

stadsvervoer

tram- of busconducteur	**il bigliettaio/il controllore**	*iel bieljettajò/iel controllòrè.*

ITALIAANS - NEDERLANDS

non disturbare il conducente	niet spreken met de bestuurder
vietato fumare	verboden te roken
salire davanti	voorin instappen
scendere dietro	achterin uitstappen

Is hier een bushalte of metrostation?
Qui c'è una fermata dell'autobus o una stazione della metropolitana?
kwie tsjè oena fermaata dell' autoboes ò oena staatsjònè della metropolietaana?

Is er een bus naar de stad?
C'è un autobus che va in città?
tsjè oen autoboes kè wà ien tsjiettà?

Welke bus/tram/metrolijn gaat naar het station?
Quale bus/tram/metropolitana va alla stazione?
kwaalè boes/tram/metropolietaanà/wà alla staatsjònè?

Welke bus gaat...?
Quale autobus va ...?
kwaalè autoboes wà ...?
 – naar het dichtstbijzijnde winkelcentrum
al centro commerciale più vicino
al tsjentrò kommertsjaalè pjoe wietsjienò

– naar het stadscentrum	**in centro città**	*ien tsjentrò tsjiettà*
– naar het vliegveld	**all'aeroporto**	*all' a-eroportò*
– naar de camping	**al campeggio**	*al kampeddzjò*
– naar het strand	**alla spiaggia**	*alla spjaddzja*

Mag ik met dit kaartje overstappen op een andere bus/metro?
Posso cambiare autobus/treno con questo biglietto?
possò kambjaarè autoboes/trènò kon kwestò bieljettò?

Wilt u me waarschuwen als we er zijn/zijn bij ...?
Mi vorrebbe avvertire quando siamo arrivati/a ...?
mie worrebbe awwertiere kwando sjaamò arrivaatie/aa?

taxi

bezet	**completo**	*komplètò*
chauffeur	**il tassista**	*iel tassiestaa*
meter	**il metro**	*iel mètrò*
tarief	**la tariffa**	*la tarieffa.*
taxistandplaats	**il posteggio di taxi**	*iel posteddzjò die tassie*
vrij	**libero**	*lieberò*

Kunt u voor ... uur een taxi voor me bellen?
Mi potrebbe chiamare un taxi alle ... ?
mie potrebbè kjamaarè oen tassie allè ...?

Naar ... , alstublieft.
Vorrei andare a ..., per favore.
worrei andaarè aa ..., per fawòrè.

– dit adres	**questo indirizzo**	*kwestò iendierietsò*
– het busstation	**la stazione degli autobus**	*la staatsjònè deljie autoboes*
– het stadscentrum	**il centro (città)**	*iel tsjentrò (tsjiettà)*
– hotel ...	**l'albergo**	*l' alberGò*
– het vliegveld	**l' aeroporto**	*l' a-eroportò*
– het (trein)station	**la stazione (ferroviaria)**	*la staatsjònè (ferrowjaarja)*

Wat gaat het kosten naar ...?
Quanto è per ...?
kwantò è per ...?

Is dat inclusief bagage/fooi/belastingen?
Bagagli compresi?/Mancia compresa?/Tasse comprese?
baGaljie kompreesie?/mantsja kompreesa?/tasse kompreese?

Ik heb haast.	**Ho fretta.**	*ò fretta.*

Wilt u hier stoppen?
Per favore, si fermi qui.
per fawòrè, sie fermi kwie.

Kunt u mij er hier uit laten?
Vorrei scendere qui.
worrei sjenderè kwie.

Wilt u even op me wachten? Ik ben zo terug.
Potrebbe aspettarmi un attimo? Torno subito.
potrebbè aspettaarmie oen attiemò? Tornò soebietò.

Hoeveel krijgt u van me?
Quanto le devo?
kwantò lè dewò.

Sorry, ik heb het niet kleiner.
Mi scusi, non ho spiccioli
mie skoezie, non ò spietsjolie.

Het is goed zo. (als u geen wisselgeld terug hoeft)
Va bene così – Tenga pure.
wà bènè kozie – tengGa poerè.

Mag ik een kwitantie van u?
Potrei avere una ricevuta, per favore?
potrei awèrè oena rietsjewoeta, per fawòrè?

boot

bakboord	babordo	babordò
boeg	prua	proewa
dek	coperta	koperta
hek	poppa	poppa
hut	cabina	kabiena
kapitein	capitano	kapietaanò
purser	commissario di bordo	kommissaarjò die bordò
reddingsboot	barca di salvataggio	barkà die salwataddzjò
reddingsvesten	giubbotti di salvataggio	dzjoebbottie die salwa taddzjò
stuurboord	tribordo	triebordò

Waar is de haven?
Dov'è il porto?
dowè iel portò?

Waar liggen de passagiersschepen?
Dove si trovano le navi per passeggeri?
dowè sie tròwaanò le naawie per passeddzjèrie?

Van welke kade vertrekt de boot naar ...?
Da quale banchina parte la nave per ... ?
da kwaalè bankiena partè la naawè per ...?

Ik wil een ...	**Vorrei una ...**	*worrei oena ...*
– eenpersoonshut	**cabina singola**	*kabiena sieng-Golà*
– tweepersoonshut	**cabina doppia**	*kabiena doppjà*
– slaapstoel	**poltrona**	*poltròna*

Wat kost het vervoer van een auto met vier inzittenden?
Quanto costa il trasporto di una macchina con quattro persone?
kwantò kosta iel trasportò die oena makkiena kon kwattrò persònè?

Wanneer gaat de volgende boot/veerboot?
Quando parte la prossima nave/il prossimo traghetto?
kwandò parte la prossiema naawè/iel prossiemo traGettò?

Hoe lang duurt de tocht/overtocht?
Quanto dura la gita/la traversata?
kwantò doera la dzjieta/la trawersaata?

Is de zee rustig of ruw?
E' calmo o mosso/agitato il mare?
è kalmò ò mossò/adzjietaatò iel maarè?

auto en motor

aanhanger	**il rimorchio**	*iel rimorkjò*
auto	**la macchina**	*la makkiena*
autopapieren	**i documenti**	*ie dokoementie*
autosleutels	**le chiavi della macchina**	*le kjaawie della makkiena*
busje	**il pulmino**	*iel poelmienò*
caravan	**la roulotte**	*la roelot*
file	**la coda**	*la kooda*
filenieuws	**informazioni stradali**	*ienformaatsjònie stradaalie*
kenteken	**la targa**	*la tarGa*
merk, type, model	**il marchio, tipo, modello**	*iel markjò, tiepò, modellò*
motor	**il motore**	*iel motòrè*
rijbewijs	**la patente (di guida)**	*la patentè die Gwieda*
brommer	**il motorino**	*iel motorienò*
scooter	**lo scooter**	*lo skoeter*
tolweg	**l'autostrada a pedaggio**	*l' autostraada aa pedaddzjò*
zijspan	**la motocarrozzetta**	*la motokarroddzetta*

auto en motor: huren

In de zinnen hieronder kunt u 'auto' vervangen door 'motor'.

Ik wil graag een auto huren voor ... dagen/weken.
Vorrei noleggiare una macchina per ... giorni/settimane.
worrei noleddzjaarè oena makkiena per ... dzjornie/settiemaanè.

Ik wil graag een grote/middelgrote/kleine auto met automaat/versnelling.
Vorrei una macchina grande/di media grandezza/piccola con cambio automatico/mauale.
worrei oena makkiena Grande/die meedja Grandettsa/piekkola kon kambjòautomaatiekò/manoewaalè.

Wat kost het per dag/week?
Quanto costa al giorno/alla settimana?
kwantò kosta al dzjornò/alla settiemaana?

Is de prijs inclusief ...?   E' compreso (compresa) ...?   è komprèsò (komprèsa) ...?
- all-risk verzekering   l' assicurazione completa   l' assiekoeraatsjònè komplèta
- een onbeperkte afstand   il chilometraggio illimitato   iel kielometraddzjò ie lliemietaatò
- afkoop eigen risico   il riscatto di franchigia   iel rieskattò die frankiedzja
- belastingen   le tasse   le tassè
- btw   l'IVA   l' iewa
- een volle tank   il pieno   iel pjènò

Hoeveel bedraagt de borgsom?
Quant'è la cauzione?
kwantè la kautsjònè?

Wat zijn de kosten als ik de auto in Rome achterlaat?
Quanto mi costa se lascio la macchina a Roma?
kwantò mie kostà sè lasjò la makkiena a roma?

Hoe laat sluit het kantoor?
A che ora chiude l'ufficio?
aa kè oora kjoedè l' oeffietsjò?

Waar/Wanneer kan ik de auto terugbrengen?
Dove/Quando posso restituire la macchina?
dowè/kwandò posso restitoe-iere la makkiena?

auto en motor: op het benzinestation

autowassen	lavare la macchina	lavaarè la makkiena.
benzine	la benzina	la bendziena
bonnetje	lo scontrino	lo skontrienò
diesel	gasolio	Gazoljò
liter	il litro	iel lietro
loodvrij	senza piombo	sentsa pjombò (noemerò
(95 octaan, euro-loodvrij)	(numero d'ottano 95)	d' ottanò nowantaats jiengkwè
lpg	il gpl	iel dzjie-pie-el
lucht	l'aria	l' aarja
normaal	normale	normaalè
ongelood	senza piombo	sentsa pjombò
pompnummer	il numero del distributore di benzina	iel noemerò del diestrie-boetòre die bendziena

super gelood (98 octaan)	super (numero d'ottano 98)	*soeper (noemero d' ottano 98 nowantottò))*
super	super	*soeper*
tanken	fare il rifornimento di benzina	*faarè iel riforniementò die bendziena*
voltanken	fare il pieno	*faare iel pjènò*
water	l'acqua	*l'aakwa*
zegeltjes	i bollini	*ie bollienie*
zelfbediening	il self-service	*iel self-surwis*

Waar is het dichtstbijzijnde benzinestation?
Dov'è il benzinaio più vicino?
dowè iel bendzienajò pjoe wietsjienò?

Graag voltanken met ...
Il pieno di ..., per favore.
iel pjènò die ..., per fawòrè.

Graag ... liter/voor ... euro.
... litri/per ... euro, per favore.
... lietrie/per ... eejoeroo, per fawòrè.

Wilt u de/het ... even controleren?	Mi controlli ...?	*mie kontrollie ...?*
– oliepeil	il livello dell' olio	*iel liewellò dell' oljò*
– waterpeil	il livello dell' acqua	*iel liewellò dell' aakwa*
– bandenspanning	la pressione delle gomme	*la pressjònè delle Gommè*
– remvloeistof	il liquido dei freni	*iel liekwiedò dei-ie frènie*

– verlichting voor/achter/remlicht
i fanali anteriori/di coda/le luci di arresto
ie fanaalie anteerjòrie/die kòda/le loetsjie die arrestò

Wilt u ...?	mi potrebbe ...?	*mie potrebbè ...?*
– de voorruit schoonmaken	pulire il parabrezza	*poelierè iel parabreddza*
– olie verversen	cambiare l'olio	*kambjaarè l'oljo*
– deze jerrycan vullen	riempire questo bidone	*rie-empierè kwestò biedònè*

Waar zijn de toiletten?
Dove sono i gabinetti?
dowè sonò i Gabienettie?

auto en motor: parkeren

Kan ik hier in de buurt parkeren?
C'è un parcheggio qui vicino?
Tsjè oen parkeddzjò kwie wietsjienò?

Mag ik hier parkeren?
Posso parcheggiare qui?
possò parkeddzjaarè kwie?

Hoe lang mag ik hier parkeren?
Per quanto tempo posso parcheggiare qui?
per kwantò tempò possò parkeddzjaarè kwie?

Wat kost het per uur/per dag?
Quanto costa all'ora/al giorno?
kwantò kosta all' oora/al dzjornò?

Is het parkeerterrein bewaakt?
E' custodito il parcheggio?
è koestodietò iel parkeddzjò?

Is het parkeerterein/de garage dag en nacht geopend?
Il parcheggio è aperto giorno e notte?
iel parkeddzjò è apertò dzjornò ee nottè?

auto en motor: technische klachten

pech	**la panne**	*la pannè*
praatpaal	**la colonnina S.O.S.**	*la kolonniena es-oo-es*
stuk	**guasto**	*Gwastò*
Wegenwacht	**soccorso stradale (l'ACI)**	*sokkorsò stradaalè (l' aatsjie)*

Ik heb een probleempje met mijn auto.
Ho un problemino con la macchina.
ò oen problemienò kon la makkiena.

Ik sta met pech.
Sono rimasto(-a) in panne.
sonò riemastò(-a) ien panne.

Ik sta langs weg nummer .../vlak bij ...
Sono sulla strada numero .../vicino a ...
sonò soella straada noemerò .../wietsjienò a ...

Kunt u een reparateur laten komen?
Potrebbe mandare un meccanico, per favore?
potrebbe mandaarè oen mekkaanikò, per fawòre?

Kunt u een garage/takelwagen voor me bellen?
Mi potrebbe chiamare un garage/un autogrù?
mie potrebbè kjamaarè oen Garaazje/oen autoGroe?

Kunt u de Wegenwacht voor me bellen?
Mi potrebbe avvisare il soccorso stradale, per favore?
mie potrebbè awwiezaarè iel sokkorsò stradaalè, per fawòre?

Ik ben (geen) lid.
(Non)sono socio(-a).
(non) sonò sootsjò(-a).

Ik sta zonder benzine.
Sono rimasto(-a) senza benzina.
sonò riemastò(-a) sentsa bendziena.

Ik heb mijn autosleutels verloren.
Ho perso le chiavi della macchina.
ò persò le kjaawie della makkiena.

Ik ruik benzine/uitlaatgas in de auto.
C'è un puzzo di benzina/di gas di scarico nella macchina.
tsjè oen poetsò die bendziena/di Gas die skaariekò nella makkiena.

De motor ...	Il motore ...	iel motòrè ...
– wordt te heet	si surriscalda	sie soerrieskalda
– loopt onregelmatig	va a strappi	wà aa strappie
– slaat af	si spegne	sie spenjè
– start niet	non si accende	non sie attsjendè

De auto trekt niet op.
La macchina non accelera.
la makkiena non attsjèlera.

Er lekt olie/water/benzine.
La macchina perde olio/acqua/benzina.
la makkiena perdè oljò/aakwa/bendziena.

De koppeling slipt.
La frizione slitta.
la frietsjònè slietta.

De radiator is lek.
Il radiatore perde acqua.
iel raadjatòrè perdè aakwa.

De accu is leeg. Kunt u de accu laden?
La batteria è scarica. Me la potrebbe caricare?
la batterieja è skaarieka. – mè la potrebbè kariekaarè?

Het is...	E' ...	è ...
– beschadigd	danneggiato(-a)	*danneddzjaatò*
– doorgebrand	bruciato(-a)	*broetsjaatò(-a)*
– gebarsten	incrinato(-a)	*ienkrienaato(-a)*
– gebroken/kapot	guasto(-a)	*Gwastò(-a)*
– lek	una perdita	*oena perdita*
– kortgesloten	C'è un corto circuito.	*tsjè oen kortò tsjirkoe-itò*
– verbrand	bruciato(-a)	*broetsjaatò(-a)*
– verroest	arrugginito(-a)	*arroeddzjienietò(-a)*
– versleten	consumato(-a)	*konsoemaatò(-a)*
– verstopt	otturato/congestionato(-a)	*ottoeraatò/ kondzjestjonaatò(-a)*
– vuil	sporco(-a)	*sporkò(-a)*

Deze band is lek. Kunt u hem repareren/het wiel verwisselen?
Questa gomma è bucata. Me la potrebbe aggiustare/Mi potrebbe cambiare la ruota?
kwesta gomma è boekaatà – mè la potrebbè addzjoestaarè/mie potrebbè kambjaarè la rwôhta?

Ik heb mijn autosleutels verloren.
Ho perso le chavi della macchina.
ò persò le kjaawie della makkiena.

Ik heb een probleempje met mijn auto.
Ho un problemino con la macchina
ò oen problemienò kon la makkiena.

De auto wil niet starten
La macchina non parte.
la makkiena non partè.

Kunt u de auto (direct) repareren?
Potrebbe aggiustare la macchina (subito)?
potrebbè addzjoestaarè la makkiena (soebietò)?

Hoe lang gaat het duren?
Quanto durerà?
kwantò doererà?

Wilt u alleen het noodzakelijkste doen?
Per favore, faccia solo il più necessario.
per fawòrè, fattsja sòlò iel pjoe neetsjessaarjò.

Wat gaat het kosten?
Quanto costerà?
kwantò kosterà?

Kan ik hiermee verder rijden/terugrijden naar Nederland/België?
Così potrei continuare fino all'Olanda/al Belgio/ritornare in Olanda/nel Belgio?
kozie potrei kontienoewaarè fienò all' Olanda/al Beldzjò/rietornaarè ien Olanda/nel Beldzjò?

Kan ik een leenauto krijgen?
Potrei avere una macchina in prestito?
potrei awèrè oena makkiena ien prestitò?

ITALIAANS - NEDERLANDS

Qual è la Sua targa?
kwalè la soewa tarGa?
Wat is uw kenteken?

Non possiamo aggiustare la macchina. Dovrebbe andare a ...
non possjaamò addzjoestaarè la makkiena. Dowrebbè andaarè aa ...
We kunnen de auto niet repareren. U moet naar ...

Dobbiamo ordinare dei pezzi di ricambio. Ci vogliono più ò meno ... giorni.
dobbjaamò ordienaarè dei-ie pettsie die riekambjò. Tsjie woljonò pjoe ò mènò ... dzjornie.
We moeten onderdelen bestellen. Dat duurt ongeveer ... dagen.

fiets

fiets	**la bicicletta**	*la bietsjiekletta*
fietspad	**la pista ciclabile**	*la piesta tsjieklaabiele*
fietsslot	**la serratura della bicicletta**	*la serratoera della bietsjiekletta*
tandem	**un tandem**	*oen tandem*
terreinfiets	**la mountainbike**	*la mauntenbaik*

fiets: huren

Ik wil graag een fiets huren.
Vorrei noleggiare una bicicletta/bici.
worrei noleddzjaarè oena bietsjiekletta/bietsjie.

Wat kost het per uur/per dag?
Quanto costa all'ora/al giorno?
kwantò kosta all' oora/al dzjornò?

Hoeveel bedraagt de borgsom?
Quant'è la cauzione?
kwantè la kautsjònè?

Heeft u een fiets met terugtraprem/tien versnellingen?
Ha una bicicletta con freno a pedale/dieci marce?
à oena bietsjiekletta con frènò a pedaalè/djètsjie martsjè?

Verhuurt u ook sportfietsen/terreinfietsen?
Si noleggiano anche le biciclette da corsa/le mountainbikes?
sie noleddzjanò angkè le bietsjieklettè da korsà/le mauntenbaiks?

Kunt u het zadel bijstellen?
Potrebbe aggiustare il sellino?
potrebbè addzjoestaarè iel sellienò?

Kunt u de band plakken/het licht repareren?
Potrebbe riparare la gomma/la luce?
potrebbè riparaarè la Gomma/la loetsjè?

bij de monteur

De ... doet/doen het niet (goed)
Il (la)/i (le) ... non funziona/non funzianono (bene).
iel (la)/ie (le) ... non foentsjòna/non foentsjònanò (bènè).

Er ontbreekt een ...
Manca un(-a) ...
mankà oen(-a) ...

Dit onderdeel is kapot/afgebroken/gesmolten/verbrand/versleten.
Questo pezzo è guasto/rotto/fuso/bruciato/consumato.
kwestò pezzo è Guastò/rottò/foezò/broetsjaatò/konsoemaatò.

Kunt u het repareren/vervangen?
Potrebbe aggiustarlo/sostituirlo?
potrebbè addzjoestaarlò/sostietoewierlò?

Ik heb graag een prijsopgave vooraf.
Mi potrebbe dare il prezzo in anticipo?
mie potrebbè daarè iel preddzò ien antietsjiepò?

Wat gaat het kosten?
Quanto costerà?
kwantò kosterà?

Is dat inclusief materiaal/uurloon/belastingen?
Il prezzo include il materiale/la tariffa oraria/le tasse?
iel preddzò ienkloedè iel materiaalè/la tarieffa oraarja/le tassè?

Dat is te veel geld. Dan koop ik liever een nieuwe.
Costa troppo. Preferisco comprare una bicicletta nuova.
kostà troppò. preferieskò kompraarè oena bietsjiekletta nwôhwa.

Hoe lang gaat de reparatie duren?
Quanto tempo prende la riparazione?
kwantò tempò prendè la riparaatsjònè?

Wanneer/tot hoe laat kan ik hem ophalen?
Quando/fino a che ora posso ritirarla?
kwandò/fienò a kè oora possò rietieraarla?

Kan ik een ontvangstbewijs krijgen?
Potrei avere una ricevuta?
potrei awèrè oena rietsjewoeta?

liften

Mogen we hier liften?
E' permesso fare l'autostop in questo posto?
è permesso faarè l' autostop ien kwestò postò?

Gaat u in de richting van ...?
Lei va nella direzione di ...?
lei wà nella diretsjònè die ...?

Wilt u mij/ons meenemen?
Posso/possiamo venire in macchina con Lei?
possò/possjaamò wenierè ien makkiena kon lei?

Kunt u ons afzetten bij de/het eerstvolgende ...?
Potrebbe portarci al .../al prossimo ...?
potrebbè portaartsjie al .../al prossiemo ...?

Bedankt voor de lift en goede reis nog.
Grazie del passaggio e buon viaggio/buon proseguimento.
Graatzjee del passadzjò ee bwon wjaddzjo/bwon proseeGwiementò.

Zal ik een deel van de kosten vergoeden?
Pago io una parte delle spese?
paGo iejò oena partè dellè spèzè?

Waar is...?

Mag ik u wat vragen?
Potrei chiedere qualcosa?
potrei kjèderè kwalkòza?

Kunt u mij helpen?
Mi potrebbe aiutare?
mie potrebbe ajoetaarè?

Bent u hier bekend?
Conosce questa zona?
konosje kwesta dzònà?

Is dit de weg naar ...?
Questa strada porta a ...?
kwesta straada porta aa ...?

Ik ben de weg kwijt.
Mi sono perso(-a).
mie sonò persò(-a).

Waar is de/het (dichtstbijzijnde) ...
Dove si trova ... (più vicino(-a))?
dowè sie tròwa ... (pjoe wietsjienò(-a))?

– VVV	**l'ufficio turistico**	*l' oeffietsjò toeriestiekò*
– postkantoor	**l'ufficio postale**	*loeffietsjò postaalè*
– politiebureau	**la questura**	*la kwestoeraa*
– hotel	**l'albergo**	*l' alberGò*
– camping	**il campeggio**	*iel kampeddzjò*
– café	**il bar**	*iel bar*
– internetcafé	**l'internetcafé**	*l' ienternetkafee*
– snackbar	**lo snack bar**	*lo znekbar*
– restaurant	**il ristorante**	*iel riestorantè*
– strand	**la spiaggia**	*la spjaddzja*
– benzinestation	**il distributore di benzina**	*iel diestrieboetoorè die bendziena*
– garage	**il garage**	*iel GaraazJè*
– winkelcentrum	**il centro commerciale**	*iel tsjentrò kommertsjaalè*
– toilet	**il gabinetto**	*iel Gabienettò*

Hoe kom ik het snelst ...?
Come arrivo al più presto ...?
komè arriewò al pjoe prestò ...
- op de snelweg naar ...   **sull'autostrada per ...**   *soell' autostraada per ...*
- in de binnenstad   **nel centro (della città)**   *nel tsjentrò (della tsjiettà)*
- bij het heren-/   **ai gabinetti per signori/**   *ai Gabinettie per sienjòrie/*
  damestoilet?   **per signore?**   *sienjòrè?*

Waar kan ik ... kopen?
Dove posso comprare ...?
dowè possò kompraarè ...?

In welke buurt zijn de meeste winkels?
Qual'è la zona principale dei negozi?
kwalè la dzôhna prientsjiepaalè dei-ie neGòtsie?

Is er een ... in de buurt?
C'è un(-a) ... qui vicino?
tsjè oen(-a) ... kwie wietsjienò?
- parkeerplaats/-garage
un parcheggio/garage parcheggio
oen parkeddzjò/Garaazjè parkeddzjò
- brievenbus   **una buca delle lettere**   *oena boeka delle letterè*
- supermarkt   **un supermercato**   *oen soepermerkaatò*
- markt   **un mercato**   *oen merkaatò*
- geldautomaat   **un bancomat**   *oen bankomat*
- damestoilet   **un gabinetto per signore**   *oen Gabinettò per sienjòre*

Hoe ver is het?
Quanto desta da qui?
kwantò desta da kwie?

Hoe lang duurt het als ik ga lopen/fietsen?
Quanto tempo ci vuole per andarci a piedi/in bicicletta?
kwantò tempò tsjie woe-òlè per andaartsjie aa pjèdie/ien bietsjiekletta?

aanwijzen	indicare	*iendiekaarè*
afslag	uscita	*oesjieta*
bij het stoplicht	al semaforo	*al semaaforò*
eerste/tweede straat	la prima/seconda strada	*la priema/sekonda straada*
kaart	la carta	*la karta*
kruising	incrocio	*ienkrôhtsjò*
linksaf slaan	girare a sinistra	*dzjieraarè a sieniestra*
oversteken	attraversare (la strada)	*attrawersaarè la straada*
plattegrond	la pianta	*la pjanta*
rechtdoor	diritto	*dieriettò*
rechtsaf slaan	girare a destra	*dzjieraarè a destra*
rivier	il fiume	*iel fjoemè*
rotonde	la rotunda	*la rotonda*
snelweg	l'autostrada	*l' autostraada*
splitsing	la biforcazione	*la bieforkaatsjònè*
spoorbaan	la ferrovia	*la ferrowieja*
terug	indietro	*iendjètrò*
verdwaald	perso	*persò*
voor/tot/na	prima di/fino a/dopo	*priema die/fienò al/dòpò*

ITALIAANS - NEDERLANDS

E' troppo lontano per andare a piedi.
è troppò lontaanò per andaarè a pjèdie.
Het is te ver om te lopen.

Può prendere l'autobus/la metropolitana, la ...
pwò prenderè l' autoboes/la metropolietaana, la ...
U kunt bus/metro nummer ... nemen.

ITALIAANS - NEDERLANDS: KAARTLEGENDA

aeroporto	*a-eroportò*	vliegveld
area di servizio	*aarja die serwietsjò*	benzinestation
autostrada a pedaggio	*autostraada a pedaddzjò*	tolweg
autostrada	*autostraada*	auto(snel)weg
bella vista	*bella wiesta*	uitzichtspunt
campeggio	*kampeddzjò*	camping
carreggiata	*karreddzjaata*	rijweg
cascata	*kaskaata*	waterval
caverna/grotta	*kawerna/Grotta*	grot
chiesa	*kjèza*	kerk
distributore/benzinaio	*diestrieboetòrè/ bendzienajò*	benzinestation
ferrovia	*ferrowieja*	spoorlijn
fiume	*fjoemè*	rivier
fonte	*fontè*	bron
lago	*laaGò*	meer
monastero	*monastèrò*	klooster
montagna	*montanja*	berg
mulino	*moelienò*	molen
parco naturale	*parkò natoeraalè*	natuurreservaat
passo	*passò*	bergpas
pendenza	*pendentsa*	hellingspercentage
piscina	*piesjiena*	zwembad
pista ciclabile	*piesta tsjieklaabielè*	fietspad
pista per cavalli	*piesta per kawallie*	ruiterpad
ponte	*pontè*	brug
ruderi/le rovine	*roederie/le rowienè*	ruïne
seggiovia	*seddzjowieja*	stoeltjeslift
sentiero	*sentjèrò*	voetpad
spiaggia	*spjaddzja*	strand
stazione	*staatsjònè*	station
strada bianca/sterrata	*straada bjangka/ sterraataon*	geasfalteerde weg
strada principale	*straada prientsjiepaalè*	hoofdverkeersweg
strada secondaria	*straada sekondaarja*	secundaire weg
traghetto	*traGettò*	veerpont
zona militare	*dzôhna mielietaarè*	militair oefenterrein

Waar vind ik het VVV?
Dov'è l' ufficio informazioni turistiche?
dowè l' oeffietsjò ienformaatsjònie toeriestiekè?

Kunt u me informatie geven over ...?
Potrebbe darmi qualche informazione su ...?
potrebbè darmie kwalkè ienformaatsjònè soe ...?

Zijn de banken/winkels morgen open?
Domani sono aperte le banche/aperti i negozi?
domaanie sonò apertè le bangkè/apertie ie neGòtsie?

Heeft u een folder van de bezienswaardigheden?
Ha un dépliant delle cose da vedere?
à oen depliejan dellè kòzè daa wedeerè?

Heeft u deze folder ook in het Nederlands/Duits/Engels?
Ce l'ha anche in olandese/tedesco/inglese, questo dépliant?
tsjè-l' à angkè ien olandèzè/tedeskò/ienGlèzè, kwestò depliejan?

Heeft u een kaart van de stad/deze streek?
Ha una piantina della città/una mappa della zona?
à oena pjantiena della tsjiettà/oena mappa della dzôhna?

Hebt u een wegenkaart van dit gebied/een stadsplattegrond?
Ha una carta stradale di questa zona/una pianta della città?
à oena karta stradaalè die kwesta dzôhna/oena pjanta della tsjiettà?

Zijn er mooie wandelpaden in deze streek?
Ci sono dei bei sentieri in questa zona?
tsjie sonò dei-ie bei sentjèrie ien kwesta dzôhna?

Zijn er bewegwijzerde wandelpaden?
Ci sono dei sentieri con la segnaletica?
tsjie sonò dei-ie sentjèrie kon la senjalètieka?

Zijn er in deze plaats katholieke/protestantse kerkdiensten?
Ci sono delle messe/funzioni protestanti in questo posto?
tsjie sonò dellè messè/foentsjònie protestantie ien kwestò postò?

Hoe laat is de dienst/mis?
A che ora è la funzione religiosa/la messa?
aa kè oora è la foentsjònè reliedzjòza/la messa?

Ik ben op zoek naar een hotel.
Sto cercando un albergo.
stò tsjerkandò oen alberGò.

Kunt u een hotel voor me reserveren?
Mi potrebbe fare una prenotazione per un albergo?
mie potrebbè faarè oena prenotaatsjònè per oen alberGò?

Heeft u een ...?	Ha ...	à ...
– lijst van hotels	**un elenco degli alberghi**	*oen elenkò deljie alberGie*
– lijst van restaurants	**un elenco dei ristoranti**	*oen elenkò dei-ie riestorantie*
– lijst van campings	**un elenco dei campeggi**	*oen elenkò dei-ie kampeddzjie*
– busdienstregeling	**un orario degli autobus**	*oen ooraarjò deljie autoboes*
– spoorboekje	**un orario ferroviario**	*oen ooraarjò ferrowjaarjò*
– lijst van jeugdherbergen		

un elenco degli ostelli della gioventù
oen elenkò deljie ostellie della dzjowentoe
– evenementenprogramma
un programma delle manifestazioni
oen proGramma dellè maniefestaatsjònie

Ik wil vanavond naar de/een ...	Stasera vorrei andare ...	stasèra worrei andaarè ...
– bioscoop	**al cinema**	*al tsjienema*
– concert	**al concerto**	*al kontsjertò*
– musical	**al musical**	*al mjoeziekal*
– opera	**all'opera**	*all' òpera*
– theatervoorstelling	**a teatro**	*aa tejaatrò*
– toneelstuk	**ad una rappresentazione teatrale**	*ad oena rapprezen- taatsjònè tejatraalè*
– festival	**al festival**	*al fèstiewal*

Is er een lijst van alle voorstellingen?
C'è un elenco/calendario di tutti gli spettacoli?
tsjè oen elengkò/kalendaarjò die toettie ljie spettaakolie?

Waar kun je kaartjes kopen?
Dove si possono comprare i biglietti?
dowè sie possonò kompraarè ie bieljettie?

Wat kost het per uur/per dag/per persoon?
Quanto costa all'ora/al giorno/a persona?
kwantò kosta all' oora/al dzjornò/a personà?

Is het gratis?
E' gratuito?
è graatwietò?

Waar kan ik een auto/fiets huren?
Dove potrei noleggiare una macchina/bicicletta?
dowè potrei noleddzjaarè oenà makkienà/bietsjiekletta?

Zijn er ook georganiseerde (stads)excuries?
Ci sono anche delle gite organizzate (in città)?
tsjie sonò angkè dellè dzjietè orGanieddzaatè (ien tsjiettà)?

Hoe lang duurt de tocht?
Quanto dura la gita?
uantò doera la dzjieta?

Wat zijn de openingstijden van ...?
Quando è aperto(-a) il(-la) ...?
kwandò è apertò(-a) iel(-la) ...?

Hoe laat gaat het open/dicht?
Quando apre/chiude?
kwandò aaprè/kjoedè?

Heeft u een catalogus van de tentoonstelling?
Ha un catalogo della mostra?
à oen kataloGò della mostra?

Wat is de toegangsprijs?
Quanto costa un biglietto d'ingresso?
kwantò kosta oen bieljettò d' ienGressò?

Geldt er een korting voor kinderen/studenten/senioren/groepen?
C'è una riduzione per bambini/studenti/anziani/gruppi?
tsjè oena riedoetsjònè per bambienie/stoedentie/antsjaanie/Groeppie?

Zijn er rondleidingen?
Ci sono delle visite guidate?
tsjie sonò dellè wiesietè Gwiedaatè?

Mag je er fotograferen?
E' permesso fare delle foto?
è permessò faare delle fòtò?

Zijn er momenteel speciale tentoonstellingen?
Ci sono delle mostre speciali in questo momento?
tsjie sonò dellè mostrè speetsjaalie ien kwestò momentò?

OPSCHRIFTEN

accesso libero   toegang gratis
vietato l'ingresso   verboden toegang
vietato fotografare   verboden te fotograferen
non toccare   niet aanraken

TE BEZOEKEN

abdij	**l'abbazia**	*l' abbaatsieja*
Arabisch	**arabo**	*arabò*
barok	**(il) barocco**	*(iel) barokkò*
basiliek	**la basilica**	*la bazielieka*
botanische tuin	**il giardino botanico**	*iel dzjardienò botaaniekò*
classicistisch	**classicistico**	*klassietsjiestiekò*
dierentuin	**lo zoo/il giardino zoologico**	*lo dzò/iel dzjardienò dzo-olodzjiekò*
fontein	**la fontana**	*la fontaana*
fort	**la fortezza**	*la fortettsa*
gedenkteken	**il memoriale**	*iel memoorjaalè*
gerechtsgebouw	**il palazzo di giustizia**	*iel palattsò die dzjoestietsja*
Germaans	**germanico**	*dzjermaaniekò*
gotisch	**gotico**	*Gôhtiekò*
jugendstil	**lo Jugendstil**	*lò joeGendstiel.*
kapel	**la cappella**	*la kappella*
kasteel	**il castello**	*iel kastellò*
kathedraal	**la cattedrale**	*la kattedraalè*
Keltisch	**celtico**	*tsjeltiekò*
kerk	**la chiesa**	*la kjèza*
kerkhof	**il cimitero**	*iel tsjiemietèrò*
klooster	**il monastero**	*iel monastèrò*
markt	**il mercato**	*iel merkaatò*
middeleeuws	**medievale**	*medie-eewaalè*
modern	**moderno**	*modernò*
moskee	**la moschea**	*la moskeeja*
museum	**il museo**	*iel moezeejò*
opera	**l'opera**	*l' òpera*
paleis	**il palazzo**	*iel palattsò*
park	**il parco**	*iel parkò*
renaissance	**il rinascimento**	*iel rienasjiementò*
rococo	**(il) rococo**	*(iel) rokokò*

romaans	**romanico**	*romaanikò*
Romeins	**romano/di Roma**	*romaanò/die rooma*
ruïne	**le rovine**	*le rowienè*
stadhuis	**il municipio**	*iel moenietsjiepjò*
standbeeld	**la statua**	*la staatoewa*
synagoge	**la sinagoga**	*la sienaGòGa*
tempel	**il tempio**	*iel tempjò*
theater	**il teatro**	*iel tejaatrò*
toren	**la torre**	*la torrè*
vlooienmarkt	**il mercato delle pulci**	*iel merkaatò dellè poeltsjie*

11 – ACCOMODATIE

ALGEMEEN

exclusief	escluso	eskloesò
inclusief	compreso/incluso	komprèzò/ienkloezò
kind	il bambino	iel bambienò
nacht	la notte	la nottè
parkeren	parcheggiare	parkeddzjaarè
periode	il periodo	iel periejodò
plaats	il posto	iel postò
reserveren	prenotare	prenotaarè
reservering	la prenotazione	la prenotaatsjònè
restaurant	il ristorante	iel ristorantè
volwassene	l'adulto(-a)	l' adoeltò(-a)
zwembad	la piscina	la pisjiena

hotel, pension, jeugdherberg

diner	la cena	la tsjèna
halfpension	mezza pensione	meddza pensjònè
hotel	l'albergo	l' alberGò
jeugdherberg	l'ostello della gioventù	l' ostellò della dzjowentoe
kamer	la camera	la kaamera
lunch	il pranzo	iel prantsò
ontbijt	la prima colazione	la priema kolaatsjònè
pension	la pensione	la pensjònè
persoon	la persona	la persòna
roomservice	il servizio in camera	iel serwietsjò ien kaamera
sleutel	la chiave	la kjaawè
volpension	la pensione completa	la pensjònè komplèta

OPSCHRIFTEN

ascensore	lift
camera libera	kamer vrij
completo	vol
gabinetto	toilet
portiere	portier
reception	receptie
regolamenti	huisregels
sala da pranzo	eetzaal
sala di ritrovo	lounge
scale	trappen
si affittano camere	kamers te huur
uscita	uitgang
uscita di emergenza	nooduitgang

bij aankomst

Ik heb telefonisch/schriftelijk/per e-mail/per fax gereserveerd onder de naam ...
Ho prenotato per telefono/per iscritto/via e-mail/per fax a nome di ...
ò prenotaatò per telefono/per ieskriettò/wieja ie-meel/per faks a nòme die ...

Heeft u een kamer?
Ha delle camere libere?
à dellè kaamerè lieberè?

Ik wil/Wij willen ... nachten blijven.
Vorrei/Vorremmo stare ... notti.
worrei/woremmò staarè ... nottie.

Ik weet/wij weten nog niet voor hoe lang.
Non so/sappiamo quanto tempo rimaniamo qui.
non sò/sappjaamò kwantò tempò rimaanjaamò kwie

Hoeveel kost een kamer?
Quanto costa una camera?
kwantò kosta oena kaamera?

Is er een korting voor kinderen?
C'è una riduzione per bambini?
tsjè oena riedoetsjònè per bambienie?

Is/Zijn het ontbijt/maaltijden/service bij de prijs inbegrepen?
E' compresa la prima colazione?/Sono compresi i pasti?/E' compreso il servizio?
è komprèza la priema kolaatsjònè?/sonò komprèzie ie pastie? – è komprèzò iel serwietsjò?

Zijn er gereduceerde tarieven?
Ci sono delle tariffe ridotte?
tsjie sonò dellè tarieffè ridottè?

Ik had graag een kamer/twee kamers ...
Vorrei avere una camera/due camere ...
worrei awèrè oena kaamera/doewè kaamerè ...

− voor ... volwassenen en ... kinderen
per ... adulti e ... bambini
per ... adoeltie e ... bambienie

− met twee bedden/met een tweepersoonsbed
con due letti/con un letto matrimoniale
kon doewè lettie/kon oen lettò matriemoonjaalè

− aan de straatkant	**al lato della strada**	*al laatò della straada*
− aan de achterkant	**sul retro**	*soel rètrò*
− op de begane grond	**al pianterreno**	*al pjaanterrènò*
− op de eerste verdieping	**al primo piano**	*al priemò pjaanò*
− op de tweede verdieping	**al secondo piano**	*al sekondò pjaanò*
− op de bovenste verdieping	**all'ultimo piano**	*all' oeltiemò pjaanò*
− met wc/bad/ douche	**con gabinetto/vasca/ doccia**	*kon Gabinettò/waska/ dottsja*

− met telefoon/televisie/airconditioning
con telefono/televisore/aria condizionata
kon telefonò/telewiezòrè/aarja kondietsjonaata

− met uitzicht op zee	**con vista sul mare**	*kon wiesta soel maarè*

Heeft u een eigen parkeerterrein?
Dispone di un parcheggio?
diespònè die oen parkeddzjò?

Hoeveel kost dat extra per dag?
Quanto costa in più al giorno?
kwantò kosta ien pjoe al dzjornò

Mag ik de kamer zien?
Potrei vedere la camera?
potrei wedèrè la kaamera?

Heeft u een goedkopere/grotere/rustiger kamer?
Ha una camera meno cara/più grande/più tranquilla?
à oena kaamera menò kaara/pjoe grandè/pjoe trangkwiella?

Ik neem deze kamer.
Prendo questa camera.
prendò kwesta kaamera.

Heeft u een extra bed/kinderbed?
Ha un letto in più/letto da bambino?
à oen lettò ien pjoe/lettò da bambienò?

Kunt u mij helpen met de bagage?
Mi potrebbe aiutare con i bagagli?
mie potrebbè ajoetaarè kon ie baGaljie?

ITALIAANS - NEDERLANDS

Quanto tempo intende rimanere?
kwantò tempò intendè riemaneerè?
Hoe lang blijft u?

Vuole firmare qui, per favore?
woe-òlè fiermaarè kwie, per fawòrè?
Wilt u hier tekenen, alstublieft?

verblijf

Mag ik de sleutel van kamer ...?
Vorrei la chiave della camera ...?
worrei la kjaawè della kaamera ...?

Ik ben mijn sleutel kwijt – Ik heb mijn sleutel op de kamer laten liggen.
Ho perso la chiave – Ho lasciato la chiave in camera.
ò persò la kjwaawè – ò lasjaatò la kjaawè ien kaamera.

Ik ben om ... uur terug.   **Ritorno alle ...**   *rietornò allè ...*

Gaat het hotel 's nachts op slot?
L'albergo chiude di notte?
l' alberGò kjoedè die nottè?

Kan ik een nachtsleutel meekrijgen?
Potrei avere una chiave per poter entrare di notte?
potrei awèrè oena kjaawè per poter entraarè die nottè?

Ik wil graag (een) ...	Vorrei ...	*worrei ...*
– extra deken	una coperta in più	*oena koperta ien pjoe*
– extra kussen	un cuscino in più	*oen koesjienò ien pjoe*
– handdoek	l'asciugamano	*l' asjoeGamaanò*
– schone lakens	delle lenzuola pulite	*dellè lentswòla poelietè*
– toiletpapier	la carta igienica	*la karta iedzjènieka*
– zeep	un pezzo di sapone	*oen pettsò die sapònè.*

Is er post voor mij gekomen?
C'è un messagio per me?
tsjè oen messadzjò per mè?

Kunt u dit op de rekening zetten?
Potrebbe metterlo sul conto?
potrebbè metterlò soel kontò?

Kan ik hier telefoneren?
Posso fare una chiamata da qui?
possò faarè oena kjamaata da kwie?

Kunt u dit in de kluis bewaren?
Potrebbe mettere questo in cassaforte?
potrebbè metterè kwestò ien kassafortè?

Ik wil graag nog ... nachten blijven.
Vorrei rimanere ancora ... notti.
worrei riemaneerè angkora ... nottie.

Wanneer komt de hostess van mijn reisorganisatie hier?
Quando verrà qui l'hostess (della mia organizzazione di viaggi)?
kwando verrà kwie l'ostis (della mieja orGanieddzaatsjòne die wjaddzjie?

Wilt u mij om ... uur wekken?
Mi potrebbe svegliare alle ... ?
mie potrebbè sweljaarè allè ...?

Wat zijn de etenstijden?
A che ora si mangia?
aa kè oora sie mandzja?

Vanaf hoe laat kan ik ontbijten?
Da che ora si può fare colazione?
da kè oora sie pwò faarè kolaatsjònè?

Kan ik het ontbijt op de kamer krijgen?
Potrei avere la colazione in camera?
potrei awèrè la kolaatsjònè ien kaamera?

Kan ik morgenochtend een lunchpakket meekrijgen?
Mi potrebbe preparare per domani mattina una colazione al sacco?
mie potrebbè preparaarè per domaanie mattiena oena kolaatsjònè al sakkò?

Heeft u toeristische informatie over de stad/een plattegrond?
Ha dati turistici/una piantina della città?
à daatie toeriestietsjie/oena pjantiena della tsjiettà?

Kan ik bij u een telefoongesprek aanvragen?
Potrei fare una telefonata tramite Lei?
potrei faarè oena telefonaata traamietè lei?

Binnen!	**Avanti!**	*awantie!*
Een moment graag!	**Un attimo, per favore!**	*oen attiemò, per fawòrè!*

Kunt u nog ... minuten wachten?
Potrebbe aspettare ancora ... minuti?
potrebbè aspettaarè angkora ...mienoetie?

Is de kamer al schoongemaakt?
E' già stata pulita la camera?
è dzjà staata poelieta la kaamera?

---

vertrek

Ik vertrek morgenochtend.
Parto domani mattina.
partò domaanie mattiena.

Hoe laat moet ik de kamer uit zijn?
A che ora devo lasciare la camera?
aa kè oora dewò lasjaarè la kaamera?

Wilt u de rekening opmaken?
Mi prepari il conto, per favore?
mie prepaarie iel kontò, per fawòrè?

Ik wil graag afrekenen.
Vorrei pagare.
worrei paGaarè.

Kan ik met mijn creditcard betalen?
Posso pagare con la carta di credito?
possò paGaarè kon la karta die krèdietò?

Kan ik hier ook pinnen?
Posso usare qui la tessera bancomat?
possò oezaarè kwie la tessera bangkomat?

ITALIAANS - NEDERLANDS

arrivo	aankomst
partenza	vertrek
numero di notti/persone	aantal nachten/personen
le tasse turistiche	toeristenbelasting
servizio	service
l'IVA	btw
da pagare	te betalen

camping

OPSCHRIFTEN

acqua non potabile	geen drinkwater
buca delle lettere	brievenbus
campo giochi	speelplaats
completo	vol
docce calde	warme douches
docce	doucheruimte
gabinetti	toiletten
ingresso	ingang
lavatrice	wasmachine
mensa	kantine
piscina	zwembad
reception	receptie
rifiuti	afval
servizi igienici	wasgelegenheid
spaccio	kampwinkel
spiaggia	strand
telefono	telefoon
vietato ...	verboden te ...

Waar kan ik kamperen?
Dove posso campeggiare?
dowè possò kampeddzjaarè?

Is er een camping in de buurt?
C'è un campeggio qui vicino?
tsjè oen kampeddzjò kwie wietsjienò?

Ik heb telefonisch/schriftelijk/per e-mail/per fax gereserveerd onder de naam ...
Ho prenotato per telefono/per iscritto/per e-mail/per fax a nome di ...
ò prenotaatò per telefonò/per ieskriettò/per ie-meel/per fax a nòme die

Ik wil/Wij willen ... nachten blijven.
Vorrei/Vorremmo stare qui per ... notti.
worrei/worremmò staarè kwie per ... nottie.

Ik ben/Wij zijn (met) ...
Sono/Siamo in ...
sonò/sjaamò ien ...

– alleen	**solo(-a)**	*sòlò(-a)*
– volwassene(n) en ... kind(eren)	**... adulto(-i) e ... bambino(-i)**	*...adoelto(-ie) e ... bambienò(-ie)*
– kleine/grote tent(en)	**tenda(-e) piccola(-e)/ grande(-i)**	*tenda(-è) piekkola(-è)/ Grandè(-ie)*
– auto('s)	**la macchina/le macchine**	*la makkiena/le makkienè*
– camper(s)	**il camper/i campers**	*iel kemper/ie kempers*
– caravan(s)	**la roulotte/le roulottes**	*la roelot/le roulot*
– motor(s)	**il motore/i motori**	*iel motòrè/ie motòrie*

Hoeveel kost dat per nacht?
Quanto costa a notte?
kwantò kosta a nottè?

Ik ben lid van de ... Wilt u mijn lidmaatschapskaart zien?
Sono membro(-a) del/della ... Vuole vedere la mia tessera?
sonò membrò(-a) del/della ... woe-òlè wedèrè la mieja tesseraa?

Zijn huisdieren toegestaan? Mogen ze los rondlopen?
Sono ammessi gli animali domestici? Possono girare liberi?
sonò ammessie ljie animaalie domestietsjie? possonò dzjieraarè lieberie?

Is het toegestaan vuur te maken/te barbecuen?
E' permesso accendere un fuoco/fare un barbecue?
è permessò attsjenderè oen fwôhkò/faarè oen barbèkjoe?

Heb ik muntjes nodig voor de warme douches?
Ci vogliono dei gettoni per le docce calde?
tsjie woljonò dei-ie dzjettònie per le dottsjè kaldè?

Moet ik een carnet aan mijn tent/caravan bevestigen?
Devo attaccare un carnet alla mia tenda/alla mia roulotte?
dewò attakkaarè oen karnè alla mieja tenda/alla mieja roelot?

Is het water drinkbaar?
E' potabile l'acqua?
è potaabielè l' aakwa?

Mag ik hier mijn tent opzetten?
Posso montare la tenda qui?
possò montaarè la tenda kwie?

Mag ik zelf een plek uitzoeken?
Posso andare a scegliere un posto?
possò andaarè a sjeljerè oen postò?

Is er een plek met meer schaduw/minder wind/dichter bij de ingang?
C'è un posto con più ombra/meno vento/più vicino all'ingresso?
tsjè oen postò kon pjoe ombra/meenò wentò/pjoe wietsjienò all' ienGressò?

Heeft u nog plaats voor een (kleine) tent/caravan?
C'è ancora posto per una (piccola) tenda/roulotte?
tsjè ankora postò per oena (piekkola) tenda/roelot?

Kan ik mijn auto naast de tent parkeren?
Posso parcheggiare la macchina accanto alla tenda?
possò parkedzjaarè la makkiena akkanto alla tenda?

Waar is de elektriciteitsaansluiting?
Dove si trova il collegamento elettrico?
dowè sie tròwa iel kolleGamentò elettriekò?

Waar kan ik deze butagasfles vullen/omruilen?
Dove posso riempire/cambiare questa bombola a gas butano?
dowè possò rie-empierè/kambjaarè kwesta bombola a gas boetaanò?

Waar kan ik camping-gasblikjes kopen?
Dove posso comprare le bombole a gas da campeggio?
dowè possò kompraarè le bombolè a Gas da kampeddzjò?

Heeft u hout voor een kampvuur?
Ha del legno per fare un falò?
à del lenjò per faarè oen faalò?

Kan ik hier mijn chemisch toilet legen?
Posso svuotare qui il gabinetto chimico?
possò zwôhtaarè kwie iel Gabinettò kiemiekò?

La prego di compilare questo.
la preeGo die kompielaarè kwestò.
Wilt u dit invullen?

La prego di firmare qui.
la preeGo die fiermaarè kwie.
Wilt u hier tekenen?

DE KAMPEERUITRUSTING

batterij	**una batteria**	*oena batterieja*
bestek	**le posate**	*le pozaatè*
blikopener	**un apriscatole**	*oen aprieskaatolè*
bord	**un piatto**	*oen pjattò*
ehbo-doos	**la scatola di pronto soccorso**	*la skatola die prontò sokkorsò*
emmer	**un secchio**	*oen sekkjò*
flesopener	**un apribottiglie**	*oen apriebottieljè*
gasbrander	**un fornello da campeggio**	*oen fornellò da kampeddzjò*
gasfles	**una bombola**	*oena bombola*
hamer	**un martello**	*oen martellò*
houtskool	**il carbone**	*iel karbònè*
klapstoel/campingstoel	**la sedia ribaltabile/ da campeggio**	*laa seedja riebaltaabielè/ da kampeddzjò*
klaptafel	**un tavolo pieghevole**	*oen taawolò pjeeGèwolè*
koekenpan	**una padella**	*oena padella*
koelbox	**una borsa termica**	*oena borsa termieka*
koelelement	**elementi per la borsa termica**	*elementie per la borsa termieka*
kompas	**una bussola**	*oena boessola*
kopjes	**le tazzine**	*le taddzienè*
kurkentrekker	**un cavatappi**	*oen kaawaatappie*
lepel	**un cucchiaio**	*oen koekkjajò*
luchtbed	**un materassino gonfiabile**	*oen materassienò Gonfjaabielè*
luchtpomp	**una pompa d'aria**	*oena pompa d'aarja*
matje (opblaasbaar)	**un tappetino (gonfiabile)**	*oen tappetienò (Gonfjaabielè)*
mes	**un coltello**	*oen koltellò*
mok	**una tazza alta**	*oena taddza alta*
muskietennet	**una zanzariera**	*oena dzandzaarjèra*
pan	**una pentola**	*oena pentola*
petroleum (voor lamp)	**il petrolio**	*iel petroljò*
primus	**un fornello a petrolio**	*oen fornellò a petrôhljò*
rugzak	**uno zaino**	*oenò dzajnò*

slaapzak	un sacco a pelo	oen sakkò a pèlò
spiritus	lo spirito	lò spierietò
thermosfles	un termos	oen termos
touw	la corda	la korda
veldfles	una borraccia	oena borratsja
verbanddoos	la cassetta di pronto soccorso	la kassetta die prontò sokkorsò
vork	una forchetta	oena forketta
vuilniszak	un sacco per l'immondizia	oen sakkò per l' iemmondietsja
wasknijpers	le mollette	le mollettè
waslijn	la corda del bucato	la korda del boekaatò
wekker	una sveglia	oena zwelja
windscherm	il paravento	iel parawentò
zaklantaarn	una torcia/pila	oena tortsjà/pielà
zakmes	un temperino	oen temperienò

TENT EN CARAVAN

grondzeil	il telone impermeabile	iel telònè impermeejaabielè
haringen	i picchetti	ie piekkettie
koepeltent	la tenda a cupola	la tenda a koepola
luifel	il baldacchino	iel baldakkienò
scheerlijn	la tirante di tenda	la tierantè die tenda
tent	la tenda	la tenda
tentstok	il palo	iel paalò
tunneltent	la tenda a tunnel	la tenda aa toennel
voortent	la tenda anteriore	la tenda anteerjòrè

CARAVAN

achterlicht	la luce posteriore	la loetsjè posteerjòrè
chemisch toilet	il gabinetto chimico	iel Gabinettò kiemiekò
handrem	il freno a mano	iel frènò a maanò
koelelement	l'elemento per la borsa termica	l' elementò per la borsa termieka
luifel	il baldacchino	iel baldakkienò
neuswiel	la ruota di prua	la rwôhta die proea
remlicht	la luce di arresto	la loetsjè die arrestò
richtingaanwijzer	la freccia (di direzione)	la frettsja die dieretsjònè
wiel	la ruota	la rwôhta
zijlicht	l'illuminazione laterale	l' ielloeminaatsjònè lateraalè

dranken bestellen

kop koffie	un caffè	oen kaffè
– zwart	un caffè/espresso	oen kaffè/espressò
– met schuimende melk	un cappuccino	oen kappoettsjienò
– met warme melk	un caffellatte	oen kaffeellattè
– met wolkje melk	un caffè macchiato	oen kaffè makkjaatò
– met scheutje sterke drank	un caffè corretto	oen kaffè korrettò
– zonder caféïne	un caffè Hag/decaffeinato	oen kaffè haG / dekaffe-ienaatò
– mild	un caffè lungo	oen kaffè loengGò
– extra sterk	un caffè ristretto	oen kaffè riestrettò
ijskoffie	un caffè ghiacciato	oen kaffè Gjattsjaatò
kop thee	un tè	oen tè
– met citroen	con limone	kon liemònè
ijsthee	un tè freddo	oen tè freddò
– met citroensmaak	al limone	al liemònè
– met perziksmaak	alla pesca	alla peska.
mineraalwater	un'acqua minerale	oen' aakwa mieneraalè
– met prik	gassata/con gas	Gassaata/kon Gaz
– zonder prik	naturale	natoeraalè
cola	una coca cola	oena koka kòla
sinas	un'aranciata	oen' arantsjaata
glas melk	un bicchiere di latte	oen biekkjèrè die lattè.
een biertje	una birra piccola	oena bierra piekkola
een glas ...	un bicchiere di ...	oen biekkjèrè die ...
alcòolvrij bier	una birra analcolica	oena bierra an-alkòlieka
bier van de tap	una birra alla spina	oena bierra alla spiena
bier in een flesje	una bottiglia di birra	oena bottielja die bierra
glas/karaf rode/ witte wijn	un bicchiere/una caraffa di vino rosso/bianco	oen biekkjèrè/oena karaffa die wiènò rosso/bjangkò
glühwein	il vino brulé	iel wieno bruulee.

Ik geef een rondje.
Pago io questo giro.
paaGò iejò kwestò dzjierò.

Proost!
Cincin! – Salute!
tsjien-tsjien! saloetè!

Op je gezondheid!
Salute! – Alla tua salute!
saloetè! – alla toewa saloetè!

wijze van serveren

gekoeld	**fresco**	*freskò*
kamertemperatuur	**temperatura d'ambiente**	*temperatoera d' ambjentè*
met/zonder ijsblokjes	**con/senza ghiaccio**	*kon/sentsa Gjattsjò*
mousserend	**frizzante**	*frieddzantè*
onverdund	**puro**	*poerò*

uit eten

ONTBIJT

broodbeleg	**il companatico**	*iel kompanaatiekò*
boter	**un po' di burro**	*oen pò die boerrò*
broodje	**un panino**	*oen panienò*
een broodje ...	**un ... panino con**	*oen panienò kon*
– jam	**marmellata**	*marmellaata*
– kaas	**formaggio**	*formaddzjò*
– ham	**prosciutto**	*prosjoettò*
– -aardbeienjam	**marmellata di fragole**	*marmellaata die fraaGolè*
– -bramenjam	**marmellata di more**	*marmellaata die mòrè*
– -frambozenjam	**marmellata di lamponi**	*marmellaata die lampònie*
– -perzikjam	**marmellata di pesche**	*marmellaata die peskè*
– -abrikozenjam	**marmellata di albicocche**	*marmellaata die albiekokkè*
– -bosbessenjam	**marmellata di mirtilli**	*marmellaata die miertiellie*
zoet broodje	**un cornetto**	*oen kornettò*
een ... ei	**un uovo ...**	*oen woe-òwò ...*
– gebakken	**al tegame**	*al teGaamè*
– hardgekookt	**sodo**	*sòdò*
– zachtgekookt	**alla coque**	*alla kok*

– gepocheerd	in camicia	*ien kamietsja*
roerei	le uova strapazzate	*le woe-òwa strapaddzaatè*
gegrilde champignons	i funghi arrostiti	*ie foenGie arrostietie*
geroosterd brood	un toast	*oen tost*
vruchtensap	un succo di frutta	*oen soekkò die froetta*
koffie	un caffè	*oen kaffè*
thee	un tè	*oen tè*
melk (een glas)	(un bicchiere di) latte	*(oen biekjèrè) die lattè*

DE MENUKAART

IL MENU

alla carta	à la carte
antipasti	voorgerechten
bevande	dranken
cacciagione e pollame	wild en gevogelte
carne	vleesgerechten
contorni	bijgerechten (groente)
dessert	nagerechten
formaggio e frutta	kaas en fruit
insalate	salades
menu del giorno	dagmenu
menu per i bambini	kindermenu
menu turistico	toeristenmenu
minestre	soepen
pesce	visgerechten
pizze	pizza's
primo piatto	eerste gang (m.n. pasta)
secondo piatto	hoofdgerecht
verdure	groente
vini/liquori	wijnen/sterke drank

BEREIDINGSWIJZE

PREPARAZIONE

a puntino	licht gebakken
affogato	gepocheerd
affumicato	gerookt
ai ferri	gegrild
al forno	uit de oven
alla griglia	gegrild
allo spiedo	aan het spit
arrosto	gebraden
ben cotto	doorbakken (vlees)
brasato	gesmoord
condito	aangemaakt (met olie, azijn e.d.)

crudo	rauw
diliscato	gefileerd
farcito	gevuld
freddo/caldo/caldissimo	koud/warm/heet
fritto	gebakken, gefrituurd
in umido	als ragout
legato	gebonden ...
lesso	gekookt
marinato	gemarineerd
ripieno	gevuld
strapazzato	roergebakken
stufato	gestoofd

GERECHTEN PIATTI

Hieronder vindt u enige gerechten en dranken die u op Italiaanse menukaarten tegenkomt. Een lijst van ingrediënten vindt u op pagina 117 e.v.

abbacchio	geroosterd lamsvlees
affettati (misti)	(verschillende) vleeswaren
alici piccanti	ansjovis in pikante saus
bistecca alla fiorentina	gegrilleerde biefstuk met peper en citroensap
bruschette	geroosterde stukjes brood met knoflook en olijfolie
carciofini e funghetti sott'olio	jonge artisjokken en champignons in olie
carpaccio	plakken rauw rundvlees met knoflook, olijfolie en parmezaanse kaas
cozze alla marinara	in witte wijn gekookte mosselen met peterselie en knoflook
crostini	stukjes geroosterd brood (bv. met ansjovispasta of tomaatjes)
frittata	omelet
insalata russa	gemengde salade met mayonaise
minestra in brodo	vermicellisoep
minestrone	rijkelijk gevulde groentesoep
pollo alla cacciatora	stoofschotel van kip, uien, tomaten en wijn
risi e bisi	rijst met erwtjes en spek
riso in bianco	rijst met boter en parmezaanse kaas
risotto alla milanese	rijst gesmoord in boter, witte wijn, saffraan en bouillon
risotto con funghi	in bouillon gesmoorde rijst met champignons
risotto con piselli	in bouillon gesmoorde rijst met erwtjes
risotto pescatore	in bouillon gesmoorde rijst met zeevruchten
saltimbocca	opgerold kalfslapje met ham en salie
sottaceti	in azijn ingemaakte groente
spezzatino	gestoofde stukjes kalfsvlees
stracciatella	bouillon met geklopt ei en kaas
tonno con fagioli	tonijn met bonen

PASTA'S   PASTE

Naast de overbekende **maccheroni** en **spaghetti** zijn er vele andere soorten pasta, zoals **tagliatelle** en **fettuccine** (beide lintpasta), **penne** (holle buisjes), **gnocchi** (noedels) en **cannelloni** (gevulde deegrolletjes). Pasta hoort **al dente** gekookt te worden, bijtgaar. De sauzen geven de pasta smaak. De bekendste zijn:

all'amatriciana	met tomatensaus, spek, uien en pecorino (kaas)
all'arrabbiata	met tomatensaus, knoflook en Spaanse peper
alla bolognese	met tomatensaus en gehakt
alla carbonara	met spek, eieren en geraspte parmezaanse kaas
alla carrettiera	met tomatensaus, tonijn en champignons
alla marinara	met tomaten, olijven, knoflook, mosselen en kokkels
al/col pesto	met olijfolie, basilicum, knoflook en pijnboompitten
alla puttanesca	met knoflook, kappertjes, zwarte olijven en zwarte peper
al ragù	met vleessaus
al tartufo	met truffels
alle vongole	met kokkels (schelpdieren) en olijfolie

DESSERTS   DESSERTE

bel paese	zachte roomkaas
budino	pudding
caciocavallo	stevige, zoete kaas
cassata	plak ijs met gekonfijte vruchtjes
dolce	gebak, toetje
frutta cotta	vruchtencompote
gelato con panna	ijs met slagroom
gorgonzola	pittige blauwe schimmelkaas
macedonia	fruitsalade
mascarpone	zachte kaas
parmigiano	parmezaanse kaas
pecorino	stevige schapenkaas
provolone	stevige witte kaas
ricotta	verse kaas van schapen- of koeienmelk, wrongel
stracchino	romige kaas uit Lombardije
zabaione	warm eiertoetje met marsala en suiker
zuppa inglese	gebak geweekt in likeur en gevuld met room en chocola

Ik wil graag een tafel voor ... personen reserveren.
Vorrei prenotare un tavolo per ... persone.
worrei prenotaarè oen taawolò per ... persònè.

We komen om 19.00 uur.
Verremo alle sette (di sera).
werrèmò allè settè (die sèra).

Ik heb een tafel gereserveerd.
Ho prenotato un tavolo.
ò prenotaatò oen taawolò.

Wij willen wat eten/drinken.
Vorremmo mangiare/bere qualcosa.
worremmò mandzjaarè/beerè kwalkòza.

Heeft u een tafel voor ... personen?
Avrebbe un tavolo per ... persone?
awrebbè oen taawolò per ... persònè?

Is deze tafel/plaats vrij?
E' libero questo tavolo/posto?
è lieberò kwestò taawolò/postò?

Heeft u een tafel aan het raam/in de hoek/buiten?
Ha un tavolo vicino alla finestra/nell' angolo/fuori?
à oen taawolò wietsjienò alla fienestra/nell' /ang-Golò/fwôhrie?

Kunnen wij in het niet-rokersgedeelte zitten?
Possiamo avere un posto nella sezione non-fumatori?
possjaamò awèrè oen postò nella setsjònè non-foematòrie?

ober!/serveerster!
Cameriere(-a)!
kamerjèrè(-à)!

Mag ik de menukaart/wijnkaart?
Mi porti il menu/la lista dei vini, per favore?
mie portie iel menoe/la liesta dei-ie wienie, per fawòrè?

Mag ik bestellen?
Posso ordinare?
possò ordinaarè?

Ik wil graag (een/wat) ...   **Vorrei ...**   *worrei ...*

Geeft u mij maar een ...
Mi dà un ... per favore
mie dà oen ... per fawòrè.

Ik wil graag een voorgerecht.
Vorrei un antipasto.
worr*ei* oen antiep*a*stò.

Heeft u een menu van de dag?
Ha un menu del giorno?
à oen men*oe* del dzj*o*rnò?

Als voorgerecht/hoofdgerecht voor mij ...
Come antipasto/secondo vorrei ...
k*o*mè antiep*a*stò/sek*o*ndò worr*ei* ...

Ik heb een speciaal dieet, ik mag geen ...
Ho una dieta speciale, non posso avere ...
ò oena diej*è*ta speetsj*aa*lè, non p*o*ssò aw*è*rè ...

– alcòol	**alcool**	*a*lko-ol
– knoflook	**l'aglio**	alj*ò*
– uien	**cipolle**	tsjiep*o*llè
– vet	**grasso**	Gr*a*ssò
– zout	**sale**	s*aa*lè
– varkensvlees	**carne di maiale**	k*a*rne die maj*aa*lè

Ik wil/Wij willen geen vlees of vis eten. Heeft u vegetarische gerechten?
Non voglio/vogliamo mangiare carne né pesce. Ha dei piatti vegetariani?
non volj*aa*mò mandzj*aa*rè k*a*rnè nih p*e*sjè. à d*ei*-ie pj*a*ttie wedzjetaarj*aa*nie?

Worden uw maaltijden koosjer bereid?
I piatti vengono preparati in modo kosher?
ie pj*a*ttie w*e*nGonò prepar*aa*tie ien m*ò*do k*o*sjer?

Kunt u ons iets/een streekgerecht aanbevelen?
Potrebbe raccomandarci un piatto speciale/un piatto regionale?
potr*e*bbè rakkomand*aa*rtsjie oen pj*a*ttò speetsj*aa*lè/oen pj*a*tto reedzjon*aa*lè?

Welke wijn past bij deze schotel?
Quale vino si accompagna bene a questo piatto?
kw*aa*lè w*ie*nò sie akkomp*a*nja b*è*nè a kw*e*stò pj*a*ttò?

Kunt u mij hetzelfde brengen als die mensen hebben?
Mi potrebbe portare il piatto che hanno quei signori lì?
mie potr*e*bbè port*aa*rè iel pj*a*ttò kè *a*nnò kw*ei*-ie sienj*ò*rie lie?

Kunnen we een bord voor het kind krijgen?
Potremmo avere un piatto per il bambino?
potremmò awèrè oen pjattò per iel bambienò?

Wat is dit?   **Che cos'è?**   *kè kòzè?*

Ik wil/we willen eerst nog iets drinken.
Prima vorrei/vorremmo ancora bere qualcosa.
priema worrei/worremmò angkora bèrè kwalkòza.

Kunnen wij/kan ik snel iets eten?
Possiamo (posso) mangiare qualcosa in poco tempo?
possjaamò (possò) mandzjaarè kwalkòza ien poko tempò?

Ik heb/we hebben haast.
Ho/Abbiamo fretta.
ò/abbjaamò fretta.

Waar zijn de toiletten?
Dove sono i gabinetti?
dowè sonò ie Gabinettie?

ITALIAANS - NEDERLANDS

Ha prenotato?
à prenotaatò?
Heeft u gereserveerd?

fra un quarto d'ora/mezz'ora/un'ora avremo un tavolo per Lei.
fra oen kwartò d' oora/meddz' oora/oen' oora awrèmò oen taawolò per lei
Over een kwartier/half uur/uur hebben we een tafel voor u.

La cucina non è ancora aperta/è già chiusa.
la koetsjiena non è angkora aperta/è dzjà kjoeza.
De keuken is nog niet open/al gesloten.

Intanto vuole aspettare (al bar)?
Ientantò woe-òlè aspettaarè (al bar)?
Wilt u zolang (aan de bar) wachten?

Posso raccomandare questo.
possò rakkomandaarè kwestò.
Ik kan u dit aanbevelen.

Il menu del giorno è ...
iel menoe del dzjornò è ...
Het dagmenu is ...

Desidera un aperitivo?
dezi͟edera oen aperieti͟ewò?
Wilt u een aperitief gebruiken?

Ha scelto?
à sj͟eltò?
Heeft u een keuze kunnen maken?

Che cosa desidera?
kè kòza dezi͟edera?
Wat neemt u?

Che cosa prende da bere?
kè kòza prendè da bèrè?
Wat wilt u drinken?

Non abbiamo ...
non abbj͟aamò ...
We hebben geen ...

Tutto bene?
to͟ettò bènè?
Is alles naar wens?

Dat is alles.
Questo è tutto.
kw͟estò è to͟ettò.

Genoeg, dank u.
Basta così, grazie.
ba͟sta kozi͟e, Gra͟atsjè.

Eet smakelijk.
Buon appetito.
bwon appeti͟etò.

Kunnen wij (een/wat) ... krijgen, alstublieft?
Potremmo avere ..., per favore?
potr͟emmò awèrè ..., per fawòrè?

– aansteker	**un accendino**	*oen attsjendi͟enò*
– asbak	**un portacenere**	*oen portaatsjènerè*
– azijn	**un po' di aceto**	*oen pò die atsjètò*
– boter	**un po' di burro**	*oen pò die bo͟errò*
– citroen	**un po' di limone**	*oen pò die liemònè*
– eetstokjes	**dei bastoncini**	*dei-ie bastontsji͟enie*
– fles ...	**una bottiglia di ...**	*oena botti͟elja die ...*
– glas water	**un bicchiere d'acqua**	*oen biekkjèrè d' a͟akwa*
– lepel	**un cucchiaio**	*oen koekkj͟ajò*

– lucifers	dei fiammiferi	*dei-ie fjammieferie*
– mes	un coltello	*oen koltellò*
– mosterd	un po' di senape	*oen pò die sènapè*
– peper	un po' di pepe	*oen pò die pèpè*
– servet	un tovagliolo	*oen towaljòlò*
– suiker	un po' di zucchero	*oen pò die dzoekkerò*
– tandenstokers	qualche stuzzicadenti/ stecchino	*kwalkè stoettsiekadentie/ stekkienò*
– theelepeltje	un cucchiaino	*oen koekkjajienò*
– vork	una forchetta	*oena forketta*
– zout	un po' di sale	*oen pò die saalè*

Kan ik nog een extra portie … krijgen, alstublieft?
Potrei avere un' altra porzione di …, per favore?
potrei awèrè oen' altra portsjònè die …, per fawòrè?

Het heeft ons prima gesmaakt, dank u.
E' stato ottimo, grazie.
è staatò ottiemò, Graatsjè.

Ik wil graag een dessert.
Vorrei un dessert.
worrei oen dessèhr.

Iets lichts, graag.
Qualcosa di leggero, per favore.
kwalkòza die leddzjèrò, per fawòrè.

Een kleine portie, als dat kan.
Possibilmente una piccola porzione.
possiebielmentè oena piekkola portsjònè.

betalen

Mag ik de rekening?
Il conto, per favore.
iel kontò, per fawòrè.

Ik wil graag afrekenen.
Vorrei pagare.
worrei paGaarè.

Hoeveel is het?
Quant'è?
kwantè?

Wij willen graag ieder apart betalen.
Vorremmo pagare separatamente/alla romana.
worreemò paGaarè separatamentè/alla romaana.

Hij/zij betaalt alles.
Lui/lei paga tutto.
loei/lei paaGa toettò.

Ik betaal dit rondje.
Pago ìo questa giro.
paaGò jò kwestò dzjierò.

Alles bij elkaar.
Tutto insieme.
toettò iensjèmè.

Waar duidt dit bedrag op?
Per cos'è questa cifra?
per kozè kwesta tsjiefra?

De rekening klopt niet.
Il conto non torna.
iel kontò non torna.

U heeft te veel/weinig berekend.
Ha messo in conto troppo/troppo poco.
à messò ien kontò troppò/troppò pòkò.

Accepteert u reischeques?
Accetta gli assegni turistici/i travellers cheques?
attsjetta ljie assenjie toeriestietsjie/ie trewlurs tsjeks?

Kan ik met mijn creditcard betalen?
Posso pagare con la mia carta di credito?
possò paGaarè kon la mieja karta die kredietò?

Kan ik hier ook pinnen?
Posso usare qui la tessera bancomat?
possò oezaarè kwie la tessera bangkomat?

Dank u wel, dit is voor u.
Grazie, (questo) è per Lei.
Graatsjè, (kwestò) è per lei.

Houdt u het wisselgeld maar.
Tenga il resto.
teng-Ga iel restò.

NB: sinds 1 januari 2002 betaalt men in Italië, net als bij ons, met de euro.

balie	il bancone	*iel bangkònè*
bank	la banka	*la bangka*
bankpas	la tessera bancomat	*la tessera bangkomat*
bedrag	l'importo/la somma	*l' iemportò/la somma*
biljet	il biglietto	*iel bieljettò*
chipknip	lo smart card	*lo zmart kard*
chippen	usare lo smart card	*oesaarè lo zmart kard*
chipper	lo smart card	*lo zmart kard*
euro	l'euro	*l' eejoerò*
eurocent	l'eurocent	*l' eejoeròsent*
formulier	il modulo	*iel modoelò*
geld	il denaro/i soldi	*iel denaarò/ie soldie*
geldautomaat	il bancomat	*iel bankomat*
kleingeld	gli spiccioli	*ljie spiettsjolie*
koers	il corso/il cambio	*iel korsò/iel kambjò*
legitimatie	la legittimazione	*la leedzjietiemaatsjònè*
loket	lo sportello	*lo sportellò*
munten	le monete	*le monètè*
openingstijden	le ore di apertura	*le oorè die apertoera*
opnemen	prelevare	*prelewaarè*
overmaken	fare una rimessa	*faarè oena riemessa*
pinnen	prendere i soldi dal bancomat	*prenderè ie soldie dal bankomat*
reischeque	l'assegno turistico	*l' assenjò toeriestiekò*
travellerscheque	il travellers' cheque	*iel trewlurs tsjek*
valuta	valuta	*waloetà*
verzilveren	riscuotere/incassare	*rieskwòterè/ienkassaarè*

geld

Waar kan ik reischeques inwisselen?
Dove posso riscuotere gli assegni turistici/i travellers cheques?
dowè possò rieskwòterè ljie assenjie toeriestietsjie/ie trewlurs tsjeks?

Waar is een bank/wisselkantoor/geldautomaat?
Dove si trova una banca/un'agenzia di cambio/un bancomat?
dowè sie tròwa oena bangka/oen' adzjentsieja die kambjò/oen bankomat?

Zijn de banken morgen open?
Domani le banche sono aperte?
domaanie le bangke sonò apertè?

Neemt u deze cheque aan?
Accetta questo assegno?
attsjetta kwestò assenjò?

Wat is het maximum bedrag voor deze cheque?
Qual è la somma massima per questo assegno?
kwalè la somma massiema per kwestò assenjò?

Kan ik met deze creditcard contant geld opnemen?
E' possibile prelevare dei soldi con questa carta di credito?
è possiebielè prelewaare dei-ie soldie kon kwesta karta die krèdietò?

Hoeveel commissie berekent u?
Quant'è la commissione?
kwantè la kommiesjònè?

In kleine coupures graag.
In banconote di piccolo taglio, per favore.
ien bangkonòtè die piekkolo taljò, per fawòrè.

Kunt u me wat kleingeld geven?
Mi potrebbe dare un po' di spiccioli?
mie potrebbè daarè oen pò die spiettsjolie?

Waar moet ik tekenen?
Dove devo firmare?
dowè dewò fiermaarè?

Wilt u het geld nog eens natellen?
Le dispiace verificarlo un' altra volta?
lè diespjaatsjè weriefiekaarlò oen' altra wolta?

Is er geld voor mij overgemaakt?
Sono arrivati dei soldi per me?
sonò arriewaatie dei-ie soldie per mè?

Deve rivolgersi allo sportello ...
dewè riewoldzjersie allò sportellò ...
U moet gaan naar balie ...

Non accettiamo questi assegni. Deve andare alla banca ...
non attsjettjaamò kwestie assenjie. dewè andaarè alla bangka ...
Wij accepteren deze cheques niet. U moet naar de ...bank.

Vuole firmare qui, per favore?
woe-òlè fiermaarè kwie, per fawòrè?
Wilt u hier tekenen, alstublieft?

post

aangetekend	raccomandato(-a)	rakkomandaatò(-a)
ansichtkaart	la cartolina (illustrata)	la kartoliena ielloestraata
balie	il bancone	iel bangkonè
bank	la banca	la bangka
bedrag	l'importo/la somma	l' iemportò/la somma
biljet	il biglietto	iel bieljettò
brief	la lettera	la lettera
briefkaart	la cartolina postale	la kartoliena postaalè
brievenbus	la buca delle lettere	la boeka delle letterè
drukwerk	stampe	stampè
formulier	il modulo	iel modoelò
geld	il denaro/i soldi	iel denaarò/ie soldie
geldautomaat	il bancomat	iel bangkomat
girobetaalkaarten	gli assegni postali	ljie assenjie postaalie
giromaatpas	la tessera bancomat	la tessera bangkomat
kleingeld	gli spiccioli	ljie spiettsjolie
koers	il cambio/il corso	iel kambjò/iel korsò
legitimatie	la legittimazione	la leedzjietiemaatsjònè
loket	lo sportello	lo sportellò
luchtpost	via aerea	wieja a-èreja
munten	le monete	le monètè
openingstijden	le ore di apertura	le oore die apertoera
opnemen	prelevare	prelevaarè
overmaken	fare una rimessa	faarè oena riemessa
per expresse	(per) espresso	(per) espressò

pinnen	**prendere i soldi dal bancomat**	*prenderè ie soldie dal bankomat*
postbus	**la casella postale**	*la kazella postaalè*
postpakket	**il pacco**	*iel pakkò*
postzegels	**i francobolli**	*ie frankobollie*
reischeque	**l'assegno turistico**	*l' assenjò toeriestieko*
travellerscheque	**il travellers cheque**	*iel trewlurs tsjek*
verzilveren	**incassare/riscuotere**	*ienkassare/rieskwòterè.*

Hoe laat gaat het postkantoor open/dicht?
A che ora apre/chiude l'ufficio postale?
aa kè oora aaprè/kjoedè l' oeffietsjò postaalè?

Hoeveel moet er op deze brief/briefkaart?
Qual è la tariffa per questa lettera/cartolina?
kwalè la tarieffa per kwesta lettera/kartoliena?

Mag ik postzegels voor een brief/briefkaart naar Nederland/België?
Vorrei dei francobolli per una lettera/cartolina per l'Olanda/il Belgio.
worrei dei-ie frankobollie per oena lettera/kartoliena per l' Olanda/iel Beldzjò.

Hoeveel moet er op dit pakketje?
Qual è la tariffa postale per questo pacco?
kwalè la tarieffa postaalè per kwestò pakkò?

Ik wil dit pakje versturen naar ...
Vorrei spedire questo pacco a/in ...
worrei spedierè kwestò pakkò aa/ien ...

Heb ik een douaneformulier nodig?
Occorre una dichiarazione doganale?
okkorrè oena diekjaraatsjònè doGanaalè?

Waar is het loket voor ...?
Dov'è lo sportello per ... ?
dowè lò sportellò per ...?

Ik wil een brief afhalen. Mijn naam is ...
Sono venuto(-a) a prendere una lettera. Mi chiamo ...
sonò wenoetò(-a) a prenderè oena lettera. Mie kjaamò ...

telefoon

abonneenummer	il numero dell'abbonato	iel noemerò dell' ab bonaatò
bellen naar	telefonare a	telefonaare aa
collect call	la chiamata a carico del destinario	la kjamaata a kaariekò del diestienataarjò
internationaal toegangsnummer	prefisso internazionale	prefiessò ienternaatsjonaalè
kengetal	il prefisso	iel prefiessò
landnummer	prefisso nazionale	prefiessò naatsjonaalè
mobiele telefoon	il cellulare	iel tsjelloelaarè
opbellen	telefonare	telefonaarè
sms	sms	es-em-es
sms-bericht	un messaggio sms	oen messaddzjò es-em-es
sms'en	inviare sms	ienwiejaarè es-em-es
telefoon	il telefono	iel telefono
telefoonkaart	la carta telefonica	la karta telefònieka
versturen	inviare/spedire/mandare	ienwiejaarè/spedierè/ mandaarè

Waar vind ik een telefooncel?
Dove trovo una cabina telefonica?
doowè trovò oena kabiena telefònieka?

Waar kan ik bellen?
Dove posso fare una telefonata?
dowè possò faarè oena telefonaata?

Heeft u een telefoongids/gouden gids?
Ha un elenco telefonico/le pagine gialle?
à oen elenkò telefòniekò/le paadzjienè dzjallè?

Mag ik uw telefoon gebruiken?
Potrei usare il Suo telefono, per favore?
potrei oezaarè iel soewò telèfonò, per fawòrè?

Ik wil naar Nederland/België bellen.
Vorrei fare una telefonata in l'Olanda/nel Belgio
worrei faarè oena telefonaata in l' Olanda/nel Beldzjò.

Wat kost dat per minuut?
Quanto costa al minuto?
kwantò kosta al mienoetò?

Kan ik automatisch bellen?
E' possibile chiamare direttamente?
è possiebielè kjamaarè dierettamentè?

Ik wil graag op kosten van de ontvanger bellen.
Vorrei fare una telefonata a carico del destinatario.
worrei faarè oena telefonaata a kaariekò del destienataarjò.

Kan ik hier een telefoonkaart kopen voor het vaste net/voor mijn mobiele
telefoon?
**Posso comprare qui una carta telefonica per la rete telefonica (fissa)/il mio
cellulare?**
*possò kompraarè kwie oena karta telefònieka per la reetè telefònieka (fiessa)/iel miejò
tsjelloelaarè?*

Kan ik mijn mobiele telefoon hier opladen?
Posso caricare qui il mio cellulare?
posso kariekaarè kwie iel miejò tsjelloelaarè?

Ik heb een abonnement van ...
Ho un abbonamento ...
ò oen abbonamentò ...

Wilt u mij verbinden met nummer ...?
Mi potrebbe chiamare il numero ...
mie potrebbè kjamaarè iel noemerò ...

U spreekt met ...	**Sono ...**	*sonò ...*
Spreek ik met ...?	**Parlo con ... ?**	*parlò kon ...?*
Met wie spreek ik?	**Chi parla?**	*kie parla?*

Ik ben verkeerd verbonden.
Ho chiamato un numero sbagliato.
ò kjamaatò oen noemerò zbaljaatò.

Kan ik meneer/mevrouw ... spreken?
Posso parlare col signor/con la signora ...?
possò parlaarè kol sienjor/kon la sienjòra ...?

Hij/Zij is op de camping.
E' al campeggio.
è al kampeddzjò.

Hij/Zij is in het hotel, kamer ...
E' all'albergo, camera ...
è all' alberGò, kaamera ...

Kunt u wat duidelijker praten?
Potrebbe parlare più chiaramente, per favore?
potrebbè parlaarè pjoe kjaaramentè, per fawòrè?

Wat zegt u?　　　　　　　**Come ha detto?**　　　　　*komè à dettò?*

Ik bel later terug.　　　　**Richiamerò più tardi.**　　*Riekjaamerò pjoe tardie.*

ITALIAANS - NEDERLANDS

La linea è caduta.
la lienja è kadoeta.
De verbinding is verbroken.

Resti in linea.
restie ien lienja.
Blijft u aan de lijn.

Non risponde nessuno.
non rispondè nessoenò.
Er wordt niet opgenomen.

Non c'è in questo momento.
non tsjè ien kwestò momentò.
Hij/zij is er niet op het moment.

Il numero è occupato.
iel noemerò è okkoepaatò.
Het nummer is in gesprek.

internet

beeldscherm	lo schermo	*lo skermò*
computer	il computer	*iel kompjoeter*
e-mail	e-mail	*ie-meel*
e-mailadres	l'indirizzo e-mail	*l' iendieriettzò ie-meel*
e-mailbericht	la notizia e-mail	*la notietsieja ie-meel*
e-mailen	usare l'e-mail	*oezaarè l' ie-meel*
inloggen	fare il login	*faarè iel loGin*
internet	l'internet	*l' ienternet*
internetcafé	l'internetcafé	*l' ienternetkafee*
internetten	navigare su internet	*nawieGaarè soe ienternet*
muis	il 'mouse'	*iel maus*
server	il server	*iel surwer*
website	il sito web	*iel sietò web*

Kan ik hier ergens internetten?
Potrei navigare su internet in qualche posto?
potrei nawieGaare soe ienternet ien kwalkè postò?

Wat kost dat per minuut/uur?
Quanto costa al minuto?
kwantò kosta al mienoetò?

Heeft u een snelle verbinding?
Ha un collegamento rapido?
à oen kolleGamentò raapiedò?

Kan ik dit uitprinten?
Potrei stampare questo?
potrei stampaarè kwestò?

Het lukt me niet om in te loggen/mijn e-mail te lezen.
Non riesco a fare il log-in/a leggere il mio e-mail.
non riejeskò aa faarè iel loGin/aa leddzjerè iel miejò ie-meel.

De browser doet het niet.
Il browser non funziona.
iel broowser non foentsjòna.

14 – WINKELEN

WAAR VIND IK EEN ...?

apotheek	una farmacia	oena farmaatsieja
bakker	una panetteria/un panificio/ un fornaio	oena panetterieja/oen paniefietsjò/oen fornajò
banketbakker	una pasticceria	oena pastiettsjerieja
bloemenwinkel	un fioraio	oen fjorajò
boekhandel	una libreria	oena liebrerieja
cd-winkel	un negozio di dischi	oen neGootsjò di dieskie
dameskapper	un parrucchiere	oen parroekkjèrè
drogist	una farmacia/profumeria	oena farmaatsieja/ profoemerieja
fotòandel	un negozio di articoli fotografici	oen neGòtsjò die artiekolie fotoGrafietsjie
groentewinkel	un fruttivendolo/un negozio di frutta e verdura	oen froettiewendolò/oen neGòtsjò die froetta e werdoera
herenkapper	un barbiere	oen barbjèrè
ijzerwarenzaak	un negozio di ferramenta	oen neGòtsjò die ferramenta
juwelier	un gioielliere/una gioielleria	oen dzjojelljèrè/oena dzjojellerieja
kampeerwinkel	un negozio di articoli da campeggio	oen neGòtsjò die artiekolie die kampeddzjò
kantoorboekhandel	una cartoleria	oena kartolerieja
kiosk	un'edicola	oen' ediekola
kledingzaak	un negozio d'abbigliamento	oen neGòtsjo d' abbieljamentò
– herenkleding	abbigliamento uomo	abbieljamentò woe-òmò
– dameskleding	abbigliamento donna	abbieljamentò donna
– kinderkleding	abbigliamento bambino	abbieljamentò bambienò
kleermaker	una sartoria	oena sartorieja
kruidenier	un (negozio di) alimentari/ una drogheria/un'erboristeria	oen (neGòtsjò die) alimentaarie/droGerieja/ erboriesterieja
lingeriewinkel	un negozio di biancheria/ di moda intima	oen neGòtsjò die bjankerieja/ die mòda ientiema
markt	un mercato	oen merkaatò
opticien	un ottico	oen ottiekò
parfumerie	una profumeria	oena profoemerieja
platenwinkel	un negozio di dischi	oen neGòtsjò die dieskie
reformwinkel	un negozio di alimenti e	oen neGòtsjò die aliementie e

	prodotti naturali	*prodottie natoeraalie*
reisbureau	un'agenzia turistica/di viaggi	*oen' aadzjentsieja toeries tieka/die wjaddzjie*
schoenenwinkel	un negozio di calzature	*oen neGòtsjò die kaltzatoerè*
schoenmaker	un calzolaio	*oen kaltzolajò*
sigarenwinkel	un (negozio di) tabacchi/una tabaccheria	*oen (neGòtsjò die) tabakkie/ oena tabakkerieja*
slager	un macellaio/una macelleria	*oen maatsjellajò/oena maatsjellerieja*
slager (vleeswaren)	una salumeria	*oena saloemerieja*
slijterij	uno spaccio di alcolici	*oenò spattsjò die alkòlietsjie*
slijterij (voor wijn)	un'enoteca	*oen' enotèka*
souvenirwinkel	un negozio di ricordi/di souvenirs	*oen neGòtsjò die riekordie/ die soewnier*
speelgoedwinkel	un negozio di giocattoli	*oen neGòtsjò die dzjokattolie*
sportzaak	un negozio di articoli sportivi	*oen neGòtsjò die artiekolie sportiewie*
stomerij	una lavanderia a secco	*oena lawanderieja a sekkò*
supermarkt	un supermercato	*oen soepermerkaatò.*
viswinkel	una pescheria	*oena peskerieja*
warenhuis	un grande magazzino	*oen Grandè maGaddzienò*

OPSCHRIFTEN

aperto	open
ascensore	lift
assistenza clienti	klantenservice
chiuso	gesloten
entrata	ingang
offerta speciale	aanbieding
ore d'apertura	openingstijden
piano	verdieping
pianterreno	parterre
scala mobile	roltrap
saldi/svendita	uitverkoop
(non c'è) self-service	(geen) zelfbediening
sconto	korting
uscita (d'emergenza)	(nood-)uitgang

in de winkel

Kunt u mij helpen?
Mi potrebbe aiutare?
mie potrẹbbè ajoetaạrè?

Verkoopt u ...?   **Vende/Ha ...?**   *wẹndè/à ...?*

Heeft u ...?   **Ha ...?**   *à ...?*

Ik wil graag die/dat hebben.
Vorrei avere quello(-a) lì, per favore
worrẹi awẹrè kwẹllò(-a) lie, per fawọrè.

Weet u een andere winkel waar ze ... verkopen?
Mi sa dire un altro negozio dove si vende ...?
mie sà diẹrè oen ạltrò neGòtsjò dọwè sie wẹndè ...?

Ik kijk alleen wat rond.
Sto solo guardando.
stò sọlò Gwardạndò.

Ik had graag een/wat ...
Vorrei un(-a)/un po' di ...
worrẹi oen(-a)/oen pò die ...

Deze neem ik.
Prendo questo(-a).
prẹndò kwẹstò(-a).

Wat meer/minder, graag.
Un po' di più/di meno, per favore.
oen pò die pjoẹ/die mẹnò, per fawọrè.

Zo is het genoeg.
Basta così.
bạsta kozie.

Het is te duur.
E' troppo caro.
è trọppò kaạrò.

Heeft u iets ...?
Ha qualcosa ...?
à kwalkọza ...?

– anders	**altro**	*altrò*
– vergelijkbaars	**di simile**	*die siemielè*
– beters	**migliore**	*mieljòrè*
– goedkopers	**meno caro**	*menò kaarò*
– groters	**più grande**	*pjoe Grandè*
– kleiner	**più piccolo**	*pjoe piekkolò*
– steviger	**più forte**	*pjoe fortè*
– kleuriger	**più colorato**	*pjoe koloraatò*
– minder kleurig	**meno colorato**	*menò koloraatò*

Ik vind het niet mooi.
Non mi piace.
non mie pjaatsjè.

Hoeveel kost het (per kilo)?
Quanto costa (al/il chilo)?
kwantò kosta (al/iel kielò)?

Wilt u het even opschrijven?
Me lo potrebbe scrivere?
mè lo potrebbè skriewerè?

Dat was alles.
Basta così, grazie.
basta kozie, Graatsjè.

Mag ik een kwitantie?
Potrei avere una ricevuta, per favore?
potrei awèrè oena rietsjewoeta, per fawòrè?

Mag ik de kassabon?
Posso avere lo scontrino?
possò awèrè lò skontrienò?

Accepteert u deze creditcard/cheque?
Accetta questa carta di credito/questo assegno?
attsjetta kwesta karta die krèdietò/kwestò assenjò?

Kan ik het ruilen?
Posso cambiarlo?
possò kambjarlò?

Kan ik mijn geld terugkrijgen?
Mi può restituire i soldi?
mie pwò restietoewierè ie soldie?

Wilt u het voor me inpakken? Het is een cadeautje.
Me lo potrebbe incartare, per favore? E' un regalo.
mè lo potrebbe ienkartaarè, per fawòre? è oen reGaalò.

Heeft u een stevige verpakking? Het moet in mijn reisbagage.
Ha un imballaggio solido? Me lo deve mettere nel bagaglio.
à oen iemballaddzjò sòliedò? me lò deewe metterè nel baGaljò.

Heeft u een tasje voor me?
Ha una busta per me?
à oena boesta per mè?

Ik hoef geen tasje, dank u.
Grazie, non ho bisogno di una busta
Graatsjè, non ò biezonjo die oena boesta

Zijn de winkels morgen open?
Domani sono aperti i negozi?
domaanie sonò apertie ie neGòtsie?

ITALIAANS - NEDERLANDS

La posso aiutare? – Desidera?
la possò ajoetaarè? ... Deziedera?
Kan ik u helpen?

Non ce l'ho/non ce l'ho più – Sono finiti(-e).
non tsjè lò/non tsjè lò pjoe – sonò fienietie(-è).
Ik heb er geen/meer; ze zijn uitverkocht.

Altro?   *altrò?*   Anders nog iets?

Paga in contanti o con la carta di credito?
paaGa ien kontantie ò kon la karta die krèdietò?
Betaalt u contant of met een creditcard?

de boodschappenlijst

HOEVEELHEDEN EN VERPAKKINGEN

blik (drank)	una lattina (di...)	*oena lattiena (die...)*
blik(voeding)	una scatola (di...)	*oena skaatola (die...)*
doos	una scatola	*oena skaatola*
fles	una bottiglia (di...)	*oena bottielja (die...)*
gram	un grammo	*oen Grammo*
kilo	un chilo (di...)	*oen kielò (die...)*
krat	una cassa	*oena kassa*
liter	un litro (di...)	*oen lietrò (die...)*
moot	un trancio (di...)	*oen trantsjò (die...)*
net	una rete	*oena rètè*
ons	un etto (di...)	*oen ettò (die...)*
pak/pakje	un pacco/pacchetto	*oen pakkò/pakkettò*
plak	una fetta (di...)	*oena fetta (die...)*
pond	mezzo chilo (di...)	*meddzò kielò (die...)*
rol	un ruolo	*oen rwôhlò*
stuk	un pezzo (di...)	*oen pettsò (die...)*
tros	un grappolo	*oen Grappolò*
tube	un tubetto	*oen toebettò*
zak	un sacco	*oen sakkò*

LEVENSMIDDELEN	**ALIMENTARI**	*ALIEMENTAARIE*

ZUIVEL	**I LATTICINI**	*IE LATTIETSJIENIE*
boter	il burro	*iel boerrò*
braadboter	il burro da friggere	*iel boerrò da frieddzjerè*
ei/eieren	l'uovo/le uova	*l' wôhwo/le oe-wôhwa*
gepasteuriseerd	pastorizzato	*pastorieddzaatò*
gesteriliseerd	sterilizzato	*sterielieddzaatò*
halvarine	la margarina semigrassa	*la marGariena semieGrassa*
kaas	il formaggio	*iel formaddzjò*
– belegen	stagionato	*staadzjonaatò*
– jong	giovane	*dzjòwanè*
– oud	vecchio	*wekkjò*
kwark	il formaggio fresco	*iel formaddzjò freskò*
margarine	la margarina	*la marGariena*
melk	il latte	*iel lattè*
– halfvolle melk	il latte scremato	*iel lattè skremaatò*
– magere melk	il latte magro	*iel lattè maaGrò*

– volle melk	il latte intero	*iel lattè ientèrò*
roomboter	il burro	*iel burrò*
yoghurt	lo yogurt	*lo jòGoert.*

BROOD	**PANE**	*PAANÈ*
brioche	*brie-osjè*	zoet broodje
ciabatta	*tsjabatta*	plat, langwerpig brood
cornetto	*kornettò*	zoet broodje
		(in vorm van croissant)
filone	*fielònè*	langwerpig brood
		(als stokbrood)
focaccia	*fokattsja*	plat brood, meestal met
		olijfolie besprenkeld
grissini	*Griessienie*	soepstengels
pan carré	*paan karree*	gesneden casinobrood
pane nero	*panè nèrò*	bruinbrood
pane integrale	*panè ienteGraalè*	volkorenbrood
pane toscano	*panè toskaanò*	groot, rond, plat brood
panino	*panienò*	broodje
rosetta	*rozetta*	rozetvormig, hol broodje
ontbijtkoek	**pan pepato**	*paan pepaatò*
koek	**biscotti**	*bieskottie*
koekjes	**i biscotti**	*ie biskottie*
taart	**la torta**	*la torta.*
boter	**un po' di burro**	*oen pò die boerrò*
broodbeleg	**il companatico**	*iel kompanaatiekò*
hartig	**salato**	*salaatò*
zoet	**dolce**	*doltsjè.*
kaas	**formaggio**	*formaddzjò*
ham	**prosciutto**	*prosjoettò*
pindakaas	**il burro di arachidi**	*iel boerò die araakiedie*
jam	**marmellata**	*marmellaata*
– aardbeienjam	**marmellata di fragole**	*marmellaata die fraaGolè*
– abrikozenjam	**marmellata di albicocche**	*marmellaata die albiekokkè*
– bosbessenjam	**marmellata di mirtilli**	*marmellaata die miertiellie*
– bramenjam	**marmellata di more**	*marmellaata die mòrè*
– frambozenjam	**marmellata di lamponi**	*marmellaata die lampònie*
– perzikjam	**marmellata di pesche**	*marmellaata die peskè*
appelstroop	**la melassa di mele**	*la melassa die mèlè*
hagelslag	**i granelli di cioccolato**	*ie Granellie die tsjokkolaatòa*
stroop	**la melassa**	*la melassa*

GROENTE	VERDURA	*WERDOERÀ*
aardappel	la patata	*la pataata*
andijvie	la cicoria	*la tsjiekoorja*
asperge	l'asparago	*l' asphraGò*
aubergine	la melanzana	*la melandzaana*
bloemkool	il cavolfiore	*iel kawolfjòrè*
bonen	i fagioli	*ie faadzjòlie*
broccoli	i broccoli	*ie brokkolie*
champignon	il fungo	*iel foengGò*
erwten	i piselli	*ie piesellie*
knoflook	l'aglio	*l' aljò*
komkommer	il cetriolo	*iel tsjetrieôhlò*
kool	il cavolo	*iel kawolò*
kropsla	la lattuga	*la lattoeGa*
paprika (rode/groene/ gele)	il peperone (rosso/verde/ giallo)	*iel peperònè (rossò, werdè, dzjallò)*
prei	il porro	*iel porrò*
radijs	il ravanello	*iel rawanellò*
selderie	il sedano	*iel sèdanò*
sperzieboon	il fagiolino	*iel faadzjolienò*
spinazie	gli spinaci	*ljie spienaatsjie*
spruitjes	i cavoletti di Bruxelles	*ie kawolettie die broessel*
tomaat	il pomodoro	*iel pomodòrò*
tuinboon	la fava	*la faawa*
witlof	l'indivia	*l' iendievja*
wortel	la carota	*la karòta*

FRUIT	FRUTTA	*FROETÀ*
aalbessen	i ribes	*ie riebes*
aardbeien	le fragole	*le fraGolè*
abrikozen	le albicocche	*le albiekokkè*
ananas	l'ananas	*ql'aananas*
appel	la mela	*la mèla*
banaan	la banana	*la banaana*
blauwe bosbessen	i mirtilli neri	*ie miertiellie nèrie*
bosbessen	i mirtilli	*ie miertiellie*
bramen	le more	*le mòrè*
citroen	il limone	*iel liemònè*
druiven	l'uva	*l' oewa*
frambozen	i lamponi	*ie lampònie*
gedroogd fruit	la frutta secca	*la froetta sekka*
grapefruit	il pompelmo	*iel pompelmò*
kersen	le ciliegie	*le tsjieljèdzjè*
kokosnoot	la noce di cocco	*la noòtsjè die kokkò*
limoen	la limetta	*la liemetta*

mandarijn	il mandarino	*iel madarienò*
meloen	il melone	*iel melònè*
peer	la pera	*la pèra*
perzik	la pesca	*la peska*
pruim	la susina/la prugna	*la soesiena/la proenja*
rozijnen	l'uva passa	*l'oewa passa*
sinaasappel	l'arancia	*l'arantsja*
watermeloen	l'anguria	*l'angGoerja*
zwarte bessen	i ribes neri	*ie riebes nèrie.*

ALCOHOLISCHE DRANKEN	**BEVANDA ALCOLICA**	***BEBANDÀ ALKO-OOLIEKÀ***
amandellikeur	amaretto	*amarettò*
bitterlikeur	amaro	*amaarò*
zware rode wijn	Barbera	*barbèra*
zware rode wijn	Barolo	*baròlò*
brandewijn	brandy	*brendie*
cognac	cognac	*konjak*
digestief	digestivo	*diedzjestiewò*
kruidenbitter	fernet	*fernè*
droge witte wijn	Frascati	*fraskaatie*
druivenbrandewijn	grappa	*Grappa*
lichte rode wijn	Lambrusco	*lambroeskò*
likeur	liquore	*liekwòrè*
Siciliaanse dessertwijn	Marsala	*marsaala*
lichte rode wijn	Merlot	*merlò*
port	porto	*portò*
anijslikeur	sambuca	*samboeka*
mousserende wijn	spumante	*spoemantè*
vermouth	vermouth	*wermoet*
halfzoete wijn	vino amabile	*wienò amabielè*
witte wijn	vino bianco	*wienò bjangkò*
dessertwijn	vino da dessert	*wienò da dessèhr*
tafelwijn	vino da tavola	*wienò da taawola*
zoete wijn	vino dolce	*wienò doltsjè*
mousserende wijn	vino frizzante	*wienò frieddzantè*
rosé	(vino) rosato	*(wienò) rozaatò*
rode wijn	vino rosso	*wienò rossò*
droge wijn	vino secco	*wienò sekkò*
bier	birra	*bierra*
rum	il rum	*iel roem*
sherry	lo sherry	*lo sjerrie*
whisky	il whisky	*iel wiskie*
wodka	vodka	*wodka*

NON-ALCOÒLISCHE DRANKEN	BEVANDA NON-ALCOLICA	*BEBANDÀ NON-ALKO-OOLIEKA*
ananassap	il succo d'ananas	*iel soekkò d' aananas*
appelsap	il succo di mela	*iel soekkò die mèla*
cola	la coca cola	*la koka kòla*
druivensap	il succo di uva	*iel soekkò die oewa*
frisdrank	la bibita analcolica	*la biebieta analkòlieka*
grapefruitsap	il succo di pompelmo	*iel soekkò die pompelmò*
koffie	il caffè	*iel kaffè*
melk	il latte	*iel lattè*
mineraalwater	l'acqua minerale	*l'aakwa mieneraalè*
oploskoffie	il caffè solubile	*iel kaffè soloebielè*
sinaasappelsap	il succo d'arancia	*iel soekkò die arantsja*
sinas	l'aranciata	*l' arantsjaata*
thee	il tè	*iel tè*
theezakjes	le bustine di tè	*le boestienè die tè*
tomatensap	il succo di pomodoro	*iel soekkò die pomodòrò*
vers sinaasappelsap	la spremuta d'arancia	*la spremoeta d' arantsja*
vruchtensap	il succo di frutta	*iel soekkò die froetta*

VLEES	**CARNE**	*KARNÈ*
biefstuk	la bistecca	*la biestekka*
bout	la coscia	*la kosja*
gehakt	la carne tritata	*la karnè trietaata*
gehaktbal	la polpetta	*la polpetta*
gehaktbrood	il polpettone	*iel polpettònè*
haas	il filetto	*iel filettò*
ham	il prosciutto	*iel prosjoettò*
hazenpeper	l'intingolo di lepre	*l' ientienGolò die lèprè*
kalfshaas	il filetto di vitello	*iel fieletto die wietellò*
kalfsvlees	la carne di vitello	*la karnè die wietellò*
kikkerbilletjes	le cosce di rana	*le kosjè die raana*
kotelet	la costoletta	*la kostoletta*
lamsvlees	la carne di agnello	*la karnè die anjellò*
lendestuk	la costata/lombata	*la kostaata/lombaata*
lever	il fegato	*iel feeGatò*
niertjes	il rognone	*iel ronjònè*
ossenstaart	la coda di bue	*la koda die boe-è*
rosbief	il rosbif	*iel rosbief*
rundvlees	la carne di manzo	*la karnè die mandzò*
schapenvlees	la carne di pecora	*la karnè die pèkora*
schouderstuk	la carne di spalla	*la karnè die spalla*
speenvarken	la porchetta	*la porketta*
tong (vlees)	la lingua	*la liengGwaa*
varkenspootjes	gli zampetti di maiale	*ljie dzampettie die maajaalè*
varkensvlees	la carne di maiale	*la karne die maajaalè*

vleespastei	Il pasticcio di carne	iel pastietsjò die karnè
worstjes	le salsicce	le salsiettsjè
zwezerik	l'animella	l' animella

VIS	PESCE	PESKÈ
bokking	l'aringa affumicata	l' arienGa affoemiekaata
bot	la passera	la passera
gamba's	i gamberi	ie Gamberie
grote garnalen	gli scampi	ljie skampie
haai	il pescecane	iel pesjekahnè
haring	l'aringa	l' arienGa
heilbot	l'ippoglosso	l' iepoGlossò
inktvis	la seppia/il calamaro	la seppja/iel kalamaarò
kabeljauw	il merluzzo	iel merloettzò
kaviaar	il caviale	iel kawjaalè
krab	il granchio	iel Grangkjò
krabbetje	il granchietto	iel Grangkjettò
makreel	lo sgombro	lo zGombrò
oesters	le ostriche	le ostriekè
paling	l'anguilla	l' angGuilla
rivierkreeft	i gamberi	ie Gamberie
schelvis	l'eglefino	l' eGlefienò
slakken	le lumache	le loemaakè
snoek	il luccio	il loettsjò
steurgarnalen	i gamberetti	ie Gamberettie
tarbot	il rombo	iel rombò
tong (vis)	la sogliola	la soljola
tonijn	il tonno	iel tonnò

VOGELS	VOLATILI	WOLAATIELIE
duif	il piccione	iel piettsjònè
eend	l'anatra	l' anatra
fazant	il fagiano	iel faadzjaanò
gans	l'oca	l' ôhka
kalkoen	il tacchino	iel takkienò
kip	il pollo	iel pollò
patrijs	la pernice	la pernietsjè

DIVERSEN

aardappelen	**le patate**	*le pataatè*
aardappelpuree	**la puré di patate**	*la poeree die patatè*
amandelen	**le mandorle**	*le mandorlè*
champignons	**i funghi**	*ie foengGie*
chips/zoutjes/pinda's/	**le patatine fritte/i salatini/**	*le patatienè friettè/*
	le arachidi	*ie salatienie/lè araakiedie*
chocolade	**la cioccolata**	*la tsjokkolaata*
dadels	**i dadi**	*ie daadie*
hazelnoten	**le nocciole**	*le nottsjòlè*
ijs	**il gelato**	*iel dzjelaatò*
kastanjes	**le castagne**	*le kastanjè*
olijfolie	**l'olio d'oliva**	*l'oljò d' oliewa*
patates frites	**le patate fritte/le patatine**	*le pataatè friettè/le patatienè*
rijst	**il riso**	*iel riezò*
suiker	**lo zucchero**	*lo tsoekkerò*
tahoe	**il formaggio di soia**	*iel formaddzjò die sòjaa*
vijgen	**i fichi**	*ie fiekie*
zout	**il sale**	*iel saalè*

Is dat rund-/varkens-/lams-/kalfsvlees?
E' (carne di) manzo/maiale/agnello/vitello?
è (karnè die) mandzò/majaalè/anjellò/wietellò?

Heeft u specialiteiten van de streek?
Ha delle specialità regionali?
à dellè speetsjalietà reedzjonaalie?

Mag ik even proeven?
Potrei provarlo/assaggiarlo?
potrei prowaarlò/assaddzjaarlò?

Wilt u ...?	**Potrebbe ...?**	*potrebbè ...?*
– de kop afsnijden	**tagliare la testa**	*taljaarè la testa*
– de vis fileren	**sfilettare il pesce**	*sfielettaarè iel pesjè*
– de vis schoonmaken	**sbudellare il pesce**	*zboedellaarè iel pesjè*
– het brood snijden	**tagliare a fette il pane**	*taljaarè a fettè iel paanè*
– het in blokjes snijden	**tagliarlo a cubetti**	*taljaarlò a koebettie*
– het in plakken snijden	**affettarlo**	*affettaarlò*
– het malen (voor gehakt)	**macinarlo**	*maatsjienaarlò*
– het raspen (kaas)	**grattugiarlo**	*Grattoedzjaarlò*
– het vet wegsnijden	**togliere il grasso**	*toljerè iel Grassò.*

Hoe lang is dit houdbaar in/buiten een koelkast/vriezer?
Qual è l'ultima data di consumo dentro il/fuori del frigorifero/freezer?
kwalè l' oeltiema data die konsoemò dentrò iel/fwôhrie del frieGorieferò/friezer?

persoonlijke verzorging en gezondheid

aspirine	l'aspirina	l' aspieriena
babypoeder	il talco per bambini	iel talkò per bambienie
badhanddoek	l'asciugamano da bagno	l' asjoeGamaanò da banjò
condooms	i preservativi	ie prezerwaatiewie
deodorant	il deodorante	iel dejodorantè
fopspeen	il succhiotto	iel soekkjottò
handcrème	una crema per le mani	oena krèma per le maanie
hoestsiroop	lo sciroppo per la tosse	lò sjieroppò per la tossè
keelpastilles	le pasticche contro il mal di gola	le pastiekkè kontrò iel maal die Gòla
knoop	un bottone	oen bottònè
laxeermiddel	il lassativo	iel lassatiewò
lippenzalf	la pomata per le labbra	la pomaata per le labbra
luiers	i pannolini	ie pannolienie
maandverband	gli assorbenti igienici	ljie assorbentie iedzjènietsjie
muggenolie	l'olio antizanzare	l' oljò antiedzandzaarè
naaigaren	il filo da cucire	iel fielò da koetsjierè
naald	un ago	oen aaGò
papieren zakdoekjes	i fazzoletti di carta	ie fattzolettie die karta
paracetamol (tabletten)	(le compresse) paracetamolo	(le kompressè) paraatsjetamòlò
pijnstillers	gli analgesici	ljie analdzjeesietsjie
pleisters	i cerotti	ie tsjerottie
rekverband	la fascia elastica	la fasja elastieka
ritssluiting	una chiusura lampo	oena kjoesoera lampò
schaar	le forbici	le forbietsjie
scheerkwast	il pennello da barba	iel pennellò da barba
scheermesjes	le lamette	le lamettè
scheerzeep	il sapone da barba	iel sapònè da barba
shampoo	lo shampoo	lo sjampò
speen (op zuigfles)	la tettarella	la tettarella
speld	una spilla	oena spiella
talkpoeder	il talco	iel talkò
tampons	i tamponi	ie tampònie
tandenborstel	uno spazzolino da denti	oenò spattzolienò da dentie
tandenstokers	gli stuzzicadenti	ljie stoettziekadentie
tandfloss	il filo interdentale	iel fielò ienterdentaalè
tandpasta	il dentifricio	iel dentiefrietsjò

124

toiletpapier	la carta igienica	la karta iedzjènieka
veiligheidsspeld	una spilla di sicurezza	oena spiella die siekoerettsa
verband	una fascia	oena fasja
watten	il cotone idrofilo	iel kotònè iedròfielò
wattenstaafjes	i cotton fioc	ie kotton fjok
zeep	il sapone	iel sapònè
zonnebrandolie	l'olio solare	l'oljò solaarè

boeken en tijdschriften

Heeft u (een) ...?	Ha ...?	à ...?
– ansichtkaarten	le cartoline (illustrate)	le kartolienè ielloestraatè
– balpen	una biro	oena bierò
– briefpapier	la carta da lettere	la karta da letterè
– blocnote	un bloc-notes	oen blok-notes
– enveloppen	le buste	le boestè
– fietskaart	una guida (per ciclisti)	oena Gwieda (per tsjiekliestie)
– kleurpotloden	le matite colorate	le matietè koloraatè
– lijm	la colla	la kolla
– liniaal	un righello	oen rieGellò
– luchtpostpapier	la carta per via aerea	la karta per wieja a-èreja
– notitieboekje	un taccuino	oen takkwienò
– plakband	il nastro adesivo	iel nastrò adeziewò
– potloden	le matite	le matietè
– puntenslijper	un temperamatite	oen temperaamatietè
– schaar	le forbici	le forbietsjie
– touw	lo spago	lo spaaGò
– plattegrond	una piantina	oena pjantiena
– wandelkaart	una guida (per camminatori)	oena Gwieda (per kamminatòrie)
– wegenkaart	una carta stradale	oena karta stradaalè

Heeft u Nederlandse/Belgische kranten/tijdschriften?
Ha dei giornali olandesi/belgi? – Ha delle riviste olandesi/belghe?
à dei-ie dzjornaalie olandèzie/beldzjie? – à dellè riewiestè olandèzie/belGè?

foto en film

1-uursservice	lo sviluppo superrapido	lo swieloepò soeperrapiedò
9 bij 13	nove per tredici	nòwè per trèdietsjie
10 bij 15	dieci per quindici	djètsjie per kwiendietsjie
100/400 ASA	cento/quattrocento ASA	tsjentò/kwattro-tsjento asa
accu	la batteria	la batterieja
batterij	una pila	oena piela
cassettefilm	una pellicola a cassetta	oena pelliekola a kassetta
diafilm	una pellicola di diapositive	oena pelliekola die diejapozietiewè
fototoestel	la macchina fotografica	la makkiena fotoGraafieka
glanzend	lucido	loetsjiedò
kleinbeeldfilm	il microfilm	iel miekrofielm
kleurenfilm	una pellicolla a colori	oena pelliekola aa kolòrie
mat	opaco	opaakò
onbespeeld	vuoto	woe-ôhtò
opladen	caricare	kariekaarè
videoband	la videocassetta	la wiedjokassetta
videocamera	la videocamera	la wiedjokaamera
voor daglicht	per luce naturale	per loetsjè natoeraalè
voor kunstlicht	per luce artificiale	per loetsjè artiefietsjaalè
zwartwitfilm	una pellicola in bianco e nero	oena pelliekola ien bjangkò ee nèrò

Ik wil graag een kleurenfilmpje met 24/36 opnamen voor deze camera.
Vorrei un rullino a colori da ventiquattro/trentasei pose per questa macchina fotografica.
worrei oen roelienò a koloorie da wentiekwattrò/trentasei pòzè per kwesta makkiena fotoGraafieka.

Is de prijs inclusief ontwikkelen?
Il prezzo include lo sviluppo?
iel preddzò ienkloedè lò zwieloeppò?

Wilt u de film in het toestel doen?
Vorrebbe caricare la makkiena?
worrebbe kariekaare la makkiena?

Ik wil graag een cassette voor deze videocamera.
Vorrei una cassetta per questa videocamera.
worrei oena kassetta per kwesta wiedjokaamera

Ik wil graag pasfoto's laten maken.
Vorrei farmi fare delle foto tessera/foto d'identità.
worrei faarmie faare delle fòtò tessera/fòtò d' iedentieta.

Kunt u deze film ontwikkelen en afdrukken?
Mi potrebbe sviluppare e stampare questa pellicola?
mie potrebbè zwieloeppaarè è stampaarè kwesta pelliekola?

Hoe lang duurt het?
Quando sarà pronta?
kwandò sarà pronta?

De film is vastgelopen/gebroken.
La pellicola si è bloccata/rotta.
la pelliekola sie è blokkaata/rotta.

Deze camera/videocamera is kapot.
Questa macchina fotografica/videocamera non funziona.
kwesta makkiena fotoGraafieka/wiedjokaamera non foentsjòna.

Er mankeert iets aan de/het ...
... non funziona come si deve.
non foentsjòna komè sie dewè

– sluiter	**l'otturatore**	*l' ottoeratòrè*
– filmtransport	**il meccanismo di riavvolgimento**	*iel mekkaaniezmò die rie-awwoldzjiementò*
– belichting	**l'esposizione**	*l' espozietsjònè*
– flitser	**il flash**	*iel fleshj*

ITALIAANS - NEDERLANDS

Possiamo aggiustare/riparare la macchina fotografica (la videocamera) entro ... giorni.
possjaamò addzjoestaarè/rieparaarè la makkiena fotoGraafieka (la wiedjokaamera) entrò ...dzjornie
We kunnen de foto(video)camera binnen ... dagen repareren.

Dobbiamo mandare la macchina fotografica/la videocamera all'importatore.
dobbjaamò mandaarè la makkiena fotoGrafieka/la wiedjokaamera all' iemportatoorè
De foto-/videocamera zal naar de importeur moeten.

La riparazione non vale la pena.
la rieparaatsjònè non waalè la pèna.
Reparatie is de moeite niet waard.

de apotheek

aspirine	**l' aspirina**	*l' aspieriena*
babypoeder	**il talco per bambini**	*iel talkò per bambienie*
condooms	**i preservativi**	*ie prezerwaatiewie*

desinfecterend middel	il disinfettante	iel diesienfettantè
fopspeen	il succhiotto	iel soekkjottò
hoestsiroop	lo sciroppo per la tosse	lo sjieroppò per la tossè
insecticide	il insetticida	il iensettietsjieda
jodium	la tintura di iodio	la tientoera die jôhdjò
keelpastilles	le pasticche contro il mal di gola	le pastiekkè kontrò iel mal die Gòla
koortsthermometer	un termometro	oen termòmetrò
laxeermiddel	il lassativo	iel lassatiewò
likdoornpleisters	i callifughi	ie kalliefoeGie
lippenzalf	la pomata per le labbra	la pomaata per le labbra
luiers	i pannolini	ie pannolienie
maandverband	gli assorbenti igienici	ljie assorbentie iedzjènietsjie
morning-afterkuur	la contraccezione del giorno dopo	la kontrattsjetsjònè del dzjorno dòpò
muggenolie	l'olio antizanzare	l' oljò antiedzandzaarè
nagelschaartje	le forbici da unghie	le forbietsjie da oeng-Gjè
nagelvijl	la limetta per le unghie	la liemetta per le oeng-Gjè
neusdruppels/-spray	le gocce/lo spray per il naso	le Gottsjè/lò spree per iel naazò
ontsmettingsmiddel	il disinfettante	iel diesienfettantè
oordruppels	le gocce per gli orecchi	le Gottsjè per ljie orekkie
papieren zakdoekjes	i fazzoletti di carta	ie fatsolettie die karta
paracetamol (tabletten)	(le compresse) paracetamolo	(le kompressè paraatsjetamòlò)
pijnstillers	gli analgesici	ljie analdzjeesietsjie
pincet	una pinzetta	oena pientsetta
pleisters	i cerotti	ie tsjerottie
rekverband	la fascia elastica	la fasja elastieka
schaar	le forbici	le forbietsjie
speen (zuigfles)	la tettarella	la tettarella
talkpoeder	il talco	iel talkò
tampons	i tamponi	ie tampònie
veiligheidsspeld	una spilla di sicurezza	oena spiella die siekoeretsa
verband	una fascia	oena fasja
vitaminetabletten	le compresse vitaminiche	le kompressè wietamieniekè
watten	il cotone idrofilo	iel kotònè iedròfielò
wattenstaafjes	i cotton fioc	ie kotton fjok
wondzalf	la pomata antisettica	la pomaata antiesettieka
zeep	il sapone	iel sapònè
zonnebrandolie	l'olio antisolare	l' oljò antisolaarè
zuigfles	un biberon	oen bieberon
Heeft u iets tegen (een) ...?	Ha qualcosa contro ...	à kwalkòza kontrò ...
– diarree	la diarrea	la diejarreeja
– hoest	la tosse	la tossè
– hooikoorts	la febbre da fieno	la febbrè da fjènò

– kater	i postumi di una sbornia	ie postoemie die oena zbornja
– keelpijn	il mal di gola	iel maal die Gòla
– maag- en darmklachten	i disturbi gastrici e intestinali	ie diestoerbie Gastrietsjie è ientestienaalie
– menstruatiepijn	i dolori mestruali	ie dolòrie mestroeaalie
– reisziekte	la chinetosi/la nausea	la kinetoozie/la nauzeja
– spierpijn	i dolori muscolari	ie dolòrie moeskolaarie
– verkoudheid	il raffreddore	iel raffreddòrè
– verstopping	la costipazione	la kostiepaatsjònè
– wagenziekte	il mal di macchina	iel maal die makkiena
– wondinfectie	l'infezione delle ferite	l' ienfetsjònè dellè ferietè
– zonnebrand	una scottatura solare	oena skottatoera solaarè
Ik heb last van...	Ho una (fastidiosa) invasione di...	ò oena (fastidjòza) ienwaazjònè die...
– bloedzuigers	sanguisughe	sang-Gwiesoegè
– kakkerlakken	scarafaggi	skarafaddzjie
– muggen	zanzare	dzandzaarè
– muizen	topi	tòpie
– oorwurmen	forbicine	forbietsjienè
– pissebedden	onischi	onieskie
– ratten	ratti/topi	rattie/tòpie
– slakken	lumache	loemaakè
– teken	zecche	dzekkè
– vliegen	mosche	moskè
– vlooien	pulci	poeltsjie
– wespen	vespe	wespè

de opticien

Kunt u deze bril repareren?
Potrebbe aggiustare questi occhiali?
potrebbè addzjoestaarè kwestie okkjaalie?

Ik kan er niet buiten. Kunt u hem meteen repareren?
Non posso farne a meno. Potrebbe aggiustarli subito?
non possò farnè a mènò. Potrebbè addzjoestaarlie soebietò?

Heeft u een alternatief voor de tijd dat hij in reparatie is?
Avrebbe un'alternativa per il periodo in cui li stanno aggiustando?
awrebbè oen' alternatiewa per iel periejodò ien koei lie stannò addzjoestandò?

Kunt u een ogentest doen?
Potrebbe controllare la vista?
potrebbè kontrollaarè la wiesta?

Ik heb een contactlens verloren.
Ho perso una lente a contatto.
ò persò oena lentè a kontattò.

Kunt u me een andere geven?
Potrebbe darmene un'altra?
potrebbè daarmenè oen' altra?

Ik had graag (een) ...   **Vorrei ...**   *worrei ...*
– brillenkoker   **un astuccio per occhiali**   *oen astoettsjò per okkjaalie*
– bewaarvloeistof voor contactlenzen
il liquido per conservare le lenti a contatto
iel liekwiedò per konserwaarè le lentie aa kontattò
– reinigingsvloeistof voor contactlenzen
il liquido per pulire le lenti a contatto
iel liekwiedò per poelierè le lentie aa kontattò
– zonnebril
un paio di occhiali da sole
oen paajò di okkjaalie da sòlè

kleding

badpak	un costume (da bagno)	oen kostoemè (da banjò)
beha	un reggiseno	oen reddzjiesènò
bikini	un due pezzi/il bikini	un doewè pettsie/il biekienie
blouse	una camicetta	oena kamietsjetta
broek	i pantaloni	ie pantalònie
broek (kort)	i pantaloncini	ie pantalontsjienie
handschoenen	i guanti	ie Gwantie
hoed	un cappello	oen kappellò
jas	un cappotto	oen kappottò
jas (kort)	una giacca/giubbotto	oena dzjakka/dzjoebbottò
jurk	un vestito	oen westietò
muts	un berretto	oen berrettò
nachthemd	una camicia da notte	oena kamietsja da nottè
onderbroek	le mutande	lè moetandè
ondergoed	la biancheria intima	la bjankerieja ientimaa
onderrok	una sottogonna	oena sottoGonnà
overhemd	una camicia	oena kamietsja
pak	un abito	oen aabietò
panty's	i collant	ie kollàh
pyjama	il pigiama	iel piedzjaama
regenjas	l'impermeabile	l' iempermejaabielè

riem	una cintura	oena tsjientoera
rok	una gonna	oena Gonna
sjaal	una sciarpa	oena sjarpa
slipje	uno slip	oenò sliep
sokken	i calzini	ie kaltsienie
spijkerbroek	i jeans	ie dzjiens
stropdas	una cravatta	oena krawatta
tanga	un tanga	oen tanGa
trui	un maglione	oen maljònè
zwembroek	un costume da bagno	oen kostoemè da banjò

Kunt u mijn maat opnemen (voor een...)?
Potrebbe prendermi le misure (per un(-a) ...)?
potrebbè prendermie le miezoerè (per oen(-a) ...)?

Kunt u het vermaken?
Potrebbe aggiustarlo(-a)?
potrebbè adzjoestaarlò(-à)?

Mag ik dit even passen?
Posso provarlo?
possò prowaarlò?

Het is te...	E' troppo ...	è troppò ...
– kort	corto(-a)	kortò(-a)
– lang	lungo(-a)	loeng-Gò(-a)
– nauw	stretto(-a)	strettò(-a)
– wijd	largo(-a)	larGò(-a).
– donker	scuro(-a)	skoerò(-a)
– licht	chiaro(-a)	kjaarò(-a)
– duur	caro(-a)	kaarò(-a)

| Wat voor stof is het? | Di che tessuto è? | die kè tessoetò è? |

Ik had graag iets van ...	Vorrei qualcosa di ...	worrei kwalkòza die ...
– flanel	flanella	flanella
– fluweel	velluto	welloetò
– kant	pizzo	pietsò
– katoen	cotone	kotònè
– kunststof	fibra sintetica	fiebra slentètieka
– leer	cuoio/pelle	kwôjo/pellè
– linnen	lino	lienò
– suède	pelle scamosciata	pellè skamosjaata
– wol	lana	laana
– zijde	seta	sèta.

Heeft u dit ook in het ...?
Ha questo articolo anche in ...?
à kwesto artiekolò angkè in ...?

de wasserij

Ik wil deze kleren graag laten wassen/stomen/strijken.
Vorrei far lavare/lavare a secco/stirare questi vestiti.
worrei faar lawaarè/lawaarè a sekkò/stieraarè kwestie westietie.

Wanneer is het klaar?
Quando sarà pronto?
kwandò sarà prontò?

Kunt u deze vlek verwijderen?
Potrebbe togliere questa macchia?
potrebbè toljerè kwesta makkja?

schoenen

Ik wil graag een paar ...	Vorrei un paio di ...	worrei oen pajò die ...
– bergschoenen	scarponi da montagna	skarpònie da montanja
– gymschoenen	scarpe da ginnastica	skarpè da dzjiennastieka
– laarzen	stivali	stiewaalie
– pantoffels	pantofole	pantòfolè
– rubberlaarzen	stivali di gomma	stiewaalie die Gomma
– sandalen	sandali	sandalie
– schoenen	scarpe	skarpè
– slippers	ciabatte	tsjabattè
– tennisschoenen	scarpe da tennis	skarpè da tennies
– wandelschoenen	scarpe da passeggio	skarpè da passeddzjò.

Heeft u veters/schoensmeer?
Ha i lacci/il lucido per scarpe?
à ie lattsjie/iel loetsjiedò per skarpè?

Ze knellen hier.
Stringono qui.
strieng-Gonò kwie.

Ze zijn te nauw/wijd.
sono troppo strette/larghe.
sonò troppò strettè/larGè.

De hakken zijn te hoog.
I tacchi sono troppo alti/bassi.
ie takkie sonò troppò altie/bassie.

Kunt u deze schoenen repareren?
Potrebbe aggiustare queste scarpe?
potrebbè addzjoestaarè kwestè skarpè?

Ik wil graag nieuwe hakken onder deze schoenen.
Vorrei sostituire i tacchi di queste scarpe.
worrei sostitoe-ierè ie takkie die kweste skarpè

Wanneer is het klaar?
Quando sarà pronto?
kwando sarà prontò?

de juwelier

Ik had graag een batterij voor dit horloge.
Vorrei una pila per questo orologio.
worrei oena piela per kwestò orolodzjò.

Kunt u de batterij vervangen?
Può cambiare la pila?
pwò kambjaarè la piela?

Is dit horloge te repareren?
Potrebbe aggiustare questo orologio?
potrebbè addzjoestaarè kwestò orolodzjò?

Het loopt voor/achter.
E' avanti/Va indietro.
è awantie/wà iendjètrò.

Het staat vaak stil.
Si ferma spesso.
sie ferma spessò.

Is het de reparatie waard?
Vale la pena di ripararlo(-a)?
waalè la pèna die rieparaarlò(-à)?

Ik zoek (een) ...	**Cerco ...**	*tsjerkò ...*
– armband	**un braccialetto**	*oen brattsjalettò*
– broche	**una spilla**	*oena spiella*
– halsketting	**una collana**	*oena kollaana*

- hanger	un pendente	oen pendentè
- horloge	un orologio	oen orolodzjò
- horlogebandje	un cinturino dell'orologio	oen tsjientoerienò
		dell' orolodzjò
- oorbellen	degli orecchini	deljie orekkienie
- ring	un anello	oen anellò
- wekker	una sveglia	oena zwelja

Is dit/zijn dit ...?	E'/Sono ...?	è/sonò ...?
- amethist	un'ametista	oen' ametiesta
- diamant	un diamante	oen diejamantè
- goud	l'oro	l' òrò
- ivoor	avorio	awoorjò
- jade	la giada	dzjaada
- koraal	il corallo	iel korallò
- parels	le perle	le perlè
- platina	il platino	iel plaatienò
- robijnen	i rubini	ie roebienie
- roestvrij staal	l'acciaio inossidabile	l' attsjajò ienossiedaabielè
- smaragd	lo smeraldo	lo zmeraldò
- verguld	dorato	doraatò
- verzilverd	argentato	ardzjentaatò
- zilver	l'argento	l' ardzjentò

Hoeveel karaats is dit?
Di quanti carati è?
die kwantie karaatie è?

tabakswaren

Ik had graag (een)...	Vorrei ...	worrei ...
- pakje sigaretten	un pacchetto di sigarette	oen pakkettò die sieGarettè
- een slof sigaretten	una stecca di sigarette	oena stekka die sieGarettè
- -met filter	con filtro	kon fieltrò
- -zonder filter	senza filtro	sentsa fieltrò
- -nicotine-arm	con poca nicotina	kon pôhka nikotiena
- pakje shag	un pacchetto di (tabacco)	oen pakketto die (tabakkò)
	trinciato	trientsjaatò
- -met vloei/rijstevloei	con le veline per sigarette	kon lè welienè per sieGarettè
- -van het merk ...	del marchio	del markjò
- -light	light/leggero	lajt/leddzjèrò
- -medium	medium/medio	miedie-em/mèdjò
- -zwaar	forte	fortè
- aansteker	l'accendino	l' attsjendienò
- doosje lucifers	una scatola di fiammiferi/	oena skaatola die
	cerini	fjammieferie/tsjerienie

134

– pijp	una pipa	*oena piepa*
– sigaren	i sigari	*ie sieGarie*
– tabak	il tabacco	*iel tabakkò*

kapper, schoonheidssalon

Haren wassen en knippen, graag.
Vorrei farmi lavare e tagliare i capelli.
worrei faarmie lawaarè e taljaarè ie kapellie.

Scheren graag.
Mi faccia la barba, per favore.
mie fattsja la barba, per fawòrè.

Niet te kort.
Non troppo corti
non troppò kortie.

Wat langer/korter bovenop/in de nek/opzij.
Un po' più lunghi/corti sopra/di dietro/ai lati.
oen pò pjoe loeng-Gie/kortie sòpra/die djètrò/aj laatie.

Föhnen graag.
Un'asciugatura col föhn, per favore.
oen' asjoeGatoera kol feun, per fawòrè.

Kunt u me een ... geven?	**Potrebbe farmi ...?**	*potrebbè farmie ...?*
– gezichtsmasker	**una maschera per il viso**	*oena maskera per iel wiezò*
– gezichtsmassage	**un massaggio al viso**	*oen massaddzjò al wiezò*
– kleurspoeling	**una tinta**	*oena tienta*
– manicure	**una manicure**	*oena maniekoerè*
– pedicure	**un pedicure**	*oen pediekoerè*
– permanent	**una permanente**	*oena permanentè*

Ik wil mijn haar laten verven in deze kleur.
Vorrei far tingere i capelli die questo colore.
worrei far tiendzjerè ie capellie die kwesto kolòrè.

135

15 – UITGAAN

UITGAANSGELEGENHEDEN

aanvangstijd	l'ora d'inizio	l' _oora d' ienietsjò_
balkon	la galleria	_la Gallerieja_
bioscoop	il cinema	_iel tsjienema_
casino	il casinò	_iel kazienò_
discotheek	la discoteca	_la dieskotèka_
entreeprijs	il prezzo d'entrata	_iel preddzò d' entraata_
jazzclub	il circolo di musica jazz	_iel tsjierkolò die moezieka djezz_
kaartje	un biglietto	_oen bieljettò_
nachtclub	un nightclub	_oen naitklap_
opera	l'opera	l' _òpera_
pauze	l'intervallo	l' _ienterwallò_
plaats	il posto	_iel postò_
programma	il programma	_iel proGramma_
reserveren	prenotare	_prenotaarè_
rij	la fila	_la fiela_
schouwburg	il teatro	_iel tejaatrò_
theater	il teatro	_iel tejaatrò_
uitverkocht	esaurito	_eesauwrietò_
zaal	la sala	_la saala._

OPSCHRIFTEN

guardaroba	garderobe
entrata	ingang
uscita	uitgang
gabinetti	toiletten

Ik wil vanavond naar de/een ...
Stasera vorrei andare ...
stasèra worrei andaarè ...
– bioscoop **al cinema** *al tsjienema*
– concert **al concerto** *al kontsjertò*
– musical **al musical** *al mjoeziekal*
– opera **all'opera** *all' òpera*
– theatervoorstelling **a teatro** *a tejaatrò*
– toneelstuk
ad una rappresentazione/uno spettacolo teatrale
ad oena rapprezentaatsjònè/oenò spettakolò tejatraalè

Ik had graag twee kaartjes voor vanavond/morgenavond.
Vorrei due biglietti per stasera/per domani sera.
worrei doewè bieljettie per stasèra/per domaanie sèra.

Ik wil graag aansluitende plaatsen ...
Vorrei avere dei posti affiancati ...
worrei awèrè dei-ie postie affjangkaatie ...
– voorin **nelle prime file** *nellè priemè fielè*
– in het midden **al centro** *al tsjentrò*
– achterin **in fondo** *ien fondò*

Hoe laat begint de voorstelling?
A che ora comincia lo spettacolo?
aa kè oora komientsjaa lo spettaakolò?

Geldt er een korting voor kinderen/studenten/senioren/groepen?
C'è una riduzione per bambini/studenti/anziani/gruppi?
tsjè oena riedoetsjònè per bambienie/stoedentie/antsjaanie/Groeppie?

Is de film ondertiteld of nagesynchroniseerd?
Il film ha i sottotitoli o è stato doppiato?
iel fielm à ie sottotietolie ò è staatò doppjaatò?

16 – SPORT EN SPEL

sport algemeen

Kan ik hier les krijgen in het snorkelen?
Posso prendere qui delle lezioni di nuoto col respiratore?
possò prenderè kwie dellè letsjònie die nwòtò kol respieratòrè?

Waar kun je tennisrackets/golfclubs huren?
Dove si possono noleggiare le racchette da tennis/le mazze da golf?
dowè sie possonò noleddzjaarè le rakkettè da tenniesle mattsè da Golf?

Ik wil (een) ... huren.	Vorrei noleggiare...	worrei noleddzjaarè ...
– ligstoel	**una sedia a sdraio**	*oena sèdja a sdrajò*
– parasol	**un ombrellone**	*oen ombrellònè*
– windscherm	**il parabrezza**	*iel parabrettsa*
– kano	**una canoa**	*oena kanowa*
– roeiboot	**una barca a remi**	*oena barka a rèmie*
– waterfiets	**un pedalò**	*oen pedalò*
– waterski's	**gli sci nautici**	*lije sjie nautietsjie*
– (wind)surfplank	**una tavola da (wind)surf**	*oena taawola da (wind)surf*
– zeilboot	**una barca a vela**	*oena barka a wèla*
– ski's	**gli sci**	*lije sjie*
– duikuitrusting	**l'attrezzatura subacquea**	*l' attreddzatoera soeb- akwèja*
– ski-uitrusting	**l'attrezzatura di sci**	*l' attrettzatoera die sjie*
– snowboard	**lo snowboard**	*lò snoowbòrd*

Wat kost het per uur/per dag/per persoon?
Quanto costa all'ora/al giorno/a persona?
kwantò kosta all' oora/al dzjornò/a personà?

Heb je een vergunning/diploma nodig?
Ci vuole una licenza/un diploma?
tsjie woe-òlè oena lietsjentsa/oen dieplòma?

Ik wil graag een voetbalwedstrijd bezoeken.
Vorrei assistere a/vedere una partita di calcio.
worrei assiesterè a/wedèrè oena partieta die kaltsjò.

Waar kun je kaartjes kopen?
Dove si possono comprare i biglietti?
dowè sie possonò kompraarè ie bieljettie?

Wat kost een staan/zitplaats?
Quanto costa un posto in piedi/a sedere?
kwantò kosta oen postò ien pjèdie/a sedèrè?

Heb je/hebben jullie zin in een potje voetbal?
Ti/Vi piacerebbe una partitina di calcio?
tie/wie pjaatsjerebbe oena partitiena die kaltsjò?

Wat zijn de regels?
Come sono le regole?
kòmè sonò le reeGolè?

Wie mag beginnen?
Chi comincia?
kie komientsja?

Wij hebben gewonnen/verloren.
Abbiamo vinto/perso.
abbjaamo wiento/persò.

SPORTEN

abseilen	**l'abseiling**	*l' apsailieng*
atletiek	**l'atletica**	*l' atlètieka*
autoracen	**fare delle gare automobilistiche**	*faarè delle Gaare automobiliestiekè*
badminton	**il volano**	*iel wolaanò*
basketbal	**la pallacanestro/il basket**	*la pallakanestrò/iel baaskit*
beachvolleybal	**il beachvolley**	*iel bietsjwollie*
bergbeklimmen	**fare l'alpinismo**	*faarè l' alpieniezmò*
boksen	**il pugilato**	*iel poedzjielaatò*
bowlen	**giocare a bocce**	*dzjokaarè a bottjsè*
canyoning	**il canyoning**	*iel keenjònieng*
cricket	**una partita di cricket**	*oena partieta' die kriekket*
duiken	**l'immersione**	*l' iemmerzjònè*
golfen	**giocare a golf**	*dzjokaarè a Golf*
hardlopen	**il podismo**	*iel podiesmò*
hockey	**il hockey**	*iel okkie*
honkbal	**il baseball/la pallabase**	*iel baseball/la pallabaazè*
jagen	**andare a caccia**	*andaarè a kattsja*
judo	**il judo**	*iel dzjoedò*
kanovaren	**il canotaggio**	*iel kanotaddzjò*

karate	il karatè	iel karatè
motorracen	il motociclismo	iel motootsjiekliesmò
mountainbiken	andare in mountainbike	andaarè ien mauntenbaik
paardrijden	fare l'equitazione/ andare a cavallo	faare l' ekwietaatsjònè/ andaarè a kawallò
paardrijden	fare l'equitazione/ andare a cavallo	faarè l' ekwietaatsjònè/ andaare a kawallò
parachutespringen	il paracadutismo	iel parakadoetiesmò
raften	il rafting	iel raftieng
rugby	il rugby	iel roegbie
schaken	giocare a scacchi	dzjokaare a skakkie
schermen	la scherma	la skerma
skiën	andare a sciare	andaarè a sjaarè
snorkelen	nuotare col respiratore	nwootaarè kol respieratòrè
squashen	giocare a squash	dzjokaarè a squash
surfen	il surfing	iel surfing
tafeltennis	il tennis da tavolo	iel tennies da tawòlò
tennissen	giocare a tennis	dzjokaarè a tennies
vissen	andare a pesca	andaarè a peska
voetbal	il calcio	iel kaltsjò
voetballen	giocare a calcio	dzjokaare a kaltsjò
waterskiën	lo sci nautico/acquatico	lo sjie nautieko/ aakwaatieko
wielrennen	il ciclismo	iel tsjiekliesmò
windsurfen	il surfing	iel surfieng
worstelen	il lotta	iel lotta
zeilen	la vela	la wèla
zwemmen	il nuoto	iel nwòhtò

SPORTTERMEN

baan	la pista	la piesta
bal	la palla	la palla
buitenspel	fuori gioco	fwôhrie dzjòkò
competitie	la competizione	la kompetietsjònè
doel	la porta	la porta
doelpunt	un goal	oen Gòl
finale	la finale	la fienaalè
golfbaan	il campo di golf	iel kampò die Golf
lijn	la linea	la lienejaa
manege	il maneggio	iel maneddzjò
overtreding	una trasgressione	oena trasGressjònè
rennen	correre	korrerè
scheidsrechter	l'arbitro	l' arbietrò
schieten	tirare	tieraarè
slaan	dare un colpo	daarè oen kolpò

sporthal	**la palestra**	*la palestra*
sportpark	**il complesso sportivo**	*iel komplessò sportiewò*
stadion	**lo stadio**	*lo staadjò*
team	**la squadra**	*la skwaadra*
veld	**il campo**	*iel kampò*
verliezen	**perdere**	*perderè*
wedstrijd	**la gara**	*la Gaara*
werpen	**gettare**	*dzjettaarè*
winnen	**vincere**	*wientsjerè*

aan het water

OPSCHRIFTEN

alla spiaggia	naar het strand
bagnino	badmeester
cabine	kleedhokjes
capitaneria di porto	havenkantoor
capitano di porto	havenmeester
divieto di tuffo	duiken verboden
docce	douches
gabinetti	toiletten
guardia di spiaggia	strandwacht
marina (da diporto)	jachthaven
non sono ammessi i cani	verboden voor honden
pattuglia di salvataggio	reddingsbrigade
pericolo	gevaar
porto	haven
spiaggia naturistica	naturistenstrand
spiaggia privata	privé-strand
vietato nuotare	zwemmen verboden

Hoe kom ik het snelst bij het strand?
Come arrivo al più presto alla spiaggia?
komè arriewo al pjoe prestò alla spjaddzja?

Kun je hier veilig zwemmen?
E' senza pericolo fare il bagno qui?
è sentsa periekolò faare iel banjò kwie?

Waar kan ik ergens zwemmen?
Dove si può fare il bagno?
dowè sie pwò faare iel banjò?

Is het strand geschikt voor kleine kinderen?
La spiaggia è adatta ai bambini?
la spjaddzja è adatta ai bambienie?

Is het een zandstrand of een kiezelstrand?
E' una spiaggia di sabbia o di ciottoli?
è oena spjaddzja die sabbja ò die tsjottolie?

Zijn er kwallen?
Ci sono delle meduse?
tsjie sonò dellè medoezè?

Wat is de temperatuur van het water?
Qual è la temperatura dell'acqua?
kwalè la temperatoera dell' aakwa?

Waar is hier een zwembad?
Dov'è una piscina qui vicino?
dowè oena piesjiena kwie wietsjienò?

Is het een binnen- of een buitenbad?
E' una piscina coperta o all'aperto?
è oena piesjiena koperta ò all' apertò?

Is er een kinderbadje?
C'è una piscina per bambini?
tsjè oena piesjiena per bambienie?

Is het water schoon/diep?
E' pulita/profonda l'acqua?
è poelieta/profonda l' aakwa?

ITALIAANS - NEDERLANDS

L'acqua è inquinata.
l' aakwa è ienkwienaata.
Het water is vervuild.

Ci sono delle onde alte.
tsjie sonò delle ondè altè.
Er zijn hoge golven.

Ci sono delle correnti pericolose.
tsjie sonò dellè korrentie periekolòzè.
Er zijn gevaarlijke stromingen.

après-ski	il doposci	*iel dòposjie*
helling	la discesa	*la diesjèza*
jodelen	cantare alla tirolese	*kantaarè alla tirolèzè*
kabelbaan	la funivia	*la foeniewiejaa*
klapschaats	il pattino klap	*iel pattienò klap*
langlaufen	lo sci di fondo	*lo sjie die fondò*
lawine	la valanga	*la walangGa*
lawinegevaar	pericolo di valange	*periekolò die walangGe*
noren	i pattini 'Noren'	*ie pattienie nòren*
piste	la pista	*la piesta*
rodelen	praticare lo slittino su pista	*pratikaare lo sliettienò soe piesta*
schaats	il pattino	*iel pattienò*
schaatsen	pattinare	*pattienaarè*
skibox	il contenitore per sci	*iel kontenitòrè per sjie*
skiën	andare a sciare	*andaarè a sjaarè*
skipas	lo ski-pass	*lo skie-pas*
ski's	gli sci	*ljie sjie*
skischoen	le scarpe da sci	*le skarpè da sjie*
sneeuwkettingen	la catene da neve	*le katènè da nèwè*
snowboard	lo snowboard	*lò snoowbòrd*
snowboarden	fare lo snowboard	*faarè lò snoowbòrd*
stoeltjeslift	la seggiovia	*la seddzjowieja*

Kunt u mijn bindingen afstellen?
Potrebbe regolare i miei attacchi?
potrebbè reGolaarè ie mjei attakkie?

De binding zit te los/vast.
L'attacco è troppo sciolto/stretto.
l' attakkò è troppò sjoltò/strettò.

Waar kan ik skiles nemen?
Dove posso prendere delle lezioni di sci?
dowè possò prenderè delle letsjòni die sjie?

Waar begint de groene/rode/blauwe/zwarte piste?
Dove comincia la pista verde/rossa/blu/nera?
dowè komientsja la piesta werdè/rossa/bloe/nèra?

Hoe lang is het parcours?
Quanti chilometri è il percorso?
kwantie kilòmetrie è iel perkorsò?

Zijn het steile/vlakke afdalingen?
Le discese sono ripide o pianeggianti?
le diesjèzè sonò riepiedè o pjaneddzjantie?

spel

Ik begrijp niets van de spelregels
Non capisco affatto le regole del gioco.
non kapieskò affattò le règolè del dzjòkò.

Wilt u/wil je misschien een spelletje ...?
Vuole/Vuoi forse fare una partita di ...?
woe-òle/woe-oi forsè faarè oena partieta die ...?

schaken	giocare a scacchi	dzjokaarè a skakkie
– koning	il re	iel rè
– koningin	la regina	la redzjiena
– toren	torre	la torrè
– paard	il cavallo	iel kawallò
– loper	l'alfiere	l' alfièrè
– pion	il pedone	iel pedònè
– schaak!	scacco(matto)!	skakkò (mattò)!
– schaakmat!	scaccomatto!	skakkomattò!
– pat	stallo	stallò
– rocheren	arroccare	arrokkaarè
dammen	giocare a dama	dzjokaarè a daama
– damsteen	la pedina	la pediena
– dam	dama	daama
monopoly	giocare a monopoli	dzjokaarè a monopolie
– pion	la pedina	la pediena
– dobbelsteen	il dado	iel daadò
– dobbelbeker	il bussolotto	iel boessolottò
– geld	il denaro/le monete/	iel denaarò/le monètè/
	i soldi	ie soldie
– kaartje	il contrassegno	iel kontrassenjò
– speelbord	la tavola da gioco	la taawola da dzjòkò
	(schaakbord: la scacchiera)	(la skakkjèra)
dobbelstenen gooien	tirare i dadi	tieraarè ie daadie
speelkaarten	le carte da gioco	le kartè da dzjòkò
– harten	cuori	kwòrie
– klaveren	fiori	fjòrie
– schoppen	picche	piekkè
– ruiten	quadri	kwaadrie
– aas	asso	assò
– heer	re	rè
– vrouw	regina	redzjiena

– boer	**fante**	*fantè*
– ruitenboer	**fante di quadri**	*fantè die kwaadrie*
– hartenaas	**asso di cuori**	*assò die kwòrie*
– klavervrouw	**regina di fiori**	*redzjiena die fjòrie*
– bridge	**il bridge**	*iel briedzj*
– klaverjassen	**giocare a carte**	*dzjokaarè a kartè*
– hartenjagen	**giocare a cuori**	*dzjokaarè a kwòrie*
– poker	**il poker**	*iel pòker*
– strippoker	**il poker striptease**	*iel poker strieptiez.*

klagen

het hotel

De ... is kapot/functioneert slecht.
... è rotto(-a)/non funziona bene.
... è r̲o̲ttò(-a)/non foentsjȯ̲na b̲è̲nè.

– televisie	**La tivù**	*la tiewoe*
– radio	**La radio**	*la r̲a̲adjò*
– verwarming	**Il riscaldamento**	*iel rieskaldam̲e̲ntò*
– airconditioning	**L'aria condizionata**	*l' a̲a̲rja kondietsjon̲a̲ata*
– wasmachine	**La lavatrice**	*la lawatr̲i̲etsjè*
– boiler	**Lo scaldabagno/il boiler**	*lo skaldaban̲jò/iel b̲o̲jler*
– geiser	**Lo scaldaacqua**	*lo sk̲a̲lda-a̲a̲kwa*
– douche	**La doccia**	*la d̲o̲ttsja.*

Er zijn geen/niet genoeg ...
Non ci sono.../abbastanza ...
non tsjie s̲o̲nò.../abbaast̲a̲ntsa ...

Het huis is niet goed schoongemaakt.
La casa non è stata pulita bene.
la k̲a̲aza non è st̲a̲ata poeli̲e̲ta b̲è̲nè.

De bedden zijn niet verschoond.
La biancheria non è ancora stata cambiata.
la bjankeri̲e̲ja non è angk̲o̲ra st̲a̲ata kambj̲a̲ata.

Er is een stroomstoring
E' andata via la corrente.
è and̲a̲ata wi̲e̲ja la korr̲e̲ntè.

Er is kortsluiting (kan iemand dat verhelpen?).
C'è un cortocircuito (qualcuno potrebbe ripararlo?).
tsjè oen kortotsjierk̲o̲ewietò (kwalk̲o̲e̲nò potr̲e̲bbè rieparaarlò?).

Het licht in mijn kamer is kapot – De lamp is doorgebrand.
Non funziona la luce nella mia camera – si è fulminata la lampadina.
non foentsjòna la loetjsè nella mieja kaamera – sie è foelmienaata la lampadiena.

Er is geen warm water.
Manca l'acqua calda.
manka l'aakwa kalda.

De kraan lekt.
Gocciola il rubinetto.
Gottsjola iel roebienettò.

De wc spoelt niet door.
Non funziona lo sciacquone.
non foentsjònà lo sjakwònè.

Het raam gaat niet open/dicht.
La finestra non si apre/non si chiude.
la fienestra non sie aaprè/non sie kjoedè.

Het bed kraakt/zakt door.
Il letto schricchiola/la rete è rotta.
iel lettò skriekkjolaa/la reetè è rotta.

We kunnen niet slapen door het lawaai.
Non possiamo dormire a causa del chiasso.
non possjaamo dormierè a kauza del kjassò.

in het restaurant

Er ontbreekt een bord/glas/mes/vork/lepel.
Manca un piatto/bicchiere/coltello/una forchetta/un cucchiaio.
manka oen pjattò/biekkjèrè/koltellò/oena forketta/oen koekkjajò.

Dit heb ik niet besteld.
Non ho ordinato questo.
non ò ordinaatò kwestò.

Er moet een vergissing gemaakt zijn.
Mi sembra che ci sia un errore.
mie sembra kè tsjie sie-ja oen erròrè.

Ik heb om ... gevraagd.
Ho chiesto ...
ò kjestò ...

Kunt u mij hiervoor iets anders brengen?
Invece di questo mi potrebbe portare un'altra cosa?
ienwètsjè die kwestò mie potrebbè portaarè oen' altra kòza?

Dit is taai/niet gaar/te gaar.
Questo è duro/poco cotto/troppo cotto.
kwestò è doerò/pokò kottò/troppò kottò.

Dit is te bitter/zout/zuur/zoet/scherp.
Questo è troppo amaro/salato/acido/dolce/piccante.
kwestò è troppò amaarò/salaatò/aatsjiedò/doltsjè/piekantè.

Het eten is koud/niet vers.
Il cibo è freddo/non è fresco.
iel tsjiebò è freddò/non è freskò.

Dit is niet schoon; kunt u daar misschien iets aan doen?
Questo non è pulito; potrebbe occuparsi di questo?
kwestò non è poelietò; potrebbè okkoeparsie die kwestò?

Waarom duurt het zo lang?
Perché tarda/dura così (tanto)?
perkè tarda/doera kozie (tantò)?

Neemt u me niet kwalijk, maar we hadden ook drankjes besteld.
Scusi, abbiamo anche ordinato da bere.
skoezie, abbjaamò angkè ordienaatò da bèrè.

Ik zou de wijn graag een beetje warmer/kouder hebben alstublieft.
Vorrei avere il vino un po' più caldo/fresco.
worrei awèrè iel wienò oen pò pjoe kaldò/freskò.

Het bier is niet koel. Zou ik het koud kunnen krijgen?
La birra non è fredda. Potrei averla fredda?
la bierra non è fredda. potrei aweerla fredda?

Wilt u de bedrijfsleider roepen?
Mi chiami il Suo capo, per favore?
mie kjaamie iel soewò kaapò, per fawòrè?

De rekening klopt niet.
Il conto non torna.
iel kontò non torna.

U heeft te veel/weinig berekend.
Ha messo in conto troppo/troppo poco.
à messò ien kontò troppò/troppò pòkò.

schelden

iemand afwijzen

Ik wil je nooit meer zien.
Non ti voglio vedere mai più.
non tie woe-oljo wedeerè mai pjoe.

Als je niet ophoudt, ga ik gillen/je slaan.
Se non la smetti mi metto a gridare/ti picchio.
se non la smettie mie mettò a Griedaare/tie piekkjò

Laat me met rust!	**lasciami in pace!**	*lasjaamie ien paatsjè*
Donder op!	**togliti dei piedi!**	*toljie-tie dei-ie pjeedie*
Hou je bek!	**chiudo il becco!**	*kjoedo iel bekkò*
Loop naar de hel!	**va all'inferno**	*wa all' ienfernò*
Kus mijn (l)aars!	**baciami il culo**	*batsjaamie iel koelò*

iemand beledigen

Het is vaak het meest effectief iemand te beledigen in uw eigen taal: u hoeft niet naar woorden te zoeken en kunt u volledig richten op de juiste expressie.
Mocht u zich toch van het Italiaans willen bedienen, voeg dan om de twee woorden **merda** (*merda*) in om een en ander kracht bij te zetten.

Je ziet er belachelijk uit als je zo doet.
Ti rendi ridicolo se fai così.
tie rendie riediekollò sè faai kozie.

uitroepen algemeen

godverdomme	**porco dio/cane**	*porkò diejò/kaanè*
kloteding	**pezzo di merda**	*pedzò die merda*
shit	**merda**	*merda*
verdomme	**accidenti**	*àtsjiedentie*

BELEDIGINGEN

sukkel	**scemo(-a)**	*sjeemò(-à)*
idioot	**idiota**	*iediejootà*
naarling	**pezzo di merda**	*pedzò die merda*
	stronzo(-a)	*strontsò(-à)*

18 – RIJTJES

Getallen

0	zero	*dzeerò*
1/4	un quarto	*oen kwartò*
1/3	un terzo	*oen tertsò*
1/2	la metà	*la metà*
1	uno	*oenò*
2	due	*doewè*
3	tre	*trè*
4	quattro	*kwattrò*
5	cinque	*tsjienkwè*
6	sei	*sei*
7	sette	*settè*
8	otto	*ottò*
9	nove	*nòwè*
10	dieci	*djeetsjie*
11	undici	*oendietsjie*
12	dodici	*dòdietsjie*
13	tredici	*trèdietsjie*
14	quattordici	*kwattordietsjie*
15	quindici	*kwiendietsjie*
16	sedici	*sèdietsjie*
17	diciassette	*dietsjaassettè*
18	diciotto	*dietsjottò*
19	diciannove	*dietsjannòwè*
20	venti	*wentie*
21	ventuno	*wentoenò*
22	ventidue	*wentie-doewè*
23	ventitré	*wentie-trè*
30	trenta	*trenta*
40	quaranta	*kwaranta*
50	cinquanta	*tsjienkwanta*
60	sessanta	*sessanta*
70	settanta	*settanta*
80	ottanta	*ottanta*
90	novanta	*nowanta*
100	cento	*tsjentò*
101	centuno	*tsjentoenò*
200	duecento	*doewètsjentò*
1000	mille	*miellè*

1100	**millecento**	*miellètsjentò*
10.000	**diecimila**	*djètsjiemiela*
een miljoen	**un milione**	*oen mieljònè*
een miljard	**un miliardo**	*oen mieljardò*
1e	**primo**	*priemò*
2e	**secondo**	*sekondò*
3e	**terzo**	*tertsò*
4e	**quarto**	*kwartò*
5e	**quinto**	*kwientò*
6e	**sesto**	*sestò*
7e	**settimo**	*settiemò*
8e	**ottavo**	*ottaawò*
9e	**nono**	*nònò*
10e	**decimo**	*dètsjiemò*
11e	**undicesimo**	*oendietsjèziemò*
12e	**dodicesimo**	*dodietsjèziemò*
20e	**ventesimo**	*wentèziemò*
21e	**ventunesimo**	*wentoenèziemò*
30e	**trentesimo**	*trentèziemò*
100e	**centesimo**	*tsjentèziemò*
eenmaal	**una volta**	*oenà wolta*
tweemaal	**due volte**	*doewè woltè*
driemaal	**tre volte**	*trè woltè*

afstand, gewicht en maat

centimeter – meter – kilometer
centimetro – metro – chilometro
tjsentiemetrò – mètrò -kielòmetrò

gram – ons – pond – kilo – liter
grammo – etto – mezzo chilo – chilo – litro
Grammò – ettò – meddzò kielò – kielò – lietrò

feestdagen

oudejaar(savond)	**(la notte di) San Silvestro**	*(la notte die) San Sielwestrò*
nieuwjaar	**il capodanno**	*iel kapodanno*
Goede Vrijdag	**il venerdì santo**	*iel wenerdie santò*
Pasen	**la Pasqua**	*la paskwa*
tweede paasdag	**il lunedì di Pasqua/ la Pasquetta**	*iel lunedie die paskwa/ la paskwetta*
Pinksteren	**le Pentecoste**	*le Pentekostè*
tweede pinksterdag	**il lunedì di Pentecoste**	*iel loenedie die pentekostè*
Kerstmis	**il Natale**	*iel nataalè*
tweede kerstdag	**Santo Stefano**	*santò stèfanò*
feestdag	**il giorno festivo**	*iel dzjornò festiewò*
jubileum	**il giubileo**	*il dzjoebielèjò*
verjaardag	**il compleanno**	*il komplejannò*

gebruiksvoorwerpen/gereedschap

GEREEDSCHAP

Kunt u mij een ... lenen – Heeft u een ...?
Mi potrebbe prestare ...? – Ha ...?
mie potrebbè prestaarè ...? – à ...?

– boormachine	**un trapano**	*oen traapanò*
– bougiesleutel	**una chiave per candele**	*oena kjaawè per kandèlè*
– bout	**un bullone**	*oen boellònè*
– dopsleutel	**una chiave a bussola**	*oena kjaawè a boessola*
– hamer	**un martello**	*oen martellò*
– ijzerdraad	**il filo di ferro**	*iel fielò die ferrò*
– ijzerzaag	**una sega per metalli**	*oena sèGa per metallie*
– imbussleutel	**una chiave esagonale**	*oena kjaawè ezaGonaalè*
– krik	**un cricco/martinetto**	*oen kriekkò/martienettò*
– (kruiskop) schroevendraaier	**una cacciavite (a croce)**	*oena kattsjawietè (a kròtsjè)*
– moer	**un dado**	*oen daadò*
– schroef	**una vite**	*oena wietè*
– sleepkabel	**un cavo da rimorchio**	*oen kaawò da riemorkjò*
– steeksleutel	**una chiave a tubo**	*oena kjaawè a toebò*
– tang	**delle pinze/tenaglie**	*delle pientsè/tenaljè*
– waterpomptang	**un pappagallo**	*oen pappaGallò*

batterij	una pila	oena piela
dompelaar	un riscaldatore a immersione	oen rieskaldatoorè a iemmerzjònè
draagbare radio	una radio portatile	oena raadjò portaatielè
elektrisch kacheltje	una stufa elettrica	oena stoefa elettrieka
föhn	un asciugacapelli/ un föhn	oen asjoeGakapellie/ oen feun
rekenmachine	una calcolatrice	oena kalkolatrietsjè
scheerapparaat	un rasoio elettrico	oen rasojò elettriekò
walkman	un walkman	oen walkman
draagbare cassetterecorder	un registratore portatile	oen reedzjiestratòrè portaatielè
wekker	una sveglia	oena swelja

KEUKENGEREI

aansteker	l'accendino	l' attsjendienò
afwasmachine	la lavastoviglie	la lawastowieljè
afzuigkap	la cappa d'aspirazione	la kappa d' aspieraatsjònè
aluminiumfolie	la stagnola	la stanjoolà
bestek	le posate	le pozaatè
blikopener	l'apriscatole	l' aaprieskaatolè
borden	i piatti	ie pjattie
borstel	lo spazzolino	lo spattsolienò
broodmes	il coltello da pane	iel koltellò da paanè
geiser	lo scaldaacqua	lo skalda-aakwa
glazen	i bicchieri	ie biekkjèrie
handdoek	l'asciugamano	l' asjoeGamaanò
kaasschaaf	l'affettaformaggio	l' affettoo-formadzjò
keukenschaar	le forbici da cucina	le forbietsjie da koetsjiena
koekenpan	la padella	la padella
koelkast	il frigorifero	iel friGorieferò
koffiefilters	i filtri per il caffè	ie fieltrie per iel kaffè
koffiepot	la caffettiera	la kaffettjèra
koffiezetapparaat	la caffettiera	la kaffetjèra
kopjes	le tazze	le taddzè
lepels	i cucchiai	ie koekkjajie
lucifers	i fiammiferi	ie fjammieferie
magnetron	il forno a microonde	iel fornò a miekro-ondè
messen	i coltelli	ie koltellie
mixer	lo frullatore	lo froelatòrè
pannen	le pentole	le pentolè
rasp	la grattugia	la Grattoedzja
schilmesje	il pelapatate	iel pelapataatè
schoteltjes	i piattini	ie pjattienie

steelpan	il tegame	*iel teGaamè*
theedoek	il canovaccio	*iel kanowatsjò*
theepot	la teiera	*la tejèra*
thermosfles	il thermos	*iel termos*
vergiet	lo scolapasta	*lo skolapasta*
vorken	le forchette	*le forkettè*
wasbak	il lavandino	*iel lawandienò*
waterkoker	il bollitore	*iel bollietòrè*

verkeersopschriften

accendere i fari	ontsteek uw lichten
alt	stop
area di servizio	tankstation
attenzione	let op
autocarri	vrachtwagens
autostrada	autobaan
autovetture	personenauto's
banchina non transitabile	zachte berm
caduta massi	vallend gesteente
camion	vrachtwagens
cantiere	werk in uitvoering
chiuso al traffico	gesloten voor alle rijverkeer
circonvallazione	rondweg
corsia di emergenza	vluchtstrook
deviazione	omleiding
discesa	helling/afdaling
divieto di sorpasso	inhalen verboden
divieto di sosta	parkeerverbod
divieto di transito	verboden in te rijden
due corsie	nadering tweebaansweg
incrocio	kruising
lavori in corso	werk in uitvoering
strada senza uscita	doodlopende weg
passaggio a livello	overweg
passaggio pedonale	voetgangersoversteekplaats
passo carrabile	uitrit
pedaggio	tol
pericolo	gevaar
precedenza	voorrang
rallentare	snelheid verminderen
salita	helling/stijging
senso unico	eenrichtingverkeer
senso vietato	inrijden verboden
strada dissestata	slecht wegdek
strada interrotta	opgebroken weg

strettoia	wegversmalling
tangenziale	ringweg
tenere la destra/sinistra	rechts/links houden
uscita	uitrit
velocità massima	maximum snelheid
zona disco	parkeerschijf verplicht
zona pedonale	voetgangersgebied
zona rimozione (ambo i lati)	wegsleepzone (aan beide kanten)

het telefoonalfabet

De A van Anton.	La A come Ancona.	*la A komè Ankòna.*
B	Bologna	*bie komè bolonja*
C	Como	*tsjie komè kòmò*
D	Domodossola	*die komè domodossola*
E	Empoli	*e komè empolie*
F	Firenze	*effè komè fierentsè*
G	Genova	*dzjie komè dzjènowa*
H	hotel	*akka komè otel*
I	Imola	*ie komè iemola*
J	jersey	*ie loenGa komè dzjursie*
K	Kilimanjaro	*kappa komè kieliemandzjaarò*
L	Livorno	*ellè komè liewornò*
M	Milano	*emmè komè mielaanò*
N	Napoli	*ennè komè naapolie*
Ò	Otranto	*ò komè otrantò*
P	Pisa	*pie komè piesa*
Q	Quarto	*koe komè kwartò*
R	Roma	*errè komè ròma*
S	Savona	*essè komè sawòna*
T	Torino	*tie komè torienò*
U	Udine	*oe komè oedienè*
V	Venezia	*woekomè wenètsja*
W	Washington	*dopja woe komè wosjingtun*
X	Xeres	*ieks komè kseres*
Y	yacht	*iepsielon komè jôht*
Z	Zara	*dzèta komè dzaara*

auto- en motoronderdelen

accu	la batteria	la batterieja
achterlicht	il fanale posteriore	iel fanaale posteerjòrè
achteruitkijkspiegel	lo specchietto retrovisivo	lò spekkjettò retrowieziewò
antenne	l'antenna	l' antenna
benzinepomp	il distributore (di benzina)	iel diestrieboetoorè (die bendziena)
benzinetank	il serbatoio	iel serbatojò
bougie(-kabel)	la candela	la kandèla (iel kaawò d' atsjensjònè)
brandstoffilter	il filtro del carburante	iel fieltrò del karboerante
brandstofpomp	la pompa della benzina	la pompa della bendziena
buddy seat	il sellino posteriore	iel sellienò posterjoorè
bumper	il paraurti	iel para-oertie
carburateur	il carburatore	iel karboeratoorè
cardanas	la forcella telescopica/ l'albero cardanico	la fortsjella teleskòpieka/ l' alberò kardaaniekò
carter	il carter	iel karter
cilinder	il cilindro	iel tsjieliendrò
contactpunten	le puntine	le poentienè
controlelampje	la lampadina di controllo	la lampadiena die kontrollò
dynamo	la dinamo	la dienamò
elektrische installatie	l'impianto elettrico	l' iempjantò elettriekò
gashendel	la manopola del gas	la manòpola del Gaz
gaspedaal	l'acceleratore	l' attsjeleratòrè
handrem	il freno a mano	iel frènò a maanò
inspuitsysteem	il sistema d'iniezione	iel siestèma d' ienjetsjònè
jiffy	la busta imbottita	la boesta iembottieta
katalysator	la marmitta catalitica	la marmietta katalietieka
ketting	la catena	la katèna
knalpot	la marmitta	la marmietta
koelsysteem	l'impianto di raffreddamento	l' iempjantò die raffreddamentò
kogellager	il cuscinetto a sfere	iel koesjienettò a sfèrè
koplamp	il fanale/faro	iel fanaalè/farò
koppeling	la frizione	la frietsjònè
koppelingsplaat	il disco della frizione	iel dieskò della frietsjònè
krik	il cricco/martinetto	iel kriekkò/martienettò
krukas	l'albero a gomito	l' alberò a Gômietò
lager	il cuscinetto	iel koesjienettò
lamp	la lampada	la lampada
luchtfilter	il filtro d'aria	iel fieltrò d' aarja
motor	il motore	iel motòrè
motorblok	il blocco motore	iel blokkò motòrè

motorkap	il cofano	iel kòfanò
nokkenas	l'albero a camme	l' alberò a kammè
oliefilter	il filtro dell' olio	iel fjeltrò dell' oljò
oliepeilstok	la bacchetta misura-olio	la bakketta miesoera-oljò
oliepomp	la pompa dell'olio	la pompa dell' oljò
ontsteking	l'accensione	l' atsjensjònè
pedaal	il pedale	iel pedaalè
radiator(-slang)	il (tubo del) radiatore	iel (toebò del) radjatoorè)
rem, rempedaal	il freno	iel frènò
remleiding	il circuito di frenaggio	iel tsjierkoewietò die frenadzjò
remmen	i freni	ie frènie
remschijf/-trommel	il disco freno/tamburo del freno	iel diesko frènò/tamboerò del frènò
remvoering	la guarnizione del freno	la gwarnietsjònè del frènò
reservewiel	la ruota di scorta	la rwôhta die skorta
richtingaanwijzer	l'indicatore di direzione	l' iendiekatòrè die dieretsjònè
ruitenwisser	il tergicristallo	iel terdzjiekriestallò
schokbreker	l'ammortizzatore	l' ammortiedzatòrè
schuifdak	il tetto apribile	iel tettò apriebielè
snelheidsmeter	il tachimetro	iel takiemetrò
spanningsregelaar	il regolatore di tensione	iel regolatoorè die tensjònè
spoiler	lo spoiler	lo spoiler
startmotor	il motorino d'avviamento	iel motorienò d' awwjamentò
stuur	il volante	iel wolantè
tankdop/benzinedop	il tappo del serbatoio	iel tappò del serbatojò
toerenteller	il contagiri	iel kontadzjierie
uitlaat	il tubo di scarico	iel toebò die skaariekò
uitlaatpijp	il tubo di scappamento	iel toebò die skappamentò
veiligheidsgordel	la cintura di sicurezza	la tsjientoera die siekoeretsa
ventilator	il ventilatore	iel wentielatoorè
verdeler(-kabel)	il (cavo del) distributore d'accensione	iel (kaawò del) diestrieboetòrè d' atsjensjònè
vering	la sospensione	la sospensjònè
verlichting	l'illuminazione	l' ielloemienatsjònè
versnelling	il cambio	iel kambjò
versnellingsbak	la scatola del cambio	la skaatola del kambjò
versnellingspook	la leva del cambio	la lèwa del kambjò
verwarming	il riscaldamento	iel rieskaldamentò
v-snaar	la cinghia del ventilatore	la tsjieng-Gja del wentielatoorè
waterpomp	la pompa dell'acqua	la pompa dell' aakwa
wiel	la ruota	la rwôhta
wieldop	la coppa (della ruota)	la koppà (della rwôhta)

windscherm	il parabrezza	*iel parabretsa*
zekering	la valvola (di sicurezza)/	*la walwola (die siekoeretsa)/*
	il fusibile	*iel foeziebielè*
zitting	la sedia	*la sèdja*
zuiger	il pistone	*iel piestònè*

fietsonderdelen

achterwiel	la ruota posteriore	*la rwôhta posteriejoorè*
as	l'asse	*l'assè*
bagagedrager	il portapacchi	*iel portapakkie*
bandenreparatieset	il corredo per aggiustare	*iel korrèdò per adzjoestaarè*
	una gomma bucata	*oena Gomma boekaata*
bel	il campanello	*iel kampanellò*
binnenband	la camera d'aria	*la kaamera d' aarja*
buitenband	il copertone	*iel kopertònè*
crank	la pedivella	*la pediewella*
derailleur	il cambio	*iel kambjò*
fietspomp	la pompa (da bicicletta)	*la pompa (da bietsjiekletta)*
fietsslot	l'antifurto/il lucchetto	*l' antiefoertò/iel loekkettò*
fietstas (dubbelzijdig)	le borse per la bicicletta	*le borsè per la*
		bietsjiekletta
kabel	il cavo	*iel kaawò*
ketting	la catena	*la katèna*
kettingbeschermer	la copricatena	*la kopriekatèna*
kogellager	il cuscinetto a sfere	*iel koesjienettò a sfèrè*
lekke band	la gomma bucata	*la Gomma boekaata*
licht	la luce	*la loetsjè*
naaf	il mozzo	*iel modzò*
pedaal	il pedale	*iel pedaalè*
rem(kabel)	il (cavo del) freno	*iel (kaawò del) frènò*
spaak	il raggio	*iel radzjò*
velg	il cerchione	*iel tsjerkjònè*
ventiel	la valvola	*la walwola*
voorvork	la forcella	*la fortsjella*
voorwiel	la ruota anteriore	*la rwôhta anteriejoorè*
zadel	il sellino	*iel sellienò*

kleuren

rood	rosso	*rossò*
oranje	arancione	*arantsjòne*
geel	giallo	*dzjallò*
groen	verde	*werdè*
blauw	azzurro	*adzoerrò*
zwart	nero	*nèrò*
wit	bianco	*bjangkò*
grijs	grigio	*griedzjò*
roze	rosa	*ròza*
bruin	marrone	*marrònè*
paars	viola	*wiejòlà*
violet	violetto	*wiejolettò*
zilver	l'argento	*l' ardzjentò*
goud	l'oro	*l' òrò*

Woordenlijst

Nederlands-Italiaans

A

à a
aaien carezzare
aal anguilla
aalbes ribes *m*
aalmoes elemo'sina
aalmoezenier cappellano militare
aambeeld incu'dine *v*, ancudine *v*
aambeien emorro'idi *v mv*
aan a, in; di
aanbellen sonare all' u'scio
aanbesteden dare a co'ttimo; dare in appalto
aanbesteding (contratto a) co'ttimo
aanbevelen raccomandare
aanbevelenswaardig consigliabile
aanbeveling raccomandazione *v*
aanbevelingsbrief le'ttera di raccomandazione
aanbidden adorare
aanbieden offrire
aanbieding offerta
aanbinden (vastmaken) legare, annodare; (beginnen) cominciare, iniziare
aanblijven rimanere acceso
aanblik sguardo, aspetto
aanbod offerta
aanbouw costruzione *v*; (plant) colti vazione *v*
aanbranden abbruciacchiarsi
aanbreken cominciare; *bij het ~ van de dag*, allo spuntar del giorno, aggiornare
aanbrengen (bevestigen) fissare, sistemare; (opening, snede etc.) praticare; (wijzigingen) apportare, introdurre
aandacht attenzione *v*; *de ~ vestigen op*, richiamare l'attenzione su
aandachtig attento
aandeel parte *v*, porzione *v*; *handel* azione *v*
aandeelhouder azionista *m*
aandenken memo'ria, ricordo, commemorazione *v*
aandienen annunziare
aandoen (kleren) me'ttere, indossare; (licht) accendere; (radio, tv) accendere, aprire; fare (torto e.d.); (roeren) commuo'vere
aandoening commozione *v*; emozione *v*; affezione *v*
aandoenlijk commovente
aandraaien (schroef) strin'gere
aandrang affluenza; *op ~ van*, alla istigazione di
aandrijven avviare, azionare
aandrijving *techn* trasmissione *v*
aandringen serrare; (aanhouden) insi'stere
aanduiden indicare, denotare
aaneen l'uno presso l'altro;

(achtereenvolgens) in fila, di seguito
aaneenschakeling concatenazione *v*
aangaan (betreffen) conce'rnere, riguardare; (contract) conclu'dere, contrarre; (beginnen) cominciare
aangaande circa, riguardante, concernente, relativo a
aangeboren innato
aangedaan commosso
aangelegenheid affare *m*; faccenda
aangenaam piace'vole, aggradevole; grato, gentile; *~ (kennis te maken)* piacere
aangenomen (kind) adottivo; (naam) finto; *~ dat*, supposto, posto che
aangeschoten brillo
aangetekend *~e brief*, raccomandata
aangeven (aanreiken) passare, dare, po'rgere; indicare; (bij politie) denunziare, notificare; (waarde) dichiarare (il valore)
aangezicht volto; fa'ccia
aangezien visto che, dato che, in quanto, dal momento che, siccome
aangifte dichiarazione *v*, denu'nzia; *~ doen* fare la denuncia
aangrenzend conti'guo, confinante; atti'guo
aangrijpen attaccare; (ontroeren) commuo'vere
aangrijpend commovente
aangroeien accre'scersi
aanhalen (aantrekken) tirare; (citeren) citare; (liefkozen) (ac)carezzare
aanhalig carezze'vole
aanhaling citazione *v*
aanhalingstekens virgolette *mv*
aanhangen aderire a
aanhanger aderente, partigiano
aanhangig pendente; *~ maken*, intentare
aanhangsel appendice *v*; supplemento
aanhangwagen (vettura di) rimo'rchio
aanhankelijk affezionato
aanhef intonazione *v*
aanheffen intonare
aanhouden fermare, arrestare; (volhouden) persi'stere; (aandringen) insi'stere
aanhoudend assi'duo, persistente; *bijw* continuamente
aanhouding arresto
aankijken guardare
aanklacht denunzia
aanklagen accusare
aankleden vestire
aankloppen bussare, picchiare (alla porta)
aanknopen annodare; (gesprek) attraccare (discorso)
aankomen arrivare; venire; *het komt*

er niet op aan, non importa; (v. gewicht) ingrassarsi; *ik ben 5 kilo aangekomen*, sono ingrassato di 5 kg
aankomst arrivo
aankomsthal sala di arrivo
aankondigen annunziare, denunziare
aankondiging annu'nzio, avviso; notificazione *v*, denunzia
aankoop compra; acquisto
aankopen comprare, acquistare
aankruisen segnare con una croce
aankunnen tener testa a, farcela
aanleg fondazione *v*; (v. straat) tracciato; (v. tuin) disegno; (v. spoor) costruzione *v*; (talent) disposizione *v*, attitu'dine *v*
aanleggen accostare; *scheepv* approdare; (maken) fare; costruire; (vuur) acce'ndere; (geweer) puntare
aanlegplaats molo, sbarcato'io
aanleiding motivo; *naar ~ van*, a propo'sito di; *~ geven tot*, occasionare
aanlokkelijk allettante
aanloop *sp* rincorsa
aanlopen prendere la rincorsa; (v. wiel) sfregare; *rood ~*, diventare rosso, arrossire
aanmaken (vervaardigen) fare, fabbricare; (sla) condire; (vuur) acce'ndere
aanmanen esortare
aanmaning esortazione *v*
aanmatigend arrogante
aanmelden annunziare
aanmerkelijk note'vole, considere'vole
aanmerking osservazione *v*; riprensione *v*; *in ~ komen*, contare, e'ssere considerato adatto (per); *in ~ nemen*, pre'ndere in considerazione
aanmoedigen animare, incoraggiare
aannemelijk accetta'bile, plausibile
aannemen accettare; (kind) adottare; (bouwwerk) appaltare; (veronderstellen) supporre, amme'ttere
aannemer appaltatore
aanpakken afferrare; iniziare
aanpassen (kleren) provare; (schikken) adattare, aggiustare
aanplakbiljet avviso, affisso, cartellone *m*
aanplakken affiggere
aanprijzen raccomandare
aanraden consigliare
aanraken toccare
aanraking contatto
aanranden aggredire, assalire
aanranding stupro *m*
aanrecht piano di lavoro
aanreiken passare, po'rgere

aanrichten causare, fare
aanrijden arrivare; (botsen) urtare, investire
aanrijding scontro *m*
aanroepen chiamare
aanschaffen procurarsi, comprare
aanschaffing acquisto
aanschieten (verwonden) ferire leggermente; (kleding) infilare; (persoon) accostare qd
aanslaan (v. motor) avviarsi
aanslag attentato; (belasting) tassazione *v*; (v. pianist) tocco
aanslagbiljet avviso di tassazione
aansluiten (trein) coincidere; *zich ~ bij*, aderire a
aansluiting (van treinen) coincidenza; (telefoon) comunicazione *v*
aansnijden tagliare, dare il primo taglio a; *fig* avviare
aanspannen tendere; intentare; *een proces ~*, intentare un processo
aansporen spronare, stimulare, eccitare, istigare
aanspraak discorso; (recht) diritto; *~ maken op*, reclamare
aansprakelijk responsabile
aanspreken parlare ad
aanstaan piacere, convenire; *dat staat me niet aan*, non mi piace; (v. tv e.d.) essere acceso
aanstaande pro'ssimo; futuro
aanstalten *~ maken*, fare i preparativi
aanstekelijk contagioso
aansteken accendere
aansteker accendino
aanstellen nominare; *zich ~*, posare
aanstellerij affettazione *v*
aanstelling no'mina
aanstonds su'bito
aanstoot sca'ndalo
aanstotelijk scandaloso
aantal nu'mero, quantità *v*
aantasten attaccare
aantekenboekje notes *m*, taccuino
aantekenen (noteren) annotare
aantekening noti'zia, annotazione *v*; (v. brief) raccomandazione *v*
aantikken toccare
aantonen indicare; (bewijzen) dimostrare
aantrappen mettere in moto
aantreffen incontrare
aantrekkelijk attraente
aantrekken *nat* attirare; *fig* attrarre; (kleren) mettersi (addosso), indossare
aanvaarden accettare; (regering, opdracht, functie) assu'mere; (reis) cominciare
aanval attacco, assalto; aggressione *v*
aanvallen attaccare, assalire, aggredire
aanvaller *sp* attaccante, avanti *m*

aanvang inizio
aanvangen cominciare, iniziare
aanvankelijk prima, da princi'pio
aanvaren arrivare in barca; urtare
aanvaring collisione *v*
aanvegen spazzare
aanvoer trasporto; arrivi *mv*
aanvoerder capo, duce
aanvoeren (goederen) apportare
aanvraag ri'chiesta
aanvraagformulier mo'dulo di richiesta
aanvragen chiedere
aanvullen completare
aanvulling (ri)empimento, complimento
aanwaaien : *dat komt hem zomaar aanwaaien*, gli piove dal cielo
aanwenden utilizzare, adoperare, impiegare
aanwezig presente, astante
aanwezigheid presenza
aanwijzen indicare, designare
aanwijzing indicazione *v*
aanwinst acquisto
aanzetten (inschakelen) accendere
aanzetten (tv, radio) accendere
aanzien *ww* (ri)guardare; *zn* aspetto; (achting) riguardo, considerazione *v*
aanzienlijk (aanmerkelijk) note'vole, sensi'bile, considere'vole; (voornaam) illustre, nota'bile, arioso
aanzoek domanda, richiesta
aap sci'mmia
aar spiga
aard qualità *v*, natura
aardappel patata; *gebakken ~s*, patate fritte
aardbei fragola
aardbeving terremoto
aardbol globo terrestre
aarde terra
aarden *elektr* me'ttere a terra
aardewerk terracotta *v*
aardgas gas naturale *m*
aardig (zaken) bello; (personen) caro, affa'bile, gentile
aardigheid gentilezza; (grap) ce'lia
aardolie petro'lio
aardrijkskunde geografia
aards terrestre, mondano
aardschok scossa di terremoto
aardverschuiving frana
aartsbisschop arcive'scovo
aarzelen esitare
aarzeling esitazione *v*
aas esca; *kaartsp* asso
abattoir macello
abc abbicci' *m*
abces ascesso
abdij badia
abdis badessa
abnormaal anormale

abonnee abbonato
abonneenummer numero di abbonato *m*
abonnement abbonamento
abonneren *zich ~ op*, abbonarsi a
abortus aborto
abrikoos albicocca
absent assente
absoluut assoluto; sicuramente
abstract astratto
absurd assurdo
abt abate *m*
abuis sba'glio
academie accade'mia
academisch accade'mico
accent accento
accepteren accettare
acceptgirokaart assegno bancario
accijns accisa
accordeon fisarmonica, accordéon *m*
accountant revisore dei conti
accu batteria
accuraat accurato, preciso, diligente
ach ah!, oh!, ahi!, ahimè!
achillespees tendine *m*
acht *telw* otto; *zn*: *~ slaan op*, far attenzione a
achteloos noncurante; negligente
achteloosheid noncuranza
achten (hoogachten) stimare; (letten op) badare a; (vinden) considerare, ritenere, giudicare
achter *vz* dietro (a), dietro di; *bijw* in dietro, indietro, addietro; (na) dopo; *~ in*, in fondo a; *~ elkaar*, l'uno dopo l'altro; *twee dagen ~ elkaar*, due giorni di se'guito
achteraan in fondo; indietro
achteraf (later) dopo; (afgelegen) lontano
achterband pneuma'tico posteriore
achterbank sedile posteriore *m*
achterblijven rimaner indietro
achterbuurt quartiere *m* populare
achterdeur porta di dietro
achterdocht sospetto
achterdochtig sospettoso
achtereen(volgens) successivamente
achteren, *van ~*, da dietro, alle spalle, di dietro
achtergrond fondo, sfondo
achterhalen raggiungere; ritrovare
achterhoede retrogua'rdia
achterhoofd occi'pite *m*
achterin didietro
achterkamer retrostanza
achterkant didietro; parte (lato) posteriore; (v. blad papier etc.) retro
achterlaten lasciare; abbandonare
achterlicht (v. auto) fanale *m* posteriore, luce *v* posteriore; (v. fiets) fanalino posteriore
achterlijk tardivo; che è indietro
achterlopen andare indietro

166

achterna dietro a
achternaam cognome *m*
achterom da dietro
achterop indietro; ~ *raken*, rimanere indietro
achterover (vallen) supino; (leunen) all'indietro
achterruit lunotto posteriore *m*
achterst ul'timo
achterstallig arretrato
achterstand ritardo; *sp* svantaggio
achterste deretano
achterstevoren alla rovescia, al rovescio, all'inverso
achtertuin giardino dietro la casa
achteruit indietro; ~ *rijden*, far marcia indietro, andare a retromarcia
achteruitgaan andare all'indietro; regredire, deteriorarsi
achteruitgang (in gebouw) uscita di dietro; (verval) decadenza
achteruitkijkspiegel specchietto retrovisore *m*
achteruitrijden far marcia indietro
achtervoegsel suffisso
achtervolgen perseguire
achtervork forcellino superiore *m*
achterwaarts *bijw* all'indietro, addietro
achterwiel ruota posteriore
achterzijde lato di dietro
achting stima, rispetto
achtste ottavo
achttien diciotto
achttiende diciotte'simo
aceteren recitare
acteur attore
actie azione *v*
actief *bn* attivo; *zn* gli attivi, de'biti attivi *mv*
actrice attrice
actueel attuale
acuut acuto
adapter trasformatore *m*
adder vi'pera
adel nobiltà *v*
adelaar aquila
adellijk no'bile
adem fiato, a'lito; *buiten* ~, senza fiato; *in een* ~, tutto d'un fiato
ademen, ademhalen respirare
ademhaling respirazione *v*
ader vena
adieu addio
administrateur amministratore
administratie amministrazione *v*
administreren amministrare
admiraal ammira'glio
adopteren adottare
adres indirizzo; *per* ~, presso, per reca'pito
adresboek libra degli indirizzi
adreskaart scheda
adresseren indirizzare

Adriatische Zee Adria'tico
adverteerder inserzionista *m*
advertentie inserzione *v*, annun'cio pubblicita'rio
adverteren annunciare, inserire un annuncio
advies avviso
adviseren dare consiglio, consigliare
adviseur consigliatore
advocaat avvocato
af via, giù; ~ *en toe*, talvolta
afbeelding illustrazione *v*, figura
afbestellen contrordinare; annullare un o'rdine
afbetalen pagare le rate d'acquisto
afbetaling pagamento a rate; *op* ~ *kopen*, comprare a rate
afbijten mordere
afblijven non toccare
afborstelen spazzolare
afbraak demolizione *v*
afbranden bruciare
afbreken ro'mpere; demolire; *fig* denigrare
afbrokkelen sbriciolare
afdak tetto'ia
afdalen (di)sce'ndere
afdalen scendere; (ski) fare discesa
afdanken congedare
afdeling reparto, sezione *v*, divisione *v*; (s)compartimento
afdingen trattare (sul prezzo)
afdoen finire, terminare; (mantel) levare
afdoend efficace
afdraaien girare; svitare
afdragen (kleren) consumare, usare; (geld) versare
afdrijven derivare
afdrogen asciugare
afdruk (voet) impronta; *(fotogr)* stampa
afdrukken (foto) stampare
afdwalen smarrirsi, aberrare
affaire affare *m*; storia
affiche affisso, cartello
afgaan (omlaag) scendere; (geweer) scaricare
afgang fiasco, insuccesso
afgelasten disdire, cancellare
afgeleefd decre'pito, cadente
afgelegen remoto, lontano
afgelopen finito
afgemat esa'usto, straccato
afgepast misurato; (geld) contato
afgesproken d'accordo
afgevaardigde deputato
afgeven consegnare; re'ndere
afgezien van a parte, a prescin'dere da, facendo astrazione da
afgietsel co'pia, calco
afgod i'dolo
afgrijselijk orri'bile, orrendo
afgrond abisso

afgunst invi'dia
afgunstig astioso, invidioso
afhalen (personen) andare a pre'ndere (rilevare); (bed) dis'fare; (verwijderen) asportare
afhandelen regolare, definire, chiu'dere
afhangen dipe'ndere
afhankelijk dipendente
afhouden trattenere
afkeer avversione *v*
afkeuren disapprovare, riprovare; (voor militaire dienst) riformare
afkeuring disapprovazione *v*
afkijken guardare fino in fondo; copiare
afknappen strapparsi; ~ *op*, essere deluso da
afknippen tagliare
afkoeling rinfrescamento
afkomen scendere; ~ *van*, liberarsi da
afkomst ori'gine *v*
afkomstig uit proveniente da, origina'rio di
afkondigen annunziare, proclamare, pubblicare
afkorting abbreviazione *v*
afleggen deporre; (gewoonte) lasciare; (examen) dare, sostenere; (afstand) percor'rere
afleiden deviare, disto'gliere; (verstrooien) distrarre
afleiding deviazione *v*; diversione *v*; distrazione *v*
afleren disimparare
afleveren consegnare
aflevering consegna; (v. feuilleton) puntata
afloop (einde) fine *v*; (uitslag) e'sito
aflopen (contract, pas) scadere; (goed of slecht ~) andare a finire
aflossen supplire; (schuld) saldare, liquidare
aflossing *handel* estinzione *v*: *mil* rilevamento, ca'mbio
afmaken compiere; finire, terminare; (doden) ucci'dere, am mazzare
afmatten stancar molto
afmeting dimensione *v*
afnemen levar via; (kopen) comprare; (hoed) levarsi il cappello; (verminderen) diminuire
afnemer consumatore, cliente
afpakken prendere, togliere
afpersen esto'rcere
afpersing estorsione *v*, concussione *v*
afraden sconsigliare, dissuadere
afranselen picchiare, bat'tere
afreizen partire
afrekenen pagare
afrekening liquidazione *v*, rendiconto
afremmen rallentare, frenare
Afrika l'Africa
Afrikaan(s) *(m)* africano

afrit uscita *v*

afronden (ar)rotondare

afrukken strappare

afschaffen abolire, soppri'mere, eliminare

afscheid congedo; ~ *nemen van*, congedarsi di

afscheiden separare; disgiu'ngere; *med* sece'rnere

afscheuren staccare, strappare

afschrift co'pia

afschrijven ammortare

afschrijving (op balans) ammort(izz)amento; (v. schuld) annullamento

afschuw ripugnanza

afschuwelijk terribile; orri'bile, abominabile, schifoso

afslaan (aanval) respi'ngere; (verzoek) rifiutare; (motor) voltare; (prijs) diminuire, ribassare; *naar rechts (links)* ~, svo'ltare a destra (sinistra)

afslag svincolo, uscita

afsloven (zich) stancarsi

afsluiten chiu'dere; serrare; isolare; (eindigen) terminare; conclu'dere; (rekening) saldare

afsnijden tagliare, troncare

afsplitsen dividere; *zich* ~, staccarsi

afspraak (overeenkomst) accordo; (voor een ontmoeting) appuntamento

afspraakje appuntamento *m*

afspreken prendere un appuntamento/mettersi d'accordo

afspringen saltare da, balzare da; (losgaan) scattare

afstaan ce'dere, (ri)lasciare

afstammeling discendente

afstammen disce'ndere; na'scere di; derivare, venire

afstamming discendenza, ori'gine *v*

afstand distanza, intervallo

afstandsmeter tele'metro

afstappen (fiets, paard) scen'dere (da)

afsteken (vuurwerk) accendere; ~ *bij*, contrastare con

afstellen regolare

afstemmen *rad* sintonizzare

afstempelen timbrare, bollare

afstoten (re)spi'ngere; *fig* ripugnare, repe'llere, disgustare

afstuiten rimbalzare; ripercuotersi; *fig* far fiasco

aftellen contare alla rovescia

aftershave dopobarba *m*

aftocht partenza; *mil* ritiro

aftreden ritirarsi, dime'ttersi

aftrek sottrazione, deduzione *v*, defalco; (afzet) *handel* ricerca, richiesta; *na* ~ *van*, dopo aver detratto

aftrekken detrarre, sottrarre; dedurre;

---

defalcare; (afkoken) estrarre; (afleiden) distrarre; (weggaan) partire

aftrekking deduzione; (rekenkunde) sottrazione *v*

afvaardigen delegare, deputare

afval rifiuti *m mv*, materiale di rifiuto, roba di scarto

afvalbak bidone dell'immondizia *m*

afvallen (verlaten) abbandonare; (vermageren) dimagrire; *ik ben 10 kilo afgevallen*, sono dimagrito 10 chili, ho perso 10 chili

afvallig infedele, sleale; (v.h. geloof) apo'stata

afvegen spazzare, spazzolare; spolverare; (afdrogen) asciugare

afvoer transporto; (v. water) sca'rico

afvoeren evacuare

afwachten aspettare

afwachting aspettazione *v*, attesa

afwas : *de* ~ *doen*, lavare i piatti/le stoviglie

afwasmachine ma'cchina lavapiatti, (ma'cchina) lavastoviglie

afwasmiddel detersivo per stovi'glie

afwassen lavare; (de vaat) rigovernare

afweer difesa

afweergeschut artiglieria antiae'rea

afwenden (blik) rivo'lgere; (gevaar) parare, allontanare

afwennen divezzare

afwentelen rotolare; ~ *op*, trasferire a

afweren dife'ndersi da; respi'ngere; (slag) parare

afwerking compimento; perfezionamento

afwezig assente

afwezigheid assenza

afwijken deviare; aberrare; *fig* sviarsi

afwijking deviazione *v*; sviamento; aberrazione *v*, irregolarità *v*, anomalia; (verschil) differenza

afwijzen (bij examen, verzoek) respi'ngere; (aanbod) rigettare

afwijzing rigetto, rifiuto

afwisselen alternare, fare a vicenda

afwisselend *bn* alternato; *bijw* alternatamente

afwisseling alternanza, turno

afzakken (kousen) cascare; (rivier) calare, sce'ndere

afzeggen disdire

afzenden mandar via, spedire; inviare; (persoon) deputare

afzender mittente *m-v*

afzet spa'ccio, ve'ndita, smercio, consumo

afzetgebied mercato

afzetten deporre; (hoed) levarsi; (been) amputare; (afsluiten) sbarrare; (verkopen) spacciare; (bedriegen) esto'rcere

afzetterij fregatura *v*

---

afzichtelijk o'rrido, orrendo

afzien vedere fino in fondo; ~ *van*, rinunciare a

afzonderen separare, segregare, isolare

afzondering separazione *v*, isolamento

afzonderlijk *bn* separato, sin'golo, individuale; *bijw* separatamente, sin'golarmente

agenda agenda, diario, taccuino

agent (v. politie) guardia *v*

agentschap agenzia

a.h.w. per cosi dire

aids aids *m*

airbag airbag *m*

airconditioning aria condizionata *v*

akelig fastidioso

akker campo, agro

akkoord *muz* accordo; (overeenkomst) concordato, contratto; ~*!*, d'accordo!

akte atto

aktetas cartella

al *telw* tutto; *allen*, tutti; *bijw* già; ormai; ~ *te*, troppo; *ook* ~, anche se, quand'anche, magari; ~ *lang*, (già) da tempo, da un pezzo, da parecchio tempo; ~ *twee weken*, da due settimane

alarm allarme *m*

alarmnummer numero di allarme *m*

alarmsignaal segnale *m* d'allarme

albast alabastro

album album *m*, albo

alcohol a'lcool *m*

alcoholisch alco'lico

alcoholvrij analcoo'lico

aldaar là, colà

aldus cosi, in questo modo

alfabet alfabeto

alfabetisch alfabe'tico

algemeen universale, generale; *bijw* generalmente; *in het* ~, generalmente

Algerije Algeria

alhier qui, in questo luogo

alhoewel quantunque, benchè

alimentatie alimenti *m mv*

alinea capo verso; ali'nea *m*

all risk che copre tutto

alle tutto, tutti, tutte, ogni; ~ *twee* (*drie* etc.), tutti e due (tre ecc)

allebei tutti e due

alledaags di ogni giorno; giornaliero; *fig* comune

alleen *bn* solo; *bijw* da solo; ~ *de gedachte al*, il solo pensiero

alleenverkoop monopo'lio, privativa

alleenvertegenwoordiger rappresentante esclusivo

allemaal tutti quanti

allereerst anzitutto

allergisch allergico

Allerheiligen Ognissanti *m*
allerlei diverso, differente
Allerzielen Giorno dei Morti
alles tutto, ogni cosa
allesbehalve tutt' altro che
allicht ovviamente, evidentemente
almanak almanacco
alom dappertutto
Alpen *mv* le Alpi
alpenroos rododendro
alpino berretto basco
als (wanneer) quando; (indien) se;
　dezelfde ~, lo stesso di; *zo als* così
　come; ~ *kind*, da bambino
alsjeblieft (bij het aangeven) ecco;
　(vragend) prego; (verzoek) prego,
　per favore
alsof come se, quasi + *cong*
alstublieft zie *alsjeblieft*
alt (stem) contralto *m*; (viool) viola
altaar altare
altaarstuk pittura (pala) d'altare
althans almeno
altijd sempre
aluminium allumi'nio
alvorens prima che (di), avanti che
amandel ma'ndorla; (keel) ami'gdala,
　tonsilla
amandelpers pasta di ma'ndorle,
　mandorlato
amateur amatore
ambacht arte *v*, mestiere *m*
ambassade ambasciata *v*
ambassadeur ambasciatore
ambt uffi'cio, ca'rica
ambtenaar funziona'rio, impiegato,
　ufficiale
ambtgenoot collega
ambulance ambulanza *v*
amechtig sfiatato, trafelato
Amerika l'Ame'rica
Amerikaan americano
Amerikaans *bn* americano
ameublement mobi'lia
amper appena
Amsterdam Amsterdam
amusant divertente
amuseren *zich* ~, divertirsi
ananas ananas *m*
ander altro; *onder* ~*e(n)*, fra l'altro
anderhalf uno e mezzo
anders diversamente; altrimenti; ~
　dan, differente da, diverso da; *iets*
　~, qualcos' altro; *niets* ~, nient'
　altro; *geheel* ~, in modo tutto
　differente; *iets heel* ~, tutt' altra
　cosa, tutt' altro
andersom all' inverso
andijvie indi'via
angel (insecten) pungiglione *m*
angst paura, timore *m*; ango'scia,
　ansia, ansietà *v*
angstig inquieto, angoscioso
angstvallig pauroso, scrupoloso,

minuzioso
anijs a'nace, a'nice *m*
anjelier, anjer garo'fano
anker a'ncora
annexatie annessione *v*
annonce annu'nzio
annuleren annullare
ansichtkaart cartolina *v*
ansjovis acciuga
antenne antenna, ae'reo
anticonceptiepil pillola
　anticoncezionale *v*
antiek antichità *v*
antipathie antipati'a
antiquair antiqua'rio
antislipband gomma ancorizzata
antivries antigelo
antivriesvloeistof antigelo *m*
antraciet antracite *v*
Antwerpen Anversa
antwoord risposta
antwoordapparaat segreteria
　telefonica *v*
antwoorden rispo'ndere
anus ano
apart a parte
apenootje ara'chide *v*
aperitief aperitivo *m*
apostel apo'stolo
apotheek farmacia *v*
apotheker farmacista *m*
apparaat apparecchio
appartement appartamento *m*
appel mela
appèl appello
appelboom melo, pomo
appelmoes passata di mele
appelsap succo di mela *m*
appeltaart torta di mele
applaus (ap)pla'uso
après-ski après-ski *m*
april aprile *m*
aquarel acquerello
Arabier a'rabo
Arabisch a'rabo
arbeid lavoro
arbeiden lavorare
arbeider opera'io, lavorante *m*
arbeiderswoning casa di opera'io
arbeidsbeurs borsa del lavoro
arbeidsbureau ufficio di collocamento
arbeidscontract contratto di lavoro
arbeidsloon paga
arbeidster opera'ia
arbeidsvermogen energia
archief archi'vio
archipel arcipe'lago
architect architetto
arend a'quila
argeloos senza sospetti; inge'nuo,
　innocente
argument argomento
argwaan sospetto
argwanend sospettoso

ark arca
arm *bn* (behoeftig) po'vero,
　indigente; *zn* (lichaamsdeel)
　bra'ccio
armband braccialetto *m*
armbandhorloge orolo'gio a
　braccialetto
armleuning (stoel) bracciolo
armoede povertà *v*, indigenza
armoedig po'vero, mi'sero
armzalig misera'bile, meschino
arrest arresto
arrestant arrestato
arresteren arrestare
arriveren arrivare
artiest artista *m*
artieste artista *v*
artikel arti'colo
artillerie artiglieria
artisjok carciofo
arts medico *m*
a.s. (aanstaande) p.v. (pro'ssimo
　venturo)
as (wagen, aard-) asse *m*; (machine)
　a'lbero; perno; (bij verbranding)
　ce'nere *v*
asbak portacenere *m*
asfalt asfalto, bitume *m*
asiel asilo, rifu'gio
asperge (a)spa'rago
aspirine aspirina *v*
assortiment assortimento
assuradeur assicuratore
assurantie assicurazione *v*
aster a'stero
astma asma *v*
Aswoensdag giorno delle Ce'neri
atelier stu'dio, atelier *m*
atlas atlante *m*
atleet atleta *m*
atletiek atle'tica
atmosfeer atmosfera
atoom a'tomo
atoombom bomba ato'mica
atoomsplitsing frazionamento
　ato'mico
attent attento
attentie attenzione *v*; *ter* ~ *van*, alla
　cortese attenzione di
attest certificato, attestato
augurk cetriolo *m*
augustus agosto
Australië l'Austra'lia
auteur autore; arte'fice
auteursrecht diritti *mv* d'autore
auto automobile *v*
autobus autobus *m*
autogordel cintura di sicurezza *v*
autohuur noleggio *m*
automaat automa *m*; (sigaretten~,
　postzegel~, snoepautomaat)
　distributore automa'tico, ma'cchina
　a gettone
autopapieren documenti della

macchina *m*
autoped monopat'tino
autoreparateur mecca'nico
autorijden guidare l'automobile
autorijschool autoscuola
autoriteit autorità *v*
autosnelweg autostrada *v*
autotocht giro in automo'bile
autotrein treno navetta *m*
autoweg autostrada *v*
Ave Maria Avemmaria
averechts a rove'scio
averij avaria
avond sera; (feest) serata; *'s ~s*, di sera, la sera
avondblad giornale *m* (edizione *v*) della sera
avondeten cena
avondmaal la cena; *het laatste ~*, (van Leonardo da Vinci) il Cena'colo
avondtoilet a'bito da sera
avonturier avventuriere
avontuur avventura
Aziatisch asia'tico
Azië l'A'sia
azijn aceto

B

baai (zee) baia *v*
baak segnale *m*
baal balla
baan (werk) impiego; (rijbaan) corsia; (planeet) o'rbita; (v. stof) telo; (ren~) pista
baanbreker iniziatore
baantje impiego
baar (draagbaar) barella
baard barba
baarmoeder utero *m*
baars (pesce) pe'rsico
baas principale *m*
baat profitto, guadagno, vantaggio
baatzuchtig interessato
babbelen ciarlare, cicalare
babbelkous chiacchierona
baby neonato, neonata
babysitter bambinaia *v*
bacil bacillo
bacterie bacte'rio
bad bagno; *een ~ nemen*, fare il bagno
baden fare il bagno
badgast bagnante, bagnatore
badhanddoek asciugatoio *m*
badhuis bagno pu'bblico
badkamer stanza da bagno
badkuip tinozza; vasca
badman bagnaiuolo
badmantel accappato'io
badmeester bagnino *m*
badmuts cuffia da bagno *v*
badpak costume da bagno *m*
badplaats stazione balneare *v*

badtas borsa da spiaggia *v*
bagage bagaglio *m*
bagagekluis deposito bagagli, reticella (per vali'gie)
bagagedrager portapacchi *m*
bagagenet -rek portabagagli *m*
bagageruimte bagagliaio *v*
bagagewagen bagaglia'io
bagatel bagattella
bah che schifo
bak recipiente *m*, scodella
bakboord babordo
bakeliet bachelite *v*
bakermat culla
bakfiets bicicletta furgoncino
bakkehaarden *mv* basette *v mv*
bakken fri'ggere; (brood) cuo'cere; (ei) affrittellare
bakker fornaio *m*
bakkerij panetteria
bakkerswinkel bottega di foma'io, panetteria
baksel (in)fornata
baksteen mattone *m*
bal [de] (speelbal) palla; [het] (feest) ballo; *~ masqué* ballo in ma'schera
balans bila'ncia; *handel* bila'ncio
baldadig vanda'lico
balein stecca di balena
balhoofd testa dello sterzo *v*
balie (hotel-) banco *m*, reception *v*
balk trave *v*
Balkan i Balcani
balkon balcone *m*; (tram) piattaforma
ballast zavorra
ballen giocare al pallone; *de vuist ~*, stringere il pugno
ballet balletto
balletdanseres ballerina
balling esiliato; e'sule *m*
ballingschap esi'lio
ballon pallone (aerosta'tico); (v. kinderen) palloncino
ballpoint penna a sfera, biro *v*
balsem ba'lsamo
balustrade balaustrata
balzaal sala da ballo
banaal volgare
banaan banana *v*
band legame *m*, vin'colo; (muziekband) complesso; (lint e.d. voor bandrecorder) nastro; (v. ijzer) ce'rchio di ferro; (v. boek) legatura; (v. fiets) gomma; *auto* pneuma'tico; *lekke ~* gomma forata
bandenlichter levapneuma'tici *m*
bandenpech *~ hebben* avere una gomma a terra
bandenspanning pressione delle gomme *v*
bandiet bandito
bandrecorder magneto'fono
banen fare; aprirsi
bang pauroso; spaventato, impaurito;

ik ben ~, ho paura
banier bandiera
bank (zit~) panchina; panca; (geld~) banca; (school~) panca; (zand~) banco; (speel~) banco; *~ van lening*, monte *m* di pietà
bankbiljet banconota *v*
banket banchetto
banketbakker pasticciere
banketbakkerij pasticceria *v*
bankier banchiere
bankpapier carta moneta
bankpas tessera bancomat *v*
bankroet bancarotta, fallimento; *bn* fallito
bannen esiliare
banvloek ana'tema *m*
bar *bn* aspro; (ruw) brutale, bu'rbero; (erg) grosso; *zn* (in café) bar *m*
barak baracca
barbaars ba'rbaro
barbecue barbecue *m*
barbecuen fare il barbecue
barbier barbiere *m*
baren me'ttere al mondo; partorire; *fig* produrre
baret berretta
barman barista *m*
barmhartig misericordioso
barmhartigheid miserico'rdia
barnsteen ambra gialla
barometer barometro *m*
baron barone
barones baronessa
bars brusco, aspro
barst fessura; crepa'ccio fenditura
barsten crepare, fe'ndersi, screpolarsi; (uiteen-) scoppiare
bas basso; (instrument) contrabbasso
baseren basare; *gebaseerd zijn op*, basarsi su
basis base *v*
basisschool (3-5 jr.) scuola materna, (6-11 jr.) scuola elementare
basketbal pallacanestro *v*
bassin bacino
bast corte'ccia; scorza
bataljon battaglione *m*
bate *ten ~ van*, a profitto, a vanta'ggio di
baten servire, fruttare
batterij batteria *v*
bazaar bazar *m*
Bazel Basilea
bazin padrona
beambte impiegato, funziona'rio
beantwoorden rispo'ndere; *~ aan*, rispondere a
beboeten multare
bebouwde kom centro abitato
bebouwen (land) coltivare
bed letto; (planten) aiuola; *in ~ blijven* restare a letto
bedaard quieto, tranquillo, calmo

bedachtzaam avveduto, avvertito, considerato, circospetto, riflessivo

bedanken ringraziare; (afslaan) rifiutare

bedankt! grazie!

bedaren overg calmare; onoverg calmarsi

beddengoed biancheria da letto

beddenlaken lenzuolo

bedding letto

bede preghiera

bedeesd ti'mido, confuso

bedekken coprire

bedekt coperto

bedelaar mendicante, accattone

be'delen mendicare, chiedere l'elemosina

bedenkelijk scabroso, pericoloso

bedenken considerare, rifle'ttere; zich ~, cambiar idea, ripensarci

bedenking considerazione v; (bezwaar) scru'polo; (tegenwerping) obiezione v

bederf corruzione v; (v. zeden) depravazione v

bederven corro'mpere; depravare; pervertire; diteriorare; (kind) viziare

bedevaart pellegrina'ggio

bediende dome'stico; servitore; (winkel~) commesso

bedienen servire

bediening servi'zio; techn comando

bedieningsgeld percentuale di servizio v

bedingen stipulare; condizionare

bedlamp abat-jour v

bedoelen inten'dere, pensare; wat bedoelt u?, come sarebbe a dire?

bedoeling intenzione v

bedorven andato a male

bedotten ingannare, truffare

bedrag importo, somma

bedragen importare, ammontare a; sommare

bedreigen minacciare

bedreiging mina'ccia

bedreven esperto, pra'tico

bedriegen ingannare; truffare; (in het spel) barare, fraudare

bedrieger ingannatore; impostore; imbroglione

bedrieglijk inganne'vole; fraudolente

bedrijf (onderneming) azienda, ditta; (beroep) mestiere m, arte v; (exploitatie) eserci'zio; (toneel) atto

bedrijfskapitaal capitale m d'eserci'zio

bedrijfsleider direttore te'cnico

bedrijfsongeval infortunio

bedrijven comme'ttere, fare

bedrijvig attivo, laborioso

bedroefd afflitto

bedrukt oppresso, abbattuto

beduiden significare

bedwang soggezione, sommissione v; in ~ houden, contenere

bedwelmd assordato, sbalordito

bedwelming assordamento

bedwingen domare; vi'ncere

beëdigd giurato

beëindigen finire, terminare

beek ruscello, rio, rivo

beeld (afbeelding) imma'gine v; (standbeeld) sta'tua

beeldbuis (tv) tubo televi'sivo, tubo d'imma'gine

beeldhouwen scolpire

beeldhouwer scultore

beeldhouwkunst scultura

beeltenis imma'gine v, effi'gie v; (portret) ritratto

been (bot) osso; (ledemaat) gamba

beer orso

beest be'stia

beestachtig bestiale, ferino

beet morso; (wond) morsicatura; (v. insect) puntura

beetje un poco; un pochino

befaamd famoso, rinomato

begaafd dotato; pieno di talento

begaan (bedrijven) fare, comme'ttere

begaanbaar pratica'bile

begeerte deside'rio

begeleiden accompagnare

begeleiding accompagnamento

begeren desiderare

begerig desideroso, bramoso

begeven (verlaten) abbandonare; zich ~, re'ndersi, recarsi (a)

begieten annaffiare

begin princi'pio, ini'zio; in het ~, al principio, dapprima, sulle prime

beginneling principiante

beginnen cominciare, iniziare, me'ttersi a

beginsel princi'pio

begraafplaats cimitero

begrafenis seppellimento; funerale m; sepoltura

begraven seppellire

begrenzen limitare

begrijpelijk intelligi'bile; comprensi'bile

begrijpen capire, compre'ndere

begrip idea, concetto, nozione

begroeten salutare

begroeting salutazione v, saluto; accoglienza

begroting bila'ncio preventivo, preventivo

begunstigen favorire, favoreggiare

begunstiger fautore, protettore

beha reggiseno m

behaaglijk co'modo

behaagziek civettuolo

behaard peloso, villoso

behagen piacere

behalen ottenere, conseguire

behalve fuorchè; eccetto; (met inbegrip van) oltre, in fuori di

behandelen maneggiare, trattare, manipolare; med curare

behandeling trattamento; med cura

behang tappezzeria

behanger tappezziere

beheer amministrazione v; direzione v

beheerder gerente m

beheersen dominare

behendig destro, a'bile, a'gile

beheren amministrare

behoedzaam circospetto, ca'uto

behoefte bisogno, necessità v

behoeftig necessitoso, indigente

behoeve ten ~ van, a favore di

behoorlijk convene'vole

behoren (tot) fare parte di, essere fra (le più belle città d'Europa); (toebehoren) appartenere a; (passen) convenire; (moeten) doversi

behoud conservazione v

behouden mantenere, conservare; bn sano e salvo

behoudens salvo

behulp met ~ van, coll'aiuto di, mediante, per mezzo di, impiegando

behulpzaam soccorre'vole

beide tutti e due

Beier(s) Bavarese

Beieren la Baviera

beige bi'gio

beitel scalpello, scarpello

beitsen ti'ngere

bejaard attempato, anziano

bejaarde anziano m, anziana v

bejammeren deplorare

bejegenen trattare

bek bocca; (v. vogel) becco

bekeerling convertito

bekend conosciuto; noto, cognito; bent u ~ in Milaan?, e' pra'tico a Milano?

bekende conoscente

bekendmaken comunicare, manifestare

bekendmaking notificazione v, annu'nzio, manifestazione v

bekennen confessare

bekentenis confessione v

beker bicchiere m

beke'ren convertire

bekering conversione v

bekeuren me'ttere in contravvenzione

bekeuring multa v

bekijken guardare, rimirare

bekken bacino; bacile m; de ~s, muz i piatti turchi mv

beklaagde imputato, accusato

beklagen deplorare; commiserare, compatire; zich ~, dolersi di

beklagenswaardig deplora'bile;

compassione'vole

bekleden rivestire; (stotteren) guarnire, parare; ~ *met fig*, investire di; (betrekking) coprire

bekleding parato

beklimmen montare; salire

beknopt succinto, conciso

bekomen (krijgen) ottenere; avere, rice'vere; (bijkomen) rinvenire, riaversi

bekommeren (*zich* ~) badare a, prendersi cura di

bekoorlijk attraente, ameno

bekoring fa'scino, incanto

bekorten abbreviare

bekostigen sostenere le spese

bekrachtigen confermare; ratificare, sancire, sanzionare

bekrompen limitato, ristretto; (v. geest) gretto; di corto ingegno

bekwaam capace, a'bile

bekwaamheid capacità v; abilità v

bel campanella, campanello; (lucht~) bolla

belachelijk ridi'colo; risi'bile

beladen caricare

belang importanza; (voordeel) interesse m

belangeloos disinteressato

belanghebbende interessato

belangrijk importante, rilevante

belangstelling interesse m; ~ hebben voor, e'ssere interessato a, avere interesse a, interessarsi a

belasten caricare

belasteren calunniare, denigrare

belasting (druk) carico; (fiscus) imposta, tassa

belastingbiljet avviso di tassazione

belastingconsulent consulente tributa'rio

beledigen affrontare, offe'ndere, ingiuriare

beledigend offensivo, ingiurioso

belediging offesa, ingiu'ria, affronto

beleefd cortese, civile

beleefdheid gentilezza, cortesia, urbanità v; attenzione v

beleg (broodbeleg) companatico; (belegering) asse'dio

belegen (kaas) stagionato; (wijn) fatto, maturo

belegeren assediare

beleggen coprire; (geld) investire; (vergadering) convocare

beleid prudenza

belemmeren impedire

belemmering impedimento

belendend conti'guo, atti'guo

belenen dare in pegno, impegnare

beletsel impedimento, osta'colo

beletten impedire

Belg belga m

België il Be'lgio

Belgisch belga

belhamel capobanda m

belicht (film) impressionato

belichtingsmeter esposimetro m

belichtingstijd fotogr posa

believen volere, desiderare; piacere; naar ~, a volontà, a piacere; a discrezione; als het u belieft, prego

belijden confessare

belijdenis confessione v

bellen sonare (il campanello)

belofte promessa

belonen ricompensare, rimunerare, gratificare

beloning ricompensa, mercede

beloven promettere

bemachtigen impadronirsi

bemanning equipa'ggio

bemerken sco'rgere; osservare

bemiddeld agiato, benestante

bemiddeling mediazione v

beminnelijk ama'bile

beminnen amare

bemoeien zich ~, immischiarsi (in)

bemoeiziek intrigante

benadelen pregiudicare, danneggiare

benaderen avvicinare

benaming (de)nominazione v

benard spinoso, scabroso

benauwd oppresso, affannato; (bang) pauroso; (eng) stretto

benauwdheid affanno m

bende banda

beneden giù, in fondo; naar ~, verso il basso

benedenhuis pianterreno

benedenstad città bassa

benedictijn Benedettino

benen bn d'osso

benevens con, insieme con

bengel (kwajongen) monello

benijden invidiare

benodigd necessa'rio, occorrente

benoemen nominare

benoeming no'mina

benoorden a nord di

benzine benzina; auto ook: carburante m

benzineblik bidone m di benzina

benzinepomp distributore m di benzina

benzinestation stazione di rifornimento v

benzinetank serbatoio della benzina m

beoefenen studiare; praticare

beoordelen giudicare, valutare

beoordeling valutazione v; cri'tica, recensione v

bepaald determinato, definito; fissato; preciso, certo; ze is niet ~ jaloers, non è che sia gelosa

bepalen determinare, definire, fissare; (beperken) limitare

bepaling determinazione v, definizione v; (in contract) stipulazione v, cla'usola

beperken limitare; moderare

beplanten piantare

bepraten parlare di; (overhalen) persuadere

beproeven assaggiare, provare

beproeving tentazione v

beraad deliberazione v

beraadslagen deliberare; consigliarsi

beramen concertare, ordire

bereden montato; a cavallo

bereid disposto; pronto (a)

bereiden preparare, apparecchiare

bereidwillig pronto, disposto, volenteroso

bereiken arrivare a, giu'ngere a; raggiu'ngere; pervenire a

berekenen calcolare, computare; berekend zijn voor (een taak) e'sseie all' altezza di

berekening cal'colo

berg monte m, montagna

bergachtig montuoso

bergaf gaand scendendo

bergbeklimmen scalare

bergbeklimmer alpinista m/v

bergen mettere a posto; contenere

berghut rifugio m

bergketen catena di montagne (monti)

bergop gaand salendo

bergpas colle m, sella

bergplaats riposti'glio

bergrug giogo

bergschoenen scarponi da montagna m

bergsport alpinismo

bergtop cima; op de ~, in cima

bergwandeling passeggiata in montagna v

bergziekte mal di montagna m

bericht rapporto; relazione v, avviso, noti'zia

berichten annunziare, riferire

berijdbaar pratica'bile

berijden (paard, fiets) montare

berispen biasimare

berk betulla

Berlijn Berlino

berm banchina; zachte ~, ci'glio franoso

bermlamp faro mo'bile

Bern Berna

beroemd famoso; ce'lebre, rinomato

beroemdheid celebrità v

beroemen, zich vantarsi

beroep (vak) professione v, mestiere m; (benoeming) no'mina; (appèl) appello; een ~ doen op, rico'rrere a

beroerte apoplessia

berokkenen causare, fare

berooid sfornito, sprovveduto; indigente

berouw pentimento, penitenza
berouwvol pentito, compunto
beroven spogliare di, privare di
beroving rapina *v*
berucht famigerato
bes bacca
beschaafd educato, istruito
beschaamd vergognoso, confuso
beschadigd danneggiato
beschadigen danneggiare
beschadiging danneggiamento;
(schade) danno, guasto
beschaving civilizzazione *v*; civiltà *v*
bescheiden discreto, modesto
bescheidenheid mode'stia,
discrezione *v*
beschermeling(e) protetto, -a
beschermen (tegen) prote'ggere da,
riparare da
beschermheilige patrono, patrona
bescherming protezione *v*
beschieten tirare contro; (met hout)
intavolare
beschijnen illuminare, rischiarare
beschikbaar disponi'bile
beschikken, over disporre di
beschikking disposizione *v*
beschimmeld muffo, muffito
beschonken avvinazzato, ubriaco
beschouwen (ri)guardare; (vinden,
achten) ritenere, considerare; ~ *als*,
considerare
beschouwing considerazione *v*,
contemplazione *v*
beschrijven descri'vere
beschrijving descrizione *v*
beschuit biscotto, pane biscottato,
fette biscottate
beschuldigen accusare
beschuldiging accusa
beschut riparato
besef nozione *v*
beseffen avere nozione di
beslaan (paard) ferrare; (meel)
intri'dere; (plaats) occupare
beslag (v. paard) ferratura;
(beslaglegging) sequestro; (deeg)
pasta
beslissen deci'dere
beslissing decisione *v*
beslist deciso; definitivo
besloten privato, chiuso; ~
vennootschap, società a
responsabilità limitata
besluit risoluzione *v*, decisione *v*;
(slot) conclusione *v*; (decreet)
decreto; ordinanza
besluiteloos indeciso, irresoluto
besluiten deci'dere, riso'lvere;
(eindigen) conclu'dere, terminare,
finire
besmet infetto
besmettelijk contagioso, infettivo
besmetting infezione *v*, conta'gio

besparen risparmiare
bespeuren scor'gere, osservare
bespoedigen accelerare
bespottelijk (de)risi'bile, ridi'colo
bespotten deri'dere; irri'dere;
schernire
bespreekbureau ufficio prenotazioni
m
bespreken discu'tere; parlare di;
(bestellen) prenotare, riservare
bespreking discussione *v*
besproeien bagnare, spruzzare,
adacquare
bessen bacche *v*
bessensap sciroppo di ribes
best migliore, (il) più buono; *bijw*
meglio; *zijn* ~ *doen*, fare del suo
meglio; *de* ~*e wensen*, i migliori
auguri
bestaan *ww* esi'stere; sussi'stere;
durare; ~ *uit*, e'ssere composto di,
e'ssere costituito da (di), consi'stere
di, constare di; existenza
bestand *zn* tregua; *comp* archivio, file
m; ~ *zijn tegen*, resistere a
bestanddeel parte *v* costitutiva;
elemento; ingrediente *m*
beste migliore
besteden impiegare
bestek (mes en vork) posate *v*; (plan)
pianta; *scheepv* punto
bestelauto camio'n *m*
besteldienst messaggeria
bestelen derubare
bestelgoed arti'coli di messaggeria
per consegna in casa
bestellen fare venire; ordinare;
(bezorgen) portare a casa
bestelling ordinazione *v*,
commissione *v*; (bezorging)
consegna; (postbestelling) reca'pito
bestemd ~ *voor*, destinato a,
riservato per
bestemming destinazione *v*; (lot)
destino, sorte *v*
bestendig sta'bile, fermo; conti'nuo,
costante; invaria'bile
bestijgen salire, montare (su),
ascendere
bestolen derubato
bestormen assalire
bestraffen punire, castigare
bestrating ciottolato, la'strico
bestrijden comba'ttere, oppugnare
bestuderen studiare
besturen governare, amministrare;
(auto enz.) pilotare
bestuur (het besturen)
amministrazione *v*; direzione *v*;
(personen) consi'glio
amministrativo (direttivo)
bestuurder amministratore, direttore;
auto conducente, autista *m*;
(vliegtuig) pilota *m*

betaalbaar paga'bile
betaalcheque assegno bancario
betaalkaart assegno (garantito) *m*
betaalpas carta di credito *v*
betalen pagare
betaling pagamento
betamelijk conveniente, decente,
convene'vole
betamen convenire
betekenen significare
betekenis significato, senso; (belang)
importanza, entità
beter *bijw* meglio; *bn* migliore; ~
maken, migliorare; (gezond) guarire
beterschap convalescenza; (in
gedrag) emendazione *v*
beteugelen raffrenare
betoging dimostrazione *v*
beton calcestruzzo
betonen manifestare, dimostrare
betoog argomento, dimostrazione *v*
betoveren incantare; *fig* affascinare
betrappen sorpre'ndere; *op*
heterdaad ~, co'gliere sul fatto
betreffen conce'rnere, riguardare; *wat*
mij betreft, quanto a me
betreffende concernente, riguardante,
riguardo a, relativo a, in me'rito a
betrekkelijk *bn* relativo; *bijw*
relativamente
betrekken (woning) andare ad
abitare; (kopen) far venire, fornirsi
di; (lucht) annuvolarsi
betrekking relazione *v*; (ambt)
impiego, posizione *v*; *met* ~ *tot*,
quanto a, riguardo a, circa, relativo
a, in merito a; ~ *hebben op*, riferirsi
a, riguardare
betreuren deplorare, (com)pia'ngere
betrokken (lucht) annuvolato,
coperto; (gezicht) tristo; (~ *bij*)
implicato (in), coinvolto in;
(desbetreffend) in questione
betrouwbaar (mens) fidato, fido,
degno di fidu'cia; (bericht)
attendi'bile, sicuro
betuigen attestare; (tonen)
espri'mere, dimostrare
betwijfelen dubitare di
betwisten disputare, contestare
beu sa'zio
beugel staffa; ansa; apparecchio
ortodontico
beuk (boom) fa'ggio
beul boia *m*, carnefice *m*
beurs *zn* borsa; *bn* strafatto
beurt turno *m*; *ik ben aan de* ~, è la
mia volta
beurtelings scambievolmente,
alternatamente
bevaarbaar naviga'bile
bevallen (behagen) piacere; (v. kind)
partorire, sgravarsi
bevallig grazioso, vago

bevalling parto
bevatten compre'ndere, contenere; (begrijpen) compre'ndere, capire
beveiligen prote'ggere
bevel o'rdine *m*, comando
bevelen ordinare; comandare
bevelhebber comandante
beven tremare; fre'mere
bevestigen assicurare, attaccare; *fig* (r)affermare, ascertare, confermare
bevestigend affermativo, assertivo, confermativo
bevestiging assicurazione *v*; *fig* conferma(zione) *v*; affermazione *v*
bevinden, zich trovarsi
bevoegd autorizzato, competente
bevoegdheid autorizzazione *v*, competenza
bevolking popolazione *v*
bevolkingsregister ana'grafe *v*
bevolkt popolato
bevooroordeeld pregiudicato
bevoorrading rifornimento
bevoorrechten privilegiare
bevorderen (begunstigen) favorire, promuo'vere, incoraggiare; (eetlust etc.) facilitare, stimolare; (in rang) promuo'vere, avanzare
bevordering sviluppo; incoraggiamento; (in rang) promozione *v*, avanzamento
bevorderlijk u'tile, favore'vole
bevrachten caricare
bevredigend sod(d)isfacente
bevreesd impaurito
bevriend amico
bevriezen congelarsi
bevrijden liberare
bevrijding liberazione *v*
bevuilen sporcare, imbrattare
bewaarder guardiano; custode; conservatore
bewaarplaats depo'sito
bewaken custodire, sorvegliare
bewaking sorveglianza *v*
bewapening armamento
bewaren conservare; (ri)serbare; (behoeden) guardare, preservare
bewaring custodia; conservazione, preservazione *v*; consegna; *in ~ geven* dare in custodia
beweegbaar movi'bile; mo'bile
beweeglijk movi'bile; mo'bile; (levendig) versa'tile
beweegreden motivo
bewegen *overg* muo'vere; *onoverg* muo'versi
beweging movimento
beweren sostenere, affermare
bewering asserzione *v*
bewerken lavorare, coltivare
bewerking lavorazione *v*, manipolazione *v*
bewijs prova; (briefje) ricevuta

bewijzen provare; dimostrare
bewind governo
bewogen (com)mosso; agitato
bewolking nuvolosità *v*
bewolkt annuvolato, nuvoloso
bewonderen ammirare
bewonderenswaardig ammira'bile
bewondering ammirazione *v*
bewonen abitare in
bewoner abitante; (huurder) inquilino
bewoonbaar abita'bile
bewust cosciente; (bedoeld) in questione
bewusteloos privo di sensi; svenuto
bewusteloosheid svenimento
bewustzijn coscienza; conoscenza; sensi *mv*
bezadigd ponderato, composto
bezeerd fatto male
bezem scopa, granata
bezemsteel ma'nico della scopa
bezeren far male a
bezet occupato; pieno
bezeten ossesso
bezetten occupare
bezetting occupazione *v*
bezichtigen visitare
bezielen (in)animare
bezien guardare attentamente
bezienswaardig interessante
bezienswaardigheden curiosità *v*
bezig occupato
bezigheid occupazione *v*
bezighouden occupare
bezinksel sedimento, deposito
bezinning conoscenza, sensi *mv*
bezit possesso, possessione *v*
bezitten possedere
bezitting possesso, possessione *v*; *~en, mv* terre, beni *mv*
bezoek vi'sita
bezoeken visitare, far vi'sita
bezoeker visitatore
bezoekuren orario di visita *m*
bezoldigen stipendiare
bezoldiging sala'rio, stipe'ndio, paga
bezorgd preoccupato, inquieto
bezorgdheid inquietu'dine *v*, a'nsia, preoccupazione *v*
bezorgen (verschaffen) procurare; (brengen) portare (a casa), consegnare
bezuinigen economizzare
bezuiniging rispa'rmio
bezwaar inco'modo; osta'colo
bezwaarlijk diffi'cile; inco'modo
bezweet ma'dido di sudore
bezweren giurare; (smeken) scongiurare; (bannen) esorcizzare
bezwijken socco'mbere; crollare, sprofondare
bh reggiseno
bibberen tremare, rabbrividire
bibliothecaris biblioteca'rio

bibliotheek biblioteca
bidden pregare
bidprentje santino
biecht confessione *v*
biechten confessare
biechtstoel confessionale *m*
biechtvader confessore
bieden offrire
biefstuk bistecca *v*
bier birra
bierbrouwer birra'io
biet bie'tola
big porcellino, porcello
biggetje *Guinees ~,* ca'via
bij *bijw* presso, vicino; *vz* presso, vicino a, con, da, a; in; *~ brand,* in caso di incen'dio; *~ uw bezoek,* in occasione della Sua vi'sita; *~ zich hebben,* recare con sé; *~ een temperatuur van 80°,* alla temperatura di 80°
bij (insect) ape *v*
bijbel bi'blia
bijbels bi'blico
bijbetaling pagamento supplementare
bijblad supplemento
bijdehand accorto; a'bile
bijdrage contributo
bijdragen contribuire a
bijeen insieme
bijeenbrengen ammassare; radunare
bijeenkomen riunirsi, adunarsi
bijeenkomst riunione *v*, (r)adunanza, conferenza
bijeenroepen convocare
bijeenvoegen riunire, congiu'ngere
bijenkorf alveare *m*
bijgaand annesso
bijgebouw edifi'cio annesso
bijgeloof superstizione *v*
bijgelovig superstizioso
bijgenaamd soprannominato; detto
bijhouden seguire, tenersi al corrente
bijkantoor succursale *v*
bijknippen spuntare (i capelli)
bijkomen (na flauwte) rinvenire, riaversi
bijkomstig accesso'rio
bijl scure *v*, accetta, a'ccia
bijlage aggiunta; (bij brief) allegato; (v. krant) supplemento
bijleggen (geschil) sistemare, comporre
bijna pressappoco; quasi; circa
bijnaam soprannome *m*
bijouterieën *mv* gio'ie *mv*, gioielleria
bijsmaak sapore *m* strano, sapora'ccio
bijstaan assi'stere, aiutare
bijstand soccorso, aiuto, assistenza; (uitkering) sussidio statale
bijstellen aggiustare
bijt apertura fatta nel ghia'ccio

bijtanken il pieno fare
bijten mordere
bijtend mordente; ca'ustico
bijtijds a tempo; di buon'ora
bijv. = *bijvoorbeeld*, p es = per ese'mpio
bijval approvazione *v*, (ap)plauso
bijverdienste guadagno casuale
bijvoegen aggiu'ngere
bijvoegsel supplemento *m*, appendice *v*
bijvoorbeeld per esempio
bijvullen riempire
bijwonen assi'stere a, e'ssere presente a
bijwoord avver'bio
bijzaak cosa accesso'ria
bijziende mi'ope
bijzijn presenza
bijzonder straordinario; particolare, speciale, strano, singolare
bijzonderheid singolarità *v*, particolarità *v*
bikini bikini *m*
bil deretano, na'tica
biljart biliardo
biljartbal palla da biliardo
biljarten giocare al biliardo
biljet biglietto
billen natiche *v*
billijk equo, giusto; (in prijs) moderato, mo'dico
billijken approvare
billijkheid equità *v*, giustezza; modicità *v*
binden legare, stri'ngere; (boek) rilegare
binding legame *m*; (ski) attacco
bindtouw spago
bindvlies congiuntiva
binnen entro, dentro, addentro; ~! entri!/avanti!
binnenband camera d'aria
binnendringen inva'dere
binnenkant lato interiore; fa'ccia interna
binnenkomen entrare
binnenkort fra poco
binnenland l'interno
binnenlands interno, nazionale, nostrano, del paese
binnenplaats cortile *m*
binnenshuis in casa
binnenslands nel paese
binnensmonds fra i denti
binnenstad centro storico, centro città
binnenste *bn* interno, interiore; *zn* l'interno, l'interiore
binnenzijde zie *binnenkant*
bioscoop cinema
biscuit biscotto
bisdom vescovado
bisschop ve'scovo; (wijn) vino caldo
bisschoppelijk episcopale, vescovile.

bits mordace, secco
bitter *bn* amaro; *fig* acerbo, duro
bivak bivacco
bizar bizarro, strano
blaadje foglietta; (papier) foglietto; (boom) fogliolina
blaar vescica
blaas vescica
blaasinstrument strumento a fiato
blad (boom) fo'glia; (papier) fo'glio
bladwijzer i'ndice *m*; (boekenlegger) segnalibri *m*
bladzijde pa'gina
blaffen abbaiare, latrare
blanco in bianco
blank lu'cido; (wit) bianco
blaten belare
blauw (licht) azzurro, ceru'leo; (donker) turchino, blu; ~*e zone* zona azzurra
blauwtje *een* ~ *lopen*, aver un rifiuto
blazen soffiare; *muz* sonare
bleek pallido
bleekheid pallidezza, pallore *m*
blessure lesione *v*
bleu (verlegen) ti'mido; (kleur) celeste
blij allegro, lieto, contento
blijdschap gio'ia, allegrezza, allegria, letizia
blijkbaar evidente
blijken apparire, parere, emergere, risultare
blijkens secondo, come risulta da
blijspel comme'dia
blijven rimanere, restare, durare
blijvend dure'vole, permanente
blik (metaal) latta; (cola e.d.) lattina; (busje) sca'tola; (s)guardo
blikgroente verdura in sca'tola
blikken di latta
blikopener apriscatole *v*
bliksem lampo, baleno; (straal) fu'lmine *m*; folgore *v*
bliksemafleider parafu'lmine *m*
bliksemen lampeggiare, fulminare
bliksemstraal (colpo di) fu'lmine
blikverpakking confezione in sca'tola
blind *bn* cieco; *zn* imposta; (aan binnenkant) scuretto
blinddoek benda
blinde cieco; *kaartsp* comparsa, morto
blindedarm intestino cieco
blindedarmontsteking appendicite *v*
blindelings c(i)ecamente
blindheid cecità *v*
blinken risple'ndere, brillare
blocnote blocco note *m*
bloed sa'ngue *m*
bloeddorstig sanguina'rio
bloeddruk pressione *v* sanguigna
bloeden sanguinare

bloedgroep gruppo sanguigno
bloedig sanguinoso
bloeding emorragia
bloedproef esame del sa'ngue
bloedsomloop circolazione *v* del sangue
bloedstelpend emosta'tico
bloedtransfusie trasfusione *v* del sa'ngue, emoinnesto
bloedverwant(e) consangui'neo, parente
bloedworst sanguina'ccio
bloei fiore *m*, fioritura
bloeien fiorire; *fig* prosperare
bloeiend fiorente
bloem fiore *m*
bloembed aiuola di fiori, parterre
bloemblad pe'talo
bloembol bulbo di fiori
bloembollenveld campo di bulbi
bloemist fiora'io
bloemkool cavolfiore *m*
bloemlezing florile'gio, antologia, crestomazia
bloempot vaso da fiori; testo
bloesem fiore *m*
blok blocco, tronco; (v. slager, beul) ceppo; ~ *huizen*, isolato
blokken sgobbare
blokkeren bloccare
blokletters stampatello
blond biondo
blonderen schiarire (i capelli)
bloot nudo
blootshoofds a capo scoperto, in capelli
blootstellen esporre
blos rossore *m*
blouse camicetta *v*
blozen arrossire
bluf vanto, fanfaronata
bluffen vantarsi, millantarsi
blunder gra'nchio
blusapparaat estintore *m*
blussen spegnere
bochel gobba; (persoon) gobbo
bocht curva; rivolta; (baai) seno, ba'ia
bochtig tortuoso
bod offerta
bode messo, messaggiero, nunzio
bodem fondo, suolo; (grond) terra; (v. fles) fondo, culo
bodybuilding cultura fi'sica
boef birbante, furfante *m*
boeg prua, prora
boei catena; vi'ncolo; (hand~) manetta; *scheepv* segnale *m*, boa
boeien legare, incatenare; vincolare; *fig* avvi'ncere
boeiend attraente, interessante
boek libro
boekbinder legatore di libri, rilegatore *m*
boekdeel volume *m*

boekdrukker tipo'grafo

boekdrukkerij stamperia

boeken registrare, me'ttere a libro; (een reis) prenotare

boekenkast arma'dio da libri, libreria

boekenrek scaffale *m*

boekenstalletje bancarella

boeket mazzo di fiori

boekhandel libreria *v*

boekhandelaar libra'io

boekhouden tenuta dei libri; contabilità *v*

boekhouder ragioniere, tenitore dei libri, computista

boeking prenotazione, iscrizione *v*

boekwinkel libreria

boel (rommel) roba

boemeltrein treno om'nibus

boender spa'zzola

boenen spazzolare, pulire; lustrare con cera

boenwas cera (da lustrare)

boer agricoltore, colona *m*; contadino; *kaartsp* fante *m*

boerderij fattoria *v*

boerenkool ca'volo crespo

boerin contadina *v*

boers contadinesco; agreste, ru'stico; *fig* zo'tico

boete ammenda; penitenza; penale *v*; (geld~) multa

boetseren modellare

boetvaardig penitente

boezem seno

boezemvriend amicone *m*

bof fortuna, bazza; *med* gli orecchioni

boffen aver fortuna, bazza

Bohemen la Boe'mia

boiler scalda-acqua *m*

bok (dier) becco, capro; (koetsiers~) cassetta; (vergissing) pa'pera; (schraag) cavalletto, capra

bokking aringa affumicata

boksen fare la boxe, fare il pugilato

bokser boxeur, pugilatore

bol *zn* globo; palla; (*wisk*) sfera; *bn* convèsso

bolsjewisme bolscevismo

bolvormig sfe'rico, globoso

bolwerk baluardo, bastione *m*

bom bomba

bombardement bombardamento

bombarderen bombardare

bommenwerper bombardiere *m*

bomvrij a prova di bomba

bon buono, tagliando; ricevuta

bonbon dolcetto *m*

bond lega, unione *v*, confederazione *v*, alleanza

bondgenoot alleato

bondig conciso; catego'rico

bonen fagioli *m*; *bruine* ~ fagioli borlotti; *witte* ~ fagioli bianchi

bons (klap) u'rtone *m*

bont *bn* di vari colori, variopinto; *fig* confuso, variato; *zn* pelliccia

bontmantel pelli'ccia

bonzen urtare

boodschap messa'ggio; (inkopen) commissione *v*

boodschappenmand cestino

boog arco

boom a'lbero; (sluit~) barra, barriera

boomgaard frutteto

boomstam tronco

boon fava

boor trapano *m*

boord (rand) orlo; (v. overhemd) colletto; *scheepv* bordo; *aan* ~ a bordo

boordenknoopje bottoncino da colletto

boordevol colmo, ripieno

boorwater a'cqua bo'rica

boorzalf unguento bo'rico

boos (slecht) cattivo; (toornig) adirato, arrabbiato, alterato

boosheid (slechtheid) mali'zia; (toorn) ra'bbia

boot barca; battello; (stoom~) piro'scafo, vapore *m*

bootreis via'ggio per mare

boottocht gita in barca *v*

bord piatto; (diep) scodella; (verkeers~) cartello; (aanplak~) cartello; (paneel) pannello

bordeauxwijn bordò *m*

bordeel bordello

bordes scalea

borduren ricamare

boren forare

borg mallevadore; garante; ~ *zijn*, far cauzione, prestar sicurtà

borgsom cauzione *v*

borgtocht cauzione *v*; sicurtà *v*, fidanza

borrel bicchierino *m*

borst petto; (v. vrouw) seno

borstbeeld busto

borstel spazzola

borstelen spazzolare

borstkas torace *m*

borstwering parapetto

bos [de] (hooi) fa'scio; (haar) ciuffo; (bloemen, sleutels) mazzo

bos [het] bosco; selva, foresta

bosbessen mirtilli *m*

bospad sentiero *m*

bosrijk selvoso

boswachter guardaboschi *m*

bot [het] (been) osso *m*

bot *bn* (niet scherp) non affilato

bot [de] (vis) platessa, pas'sera (di mare)

bot *zn* osso (*mv*: le ossa); (vis) platessa; *bn* ottuso

boter burro *m*

boterbloem ranu'ncolo

boterham (fella dl) pane col burro

botervlootje burriera

botsen cozzare, colli'dere

botsing (stoot) urto; *auto* collisione *v*, scontro

bottelen imbottigliare

bougie candela

bougiekabels cavi delle candele *m*

bougiesleutel chiave per le candele *v*

bouillon brodo

bouillonblokje dado per brodo

bourgogne borgogna

bout cavi'glia (di ferro); (vlees) quarto; (kip) co'scia; (schaap) coscetto; (strijk~) ferro da stirare

bouw coltura; costruzione *v*; erezione *v*; (gebouw) fa'bbrica

bouwen edificare, fabbricare, costruire; fare; eri'gere

bouwkunde architettura

bouwland terra ara'bile

bouwterrein terreno fabbricabile

bouwvakker operaio e'dile

bouwvallig cadente, caduco

bouwwerk batimento, edificio

boven *bijw* sopra; *vz* al di, sopra di; (meer dan) superiore a, più di; *van* ~ *naar beneden*, dall'alto al basso; *naar* ~, all'insù

bovenaan in sù

bovenal soprattutto

bovenbuur vicino di sopra

bovendien inoltre, per giunta

bovengenoemd succitato, suddetto, predetto, sopraccennato, di cui sopra

bovenhuis parte *v* superiore (piano) d'una casa

bovenin in cima

bovenkant parte *v* superiore

bovenkomen risalire; sorgere

bovenop in cima, sopra

bovenstaande *het* ~, quanto sopra, quanto su esposto

bovenste più alto, superiore

bovenzijde zie *bovenkant*

bowl coppa; (drank) bowl *m*

bowlen giocare a bowling

box box *m*; (v. geluid) cassa

braadpan padella, casseruola

braaf buono, onesto

braakmiddel eme'tico

braam mora

braden arrostire

braken vomitare

brancard barella

brand ince'ndio; ~*!*, fuoco!

brandbaar combusti'bile

brandblusser estintore *m*

branden a'rdere, bruciare

branderig bruciati'ccio

brandewijn acquavite *v*

brandhout legna (da a'rdere)

branding risacca, mareggiata

brandkast forziere *m*, cassaforte *v*
brandladder scala per gl'incendi
brandnetel ortica
brandpunt foco, fuoco
brandspiritus spirito *m*
brandspuit pompa da ince'ndio
brandstichting incen'dio
brandstof carburante *m*
brandstoffilter filtro del carburante
brandstofpomp pomba del carburante
brandtrap scala di emergenza *v*
brandverzekering assicurazione *v* contro gli incendi
brandweer pompieri *m mv*
brandweerman vigile del fuoco, pompiere
brandwond bruciatura
brandzalf pomata per le ustioni *v*
Brazilië il Brasile
breed largo, a'mpio, spazioso
breedsprakig diffuso, prolisso
breedte larghezza; (geografische) latitu'dine *v*
breedvoerig a'mpio
breekbaar fra'gile, frangi'bile
breekijzer leva; piè *m* di capra
breien lavorare a ma'glia; (kousen) far la calza
brein cervello, ce'rebro; mente *v*
breinaald agu'cchia
breken ro'mpere, fra'ngere; (stralen) rifra'ngere
brem *plantk* ginestra
brengen portare; (leiden) condurre; *naar school, naar huis, naar het station* ~, accompagnare a scuola, a casa, alla stazione
bres bre'ccia
bretels *mv* bretelle *v mv*; straccali *mv*
breuk frattura; rottura; (getal) frazione *v*; *med* e'rnia; *tiendelige* ~, frazione decimale
breukband cinto ernia'rio
brevet brevetto
brevier brevia'rio
bridge bridge
bridgen giocare al bridge
brief lettera
briefkaart cartolina postale
briefpapier carta da lettere *v*
briefwisseling corrispondenza
bries brezza
brievenbesteller postino, portalet'tere
brievenbus cassetta delle lettere
brievenweger pesale'ttere *m*
brigade brigata
brij pappa, farinata
bril occhiali *mv*; lenti *mv*; (v. closet) predella (del cesso)
briletui astu'ccio degli occhiali
briljant brillante *m*
brillantine brillantina
Brits brita'nnico
broche spillo, spillone *m*

brochure opu'scolo
broeden covare
broeder fratello; *rk* frate, fra
broederlijk fraterno
broedsel covata
broeierig opprimente
broeikas stufa, serra
broek calzoni *m mv*; pantaloni
broekje (ondergoed) calzoncino *m*
broer fratello *m*
brok pezzo, frammento
bromfiets motocicleta
bromfietser motociclista *m*
brommen mormorare; (hond) ringhiare
brommer motocicletta *v*
bromvlieg moscone *m*
bron fonte *v*, sorgente *v*; fontana
bronchitis bronchite *v*
brons bronzo
bronwater acqua di sorgente
bronzen *bn* di bronzo
brood pane *m*; *geroosterd* ~, pane arrostito
broodbakker panettiere *m*
broodje panino; ~ *ham* panino con prosciutto; ~ *kaas* panino con formaggio
broodmand panattiera
broodrooster tostapane *m*
broodtrommel cassetta per il pane
broodwinning mestiere *m*, professione *v*
broos fria'bile; fra'gile
brouwen (bier) far la birra
brouwerij birreria
brug ponte *m*
bruid promessa sposa
bruidegom promesso sposo
bruidsmeisje damigella d'onore
bruidspaar cop'pia di sposi
bruikbaar usa'bile, u'tile; ido'neo, pro'prio a
bruikleen comodato
bruiloft nozze *v mv*; *gouden, zilveren* ~, nozze d'oro, d'argento
bruin marrone
bruisen rumoreggiare; mugghiare; (wijn) bollire
bruispoeder po'lvere effervescente *v*
brullen (dier) ruggire; (stier) muggire; (v. pijn) urlare
Brussel Bruxelles
Brussels lof cico'ria
brutaal insolente, impertinente; brutale
bruto lordo
bruut ruvido, brutale, bruto
BTW I.V.A. (Imposta sul Valore Aggiunto)
budget bila'ncio
buffer respingente *m*; ripulsore *m*
buffet (eetkamer-) credenza; (in café) buffè *m*

bui (regen) acquazzone *m*
buidel borsa
buigbaar pieghe'vole, flessi'bile
buigen *overg* piegare, incurvare; *onoverg* piegarsi; inchinarsi; flettere
buiging piegamento, incurvamento; (knie) flessione *v*; (v. stem, licht) inflessione *v*; (uit beleefdheid) inchino
buigzaam flessi'bile; (metaal) du'ttile; *fig* cede'vole
buik ventre *m*; pa'ncia
buikloop diarrea
buikpijn mal di pancia *m*
buikvlies peritoneo
buil corno, berno'ccolo
buis tubo, canna; condotto
buit preda; (oorlogs~) bottino, spoglie *mv*
buitelen capitombolare
buiten *vz* fuori (di); (uitgezonderd) eccetto; all'infuori di; *ergens niet* ~ *kunnen*, non poter fare a meno di
buiten *zn* casa di campagna, villa
buitenband copertone *m*
buitenboordmotor fuoribordo
buitengewoon straordina'rio; singolare; eccessivo
buitenkansje fortuna, bazza
buitenkant lato esteriore
buitenland l'e'stero
buitenlander straniero
buitenlands straniero
buitenlucht a'ria fresca
buitenplaats casa di campagna, villa
buitenspel offside *m*, fuorigioco
buitenspiegel specchietto esterno *m*
buitensporig stravagante, eccessivo, esorbitante
buitenste esteriore, esterno
buitenzijde zie *buitenkant*
bukken (in)chinarsi
buks schioppo
bulderen urlare; mugghiare
Bulgaar bul'garo
Bulgaars bul'garo
Bulgarije la Bulgaria
bulletin bollettino
bult gobba; (persoon) gobbo
bumper paraurti *m*
bundel fa'scio, fagotto
bungalow bungalow *m*
bungalowpark villaggio vacanze *m*
bungalowtent tenda a bungalow *v*
burcht castello
bureau (kantoor) uffi'cio; (schrijftafel) scrivania, tavolino
burgemeester burgomastro; (in Italië) si'ndaco, podestà *m*
burger cittadino; borghese
burgerij borghesia; cittadinanza
burgerlijk borghese; civile
bus (stadsbus) autobus; (streekbus) pullman; (blik) barattolo, scatola

bushalte fermata d'autobus
businessklasse businessclass v
buskruit pol'vere v pi'rica
buslichting levata (delle le'ttere)
busstation autostazione v
buste busto
bustehouder reggiseno
busverbinding corriera v
butagas butano m
buur vicino, vicina
buurman vicino
buurt (nabijheid) vicinanza; (wijk) vicinato, quartiere m
buurvrouw vicina
b.v. per ese'mpio

<hr>
C
<hr>

ca. = circa
cabaret teatro di varietà, cabaret m
cabine cabina
cacao cacao m
cactus cacto, cactus
cadeau dono, regalo
cadet aspirante ufficiale
café caffè m
cafeïne caffeina
cafeïnevrij decaffeinizzato
cafetaria tavola calda v
cake torta v
camee cammeo
camera camera, macchina fotografica
camper camper m
camping camping, campeggio
campinggas gas da campeggio m
Canadees zn, bn Canadese
canapé canapè m
cape mantellina
cappuccino cappuccino
capsule (pil) capsula v
caravan roulotte v, carovana
carbol a'cido fe'nico
carbonpapier carta carbone
carburator carburatore m
cargadoor caricatore
carnaval carnevale m
carrière carriera
carrosserie carrozzeria v
carte, à la ~ alla carta
carter base v del motore
casino casinò m
cassatie cassazione v
cassette cassetta v
cassetterecorder registratore a cassette m
catalogus catalogo m
catarre catarro
catechismus catechismo
categorie categoria
cavalerie cavalleria
cd cd m
cd-rom CD-ROM m
cd-speler lettore cd m
ceder cedro

ceintuur cintura, ci'ntola
cel (kamertje) cella; (in weefsel) ce'llula; (telefoon) cabina
cello violoncello
cellofaan cellofane v
cement cemento
censuur censura
cent cente'simo
centigram centigrammo
centiliter centi'litro
centimeter centimetro m
centraal centrale; centrale verwarming riscaldamento centrale
centrale centrale v
centraliseren centralizzare, accentrare
centrifuge centri'fuga
centrum centro
certificaat certificato
champagne sciampagna m
champignons funghi (prataioli) m
chaos caos m
charter charter m
chartervliegtuig ae'reo charter
chartervlucht volo charter m
chassis intelaiatura, tela'io
chauffeur autista m
chef capo
chemicus chi'mico
cheque assegno, cheque m
chic elegante
Chili Cile m
China la Cina, la China
Chinees cinese
chip chip m
chips patatine v
chirurg chirurgo
chloor doro
chloroform clorofo'rmio
chocola cioccolata, cioccolato
chocolade cioccolata
chocolademelk (koud) cioccolata (fredda); (warm) cioccolata (calda)
christelijk cristiano
christen cristiano
christendom cristiane'simo
christenheid cristianità v
Christus Cristo
chrysant crisantemo
cider sidro
cijfer cifra
cilinder cilindro m
cilinderinhoud cilindrata
cipier carceriere m
cipres cipresso
circa circa
circuit circuito
circulaire circolare v
circus circo
cirkel ci'rcolo, ce'rchio
citaat citazione v
citer cetra
citroen limone m
citroenpers spremilimoni m
claim buono di opzione

clausule cla'usola
claxon claxon m
cliché (ook fig) cliché m
cliënt cliente m/v
clientèle clientela
closetpapier carta igie'nica
clown clown, paglia'ccio
club cir'colo
cockpit carlinga
code co'dice v
cognac cognac m
cognossement polizza di ca'rico
cokes mv coke m
colbert giacca
colbertkostuum completo
collect call chiamata a carico del destinatario v
collecte colletta
collega collega m
college colle'gio; (les) lezione v di università
colonne colonnato
combinatie combinazione v
comfort comfort, confort
comfortabel co'modo, conforte'vole
comité comitato
commandant comandante
commando comando
commentaar commentario
commies commesso, doganiere
commissaris commissa'rio
commissie commissione v
commissionair commissiona'rio
communicatie comunicazione v
communiqué comunicato
communisme comunismo
communist comunista
compagnie compagnia
compagnon compagno; so'cio
compleet completo
compliment complimento
complot congiura, complotto
componeren comporre
componist compositore
compote composta
compromitteren comprome'ttere
computer computer m
concentratiekamp campo di concentramento
concentreren concentrare
concert concerto
conciërge portina'io, guarda'portone
conclusie conclusione v
concreet concreto
concurrent concorrente
concurrentie concorrenza
concurreren conco'rrere
condensatie condensazione v
condensator condensatore m
condenseren condensare
condoleren fare le condoglianze a, condolersi con (qd)
condoom preservativo m
conducteur conducente m

confectie confezione *v*
confectiepak a'bito confezionato,
    a'bito in serie
conferencier presentatore,
    annunciatore
confiscatie confisca
confituren *mv* confetti *mv*, confetture
    mv
conflict conflitto
congres congresso
conjunctuur congiuntura
connectie relazione *v*
connossement zie *cognossement*
consciëntieus coscienzioso
consequentie conseguenza
conservatief conservativo,
    conservatore
conservatorium conservato'rio
conserven *mv* conserve *v mv*
constant costante
constateren costatare
constipatie costipazione *v*
constructie costruzione *v*
construeren costruire, realizzare
consul co'nsole
consulaat consolato
consult consulto, consultazione *v*
consumptie consumazione *v*,
    consumo
contact contatto, *elektr* attacco; ~
    opnemen prendere contatto
contactlens lente *v* a contatto
contactpunten puntine *v*
contactsleutel auto chiavetta
    d'accensione *v*
contant contante; ~ *betalen*, pagare a
    (in) contanti
contrabande contrabbando
contract contratto
contrast contrasto
contributie contribuzione *v*
controle controllo *m*
controlelampje spia *v*
controleren controllare
controleur controllore, verificatore
coöperatie cooperativa *v*
correct corretto
correctie correzione *v*
correspondent corrispondente
correspondentie corrispondenza
cosmetica cosmetici *m*
cosmetiek cosme'tico
couchette cuccetta *v*
coulisse quinta
coupé scompartimento *m*
couplet strofa; stanza
coupon *handel* ce'dola, scontrino,
    tagliando; (lap) scam'polo
courgette zucchina
couvert (envelop) busta; (bestek)
    posata
crank attacco del manubrio *m*
crèche asilo-nido
credit cre'dito; avere *m*

creditcard carta di credito *v*
crediteren dare a cre'dito, accreditare
crediteur creditore *m*
crematie cremazione *v*
crème crema *v*
crisis crisi *v*
criticus cri'tico
croissant croissant *m*, cornetto
crossfiets bicicletta da cross *v*
crucifix crocifisso
cruise crociera
cultuur cultura *v*
curiosa curiosità *v*
cursief corsivo
cursus corso
cycloon ciclone *m*
cyclus ciclo
cynisch ci'nico

D

daad azione *v*; atto; fatto
daar *bijw* là, colà, li; *voegw*
    (aangezien) dato che, in quanto, dal
    momento che, siccome
daarbij presso; lí vicino
daarboven lí sopra
daardoor per ciò, per questo
daarenboven di piú, oltre ciò
daarentegen al contra'rio, invece
daarin in ciò
daarna dopo (di ciò), pòi
daarom perciò, per questo
daarover (daaromtrent) al riguardo, in
    me'rito
daartoe a ciò, per questo
daaruit da ciò
dadel dattero *m*
dadelijk su'bito; immediatamente
dader autore; reo
dag giorno; dí *m*; *per* ~ al giorno; ~!
    (hallo) salve!; (tot ziens) arrivederci!
dagblad giornale *m*, quotidiano
dagboek dia'rio giornale *m*
dagelijks *bn* quotidiano, giornaliero;
    bijw giornalmente
dagen far giorno; *iem. voor het
    gerecht* ~, citare qd. in giudizio
dageraad alba, aurora
dagkaart biglietto giornaliero
daglicht luce del giorno *v*
dagretour biglietto d'andata e ritorno
dagschotel piatto del giorno *m*
dagtocht giro di una giornata
dagvaarden citare (in giudi'zio)
dagvaarding citazione *v*
dahlia da'lia
dak tetto
dakgoot gronda, gronda'ia
dakpan te'gola, -lo
dal valle *v*
dalen sce'ndere; (prijzen) calare
daling calo; *handel* ribasso
Dalmatië la Dalma'zia

dam a'rgine *m*, diga, serra
damast damasco, tela damascata
dambord damiere *m*
dame signora; *kaartsp* dama
dameshorloge orolo'gio per signora
damesmode moda femminile
damestoilet gabinetto per signore
    m/bagno *m*
damesverband assorbenti igienici *m*
dammen giocare a dama
damp vapore *m*
dampkring atmosfera
damspel giuoco della dama
dan (in dat geval) allora; *meer* ~, più
    di, più che; *langer* ~ *ik had
    voorzien*, più lungo di quanto non
    avessi previsto
dancing dancing *m*
dank ringraziamento
dank u grazie
dankbaar grato
danken ringraziare, render gra'zie;
    niets te ~!, non c'è di chè!, si figuri!,
    prego!
dankzij gra'zie a
dans danza; ballo
dansen ballare
danseres ballerina; danzatrice
dansles lezione *v* di ballo
dansschoen scarpino da ballo
danszaal sala da ballo
dapper valoroso, valente, bravo
dapperheid valore *m*, bravura
darm(en) intestino *m*
das 1 (sjaal) sciarpa; (stropdas)
    cravatta 2 (dier) tasso
dashboard cruscotto
dasspeld spilla da cravatta
dat *vnw* quello; questo; *voegw* che;
    ~ *is*, ecco; è
dateren datare
datum data
dauw rugiada
de (mann.) il, lo, i, gli, la le
dealer (vertegenwoordiger)
    rappresentante *m*
debat discussione *v*
debatteren discu'tere, diba'ttere
debet de'bito
debrayeren disinnestare, disbracare
debuut debutto
december dicembre *m*
decimeter decimetro *m*
declameren declamare
deeg pasta
deel (onderdeel) parte *v*, porzione *v*,
    rata; (v. boek) volume *m*; tomo
deelbaar divisi'bile
deelnemen aan participare a,
    pre'ndere parte a, assi'stere a
deelnemer partecipante *m*
deelneming partecipazione *v*;
    compassione *v*
deels in parte, parzialmente

deelwoord partici'pio

Deen, Deens danese

defect guasto, difetto; *bn* guasto

deficit sbilan'cio

definitief definitivo

deftig ragguarde'vole, di riguardo, contegnoso

degelijk se'rio, saldo; onesto

degen spada

degene ~ *die*, colui (colei *v*) che, quello (quella) che

deining ondeggiamento

dek (v. schip) coperta, ponte *m*

dekbed coperta *v*

deken coperta; *elektrische ~*, termocoperta

dekken coprire; *de tafel ~*, apparecchiare la ta'vola

deksel cope'rchio

dekstoel se'ggiola di bordo

delen dividere

deler divisore *m*

delfstof minerale *m*

Delfts di Delft

delicatessen gastronomia *v*

deling divisione *v*

delven scavare

democratie democrazia

dempen (gracht) colmare, riempire; (geluid) smorzare; (oproer) repri'mere; *fig* mitigare

den pino

Den Haag L'Aia

Denemarken la Danimarca

denkbaar immagina'bile

denkbeeld idea, nozione *v*

denkbeeldig ideale, immagina'rio

denken pensare; (gissen) pensare, cre'dere; *er aan ~* (er op letten, onthouden), tener presente (che)

deodorant deodorante *m*

departement dipartimento; (ministerie) direzione *v* generale

deponeren deporre; *handel* depositare

depot depo'sito

derailleur deragliatore *m*

derde terzo; *in de ~ macht*, al cubo

deren nuo'cere

dergelijk si'mile, tale, del ge'nere

derhalve per tale ragione, quindi, pertanto, di conseguenza

dertien tre'dici

dertiende tredice'simo

dertig trenta

dertigste trente'simo

des te... tanto; ~ *meer* tanto più

deserteren disertare

deserteur disertore

desgewenst volendo

desinfecteren disinfettare

deskundige esperto, perito

desniettemin nondimeno

desnoods al bisogno

dessert dessert *m*

destijds a suo tempo

destilleren distillare, stillare

detail particolarità *v*; detta'glio

detective agente investigativo

detectiveroman romanzo giallo

deugd virtù *v*

deugdzaam virtuoso

deugniet briccone

deuk ribaldo

deuntje arietta, canzonetta

deur porta *v*

deurknop, deurkruk mani'glia

deurwaarder usciere

devies divisa, motto; *deviezen* (geld) le divise

deze questo, questa, questi, queste; la presente (le'ttera)

dezelfde lo stesso, il mede'simo

dia diapositiva

diafilmpje rullino per le diapositive *m*

diafragma diaframma *m*

diagnose dia'gnosi *v*

dialect dialetto

diamant diamante *m*

diarree diarrea

dicht (compact) fitto, denso, compatto; (haar, bladeren) folto; (gesloten) chiuso

dichtbevolkt popoloso

dichtbij vicino

dichten (verzen) comporre; (gat) chiu'dere, (ot)turare

dichter poeta *m*

dichterlijk poe'tico

dichtheid densità *v*; sodezza

dichtknopen abbottonare

dichtstbijzijnd il più vicino

dictator dittatore

dicteren dettare

die quello, quella; che

dieet dieta *v*; *op ~* a dieta

dieetvoeding alimentazione dietetica *v*

dief ladro *m*

diefstal furto, ladroci'nio

dienaar servitore *m*

dienblad vassoio

dienen ~ *om te*, servire a; ~ *als*, servire da; (moeten) e'ssere da, andare + *verleden deelwoord*; *opgemerkt dient te worden*, è da notare; *dit boek dient zo spoedig mogelijk te worden terugbezorgd*, questo libro va restituito al più presto possi'bile

dienst servi'zio, servigio; *in ~ nemen*, assu'mere

dienstbode dome'stica; donna di servi'zio

dienstig u'tile, buono

dienstmeisje zie *dienstbode*

dienstplichtig soggetto al servi'zio militare

dienstregeling orario *m*

dienstweigeraar renitente

dienstwillig premuroso

dientengevolge in conseguenza

diep profondo; (bord) fondo

diepgang pescagione *v*

diepte profondità *v*

diepvries congelato

diepvries- surgelato, ultracongelato; ~*groente*, verdure surgelate

diepvriezer congelatore *m*

diepzee- abissale

diepzinnig profondo, astruso

dier animale *m*, be'stia

dierbaar caro

dierenarts veterina'rio

dierenriem zodi'aco

dierentuin zoo *m*

dierenwinkel negozio di animali *m*

dierkunde zoologia

dierlijk animale; bestiale, ferino

diesel gasolio; *auto* diesel *m*

dieselmotor motore *m* diesel

dieselolie gasolio *m*/nafta *v*

dieseltrein littorina

dievegge ladra

difterie difterite *v*

dij coscia *v*

dijbeen femore *m*

dijk diga

dik grosso; spesso; denso

dikte grossezza, corpulenza; (vloeistof) densità *v*; (doorsnee) dia'metro

dikwijls spesso, spesse volte, sovente

dimlicht luce anabbagliante *v*

dimmen *auto* abbassare le luci; zie *gedimd*

diner cena

dineren cenare

ding cosa; oggetto

dingen mercanteggiare; ambire; ~ *naar*, aspirare a qc

dinsdag martedì *m*

diploma diploma *m*; bolla

diplomaat diploma'tico

direct *bn* diretto; *bijw* direttamente, su'bito

directeur direttore *m*

directrice direttrice

dirigent direttore d'orchestra

dis ta'vola, mensa

disco discoteca

disconto sconto

discotheek discoteca

discriminatie discriminazione

diskette dischetto *m*

diskwalificeren squalificare

distel cardo

distilleren zie *destil*

distributie distribuzione *v*; (rantsoenering) razionamento

district distretto

dit questo, questa; la presente

(le'ttera)
divan divano
divanbed divano-letto
diversen vari, arti'coli vari, spese
diverse
dividend dividendo
divisie divisione v
dobbelsteen dado
dobber galleggiante m
dobberen galleggiare
docent docente, insegnante
doch però
dochter figlia
doctor dottore
doctorandus laureato
document documento
dodelijk mortale, letale
doden ucci'dere
doedelzak cornamusa
doek [de] fazzoletto, panno; [het]
panno; (toneel) sipa'rio; (bioscoop)
schermo
doel scopo, fine m, meta; (mikpunt)
mira; sp porta
doeleinde uso, destinazione v, scopo
doelloos senza scopo; inu'tile
doelmatig opportuno, pra'tico
doelpunt rete v
doeltreffend efficace
doelverdediger portiere
doen fare; (handelen) agire; erover ~
(een bepaalde tijd), impiegare,
me'tterci; hij deed er 1 uur over, ci
mise un'ora
dof (kleur) appannalo, fosco; (geluid)
sordo, cupo
dog dogo
dok bacino di carena'ggio
dokter dottore m
dol rabbioso, furioso, frene'tico
dolfijn delfino
dolk pugnale m, coltello
dollar dollaro m
dom bn stupido, stolto, sciocco; zn
duomo
domein domi'nio; (rijks) dema'nio
domicilie domici'lio
dominee pastore protestante
dominicaan domenicano
domoor stupido, stupidone, idiota
m/v
dompelen tuffare; immer'gere
Donau Danu'bio
donder tuono
donderdag giovedì m; Witte D~,
Giovedì santo
donderen tuonare
donker (o)scuro; (somber) fosco
donkerblauw blu scuro, turchino
donkerbruin bruno scuro
donor donatore m di sa'ngue
dons piuma, peluria
dood zn morte v; bn morto
doodgaan morire

doodkist cassa da morto
doodlopen essere senza uscita; een
~de steeg, un vicolo cieco
doodmaken uccidere
doodmoe, -op stanco morto
doodop stanco morto
doods solita'rio, deserto
doodsangst ango'scia
doodsbleek pa'llido
doodshoofd testa di morte
doodsstrijd agonia
doodstil silenzioso
doodstraf pena di morte
doodvonnis sentenza di morte
doof sordo
doofheid sordità v; sordezza
doofstom sordomuto
dooi disgelo m
dooien sciogliersi
dooier torlo, tuorlo
doolhof labirinto
doop batte'simo
doopkapel battistero
doopsgezinde mennonita m
doopvont fonte v battesimale,
battezzato'rio
door (dwars doorheen) attraversare;
(ten gevolge van) a causa di, dato (-
a); (door middel van) per, mezzo
di; (van de zijde van) da parte di
doorbakken ben cotto
doorboren (tra)forare, perforare
doorbraak rottura
doorbrengen passare; (verkwisten)
sperperare
doordacht ponderato
doordat per il fatto che
doordringen penetrare
dooreen confusamente, alla rinfusa
doorgaan passare; (voortgaan)
proseguire; niet ~, non aver luogo,
non tenersi, non aver se'guito; ~
voor, passare per; e'sser tenuto per
doorgaand continuo; doorgaand
verkeer, tutte le direzioni; ~e trein,
treno diretto
doorgaans generalmente
doorgang passa'ggio, passo, passata
doorgeven passare
doorgronden approfondire, penetrare
doorhaling cancellatura
doorkneed versato
doorkomen passare
doorkruisen perco'rrere;
(tegenwerken) contrariare
doorlaten lasciar passare
doorlichten far una radiografia a
doorlopen percorrere; (duren)
continuare
doorlopend conti'nuo
doorn spina
doornat bagnato, inzuppato
doorreis passa'ggio
door'reizen essere di passaggio

doorrei'zen perco'rrere
doorrijden proseguire
doorrijhoogte altezza di passa'ggio
doorschijnend trasparente, dia'fano;
tralucente
doorschrappen cancellare; fregare,
radiare
doorslaan perforare; perdere la testa
doorslagpapier carta per dattilografia
doorsmeren ingrassare
doorsnede (dwars-) sezione v;
(middellijn) dia'metro
doorsnijden tagliare
doorstaan provare, sopportare
doorsturen (brief) recapitare
doortastend ene'rgico
doortocht passa'ggio
doortrapt scaltro, astuto
doortrekken traversare; (wc) tirare
l'acqua
doortrokken impregnato (di)
doorzenden (post) inoltrare
doorzetten venire a capo di
doorzichtig trasparente; diafano; fig
chiaro, perspicuo
door'zien vedere attraverso; sco'rrere
doorzien' compre'ndere
doorzoeken frugare, rifrustare
doos scatola v
dop (schil) bu'ccia, gu'scio; (v. pen
etc.) cappu'ccio, cappa, coper'chio
dopen battezzare
doperwten piselli m
dor a'rido, secco, asciuto
dorp villa'ggio, paese m
dorpeling contadino
dorsen trebbiare, ba'ttere il grano
dorst sete v
dosis dose v
dossier incartamento, pra'tica,
dossier m
douane dogana
douanebeambte doganiere m
douanecontrole controllo doganale m
douanekantoor ufficio di dogana m
douaneonderzoek veditura
douanier doganiere m
douche do'ccia; een ~ nemen, fare la
do'ccia
douchecel do'ccia
douchen fare la doccia
doven spegnere, estinguere
dozijn dozzina
draad filo m
draagbaar zn barella
draagbaar bn porta'tile, portabile
draaglijk sopporta'bile
draagstoel portantina; (v.d. paus)
se'dia gestato'ria
draai giro; curva
draaibaar gire'vole
draaibank to'rnio
draaiboek copione (cinematogra'fico)
m

draaibrug ponte *m* gire'vole
draaideur porta gire'vole
draaien girare; to'rcere; vo'lgere; (keren) voltare; (telefoonnummer) comporre, formare, fare
draaikolk gorgo, vo'rtice *m*
draaimolen giostra
draaiorgel organetto, organino
draak drago, dragone *m*
dracht (kleding) fo'ggia
draf trotto
dragen portare; (verdragen) sopportare; (kleren) indossare, vestire
dralen indugiare, tardare
drama dram(m)a *m*
dramatisch dramma'tico
drang sti'molo; impulso
drank bevanda; bi'bita; *med* pozione *v*
drankje (medisch) pozione *v*, tisana; medicina
drankzuchtig ubriacone
drassig paludoso
draven trottare
dreg grappino
dreigbrief le'ttera minacciosa
dreigen minacciare
drek merda
drempel so'glia
drenkeling affogato
dresseren addestrare
dressoir credenza
dreumes frugolino
dreunen rimbombare, rintronare
drie tre
drie-eenheid trinità *v*
driehoek tria'ngolo
driehoekig triangolare
driekleurig tricolore
Driekoningen Epifania
drieling tre gemelli *m mv*
drieluik tri'ttico
driemaandelijks *bn* trimestrale; *bijw* ogni tre mesi
driesprong tri'vio, croci'cchio
driest audace; brutale
drietal terzetto
drievoud triplo
drievoudig triplo, tri'plice
driewieler triciclo
drift i'mpeto; co'lera
driftig impetuoso, colle'rico; precipitoso
drijfriem ci'nghia motrice
drijfveer molla; *fig* motivo
drijven (aanzetten) spi'ngere; spronare; (op het water) galleggiare, stare a galla
drillen addestrare, esercitare; (boren) forare
dringen pre'mere, spi'ngere; *onoverg* serrarsi
dringend pressante, urgente

drinkbaar bevl'bile, pota'bile
drinken be'vere, bere
drinkglas bicchiere *m*
drinkwater a'cqua pota'bile
droefgeestig malinco'nico
droevig triste, mesto
drogen asciugare
drogist droghista *m-v*
drom folla, moltitu'dine *v*
dromen sognare
dromerig pensoso, trasognato
dronk bevuta, sorso
dronkaard ubriacone, beone
dronken ubriaco
dronkenschap ubriachezza
droog secco
droogdok bacino a secco
droogte secchezza, siccità *v*
droom sogno
dropje liquirizia *v*
droppel go'ccia
droppelen gocciolare, grondare
drug stupefacente *m*
druif ciccho d'uva; *druiven mv*, uva *enk*
druipen gocciolare
druivensap succo d'uva *m*
druiventros gra'ppolo
druk *zn* pressione *v*; peso; (boek~) stampa, impressione *v*; (oplaag) edizione *v*; *bn* (bezet met werk) occupato; (levendig) vivace; (plaats) frequentato, movimentato, affollato
drukfout errore *m* di stampa
drukken pre'mere, stri'ngere; (knellen) serrare; (v. boeken) stampare
drukkend opprimente, pesante, oneroso
drukker stampatore
drukkerij stamperia
drukknoopje pigino
drukknop bottone *m*, pulsante *m*
drukpers ma'cchina tipogra'fica; *fig* stampa
drukproef bozza di stampa
drukte (lawaai) rumore *m*; (gedrang) movimento, animazione; (werk) moltitu'dine di lavori
drukwerk stampe *mv*, stampati *mv*
drummer batterista *m*
druppel go'ccia
druppelen gocciolare
D-trein treno rapido *m*
dubbel do'ppio, duplo, duplice
dubbelganger so'sia *m*
dubbelzinnig ambi'guo, equi'voco
duel duello
duelleren duellare
duet duetto
duf muffito
duidelijk chiaro, distinto
duiden interpretare; ~ *op*, accennare a

dulf piccione *m*, colombo, -ba
duig doga; *in* ~*en vallen*, sfondarsi
duikboot sommergi'bile *m*
duikbril occhialini *m*
duikelen capitombolare
duiken tuffarsi
duiker palombaro; (sluisje) sifone *m*
duikuitrusting attrezzatura subacquea *v*
duim pollice *m*
duimstok do'ppio deci'metro
duin duna
duister oscuro, scuro, bu'io
duisternis oscurità *v*; bu'io
Duits tedesco
Duitser tedesco
Duitsland Germania *v*
duivel dia'volo, demonio
duizelig : ~ *zijn*, avere le vertigini, avere il capogiro
duizeligheid capogiro *m*
duizeling verti'gine *v*, giracapo
duizend mille
duizendste mille'simo
duizendtal miglia'io
dulden tollerare, sopportare
dun sottile; (van vloeistof) flu'ido; (haar) rado
dunk opinione *v*
duozit sellino posteriore
duplo *in* ~, in do'ppio esemplare, in du'plice copia
duren durare
durven osare, ardire
dus (aldus) così, in questo modo; (derhalve) dunque, quindi, di conseguenza
dusdanig tale, tanto
dutten sonnecchiare, fare un sonnellino
duur *bn* caro; *zn* durata; *op den* ~, a lungo andare
duurte carezza, caro
duurzaam dure'vole; durabile; sodo, so'lido; (blijvend) permanente; (v. levensmiddelen) conservabile
duurzaamheid durevolezza
duw urto, spinta
duwen spingere
dwaas stolto, insensato; assurdo; (grappig) buffo
dwaasheid stoltezza
dwalen errare
dwaling errore *m*, sba'glio
dwang imposizione *v*, violenza, costrizione *v*
dwangarbeid lavori forzati *mv*
dwarrelen turbinare
dwars *bn* traverso; *bijw* a traverso, trasversalmente
dwarsbomen contrariare
dwarsligger travers(in)a
dwarsstraat (via) traversa
dweepziek fana'tico

dweil strofina'ccio
dweilen strofinare
dwepen e'ssere fana'tico; fanatizzare; entusiasmarsi (*met di*)
dwerg nano
dwingeland tiranno, despota
dwingen forzare, sforzare; costri'ngere
d.w.z. cioè
dynamo di'namo *v*

E

eau de cologne a'cqua di Colo'nia, colo'nia
eb riflusso; bassa marea
ebbenhout e'bano
echo eco *m/v*
echt *bn* (wettig) legi'ttimo; (onvervalst) genuino, aute'ntico; (oprecht) schietto, vero; *bijw* veramente, davvero
echtbreuk adulte'rio
echtelijk matrimoniale
echter però, tuttavia, comunque
echtgenoot marito, co'niuge *m*
echtgenote mo'glie, sposa
echtpaar coppia *v*
echtscheiding divo'rzio
eclips eclissi *v*
economie economia
economisch economico
edel no'bile, magna'nimo
edelman gentiluomo, no'bile
edelmoedig generoso
edelsteen gemma *v*
eed giuramento
eekhoorn scoia'ttolo
eelt callo
een un, uno, una; *op ~ of andere manier*, in un modo *of* nell' altro; *met ~ of ander smoesje*, con una scusa qualunque; *hij was ~ van de eersten die aankwamen*, fu tra i primi ad arrivare
eend anitra
eendracht conco'rdia
eenheid unità *v*
eenmaal una volta
eenparig una'nime
eenpersoonsbed letto singolo *m*
eenpersoonskamer camera singola *v*
eenrichtingverkeer senso unico
eens (eenmaal) una volta
eensgezind concorde, una'nime
eensklaps su'bito, ad un tratto, di repente
eenstemmig una'nime
eentje : *in zijn ~*, da solo, solo soletto
eentonig mono'tono
eenvoud semplicità *v*
eenvoudig se'mplice; inge'nuo
eenzaam solita'rio, solo
eenzelvig riservato

eenzijdig unilaterale
eer *bijw* primo; (liever) piuttosto
eer *zn* onore *m*, glo'ria
eerbaar onesto; casto; pulito
eerbewijs oma'ggio
eerbied rispetto; riverenza
eerbiedig rispettoso
eerbiedigen rispettare
eerder prima
eergevoel sentimento d'onore
eergierig ambizioso
eergisteren l'altro ieri
eerlijk sincero, onesto
eerlijkheid onestà *v*; probità *v*
eerloos infame
eerst *bijw* prima; *telw* primo; *~e hulp* pronto soccorso; *~e klas* prima classe *v*
eerstdaags fra poco
eersteklas di prim'or'dine
eertijds altre volte
eervol onore'vole, onorabile
eerwaardig venera'bile, onorabile
eerzucht ambizione *v*
eerzuchtig ambizioso
eet smakelijk! buon appetito!
eetbaar commestibile
eetgelegenheid ristorante *m*, trattoria *v*
eethuis trattoria *v*
eetkamer sala da pranzo
eetlust appetito
eetservies servi'zio da ta'vola
eetzaal sala da pranzo
eeuw secolo
eeuwig eterno, perpe'tuo, sempiterno
eeuwigheid eternità *v*
effect enetto
effectenbeurs borsa degli effetti
effen piano, uniforme, regolare; (*kleur*) (tinta) unita
effenen (ap)pianare
efficiënt efficace
egel ri'ccio
Egypte l'Egitto
Egyptenaar egiziano
EHBO-doos cassetta del pronto soccorso *v*
EHBO-post pronto soccorso *m*
ei uovo; *gebakken ~*, uovo affrittellato; *hardgekookt ~* uovo sodo; *zachtgekookt ~* uovo alla coque
eierdopje ovaiuolo, portauovo
eierlepeltje cucchiaino
eigen (toebehorend) pro'prio; (bijzonder) particolare
eigenaar proprietario *m*
eigenaardig curioso, particolare; peculiare; (vreemd) strano
eigenbelang interesse *m* (personale)
eigendom proprietà *v*
eigenhandig di pro'pria mano
eigenliefde amor pro'prio

eigenlijk *bn* vero e pro'prio, propriamente detto; *bijw* in realtà, in fondo
eigennaam nome pro'prio
eigenschap proprietà *v*, caratteri'stica, qualità *v*, virtù *v*
eigenwaan presunzione *v*
eigenwijs testardo, ostinato
eigenzinnig capa'rbio
eik que'rcia, querce *v*
eikel ghianda
eiland i'sola
eind fine *v*
einddiploma certificato di maturità
einde fine *v*; (uiteinde) estremità *v*
eindelijk finalmente, alla fine
eindeloos infinito, interminabile
eindexamen esame *m* di licenza
eindigen finire, terminare
eindpunt punto estremo; (v. tram, bus) capoli'nea *m*
eindstation capoli'nea *m*
eis esigenza, richiesta
eisen esigere
eiser *recht* attore
eiwit bianco (chiara) dell' uovo; albume *m*
e.k. = *eerstkomend*, pro'ssimo futuro, p f, pro'ssimo venturo
ekster gazza
eksteroog callo; o'cchio di pernice
el bra'ccio, a'una
eland alce *m*
elastiek (nastro) elas'tico
elastisch elas'tico
elders altrove
elegant elegante
elektricien elettricista *m*
elektriciteit elettricità *v*
elektrisch elettrico
elektronica elettronica *v*
elektronisch elettronico
element elemento
elf u'ndici
elftal *sp* squadra
elk ciascuno; ogni; *tegen ~e prijs*, a qualsiasi prezzo
elkaar si, l'un l'altro
elke ogni
elleboog gomito
ellende mise'ria
ellendeling misera'bile
ellendig misera'bile
els (boom) ontano, alno
Elzas l'Alsa'zia
email smalto
e-mail e-mail *m*
emancipatie emancipazione *v*
emballage imballa'ggio
emigrant emigrante
emigreren emigrare
emmer secchiello *m*
employé impiegato
en e, ed (voor klinkers)

encycliek enci'clica
encyclopedie enciclopedia
end *zie* einde
endossement girata
energie energia
energiek ene'rgico
eng (nauw) stretto, angusto;
(griezelig) lugubre
engagement (toneel e.d.)
scritturazione *v*, scrittura
engageren (acteur enz.) scritturare
engel a'ngelo
Engeland l'Inghilterra
Engels inglese
Engelsman inglese
engte strettezza; strettura
enig (uniek) u'nico; solo; *-e* (ettelijke)
alcuni, qualche; *zonder ~e twijfel,*
senza alcun du'bbio
enigszins un poco, in qualche modo
enkel *bn* se'mplice; solo; *~e* alcuni;
~e reis andata; *geen ~,* nessun, non
alcun; *heb je geen ~e hoop?,* hai
nessuna speranza?; *ik heb geen ~e*
vijand, non ho alcun nemico
enkel (lichaamsdeel) caviglia *v*
enkeltje andata
enkelvoud singolare *m*
enkelvoudig se'mplice
enorm enorme
enquête inchiesta
ensceneren inscenare
enthousiast entusiasta
entree entrata *v*
entreebiljet biglietto d'ingresso
entreeprijs prezzo d'ingresso
envelop busta *v*
enzovoort(s) (enz.) eccetera (ecc)
epidemie epidemia
episode episo'dio
epos epos *m*, epopea
equipage *scheepv* equipa'ggio
er ci, vi; *~ is*, c'è; *~ zijn*, ci (vi) sono
ere *zie* eer
eredienst culto
eren onorare
erewoord parola d'onore
erf (grond) terra, proprietà *v*
erfdeel eredità *v*
erfelijk eredita'rio
erfenis eredità *v*
erfgenaam erede *m-v*
erflater testatore *m*
erg male; grave; maligno, cattivo;
(zeer) molto
ergens in qualche luogo, da qualche
parte; *~ anders*, in qualche altro
luogo, altrove
erger pe'ggio; peggiore
ergeren scandalizzare; irritare
ergerlijk scandaloso; irritante
ergernis sca'ndalo
erheen vi
erkennen ricono'scere

erkenning riconoscimento
erkentelijk riconoscenta
ernst serietà *v*, gravità *v*, gravezza
ernstig *bn* se'rio, grave; *bijw*
seriamente
erop su di esso
erotisch ero'tico
erover (daaromtrent) al riguardo, in
me'rito; *hoe denk jij ~?*, come la
pensi tu?
erts minerale *m*
ervaren *bn* esperto, sperimentato,
versato
ervaren *ww* provare, sentire;
appre'ndere
ervaring esperienza *v*
erven ereditare
erwt pisello *m*
erwtensoep minestra di piselli
es fra'ssino
esdoorn a'cero
eskader squadra
eskadron squadrone *m*
Eskimo eschimese
esp tre'mula
espresso espresso *m*
essentieel essenziale
estafette corsa staffetta
etablissement stabilimento
etage piano
etalage vetrina *v*
etaleren me'ttere in mostra
etappe tappa *v*
eten *ww* mangiare; (middag~)
pranzare, desinare; (avond~)
cenare; cibo
etenstijd ora del pasto *v*
etiket etichetta; cartellino
etiquette etichetta, ceremoniale *m*
etmaal ventiquattr'ore *v*
ets incisione *v*; acquaforte *v*
etter ma'rcia, mate'ria
etteren suppurare
etui astu'ccio
euro euro *m*
eurocard eurocard
eurocheque eurochèque *m*
Europa l'Europa
Europeaan europeo
Europees europeo
evangelie (e)vangelo
even *bn* (getal) pari; *bijw* cosi, tanto;
~ als, altrettanto quanto, come,
quanto; *je bent ~ lang als hij*, sei
alto come (quanto) lui; (een
ogenblik) un momento
evenaar equatore *m*
evenals come
evenaren uguagliare
eveneens ugualmente; anche
evenement manifestazione *v*/festa *v*
evenmin tanto meno; neanche
evenredig *bn* proporzionale; *bijw*
proporzionatamente

eventjes un momento
eventueel eventuale
evenveel altrettanto; *~ als,*
(altret)tanto quanto
evenwel tuttavia, però, comunque
evenwicht equili'brio
evenwijdig parallelo
ex ex
examen esame *m*
examineren esaminare
exclusief esclusivo
excursie escursione *v*
excuseren scusare
excuus scusa; *zijn excuses aanbieden*
aan, scusarsi con
executie esecuzione *v*
exemplaar esemplare, co'pia
exerceren fare gli esercizi
exercitie eserci'zio
exotisch eso'tico
expediteur spedizioniere
expeditie spedizione *v*
expert pe'rito, esperto
exploitatie eserci'zio; (v. mijn)
attivazione; (uitbuiting)
sfruttamento
exploiteren me'ttere in eserci'zio
export esportazione *v*
exporteren esportare
exporteur esportatore *m*
expositie esposizione *v*
expres espresso
expresse (brief) espresso; *per ~* per
espresso
exprestrein (treno) diretti'ssimo
extra extra; straordina'rio,
supplementare, addizionale, in più
extract estratto
extreem estremo
ezel a'sino; ciuco; (schraag) cavalletto
ezeldrijver asina'io, ciucaio

F

faam fama, riputazione *v*
fabel fa'vola
fabelachtig favoloso
fabriceren fabbricare
fabriek fa'bbrica, manifattura
fabrieksmerk marca di fa'bbrica
fabrikaat fabbricato
fabrikant fabbricante
factor elemento; (v. getal; persoon)
fattore *m*
factuur fattura
faculteit facoltà *v*
fagot fagotto
failliet fallito; *~ gaan,* fallire, far
fallimento
faillissement fallimento
fakkel fia'ccola, to'rcia
falen mancare; fallire
familie famiglia
familielid parente *m/v*

fan fan, tifoso
fanatiek fana'tico
fantasie fantasia
fantastisch (niet reëel) fantas'tico; (prachtig) stupendo, fantas'tico
fascinerend affascinante, incantevole
fascisme fascismo
fat bellimbusto
fataal fatale, funesto
fatsoen (welvoeglijkheid) decoro, decenza, convenevolezza
fatsoenlijk onesto, decente, convene'vole, ammodo
fauteuil poltrona
fax fax m
faxapparaat fax m
faxen faxare
fazant fagiano
februari febbra'io
fee fata
feest festa
feestdag giorno festivo m
feestelijk festivo; feste'vole, festoso
feestmaal banchetto
feilbaar falli'bile
feit fatto
feitelijk veramente, in realtà
fel veemente, violento
felicitatie congratulazione v
feliciteren congratularsi, felicitarsi, complementarsi
fenomeen fenomeno
ferm so'lido, buono
festival festival m
feuilleton romanzo a puntate
fiche gettone m
fier alt(i)ero
fiets bicicletta
fietsbel campanella da bicicletta
fietsen pedalare
fietsenmaker riparatore di biciclette m
fietsenrek rastrelliera
fietsenstalling depo'sito di biciclette
fietser ciclista m/v
fietsketting catena della bicicletta v
fietslantaarn fanalino di bicicletta
fietspad pista per ciclisti
fietspomp pompa della bicicletta v
fietssleuteltje chiavetta della bicicletta v
fietstas borsa della bicicletta v
fietstocht gita in bicicletta v
figurant comparsa
figuur figura
figuurlijk figurato
fijn (niet grof) fine, fino, sottile; (plezierig) fantastico
fijngevoelig delicato
fijnmaken tritare, macinare
file fila
filet filetto
filiaal succursale v, casa filiale
film film m; (rol-) pellicola

filmcamera camera, telecamera, cinecamera
filmen filmare
filmoperateur operatore cinematogra'fico
filmspeler cineasta
filmster stella cinematogra'fica
filosofie filosofia
filosoof filo'sofo
filter filtro
filtersigaret sigaretta a filtro
filtreren filtrare, colare
financieel finanzia'rio
financiën mv le finanze
firma ditta
firmant so'cio
fit in forma, energico
fitness aan - doen andare in palestra
fitting portalampadina m
fixeren fotogr fissare
flacon boccetta, flacone m; fiaschetto
fladderen svolazzare
flanel flanella
flank fianco
flap risvolto; (geld) biglietto
flat appartamento
flater errore m
flatgebouw palazzo d'appartamenti
flauw insipido; scipito; (zouteloos) sciocco; (zonder smaak) senza sapore, insulso
flauwte svenimento
flauwvallen svenire
flensje frittella
fles botti'glia; (met stro omwonden) fiasco
flesje bottiglietta v
flesopener apribottiglie m
flets smorto, pa'llido
fleurig flo'rido; ga'io
flikje cioccolatino
flikkeren scintillare, sfavillare
flink a'gile, svelto; atto, a'bile
flirten civettare, amoreggiare
flitsblokje cubetto flash m
flitsen usare il flash
flitser flash m
flitslampjes lampadine flash v
floers velo; (rouw~) crespo
flonkeren scintillare, brillare
floodlight riflettore m
Florence Firenze v
fluisteren bisbigliare, pispigliare
fluit fla'uto
fluiten sonare il fla'uto; (met de mond) fischiare
fluitist flautista m
fluks bijw su'bito, presto presto
fluweel velluto
foedraal fo'dero, guaina
foei! vergogna!
föhnen passare il phon
fokken allevare, far razza
folder depliant m

folteren torturare
fonds fondo; capitale m
fondue fondue v, fonduta
fonkelen scintillare, favillare
fonkelnieuw nuovo fiammante
fontein fontana v
fonteintje lavabo
fooi mancia v
foppen burlare, beffare
forel trota v
formaat formato
formaliteit formalità v
formeel formale
formule formula
formulier mo'dulo
fornuis cucina econo'mica
fors robusto, forte
fort fortezza, forte m
fortuin fortuna; (geld) sostanza, sostanze mv
fosfor fo'sforo
foto fotografia, foto v
fotograaf foto'grafo m
fotograferen fotografare
fotografie foto(grafia) v
fotokopie fotocopia
fototoestel macchina fotografica v
fout zn (vergissing) sba'glio, errore v; (gebrek) difetto, vi'zio, fallo; bn sbagliato, errato
foyer ridotto m
fraai bello
framboos lampone m
frame telaio m
Française Francese v
franco franco (di porto)
franje fra'ngia
frank (geld) franco m
frankeren (af)francare
frankering affrancatura v
Frankrijk la Fra'ncia
Frans francese
Frans bn francese
Fransman francese
fraude frode v
freewheelen co'rrere a ruota li'bera
fresco fresco, affresco
Fries frisone
Friesland la Fri'sia
fris fresco
frisbee frisbee m
frisdrank bibita v
frites patate fritte v
frituren friggere
front fronte v
fruit frutta v
fuif festino
fuiven festeggiare
functie funzione v
fundament fondamento
fungeren fu'ngere (da)
fut energia, vitalità, forza

gaaf intatto, intero

gaan andare; *ergens in* ~ (in passen), starci; ~ *om* (sprake zijn van), trattarsi di

gaanderij galleria

gaar (doorgebakken) ben cotto

gaas (stof) velo, garza; (kippen~) rete meta'llica *v*

gadeslaan osservare

gal fiele *v*; (v. mens) bile *v*

galant galante

galerij galleria; *toneel* loggione *m*

galg forca

galmen risonare, rimbombare

galop galoppo

gang (manier v lopen) andatura; (reis) andata; (deel v huis) corrido'io, a'ndito; (gerecht) portata; *z' n ~ gaan*, fare a modo suo

gangbaar (geld) corrente; (waren) andante

gans *zn* (dier) oca

ganzebloem margarita, margherita

ganzenlever fegato d'oca

gapen sbadigliare

gaping apertura; *fig* vuoto, lacuna

garage rimessa, autorimessa, garage *m*

garanderen garantire

garantie garanzia

garderobe guardaroba; spogliato'io

garen filo, refe *m*

garnaal gambero

garnizoen guarnigione *v*

gas gas *m*; ~ *geven*, accelerare

gasfles bombola di gas *v*

gaskraan chiave *v* del gas

gaspedaal accelatore *m*

gasstel fornello a gas

gast o'spite, invitato

gastarbeider lavoratore migrante

gastenboek libro degli ospiti

gastheer o'spite

gasthuis (o)spedale *m*

gastmaal banchetto

gastvrij ospitale

gastvrijheid ospitalità *v*

gastvrouw o'spite *v*

gasvulling (aansteker) bomboletta per accendino *v*

gat buco; foro

gauw presto, prontamente

gave dono; dote *v*, talento

gazon tappeto erboso

geacht stimato; onorato; *~e heer*, Egre'gio Signore

geadresseerde destinata'rio

gearmd a braccetto

gebaar gesto

gebak dolci *m*

gebakje pasta /pasticcino

gebakken cotto; (in olie) fritto

gebed orazione *v*, preghiera

gebeente ossatura

gebergte monti, montagne *mv*

gebeuren accadere, avvenire, succe'dere

gebeurtenis avvenimento, avventura, evento, occorrenza, caso

gebied territorio *m*, zona; *fig* campo

gebieden dominare; comandare, imperare

gebit dentatura; *vals* ~, dentiera

gebod comandamento, o'rdine *m*; legge *v*

geboorte na'scita

geboortedag (giorno) natali'zio, compleanno

geboortedatum data di nascita *v*

geboorteplaats luogo natale

geboren nato

gebouw edifi'cio; costruzione *v*

gebraden arrostito

gebrek difetto; vi'zio; (lichaams) informità *v*; (gemis) mancanza; manco; (armoede) carestia; *bij* ~ *aan*, in mancanza di

gebrekkig difettoso, manchevole

gebroeders *mv* fratelli *mv*

gebroken rotto

gebruik uso, impiego; (zede) costume *m*; moda; (gewoonte) abitu'dine *v*; consueto

gebruikelijk usato, d'uso

gebruiken usare, impiegare, far uso di

gebruiker utente *m*

gebruiksaanwijzing istruzioni *v mv* per l'uso

gebrul ruggito

gecondenseerd condensato

gedaante forma, figura

gedachte pensiero; idea

gedachteloos spensierato

gedachtenis ricordanza; (voorwerp) ricordo

gedeelte parte *v*, porzione *v*

gedeeltelijk in parte, parzialmente

gedenken ricordarsi

gedenkteken monumento

gedenkwaardig (com)memora'bile

gedeprimeerd depresso

gedicht poema *m*; poesia

gedienstig servizie'vole

gedijen prosperare

gedimd licht luce anabbagliante *v*

gediplomeerd diplomato, patentato

gedogen tollerare

gedrag contegno, condotta

gedragen (zich) comportarsi, condursi

gedrang calca, serra

gedrongen stretto, compatto; (gestalte) tarchiato; (stijl) conciso

geducht temuto, formida'bile

geduld pazienza

geduldig paziente

gedurende durante, nel corso di'

gedwee do'cile, sommesso

geel giallo

geelfilter schermo giallo

geelzucht itteri'zia

geen nessun(o)

geenszins nessun modo

geest spi'rito; (verstand) ingegno; (spook) genio, spettro

geestdrift entusiasmo

geestelijk spirituale

geestelijke ecclesia'stico; *rk* prete, sacerdote; *prot* pastore *m*

geestelijkheid clero

geestig spiritoso

geestkracht forza d'a'nimo

geeuwen sbadigliare

gefeliciteerd! auguri!

gegadigde interessato

gegeven dato; tema *m*

gegoed agiato

gegrond fondato

gehaat odiato, odioso

gehakt (carne) macinata *v*

gehaktbal polpettone *m*

gehalte tenore *m*, contenuto

gehandicapt (h)andicappato, invalido

gehard temprato, indurato

gehecht attaccato, affezionato

geheel tutto, intero; *bijw* interamente, totalmente; il tutto, complesso; *over het* ~ *genomen*, in complesso, in li'nea di ma'ssima

geheelonthouder aste'mio

geheim segreto; mistero; arcano; *bn* segreto, nascosto

geheimschrift scrittura cifrata

geheimzinnig misterioso

gehemelte palato

geheugen memo'ria

gehoor udito, ore'cchio; (toehoorders) udito'rio

gehoorzaam obbediente, ubbidiente

gehoorzaamheid ubbidienza

gehoorzamen obbedire, ubbidire

gehucht borgo

gehuwd sposato/coniugato

geiser (voor bad) scaldabagno

geit capra

geitenkaas (formaggio) caprino

gejaagd agitato

gejuich esultazioni *mv*

gek *bn* pazzo, matto; (dwaas) buffonesco, ridi'colo; *zn* pazzo, matto; *voor de* ~ *houden*, pre'ndere in giro

gekheid pazzia, follia; scherzo

gekleurd colorato

geknoei acciabattamento

gekoeld refrigerato

gekonfijt candito

gekookt cucinato, bollito

gekruid condito

gekscheren motteggiare, scherzare

gekunsteld afrettato, artificioso

gel gel *m*

gelaat fa'ccia, volto, viso

gelaatskleur colorito

gelach risa *v mv*; risata

gelang *al naar ~,* a seconda di (+ *zn*), secondo che (+ *aanvoeg wijs*)

gelasten comandare, ordinare

gelaten rassegnato

geld denaro, moneta, pecunia

geldautomaat sportello automatico *m*

geldelijk pecunia'rio, finanzia'rio

gelden valere, esser va'lido; *~ voor,* applicarsi a, aver effetto per, e'ssere va'lido per

Gelderland la Ghe'ldria

geldig valido

geldigheidsduur validità *v*

geldstuk moneta

geleden fa; *un tempo ~, een tijdje geleden; volt deelw* sofferto

geleerd dotto, erudito, sciente

geleerde dotto, erudito, scienziato

gelegen situato, (passend) conveniente

gelegenheid occasione *v; openbare ~,* locale pu'bblico

gelei gelatina

geleide accompagnamento; (tot veiligheid) scorta

geleidelijk *bn* graduale; *bijw* gradualmente, man mano, via via

geleiden accompagnare, condurre

geleider guida; *elektr* conduttore *m*

gelid *mil* fila

geliefd diletto, amato

geliefkoosd preferito

gelieven piacere, favorire; *gelieve,* si prega, vogliate

gelijk *bn* uguale, si'mile; stesso; pari; uniforme; (effen) uguale, piano; *voegw* come; *~ hebben,* aver ragione; *~ maken,* uguagliare, livellare; *~ zijn aan,* equivalere a

gelijken (ras)somigliare (a)

gelijkenis (ras)somiglianza; (bijbel) para'bola

gelijkheid uguaglianza; parità *v,* ugualità *v*

gelijkluidend consonante; (v. afschrift) conforme

gelijkmatig uguale, uniforme

gelijknamig omo'nimo

gelijksoortig omoge'neo

gelijkspel pare'ggio

gelijkstellen paragonare (con, a); assimilare

gelijkstroom corrente *v* conti'nua

gelijktijdig simulta'neo, contemporaneo

gelijkvloers a pianterreno; *~e kruising,* incro'cio a raso

gelofte voto

geloof fede *v,* religione *v;* credenza

geloofwaardig degno di fede,

fededegno, plausibile

geloven cre'dere; (menen) pensare

gelovig credente, fedele

geluid suono

geluidsbandje cassetta *v*

geluk fortuna, felicità *v*

gelukken riuscire

gelukkig *bn* felice; (fortuinlijk) fortunato; *bijw per* fortuna, fortunatamente

geluksvogel beniamino della sorte

gelukwens congratulazione *v;* felicitazione *v*

gelukwensen congratularsi (con)

gemaakt fatto; *fig* affettato

gemaaktheid affettazione *v*

gemachtigde delegato, mandata'rio

gemak comodità *v;* a'gio

gemakkelijk fa'cile; (geriefelijk) co'modo, agiato

gemakshalve per semplicità

gemaskerd mascherato

gematigd moderato

gember ze'nzero

gemeen (gewoon) comune, ordina'rio; (laag) volgare, basso, vile

gemeenschap comunità *v,* comunanza; (samenleving) società *v*

gemeenschappelijk comune

gemeente comune; munici'pio; *rk* parro'cchia; *prot* comunione *v*

gemeentebestuur municipalità *v*

gemeentehuis munici'pio

gemeentelijk comunale, municipale

gemeenteraad consi'glio comunale

gemeenzaam familiare

gemengd misto, mescolato

gemeubileerd ammobiliato

gemiddeld *bn* me'dio; *bijw* in media

gemiddelde *zn* media

gemis mancanza

gemoed a'nimo, i'ndole *v;* cuore *m*

gemoedelijk gioviale

gems camo'scio

genaamd nominato, detto

genade gra'zia, mercè

genadeloos spietato

genadeslag colpo di gra'zia

genadig clemente

gene quello, quella

geneesheer me'dico

geneeskrachtig curativo, medicamentoso

geneeskunde arte me'dica

geneeslijk cura'bile; guari'bile

geneesmiddel medicinale *m;* medicina; medicamento, farmaco

genegen affezionato; (geneigd) inclinato, disposto

genegenheid affezione *v*

generaal generale

generaliseren generalizzare

generatie generazione

generen *zich ~,* vergognarsi, aver

soggezione

Genève Ginevra

genezen *onoverg* guarire; *onoverg* curare, sanare; *bn* guarito

genezing guarigione *v*

geniaal geniale, di ge'nio

genie ge'nio

genieten (van) godere, godersi (zonder *vz*)

genoeg abbastanza, sufficiente; *~ zijn,* bastare; *zo is het ~!,* basta cosí!

genoegdoening soddisfazione *v*

genoegen piacere *m*

genoemd detto, in questione, in oggetto, nominato

genootschap società *v*

genot godimento, piacere *m*

geoefend esperto; pra'tico

geoorloofd permesso, le'cito

gepaard *~ gaan met,* e'ssere unito a

gepast conveniente, convene'vole, condegno; (geschikt) adatto

gepeins meditazioni *mv*

gepensioneerd in ritiro; *~e, m* pensionato

gepeupel plebe *v,* pleba'glia, cana'glia

gepraat chiacchiere *v mv*

geraamte sche'letro, ossatura

geraas stre'pito

geraken cadere, venire

gerant gestore *m*

gerecht (rechtbank) foro, tribunale *m;* (spijs) pietanza, piatto, vivanda

gerechtelijk giudizia'rio

gerechtigd autorizzato

gerechtshof corte *v* di giusti'zia

gereed pronto

gereedmaken preparare, apparecchiare

gereedschap utensili *mv,* arnesi *mv,* attrezzi *mv*

geregeld regolato, regolare

gereserveerd riservato

gerief(e)lijk co'modo, confortevole

gering pi'ccolo, poco, ristretto, ridotto, limitato, modesto, de'bole, te'nue, scarso

geringschatting disprezzo, dispetto

geritsel fruscio

geronnen coagulato

gerookt (v. spijzen) affumicato

geroosterd arrostito

geroutineerd a'bile, pra'tico, esperto

gerst orzo

gerucht voce *v,* fama

geruit scaccato

gerust tranquillo, calmo

geruststellen quietare

geruststelling tranquillamento, acquietamento; rassicurazione *v*

gescheiden separato/divorziato

geschenk dono, presente *v,* regalo

geschieden avvenire, accadere

geschiedenis storia *v*

geschikt (bekwaam) adatto, atto, ido'neo; (gunstig) opportuno, appropriato

geschil disputa, lite *v*; controversia

geschoold qualificato

geschreeuw grida *mv*, strilli *mv*, vociferazioni *mv*

geschrift scrittura

geschut artiglieria

geslaagd (onderneming) riuscito; (voor een examen) promosso; *hij is voor zijn examen ~*, ha superato (passato) l'esame

geslacht (soort) ge'nere *m*; (familie) stirpe *v*; (sekse) sesso

geslachtsdelen or'gani genitali *m mv*

geslachtsnaam nome *m* di fami'glia

geslachtsziekte malattia venerea *v*

geslepen (slim) scaltro, astuto

gesloten chiuso

gesp fibbia

gesprek discorso; conversazione *v*; *in ~, tel* occupato

gespuis cana'glia, pleba'glia

gestadig conti'nuo

gestalte figura, statura

gesteente pietre *mv*, pietrame *m*

gestel costituzione *v*

gesteld *~ zijn op*, far gran caso di; *~ dat*, dato, che

gesteldheid disposizione *v*

gesticht istituto

gestoffeerd tappezzato

gestolen rubato

gestroomlijnd a forma aerodina'mica

gesuis rombo; (oren) intronamento

getal nu'mero

getand dentato

getij marea

getiteld intitolato

getrouw fedele, leale

getrouwd sposato

getuige testimo'nio, testimone

getuigen testimoniare, attestare

getuigenis testimonianza, testimo'nio

getuigschrift certificato; diploma *m*; benservito, attestato

geur odore *m*

geuren olezzare

geurig odoroso

gevaar peri'colo; ri'schio; *~ lopen om te*, co'rrere il rischio di, rischiare di

gevaarlijk pericoloso

gevaarte colosso

geval caso; *in dat ~*, in tal caso; *in ieder ~*, ad (in) ogni modo

gevangen catturato, imprigionato

gevangene prigioniero; detenuto

gevangenis prigione *v*, ca'rcere *m/v*

gevangenschap cattività *v*

gevarieerd va'rio, variato

gevat arguto, spiritoso

gevecht combattimento

geveinsd finto

gevel facciata

geven dare

gever donatore, datore

gevestigd (firma) con sede (a)

gevlekt chiazzato

gevoel (zintuig) tatto; *fig* sensibilità *v*; senso, sentimento

gevoelen (ri)sentire

gevoelig sensi'bile; sensitivo

gevoelloos insensi'bile

gevogelte uccelli *mv*

gevolg se'guito, risultato; (uitvloeisel ook) conseguenza, effetto; *ten ~e van*, in se'guito a, a causa di, per effetto di

gevolgtrekking conclusione *v*, conseguenza

gevolmachtigde delegato; mandata'rio

gevonden voorwerpen oggetti smarriti

gewaad a'bito, vestito

gewaagd rischioso

gewaarwording percezione *v*; *fig* sensazione *v*

gewag maken, gewagen far menzione di, menzionare

gewapend armato

gewas pianta, vegetale *m*; (oogst) frutto, raccolto

geweer fucile *m*

gewei corna *mv*, palchi *mv*

geweld violenza; forza

geweldig violento

gewelf volta

gewend abituato

gewennen abituare, avvezzare, assuefare a

gewenst desidera'bile, opportuno

gewest regione *v*, provi'ncia

geweten coscienza

gewetenloos senza coscienza

gewetensbezwaar scru'polo

gewettigd legi'timo, giustificato

gewicht peso; *fig* importanza

gewichtig importante

gewijd consacrato, benedetto

gewild ricercato

gewillig compiacente, do'cile

gewis certo; certamente

gewoel folla, calca

gewond(e) ferito

gewoon (gebruikelijk) solito; usuale; abituale; (niet bijzonder) comune, ordina'rio, normale

gewoonlijk ordinariamente; disolito, abitualmente

gewoonte abitu'dine *v*; (zede) costume *m*, uso, consuetudine *v*

gewricht articolazione *v*

gewrocht o'pera; prodotto

gezag autorità *v*

gezagvoerder capitano

gezakt, *ik ben ~* (voor een examen), sono bocciato

gezamenlijk tutto, tutti insieme; collettivo

gezang canto; (kerk) ca'ntico

gezant ministro

gezantschap legazione *v*

gezegde parola; ma'ssima; locuzione *v*; *gramm* predicato

gezegeld sigillato; (v. papier) bollato

gezellig (persoon) socie'vole; (omgeving) i'ntimo; (kamer) accogliente, piacevole

gezelschap compagnia, società *v*

gezet grosso, corpulento

gezeten seduto; *fig* agiato

gezeur lamento, lamentela

gezicht (gelaat) fa'ccia; viso, volto; (zintuig) vista; (aanblik) aspetto

gezichtseinder orizzonte *m*

gezien visto; (geacht) stimato

gezin fami'glia

gezindte credenza religiosa

gezinshoofd capo di fami'glia

gezocht ricercato; (onnatuurlijk) affettato

gezond sano

gezondheid sanità *v*, salute *v*; (v. klimaat) salubrità *v*

gezusters *mv* sorelle *mv*

gezwel tumore *m*

gezwollen go'nfio, tu'rgido

Gibraltar Gibilterra

gids (boekje; persoon) guida *v*

gier (vogel) avvoltoio; (mest) letame *m*

gieren (wind) ululare; (lachen) ridere a crepapelle

gierig avaro

gierigaard avaro

gierigheid avari'zia

gieten versare; (in vorm) fo'ndere

gieter annaffiatto'io

gieterij fonderia

gietijzer ghisa, ferro fuso

gif veleno

gift dono, regalo

gijzelaar osta'ggio

gil grido stridente, strido

gilde corporazione *v*

gillen strillare

ginder laggiù, di là

ginds *bn* quello; *bijw* là

gips gesso

giraf giraffa

gireren girare

giro conto corrente (c/c) postale

girobetaalkaart assegno postale (garantito) *m*

girobiljet bollettino di conto corrente postale

giropas tessera bancomat *v*

girorekening partita di giro

gissen congetturare, stimare
gist lie'vito, fermento
gisten fermentare
gisteravond iersera
gisteren ieri
gistermiddag ieri pomeri'ggio
gistermorgen ieri mattina
gitaar chitarra
glaasje bicchiere, bicchierino
glacéhandschoen guanto di pelle
    (lu'cida)
glad (gelijk) li'scio, piano; pulito;
    (glibberig) sdrucciole'vole, lu'brico
gladheid levigatezza
glans splendore m, lustro
glanzend nitido
glas vetro; (ruit) cristallo, vetro;
    (drink~) bicchiere m; (v. bril) lente v
glasblazerij vetreria
glazen di vetro, vi'treo
glazenmaker vetra'io;
glazenwasser pulitore di vetri;
    (insect) libe'llula
glazig vi'treo
glazuur invetriatura; (v. tand) smalto
gletsjer ghiacciaio
gleuf scanalatura
glibberig scivoloso, sdrucciole'vole
glijden scivolare, sdrucciolare
glimlach sorriso
glimlachen sorri'dere
glimmen luccicare
glinsteren scintillare, sfavillare
gloed ardore m, accensione
gloednieuw nuovo di zecca
gloeien e'ssere rovente, fervere
gloeilamp lampadina
glooiing pendio, decli'vio
glorie glo'ria
gluiperig sornione
gluren guardare (con curiosità)
goal go(a)l m, rete v
God Dio
goddank gra'zie a Dio!
goddelijk divino
goddeloos e'mpio
godheid divinità v, deità v
godin dea
godsdienst religione v
godsdienstig religioso
godsdienstoefening uffi'zio religioso
godslastering blasfema m
goed bn buono; bijw bene; il bene;
    (land) podere m; (waar) merce v; ~
    blijven (levensmiddelen), durare,
    conservarsi
goedemiddag! buon pomeriggio!,
    buongiorno!
goedemorgen! buongiorno!
goedenacht! buonanotte!
goedenavond! (bij aankomst)
    buonasera!
goedenavond! (bij vertrek)
    buonanotte v

goedendag buon giorno
goederen mv beni mv; (waren) merci
    mv
goederentrein (treno) merci
goederenwagen carro merci
goedhartig di buon cuore
goedheid bontà v
goedig buono; benigno
goedkeuren approvare
goedkeuring approvazione v
goedkoop economico
goedschiks di buon grado
goedsmoeds di buon a'nimo
gokken scommettere, giocare; (raden)
    indovinare
golf (in water) onda; (zeeboezem)
    golfo; sp golf m
golfen giocare a golf
golflengte lunghezza d'onda
golven ondeggiare; ondulare
golvend ondeggiante, ondoso
gom gomma
gondel go'ndola
gondelier gondoliere
gonzen ronzare
goochelaar giocoliere, prestigiatore
goochelen far giuochi di mano
gooien gettare, buttare
goor sozzo, sudi'cio
goot (dak~) gronda'ia; (straat~)
    riga'gnolo
gootsteen acqua'io, colato'io
gordel cintura, ci'ngolo, ci'nto(la)
gordijn cortina; tenda; tendina;
    toneel tela
gorgeldrank gargarismo
gorgelen gargarizzarsi
gort orzo mondo
gouache guazzo
goud oro
gouden d'oro; a'ureo
goudenregen ci'tiso; ma'ggio
    cio'ndolo
goudsmid ore'fice, o'rafo
goudstuk moneta d'oro
goudvis pesce rosso
gouvernante governante
gouvernement governo
graad grado
graaf conte
graafschap contea
graag volentieri
graan grano, frumento
graat lisca
gracht canale m; fosso
gracieus grazioso
graf tomba, sepolcro
grafkelder sepolcro, cripta, tomba
grafschrift epita'ffio
grafsteen pietra sepolcrale
gram grammo, gramma m
grammofoon grammo'fono
grammofoonplaat disco
granaat (steen) granato; mil granata

granaatappel melagrana, melagranata
granaatscherf sche'ggia di granata
graniet granito
grap scherzo, burla, beffa
grapefruit pompelmo
grappenmaker scherzatore
grappig buffo
gras erba
grasperk erba'io
gratie gra'zia
gratis gratu'ito, gratis; bn
    gratuitamente
grauw gri'gio
graven scavare
graveren inci'dere
gravin contessa
gravure incisione v; stampa
grazen pascolarsi, pascere
greep pi'glio; (handvat) ma'nico
grendel chiavistello
grens confine m, frontiera; fig li'mite
    m; binnen zekere grenzen, entro
    certi li'miti
grenscontrole controllo di frontiera m
grensplaats città al confine
grenspost posto di frontiera m
grensstation stazione v di confine
grenzeloos illimitato
grenzen confinare (con)
greppel scolato'io
gretig a'vido
grief lagnanza
Griek greco
Griekenland la Gre'cia
Grieks greco
griep grippe m, influenza v
grieperig influenzato
griesmeel semolino
grieven offe'ndere
griezelig orri'bile
griffie cancelleria
griffier cancelliere
grijpen pigliare
grijs gri'gio; (haar) canuto
grijsaard ve'cchio, canuto
gril capri'ccio
grillig ghiribizzoso, capriccioso,
    bizzarro
grimas smo'rfia
grimeren truccare
grimmig feroce
grind ghia'ia
grindweg ghiaiata
groef scanalatura
groei crescenza, cre'scita
groeien cre'scere; venir su
groen verde; ~e kaart carta verde
groente verdura, verdure v mv,
    ortaggi m mv, erbaggi m mv
groenteman, -boer erbivendolo, frutta
    e verdura, negozio di ortofrutta
groentesoep minestra di verdure v
groentewinkel negozio di frutta e
    verdura m

groep gruppo
groet saluto
groeten salutare
grof grosso, crasso
grommen brontolare; (dieren) ringhiare
grond (bodem) fondo, terra; (aarde) terra; (reden) motivo; (gebied) territo'rio; *op ~ van*, in base a, per
grondbeginsel princi'pio
grondgebied territo'rio
grondig *bn* approfondito, radicale, esauriente; *bijw* a fondo, esaurientemente
grondslag base *v*, fondamento
grondvesten fondare
grondwet costituzione *v*
grondwettig costituzionale
grondzeil pavimento (di tenda)
groot grande, grosso; *~ licht*, luce abbagliante *v*
grootboek libro maestro
Groot-Brittannië la Gran Bretagna
groothandelaar zie *grossier*
grootmoeder nonna, ava
grootmoedig magna'nimo, generoso
grootouders *mv* nonni *mv*
groots grandioso, sublime; (trots) orgoglioso
grootst ma'ssimo, il più grande; *het ~e deel*, la maggior parte
grootte grandezza; estensione *v*
grootvader nonno, avo
grossier grossista, commerciante all' ingrosso
grot grotta, antro
grotendeels per la maggio'r parte, in gran parte
gruis frantumi *mv*
gruwelijk orri'bile, atroce
gruyère gruera *m*
guirlande ghirlanda
gul liberale, largo
gulden *bn* d'oro, a'ureo; *zn* fiorino
gulp zip *m*
gulzig a'vido, goloso
gulzigaard goloso
gummi gomma
gummihandschoen guanto di gomma
gunnen (toestaan) accordare; (werk) aggiudicare; (niet benijden) non invidiare
gunst favore *m*, gra'zia
gunsteling favorito
gunstig (geschikt) favore'vole, propi'zio, opportuno; (voordelig) vantaggioso
guur aspro, rigoroso, freddo
gymnasium ginna'sio, liceo
gymnastiek ginna'stica
gympen scarpe da ginnastica *v mv*

H

Haag, Den ~ l'A'ia
haag siepe *v*
haai pescecane *m*, squalo
haak arpione *m*, uncino, ga'ncio
haakje gancetto, uncinello; grappa; *tussen twee ~s*, tra pare'ntesi
haakpen ago torto
haaks a squadra; *hou je ~!*, stammi bene!
haakwerk lavoro all' uncinetto
haal tratto, tiro
haan gallo; (v. geweer) cane *m*; *~tje de voorste*, il primo in tutto
haar *pers vnw* la; *bez vnw* suo, sua, suoi, sue
haar *zn* (op het lijf) pelo; pelame *m*; (hoofd) capello, capelli *mv*
haarborstel spa'zzola da capelli
haard stufa *v*
haardroger asciugatore *m* di capelli
haarlak lacca (per capelli) *v*
haarnet reticella pei capelli
haarspeld forcina, forcella
haarspeldbocht tornante *m*
haarwater lozione *v*
haas lepre *v/m*
haast *zn* (spoed) fretta; *ik heb erge ~*, ho molta fretta; *bijw* quasi
haasten (zich) affrettarsi, sbrigarsi
haastig *bn* frettoloso, precipitoso; *bijw* presto, in fretta
haat o'dio, a'stio
haatdragend astioso, vendicativo
hachee inti'ngolo, ragù *m* di carne trita
hachelijk rischioso
hagedis lucertola *v*
hagel gra'ndine *v*; (in geweer) pallini *mv*
hagelbui grandinata
hagelen grandinare
hak (schoen) tacco; (hiel) tallone *m*, calcagno
haken uncinare; (handwerk) lavorare all' uncinetto
hakkelen balbettare
hakken (hout) tagliare, spaccare; (vlees) tagliare, tritare
hal a'trio, vesti'bolo; (v. jaarbeurs) salone *m*; (markt) mercato coperto
halen (gaan halen) andare (venire) a pre'ndere; (trekken) tirare (fuori)
half mezzo, mezza
halfjaar semestre *m*
halfpension mezza pensione *v*
halfrond emisfero
halfvol mezzo pieno; *halfvolle melk*, latte parzialmente scremato
hallo ciao, buongiorno
halm fuscello; filo
hals collo; *~ over kop*, a rompicollo, a capofitto

halsband collare *m*
halsdoek fazzoletto da collo, foulard *m*
halssnoer vezzo; collana
halsstarrig ostinato, capa'rbio
halt ferma!, alt(o)!; *~ houden*, fare alt(o)
halte fermata *v*
halvemaan mezzaluna
halveren dimezzare
halverwege a mezza strada, a metà strada
ham prosciutto *m*
Hamburg Amburgo
hamburger hamburger *m*
hamer martello
hamster criceto, hamster
hand mano *v*; *wat is er aan de ~?*, che cosa succede?
handbagage bagaglio a mano *m*
handbal pallamano *v*
handboek manuale *m*
handdoek asciugamano *m*
handdruk stretta di mano
handel commercio *m*
handelaar commerciante, mercante, negoziante
handelbaar manegge'vole, tratta'bile
handelen (doen) agire, operare, fare; (handeldrijven) negoziare
handeling azione *v*; atto
handels- commerciale, mercantile
handelscorrespondentie corrispondenza commerciale
handelsfirma ragione *v* sociale
handelsmerk marca di fa'bbrica
handelsreiziger commesso viaggiatore
handelsvloot flotta mercantile
handelwijze modo d'agire, condotta
handgeld caparra
handgemaakt fatto a mano
handgranaat granata a mano
handhaven mantenere
handicap handicap *m*, andicap
handig (vaardig, bekwaam) destro, a'bile; (praktisch) pra'tico, conveniente; (van formaat) manegge'vole
handigheid destrezza
handje manina; *een ~ helpen*, dare una mano
handkar baro'ccio a mano
handkoffer vali'gia
handlanger complice
handleiding guida, manuale *m*
handrem freno a mano
handschoen guanto
handschrift (manier *v* schrijven) calligrafia, scrittura; (manuscript) manoscritto
handtas borsetta *v*
handtekening firma *v*
handvat ma'nico, mani'glia

handvol pugno, manata
handwerk mestiere *m*; (vrouwen-) lavoro femminile
handwerksman artigiano
handzaam maneggevole
hangen *onoverg* pe'ndere, penzolare, stare sospeso; *overg* appe'ndere, sospe'ndere; attaccare; (voor straf) impiccare
hanger (sieraad) ciondolo; (kleren) gruccia
hangkast arma'dio da a'biti
hangklok orolo'gio pe'nsile
hanglamp la'mpada sospesa
hangmat amaca
hangslot lucchetto
hanteren maneggiare
hap boccone *v*
haperen mancare; incagliare, intoppare
happen abboccare
hard duro; sodo, austero
harddraverij corsa al trotto
harddrug droghe pesanti *v mv*
harden indurire; (staal) temperare
hardgekookt sodo
hardhandig duro, rude
hardheid durezza; *fig* rigore *m*
hardhorig duro d'ore'cchio
hardlopen co'rrere
hardloper corridore *m*
hardnekkig ostinato, capa'rbio
hardop ad alta voce
hardvochtig duro di cuore
harig peloso
haring aringa; (tent) picchetto
hark rastrello
harken rastrellare
harmonica fisarmo'nica
harmonie concordanza, armonia
harnas armatura
harp arpa
hars re'sina
hart cuore *m*
hartaanval infarto *m*
hartelijk cordiale, affettuoso
harten *mv kaartsp* cuori *mv*
hartenaas asso di cuori
hartig salato
hartinfarct infarto cardi'aco
hartklopping palpitazione *v*; batticuore *m*
hartkwaal disturbi cardi'aci *m mv*
hartpatiënt malato di cuore; cardiopa'tico
hartroerend pate'tico
hartstocht passione *v*
hartstochtelijk appassionato
hartverscheurend straziante
hartversterking cordiale *m*
hasj hascisc *m*, canapa indiana
hatelijk odioso; (scherp) pungente
haten odiare
hausse rialzo

haveloos mi'sero, cencioso
haven porto
havenhoofd gettata, molo
haver avena, biada
havermout nocchi d'avena
havik astore *m*
hazardspel giuoco d'azzardo
hazelaar nocciuolo
hazelnoot nocciuola
hazewindhond levriere *m*
hebben avere
Hebreeuws ebreo, ebra'ico
hebzucht avidità *v*, cupidi'gia
hebzuchtig a'vido
hecht sodo, saldo, fermo
hechten attaccare; (wond) cucire
hechtenis arresto; detenzione *v*
hectare e'ttaro
heden oggi; *tot op ~*, a tutt'oggi
hedenavond stasera
hedendaags oggigiorno
hedenmiddag stamane
hedenmorgen stamattina
hedennacht stanotte
hedenochtend stamattina
heel intero, tutto; (onbeschadigd) intatto
heelal universo
heelhuids sano e salvo
heen (weg) via; *~ en weer*, su e giù
heen-en-weer viavai *m*; *ik krijg het ~ van hem*, mi rompe le scatole
heengaan anda'rsene
heenreis via'ggio di andata
heer signore; *kaartsp* re
heerlijk (prachtig) magni'fico; (lekker) delizioso
heerschappij signoria, sovranità *v*; domi'nio
heersen regnare, dominare, imperare
heerszuchtig imperioso
hees fioco, ra'uco, roco
heester arbusto, fru'tice *m*
heet caldo; ardente; (scherp) pungente, pizzicante
heethoofd testa calda
hefboom leva
heffen levare, sollevare, alzare
hefschroefvliegtuig elico'ttero
heft ma'nico
heftig veemente; violento
heg siepe *v*
heide landa, brughiera; *plantk* e'rica
heiden(s) pagano, gentile
heien palafittare
heil salute *v*, salvezza
Heiland Salvatore
heilig santo, sacro
heiligdom santua'rio
heiligheid santità *v*; *Zijne H~*, Sua Santità
heiligschennis sacrile'gio
heilsoldaat salvazionista *m-v*
heilzaam salutare

heimelijk *bn* furtivo, segreto; *bijw* furtivamente, segretamente, alla chetichella
heimwee nostalgia
heinde *van ~ en ver*, di presso e di lontano
heining chiusura, impalancato
hek (v. hout) steccato; (v. ijzer) cancellata; (toegang) cancello
hekel avversione *v*
heks strega
hel *zn* inferno
hel *bn* chiaro; sonoro, vivo
helaas purtroppo! ahimé!
held eroe
heldendicht epos *m*
helder chiaro, lu'cido; sereno; (geluid, ook) sonoro; (geest) acuto
helderziend chiaroveggente
heldhaftig ero'ico
heldin eroina
helemaal completamente, a fondo, interamente, tutto, totalmente; *~ niet*, non affatto, non per niente, non mica; *~ geen*, nessuno (-a)
helen (genezen) guarire; (verbergen) ricettare
heler ricettatore
helft metà
helikopter elico'ttero
heliport eliporto
hellen inclinare
helling (in het alg) inclinazione *v*; pendenza, decli'vio; (v. berg) versante *m*; *~ van 10%*, pendenza del 10%
helm casco, elmo
help! aiuto!
helpen aiutare, socco'rrere; assi'stere; giovare
hels infernale
hem *3e nv* gli; a lui; *4e nv* lo, lui, gli
hemd (over-) cami'cia; (ondergoed) maglietta
hemel cielo
hemellichaam corpo celeste
hemels celeste
hemelsblauw (azzurro) celeste
hemelvaart ascensione *v*; assunzione *v*
Hemelvaartsdag (giorno dell') Ascensione
hen *zn* (kip) gallina
hen *pers vnw* le, loro
hendel leva
Hendrik Enrico
hengel canna (da pesca)
hengelen pescare all'amo
hengelsnoer lenza
hengelsport pesca *v*
hengsel ansa; ma'nico, ore'cchio; (v. deur) ga'nghero
hengst stallone
hennep ca'napa

heraut araldo
herberg osteri'a, locanda
herbergen albergare
herdenken commemorare
herdenking commemorazione *v*
herder pastore; mandriano
herderin pastorella
herdruk ristampa
herenboer grande agricoltore
hereniging riunione *v*
herenkleding a'biti per uomo
herenpyjama pigiama per uomo
herentoilet gabinetto degli uomini
  m
herfst autunno
herhaaldelijk a più riprese,
  ripetutamente
herhalen ripetere
herhaling ripetizione *v*
herinneren ricordare; *zich ~*,
  ricordarsi
herinnering ricordanza, ricordo,
  commemorazione *v*; rimembranza;
  sovvenire *m*
herkennen ricono'scere
herkomst provenienza
herleven rivi'vere, rina'scere
herleving rinascimento
hermelijn ermellino
hernemen ripre'ndere
hernia er'nia
hernieuwen rinnovare
hernieuwing rinnovazione *v*,
  rinnovamento
heroïne eroina
herrie rumore, clamore
herroepen revocare
herscheppen trasformare
hersenen, hersens *mv* cervello,
  cerebro
hersenschim chimera
hersenschudding commozione
  cerebrale *v*
herstel riparazione *v*; (v. gezondheid)
  guarigione *v*, ristabilimento
herstellen riparare, raccomodare;
  (genezen) guarire
herstelling riparazione *v*,
  (r)accomodatura *v*
herstellingsoord sanato'rio
hert cervo
hertog duca *m*
hertogdom ducato
  Hertogenbosch, 's-~ Boscoducale
hertogin duchessa
hertrouwen risposarsi, rimaritarsi
hervatten ripre'ndere
hervormd riformato
hervorming riforma
herzien rivedere
herziening revisione *v*
het il, la, lo
heten chiamarsi; *hoe heet je?* come ti
  chiami?; *ik heet...*(io) mi chiamo

heterdaad *op ~ betrappen*, co'gliere
  sul fatto
hetgeen ciò che, quel che
hetzelfde stesso
hetzij sia
heup fianco *m*
heus veramente, davvero
heuvel colle *m*, collina; po'ggio
heuvelachtig coperto di colli,
  collinoso
hevel sifone *m*
hevig violento, veemente, impetuoso;
  (kou) intenso
hevigheid violenza, impetuosità *v*
hiaat iato
hiel calcagno, tallone *m*
hier qui, qua; *~ en daar*, qua e là
hierbij con la presente
hierboven qui sopra, in alto; (in tekst)
  prima, più sopra
hierdoor in se'guito a questo, a
  moti'vo di questo
hierheen in qua
hierin in ciò, in questo; qui entro; vi,
  ci
hierna dopo questo, in se'guito,
  successivamente; *~ genoemd*,
  sottoelencato, più sotto riportato,
  sotto menzionato
hiernaast qui accanto
hiernamaals l'oltretomba *m*
hierop qui sopra; (vervolgens) poi
hierover (hieromtrent) in me'rito, al
  riguardo
hieruit, *~ volgt dat*, ne se'gue che ne
  conse'gue che
hiervan di ciò, di questo, ne
hij egli, lui
hijgen ansare
hijsen issare, ghindare
hik singhiozzo
hikken singhiozzare
hinderen impedire, impacciare,
  incomodare, avversare
hinderlaag imboscata, agguato
hinderlijk inco'modo, importuno,
  noioso
hindernis osta'colo, impedimento
hinken zoppicare
hinniken nitrire
historie storia
historisch storico
hitte caldo *m*
hittegolf ondata di caldo
hobbel rilievo, irregolarità
hobbelig inuguale, scabroso
hobbelpaard cavallo a do'ndolo
hobby hobby *m*
hobo o'boe *m*
hockey hockey *m*
hoe come; *~ vaak?*, quante volte?; *~
  groot, hoog, donker*, quanto
  grande, alto, scuro; *~ ~ (des te)*,
  più più, via via che più, man mano

  che più
hoed cappello
hoedanigheid qualità *v*
hoede gua'rdia, custo'dia
hoedendoos cappelliera
hoef u'nghia
hoefijzer ferro di cavallo
hoek a'ngolo; (v. kamer ook) cantone
  m
hoekplaats posto di cantone
hoektand dente *m* canino
hoepel ce'rchio
hoer puttana *v*
hoera urrà
hoes fodera, coperta
hoest tosse *v*
hoestdrank sciroppo per la tosse *m*
hoesten tossire
hoeveel quanto
hoeveelheid quantità *v*
hoeven : *dat hoeft niet*, non occorre,
  non è necessario
hoeverre *in ~*, fino a che punto
hoewel sebbene, benchè
hof [het] (v. vorst) corte *v*
hof [de] (tuin) corte *v*, cortile *m*,
  giardino
hoffelijk cortese
hofhouding corte *v*
hofmeester maggiordomo; fattore;
  scheepv dispensiere
hogerhand *van ~*, da parte del
  governo
hogeschool uni versità *v*; accademia,
  scuola superiore
hogesnelheidstrein treno ad alta
  velocità *m*
hok stalla; ga'bbia
hol *bn* cavo, incavato; *zn* cavo; (van
  dieren) covo
Holland Olanda
Hollander Olandese *m*
Hollands olandese
Hollandse Olandese *v*
hollen co'rrere con fu'ria
hom latte *m* di pesce
hommel calabrone *m*
homo *zn bn* omosessuale, gay
homoseksueel *zn bn* omosessuale,
  gay
hond cane *m*
hondenhok canile *m*
hondenweer tempo da cani
honderd cento
honderdste cente'simo
honderdtal centina'io
hondsdagen *mv* giorni canicolari *mv*,
  giorni della cani'cola
hondsdolheid ra'bbia canina,
  idrofobia
honen schernire, beffare
Hongaar(s) ungherese
Hongarije l'Ungheria
honger fame *v*

hongerig affamato
hongersnood carestia
honing miele *m*
honingraat favo
honkbal baseball *m*
honorarium onora'rio
hoofd capo, testa; (haven) molo
hoofd- principale
hoofdartikel arti'colo di fondo;
editoriale *m*
hoofdbureau uffi'cio principale; ~ *van
politie*, questura
hoofdconducteur capotreno
hoofddeksel copricapo
hoofddoek foulard *m*, fazzoletto da
testa
hoofdeinde capo
hoofdfilm film *m* principale
hoofdgerecht secondo piatto, piatto
forte
hoofdkussen guanciale *m*, capezzale
m
hoofdletter maiu'scola
hoofdman capo, capitano
hoofdpersoon protagonista *m/v*
hoofdpijn mal di testa *m*
hoofdpostkantoor ufficio postale
centrale *m*
hoofdredacteur redattore capo
hoofddrol parte *v* principale
hoofdstad capitale *v*
hoofdstuk capi'tolo
hoofdverkeersweg arte'ria principale
hoofdweg strada statale *v*
hoofdzaak (punto) essenziale; *in* ~, *in*
sostanza
hoofdzakelijk massimamente
hoog alto, elevato; *fig* elevato (prijs,
rang, snelheid)
hoogachten stimare
hoogachtend con distinta stima
hoogachting stima, considerazione *v*,
osse'quio
hoogdravend ampolloso, pomposo
hooggeacht stimati'ssimo
hooghartig orgoglioso, alt(i)ero
hoogheid altezza
hoogleraar professore *m* universita'rio
hoogmis messa grande, messa
cantata
hoogmoed orgo'glio
hoogoven alto forno
hoogseizoen alta stagione *v*
hoogspanning alta tensione *v*
hoogst *bn* più alto, supremo; *bijw*
sommamente, estremamente
hoogstens tutto al più
hoogte altezza; altitu'dine; (van
vliegtuig) quota; (heuvel) colle *m*;
op de ~ *zijn van*, e'ssere al corrente
di; *op de* ~ *houden*, tener informato
(di); *op de* ~ *brengen*, me'ttere al
corrente (di)
hoogtepunt apoge'o, colmo

hoogtevrees vertigini *v*
hoogtezon lam'pada a raggi
ultravioletti, sole artificiale
hoogvlakte altipiano
hooi fieno
hooiberg pagliaio
hooien fare il fieno
hooikoorts febbre *v* del fieno
hoon scherno, scorno
hoop speranza; (berg) mucchio, sacco
hoorbaar udi'bile, percetti'bile
hoorder auditore
hoorn corno
hoorspel radiocomme'dia
hop *plantk* lu'ppolo
hopeloos disperato
hopen sperare
hor zanzariera
horde gruppo; *sp* ostacolo
horeca settore B.A.R. (Bar Alberghi
Ristoranti) *m*
horen *ww* udire, sentire; ascoltare;
zie ook *behoren*
horizon orizzonte *m*
horizontaal orizzontale
horloge orolo'gio
horlogebandje braccialetto
dell'orolo'gio
horlogemaker orologia'io
horlogewinkel orologeria
hormoon ormone *m*
hors d'oeuvre antipasto
horzel tafano *m*
hospita padrona, ostessa
hospitaal (o)spedale *m*, infermeria,
lazzaretto
hossen ballonzolare
hostie o'stia
hotel albergo *m*, hotel *m*
hotelhouder albergatore
houdbaar (spijzen) non deteriorabile
houden (vasthouden) tenere;
(behouden) conservare, serbare,
tenere; ~ *van* (iem) amare, (iets)
piacere
houding tenuta, attitu'dine *v*,
portamento; *fig* contegno
housen ballare l'house
houseparty festa house *v*
hout legno; (brandhout) legna;
(timmerhout) legname *m*
houten di legno
houthakker spaccalegna *m*,
taglialegna *m*
houtskool carbone *m* di legna
houtsnede incisione *v* in legno
houtvester guardaboschi *m*, guardia
forestale
houvast rampone *m*
houw colpo, botta
houweel marra, piccone *m*
houwen tagliare
huichelaar ipo'crita *m*
huichelachtig ipo'crito

huichelarij ipocrisia
huichelen far l'ipo'crita; simulare;
fi'ngere
huid pelle *v*, cute *v*, derma
huidig d'oggi, attuale
huig u'gola
huilen pia'ngere; ululare; (wolf)
urlare; (hond, wind) mugolare
huis casa
huisarts medico condotto *m*
huisdier animale domestico *m*
huiselijk dome'stico
huisgezin fami'glia
huishoudelijk eco'nomo; dome'stico
huishouden *zn* famiglia; *ww* (storm)
impervversare
huishouding mane'ggio, governo
della casa
huishoudster massa'ia, donna di
governo
huishuur pigione *v*, affitto di casa
huiskamer sala di soggiorno
huisknecht servo di casa, dome'stico
huisnummer nu'mero di casa
huisraad mo'bili *mv*, masseri'zie *mv*
huissleutel chiave *v* di casa
huisvesting allo'ggio
huisvrouw casalinga *v*
huiswerk co'mpito, co'mpiti *mv*
huiveren raccapricciare, rabbrividire;
tremare
huiverig tremante
huivering bri'vido; *fig* ribrezzo,
raccapri'ccio
huiveringwekkend orri'bile
huizen abitare
hulde oma'ggio
huldigen re'ndere oma'ggio a
huldiging oma'ggio
hulp aiuto, soccorso; *eerste* ~ *bij
ongelukken*, servi'zio di primo
soccorso
hulpbehoevend (arm) bisognoso,
indigente; (gebrekkig) infermo
hulpeloos senza aiuto
hulpmiddel espediente *m*
hulpvaardig soccorre'vole
hulst agrifi'glio
humeur umore *m*
humeurig di umore ineguale
humor umore *m*
humoristisch umori'stico
hun il loro, la loro, i loro, le loro
hunkeren bramare, anelare
huppelen salte(re)llare
huren affitare, pre'ndere in affitto;
auto pre'ndere a nolo
hurken accocolarsi
hut capanna; *scheepv* cabina
hutbagage baga'glio di cabina
hutkoffer baule *m* da cabina
huur (huis) affitto, pigione *v*; *auto*
nole'ggio; *te* ~, affitasi, da affittare
huurauto auto da noleggio

huurder piginnale, inquilino, locata'rio, noleggiante
huurprijs pigione *v*
huwelijk matrimo'nio, maritaggio
huwelijksgeschenk regalo di nozze
huwelijksreis via'ggio di nozze
huwen zie *trouwen*
huzaar u'ssaro
hyacint giacinto
hygiëne igiene *v*
hygiënisch igie'nico
hymne inno
hyperventilatie iperventilazione *v*
hypotheek ipoteca

I

ideaal ideale *m*
idee idea; *ik heb zo' n ~ dat*, ho idea che
identificeren identificare
identiteitsbewijs carta d'identità *v*
identiteitskaart carta d'identità
idioot idiota *m-v*
ieder ogni, ciascuno; (wie dan ook) qualsiasi, qualunque; *~e gek kan dat*, qualsiasi sciocco sa farlo
iedereen ognuno, ciascuno
iemand qualcuno; *hij spreekt nooit met ~*, non parla mai con nessuno
iep olmo
Ier irlandese *m*
Ierland l'Irlanda
Iers irlandese
iets qualche cosa, qualcosa; *zonder ~ te zeggen*, senza dir niente
ijdel vano, vanitoso
ijdelheid vanità *v*
ijken verificare
ijl raro
ijlen affrettarsi; (v. zieke) delirare
ijlgoed merci *mv* a grande velocità
ijlings fretta, precipitosamente
ijs ghia'ccio; (consumptie-~) gelato
ijsbaan (campo di) pattina'ggio
ijsbeer orso polare
ijsblokje cubetto di ghiaccio *m*
ijsco gelato
ijselijk *bn* orri'bile, orrendo
ijskast zie *koelkast*
ijskoud freddi'ssimo; glaciale
ijsland l'Islanda
ijslolly ghiacciolo
ijspegel ghiacciuolo
ijssalon gelateria
ijsschots lastra di ghia'ccio
ijver zelo, ardore *m*, fervore *m*
ijverig diligente, assi'duo
ijverig attivo
ijzel vetroghiaccio *m*
ijzer ferro
ijzerdraad filo di ferro
ijzeren di ferro
ijzergieterij fonderia (di ferro)

ijzerwaren *mv* ferramenta *mv*, ferrame *m*; ferreria
ik io
illusie illusione *v*
illustratie illustrazione *v*
immers come si sa, come è noto, come si è detto; non è vero?
imperiaal imperiale *m*
import importazione *v*
importeren importare
importeur importatore
impotent impotente
in in, a; *~ de krant*, sul giornale; *~ de trein*, sul treno; *~ maart*, nel marzo
inademen inspirare
inbeelding immaginazione *v*; (pedantheid) presunzione *v*
inbegrepen compreso
inbeslagneming confisca
inbinden (boek) rilegare; (intomen) raffrenarsi
inboezemen info'ndere, ispirare; (vrees) incu'tere
inboorling indi'geno
inborst i'ndole *v*
inbraak scasso, effrazione
inbreker scassinatore
incasseren riscuo'tere; incassare
incheckbalie sportello del check-in *m*
inchecken fare il check-in
incident incidente *m*
inclusief incluso; inclusivamente
inconsequent inconseguente
indelen divi'dere; spartire
indeling divisione *v*
inderdaad infatti; veramente, effettivamente
indertijd altre volte
indexcijfer nu'mero i'ndice
India l'I'ndia
Indiaan indiano
indien se, qualora
indienen presentare
Indiër indiano
Indisch indiano
individu indivi'duo
individueel individuale
indompelen imme'rgere, tuffare
Indonesië l'Indone'sia
indopen inti'ngere; inzuppare
indringen entrare a forza, penetrare; *zich ~*, intrudersi
indringer intruso
indruk impressione *v*; (spoor) impronta
indrukwekkend imponente
industrie indu'stria
industrieel *zn bn* industriale
ineens subito, improvvisamente
ineenstorting crollo, crac *m*, collasso
inenten vaccinare
inenting vaccinazione *v*
inentingsbewijs certificato di vaccinazione *m*
infanterie fanteria

infanterist fante *m*, fantaccino
infectie infezione *v*
inflatie inflazione *v*
influenza influenza
informatie informazione *v*
informatiebureau agenzia d'informazioni
informeren (naar) informarsi (su)
ingang entrata, ingresso; *met ~ van*, a datare da, a deco'rrere da
ingebeeld immagina'rio; (waand) presuntuoso
ingenaaid in brossura
ingenieur ingegnere
ingenomen *~ met*, infatuatodi
ingesloten (in brief) accluso, allegato; *~ zend ik u*, allegato alla presente Vi mando
ingeval in caso di
ingeving ispirazione *v*
ingevolge come da
ingewanden *mv* vi'scere *mv*; intestini *mv*
ingewikkeld complicato
ingezonden *~ stuk*, le'ttera alla redazione
ingrijpen intervenire
inhalen (achterhalen) raggiu'ngere; *auto* sorpassare; (tijd) rifarsi di
inhalig cu'pido, a'vido
inham cala.
inheems indi'geno; (van ons land) nostrano
inhoud contenuto; capacità *v*
inhouden contenere; (afhouden) ritenere
initiatief iniziativa
injectie iniezione *v*
injectiespuit siringa
inkijken (v.e. boek) sfogliare
inklaren sdoganare
inkomen *ww* entrare; re'ndita
inkomsten *mv* entrate *mv*
inkomstenbelasting tassa sul re'ddito
inkoop compra; acquisto; *inkopen doen* fare le spese
inkoopsprijs prezzo di costo
inkopen comprare, acquistare
inkt inchiostro; *Oost-Indische ~*, inchiostro di China
inktvis calamaro, se'ppia, polpo
inktvlek ma'cchia d'inchiostro, sgo'rbio
inkwartiering acquartieramento, alloggiamento
inlander nativo, indi'geno
inlands indi'geno; nostrale
inlassen intercalare
inlaten far entrare; *zich ~ met*, occuparsi di
inleg messa
inleggen me'ttere (dentro); (geld) depositare; (vruchten) me'ttere in conserva

inlegkruisje assorbente sottile v
inleiding introduzione v
inleveren consegnare
inlevering consegna
inlichten informare
inlichtingen informazioni v
inlichtingenbureau ufficio
informazioni m
inlijsten incorniciare
inlijving incorporazione v
inlopen entrare
inmaak conserve mv
inmaken condire
inmiddels intanto, frattanto, nel
frattempo
innaaien (boek) legare alla bodoniana
innemen med pre'ndere; (plaats) ·
occupare; mil occupare, prendere
innemend affa'bile, attrattivo
inneming presa
innen riscuo'tere, collettare
innerlijk interno; i'ntimo
innig i'ntimo, sincero, fe'rvido
inpakken (in winkel) incartare;
impacchettare; (goederen voor
verzending verpakken) imballare
inprenten impri'mere; inculcare
inramen (dia's) incorniciare
inrichten disporre; organizzare;
assestare; arredare, addobbare
inrichting organizzazione v; (v. huis)
ammobiliamento; (instelling)
istituzione v; psychiatrische ~,
ospedale m psichia'trico
inrijden auto collaudare
inroepen invocare
inruilen barattare, cambiare
inschakelen inserire; (stroom)
imme'ttere; (motor) me'ttere in
moto
inschenken versare; me'scere, empire
(il bicchiere)
inschepen imbarcare
inscheping imbarco, imbarcazione v
inschikkelijk compiacente,
condiscendente, cede'vole
inschrijfgeld tassa d'iscrizione
inschrijven iscri'vere, registrare
insect insetto
insectenpoeder po'lvere v insetticida
insgelijks parimente, similimente;
altrettanto
insigne insegna
inslaan (stukslaan) ro'mpere; (kopen)
far provvigione di
inslapen addormentarsi
inslikken inghiottire, ingoiare
insluiten rinchiu'dere; (bevatten)
contenere; (omsingelen) circondare
insmeren u'ngere
insnijding incisione v
insolvent insolvente
inspannen (paarden) attaccare; zich
~, affaticarsi

inspanning sforzo; fatica
inspecteren ispozionare
inspecteur ispettore
inspectie ispezione v
inspuiting iniezione v; schizzo
instaan voor rispo'ndere di
installatie installazione v
instandhouding mantenimento
instantie ente pu'bblico m
instapkaart carta d'imbarco v
instappen montare, salire
instellen istituire; (fototoestel)
me'ttere a fuoco; (onderzoek) fare
instelling istituzione v, istituto;
fondazione
instemming consenso
instinct istinto
instituut istituto
instorten rovinare; crollare; (v. zieken)
ricadere
instorting rovina, crollo; (v. ziekte)
ricaduta
instrument (i)strumento
instrumentenbord cruscotto
integendeel al contra'rio, anzi, invece
intekenen sottoscri'vere
intekenlijst lista del sottoscritti
intellectueel zn, bn intellectuale
intelligent intelligente
intercity intercity m
interessant interessante
interest interesse m
interlokaal interurbano
intern interno
internationaal internazionale
internet Internet
internist internista m/v
interview intervista
intiem i'ntimo
intocht entrata
intrekken ritirare
intrige intrigo, raggiro
introduceren introdurre
introductie introduzione v
intussen frattanto, intanto
inval invasione v; (idee) idea
invalide inva'lido
invallen entrare; (inzinken)
abbassarsi; (vorst) apparire;
(gedachten) venire in mente; voor
iem ~, sostituire
inventaris inventa'rio
inventariseren inventariare
invitatie invito
inviteren invitare
invloed influenza, influsso
invloedrijk influente
invoegen inserire, intercalare
invoegstrook corsia di accelerazione
invoer importazione; (computer) input
m
invoerrechten tassa d'importazione v
invorderen esi'gere; riscuo'tere
invulformulier mo'dulo di domanda

invullen riempire, compilare
inwendig interno, interiore
inwerking azione v, influenza
inwijden (kerk, klok) benedire;
(gebouw enz.) inaugurare; (in een
geheim) iniziare
inwilligen consentire, secondare
inwinnen, informaties ~, assu'mere
informazioni
inwisselen cambiare
inwoner abitante
inzage ispezione v, esame m; ter ~,
per prender visione
inzakken crollare
inzamelen racco'gliere
inzegenen benedire, consacrare
inzenden inviare, rime'ttere
inzending invio
inzepen insaponare
inzet (spel) messa
inzicht giudi'zio, cognizione v
inzien dare un'occhiata in; esaminare;
(begrijpen) compre'ndere;
(erkennen) ricono'scere
inzonderheid particolarmente
iris (oog) i'ride v; plantk ook iris v
ironie ironia
islam Islam m
isolatieband nastro isolante
isoleren isolare
Israëli israeliano
Israëlisch israeliano
Italiaan italiano
Italiaans italiano
Italië Italia
ivoor avo'rio
ivoren d'avo'rio, ebu'rneo

J

ja sí; zo ~, in tal caso, in caso
affermativo
jaar anno, annata
jaarbeurs fiera campiona'ria
jaargang annata
jaargetijde stagione v
jaarlijks bn annuale, a'nnuo
jaartal data
jaartelling era
jaarverslag resoconto a'nnuo
jacht [het] (schip) yacht m
jacht [de] (het jagen) ca'ccia
jachtakte licenza di ca'ccia
jachtgeweer schioppo
jachthond bracco, cane m da ca'ccia
jachtterrein recinto di ca'ccia
jack giubbotto
jacquet panciotto finanziera
jagen cacciare
jager cacciatore
jaloers geloso
jaloezie (afgunst) gelosia;
(zonnescherm) persiana, gelosia
jam marmellata v

jammer peccato; *ik vind het ~ dat*, mi (di)spiace, mi rincresce che
jammeren lamentarsi
jammerlijk misera'bile, diplorabile
jan Gianni
janken guaire, squittire
januari genna'io
Japan il Giappone
Japanner giapponese
Japans giapponese
japon a'bito, vestito (da donna)
jarenlang *bn* di molti anni, lungo; *bijw* per molti anni
jarig *~ zijn* compiere gli anni; *ik ben vandaag ~*, oggi è il mio compleanno
jarretel giarrettiera
jas (overjas) sopra'bito, paltò *m*; (colbert) giacchetta
jasmijn gelsomino
Java Giava
jawel sí; sí davvero
je *pers vnw 1ste nv* tu; *3de, 4de nv* ti
jegens verso
jenever grappa; *zeer oude ~*, grappa stravecchia
jeugd gioventù *v*, giovanezza, adolescenza
jeugdherberg ostello (della gioventù) *m*
jeugdig giovanile
jeuk prurito
jeuken pizzicare, pru'dere
jezuïet gesuita
Jezus Gesù
jicht gotta
jij tu
jl. (jongstleden) us (u'itimo scorso)
jodin (donna) ebrea
jodium io'dio
jodiumtinctuur tintura di io'dio
Joegoslaaf iugoslavo
Joegoslavië Iugosla'via
Joegoslavisch iugoslavo
joggen fare il footing
jokken mentire
jolig allegro, giovale
jong *bn* gio'vane, gio'vine; fi'glio, piccino, adolescente
jongeling gio'vane, gio'vine
jongeman giovanotto
jongen ragazzo *m*
jood giudeo, ebreo
joods giuda'ico, ebreo
jou te, ti
journaal (bioscoop) cinegiornale *m*; (boekhouding) giornale *m*
journalist giornalista
jouw tuo, tua, tuoi, tue
jubelen gubilare, esultare
jubileum giubileo
judo judo
juf maestra
juffrouw signorina

juichen esultare, giubilare
juist *bn* esatto; giusto; *bijw* rettamente; esattamente
juk giogo
jukebox jukebox
juli lu'glio
jullie *pers vnw* voi (altri); *3e, 4e nv* vi
jullie *bez vnw* vostro, vostra, vostri, vostre
jumper ma'glia
juni giugno
junkie drogato, tossicodipendente
juridische hulp assistenza giuridica *v*
jurist giurista *m*
jurk a'bito, vestito
jury (*sp* etc.) giuria; *recht* giuria, giurì *m*
jus salsa
jus d'orange succo d'arancia
juskom salsiera
justitie giusti'zia
juweel gioiello, gio'ia
juwelier gioielliere *m*

K

---

kaak mascella
kaal (muur) spoglio; (hoofd) calvo; (kleren) frusto, liso
kaap capo
Kaapstad Città del Capo
kaars candela
kaart carta *v*; (landkaart) carta geografica
kaarten giocare (fare) alle carte
kaartje (visite-) biglietto di vi'sita; (spoor-) biglietto
kaartsysteem scheda'rio
kaas formaggio
kaasmarkt mercato dei formaggi
kaatsen rimbalzare
kabaal chiasso, stre'pito
kabel cavo
kabelbaan funicolare *v*, filovia, telefe'rica
kabeljauw merluzzo
kabelspoorweg funicolare *v*
kabinet (regering) consi'glio dei ministri
kabouter gnomo
kachel stufa
kadaster catasto
kade riva; lungo fiume
kader *mil* quadro; *in het ~ van*, nell' am'bito di, nel quadro generale di
kadetje panino
kaf loppa, crusca
kaft copertina
kajuit cabina
kakelen schiamazzare
kakkerlak scarafaggio
kalebas zucca
kalender calendario
kalf vitello

kalfsgehakt polpettone *m* di vitello
kalfskotelet costoletta di vitello
kalfsleer (cuo'io di) vitello
kalfsnier rognone *m* di vitello
kalfsoester scaloppina di vitello
kalfsvlees carne *v* di vitello
kalk calce *m*; calcina
kalkoen gallo d'I'ndia, tacchino
kalksteen pietra calca'rea
kalm quieto, tranquillo
kalmeren calmare
kalmte calma, tranquillità *v*
kam pe'ttine *m*; (v. haan, berg) cresta
kameel cammello
kamer stanza, ca'mera; *~ van koophandel*, ca'mera di comme'rcio
kameraad camerata, compagno
kamermeisje cameriera
kamertemperatuur temperatura ambiente
kamerverhuurder, -ster affittaca'mere *m-v*
kamfer ca'nfora
kamferspiritus spi'rito canforato
kamille camomilla
kammen* pettinare
kamp campo *m*, campeggio *m*
kampeerbenodigdheden attrezzatura da campeggio *v*
kampeerder campeggiatore
kampeerterrein (terreno dí) campe'ggio
kampeerwagen camper *m*
kamperen campeggiare
kamperfoelie caprifo'glio, madreselva
kampioen campione; asso
kampioenschap campionato
kampwinkel negozio del campeggio *m*
kan brocca
kanaal canale *m*
kanarie canarino
kandelaar candeliere *m*
kandidaat candidato, aspirante
kandij zu'cchero candito
kaneel cannella
kangoeroe canguro
kanker cancro
kano canoa, piroga
kanoën andare in canoa
kanon cannone *m*
kans probabilità *v*; occasione *v*; (geluk) fortuna
kansel pu'lpito
kanselarij cancelleria
kant (zijde) lato, parte *v*; (rand) orlo, ma'rgine *m*; (richting) direzione *v*; *aan deze ~*, da questa parte
kant (v. garen) merletti *mv*, trina
kantelen *overg* rovesciare; *onoverg* capovo'lgersi
kanten di merletti, di trine
kantine mensa
kanton cantone *m*

kantonrechter pretore *m*
kantoor uffi'cio; stu'dio
kantoorbediende impiegato d'uffi'cio
kantoorbehoeften *mv* arti'coli di cancelleria
kantooruren *mv* ore d'uffi'cio *mv*
kanttekening nota marginale
kanunnik cano'nico
kap cappu'ccio; (v. mantel) cappa; (v. laars) rivolta; (v. auto) ma'ntice *m*
kapel (*in kerk, muz*) cappella; (vlinder) farfalla
kapelaan cappellano
kapen dirottare
kapitaal capitale *m*
kapiteel capitello
kapitein capitano; ~-*ter* -*zee*, capitano di vascello
kaplaarzen stivali di gomma
kapmes coltella'ccio
kapok capoc *m*, kapoc *m*
kapot (defect) rotto, guasto; (vernield) rovinato, in pezzi
kappen (het haar) acconciare i capelli, pettinare; (omhakken) abba'ttere, tagliare
kapper parrucchiere *m*
kapperswinkel salone *m* da parrucchiere
kapsel capigliatura
kapster pettinatrice, parrucchiera
kapstok attaccapanni *m*
kaptafel toletta
kapucijner *rk* cappuccino; (erwt) cece *m* gri'gio
kar carro, carretta
karaat carato
karabijn carabina
karaf caraffa
karakter cara'ttere *m*
karakteristiek caratteri'stico
karate karate *m*
karavaan carovana
karbonade braciola *v*
kardinaal cardinale
Karel Carlo
karig spilo'rcio, parco; scarso
karikatuur caricatura
karnemelk latticello *m*
karper carpa
karpet tappeto
kartelen intaccare
karton cartone *m*
kartonnen di cartone
karwei lavoro; fatica
kas cassa
kasboek libro (di) cassa
kasgeld fondo effettivo
kassa cassa
kassabon scontrino *m*
kassier cassiere
kast armadio
kastanje castagna; (eetbare) marrone *m*; *gepofte* ~*s*, bruciate *mv*

kastanjebruin castagnino
kasteel castello
kastelein (herbergier) albergatore, oste
kastijden castigare
kat, kater gatto
katheder ca'ttedra
kathedraal cattedrale *v*
katholiek cattolico
katje *plantk* amento, gattino
katoen cotone *m*
katoenen di cotone
katrol carru'cola, pule'ggia
kauwen masticare
kauwgom gomma da masticare
kazerne caserma
keel gola
keelpijn mal di gola *m*
keeper portiere *m*
keer (maal) volta; *elke* ~ *dat*, ogni qualvolta; *tien* ~ *zo lang* (groot) *als*, dieci volte più lungo (grande) di
keerkring tro'pico
keerpunt crisi *v*
keerzijde rove'scio; verso
keet (bouwsel) tetto'ia, rimessa; (rotsooi) baraonda
keffen guaiolare
kegel *wisk* cono; (spel) birillo
kegelen giuocare ai birilli
kei sasso
keizer imperatore
keizerin imperatrice
keizerlijk imperiale
keizerrijk impero
kelder cantina
kelk ca'lice *m*, coppa
kelner cameriere *m*
kelnerin cameriera, chellerina
kenbaar conosci'bile
kengetal nu'mero caratteri'stico
kenmerk segno, segnale *m*
kenmerkend caratteris'tico
kennen conoscere; (weten) sapere
kenner esperto
kennis cognizione *v*, conoscenza *v*; (bekende) conoscente *m-v*
kennisgeving informazione *v*, noti'zia
kennismaken fare conoscenza
kenschetsen caratterizzare
kenteken segno, indi'zio
kentekenbewijs tessera d'immatricolazione
kentekennummer nu'mero d'immatricolazione, nu'mero di targa
kentekenplaat targa
kerel uomo, indivi'duo
keren voltare, vo'lgere
kerk chiesa; (protestant) te'mpio
kerkdienst funzione religiosa *v*
kerkelijk ecclesia'stico
kerker ca'rcere *m/v*, prigione *v*
kerkgenootschap setta, comunanza religiosa

kerkhof cimitero, camposanto
kerktoren campanile *m*
kermis fiera *v*
kern no'cciolo; (v. noot) gheri'glio; (cel, atoom) nu'cleo; *fig* quintessenza; a'nima
kernachtig vigoroso, ene'rgico
kernenergie energia nucleare
kernwapen arma nucleare
kers ciliegia *v*
kerstavond vigi'lia di Natale
kerstboom a'lbero di Natale
kerstgeschenk dono, strenna di Natale
Kerstmis Natale *m*
kerstvakantie vacanze *mv* di Natale
kersvers fresco fresco
ketel calda'ia; (kleine) calderotto
keten catena
ketenen incatenare
ketter ere'tico
ketting catena; (horloge-) catenella; (hals-) collana
kettingbeschermer, -kast copricatena *m*
keu *sp* stecca
keuken cucina *v*
keukenmeisje cuoca
keukenzout sale *m* da cucina
Keulen Colo'nia
keur elezione *v*, scelta; (merk) punzone *m*
keuren esaminare; (goud) saggiare
keurig lindo, scelto, eccellente
keuring esame *m*; (vlees) ispezione *v*; *med* vi'sita
keus, keuze scelta *v*
kever coleo'ttero, scarabeo
kibbelen altercare
kiekje foto'grafia, istanta'nea
kiel (hemd) camiciotto; *scheepv* chi'glia, carena
kiem germe *m*; embrione *m*
kier fessura; *op een* ~, (porta) socchiusa
kies *zn* molare *m*
kies *bn* delicato
kiesheid delicatezza
kieskeurig delicato, schifiltoso
kiespijn mal di denti *m*
kiesschijf disco combinatore
kietelen fare il solletico
kieuw bra'nchia
kievit pavoncella
kiezelsteen ciottolo
kiezen scegliere
kiezer elettore
kijf *buiten* ~, senza dubbio
kijken guardare
kijker (persoon) osservatore, spettatore; (ding) cannocchiale *m*
kijkgat spia
kijven altercare, vociare
kikker rana *v*

kil fresco
kilo(gram) chilo; *ik wou graag een* ~ *bananen*, vorrei un chilo di banane
kilometer chilometro
kilometerteller contachilo'metro
kim orizzonte *m*
kimono chimono
kin mento
kind fanciullo, -a; bambino, -na; (tegenover ouders) fi'glio; *hoeveel* ~ *eren hebt u?*, quanti figli ha?
kinderachtig fanciullesco, puerile
kinderbed lettino (per bambino) *m*
kinderboerderij fattoria per bambini
kinderfilm film per bambini *m*
kinderias cappotto per bambino
kinderlijk infantile, filiale
kindermeisje bambina'ia
kindermenu menu per bambini *m*
kinderspel gioco per bambini *m*
kinderstoel seggiolone *m*
kinderverlamming para'lisi *v* infantile
kinderwagen passeggino *m*
kinderzitje (op fiets) seggiolina *v*
kinds barbo'gio, rimbambi(ni)to
kindsheid imbecillità *v* della vecchia'ia
kinine chinina, chinino
kinkhoest pertosse *v*
kiosk edicola
kip gallina; (als gerecht) pollo
kipfilet petto di pollo
kippengaas rete meta'llica *v*
kippenhok polla'io.
kippensoep brodo di pollo
kippenvel pelle *v* d'oca; *ik krijg er* ~ *van*, mi sento venire la pelle doca, mi s'acca'ppona la pelle
kippig miope
kist cassa, cassetta
kitsch kitsch
kiwi kiwi *m*
klaar (helder) chiaro, li'mpido, nitido, cristallino; (gereed) pronto
klaarblijkelijk evidente, palpa'bile, manifesto, notorio
klaarmaken preparare.
klacht reclamo; lamento, lagnanza; (*med*) disturbo, malattia
klachtenboek libro dei reclami
klad minuta, brutta co'pia; (vlek) ma'cchia
kladden imbrattare
klagen lamentarsi, lagnarsi
klam u'mido
klandizie clientela
klank suono; timbro
klant avventore, cliente
klap colpo; botta
klapbes uva spina
klaploper parassita *m*
klappen ba'ttere; *in de handen* ~, ba'ttere le mani
klappertanden ba'ttere i denti

klaproos papa'vero selva'tico
klapstoeltje strapuntino
klaren chiarificare
klarinet clarinetto
klas classe *v*, anno
klasse classe *v*
klasseren classificare
klassiek cla'ssico
klateren mormorare
klauteren rampicare, arrampicarsi
klauw gra'nfia, u'nghia; (v. roofvogels) arti'glio
klaver trifo'glio
klaveren fiori *mv*
kleden vestire
klederdracht costume *m*
kleding vestiti *m*, abiti *m*, abbigliamento *m*
kledingstuk capo di vestia'rio
kledingzaak negozio di abbigliamento *m*
kleed vestito, veste *v*; (vloer~, tafel~) tappeto
kleedhokje spogliatoio *m*
kleedkamer camerino, guardaroba
kleerborstel spa'zzola (pei vestiti)
kleerhanger gru'ccia, attaccapanni *m*
kleerkast guardaroba
kleermaker sarto
klei terra grassa; argilla
klein pi'ccolo; piccino, minuto, parvo
kleinbeeldcamera macchina fotografica 24 x 36 mm
kleinbeeldfilm pellicola a passo ridotto *m*
kleindochter nipote *v*
kleingeestig gretto; meschino
kleingeld spi'ccioli *mv*, moneta spi'ccola
kleinhandel comme'rcio minuto
kleinhandelaar dettagliante
kleinigheid bagattella, minutezza, minuzia
kleinkind nipote *m/v*
kleinood gio'ia, gioiello
kleintje piccolino
kleinzerig delicato
kleinzielig meschino
kleinzoon nipote
klem morsetto; (val) tra'ppola; (nadruk) energia, vigore *m*
klemmen serrare, stri'ngere; *zich* ~, serrarsi
klemtoon accento
klep va'lvola; animella; (v. fluit) linguetta; (v. pet) visiera
klepel batta'glio
kleren *mv* vestiti, abiti *m*
klerk commesso, scrivano, scrivente *m*
kletsen (klappen) scoppiettare, ba'ttere; (praten) ciarlare, chiacchierare
kletsnat zuppo, bagnato, fra'dicio

kletteren far fragore; (regen) scrosciare
kleur colore *m*
kleuren colorire
kleurenblind dalto'nico
kleurendia diapositiva a colori
kleurendiafilm pellicola per diapositive a colori
kleurenfilm film *m* a colori
kleurenfoto fotografia a colori
kleurenfotografie fotocromia
kleuren-tv televisione a colori *v*
kleurig colorato
kleurling uomo (donna) di colore
kleurpotlood matita colorata
kleuter bambino *m*
kleuterschool giardino d'infa'nzia, asilo infantile
kleven attaccare, aderire
kleverig attaccati'ccio; viscoso, glutinoso
kliekjes *mv* avanzi *mv*
klier gla'ndola
klikken (verraden) riportare, rapportare
klimaat clima *m*
klimmen salire, rampicare, arrampicarsi
klimop e'dera
kliniek cli'nica
klink (v. deur) saliscendi *m*
klinken sonare
klinker vocale *v*; (steen) mattone *m*
klinknagel bullone *m*
klip sco'glio
klittenband velcro *m*
kloek (flink) forte, robusto; (dapper) sa'vio, valoroso
klok (uurwerk) orolo'gio; (bel) campana; ~ *kijken* guardare l'orologio
klokhuis torso, to'rsolo
klokje campanella, sona'glio
klokkenspel cariglione *m*
klokslag tocco di campana
klomp massa; (schoeisel) zo'ccolo
klont coagulo, grumo
klontje zolletta; pezzo; (suiker) zolletta (di zucchero)
kloof crepa, crepa'ccio, fenditura, (in huid) scoppiatura
klooster convento, monastero, cenobio
kloosterling frate, mo'naco, cenobita *m*
kloosterlinge mo'naca
klop (deur) bussata; (hart) palpito, battito
kloppen picchiare, ba'ttere; (van het hart) ba'ttere, palpitare; (rekening) tornare; (aankloppen) bussare; *het klopt niet*, non torna
klos tronco; ceppo; (garen) rocchetto
kloven fe'ndere, spaccare

klucht scherzo; (toneel) farsa
kluif osso
kluis cassaforte/cassetta di sicurezza *v*
kluiven ro'dere
kluizenaar eremita
klus lavoretto
klutsen sba'ttere
kluwen matassa, gomi'tolo
knaagdier rosicante *m*
knaap ragazzo, fanciullo
knabbelen sbocconcellare; rosicchiare
knagen ro'dere, rosicare
knakken *onoverg* ro'mpere; *onoverg* crocchiare
knal sco'ppio; detonazione *v*
knaldemper silenziatore *m*
knalpot marmitta *v*
knap (intelligent) capace, a'bile; (mooi) bello, bellino
knarsen stri'dere, cigolare
knarsetanden digrignare i denti
knecht servitore, dome'stico; (arbeider) garzone
kneden impastare, lavorare
kneep pi'zzico, pizzicotto; (kunstgreep) artifi'cio
knellen stri'ngere, serrare
knetteren scoppiettare, crepitare
kneuzen contu'ndere, ammaccare
kneuzing contusione *v*, ammaccatura *v*
knie ginocchio *m*
knielen inginocchiarsi
knieschijf ro'tula, rotella
kniezen affli'ggersi
knijpen pizzicare
knik (met hoofd) cenno col capo; (breuk) rottura
knikken (ja) accennare di sí
knikker bilia
knip (val) tra'ppola; (grendel) paletto, stanghetto
knipkaart biglietto tranvia'rio a più corse
knipmes coltello a cricco
knipogen ba'ttere gli occhi; far cenno cogli occhi
knippen tagliare
knipperlicht luce lampeggiante *v*
knipsel ritaglio
knobbel nodo.
knoeien acciarpare, acciabattare; *fig* intrigare
knoest nodo
knoflook a'glio
knokkel nocca, nodella
knol (raap) rapa, navone *m*; (paard) rozza
knoop (strik) nodo; (aan kleren) bottone *m*
knoopsgat occhiello
knop (v. deur) mani'glia; (druk- en

plantk) bottone *m*; (v. speld) testa, capo'cchia
knopen annodare
knopje pulsante *m*
knorren brontolare
knorrig brontolone
knots mazza, clava
knuppel bastone, mazza
knutselen fare pi'ccoli lavori
koddig burlesco, co'mico
koe vacca, mucca
koek torta
koekbakker pasticciere
koekenpan padella *v*
koekje biscotto *m*
koekoek cu'culo
koel fresco; *fig* freddo
koelbloedig flemma'tico
koelbloedigheid sangue freddo *m*
koelheid freschezza; fresco; *fig* freddezza
koelhuis frigori'fero
koeling *techn* raffreddamento
koelkast frigori'fero, frigo *m*
koelte frescura, fresco
koelvloeistof liquido refrigerante *m*
koelwater acqua di raffreddamente
koelwaterleiding condotto di raffreddamento dell'acqua *m*
koepel cu'pola
koerier corriere
koers (richting) direzione *v*; *scheepv* rotta, corsa; (handel) corso; (wissel-) cambio
koerslijst listino dei corsi
koesteren carezzare; (haat) covare; *fig* nutrire; zich ~, scaldarsi
koets carrozza
koetsier cocchiere, vetturino
koevoet leva; piè *m* di porco
koffer baule *m*; (hand-) vali'gia
kofferbak baule *m*
kofferruimte bagagliaio *m*
koffie caffè *m*; ~ met melk, caffelatte *m*
koffiekamer buffe *m*
koffiekan caffettiera
koffiemelk crema per il caffè *v*
koffiemolen macinacaffè *m*, macinino da caffè
koffiepot caffettiera
kogel palla
kogellager cuscinetto a sfere
kok cuoco *m*
koken *onoverg* cuo'cere; cucinare; (water) bollire; *overg* (spijzen) cuo'cere; (water) far bollire
koker fo'dero, guaina
koket civettuolo
kokkin cuoca
kokosmat stuoia di cocco
kokosnoot cocco
kokospalm cocco
kolen *mv mv* carbone *m* (fo'ssile)

kolendamp vapore *m* di carbone
kolenmijn miniera di carbon fo'ssile
kolf (v. geweer) ca'lcio; (distilleer-) cucurbita
koliek co'lica
kolk (draai-) vo'rtice *m*, gorgo
kolom colonna
kolonel colonnello
kolonie colo'nia
kolos colosso
kolossaal colossale
kom catinella, bacino, bacile *m*
komedie comme'dia; (gebouw) teatro
komeet cometa
komen venire; arrivare
komfoor scaldino; braciere *m*
komiek co'mico
komkommer cetriolo *m*
komma vi'rgola, comma
kommer pena; afflizione *v*
kompas bu'ssola
kompres compressa
komst arrivo, venuta
konijn coni'glio
koning re; de drie K~en, i tre re Magi
koningin regina
koninklijk re'gio, reale, regale
koninkrijk regno, reame *m*
konkelen intrigare
kont culo, sedere *m*
konvooi convo'glio, scorta
konvooieren scortare
kooi ga'bbia; amaca
kookboek libro di cucina
kookpan casseruola
kookpunt punto d'ebollizione
kool (groente) ca'volo; *scheik* carbo'nio; (steenkool) carbone *m* (fo'ssile); rode ~, ca'volo rosso
koolstof carbo'nio
koolzaad colza
koolzuur a'cido carbo'nico
koop compra; te ~, vendesi
koopje occasione *v*
koopman commerciante, mercante, negoziante
koopvaarder nave *v* mercantile
koopvrouw mercia'ia
koopwaar merce *v*, mercanzia
koor coro
koord corda; fune *v*
koorddanser funa'mbolo, ballerino di corda
koorts febbre *v*
koorts(acht)ig febbrile
koortsthermometer termo'metro cli'nico
kop capo, testa; (drinken) tazza; (krant) testata; ~ en schotel tazzina e piattino
kopen comprare
Kopenhagen Copenaghen
koper [de] (persoon) compratore
koper [het] (metaal) rame *m*

koperdraad filo di rame
koperen di rame
kopergravure rame *m*
kopie co'pia; (handschrift) manoscritto
kopiëren copiare
kopje tazzina
koplamp faro
koppel (paar) co'ppia
koppeling (voertuig) frizione *v*
koppelingskabel cavo della frizione *m*
koppelingspedaal pedale frizione
koppelteken tratto d'unione
koppig capa'rbio, ostinato
koptelefoon cuffie *v*
koraal (lied) ça'ntico; (stof) corallo
koran Corano
kordaat ene'rgico, ardito
koren frumento, grano
korenaar spiga di grano
korenbloem fiordaliso, ciano
korenschuur, -zolder grana'io
korf paniere *m*, cesto, cesta
korfbal pallacanestro *v*
korporaal caporale
korps corpo
korrel chicco, gran(ell)o
korrelig granuloso
korset busto, corsetto
korst crosta
kort (v. tijd) breve; (lengte) corto; ~ geleden, poco fa, da poco; sinds ~, da poco; tot voor ~, fino a poco fa
kortademig sfiatato
kortaf laconicamente
kortheid brevità *v*, cortezza
kortheidshalve per brevità
korting sconto *m*
kortom in una parola, in somma
kortsluiting corto circuito
kortstondig di poca durata, momentaneo
kortzichtig di corte vedute
korzelig irasci'bile, stizzoso
kost vitto, alimento
kostbaar prezioso; (duur) costoso
kostelijk squisito, eccellente
kosteloos *bn* gratu'ito; *bijw* gratuitamente
kosten *ww* costare; *hoeveel kost het?*, quanto costa?
kosten *mv* spese *mv*
koster sagrestano
kostganger pensionante
kostgeld pensione *v*, dozzina
kosthuis pensione *v*
kostprijs (prezzo di) costo
kostschool convitto, collegio
kostuum abito; costume *m*; completo
kostwinner sostentatore
kotelet cotoletta
kou freddo; freddezza; ~ vatten, raffreddarsi
koud freddo

kous calza
kouwelijk freddoloso
kozijn tela'io (della finestra)
kraag (algemeen) colletto; (alleen v jas of colbert) ba'vero
kraai corna'cchia
kraaien cantare
kraakbeen cartila'gine *v*
kraal perla di vetro
kraam baracca
kraaminrichting (ospi'zio di) maternità
kraamvrouw pue'rpera, partoriente
kraan chiavetta; rubinetto; (hijs~) gru *v*
kraanmachinist gruista *m*
kraanvogel gru *v*
kraanwagen autogru *v*
krab (dier) gra'nchio; (schram) gra'ffio
krabbelen grattare; (schrijven) scarabocchiare
krabben grattare; (kat) graffiare
kracht forza; fortezza; vigore *m*; energia
krachtens in virtù di
krachtig forte, vigoroso
krakeling ciambella
kraken scricchiolare; far fracasso
kram grappa *m*, rampicene *m*
kramp crampo, convulsione *v*, spasimo, spasmo; ik heb ~, ho le convulsioni, ho i crampi; ik krijg ~, mi prende un crampo
krampachtig spasmo'dico
kranig ene'rgico, gagliardo
krankzinnig pazzo, demente
krankzinnigengesticht manico'mio
krans ghirlanda, corona
krant giornale *m*, gazzetta
krantenknipsel ritaglio di giornale
krantenverkoper giornala'io
krap stretto, scarso
kras *zn* graffiatura, scalfittura
krassen graffiare
krat cassa a trafori
krater cratere *m*
krediet cre'dito, fido
kreeft (zee~) aragosta; (rivier~) ga'mbero; (dierenriem) Cancro
kreet grido
krekel grillo
kreng (ook fig) carogna
krenken offe'ndere, umiliare
krent uva secca, uva passa
krenten *mv* uva di Corinto
krenterig sti'tico
kreuk(el) piega
kreuk(el)en (s)gualcire, spiegazzare
kreunen ge'mere
kreupel zoppo
kreupelhout ma'cchia
krib mangiato'ia; crèche; prese'pio (del bambino Gesù)
kribbig irrita'bile, stizzoso

kriebelen pru'dere
kriek cilie'gia nera
krijg guerra
krijgen rice'vere, avere, ottenere; ik krijg hoofdpijn, honger, koorts, heimwee, mi viene il mal di testa, fame, la febbre, la nostalgia
krijgsgevangene prigioniero (di guerra)
krijgshaftig marziale
krijgsraad consi'glio di guerra; recht corte *v* marziale
krijgstucht disciplina militare
krijsen strillare, stri'dere
krijt creta
krik martinello, cricco, cric *m*
krimpen restri'ngersi
krimpvrij irrestringi'bile
kring ci'rcolo, ce'rchio; (v. vlek) alone *m*; (omgeving) ambiente *m*
kringloop rivoluzione *v*
krioelen formicolare
krip velo, crespo(ne) *m*
kristal cristallo, cristallame
kritiek cri'tica; bn cri'tico
kritisch cri'tico
kritiseren criticare
kroeg be'ttola, taverna, osteria
kroes brocca
kroeshaar capelli *mv* ricci
kroket polpetti'na; crocchetta
krokodil coccodrillo
krokus croco
krom curvo, incurvato
kromming (in)curvatura, piegatura
kronen (in)coronare
kroniek cro'naca
kroning incoronazione *v*
kronkelen (zich) serpeggiare, conto'rcersi
kronkeling serpeggiamento; sinuosità *v*
kroon corona; (luchter) lampada'rio
kroonlijst cornicione *m*
kroonprins pri'ncipe eredita'rio
kroonprinses principessa eredita'ria
kroos lente *v* palustre
kroost proge'nie *v*
kropsla lattuga cappu'ccia
krot casu'pola
kruid erba; (med) ~en, *mv* erbe medicinali *v mv*
kruiden condire
kruidenier alimentari *m*
kruidenierswaren *mv* ge'neri alimentari *mv*
kruidnagel (chiodo di) garo'fano
kruien trasportare colla carriuola
kruier facchino
kruik brocca; (wijn, olie) o'rcio
kruimel bri'ciola, bri'ciolo
kruin (v. boom, berg) cima, vetta; (v. hoofd) ve'rtice *m*
kruipen (planten, slang, slak)

serpeggiare, strisciare; (v. mensen) andare carpone

kruis croce *v*; (v. broek) fondi *mv*; *muz* diesis *m*; *het Rode K~*, Croce-Rossa

kruisbeeld crocifisso

kruisbes uva spina

kruisen incrociare

kruiser incrociatore *m*

kruisiging crocifissione *v*

kruising incrocio

kruisje crocetta

kruispunt incro'cio; crocevia; (spoorweg) punto d'incrociamento

kruistocht crociata

kruiswoordpuzzel parole incrociate *mv*; cruciverba *m*

kruit po'lvere *v*

kruiwagen carriuola

kruk gru'ccia

krukas al'bero a go'miti

krukas albero a gomiti *m*

krul (haar) ri'ccio; (hout) tru'ciolo

krullen arricciare, increspare

krulspeld bigodino *m*

krultang ferro da arricciare

kubiek cu'bico

kubus cubo.

kuchen tossicchiare

kudde gregge *m*, mandra

kuif ciuffo; (bij vogels) cresta

kuiken pulcino

kuil fossa, buca

kuip tino; botte *v*

kuis casto, puro, pudico

kuisheid pudore *m*

kuit polpa'ccio; (v. vis) uova di pesce *mv*

kunde conoscenza

kundig valente, esperto, dotto, sciente

kundigheid conoscenza

kunnen (bij machte zijn, de kracht hebben voor) potere; (kunde of vaardigheid) sapere; *kun je piano spelen?*, sai suonare il pianoforte?

kunst arte *v*

kunstbloem fiori finti

kunstenaar artista *m-v*

kunstgebit dentiera

kunstgeschiedenis sto'ria dell'arte

kunstgreep artifi'zio

kunstig ingegnoso

kunstje colpo (giuoco) di mano

kunstleer pelle finta

kunstmaan luna artificiale

kunstmatig artificiale

kunstmest concime *m* chi'mico

kurk su'ghero; tappo, tura'cciolo

kurkentrekker cavatappi *m*

kus bacio

kussen *ww* (zoenen) baciare

kussen cuscino; (hoofd~) guanciale *m*

kussensloop federa

kust costa

kustplaats località costiera *v*

kuststreek lit(t)orale *m*

kustvaart cabota'ggio

kut fica; (klote) merda

kuur capri'ccio; *med* cura

kwaad *bn* (boos) adirato; (slecht) cattivo; male; *~ op iem zijn*, e'ssere adirato con

kwaadaardig maligno, viziato, malizioso

kwaadspreken dir male di

kwaadwillig mate'vole

kwaadwilligheid mal'animo, malizia

kwaal male *m*; malattia, affezione *v*

kwadraat quadrato, quadro

kwajongen furfantello

kwaken (kikkers) gracidare; (eenden) gridare, schiamazzare

kwakzalver ciarlatano, medicastro; medico'nzolo

kwal medusa

kwalificeren qualificare

kwalijk male; *~ nemen*, prendersela

kwaliteit qualità *v*

kwantiteit quantità *v*

kwark ricotta

kwart quarto; *~ over...* e un quarto; *~ voor...* un quarto alle / *...* meno un quarto

kwartaal trimestre *m*

kwartel qua'glia

kwartet quartetto

kwartier quarto d'ora; (woning) quartiere *m*, allo'ggio, appartamento; *eerste, laatste ~*, primo, u'ltimo quarto

kwast (borstel) pennello; (in hout) nodo; (persoon) sciocco; bellimbusto

kwee cotogna

kweken coltivare, allevare

kwekerij viva'io, semenza'io, pepiniera; coltivazione *v*

kwelen garrire, gorgheggiare

kwellen tormentare; seccare

kwestie questione *v*, faccenda; *in ~*, in parola

kwets prugna di Damasco

kwetsbaar vulnera'bile, feribile

kwetsen vulnerare, ferire

kwijlen far bava, sbavare

kwijnen languire; illanguidire

kwijt perso; *~ zijn*, aver perduto

kwijtraken pe'rdere

kwijtschelden assolvere

kwik argento vivo, mercu'rio

kwikstaartje cutre'ttola

kwinkslag argu'zia, motto, scherzo

kwispelstaarten scodinzolare

kwistig *bn* pro'digo; *bijw* prodigalmente

kwitantie qui(e)tanza, ricevuta

kwiteren quietanzare

L

la cassetto

laadvermogen portata

laag *zn* strato, suolo; *bn* basso; (gemeen) basso, vile

laaghartig abietto, vile

laagvlakte bassopiano

laakbaar reprensi'bile, biasime'vole

laan viale *m*

laars stivale *m*

laat *bn* tardo, tardivo; *bijw* tardi; *hoe ~ is het?* che ora è?

laatst u'ltimo; *bijw* poco fa; *in de ~e tijd*, in questi u'ltimi tempi, ultimamente, recentemente; *op zijn ~*, al più tardi

laatstgenoemde u'ltimo nominato

label cartelli'no

laboratorium laborato'rio

lach riso; risata

lachen ridere

lachwekkend risi'bile

ladder scala (a piuoli); (in kous) smagliatura

lade cassetto, cassettino

laden (in)caricare

lading ca'rico.

laf vile, vigliacco, codardo; (smakeloos) insi'pido

lafaard vile, vigliacco, poltrone *m*

lafhartig vile, vigliacco, codardo

lafheid viltà *v*

lager *bn* più basso, inferiore

lager *zn* sopporto, cuscinetto

lagune laguna

lak lacca, ceralacca

laken *ww* biasimare; (stof) panno; (op bed) lenzuola

lakenzak sacco lenzuolo

lakken laccare, verniciare; sigillare

laks indolente

lam (dier) agnello; *bn* (verlamd) parali'tico

lamp lampada; (gloei-) lampadina

lampenkap paralume *m*

lampion lampioncino

lamsvlees agnello

lanceren lanciare

lancet lancetta

land terra; campagna; paese *m*

landbouw agricoltura

landbouwer agricoltore, cultivatore *m*

landeigenaar proprieta'rio fondia'rio

landelijk campestre, rurale, ru'stico, agreste

landen sbarcare; (vliegtuig) atterrare; (op water) ammarare

landengte istmo

landerijen *mv* terre *mv*, fondi *mv*

landgenoot compatriotta *m*

landgoed tenuta, fondo

landhuis casa di campagna

landing atterra'ggio; ammara'ggio

landingsbaan pista di atterra'ggio
landingsgestel carrello d'atterra'ggio
landingsplaats sbarco
landkaart cartina v
landloper vagabondo, giro'vago
landmacht forze mv di terra
landschap paesa'ggio
landsman (com)paesano
landstreek contrada, regione v paese m
landverhuizer emigrante
landweg strada di campagna
landwijn vino nostrano m
lang bn lungo; grande; bijw (lange tijd) a lungo, molto; al ~, da un pezzo, da parecchio tempo, già da tempo
langdradig prolisso
langdurig di lunga durata
langer bn più lungo; bijw più a lungo
langlaufen fare il fondo
langs lungo; lunghesso
langspeelplaat grande disco
languit lungo disteso
langwerpig oblungo
langzaam piano, lento; ~ spreken parlare lentamente
langzamerhand a poco a poco, via via, man mano, col passar del tempo
lans la'ncia
lantaarn lanterna, la'mpada; (straat~) lampione m, la'mpada
lantaarnpaal palo di fanale
lap pezza; (vod) ce'ncio; (rest) sca'mpolo
lappen rappezzare, rattoppare
larderen lardellare
larie sciocchezze, chiacchierè mv
larve larva
las congiuntura
lassen saldare
lasser saldatore m
last peso, ca'rico, onere m; ~ hebben van... soffrire di
lastdier be'stia da soma
laster calu'nnia
lasteren calunniare
lastgever mandatore
lastig fastidioso; importuno, inco'modo; noioso; ~ vallen, incomodare, disturbare
lat corrente m, assicella
laten lasciare; fare; ~ zien far vedere
later più tardi
Latijn(s) latino
laurier alloro; la'uro
laurierboom la'uro
lauw tiepido
lauwerkrans corona d'alloro; (corona) la'urea
lava lava
laven ristorare
lavendel lavanda, lava'ndula
laveren bordeggiare; fig

barcheggiare, destreggiare
lawaai rumore m, chiasso, baccano; ~ maken, rumoreggiare
lawaaierig rumoroso
lawaaiig rumoroso
lawine valanga, slavina
laxeermiddel lassativo, purgante m
laxeren purgarsi
leasen zn leasing
lectuur lettura
ledematen membra mv
leder = 2 leer
lederen = 2 leren
ledig zie leeg
ledigheid o'zio
ledikant letto
leed affanno; pena, afflizione v
leedvermaak gio'ia crudele
leedwezen dolore m; rincrescimento
leefregel re'gola diete'tica
leeftijd età v
leeg (glas etc.) vuoto; (beloftes) va'cuo; (tafel, muur) spoglio
leegheid va'cuo, vacuità v
leeglopen vuotarsi, sgonfiarsi
leegloper ozioso, fannullone in, balloccone m
leegte va'cuo
leek la'ico, secolare
leem argilla
leemte lacuna; vuoto; fig difetto
leen te ~: in prestito
leep scaltro, astuto
leer [de] (theorie) dottrina
leer [het] (stof) cuo'io, pelle v
leerboek manuale m, libro di stu'dio
leerling scolaro m/allievo m
leerlooier conciatore m
leermeester precettore, maestro
leerwaren pelletteria v
leerzaam istruttivo
leesbaar leggi'bile
leesbibliotheek biblioteca (circolante)
leesboek libro di lettura
leest (schoen-) forma
leeuw leone m
leeuwenbek plantk antirrino, bocca di leone
leeuwerik (al)lo'dola
leeuwin leonessa
lef coraggio
legaal legale
legaat legato, la'scito
legaliseren autenticare
legateren legare
legatie legazione v
legen (s)vuotare
legende leggenda
leger ese'rcito; armata; (bed) letto; (van wild) covo
le'geren accantonare, accampare
legerplaats accampamento; campo
leggen me'ttere, porre, posare
legging pantalone aderente

legioen legione v
legitimatiebewijs carta d'identità v
legitimeren zich ~ certificarsi
lei lavagna, arde'sia
Leiden Leida
leiden guidare, condurre, menare, diri'gere; ~ tot, portare a
leider direttore; conduttore
leiding (bestuur) guidare m, direzione v; (buis, elektr) condotta, conduttura
leidingwater a'cqua di conduttura
leidraad guida, manuale m
leidsel, leisel re'dini mv
lek bn (band) forato, bucato; de emmer is ~, il secchio perde; de boot is ~, la barca fa acqua; het dak is ~, entra acqua dal tetto; fessura; (in schip) falla; (gas) fuga, pe'rdita
lekkage zie lek
lekker buono, gustoso, appetitoso; ~ eten mangiare bene
lekkerbek ghiottone
lekkernij ghiottoneria, delicatezza, lucornia
lelie gi'glio
lelietje-van-dalen mughetto
lelijk brutto
lemmet lama
lendenen mv i lombi, le reni
lendenstuk lombata
lenen (aan) prestare a; (van) farsi prestare da
lengte lunghezza; (v. tijd) durata; in de ~, per il lungo
lenig a'gile, flessi'bile
lenigen lenire, mitigare
lening pre'stito
lens (objectief) lente v
lente primavera
lepel cucchiaio
leraar professore
lerares professoressa
leren ww (studeren) studiare, apprendere; (onderwijzen) insegnare;
leren bn (van leer) di cuo'io, di pelle
les lezione v
lesbienne lesbica
lessen spe'gnere, cavarsi (la sete)
lessenaar leggio; pu'lpito
let op! attenzione!
letsel lesione v
letten op fare attenzione a, badare a
letter le'ttera; cara'ttere m
lettergreep si'llaba
letterkunde letteratura
letterkundig lettera'rio; ~e letterato
letterlijk letterale
leugen bugia, menzogna, mendacio
leugenaar bugiardo, mentitore
leuk bello; divertente, piace'vole
leunen addossarsi, appoggiarsi
leuning (v. stoel) spalliera; (van

balkon, trap) ringhiera; (v. brug) parapetto
leunstoel seggiolone *m*, poltrona
leus parola, divisa
leven *ww* vi'vere; vita
levend vivo, vivente
levendig vivace, vivo, brioso
levendigheid animazione *v*, brio
levenloos inanimato, esa'nime
levensbeschrijving biografia
levensgevaar peri'colo della vita
levenslang a vita; vitali'zio
levenslicht luce *v* della vita
levenslust gio'ia di vi'vere
levensmiddelen generi alimentari
levensonderhoud bisogno, alimento
levensverzekering assicurazione *v* sulla vita
lever fegato
leverancier fornitore *m*
leverantie fornitura; consegna
leveren fornire
leverpastei pâté di fegato *m*
levertijd te'rmine *m* di consegna
levertraan o'lio di fe'gato di merluzzo
leverworst salsi'ccia di fe'gato
lezen leggere
lezer lettore *m*
lezing conferenza; (opvatting) versione *v*; *een ~ houden*, tenere una conferenza
lichaam corpo
lichaamsbouw struttura del corpo
lichaamsdeel membro
lichaamsoefening eserci'zio del corpo
lichamelijk corporale, corpo'reo; materiale
licht *bn* (helder) chiaro, luminoso; (niet zwaar) legg(i)ero; lieve; (tabak) dolce; luce *v*, lume *m*; *groot ~*, luce abbagliante; *gedimd ~*, luce anabbagliante
lichtbeeld proiezione *v*
lichtblauw azzurro chiaro
lichten (anker) levare; (weerlichten) lampeggiare; (licht geven) rilu'cere
lichter alle'ggio
lichterlaaie *in ~*, tutto in fiamme
lichtgelovig cre'dulo
lichtgeraakt irrita'bile
lichtgevend luminoso
lichting (brieven) levata; *mil* leva
lichtreclame pubblicità luminosa
lichtrood rosso chiaro
lichtstraal ra'ggio di luce
lichtvaardig leggiero
lichtzinnig leggiero, fri'volo
lid membro
lidmaatschap funzione *v* di membro
lidwoord arti'colo
lied canzone *v*, canto
liederlijk dissoluto
lief caro, diletto; (aardig) gentile, piace'vole

liefdadig bene'fico; caritate'vole
liefdadigheid carità *v*, beneficenza
liefde amore *m*
liefderijk amore'vole; caritate'vole
liefelijk carino, soave
liefhebben amare
liefhebber, -hebster amatore; amatrice
liefkozen (ac)carezzare, adulare
liefkozing carezza
liefst preferibilmente; *ik vertrek het ~ vandaag*, preferisco partire oggi
lieftallig grazioso, ameno
liegen mentire
lies inguine *m*
lieveling favorito, prediletto, cucco, -a, mignone *m*
liever piuttosto, di preferenza; *~ hebben* preferire
lift (in gebouw) ascensore *m*; (met auto) passaggio; *iem een ~ geven*, pre'ndere a bordo
liften fare l'autostop
lifter autostoppista *m-v*
liftjongen pi'ccolo
liggen (op bed etc.) giacere, essere disteso, starsene; (zich bevinden) trovarsi, esser situato
ligging situazione *v*, posizione *v*
ligstoel sedia a sdraio *v*
lijdelijk passivo
lijden *ww* soffrire, patire; (dulden) perme'ttere; patimento, sofferenza, affanno; (v. Jezus) la Passione
lijdend sofferente; passivo
lijder paziente *m-v*
lijdzaam paziente, rassegnato
lijdzaamheid pazienza
lijf corpo; (buik) ventre *m*
lijfrente re'ndita vitali'zia, vitali'zio
lijfwacht gua'rdia del corpo
lijk corpo morto, cada'vere *m*
lijkdienst servi'zio fu'nebre; ese'quie *mv*
lijken (schijnen) sembrare; (bevallen) piacere; *~ op*, somigliare a, assomigliare a
lijkrede orazione *v* fu'nebre
lijkstoet convo'glio fu'nebre
lijkverbranding cremazione *v*
lijm colla
lijmen incollare
lijn li'nea; (touw) corda, fune *v*
lijnolie o'lio di lino
lijnrecht in li'nea retta, dritto dritto
lijnvliegtuig appare'cchio di li'nea
lijnvlucht linea aerea *v*
lijst lista, registro; (omlijsting) cornice *v*
lijster tordo; *zwarte ~*, merlo
lijsterbes (vrucht) sorba; (boom) sorbo
lijvig corpulento; voluminoso
lik leccata; (gevangenis) gattabuia

likdoorn callo
likeur liquore *m*
likken leccare
lila lilla, gridellino
limonade limonata; (met prik) gassosa
limousine limosina
linde ti'glio
lingerie biancheria
liniaal riga, re'golo
linie li'nea; (evenaar) equatore *m*
linker sinistro, manco
linkerhand mano *v* sinistra
linkerzij lato sinistro
links *bn* sinistro; (onhandig) goffo; (linkshandig) mancino; *bijw: ~ (van)*, a, sinistra (di); (verkeerd) a rove'scia
linksaf a sinistra
linnen tela; pannello
linnengoed biancheria
linnenkast arma'dio (per la biancheria)
linoleum lino'leum *m*
lint nastro
lintworm verme solita'rio
linze lenti'cchia
lip labbro
lippenstift rossetto
liquidatie liquidazione *v*
liquideren liquidare
lire lira
lis (bloem) i'ride *v*
Lissabon Lisbona
list astu'zia
listig astuto, scaltro, fino
liter litro
literatuur (letterkunde) letteratura
lits-jumeaux *mv* letti gemelli *mv*
litteken cicatrice *v*
locomotief locomotiva
loden *bn* di piombo
Lodewijk Luigi
loef orza; *iem de ~ afsteken*, superare
loeien (vee) muggire; (wind) mugghiare
loep lente *v* d'ingrandimento
loeren spiare
lof loda, elo'gio
loffelijk lode'vole
lofrede panegi'rico
lofzang inno
log pesante
loge palco, palchetto
logé, logee o'spite *m-v*
logeerkamer ca'mera degli o'spiti, dei forestieri
logement locanda
logeren (verblijven) alloggiare
logies allo'ggio
logisch lo'gico
loipe pista da fondo *v*
lok ri'ccio, anello
lokaal *bn* locale; locale *m*

lokaaltrein (treno) locale

lokaas esca

loket sportello

lokken allettare, adescare

lokvogel uccello di richiamo, zimbello; *fig* allettatore *m*

lol divertimento

lolly lecca lecca *m*

lommerd monte *m* di pietà

lomp *bn* grossolano, golfo, zo'tico

lomperd ta'nghero, goffo

Londen Londra

lonen ricompensare, rimunerare

long polmone

longontsteking infiammazione *v* polmonare, polmonite *v*; pneumonia, pneumonite *v*

lonken fare l'occhiolino a qd

lont mi'ccia

loochenen negare

lood piombo

loodgieter idrau'lico

loodlijn perpendicolare *v*

loodrecht a piombo, perpendicolare

loods (bergplaats) baraccone *m*; *scheepv* pilota

loodvrij senza piombo

loofboom albero fronzuto

loog ranno

looien conciare le pelli

loom spossato, stanco, lente; (v.h. weer) pesante

loon paga, sala'rio

loonsverhoging aumento salariale

loop corso, andamento

loopbaan carriera

loopgraaf trincea

loopjongen fattorino, galoppino; portaordini

looppas passo di corsa

loopplank passerella di sbarco; passavanti *m*

loopvlak (v. band) battistrada *v*

loos (schijnbaar) finto; (leeg) vuoto

loot rampollo, pollone *m*

lopen camminare, andare; ~ *door* (rivier, weg etc.), perco'rrere

loper (trap~, gang~) passato'ia; (schaken) alfiere *m*; (sleutel) gingillo

lor ce'ncio

los (niet bevestigd aan) staccato; (haren, bladeren, artikelen) sciolto; (apart) separato, a parte; (schroef, bout) allentato

losbandig licenzioso, dissoluto, malvivente

losbarsten scoppiare, esplo'dere

losbol libertino

losdraaien (schroef) allentare

losknopen snodare; sbottonare

loslaten lasciare

losmaken scio'gliere, disfare

lossen scaricare; (schot) sparare

lostornen scucire

lot (levens~) sorte *v*, fato, destino; (in loterij) biglietto di lotteria

loten tirare a sorte; sorteggiare

loterij lotteria; (staats~) lotto

loting il tirare a sorte, sorte'ggio

lotion lozione *v*

lounge hall *v*

louter puro, mero

louteren depurare

loven lodare, encomiare

loyaal leale

lozen evacuare; fare scolare; (zucht) mandare

LPG GPL *m*

lucht a'ria; (hemel) cielo

luchtafweer difesa antiae'rea

luchtalarm allarme *m* ae'reo

luchtballon pallone *m* aero'stato

luchtband pneuma'tico

luchtbed materassino

luchtbel bolla d'a'ria

luchtbescherming difesa (protezione *v*) antiae'rea

luchtdicht erme'tico

luchtdoelgeschut artiglieria antiae'ria

luchtdruk pressione *v* dell' a'ria

luchten ventilare, dar a'ria, arieggiare

luchtfilter filtro dell'aria *m*

luchthartig leggiero

luchthaven aeroporto

luchthavenbelasting tasse areoportuali *v*

luchtig arioso, leggiero

luchtkasteel castello in a'ria

luchtkoeling raffreddamento ad a'ria

luchtledig vuoto

luchtlijn li'nea ae'rea

luchtpijp trachea

luchtpomp pompa d'a'ria

luchtpost posta ae'rea; *per* ~, via ae'rea

luchtramp accidente *m* ae'reo

luchtstreek clima m; zona

luchtvaart aviazione *v*

luchtvaartdienst servi'zio ae'reo

luchtvaartmaatschappij compagnia ae'rea

luchtvloot flotta ae'rea

luchtziek zijn avere il mal d'aria

luchtziekte mal *m* d'a'ria

lucifer fiammifero

lucifersdoosje scatolino da fiammi'feri

lui pigro, inerte

luiaard poltrone, infingardo

luid alto, forte, sonoro

luiden sonare

luidkeels altamente, a gran voce

luidruchtig chiassoso, rumoroso

luidspreker altoparlante *m*

luier pannolino

luieren poltrire, oziare

luifel letto'ia

luiheid pigri'zia

luik (in vloer) trabocchetto; abbaino; (venster-) imposta; scuretto

luilak pigrone

luilekkerland (paese *m* di) Cuccagna

luim umore *m*

luipaard leopardo

luis pido'cchio

luister splendore *m*

luisteren ascoltare; orecchiare

luisterrijk sple'ndido

luistervink origliatore

luit liuto

luitenant (luogo) tenente; *eerste* ~, tenente; *tweede* ~, sottotenente

lukken riuscire (a)

lul cazzo; (persoon) scemo

lullig fastidioso

lummel ta'nghero, rusticone

lunch pranzo *m*

lunchen pranzare

lunchpakketten cestino da viaggio

lus nodo scorsoio; (in tram) mani'glia

lust diletto, piacere *m*; gusto, vo'glia

lusteloos apa'tico, svogliato

lusten aver vo'glia di; *ik lust dat niet*, questo cibo non mi piace

lustig allegro, ga'io, giocondo

luttel poco, pi'ccolo

luxe lusso

Luzern Lucerna

lynx lince *v*

lyrisch li'rico

M

ma mamma

maag stomaco

maagd ve'rgine

maagpijn dolore *m* di sto'maco; gastralgia

maagzuur acidità di stomaco *v*

maagzweer ul'cera gas'trica

maaien mie'tere, falciare; segare

maak *in de* ~ *zijn*, e'ssere in lavorazione

maal volta; pasto, pranzo; *zie ook: keer*

maaltijd pasto

maan luna; *nieuwe* ~, luna nuova; *volle* ~, luna piena

maand mese *m*

maandabonnement abbonamento mensile

maandag lunedì *m*

maandblad rivista mensile

maandelijks mensile

maandverband assorbente *m*

maar ma, però, tuttavia, pure

maart marzo

maas ma'glia

Maas Mosa

maat misura; (v. kleren, schoenen etc.) misura, ta'glia

maatregel misura

maatschappelijk sociale; ~ werkster, assistente sociale v
maatschappij società v
maatstaf misura, norma
maatstok muz bacchetta
macaroni maccheroni m mv
machinaal macchinale
machine ma'cchina
machinist macchinista m
macht potenza; potere m; forza
machteloos impotente
machtig potente, poderoso; (v. spijzen) nutriente
machtigen autorizzare
machtiging autorizzazione v, procura
madeliefje margheritina
magazijn magazzino
mager magro, scarno, asciutto
magie magia
magistraat magistrato
magneet magnete m
magnetisch magnetico
mahoniehout legno d'acagiù, mo'gano
maillot calzamaglia v
maïs granoturco m
majesteit maestà v
majestueus maestoso
majoor maggiore m
mak mansueto, do'cile
makelaar sensale
maken fare, fabbricare, realizzare; (repareren) riparare; ~ dat (ervoor zorgen dat), fare in modo di (of: che + cong)
maker facitore; autore m, fattore m
make-up trucco
makheid docilità v, mansuetu'dine v
makkelijk facile
makker compagno
makreel scombro, sgombro
mal bn (gek) matto, buffo, insensato
malaise crisi v econo'mica
malaria malaria v
malen macinare; (ijlen) delirare, vaneggiare
mals mo'rbido; te'nero; (weide) grasso
mama mamma, mamà
man (u)omo; (echtgenoot) marito
manchet polsino
manchetknoop bottone m da polsini
mand paniere m, cesta, canestro
mandarijn mandarino
mandoline mandolino
manege mane'ggio, cavallerizza
manen mv (v. paard) criniera; (v. leeuw ook) giubba; ww sollecitare (intimare) il pagamento
maneschijn chiaro di luna
mangel ma'ngano
mango mango
manicure manicure v
manie mania

manier maniera, modo; ~en maniere
mank zoppo
mankeren mancare
mannelijk ma'schio; maschile; masculino; virile
mannequin manichino, modella
mannetje (v. dieren) ma'schio
manoeuvre manovra
mantel mantello
mantelpak a'bito a giacca, tailleur m
manufacturen manifatture mv
manuscript manoscritto
map portafo'glio; cartella
marathon maratona
marcheren marciare
marechaussee gendarme, carabiniere m; gendarmeria
margarine margarina
margriet margherita
Maria-Boodschap l'Annunziata, l'Annunziazione v
Maria-Hemelvaart l'Assunzione v
marihuana marijuana
marine marina
marionet burattino, marionetta
marjolein acciuga
mark (Duitse munt) marco m
markies (persoon) marchese; (zonnescherm) tenda
markiezin marchesa
markt mercato, piazza del mercato
marktprijs prezzo corrente
marmelade marmellata
marmer marmo
marmeren marmo'reo, di marmo
marmergroeve marmiora
marmot marmotta
Marokkaan(s) marocchino
Marokko il Marocco
mars ma'rcia
Marseille Marsi'glia
marsepein marzapane m
marskramer venditore (mercia'io) ambulante, mercaiuolo
martelaar ma'rtire m
martelares ma'rtire v
martelen martirizzare; torturare
marteling marti'rio, tortura
marter ma'rtora
masker ma'schera
maskerade mascherata
massa massa
massage massa'ggio
masseren fare il massa'ggio
massief massi'ccio; (oro) di massello
mast a'lbero
mat bn (zwak) de'bole, fiacco, spossato; (dof) la'nguido; matto; (schaken) matto; zn stuo'ia
match match m
materiaal materiale m
materieel materiale m
matglas vetro opaco
matig moderato; so'brio; astinente

matigen moderare, temperare
matigheid moderazione v; (soberheid) temperanza, sobrietà v; astinenza
matinee mattinata
matras materasso
matrijs matrice v
matroos marina'io
mattenklopper battipanni m
Matterhorn il Monte Cervino
m.a.w. in altri te'rmini
maximaal massimo
maximum ma'ssimo
mayonaise maionese v
mazelen mv rosolia
me (mij) me, mi
medaille meda'glia
medaillon medaglione m
mede anche, pure
mededeelzaam comunicativo
mededelen comunicare, informare, riferire, precisare
mededeling comunicazione v; avviso, partecipazione v
mededingen conco'rrere, compe'tere
mededinger concorrente
mededinging concorrenza
medeklinker consonante v
medelijden compassione v; commiserazione v
medelijdend compassione'vole
medemens pro'ssimo
medeminnaar rivale m
medeplichtige co'mplice m
medewerken collaborare, cooperare
medewerker collaboratore
medewerking cooperazione v; collaborazione v
medeweten consapevolezza; zonder mijn ~, a mia insaputa
medicijn medicamento
medicijnen medicine v
medio (alla) metà di
medisch me'dico; ~ hulp assistenza medica
mee zie ook mede
mee con: kom je met ons mee?, vieni con noi?
meebrengen portare, recare con sè, condurre (con sé); fig produrre
meedoen partecipare a
meedogenloos spietato
meegaan andare con; fig e'ssere d'accordo
meegaand arrende'vole, compiacente
meehelpen conco'rrere
meel farina
meelopen camminare con
meelspijs farinata
meenemen portare (con sé)
meer telw (di) più ~ dan, più di, più che, oltre; te ~ daar, tanto più che
meer zn (waterplas) lago
meerder maggiore; più grande,

superiore; ~e, superiore, -ra
meerderheid maggioranza; *fig* superiorità *v*
meerderjarig maggiorenne
meerderjarigheid età *v* maggiore
meerijden ricevere un passaggio
meermalen più volte; a più riprese
meervoud plurale *m*
mees cingallegra
meeslepen strascinare; trasportare; trascinar con sè
meespelen participare a, giocare
meest het ~, più, di più, maggiormente; de ~e (mensen), la maggior parte (della gente)
meestal per lo più, il più delle volte, nella maggior parte dei casi, di so'lito, normalmente
meester maestro; padrone
meesteres maestra; padrona
meesterknecht capomastro
meesterlijk maestre'vole, da maestro
meesterstuk capolavoro
meetkunde geometria
meeuw gabbiano
meevallen e'ssere migliore (superiore, più piace'vole) del previsto (dell'aspettativa)
meewarig compassione'vole
mei ma'ggio
meid = meisje
meidoorn biancospino
meikever maggiolino
meineed spergiuro
meisje ragazza, fanciulla; (verloofde) fidanzata; (dienst~) donna di servi'zio, serva
meisjesnaam nome da ragazza *v*
mejuffrouw signorina
melancholie malinconia
melancholiek melanco'nico
melden annunziare, avvisare; menzionare
melding avviso; avvertimento; menzione *v*
melk latte *m*
melkboer latta'io, lattivendolo
melken mu'ngere, trarre il latte
melkinrichting latteria
melkkan vaso da latte; lattiera
melkkoker bollitore *m* da latte
melkspijs lattici'nio
Melkweg Via La'ttea
melodie melodia
melodieus melodioso
meloen popone *m*, mellone *m*
memoires *mv* memo'rie *mv*
men si, uno; l'uomo
meneer signore *m*
menen cre'dere; opinare; (bedoelen) voler dire, inte'ndere; e'sser se'rio
mengelmoes mescu'glio, miscela
mengen mescolare, mischiare
mengsel mistura; mescu'glio; lega,

composto
mengsmering miscela *v*
menie mi'nio
menig molti, parecchi; tanto
menigeen più d'uno
menigmaal più volte
menigte moltitu'dine *v*, gran nu'mero, folla
menigvuldig molte'plice
mening opinione *v*, parere *m*; ik ben van ~ dat, sono d'avviso che, è mia opinione che
meningsverschil dissenso
mennen menare, guidare
mens uomo
mensdom umanità *v*, ge'nere umano
menselijk umano
mensen *mv*: de ~, la gente; il ge'nere umano; gli uo'mini
mensenhater misa'ntropo
mensenkennis conoscenza del cuore umano
mensheid umanità *v*
menslievend fila'ntro'pico, caritate'vole
menstruatie mestruazione *v*
menu carta, lista dei piatti
menukaart menu *m*
merel merlo
merendeel la maggior parte
merg midollo, midolla
mergel marga, marna
meridiaan meridiano
merk marca, segno, marchio
merkbaar percetti'bile, sensi'bile
merken (bemerken) noting, acco'rgersi, avvedersi; (tekenen) marcare, segnare
merkteken marca, segno
merkwaardig rimarche'vole, curioso
merrie giumenta, cavalla
mes coltello
messenleger reggiposata *m*
messing ottone *m*
messteek coltellata
mest concime *m*, letame *m*
mesten concimare, letamare; (vet~) ingrassare
mesthoop concima'ia, letama'io
met con, di, a
metaal metallo
metaalbewerker ferra'io
metalen meta'llico, di metallo
meteen su'bito; nello stesso tempo, insieme
meten misurare
meteoor mete'ora
meter metro; (gas, enz.) contatore *m*
metgezel compagno
methode me'todo
metro metrò, metropolitana
metselaar muratore
metselen murare
metterdaad in fatti

meubel mo'bile *m*
meubelmaker ebanista *m*
meubilair mobi'lia
meubileren (am)mobiliare
mevrouw signora
Mexico Me'ssico
miauwen miagolare
microfoon microfono
microscoop microscopio
middag mezzodì *m*, mezzogiorno; (na-) pomeriggio
middags, 's ~ di pomeriggio
middageten, -maal pranzo
middaguur mezzogiorno
middel mezzo; modo, espediente *m*; med rime'dio, medicinale *m*; (taille) vita; ~en, *mv* ricchezze; door ~ van, per mezzo di, mediante, tra'mite
middelbaar me'dio, mezzano
middeleeuwen *mv* medioevo
middeleeuws medi(o)evale
Middellandse Zee il Mediterra'neo
middellijn dia'metro
middelmaat media
middelmatig mediocre
middelpunt centro
middelste centrale, del mezzo
midden mezzo, centro; ~ in, nel mezzo di; te ~ van, in mezzo a
middenberm aiuola spartitra'ffico
middenin nel centro di
middenrif diaframma *m*
middenstand ceto me'dio
middenvinger (dito) medio
middenweg via di mezzo
middernacht mezzanotte *v*
mie nidi cinesi
mier formica
mierenhoop formica'io
migraine emicra'nia
mij (zonder klemtoon) mi; (met klemtoon) 3e *nv* a me, 4e *nv* me
mijden evitare, scansare, schivare, schifare
mijl mi'glio, lega
mijlpaal colonna miliare
mijmeren meditare, sognare
mijn bez vnw mio; het ~e, il mio; de ~en, *mv* i miei
mijn zn (explosief) mina; (winplaats) miniera
mijnbouw indu'stria minera'ria
mijnheer signore *m*
mijnwerker minatore
mijt a'caro
mijter mitra
mikken mirare, pre'ndere la mira
mikpunt (punto di) mira, bersa'glio
Milaan Milano
mild mite, dolce; clemente; (vrijgevig) liberale, generoso
milicien coscritto
milieu (alle betekenissen) ambiente *m*

militair zn, bn militare
miljard miliardo
miljoen milione m
miljonair miliona'rio
millimeter millimetro
milt milza
min zn (voedster) nutrice; bn poco; vile, basso
minachten disprezzare, dispettare
minachtend sprezzante, dispregiativo
minachting disprezzo, dispetto
minder bijw (di) meno; bn minore
minderheid minoranza; fig inferiorità v
minderjarig minorenne
minderjarigheid minorità v
minderwaardig inferiore
mineraal minerale m
mineraalwater a'cqua minerale
minimaal bn mi'nimo; bijw al mi'nimo
minimum mi'nimo m; ~loon, ~leeftijd, il mi'nimo di paga (d' età)
minirok minigonna
minister ministro; ~-president, presidente del consi'glio
ministerie ministero
ministerraad consi'glio dei ministri
minnaar, minnares amante; amoroso, -a
minste, het ~, il mi'nimo, il meno; ten ~, almeno
minstens per lo meno, almeno
minuut minuto
mis zn rk messa; bn mancato
misboek messale m
misbruik abuso; ~ maken van, abusare di
misdaad misfatto, delitto
misdadig criminale, delittuoso
misdadiger malfattore, delinquente
misdrijf delitto, misfatto
misgreep sba'glio, errore m
misgunnen invidiare
mishagen dispiacere
mishandelen maltrattare
mishandeling maltrattamento
miskennen (di)scono'scere
miskenning disconoscimento
miskoop acquisto sbagliato
miskraam aborto
misleiden ingannare, traviare
mislukken riuscir male, andare a vuoto
mislukking insuccesso
mismaakt deforme, contraffatto
misnoegd scontento, malcontento
misnoegen dispiacere m
mispel ne'spola
misplaatst fuor di luogo
mispunt cattivo soggetto
misschien forse
misselijk indisposto; fig stomache'vole; ~ zijn avere la nausea

misselijkheid na'usea
missen mancare; hij mist twee tanden, gli ma'ncano due denti; de trein (bus) missen, pe'rdere il treno (l'au'tobus)
missie missione v
misslag, -stap fallo, errore m
mist nebbia
misten far nebbia
misthoorn sirena
mistig nebbioso
mistlamp faro antinebbia m
mistral maestrale m
misverstand malinteso; equi'voco
misvormd sformato, deforme
mitrailleur mitragliatrice v
mits purchè, sempre che, a condizione che
mitsdien perciò, per questo
mixen sbattere
mixer sbattitore m
mobiel mobile
mobilisatie mobilitazione v
modder fango; melma
modderig fangoso
modderpoel pantano
mode moda
modeblad giornale m della moda
model modello; (vorm) mo'dano; garbo; (vrouw) modella
modern moderno
moderniseren rimodernare
modeshow mostra di mode
modieus alla moda, elegante
modiste modista
moe stanco, stracco, lasso
moedeloos scoraggiato, disanimato
moeder madre
moederdag festa della mamma
moederland terra nativa
moederlijk materno
moedertaal li'ngua nativa (of materna)
moedervlek vo'glia, neo
moedig coraggioso, ardito
moedwillig bn petulante; malizioso; bijw a (bella) posta, di propo'sito
moeilijk diffi'cile, penoso
moeilijkheid difficoltà v, noia
moeite fatica, pena; (inspanning) sforzo; ~ met difficoltà con; de ~ waard zijn valere la pena
moer dado, madrevite v
moeras palude v
moerassig paludoso, palustre
moerbei mora; gelsa
moerbeiboom gelso
moersleutel chiave v per dadi
moes passata; pappa
moestuin orto
moeten dovere, bisognare
moezelwijn vino della Mosella
mogelijk possi'bile; zo spoedig ~,

quanto prima, il più presto possi'bile; ~ maken, perme'ttere, consentire, re'ndere possi'bile
mogelijkheid possibilità v
mogen potere; aver il permesso, il diritto
mogendheid potenza
mok bicchiere m
mokka (caffè m) moca m
mokken tenere il bro'ncio, sbronci(a)re
mol talpa; muz minore; (teken) bemolle m
molecule mole'cola
molen mulino
molenaar mugna'io
mollig molle, mo'rbido
molm po'lvere v di legno (of di torba)
molton mollettone m
moment momento, istante m
momentopname (fotografia) istanta'nea
mompelen borbottare, mormorare
mond bocca; (v. rivier) foce v, imboccatura, sbocco
mondeling bn orale; bijw a (viva) voce
mondig maggiorenne
monding foce v; imboccatura, sbocco
mond-op-mond-beademing respirazione bocca a bocca v
mondstuk (v. sigaret) bocchino
mondvoorraad provvigione v di bocca
monnik mo'naco, frate
monocle occhialetto
monoloog mono'logo
monopolie monopo'lio
monseigneur monsignore m
monster (gedrocht) mostro; (staal) mostra, (as)sa'ggio, campione m
monsteren esaminare, far la rivista; (aanwerven) arrolare
monstrans ostenso'rio, cibo'rio
montage (film) monta'ggio
montagewoning casa prefabbricata
monter allegro, lieto
monteren montare
monteur meccanico m
montuur armatura
monument monumento
mooi bello
moord assassi'nio, omici'dio
moorddadig atroce, feroce
moordenaar omicida m, assassino
Moors moresco, moro
moot fetta
mop (grap) argu'zia, scherzo
mopperen brontolare
moraal morale v
moreel morale
morel (a)marasca
morgen bijw (volgende dag) domani; zn (ochtend) mattino, mattina; tot ~ a domani

morgens, 's ~ di mattina, la mattina
morgenavond domani sera
morgenmiddag domani dopopranzo
morgenochtend domani mattina
morgenrood aurora
morren mormorare
morsdood morto stecchito
morsen sporcare, macchiarsi, versare,
    spa'rgere
morsig su'dicio
mortier morta'io
mos musco
moskee moschea v
moslim musulmano
mossel cozza v
mosterd senape v
mot tarma, tignuola
motel motel m, autostello
motie mozione v
motief motivo
motor motore m; (motorfiets)
    motocicletta, moto v
motorboot motoscafo
motorfiets motocicletta, moto v; ~
    met zijspan, motocarrozzetta
motorkap cofano
motorolie olio del motore
motorophanging sospensione motore
    v
motorpech guasto al motore
motorrijder motociclista m
motregen acqueru'giola, pioggerella
mottig butterato
motto motto, divisa
mountainbike mountainbike v
mousserend spumante
mouw manica
mozaïek mosa'ico
Mozes Mosè
mud etto'litro, moggio
muf muffati'ccio; intanfito
mug zanzara
muggenziften cavillare
muil (bek) bocca; muso, ceffo;
    (pantoffel) pianella
muildier mulo
muilezel bardotto
muilkorf museruola
muis topo, so'rcio
muiten ammutinarsi
muiter ribelle
muiterij ammutinamento
muizenval tra'ppola (da sorci)
mul so'ffice
mummie mu'mmia
München Mo'naco (di Baviera)
munitie munizione v
munt (geld) moneta; (plant) menta;
    (gebouw) zecca
muntstelsel sistema moneta'rio
muntstuk moneta
munttelefoon telefono a moneta
murmelen mormorare,
    mormoreggiare

murw frollo, mo'rbido
mus pa'ssero
museum museo
musicus mu'sico
muskaatnoot noce moscata
muskaatwijn moscado
musket zanzara
muts berretto m/cuffia v
muur muro
muze musa
muzelman musulmano
muziek musica
muzikaal musicale
muzikant musicante; bandista m
mysterie mistero
mystiek zn mi'stica; bn mi'stico
mythe mito

N

na dopo
naad cucitura; sutura
naaf mozzo (della ruota)
naaidoos sca'tola da lavoro
naaien cucire
naaigaren filo da cucire
naaimachine ma'cchina da cucire
naaister sarta; cucitrice
naakt nudo
naaktheid nudità v
naaktstrand spiaggia per i nudisti v
naald ago
naaldboom coni'fera m
naaldenkoker agora'io
naam nome m; uit ~ van, a nome di
naambordje cartello
naamgenoot omo'nimo
naamlijst elenco di nomi
naamval caso
naamwoord nome; bijvoeglijk ~,
    aggettivo; zelfstandig ~, sostantivo
na-apen scimmiottare, scimmieggiare
naar vz a, in, verso, per; (volgens)
    secondo; bn spiace'vole,
    disgraziato; (ziek) indisposto
naarmate a misura che; ~... des te,
    via via che più, man mano che più
naarstig assi'duo, diligente
naast presso, vicino
naaste pro'ssimo, pro'ssima
naasten espropriare
nabij vicino (a), presso
nabijgelegen pro'ssimo, vicino
nabijheid prossimità v, vicinanza
nabootsen imitare
naburig vicino
nacht notte v; 's ~s, di notte, la
    notte; per ~ per notte
nachtclub locale notturno m
nachtegaal usignuolo, rosingn(u)olo
nachtelijk notturno
nachtmerrie i'ncubo
nachtpon camicia da notte v
nachttafeltje comodino

nachttarief tariffa notturna v
nachttrein treno notturno
nachtverblijf allo'ggio per la notte
nachtvlucht volo notturno
nadat dopo che
nadeel svanta'ggio, inconveniente m
nadelig svantaggioso
nadenken rifle'ttere, meditare
nadenkend riflessivo, pensoso
nader più vicino
naderen avvicinare, approssimare;
    avvicinarsi
naderhand dopo; più tardi
nadering avvicinamento
nadoen imitare
nadruk contraffazione v; (klem)
    energia, forza; gramm accento; de ~
    leggen op, sottolineare, me'ttere in
    rilievo
nadrukkelijk bn ene'rgico, espresso;
    bijw espressamente
nagaan (volgen) seguire;
    (controleren) verificare
nagedachtenis memo'ria, ricordo
nagel u'nghia; (spijker) chiodo
nagelborstel spazzolino per le un'ghie
nagellak smalto, lacca per le u'nghie
nagelschaar forbicine v
nagelvijl limetta per le u'nghie
nagemaakt contranato, imitato, falso
nagenoeg circa, press'a poco
nagerecht dolce m, pospasto
nageslacht po'steri mv, posterità v
nagesynchroniseerd doppiato
naïef inge'nuo
naijver gelosia
najaar autunno
najagen perseguire
nakijken seguire cogli occhi;
    (onderzoeken) esaminare,
    verificare; (verbeteren) corre'ggere
nakomeling discendente
nakomen osservare, adempire,
    soddisfare, asso'lvere, far fronte a;
    niet ~, mancare a
nalaten tralasciare; (doen erven)
    (ri)lasciare, legare
nalatenschap eredità v
nalatig negligente
nalatigheid negligenza, incuria
naleven osservare, (e)seguire
nalopen co'rrere dietro a, seguire
namaak contraffazione v
namelijk cioè, infatti
namens in (of a) nome di
namiddag pomeri'ggio, dopopranzo
Napels Na'poli v
Napolitaans di Na'poli, napoletano
napraten ripe'tere la altrui parole
nar buffone
narcis narciso
narcose narcosi v
narekenen verificare
naseizoen bassa stagione v

nasleep se'guito
nasmaak sapore *m* che rimane in becca
naspeuren investigare
nasporing investigazione *v*, inda'gine *v*
nastaren seguire cogli occhi
nastreven perseguire
nat bagnato, u'mido
natie nazione *v*
nationaal nazionale
nationaliteit nazionalità *v*
naturalisatie naturalizzazione *v*
naturaliseren naturalizzare
natuur natura; (aard) i'ndole *v*
natuurgebied riserva naturale *v*
natuurkunde fi'sica
natuurkundige fi'sico
natuurlijk *bn* naturale; *bijw* naturalmente
natuurreservaat parco naturale di riserva
natuurverschijnsel feno'meno
natuurwetenschappen scienze naturali *v mv*
nauw stretto, serrato
nauwelijks appena
nauwgezet coscienzioso; scrupoloso
nauwkeurig esatto, accurato; preciso, puntuale
navel bellico, ombelico
navolgen seguire; imitare, secondare
navorsen ricercare, investigare, indagare
navraag inchiesta; ricerca
nazenden inoltrare
nazien seguire cogli occhi; esaminare; corre'ggere
nazomer estate di San Martino *v*
neder (-) zie ook *neer*(-)
nederig modesto, u'mile, basso
nederlaag sconfitta, rotta
Nederland i Paesi-Bassi, l'Olanda
Nederlander olandese
Nederlands del Paesi Bassi, olandese
Nederlandse olandese *v*
nederzetting colo'nia
nee no
neef (oomzegger) nipote; (neefzegger) cugino
neer giù; a basso
neer(-) zie ook *neder*(-)
neerbuigend condiscendente
neerdalen (di)sce'ndere
neerhurken accoccolarsi
neerknielen genuflettersi
neerkomen scendere; (bedrag) ammontare a
neerlaten abbassare, calare
neerleggen deporre, metter giù
neerslaan abba'ttere; (ogen) abbassare
neerslachtig abbattuto
neerstorten precipitare

neerzetten mettere giù
negatief *bn* negativo; negativa
negen nove
negende nono
negentien diciannove
negentig novanta
neger negro
nege'ren ignorare
negerin negra
negligé vesta'glia da ca'mera
neigen inclinare; tendere
neiging inclinazione *v*; tendenza
nek nuca, collo
nemen pre'ndere, pigliare; *een douche (bad)* ~, fare la doccia (il bagno)
neonlamp lam'pada al neon *v*
nep truffa, contraffazione *f*
nerf nervo, nervatura
nergens in nessun luogo, da nessuna parte; ~ *heen*, in nessun luogo
nering nego'zio, comme'rcio
nerveus nervoso
nest nido
nestelen annidare, nidificare
net rete *v*; *bijw* (zojuist) appena
netelig scabroso, spinoso, delicato
netjes ordinato, pulito
netnummer prefisso *m*
netto netto
netvlies re'tina
netwerk rete *v*
neuken scopare
Neurenberg Norimberga
neuriën canticchiare, canterellare
neus naso
neusbloeding epistassi *v*
neusgat narice *v*
neushoorn rinoceronte *m*
neutraal ne'utro, neutrale
neuzen curiosare
nevel nebbia
nevelachtig nebbioso, nebuloso
nevens accanto (accosto) a
Nice Nizza
nicht (oomzegster) nipote; (neefzegster) cugina
nicotine nicotina
niemand nessuno
nier rene *m*; (gerecht) rognone *m*
nierstuk lombata
niesen *zie* niezen
niet non
nietig fri'volo, fu'tile; (ongeldig) non va'lido, nullo
nietje punto (per cucitrice)
nietmachine cucitrice (per carta) *v*
niets niente
niettegenstaande nonostante, malgrado
niettemin nondimeno, nulladimeno, nientedimeno
nieuw nuovo, novello, fresco, recente; altro

nieuweling(e) principiante, novi'zio, novi'zia
nieuwigheid novità *v*
nieuwjaar capo d'anno; *gelukkig ~!*, buon capo d'anno!
nieuwjaarsdag capo d'anno, Capodanno
nieuws novella; noti'zie *mv*, nuove *mv*; (iets -) novità *v*
nieuwsberichten *mv* (in krant) notizia'rio; (radio) giornale radio *m*
nieuwsgierig curioso
nieuwsgierigheid curiosità *v*
nieuwtje nuova, noti'zia; (nieuwigheid) novità *v*
niezen starnutire
nijd invi'dia; a'stio
nijdig invidioso; (boos) stizzoso, rabbioso, adirato
nijlpaard ippopo'tamo
nijpend stringente, intenso
nijptang tana'glie *mv*
nijver industrioso
nijverheid indu'stria
nikkel niche'lio, nichel *m*
niks niente, nulla
niksen non fare niente
nimmer (non) mai, giammai
nis ni'cchia
niveau livello
noch... noch né né
nochtans nondimeno, tuttavia
nodeloos *bn* inu'tile, non necessa'rio; *bijw* senza necessità
nodig necessa'rio; ~ *hebben*, aver bisogno di, abbisognare di; ~ *zijn* esserci bisogno; *er is...~* c'è bisogno; *ik heb... ~* ho bisogno di
noemen nominare; chiamare; menzionare
noemenswaardig note'vole
noemer (de)nominatore *m*
nog ancora; ~ *steeds*, tuttora, sempre
noga torrone *m*
nogal abbastanza, parecchio
nogmaals di nuovo, nuovamente; *ik bedank u ~*, Le rinnovo i miei ringraziamenti
nok comi'gnolo, cu'lmine
nokkenas albero a camme *m*
nominaal nominale
non mo'naca, religiosa
nonchalant noncurante
nonsens nonsenso
non-stop diretto
nood bisogno, penu'ria
nooddeur porta di sicurezza
noodhulp aiuto
noodkreet grido d'allarme
noodlanding atterra'ggio forzato (di fortuna)
noodlijdend bisognoso
noodlot destino, fato, fatalità *v*
noodlottig fatale, funesto

noodrem freno d'emergenza *m*
noodsein segnale *m* d'allarme
noodstop arresto d'emergenza
nooduitgang uscita di sicurezza
noodvulling piombatura provvisoria *v*
noodzakelijk necessa'rio
noodzakelijkheid necessità *v*
noodzaken costri'ngere, forzare,
   necessitare
nooit mai, non mai
Noor norvegese
noord nord *m*
noordelijk settentrionale, boreale
noorden nord *m*, settentrione *m*
noordenwind tramontana, aquilone
   m; borea
noorderbreedte latitu'dine
   settentrionale
noordoosten nord-est *m*
noordpool polo a'rtico
noordwest nord-occidentale
Noordzee Mare *m* del Nord
Noors norvegese
Noorwegen la Norve'gia
noot *muz* nota; (vrucht) noce *v*;
   (aantekening) nota, appunto
nootmuskaat noce moscata
nop bottone *m*; *voor ~*, per niente;
   (tevergeefs) invano
nopen costri'ngere, obbligare
norm norma, regola
normaal normale
nors bu'rbero
nota nota, conto
notabelen *mv* nota'bili *mv*
notarieel notari(a)le
notaris nota'io, notaro
notenboom noce *m*
notendop gu'scio di noce
notenkraker schiaccianoci *m*
noteren annotare
notering *handel* quotazione *v*
notie nozione *v*
notitie noti'zia
notitieboekje taccuino
notulen *mv* verbale *m*, atti *mv*
nou *zie* nu
novelle novella
november novembre *m*
nu ora, adesso; *van ~ af*, d'ora
   innanzi
nuchter digiuno, so'brio
nudist nudista *m*
nudistenkamp campe'ggio per nudisti
nuk capri'ccio
nul *telw* zero; *zn* nulla
nummer nu'mero
nummerbord, -plaat (v. auto) targa
nut utilità *v*; vanta'ggio
nutteloos inu'tile infruttuoso
nuttig u'tile
nuttigen pre'ndere
nylon nailon *m*
nylonkous calza nailon

210

O

oase oasi *v*
ober (primo) cameriere *m*
objectief oggettivo, obiettivo
obligatie obbligazione *v*
oceaan oce'ano
och oh
ochtend mattina; *'s ~s*, di mattina, la
   mattina
ochtendblad giornale *m* del mattino
octaaf ottava
octrooi (patent) patente *v*, brevetto
   d'invenzione
odeur profumo
oefenen esercitare
oefening eserci'zio
oeroud stravecchio
oerwoud foresta ve'rgine
oester o'strica
oeuvre opera
oever riva, lido, costa
of o, od, oppure, ossia; (in bijzin) se,
   che; (alsof) come se; *en ~!*, magari!
offer sacrifi'zio
offeren sacrificare
offerte offerta
officieel ufficiale
officier ufficiale; *~ van justitie*,
   procuratore della Repu'bblica
officieus ufficioso
ofschoon benché, sebbene
oftewel *zie ofwel*
ofwel o, oppure
ogenblik momento, istante *m*; *op het
   ~*, per il momento, per ora,
   attualmente, presentemente, in
   questi giorni, oggi
ogenblikkelijk *bn* immediato; *bijw*
   su'bito, immediatamente
ogenschijnlijk apparente
ogenschouw *in ~ nemen*, esaminare
oké va bene/okay
oksel ascella
oktober ottobre *m*
olie olio; *~ verversen* cambiare l'olio
olie- en azijnstel oliera
oliebol frittella
oliefilter filtro dell'olio *m*
oliën inoliare, u'ngere
oliepeil livello d'olio *m*
oliepomp pompa dell'olio *v*
oliesel *laatste ~*, estrema unzione
oliespuit oliatore *m*
olieverf colore *m* ad o'lio
olifant elefante *m*
olijf oliva
olijfbloesem mi'gnola
olijfboom olivo
olijfolie olio d'oliva *m*
olijk fino, accorto
olm olmo
olympisch oli'mpico
om per; attorno a, intorno di

oma nonna *v*
ombrengen ucci'dere
omdat perché
omdraaien voltare, girare; (de nek)
   to'rcere (il collo); *zich ~*, voltarsi
omelet frittata
omgaan *~ met* (mensen),
   frequentare; trattare; (dingen)
   trattare
omgaande *per ~*, a volta di corriere
omgang giro; processione *v*; (verkeer)
   relazione *v*
omgekeerd inverso, rivolato; opposto
omgeven circondare, ci'ngere
omgeving dintorni *mv*; (v. personen)
   ambiente *m*
omgooien rovesciare
omheen intorno, attorno
omheining siepe *v*, recinto
omhelzen abbracciare
omhelzing abbbra'ccio
omhoog in alto, all' insù, in su, verso
   l'alto
omhullen coprire, inviluppare
omhulsel viluppo, invo'lucro
omkantelen rovesciare
omkeer ritorno; *fig* rivolgimento
omkeren vo'lgere; invertire, girare
omkijken guardare indietro
omkomen perire
omkoopbaar corrompi'bile
omkopen corro'mpere
omlaag in giù, verso il basso, in basso
omlegging (weg) deviazione *v*
omleiding deviazione
omliggend circondante, circostante,
   circonvicino
omloop giro; circolazione *v*
omlopen sviare
ommezien *in een ~*, in un a'ttimo
ommezijde retro, tergo; *zie ~*, vedi retro
omnibus o'mnibus *m*
omreis giro
omrijden girare intorno
omringen attorniare, circondare
omroep radiodiffusione *v*
omroepen chiamare
omroeper radio-annunziatore
omroeren rimestare
omschrijving definizione *v*
omsingelen cingere
omslaan abba'ttere; (veranderen)
   cambiarsi; (wenden) voltare;
   (kleren) me'ttersi; (bladzijde) voltare
omslachtig prolisso
omslag coperta; (v. boek) custo'dia,
   cami'cia; (aan kleren) rimboccatura;
   (drukte) cerimo'nie *mv*
omslagdoek scialle *m*
omstanders *mv* astanti *mv*
omstandigheid circostanza
omstreeks circa
omstreken *mv* dintorni *mv*
omtrek contorno; periferia,

peri'metro; *in de ~*, nei dintorni
omtrent circa, all' incirca
omvallen ca'dere a terra, capovo'lgersi
omvang volume *m*, estensione *v*
omvangrijk voluminoso, a'mpio
omvatten abbracciare; compre'ndere
omverwerpen gettare a terra
omweg giro; *een ~ maken*, allungare la strada
omwenteling rivoluzione *v*; *techn* giro, rotazione *v*
omwerken rifare
omwisselen cambiare
omzet spa'ccio, sme'rcio
omzichtig ca'uto, circospetto
omzien guardare dietro a sè
omzomen orlare
onaangenaam (di)spiace'vole, (di)sgradevole
onaannemelijk inaccetta'bile
onaantrekkelijk non attraente
onaardig cattivo
onachtzaam dissattento, sbadato
onafgebroken conti'nuo
onafhankelijk indipendente
onafscheidelijk insepara'bile
onbaatzuchtig disinteressato
onbarmhartig spietato
onbeduidend insignificante
onbedwingbaar invinci'bile, indoma'bile
onbegaanbaar impraticabile
onbegrensd illimitato
onbegrijpelijk incomprensi'bile
onbehaaglijk spiace'vole
onbeheerd senza padrone
onbeholpen impacciato, goffo
onbehoorlijk sconvene'vole, sconveniente
onbekend sconosciuto, ignoto
onbekwaam incapace, ina'bile
onbekwaamheid inabilità *v*
onbeleefd incivile, scortese
onbelicht oscuro
onbemiddeld senza beni
onbepaald indefinito, indeterminato, vago
onbeperkt illimitato, assoluto
onbereikbaar inaccessi'bile; (doel) inconsegui'bile
onberekenbaar incalcola'bile
onberijdbaar (weg) impraticabile
onberispelijk irreprensi'bile
onbeschaafd incolto, incivile
onbeschaafdheid inciviltà *v*
onbeschaamd sfacciato, impudente, impertinente
onbeschadigd non danneggiato, indenne
onbescheiden indiscreto, immodesto
onbeschoft maleducato
onbeschrijfelijk indescrivi'bile; indici'bile
onbeschroomd ardito

onbeslist indeciso
onbesproken (gedrag) irreprensi'bile; (plaats) li'bero
onbestelbaar non recapita'bile
onbestemd indefinito; vago
onbestendig insta'bile, incostante, muta'bile
onbesuisd impetuoso
onbetaalbaar impaga'bile
onbetamelijk indecente
onbetekenend insignificante
onbetrouwbaar (mens) infido, non fidato; (berichten) inattendi'bile
onbetwistbaar incontesta'bile
onbevaarbaar innaviga'bile
onbevlekt immacolato
onbevoegd incompetente
onbevooroordeeld spregiudicato
onbevreesd intre'pido
onbewaakt incustodito
onbeweeglijk immo'bile
onbewogen impassi'bile
onbewolkt sereno
onbewoonbaar inabita'bile
onbewoond disabitato
onbewust inco'nscio, incosciente
onbezonnen sconsiderato
onbezorgd tranquillo
onbillijk ingiusto, ini'quo
onbrandbaar incombusti'bile
onbreekbaar infrangi'bile
onbruikbaar inservi'bile
ondank ingratitu'dine *v*
ondankbaar ingrato
ondanks nonostante, malgrado
onder sotto; sotto a, sotto di (bij personen); (tussen) fra, tra
onderaan in basso, di sotto; *~ de bladzijde*, in fondo alla pa'gina
onderaards sotterra'neo
onderbewustzijn subcoscienza
onderbreken interrom'pere
onderbrengen sistemare
onderbroek mutande *v mv*
onderdaan su'ddito
onderdak allo'ggio, rico'vero
onderdanig soggetto, sommesso
onderdeel parte *v*, pezzo, pezzo di ricambio
onderdompelen imme'rgere, (at)tuffare (in)
onderdrukken oppri'mere; repri'mere, soffocare
onderdrukking (s)oppressione *v*
on'dergaan (zon) andar sotto, tramontare; (schip) sprofondare
ondergaan' subire, soffrire
ondergang rovina; malora; (zon) tramonto
ondergeschikt subordinato
ondergetekende sottoscritto (a)
ondergoed biancheria personale
ondergronds sotterra'neo
ondergrondse metropolitana *v*

onderhandelen negoziare
onderhandeling negoziazione *v*
onderhands sottomano, privato
onderhevig aan soggetto a
onderhoud manutenzione *v*, mantenimento; sostentamento; (gesprek) collo'quio
onderhouden mantenere; (vermaken) divertire; (vermanen) rimproverare
onderhoudend divertente
onderhoudsbeurt messa a punto *v*
onderhuids subcuta'neo, sottocutaneo
onderin in fondo a
onderkaak mascella inferiore
onderkant lato inferiore
onderkomen *ww* trovar posto (rico'vero); rico'vero, allo'ggio
onderkruiper crumiro
onderlijf basso ventre, addome *m*
onderling mu'tuo, reci'proco
onderlip labbro inferiore
ondermijnen minare
ondernemen intrapre'ndere
ondernemend intraprendente
ondernemer imprenditore *m*
onderneming (firma) impresa; (werk) impresa, intrapresa
onderofficier sottufficiale
onderpand pegno
onderricht istruzione *v*
onderrichten istruire
onderscheid differenza
onderscheiden *ww* disti'nguere; *bn* distinto; diverso, differente
onderscheiding distinzione *v*; (lintje) decorazione *v*
onderschrift iscrizione *v*; (onder illustraties) didascalia
ondershands di sotto mano
onderst il più basso, inferiore
onderstaand sotto menzionato (indicato, riportato), qui sotto, seguente
ondersteboven sottosopra, capovolto
onderstel sostegno
ondersteunen sostenere, appoggiare, secondare
ondersteuning appo'ggio; *fig* soccorso, aiuto
onderstrepen sottolineare
ondertekenen firmare, sottoscri'vere
ondertiteld sottotitolato
ondertrouw pubblicazioni *mv* di matrimo'nio
ondertussen in-, frattanto
ondervinden provare
ondervinding esperienza
ondervoeding denutrizione *v*
ondervragen interrogare
onderweg lungo la strada
onderwereld (v. misdadigers) malavita *v*; (schimmenrijk) Ta'rtaro, orco

onderwerp soggetto

onderwerpen sottome'ttere, sottoporre, assoggettare

onderwijl in-, frattanto

onderwijs istruzione v; insegnamento

onderwijzen istruire

onderwijzer mae'stro

onderwijzeres mae'stra

onderzeeër sommergibile, sottomarino

onderzees sottomarino

onderzoek esame m, inda'gine v; recht istrutto'ria

onderzoeken esaminare, indagare

ondeugd vi'zio, difetto

ondeugdelijk difettoso

ondeugend cattivo, malva'gio

ondiep poco profo'ndo

ondier mostro

ondoenlijk impratica'bile

ondoordacht inconsiderato

ondoorschijnend opaco, non trasparente

ondraaglijk insopporta'bile

onduidelijk indistinto; nebuloso

onduldbaar intollera'bile

onecht falso, illegi'ttimo, falsificato; posti'ccio

oneens discorde

oneerbiedig irreverente

oneerlijk sleale, disonesto

oneerlijkheid disonestà v

oneffen irregolare, non uniforme

oneindig infinito, illimitato

onenigheid disco'rdia, ruzza

onervaren inesperto, imperito

oneven dispari

onevenwichtigheid desequili'brio

onfatsoenlijk indecente, sconvene'vole

ongaarne malvolentieri, a malincuore

ongeacht indifferentemente (per), nonostante, malgrado

ongebruikelijk insolito

ongedeerd illeso, indenne

ongedierte insetti parassiti mv

ongeduld impazienza

ongeduldig impaziente

ongedurig insta'bile

ongedwongen disinvolto

ongeëvenaard incompara'bile

ongegrond infondato

ongehoord inaudito

ongehoorzaam disubbidiente; inobbediente; ~ zijn, disobbedire

ongehuwd ce'libe; non sposato

ongeldig inva'lido, nullo

ongelegen inopportuno

ongelijk ineguale, differente; ~ hebben, aver torto

ongeloof incredulità v; irreligiosità v; miscredenza

ongelooflijk incredi'bile

ongelovig incre'dulo, infedele

ongeluk disgra'zia, sfortuna, disdetta, sventura; (ongeval) accidente m, incidente m

ongelukkig infelice, sventurato, sfortunato, infortunate

ongeluksvogel disgraziato

ongemak disa'gio, inconveniente m, fasti'dio

ongemakkelijk inco'modo

ongemanierd sgarbato

ongemeen poco comune, singolare, straordina'rio

ongemerkt inosservato

ongenaakbaar inaccessi'bile

ongenade disgra'zia

ongeneeslijk incura'bile

ongenoegen spiacere m; (twist) disco'rdia

ongeoorloofd ille'cito, vietato

ongepast sconvene'vole, indecente, inconveniente

ongeregeld non regolato

ongerept immacolato, puro

ongerief incomodità v

ongerijmd assurdo

ongerust inquieto

ongeschikt incapace, inetto

ongeschonden intatto, i'ntegro

ongeschoold non qualificato

ongesteld (ziek) indisposto; ik ben ~ (v. vrouwen) ho la mestruazione

ongesteldheid (ziekte) indisposizione v; (v. vrouwen) mestruazione v

ongestoord indisturbato

ongetwijfeld senza du'bbio, indubbiamente

ongevaarlijk non pericoloso, inno'cuo

ongeval accidente m

ongevallenverzekering assicurazione v contro gli infortuni

ongeveer circa, incirca

ongevoelig insensi'bile (a)

ongewenst indesidera'bile

ongewoon inso'lito; non avvezzo, non assuefatto

ongewoonte dissuetu'dine v

ongezellig insocia'bile

ongezond malsano; insalubre; (ziekelijk) malati'ccio

ongunstig sfavore'vole

onguur sinistro

onhandelbaar intratta'bile

onhandig disadatto, maldestro

onhebbelijk sgarbato

onheil male m, malanno

onheilspellend lu'gubre

onherbergzaam inospitale

onherkenbaar irriconosci'bile

onherroepelijk irrevoca'bile

onherstelbaar irrepara'bile

onheuglijk immemora'bile

onhoorbaar inaudi'bile

onjuist falso; inesatto

onkies indelicato

onkosten mv spese mv

onkruid erba'ccia, malerba

onkunde ignoranza

onlangs poco fa

onleesbaar illeggi'bile

onlusten mv diso'rdini mv

onmacht impotenza

onmatig immoderato; intemperante

onmens bruto, ba'rbaro

onmenselijk disumano, inumano

onmerkbaar impercetti'bile

onmetelijk immenso

onmiddellijk bn immediato; bijw immediatamente

onmin dissenso, disco'rdia

onmisbaar indispensa'bile

onmogelijk impossibile

onmondig minorenne

onnadenkend spensierato, irriflessivo

onnatuurlijk innaturale

onnavolgbaar inimita'bile

onnodig non necessa'rio

onnozel sce'mpio, sciocco

onontbeerlijk indispensa'bile

onooglijk sparuto, disavvenente

onophoudelijk incessante

onoplettend disattento

onopzettelijk involonta'rio

onordelijk disordinato, confuso

onovergankelijk intransitivo

onoverwinnelijk invinci'bile

onpartijdig imparziale

onpasselijk indisposto; ~ zijn, aver la na'usea

onraad peri'colo

onrecht torto; ingiusti'zia

onrechtmatig illegi'ttimo

onrechtvaardig ingiusto

onrechtvaardigheid ingiusti'zia

onredelijk irragione'vole

onregelmatig irregolare

onrijp immaturo, verde

onroerend goed beni immo'bili mv

onrust inquietu'dine v, agitazione v

onrustig inquieto, agitato

ons zn (100 gram) etto m

ons pers vnw ci, noi; bez vnw nostro

onsamenhangend incoerente

onschadelijk inno'cuo

onschatbaar inestima'bile

onschendbaar inviola'bile

onschuld innocenza

onschuldig innocente

onsmakelijk disgustoso

onstandvastig instabile

onsterfelijk immortale

onstuimig impetuoso

onsympathiek antipa'tico

ontaard degenerato, snaturato

ontberen mancare di

ontbering privazione v, mancanza

ontbijt colazione v

ontbijten fare colazione

ontbinden (huwelijk) sco'gliere

ontbloot nudo; scoperto; ~ *van*, privo di

ontboezeming effusione *v*, sfogo

ontbranden infiammarsi

ontbreken mancare

ontcijferen decifrare

ontdaan (s)costernato

ontdekken scoprire

ontdekker scopritore *m*

ontdekking scoperta

ontdooien sgelare

ontduiken elu'dere; evitare

onteigenen espropriare

ontelbaar innumere'vole

ontembaar indoma'bile

onteren disonorare

onterven diseredare

ontevreden (di)scontento, malcontento

ontevredenheid malcontento

ontfermen zich ~ *over*, aver compassione di

ontferming miserico'rdia

ontgaan sfuggire

ontginnen dissodare

ontgoocheling delusione *v*, disillusione *v*

onthaal accoglienza

onthalen festeggiare

ontheffen liberare (da)

ontheffing liberazione *v*

ontheiliging profanazione *v*

onthouden ritenere; (in het geheugen) ricordare, ritenere; *zich* ~, astenersi

onthouding astinenza

onthullen svelare; rivelare

onthutst sconcertato

ontijdig intempestivo, fuor di tempo

ontkennen negare

ontketenen scatenare

ontkiemen germinare

ontknoping scioglimento

ontkomen fuggire, scappare

ontladen scaricare

ontlasting (poep) feci *v*

ontleden dissecare, anatomizzare; *gramm* analizzare

ontleding dissezione *v*; *gramm* ana'lisi *v*

ontlenen dedurre da

ontluiken aprirsi, sbocciare

ontmaskeren smascherare

ontmoedigen scoraggiare

ontmoeten incontrare

ontmoeting (r)incontro

ontnemen to'gliere, pre'ndere

ontnuchteren disingannare

ontoegankelijk inaccessi'bile

ontoelaatbaar inammissi'bile, intollera'bile

ontoerekenbaar irresponsa'bile

ontoonbaar non presenta'bile

ontploffen esplo'dere

ontploffing esplosione *v*

ontplooien spiegare, diste'ndere

ontroerd commosso

ontroering commozione *v*

ontroostbaar inconsola'bile

ontrouw *bn* infedele; *zn* infedeltà *v*

ontruimen sgomb(e)rare

ontschepen sbarcare

ontslaan licenziare; dime'ttere

ontslag dimissione *v*, congedo; *zijn* ~ nemen, licenziarsi

ontsluiten schiu'dere, aprire

ontsmetten disinfettare

ontsnappen scappare, sfuggire

ontspannen rilassare; diste'ndere; *zich* ~ (zich vermaken), ricrearsi; (relaxen) rilassarsi

ontspanning (r)allentamento; *fig* (vermaak) divertimento, ricreazione *v*; (relaxatie) rilassamento; *fig* divertimento, ricreazione *v*

ontsporen deviare, deragliare

ontstaan *ww* na'scere, so'rgere, prodursi, svilupparsi, verificarsi, formarsi; na'scita, ge'nesi *v*

ontsteken acce'ndere, infiammare

ontsteking *med* infiammazione *v*; (van auto en *elektr*) accensione *v*

ontsteld costernato, sconcertato

ontsteltenis sbigottimento, costernazione *v*

ontstemd indispettito, di cattivo umore; *muz* scordato

ontstemming malumore *m*

onttrekken sottrarre

ontucht impudici'zia, oscenità *v*

ontvangbewijs ricevuta

ontvangen (brief, goederen) rice'vere; (gasten) acco'gliere

ontvanger ricevitore; (belasting~) esattore; *rad* recettore *m*

ontvangst ricevuta, ricevimento; (onthaal) accoglienza

ontvangtoestel ricevitore *m*

ontvlambaar infiamma'bile

ontvlekken smacchiare

ontvluchten fuggire

ontvoering ratto, rapimento

ontvouwen spiegare

ontvreemding furto

ontwaken svegliarsi

ontwapening disarmamento

ontwarren districare

ontwerp abbozzo, progetto

ontwerpen progettare; abbozzare, disegnare, concepire

ontwijding profanazione *v*

ontwijfelbaar indubita'bile

ontwijken scansare

ontwijkend evasivo

ontwikkelaar *fotogr* sviluppo

ontwikkeld istruito, colto

ontwikkelen sviluppare

ontwikkeling (*fotogr* en groei)

sviluppo; (evolutie) evoluzione *v*; (kennis) cultura

ontzag rispetto

ontzaglijk enorme, immenso, formida'bile

ontzeggen rifiutare; *zich* ~, privarsi di

ontzettend terri'bile, orrendo

ontzetting destituzione *v*; (schrik) spavento

ontzien rispettare, (sparen) risparmiare

onuitputtelijk inesauri'bile

onuitstaanbaar insopporta'bile

onuitvoerbaar insegui'bile, ineffettuabile

onvast insta'bile, incerto

onveilig malsicuro, pericoloso

onveranderlijk invaria'bile, immuta'bile

onverantwoordelijk irresponsa'bile

onverbeterlijk incorreggi'bile

onverbiddelijk inesora'bile

onverdraaglijk insopporta'bile, intollera'bile

onverdraagzaam intollerante

onverenigbaar incompati'bile

onvergankelijk imperituro, non transito'rio

onvergeeflijk imperdona'bile, inescusabile

onvergelijkelijk incompara'bile

onvergetelijk indimentica'bile

onverhoeds *bn* inaspettato, improvviso; *bijw* all'improvviso, inaspettatamente

onverhoopt inesperato

onverklaarbaar inesplica'bile

onverlaat scellerato

onvermijdelijk inevita'bile

onvermoeibaar infatica'bile, instancabile

onvermoeid non affaticato

onvermogen impotenza

onverrichter zake senza aver fatto nulla

onversaagd intre'pido

onverschillig indifferente

onverschrokken intre'pido

onverslijtbaar indistrutti'bile

onverstaanbaar inintelligi'bile

onverstandig poco prudente

onverstoorbaar imperturba'bile

onvertaalbaar intraduci'bile

onvertogen indecente

onvervalst non alterato; *fig* schietto, genuino, mero

onverwacht inaspettato

onverwachts all'improvviso, inaspettatamente, improvvisamente

onverwijld su'bito, immantinente

onverzadigbaar insaziabile

onverzoenlijk implaca'bile, inconciliabile

onverzorgd indigente; incolto

213

onvoldaan scontento; poco
so(d)disfatto; non pagato
onvoldoende insufficiente
onvolkomen imperfetto
onvolledig incompleto, manchevole
onvoorbereid *bn* imprepara to; *bijw*
estempore
onvoordelig svantaggioso
onvoorwaardelijk assoluto,
incondizionato
onvoorzichtig inca'uto
onvoorzien imprevisto
onvriendelijk poco gentile
onvruchtbaar ste'rile
onwaar non vero, falso
onwaardig indegno
onwaarheid menzogna
onwaarschijnlijk inverisi'mile,
improbabile
onweer temporale *m*
onweerstaanbaar irresisti'bile
onwel indisposto
onwelvoeglijk indecente
onwetend ignaro, ignorante,
nesciente, nescio
onwettig illegate
onwijs imprudente
onwil cattiva voluntà
onwillekeurig involonta'rio
onze nostro, il nostro; *de ~n,* i nostri
onzedelijk immorale
onzeker incerto, malsicuro
onzekerheid incertezza
onzerzijds da parte nostra
onzevader paternostro
onzichtbaar invisi'bile
onzijdig ne'utro, neutrale
onzijdigheid neutralità *v*
onzin nonsenso
onzindelijk su'dicio, sporco
onzinnig insensato, assurdo
onzuiver impuro
oog o'cchio; (van naald) cruna; *met 't*
~ op, riguardo a, per riguardo a, in
considerazione di, dato (-a),
considerato, considerando
oogappel pupilla
oogarts oculista *m,v*
ooggetuige testimo'nio oculare
ooghaar ci'glio
ooglid pa'lpebra
oogmerk disegno, intento, scopo
oogpunt punto di vista
oogst (rac)colta, (koren) messe *v;*
(wijn) vende'mmia
oogsten racco'gliere, mie'tere
oogwenk ba'tter *m* d'o'cchio, colpo
d'o'cchio
ooievaar cicogna
ooit mai
ook anche, pure; *~ niet,* né,
nemmeno, non pure
oom zio
oor ore'cchio, ore'cchia; (handvat

ook) ma'nico
oorarts otoiatra *m,v*
oorbel orecchino
oord luogo, sito
oordeel opinione *v;* giudi'zio
oordeelkundig giudizioso
oordelen giudicare
oorkonde documento
oorlel lobo dell'ore'cchio
oorlog guerra
oorlogsschip nave da guerra
oorontsteking infiammazione *v*
dell'ore'cchio
oorpijn mal d'orecchi *v*
oorschelp padiglione *m* dell' ore'cchio
oorsprong ori'gine *v;* gerine *m*
oorspronkelijk originale
oorverdovend assordante
oorvijg schiaffo
oorzaak ca'usa, cagione *v*
oost est *m*
oostelijk dell'est, orientale
oosten est, levante, oriente
Oostenrijk l'A'ustria
Oostenrijker austri'aco
Oostenrijks austri'aco
oosters orientale
Oostzee *Mare m* Ba'ltico
ootmoed umiltà *v*
op su, sopra; *bijw* finito
opa nonno *m*
opbellen telefonare
opbergen riporre, me'ttere a posto
opbeuren sollevare
opbouwen edificare
opbrengst produzione *v*
opdat acciocché, affinché
opdienen servire
opdoen rice'vere; (ziekte) pigliarsi;
(kopen) comprare
opdracht inca'rico, commissione *v;*
(boek) de'dica
opdrachtgever committente *m*
opdragen incaricare di
opdrinken bere
opdrogen asciugare, seccare
opeen l'uno sopra l'altro
opeenhopen conglomerare,
accumulare
opeenhoping accumulazione *v,*
ammasso
opeens ad un tratto
opeisen richie'dere, reclamare
open aperto; (onbezet) vacante; *~*
haard camino
openbaar pu'bblico; *~ vervoer*
trasporto pubblico
openbaarmaking pubblicazione *v*
openbaring rivelazione *v; ~ van*
Johannes, Apocalisse *v*
opendoen, openen aprire
opengaan aprirsi
openhartig sincero, franco
opening apertura; inaugurazione *v*

openingstijden orari d'apertura *m*
openlijk pu'bblico; in pu'bblico;
aperto, manifesto
openluchtspel giucco all'a'ria aperta
openluchttheater teatro all' aperto
opera opera *v*
operateur operatore
operatie operazione *v*
opereren operare
operette operetta
opeten mangiare
opfrissen rinfrescare, ritoccare
opgaan levare; salire
opgang salita; (zon) levata; *fig* furore
m
opgave compito; incarico
opgeblazen go'nfio
opgebroken (weg) dissestata (strada)
opgeruimd di buon umore, allegro,
ga'io, giocondo
opgetogen rapito, incantato
opgeven (opdragen) dar un co'mpito;
(afzien van) rinunziare a,
abbandonare; lasciare; desi'stere
da; (bloed) sputare; (gegevens)
precisare; (order) dare; *zich ~ voor*
aderire a
opgewassen zijn re'ggere a
opgewekt lieto, allegro, brioso
opgewonden agitato
opgraven scavare, ricavare
opgraving scavamento, escavazione *v*
opgroeien cre'scere, ingrandirsi
ophaalbrug ponte *m* levato'io
ophalen (schouders) alzare;
(inzamelen) racco'gliere; (pakje,
auto etc.) ritirare; (personen)
andare a pre'ndere, rilevare
ophangen sospe'ndere
opheffen (optillen) alzare, sollevare;
(afschaffen) soppri'mere; annullare
ophelderen chiarificare
ophijsen issare, ghindare
ophitsen aizzare
ophogen alzare, rialzare
ophopen ammonticchiare, amassare,
cumulare
ophouden sostenere; (vertragen)
ritardare; (uitscheiden) cessare;
zich ~, soggiornare, dimorare
opjagen cacciare; (stof, prijs) alzare
opklapbed letto a ribalta
opklaren (weer) rasserenarsi
opknappen *overg* pulire; *onoverg*
rifarsi
opkomen alzarsi; levarsi; (gedijen)
prosperare; (ontkiemen)
germogliare
opkomst progresso
opkweken allevare
oplaag tiratura
opleggen imporre
opleiden educare, formare
opleiding formazione *v,* avviamento,

preparazione v
opletten fare attenzione
oplettend attento
opleveren re'ndere, fruttare
oplichten (optillen) levare; (bedriegen) ingannare
oplichter imbroglione m
oplichting truffa v
oploop ressa, concorso
oplopen (verkoudheid) buscarsi, contrarre
oplosbaar solu'bile
oploskoffie caffè solubile m
oplossen scheik scio'gliere; disso'lvere (vraagstuk); scio'gliere, riso'lvere
oplossing soluzione v
opmaken (verteren) finire, consumare; (geld) spendere; (verkwisten) dissipare; (bed, rekening) fare; (haar) accommodare; (gezicht) imbellettare
opmerkelijk note'vole, riguarde'vole, rimarche'vole
opmerken rimarcare, osservare
opmerking osservazione v, annotazione v
opmerkzaam attento
opmeten misurare
opname accoglienza; fotogr fotografia
opnemen (oprapen) racco'gliere; (in lijst, catalogus etc.) inserire, inclu'dere; (geld) prelevare, ritirare
opnieuw nuovamente; di nuovo
opnoemen enumerare
opofferen sacrificare
opoffering sacrifi'zio
oponthoud soggiorno; (vertraging) ritardo, dimora
oppas baby sitter v
oppassen stare attento; (verplegen) servire; (zieken) curare; (kinderen) fare attenzione, fare da baby sitter
opperen proporre
opperhoofd capo
oppersen stirare
oppervlakkig superficiale
oppervlakte superfi'cie v
oppompen (band) gonfiare
oppositie opposizione v
oprapen racco'gliere, raccattare
oprecht sincero, schietto
oprichten eri'gere; inalzare; zich ~, rilevarsi
oprijlaan viale m d'ingresso
oprisping rutto, flato
oprit rampa, ingresso
oproepen chiamare
oproeping appello; chiamata; convocazione
oproer ribellione v, rivolta
oproerig ribelle, sedizioso
oprollen arrotolare

oprotten andare a quel paese
opruier instigatore, agitatore
opruimen me'ttere in o'rdine; (winkel) sve'ndere
opruiming (uitverkoop) liquidazione v
opscheppen (eten) servire; millantare, vantarsi
opschieten far presto
opschik addobbo; ornamenti pl
opschorting sospensione v, dilazione v
opschrift iscrizione v, scritta, insegna
opschrijfboekje taccuino
opschrijven notare, scri'vere
opschudding tumulto
opsieren omare
opslaan (ogen) alzare; (prijs) rincarare, cre'scere (prezzo); (tent) me'ttere su; (boek) aprire; (mouw) rimboccare
opslag (aan kleren) mostra; (prijs) rincaro, aumento; (ogen) guardatura; (hoger bod) incanto
opslagplaats magazzino
opsluiten serrare, me'ttere sotto chiave
opsnijder fanfarone m
opsommen enumerare
opsporen scovare; (rin)tracciare; (wild) braccare
opspringen saltare
opstaan levarsi, alzarsi; (in opstand komen) sollevarsi
opstand sedizione v
opstandeling ribelle
opstanding risurrezione v
opstapelen ammonticchiare
opstappen andare via, andarsene
opsteken acce'ndere; (haar) raccogliere
opstel (op school) componimento; (in tijdschrift) abbozzo; sa'ggio
opstellen (oprichten) piantare, eri'gere; (ontwerpen) progettare; (schrijven) comporre
opstijgen salire, montare; (v. vliegtuig) decollare
opstijging ascensione v; montata; (vliegtuig) decolla'ggio
opstoken aizzare, istigare
opstopping (verkeer) ingorgo m
opstropen (mouw) rimboccare
opsturen spedire, inviare
optekenen notare, registrare
optellen addizionare, sommare
opticien o'ttico
optillen sollevare, alzare
optimist ottimista
optocht corte'ggio, corteo
optreden (artiesten) prodursi, esibirsi
optrekken alzare; fabbricare; (vliegtuig) impennare
opvallend appariscente; (opzichtig) vistoso

opvangen raccogliere; captare
opvatting concetto, opinione v
opvegen spazzare
opvliegend colle'rico
opvoeden educare, allevare
opvoeding educazione v
opvoedkunde pedagogia
opvoering rappresentazione v
opvolgen succe'dere; (bevel) eseguire; (raad) seguire
opvolger successore m
opvouwbaar pieghe'vole, piegabile
opvouwen piegare
opvrolijken rallegrare
opvullen riempire
opwegen tegen compensare
opwekken svegliare; (uit de dood) risuscitare; (opbeuren) animare; rallegrare; (eetlust) stimolare (l'appetito), eccitare
opwelling impulso, i'mpeto m
opwinden (klok) caricare; fig eccitare, agitare; zich ~, agitarsi
opwinding eccitazione, agitazione v
opzeggen recitare; (ontslaan) congedare; de huur ~, dare la disdetta
opzenden spedire, mandare
opzet disegno, propo'sito; premeditazione v
opzettelijk di propo'sito
opzetten (hoed) me'ttersi; (tent) montare
opzicht sorveglianza v; ten ~e van, rispetto a, in confronto di, nei confronti di, di fronte a; in elk ~, sotto ogni aspetto (riguardo); in dat ~, da quel punto di vista
opzichter sorvegliante, ispettore
opzichtig appariscente, vistoso
opzien alzar gli occhi; maravigliarsi; ~ tegen, aver rispetto per; zn rumore m
opzienbarend sensazionale
opzij da parte
opzijgaan scostarsi, farsi di lato
opzoeken cercare; iem ~, andare in cerca di
opzuigen imbevere, assorbire, succiare
opzwellen gonfiarsi, enfiarsi
opzwelling gonfiamento
oranje arancione
orde o'rdine m; (tucht) disciplina; in ~ brengen, me'ttere in o'rdine; in ~ in regola
ordelijk regolato, ordinato
ordeloos disordinato
order o'rdine m; mandato
ordinair volgare, triviale
ordonnans ordinanza, portao'rdini
orgaan o'rgano
organisatie organizzazione v
organisch orga'nico

organiseren organizzare
organisme organismo
organist organista
orgel o'rgano; (draai-) organino
orgeldraaier sonatore d'organino
oriënteren zich ~, orientarsi
origineel originale *m*; *bn* originale
orkaan uragano
orkest orchestra
os bue
ossenhaas filetto di bue
ossentong lingua di bue
ossenvlees manzo
otter lontra
oud ve'cchio; (ex) anziano; *hoe ~ bent u?* quanti anni ha?
oudbakken raffermo
oudejaarsavond vigi'lia del capo d'anno, sera di San Silvestro, sera di capodanno
ouder *bn* più vecchio, maggiore; *zn* genitore
ouderdom vecchia'ia; vecchiezza; (leeftijd) età *v*
ouderling anziano
ouders *mv* genitori *m mv*
ouderwets fuor di moda; antico
oudheid antichità *v*
oudoom prozio
oudste seniore, maggiore, più anziano; *mijn ~ zuster*, la mia sorella maggiore
ouverture apertura
ouvreuse inserviente *v*
ouwel o'stia
ovaal ovale
oven forno, fornace *v*
over sopra, sovra, sù; *het is ~ zes*, sono le sei passate
overal dappertutto, da ogni parte
overall tuta
overbelichten sovraesporre
overblijfsel avanzo, rimasu'glio, resto
overblijven rimanere
overbluffen sconcertare, confo'ndere
overbodig supe'rfluo
overboord in mare
overbrengen portare; trasportare; (klikken) riferire
overbuur vicino di rimpetto
overdaad profusione *v*, eccesso
overdadig sovrabbondante
overdag di giorno
overdenking riflessione *v*, meditazione *v*
overdoen rifare
overdragen trasferire
overdreven esagerato, eccessivo
o'verdrijven (wolken) passare
overdrij'ven esagerare
overdrijving esagerazione *v*
overeenkomen (afspreken) convenire, accordarsi; (gelijken) concordare (con)

overeenkomst accordo; convenzione *v*; concordanza
overeenkomstig conforme
overeenstemmen accordarsi; corrispo'ndere
overeenstemming accordo, concordanza
overeind diritto, in piedi
overgaan passare; (telefoon) squillare
overgang passa'ggio; tragitto; (school) promozione *v*
overgankelijk transitivo
overgave consegna; (v. vesting) capitolazione *v*
overgeven rime'ttere, re'ndere; (braken) vomitare
overgewicht soprappeso *v*
overgooier scamiciato
overgrootmoeder bisnonna
overgrootvader bisnonno
overhaasten precipitare
overhalen persuadere
overhand superiorità *v*
overhandigen rime'ttere, consegnare (in mano)
overheen (al di) sopra
overheersen dominare
overheid autorità *v*, governo, magistrato
overhellen chinarsi; pe'ndere; *fig* e'ssere inclinato a
overhemd camicia
overhouden averne di resto; ritenere
overig altri (-e), rimanenti
overigens del resto, d'altra parte
overjas sopra'bito
overkant lato opposto
overkapping tetto'ia
o'verkomen venire, traversare
overko'men (gebeuren) acca'dere, succe'dere, capitare
overkomst venuta
overla'den *ww* sopraccaricare; trasbordare; *bn* sopracca'rico
overlast importunità *v*
overlaten lasciare
overleden defunto, morto
overleg deliberazione *v*; *in ~ met*, d'accordo con
o'verleggen (tonen) mostrare
overleg'gen discutere, dibattere
overlevende sopravvivente *m-v*
overleveren consegnare
overlevering consegna; tradizione *v*
overlijden *ww* trapassare, morire; trapasso, morte *v*
overmaat colmo; eccesso; *tot ~ van ramp*, por colmo di sciagura
overmacht prepotenza, superiorità *v*; (recht) forza maggiore
overmaken rifare; (geld enz) rime'ttere, consegnare
overmatig eccessivo
overmeesteren vi'ncere

overmoed prote'rvia
overmorgen dopodomani, posdomani
overnachten pernottare
overnachting pernottamento
overname acquisto
overnemen incaricarsi di; assu'mere, pre'ndere (il comando); (kopen) comprare
overpeinzing riflessione *v*
overplaatsen trasferire
overreden persuadere
overredingskracht persuasiva
overreiken presentare, po'rgere
overrij'den me'tter sotto
overrompeling sorpresa
overschakelen cambiare, passare a
overschatten stimar oltre il valore; stimar troppo
overschieten restare; avanzare
overschot (sopr)avanzo, resto, rimanenza
overschrijden passare; *fis* trasce'ndere, oltrepassare
overschrijven trascri'vere, copiare; (geld) trascri'vere
overslaan saltare; ome'ttere
overspannen esaltato
overstapje (biglietto di) coincidenza
overstappen (bus, trein) cambiare (bus, treno)
overste capo, superiore; *mil* tenente colonnello
oversteekplaats passaggio pedonale *m*
oversteken (at)traversare
overstelpen (ri)colmare
overstromen inondare
overstroming inondazione *v*
overtocht passa'ggio; tragitto; traversata
overtollig supe'rfluo, sove'rchio
overtreden trasgredire
overtreding infrazione *v*, trasgressione *v*, violazione *v*
overtreffen superare
overtrek rivestimento; (v. paraplu) fo'dero
overtrek'ken coprire, rivestire
o'vertrekken passare; calcare
overtuigen persuadere, convincere
overtuigend persuasivo, convincente
overtuiging convinzione *v*
overval colpo di mano
overvloed abbondanza, copia
overvloedig abbondante, copioso
overvra'gen chie'dere troppo
overweg passaggio a livello
overwe'gen considerare
overwegend preponderante
overweging considerazione *v*, esame *m*
overwerk lavoro straordina'rio
o'verwerken lavorare oltre l'ora'rio
overwer'ken (zich) strapazzarsi

lavorando
overwicht soprappeso
overwinnaar vincitore *m*
overwinnen vi'ncere, superare
overwinning vitto'ria
overwinteren svernare; invernare
overzee oltremarino
overzees oltremarino
overzenden mandare, spedire
overzetten traghettare; trasportare
overzicht prospetto, riassunto, somma'rio, rassegna, quadro generale
overzichtelijk ben chiaro, perspi'cuo

P

p/a (*per adres*) presso
pa papà, babbo
paal palo
paar pa'io; co'ppia
paard cavallo
paardebloem tara'ssico, soffione *m*
paardenkracht cavallo vapore *m*
paardensport equitazione *v*
paardrijden andare a cavallo
paardrijden cavalcare
paarlemoer madreperla
paars viola, violetto, viola'ceo
paasdag giorno di Pa'squa
paasvakantie le vacanze pasquali
pad [*het*] (weg) sentiero
pad [*de*] (dier) rospo, botta
paddestoel fungo
padvinder gio'vane esploratore, scout
pagina pa'gina
pak pacco, collo; (kleren) completo, vestito, abito
pakhuis magazzino
pakje pacchetto; (bankbiljetten etc.) plico
pakken impaccare; imballare; (grijpen) afferrare, ghermire; (ontroeren) commuo'vere
pakket pacchetto
pakking guarnitura *v*
pakpapier carta da imballa'ggio
pal paletto
paleis palazzo
palet tavolozza
paling anguilla
palm palma
Palmzondag Dome'nica delle palme
pamflet pamphlet *m*, libello
pan pe'ntola; casseruola; (dak-) te'gola
pand (onderpand) pegno; (v. jas) falda; (perceel) sta'bile *m*
pandbrief ipoteca
paneel riquadro
paniek (timor) pa'nico
panne (pech) panna, guasto *m*
pannenkoek frittella
pantalon pantaloni *mv*

panter pantera
pantoffel pianella; panto'fola
pantser corazza
panty calze di nailon *v*
pap pappa, farinata
papa pappa, babbo
papaver papa'vero
papegaai pappagallo
papier carta
papieren di carta
papiermand cestino
paprika peperone *m*
paraaf parafa
parachute paracadute *m*
parachutist paracadutista
paradijs paradiso
paraferen parafare
paraplu ombrello
parasol ombrellone *m*, ombrellino
pardon! scusi!, con permesso
parel perla; margherita
parelhoen faraona
parelsnoer filo di perle
paren accoppiare
parfum profumo
parfumeren profumare
pari pari; *a ~*, alla pari
Parijs Parigi *m*
park parco
parkeerautomaat parchimetro *m*
parkeergarage parcheggio coperto a pagamento *m*
parkeerlicht luce di posizione *v*
parkeermeter parchimetro
parkeerplaats parche'ggio, auto-parche'ggio
parkeerschijf disco orario
parkeerverbod divieto di parcheggio *m*
parkeren parcheggiare
parketvloer pavimento a tasselli
parlement parlamento
Parmezaans parmigiano
parochie parro'cchia
part parte *v*
parterre (schouwburg) platea; (huis) pianterreno
particulier privato, particolare
partij (waren) partita; parte *v*; (politiek) partito, fazione *v*; (feest) festa; (spel) partita
partijdig parziale
partituur spartito, partitura
partner partner *m/v*
party festa
pas (stap) passo; (reis~) passaporto; (berg~) va'lico, passo; *bijw* or ora, appunto; fa
pas op! attenzione!
pascontrole controllo di passaporti
Pasen Pasqua *v*
pasfoto foto tessera *m*
paskamer camerino *m*
pasmunt numera'rio

paspoort passaporto
passage passa'ggio; (winkelgalerij) galleria
passagebureau uffi'cio passeggieri
passagier viaggiatore; (op boot) passeggiero
passen (betamen) convenire; (kleren) provare (un vestito); *bij elkaar ~*, accompagnarsi (con), armonizzare (con); *ergens in ~*, inserirsi in, starci, e'ssere sistema'bile in
passend conveniente, appropriato *m* compasso
passer compasso, balaustrino
passeren passare; *auto* sorpassare
passie passione *v*
passief passivo
passiespel mistero della passione
pasta pasta
pastei pasti'ccio
pastel pastello
pastille pasticca
pastoor parroco *m*
pastorie cano'nica; *prot* casa del pastore
patat patate fritte *v mv*
patates frites patate fritte *v*
paté pâté *m*, pasticcio
patent patente *v*, brevetto
patiënt paziente *m*, malato
patrijs pernice *v*
patrijspoort oblò *m*
patroon [*de*] (beschermheilige) patrono; (chef) padrone; cartu'ccia; [*het*] modello; (op stof) disegno
patrouille pattu'glia
pauk ti'mpano
Paul(us) Paolo
paus papa *m*
pauselijk papale
pauw pavone *m*
pauze pa'usa; *toneel* intervallo
pauzeren fare una pa'usa, pa'usare
paviljoen padiglione *m*
pavoiseren pavesare
pech panne *m*, guasto
pedaal pedale *m*; (v. orgel) pedaliera
pedant presuntuoso
pedel bidello
pedicure pedicure *m-v*
peen carota
peer pera
pees te'ndine *m*; (v. boog) corda
peet padrino; madrina
pegel ghiacciolo; (voetbal) tiro forte
peignoir accappato'io
peil livello
peilen scandagliare, sondare
peinzen meditare, pensare
pek pece *v*
pekel salamo'ia
pekelvlees carne salata
pelgrim pellegrino, -na
pellen (eieren, noten) sgusciare

pels pelli'ccia; pelle *v*
pelterij pellicceria
peluw capezzale m
pen penna
pendelen oscillare, pendolare; *zn* pendolarismo
pendule pendola
penhouder portapenne
penis pene m
pennenmes temperino
penning quattrino; (spel) gettone m; (gedenk-) meda'glia
penningmeester tesoriere
pens trippa
penseel pennello
pensioen pensione *v*
pension pensione *v*; *half* ~, mezza pensione; *vol* ~, pensione completa
pensioneren pensionare
pensiongast dozzinante, pensionante *m-v*
peper pepe m; *Spaanse* ~, peperone m
peperbus pepaiuola
pepermunt menta piperita
pepermuntje pasticca di menta, mentina
per per, al, il, per ogni
perceel (grond) appezzamento; (pand) stabile m
percent percento
percentage percentuale *v*
perfect perfetto
periode periodo
periodiek perio'dico
perk (grens) li'mite m; (bloembed) aiuola
perkament pergamena
permanent *bn, zn* permanente (*v*)
permanenten fare la permanente a
perron banchina, marciapiede m
Pers persiano
pers to'rchio, stretto'io; (dagblad) stampa
persbericht comunicato stampa
persbureau ufficio stampa
persconferentie conferenza stampa
persen stri'ngere; (uit-) spre'mere; (kleren) lustrare
persfotograaf fotocronista m
personeel personale m
personenauto macchina, berlina
persoon persona, indivi'duo; persona'ggio
persoonlijk *bn* personale; *bijw* personalmente, di persona
perspectief prospettiva
Perzië la Pe'rsia
perzik pesca
Perzisch persiano
pest peste *v*
pesten vessare, dare fastidio
pet berretto
petekind figlio'ccio, -a

peterselie prezze'molo
petroleum petrolio
petroleumstel bollitore m a petro'lio
peukje cicca
peul baccello, gu'scio; ~*tjes, mv* piselli mangiatutto *mv*
peulvrucht legume m
peuter piccino
peuteren frugare, stuzzicare (i denti, gli orecchi)
piano pianoforte m, piano
pianospelen sonare il piano
pianostemmer accordatore m di pianoforte
piccolo (fluit) ottavino; (kelner) fattorino
picknick pic-nic m
pick-up grammo'fono
piek picca; (berg) picco
piep bip m
piepen piare, pigolare; squittire
pier (wurm) verme m, lombrico; (havendam) molo
pierenbad(je) piscina per i piccoli
Piet Pietro
pij to'naca
pijl fre'ccia, saetta
pijler pilastro; colonna; (v. brug) pila
pijn dolore m, male m
pijnappel pina
pijnbank cavalletto, ecu'leo
pijnboom pino
pijnigen tormentare, torturare
pijniging tortura; suppli'zio
pijnlijk doloroso, penoso
pijnloos indolore
pijnstillend calmante, anodino, lenitivo
pijnstiller sedativo m
pijp (buis) tubo; condotto (d'a'cqua); canna (d'o'rgano); (rook-) pipa
pijptabak tabacco da pipa m
pik (penis) cazzo
pikant piccante
pikdonker bu'io pesto
pikhouweel piccone m
pikken beccare
pil pillola *v* (ook: anti-conceptie-)
pilaar pilastro, colonna
piloot pilota m
pils birra alla spina *v*
pin cavi'cchia; chiodino; punta; (spil) perno
pincet pinzette *v mv*
pincode codice segreto m
pinda nocciolina americana
pindakaas pasta d'ara'chidi
pinguïn pinguino
pink mi'gnolo
Pinksteren Pentecoste *v*
pinnen ritirare/pagare col bancomat
pinpas tessera bancomat *v*
pioenroos peo'nia
pion pedina

piramide pIramide *v*
pis piscia, piscio
pissen pisciare
pistool pistola
pit *alg* granello, seme m; (perzik) nocciuolo; (meloen) seme m; (appel) granello; (druif) acino; (merg) midolla; (v. lamp) luci'gnolo; (kracht) nerbo, energia
pittig piccante; (moeilijk) difficile
pizza pizza
pizzeria pizzeria
PK CV (cavallo vapore)
plaag piaga; flagello; tormento
plaat (v. steen) lastra; (v. metaal) plastra; *fotogr* lastra; (gravure) stampa; (prent) ta'vola
plaatijzer lamiera
plaats luogo; spa'zio; (plein) piazza; (zitplaats) posto; (ambt) posto, impiego; *in* ~ *van*, invece di, in luogo di, al posto di, anziché
plaatsbespreken prenotare
plaatsbespreking prenotazione *v* dei posti
plaatsbewijs, -biljet biglietto
plaatselijk locale, del luogo
plaatsen porre, me'ttere a posto; collocare
plaatsing disposizione *v*; collocamento
plaatskaart biglietto m
plaatsvervanger sostituto, supplente
plaatsvinden aver luogo, avvenire, verificarsi, acca'dere
plafond soffitto
plagen vessare, tormentare; (schertsen) berteggiare
plagerij vessazione *v*
plaid scialle m da via'ggio
plak (snee) fetta *v*
plak fetta; *een* ~ *chocola*, una tavoletta di cioccolata
plakband nastro adesivo
plakken attaccare, incollare
plan piano, disegno, intenzione *v*; *van* ~ *zijn* avere intenzione
planeet pianeta m
plank asse *v*, ta'vola; (dikke) pancone m
plant pianta
plantaardig vegetale
planten piantare
plantkunde bota'nica
plantsoen giardini pu'bblici *mv*
plas pozza; pozza'nghera
plassen (urineren) far pipi; (in water spelen) diguazzare, sguazzare
plastic pla'stica, mate'ria pla'stica; *bn* di mate'ria pla'stica
plat *bn* piatto, piano; (gemeen) triviale, comune; tetto piatto, terrazzo
plateau piatto; altopiano

platform piattaforma
platina platino
plattegrond pianta/carta topografica *v*
platteland campagna
platvoet piede piatto
plaveisel lastricato, selciato, pavimento
plebs plebe *v*
plechtig solenne
plechtigheid solennità *v*, ceremo'nia
pleegkind pupillo; allievo
pleegmoeder madre adottiva
pleegvader padre adottivo
pleet placchè *m*
plegen (begaan) comme'ttere; (gewoon zijn) e'ssere so'lito; solere
pleidooi difesa
plein piazza
pleister cerotto; impiastro
pleiten dife'ndere (una ca'usa), perorare
plek luogo, sito; (vlek) ma'cchia
plenzen piovere a catinelle, piovere a scrosci
pletten appiattire, schiacciare
pleuris pleurite *v*
plezier piacere *m*, diletto; *veel ~!* 'buon divertimento!
plezierig piace'vole, dilette'vole
plicht dovere *m*
plichtpleging cerimo'nia, complimento
plichtverzuim trascuranza dei propri doveri
ploeg (landbouwwerktuig) aratro; (afdeling) squadra (d'operai)
ploegen arare
ploert mascalzone *m*
ploeteren faticarsi
ploffen esplodere; accasciarsi; *in een stoel ~*, accasciarsi su una sedia
plomberen (im)piombare
plomp *bn* goffo; zo'tico; grossolano
plonzen tuffarsi
plooi piega; (rimpel) ruga
plooibaar flessi'bile, pieghe'vole
plooien piegare, increspare
plotseling *bijw* di repente, di botto; *bn* repentino, su'bito
pluche felpa
pluim piuma, penna
pluimpje *een ~ geven*, lodare
pluis *bn niet ~*, sospetto
plukken co'gliere; (vogel, *fig*) spennare, spennacchiare
plunderen saccheggiare; spogliare; (stad) me'ttere a sacco
plundering sacche'ggio; depredamento
plunje a'biti *mv*
plunjezak sacca da marina'io~
plus più
po vaso da notte *m*

pochen vantarsi, millantarsi
pocketboek libro econo'mico
pocketcamera macchina fotografica tascabile
podium po'dio
poedel barbone
poeder po'lvere *v*; (toilet) ci'pria; (medicijn) polverina
poederdonsje piumino per ci'pria
poederdoos portaci'pria *m*
poederen incipriare
poederkoffie caffè *m* in po'lvere
poedermelk latte in polvere *m*
poel pantano, pozza
poelier polaiuolo
poep cacca *v*
poepen cacare
poes gatto, gatta
poetsen lustrare
poetslap strofina'ccio
poëzie poesia
pogen cercare, studiarsi
poging tentativo, sforzo
poken attizzare
pokken *mv* vaiuolo
pol cespuglio
polaroidfilm pellicola Polaroid *v*
polder polder *m*
Polen la Polo'nia
polijsten pulire, brunire
polikliniek dispensa'rio
polis polizza
politie polizia
politieagent agente di polizia, questurino, poliziotto
politiebureau posto di polizia, questura *v*
politiek poli'tica
politoer lu'cido
pollepel me'stolo
pols polso
polsen tastare (il polso)
polshorloge orolo'gio da polso
polsslag pulsazione *v*
pommade pomata
pomp tromba, pompa
pompen pompare
pompoen zucca
pond libbra; mezzo chilo; (Britse/Ierse munt) sterlina
pont traghetto *m*
pony pony *m*; (haar) frangia
pook attizzato'io
pool polo
Pool(s) polacco
poort porta, portone *m*
poos qualche tempo; (pauze) pa'usa
poot piede *m*; (met nagels) zampa
pop (speelgoed) ba'mbola; (v. insect) crisa'lide *v*
popconcert concerto di musica pop
popcorn popcorn *m*
popelen palpitare, tremare
popmuziek musica pop

poppenkast teatro dei burattini
populair popolare
populier pioppo
poreus poroso
porie poro
porno porno
porren attizzare; *fig* stimolare; (wekken) svegliare
porselein porcellana
port (drank) vino d'Oporto; (v. brieven) porto
portaal (v. huis) vesti'bulo; (trap-) pianero'ttolo, ripiano; (kerk-) portale *m*
portefeuille portafoglio
portemonnee portamonete *m*
portie porzione *v*
portiek portico
portier [*de*] (persoon) portina'io, portiere; [*het*] (deur) sportello, portiera
portierslot serratura *v*
porto porto, francatura
portret ritratto
Portugal Portogallo
Portugees portoghese
portzegel segnatasse *m*
poseren posare
positie posizione *v*
positief positivo
post (ambt) posto, impiego, (schildwacht) posto; (deurpost) sti'pite *m*; (posterijen) posta; *per kerende ~*, a posta corrente; *op de ~ doen*, impostare
postbode postino
postbus casella postale
postcheque assegno postale
postcode codice postale *m*
postduif piccione *m* viaggiatore
poste restante fermo (in) posta
postelein portulaca
posten (brief) impostare, imbucare
postgirorekening conto corrente postale
postkantoor ufficio postale, posta
postpakket pacchetto postale
postpapier carta da le'ttere
postscriptum poscritto
postspaarbank cassa di rispa'rmio postale
posttrein postale *m*
postwissel va'glia *m* (postale)
postzegel francobollo
postzegelautomaat distributore automa'tico de francobolli
pot pe'ntola; (bloem-) vaso; (kost) vitto
poten piantare
potig forte, robusto
potlood matita *v*
potsierlijk buffo, co'mico
pottenbakkerij fa'bbrica di terra'glie
pover po'vero, meschino

219

Praag Praga
praal pompa, fasto
praalgraf mausoleo
praatje discorso; (uitvlucht) fro'ttola
praatpaal palo sos *m*
praatziek ciarliero
prachtig magnifico, sple'ndido
praktijk pra'tica; *in de ~*, in pra'tica
praktisch *bn* pra'tico; *bijw* praticamente
pralen vantarsi, gloriarsi di
praten parlare, ciarlare
precies preciso, esatto
predikant pastore evange'lico
prediker predicatore
preek pre'dica, sermone *m*
prefereren preferire (a)
prei porro
preken predicare
premie pre'mio
premier primo ministro
première prima rappresentazione; prima
prent imma'gine *v*, figura
prentbriefkaart cartolina illustrata
prentenboek libro di figure (per bambini)
present regalo, dono; *bn* presente
presenteerblad vasso'io
presenteren presentare, offrire
presentexemplaar copia (in) oma'ggio
president presidente *m-v*
presse-papier calcale'ttere *m*, fermacarte *m*
prestatie prestazione *v*
presteren fare, produrre
prestige presti'gio
pret spasso, allegria
pretpark parco divertimenti
prettig piace'vole
preuts schifiltoso, ritroso
prevelen borbottare, mormorare
prieel pe'rgola; capanno, berso, frascato
priester prete, sacerdote
prijken (ri)sple'ndere
prijs prezzo; (beloning) pre'mio; *op ~ stellen*, apprezzare, tenere a
prijscourant listino dei prezzi
prijslijst listino prezzi *m*
prijsstijging aumento di prezzo
prijsverhoging rincaro
prijzen lodare; encomiare
prijzenswaardig lode'vole
prik puntura, punto
prikkel spina; *fig* sti'molo, sprone *m*, pungolo
prikkelbaar irrita'bile, alterabile
prikkeldraad filo di ferro spinato
prikkelen pu'ngere; *fig* stimolare, irritare
prikken pu'ngere, pizzicare
prima! benissimo!
prima eccellente

primitief primitivo
primus fornello a spirito
principe princi'pio; *in ~*, in li'nea di massima, in princi'pio
principieel in ma'ssima
prins pri'ncipe
prinses principessa
print stampa
printer stampante *v*
privé privato
proberen provare, sperimentare; (proeven) assaggiare
probleem problema *m*
procédé procedimento
procederen proce'dere, processare
procent percento
proces processo, ca'usa; lite *v*
processie processione *v*
proces-verbaal (processo) verbale *m*, protocollo
proclamatie proclamazione *v*; (tekst) proclama *m*
procuratie procura
procuratiehouder procuratore
producent produttore
product prodotto
productie produzione *v*
proef prova; esperimento; (monster) campione *m*, assa'ggio
proefje campione *m*; sa'ggio
proefneming esperimento
proefondervindelijk sperimentale
proesten scoppiare (dalle risa); (niezen) starnutare
proeven (de)gustare, assaggiare
profeet profeta m
professional professionista *m*
professor professore *m* d'università
profetisch profe'tico
profiel profilo
profiteren (ap)profittare
programma programma *m*
projecteren proiettare
projectiel proie'ttile *m*
projector proiettore *m*
promotie promozione *v*
promoveren promuo'vere; (tot doctor) addottorarsi
prompt puntuale, esatto, accurato; (vlug) pronto
pronken brillare; far sfo'ggio di
prooi preda
proost! (alla) salute, cincin
prop tappo, tura'cciolo; (v. papier) pallo'ttola
propaganda propaganda
proper netto, pulito
propvol pieno zeppo
prospectus prospetto
prostituee prostituta
protest protesta
protestant protestante
protesteren protestare
proviand vettova'glie *mv*, vi'veri *mv*

provincie provi'ncia
provisiekamer dispensa
provisorisch provvisorio
proza prosa
pruik parrucca
pruilen tenere il bro'ncio, sbronci(a)re
pruim susina *v*
pruimedant pru'gnola
pruimen masticare tabacco
prul bagattella; nulla
prullenbak cestino, pattumiera
prullenmand cestino *m*
pruttelen brontolare; (op vuur) ribollire, gorgogliare
psalm salmo
pseudoniem pseudo'nimo
psychiater psichiatra *m*
psychologie psicologia
psycholoog psico'logo
puber adolescente *m/v*
puberteit pubertà *v*
publicatie pubblicazione *v*
publiek pu'bblico
pudding budino *m*
puik eccellente
puimsteen (pietra) po'mice *v*
puin muri'ccia; rottami *mv*
puinhoop mu'cchio di muricce; rovine *mv*
puist bolla; pu'stola
pul vaso; urna
pulp polpa
punaise puntina (da disegno)
punch ponce *m*
punt (meetkundig, leesteken en *fig*) punto; *m* (ve mes, naald etc.) punta
puntenslijper temperalapis *m*
puntig appuntito; acuto; *fig* spiritoso
pupil pupillo, pupilla; (v. oog) pupilla
puree puré *m*
purgeermiddel purgante *m*, purgativo
purgeren purgarsi
purper po'rpora
purperen porporino, purpu'reo
put pozzo
putten atti'ngere (*ook fig*)
puur puro, schietto
puzzel indovinello
pyjama pigiama *m*

Q

qua per quanto riguarda
quadrille quadri'glia
quarantaine quarantena
quasi quasi, come se
quatertemper quattrote'mpora *v mv*
queue stecca; *~ maken*, far la coda, me'ttersi in fila
quitte pari; *~ staan*, essere pari
quiz quiz *m*
quotiënt quoziente *m*

R

ra antenna
raad consi'glio; avviso; (persoon) consigliere
raadgevend consulente
raadhuis palazzo municipale; munici'pio
raadplegen consultare
raadsel enimma *m*; (puzzle) indovinello
raadselachtig enimma'tico
raadsman consigliere
raadzaam prudente, opportuno
raaf corvo
raak toccato
raam tela'io; (venster) finestra
raampje (auto, trein etc.) finestrino
raap rapa; *iets recht voor zijn ~ zeggen*, non avere peli sulla lingua
raar strano, bizzarro
rabarber rabar'baro
rabat ribasso, sconto, abbuono
rabbijn rabbino, rabbi
race corsa
racen correre
racewagen torpedo *v*
rad (wiel) ruota; *bn* (snel) lesto, ra'pido
radar radar *m*
raddraaier caporione m
radeermes raschino
radeloos disperato
raden indovinare; (raadgeven) consigliare
raderen raschiare
raderwerk ingrana'ggio
radiateur, radiator radiatore *m*
radijs ravanello
radio radio *v*
radiotoestel appare'cchio radiofo'nico
radio-uitzending radioemissione *v*, radiodiffusione *v*
rafel sfilacciatura
rafelen sfilacciare; sfilacciarsi
raffinaderij raffineria
ragout ragu'
rails *mv* rota'ie *mv*
rakelings rasente
raken toccare
raket racchetta; (vuurpijl) razzo
rakker birbone *m*
rally rally *m*, raduno
ram montone *m*; (dierenriem) Ariete *m*
ramen tassare, valutare, stimare
raming stima, estimazione *v*
rammelen ticchettare; *~ van de honger*, cascare dalla fame
rammenas ramola'ccio, radice *v*
ramp disastro, calamità *v*
rampzalig infelice; disastroso
rand orlo; ma'rgine *m*; (v. hoed) tesa; (v. afgrond) ripa

rang (klasse, categorie) o'rdine *m*, categoria; *mil* grado, rango
rangeren manovrare
rangschikken ordinare, sistemare
rangschikking o'rdine *m*, classificazione *v*
ranja sciroppo
rank *zn* viti'ccio; tra'lcio; *bn* svelto; sottile, gra'cile
ransel za'ino; (slaag) busse *mv*
ranselen picchiare, bastonare
ransig ra'ncido
rantsoen porzione *v*, razione *v*
rap lesto, ra'pido
rapen raccattare, racco'gliere
rapport rapporto; (taxatie-, schade-) peri'zia; (school-) pagella
rariteit rarità *v*, curiosità *v*
ras *zn* razza
ras *bn* (snel) lesto, ra'pido
rasp (keuken-) grattu'gia; (vijl) raspa
raspen grattugiare
rasterwerk (in)graticolato
rat ratto
ratel raganella
rauw crudo; non cotto; (schor) ra'uco
rauwkost insalata, verdure crude *v mv*
ravijn burrone *m*, serra
ravotten ruzzare; scherzare
razen infuriare, arrabbiare; (water) grillettare
razend furibondo, furioso
razernij ra'bbia, furore *m*
reactie reazione *v*
reageren agire, reagire
realiseren realizzare
rebel ribelle m
recensie cri'tica, recensione *v*
recept ricetta
receptie (hotel) reception *v*; (ontvangst) ricevimento
receptionist receptionist *m/v*
recherche polizia segreta
rechercheur agente investigativo
recht diritto; giure *m*; *bn* (niet krom) retto, diritto, dritto; (juist) giusto
rechtbank tribunale m
rechtdoor diritto, sempre dritto
rechter *zn* giu'dice; *bn* destro
rechterhand (mano) destra
rechterlijk giudizia'rio
rechterzij lato destro
rechthoek retta'ngolo
rechthoekig rettangolare
rechtmatig legi'ttimo
rechtop diritto
rechts *bn* destro, destra; *bijw: naar ~*, a destra; *~ van*, a destra di
rechtsaf a destra
rechtschapen probo, bravo, onesto
rechtsgeding proce so, lite *v*, azione *v*
rechtsgeleerde giurista, giureconsulto
rechtsgeleerdheid giurisprudenza
rechtsom a destra

rechtspersoon ente *m* morale
rechtspraak giurisdizione *v*
rechtstandig perpendicolare
rechtstreeks *bn* diretto, immediato; *bijw* direttamente
rechtswege *van ~*, di (*of* per) diritto
rechtuit diritto
rechtvaardig giusto
rechtvaardigheid giusti'zia
rechtvaardiging giustificazione *v*
reclame pubblicità *v*, re'clame *v*; (klacht) reclamo
reclamebureau agenzia di pubblicità
reclameplaat cartellone *m*
reclameren reclamare
record primato, record *m*
recreatie ricreazione *v*
rector rettore; pre'side
reçu ricevuta; (v. bagage enz) scontrino
redacteur redattore
redactie redazione *v*
reddeloos *bijw* senza speranza; irrimediabilmente
redden salvare
redding salvamento; (heil) salvazione *v*
reddingboei boa di salvataggio
reddingboot scialuppa di salvataggio
reddinggordel salvagente *m*
reddingsboei salvagente *m*
reddingsboot barca di salvata'ggio
reddingsbrigade equipe di soccorso *v*
reddingsgordel salvagente *m*
rede discorso, orazione *v*; (verstand) ragione *v*; *scheepv* rada
redelijk ragione'vole
redeloos irragione'vole
reden causa, ragione *v*, motivo
redenaar oratore *m*
redenen ragionare, disco'rrere
redenering ragionamento
reder armatore *m*
redevoering discorso; orazione *v*
redmiddel rime'dio
reductie riduzione *v*, ribasso, sconto
ree capriuolo, -la
reeds già
reeks fila; se'rie *v*
reep (strook) banda, fa'scia; (chocola) tavoletta
reet fessura, spacco; (achterwerk) culo
referentie referenza
refrein ritornello
regel riga, li'nea; (v. vers) verso; (voorschrift) re'gola
regelen (temperatuur, verkeer etc.) regolare; (kwestie, zaken etc.) definire, sistemare
regeling regolamento, regolazione *v*; (kwestie etc.) definizione *v*; (overeenkomst) accordo
regelmatig regolare, regolato

regen pioggia
regenachtig piovoso
regenboog arcobaleno, iride v
regenbui scossa, rove'scio; (hevig) acquazzone m
regenen piovere
regenjas, -mantel impermea'bile m, gabbano
regeren governare, re'ggere; regnare; gramm re'ggere
regering governo, reggimento
regie regia
regime regime m
regiment reggimento
regionaal regionale
regisseur regista m, direttore arti'stico
register registro, lista; elenco
registratie registrazione v
reglement regolamento
reiger airone m
reiken po'rgere, ste'ndere
rein pulito; puro
reine-claude susina cla'udia
reinheid nettezza, purezza
reinigen pulire, nettare
reiniging pulizione, pulizia
reis viaggio; *goede ~!* buon viaggio!
reisbenodigdheden mv arti'coli m mv di via'ggio
reisbureau agenzia di viaggi
reischeque assegno per viaggiatori
reisgids guida v
reiskosten mv spese v mv di via'ggio
reisleider guida v
reisnecessaire corredo da via'ggio
reisroute itinera'rio
reistas borsa da via'ggio
reisvaardig pronto per partire
reisverzekering assicurazione viaggiatori v
reizen viaggiare
reiziger viaggiatore m
rek rastrelliera; (droog-) stendito'io; (boeken e.d.) scaffale m
rekbaar ela'stico, estensi'bile
rekenen contare, calcolare
rekening conto, nota; *een ~ openen,* aprire un conto; *~ houden met,* tener conto di, pre'ndere in considerazione; *per slot van ~,* in fin dei conti; *voor eigen ~* per conto proprio
rekening-courant conto corrente, cc., cto cte.
rekeningnummer numero di conto bancario
rekenkunde arithme'tica
rekenmachine calcolatrice v
rekenschap conto, ragione v; redinconto
rekken (di)ste'ndere, stirare; ste'ndersi, stirarsi
rekruut recluta m

rekwest richiesta, petizione v
rekwestrant petente m
rel tumulto
relaas relazione v
relatie relazione v
relikwie reli'quia
relikwieënkastje reliquia'rio
rem freno m
remblokje (fiets) tampone del freno m
remblokken *auto* pastiglie dei freni v
rembours *onder ~,* contro assegno, in porto assegnato
remise (loods) rimessa; *sp* patta
remkabel cavo del freno m
remlicht luce di arresto v
remmen frenare
remolie olio per freno m
remover (v. nagellak) acetone m
rempedaal pedale del freno m
remschijf disco del freno m
ren carriera, corsa; (kippenloop) polla'io
Renaissance Rinascimento
renbaan pista
rendez-vous appuntamento, convegno
rendier renna
rennen co'rrere
renpaard cavallo da corsa
rente re'ndita
renteloos infrutti'fero
reparatie riparazione v
repareren riparare
repertoire reperto'rio
repeteren ripe'tere
repetitie ripetizione v
repliek re'plica, risposta
reportage rapporto, relazione v
reporter cronista
reppen (vermelden) menzionare, parlare di; *zich ~,* spicciarsi
reptiel re'ttile m
republiek repubblica v
reservaat riserva
reserve riserva v
reserveofficier ufficiale m di complemento
reserveonderdelen pezzi di ricambio m
reserveren prenotare
reservering prenotazione v
reservewiel ruota di scorta
reservoir (ri)serbato'io
residentie residenza
respect rispetto, riguardo
respectievelijk rispetti vamente
rest resto, rimanenza, resi'duo
restant resto, resi'duo; (v. stoffen) sca'mpolo
restaurant trattoria, ristorante m
restauratie buffet m
restauratierijtuig -wagen vagone m ristorante
resultaat risultato, effetto, e'sito

retort (*scheik*) storta
retour andata e ritorno m
retourbiljet biglietto di andata e ritorno
reuk (zin) odorato; olfatto; (geur) odore m; *fig* naso
reukloos inodoro
reuma reumatismo, reuma m
reumatiek reumatismo
reus gigante m
reusachtig gigantesco
reuzel strutto, grascia
reveille sve'glia, diana
revisie revisione v
revolutie rivoluzione v
revolver rivoltella, revolver m
revolverschot rivoltellata, revolverata
revue rivista
riant spazioso; notevole
rib co'stola, costa
ribbel nervatura
richel sporgenza; scanalatura
richten (verzoek etc.) indirizzare, dirizzare; (kijker, kanon) puntare; *fig* vo'lgere; *zich naar iets ~,* conformarsi
richting direzione v, senso, parte v; *in de ~ van,* in direzione di, dalla parte di
richtingaanwijzer indicatore di direzione v
richtlijn direttiva
richtsnoer norma, re'gola
ridder cavaliere
ridderlijk cavalleresco; da cavaliere
ridderorde o'rdine (cavalleresco)
rieken odorare, sentire
riem cor(r)e'ggia; (ceintuur) cintura; (roei-) remo
riet canna, giunco
rietje cannuccia v
rij fila; *in de ~ staan,* far la coda
rijbaan corsia v
rijbewijs patente v
rijden (autorijden) guidare; (paardrijden) cavalcare, andare a cavallo; (zich voortbewegen, van voertuigen) circolare
rijexamen esame di guida m
rijgen imbastire; (kralen) infilzare; (dicht-) allacciare
rijk (koninkrijk) regno, impero; (de Staat) Stato; *bn* ricco
rijkaard riccone m
rijkdom ricchezza
rijkelijk copioso, abbondante, largo, ampiamente
rijksambtenaar statale m
rijksweg statale v
rijlaars stivale m alla scuderia
rijles lezione di guida v
rijm rima
rijmen rimare
Rijn il Reno

rijp *bn* maturo
rijp maturo
rijpaard cavallo da sella
rijpelijk maturamente, seriamente
rijpen maturare
rijpheid maturità *v*
rijrichting *auto* senso di mar'cia
rijs ramoscello
rijschool autoscuola, scuola guida
rijst riso *m*
rijstebrij riso al latte
rijstrook corsia
rijstveld risa'ia
rijtoer passeggiata in carrozza
rijtuig vettura, legno
rijweg strada carrozza'bile
rijwiel bicicletta
rijwielhandel negozio di biciclette *m*
rijwielhersteller riparatore *m* di biciclette
rijwielpad pista per ciclisti
rijzen salire, montare; (deeg) levarsi, lievitare
rijzig svelto
rillen tremare, rabbrividire
rilling tre'mito; bri'vido
rimpel ruga, grinza, crespa
ring anello *m*
ringvinger (dito) anulare
rinkelen tintinnare
riool fogna, cloaca
risico ri'schio
riskeren risicare
rit corsa *v*
ritme ritmo; cadenza
ritmeester capitano di cavalleria
ritselen (bladeren) fre'mere, stormire; (zijde) frusciare
ritssluiting cerniera lampo *v*
rivier fiume *m*
robijn rubino
roddelen chiacchierare, spettegolare
rodekool cavolo rosso *m*
roede verga
roeiboot barca a remi *v*
roeien remare; vogare
roeiriem remo
roekeloos temera'rio, sconsiderato
roem glo'ria, fama
Roemeen(s) romeno
roemen lodare, esaltare, vantare
Roemenië la Romania
roemrijk glorioso
roep chiamata; grido; voce *v*; (naam) riputazione *v*
roepen chiamare; gridare
roeping vocazione *v*
roepstem voce *v*, appello
roer timone *m*
roereieren *mv* uova strapazzate
roeren (ri)mestare, (ri)mescolare; *fig* commuo'vere
roerend commovente
roerganger timoniere *m*

roerloos immo'bile; senza timone
roes sbo'rnia; ubriachezza
roest ru'ggine *v*
roesten arrugginire, -rsi
roestig rugginoso
roestvlek ma'cchia di ru'ggine
roestvrij inossida'bile
roet fuli'ggine *v*
roffel rullo (del tamburo)
rogge se'gale *v*, se'gala
roggebrood pane *m* di se'gale
rok gonna; (mans-) a'bito nero, frac *m*, marsina
roken fumare; (vlees) affumicare; *niet ~!* vietato fumare
rol ro'tolo (di carte, monete e.d.); (toneel) parte *v*; (lust) ruolo; *een belangrijke ~ spelen*, avere una parte importante
rollen rotolare; (donder) rintronare
rolletje rotoletto, rotolino
rolluik saracinesca
rolschaats pa'ttino a rotelle
rolschaatsen *ww* pattinare a rotella, co'rrere su pa'ttini a rotelle
rolstoel poltrona colle rotelle
roltrap scala mobile
roman romanzo
romanschrijver romanziere *m*
romantisch roma'ntico; (avontuur) romanzesco
Rome Roma
Romein(s) Romano
rommel roba, roba'ccia; (wanorde) diso'rdine *m*
romp tronco, torso; (v. schip) scafo
rond (ro)tondo; circolare
rondborstig franco
ronddwalen girovagare, errare
ronde ronda
rondgang giro
rondje tondino, cerchio; giro
rondkijken guardare intorno
rondleiden condurre; far da guida a
rondleiding visita guidata *v*
rondom intorno intorno
rondreis via'ggio circolare
rondreisbiljet biglietto circolare
rondrit escursione *v*
rondschrijven (le'ttera) circolare
ronduit schiettamente
rondvaart gita in battello *v*
rondvlucht crociera
ronken ronzare; (snurken) russare
ronselen reclutare, ingaggiare
röntgenfoto radiografia, attinografia
rood rosso
roodborstje pettirosso
roodhuid pellirossa *m*
roodvonk scarlattina
roof rapina, ratto
roofdier be'stia feroce
roofvogel rapace *m*
rooien sarchiare; (bomen) sve'llere;

scavare
rooilijn allineamento
rook fumo
rookcoupé scompartimento fumatori
rookverdrijver fumista *m*
rookvlees carne affumicata
rookworst salsiccia affumicata
room panna, crema
roomboter burro
roomijs gelato alla crema
roomservice servizio in camera
rooms-katholiek catto'lico romano
roos rosa; (in haar) forfora *v*
rooskleurig color di rosa
rooster gratella; (lijst) quadro sino'ttico
roosteren arrostire, abbrustolire
ros ronzino, corsiero; *bn* rossiccio
rosbief rosbief *m*
rose rosa
rosé (vino) rosato *m*
rossig rossi'ccio
rot pu'trido; (fruit) ma'rcio; (tanden) cari'oso
rotonde rotonda
rots rupe *v*; ro'ccia, rocca, masso
rotsachtig roccioso
rotten marcire, putrefarsi; imputridire
rotting putrefazione *v*, putre'dine *v*
rotzooi robaccia; casino, porcheria
rouge belletto
route itinerario *m*
routine pra'tica, pratica'ccia
rouw lutto
rouwbeklag condoglianze *mv*
rouwen portar lutto
roven rapire
rover ladrone; brigante
royaal liberale, largo
royeren cancellare
roze rosa
rozenkrans corona di rose; *rk* rosa'rio
rozenstruik rosa'io
rozijn uva secca, uva passa
rubber gomma, cauccìù *m*
rubberhak salvatacco
rubriek rubrica
ruchtbaar noto'rio, pu'bblico
rug schiena *v*
rugby rugby *m*
ruggelings a ritroso; all' indietro; (op de rug) supino
ruggengraat spina dorsale
ruggenmerg midollo dorsale
ruggensteun appo'ggio
ruggespraak houden met conferire con
rugleuning spalliera
rugpijn mal di schiena *m*
rugwervel ver'tebra dorsale
rugzak zaino *m*
ruien e'ssere in muda, mudare
ruif rastrelliera
ruig peloso; irsuto

ruiken sentire, odorare
ruiker mazzo (di fiori)
ruil (s)ca'mbio, baratto
ruilen barattare, cambiare
ruilhandel tra'ffico di baratto (di
ca'mbio)
ruim *bn* spazioso; a'mpio; ~ 50%,
ben (oltre) il 50%; stiva
ruimen spazzare, vuotare
ruimschoots largamente, ampiamente
ruimte spa'zio; posto
ruimtepak tuta spaziale
ruimteschip astronave *v*
ruimtevaarder astronauta *m*
ruimtevaart astronau'tica,
cosmonau'tica
ruin cavallo castrato
ruïne ruderi *m*; rovine *mv*
ruïneren rovinare; (financieel)
spiantare
ruisen (beek) rumoreggiare;
(bladeren) stormire; (zijde)
frusciare, far fruscio
ruit (*wisk*) rombo; (glas-) cristallo;
vetro
ruiten quadri *mv*
ruitenaas asso di quadri
ruitenwisser tergicristallo *m*
ruiter cavaliere
ruiterlijk franco, cavalleresco
ruiterpad strada cavalca'bile
ruiterstandbeeld sta'tua equestra
ruitvormig ro'mbico, romboidale,
lozangato
ruk mossa, strappata, stratta
rukken tirare bruscamente; strappare
rukwind colpo di vento
rum rum *m*
rumboon chicca al rum
rumoer rumore *m*, chiasso
rumoerig rumoroso
rund bue *m*; manzo
rundvee bestiame *m* bovino
rundvlees carne di manzo *v*
rups bruco
rupsauto autobruco *m*
rupsband catena a ci'ngoli
Rus(sisch) russo
Rusland la Ru'ssia
rust (het uitrusten) riposo; (kalmte,
stilte) quiete *v*, tranquillità *v*, calma;
met ~ laten, lasciar tranquillo
rustbank divano
rustdag giorno di riposo
rusteloos irrequieto, agitato
rusten riposare, riposarsi
rustig tranquillo, calmo, quieto,
paci'fico
ruw ru'vido, scabroso; (klimaat)
ri'gido; (onbewerkt) gre'ggio;
(persoon) rozzo
ruzie disputa, contesa; lite *v*

S

saai noioso; tedioso
sabbelen succhiare
sabel scia'bola
sabotage sabota'ggio
saboteren sabotare
sacharine saccarina
sacrament sacramento
sacristie sagrestia
safe cassetta di sicurezza
safeloket cassetta di sicurezza *v*
sage saga
sago sago
salade insalata
salami salame *m*
salariëren salariare
salaris sala'rio
saldo saldo
salon salotto
salueren salutare
saluut saluto
salvo salva, sca'rica; (op schepen)
bordata
sambal pasta di pimento
samen (met) insieme a, unitamente a,
assieme a
samendrukken compri'mere
samengesteld composto
samenhang contesto, connessione *v*;
coerenza
samenhangen e'ssere congiunto; aver
connessione
samenkomst convegno, ritrovo;
radunanza
samenleving coabitazione *v*;
(maatschappij) società *v*
samenloop concorso
samenspraak collo'quio, dia'logo
samenstellen comporre, compilare
samensteller compositore *m*
samenstelling composizione *v*;
composto
samentrekken contrarre, restri'ngere
samenvallen concorrere
samenvatten riunire; *kort ~*,
ricapitolare
samenvloeien (rivieren) confluire;
(kleuren) fondersi
samenvloeiing confluente *v*; fusione *v*
samenvoegen congiu'ngere,
combinare, comme'ttere
samenwerken cooperare
samenwerking cooperazione *v*,
collaborazione *v*; concorso
samenwonen convivere
samenzweren congiurare, cospirare
samenzwering congiura, cospirazione
v
sanatorium sanato'rio
sanctie sanzione *v*
sandaal sandalo
sandwich tramezzino *m*
saneren risanare

---

sap succo, sugo; (v. planten) su'cchio
sappig sugoso, succoso
sardine sardina, sarda, sardella
Sardinië la Sardegna
sarren provocare, irritare
satelliet satellite *m*
satijn raso
saucijs salsiccetta
saucijzenbroodje pane *m* di salsi'ccia
sauna sauna
saus salsa
sauskom salsiera
savooiekool ca'volo verzotto
saxofoon sassofono
scène scena; spetta'colo
schaaf pialla
schaak scacco
schaakbord scacchiera
schaakmat scacco matto
schaakspel giuoco di scacchi
schaal (servies) coppa, vaso;
scodella; (maatstaf) scala; (v. ei,
noot e.d.) gu'scio; (v. kreeft) crosta
schaamte vergogna
schaamteloos svergognato, sfacciato,
impu'dico
schaap pe'cora
schaapherder pecora'io, pastore
schaar forbice *v*
schaars raro, scarso
schaarste rarità *v*, rarezza
schaats pa'ttino
schaatsen pattini *m*
schaatsenrijden pattinare
schacht (van zuil) fusto; (v. mijn)
pozzo
schade danno *m*
schadelijk dannoso, nocivo, nocente
schadeloosstelling indennizzo;
indennità *v*
schaden nuo'cere, fare danno(a)
schaderapport peri'zia dei danni
schadevergoeding compenso,
indennità *v*
schaduw ombra
schaduwbeeld ombra, profilo
schaduwrijk ombroso, ombreggiato
schaduwzijde parte *v* ombrosa; *fig*
svanta'ggio
schakel anello; ma'glia
schakelaar interruttore *m*
schakelbord quadro di distribuzione
schakelen concatenare; *auto*
cambiare
schaken giocare a scacchi; (roven)
rapire
schakering sfumatura; gradazione *v*
(di colori)
schalks smalizioto, furbesco
schallen sonare
schamel po'vero, mi'sero
schamen (zich) vergognarsi, aver
vergogna (di)
schamper sarca'stico

schandaal sca'ndalo
schandalig scandaloso
schande onta; disonore *m*, infa'mia, ignominia
schandelijk ontoso, vergognoso, ignominioso, vituperoso
schapenbout cosciotto di montone
schapenkaas pecorino
schapenvacht tosone *m*
schapenvlees carne *v* di pe'cora
schappelijk ragione'vole, mo'dico
schar lima
scharen schierare; *zich ~,* schierarsi; sforbiciare
scharnier cerniera
scharrelen (werk) lavoricchiare; (kip) becchettare
schat tesoro
schateren ri'dere smodatamente
schaterlach sco'pio di risa
schatkist tesoro (pu'bblico)
schatrijk straricco
schatten (op) stimare, valutare (zonder *vz*)
schatter stimatore *m*
schattig carino
schatting stima, valutazione *v*
schaven piallare
schavot pati'bolo
schavuit birbone, briccone
schede guaina, fo'dero; vagina
schedel cra'nio
scheef obli'quo, (s)bieco
scheel gue'rcio, stra'bico
scheen(been) ti'bia, stinco
scheepslading ca'rico
scheepsvolk equipa'ggio, ciurma
scheepswerf cala di carena'ggio
scheepvaart navigazione *v*
scheerapparaat rasoio *m*
scheercrème crema per barba
scheerkwast pennello da barba
scheerlijn corda di tensione
scheermesje lametta
scheerzeep sapone da barba *m*
scheet scoreggia, peto
scheiden separare, divi'dere; separarsi; (echt-) divorziare
scheiding separazione *v*; (echt-) divo'rzio; (haar) riga
scheidsrechter a'rbitro
scheikunde chi'mica
scheikundige chi'mico
schel *zn* (bel) campanello, sona'glio; *bn* (klank) acuto, penetrante; (licht) troppo vivo; (kleur) stridente
Schelde Schelda
schelden sgridare, ingiuriare
scheldnaam soprannome *m*
scheldwoord ingiu'ria, invettiva
schelen e'ssere differente; differire; (ontbreken) mancare; (interesseren) importare; *'t scheelde weinig,* ci mancò poco (che)

schelp conchi'glia; nicchio; (v. oor) padiglione *m*
schelvis nasello
schemerachtig crepuscolare
schemeren (ochtend) albeggiare; (nacht) annottare
schemering (avond) crepu'scolo; (morgen) alba
schenden guastare, mutilare, sfigurare; (ontheiligen) profanare
schenken (gieten) versare, me'scere, (geven) dare in dono, donare, regalare
schenking donazione *v*; (stichting) dotazione *v*
schep (schop) pala
schepen scabino
scheppen (creëren) creare; (met een schep) spalare; *adem ~,* respirare
schepper creatore *m*
schepping creazione *v*
schepsel creatura *v*
scheren tosare; (de baard) far la barba; (langs strijken) radere
scherf co'ccio, pezzo rotto; *scherven, mv* rottame
scherm schermo, paravento; parafuoco; paralume *m*; (bloem-) umbella; (toneel) sipa'rio
schermen schermire, tirar di scherma
schermutseling scaramu'ccia
scherp *bn* (mes enz.) tagliente, affilato; (spits) acuto, aguzzo; (v. smaak) acre, agro, piccante; *zn* (v. mes) filo, ta'glio
scherpen aguzzare, affilare
scherpte acutezza; (v. mes) ta'glio
scherpzinnig acuto, sagace, sottile
scherpzinnigheid acutezza, argu'zia
scherts scherzo; burla, ce'lia
schertsen scherzare, celiare
schets abbozzo, schizzo, beffa
schetsen abbozzare, schizzare
schetteren squillare
scheur stra'ccio, strappo; (barst) spacco, fessura
scheuren (kleren) lacerarsi; strapparsi; (hout) fe'ndersi, screpolare; (stuk-) stracciare, lacerare
scheuring rottura; (in kerk) scisma *m*; (in partij) scissione *v*
scheut rampollo; (v. pijn) fitta
scheutig liberale
schichtig ombroso
schielijk *bn* presto, pronto; *bijw* presto, rapidamente
schiereiland peni'sola
schieten tirare, sparare
schietlood piombo
schiften separare; (melk) coagularsi
schijf disco; fetta; (schiet-) bersa'glio; (dam-) pedina
schijfremmen freni a disco *m*

schijn luce *v*, lume *m*, chiarore *m*; *fig* apparenza; sembianza
schijnbaar apparente
schijnen (zon) risple'ndere; (lijken) parere, sembrare
schijnheilig ipo'crita
schijnsel luce *v*, lume *m*, chiarore *m*
schijnwerper riflettore *m*, proiettore *m*
schijten cacare
schikken ordinare, me'ttere in o'rdine
schikking o'rdine *m*; disposizione *v*; accordo
schil bu'ccia
schild scudo; (v. schildpad) gu'scio
schilder (kunst-) pittore *m*; (huis-) verniciatore
schilderachtig pittoresco
schilderen (di)pi'ngere
schilderes pittrice *v*
schilderij quadro, pittura
schilderijenmuseum galleria di quadri, pinacoteca
schilderkunst pittura
schildklier tiro'ide *v*
schildpad tartaruga
schildwacht sentinella
schillen mondare; sbucciare
schim ombra
schimmel cavallo bianco; (plant) muffa
schimpen op ingiuriare
schip nave *v*, bastimento, legno; (kerk) nave, navata
schipbreuk naufra'gio
schipbreukeling na'ufrago
schipbrug ponte *m* di barche (di chiatte)
schipper navigatore; (binnenvaart) barcaiuolo
schitteren brillare
schitterend brillante, lucente
schmink cerone *m*
schminken lisciare
schoeisel calzatura
schoen scarpa
schoenborstel spa'zzola da scarpe
schoenenwinkel negozio di scarpe
schoenmaker calzolaio *m*
schoenpoetser lustrascarpe *m*
schoensmeer lu'cido da scarpe
schoenveter stringa
schoft mascalzone, birbone; (v. dier) garrese *m*
schok urto, percossa; scossa
schokbreker, -demper ammortizzatore *m*
schokken urtare; scuo'tere
schol (vis) pa'ssera; (ijs) lastrone *m*
scholier scolare *m*
scholing formazione, istruzione
schommel altalena, dondola
schommelen altalenare; (waggelen) dondolare; (v. prijzen) oscillare
schommelstoel dondolona

schoof covone *m*

schooier pitocco *m*; pezzente; straccione w

school scuola; *basis-*, *middelbare ~*, scuola elementare, me'dia

schoolhoofd direttore di scuola

schoolmeester maestro

schools scolastico

schoon (mooi) bello, bel; (rein) pulito; (linnen) bianco

schoondochter nuora

schoonheid bellezza, beltà *v*

schoonmaken nettare, pulire; (groenten) mondare

schoonmoeder suo'cera

schoonouders *mv* I suo'ceri

schoonvader suo'cero

schoonzoon ge'nero

schoonzus(ter) cognata

schoorsteen camino; (v. fabriek, schip) fumaiuolo

schoorsteenmantel caminetto

schoorsteenveger spazzacamino

schoorvoetend *bijw* a malincuore

schoot grembo; seno

schop (trap) ca'lcio; (schep) pala

schoppen *ww* dar calci; *zn mv* picche *mv kaartsp* picche *mv*

schoppenheer re di picche

schor ra'uco, roco

schorem canaglia

schorpioen scorpione *m*

schors corte'ccia, scorza

schorsen sospe'ndere

schorseneer scorzonera

schorsing sospensione *v*

schort grembiale *m*

schot tiro, sparo, colpo

Schot scozzese *m*

schotel piatto; *vliegende ~*, disco volante

schotelantenne antenna parabolica

schoteltje piattino, sottocoppa

Schotland Sco'zia

schots lastrone *m* di ghia'ccio

schouder spalla

schouderblad sca'pola

schouw (inspectie) ispezione *v*

schouwburg teatro

schouwspel spetta'colo, scena

schraal magro, scarno, smunto

schram scalfittura

schrander intelligente

schrap tratto; cancellatura

schrapen gratugiare; *de keel ~*, fare il raschio

schrappen raschiare; raspare; (doorhalen) cancellare

schrede passo

schreeuw grido, strido

schreeuwen gridare, strillare

schreien pia'ngere

schrift scrittura; (schrijfboek) quaderno

schriftelijk *bn* scritto; (cursus) per corrispondenza; *bijw* per iscritto

schrijden procedere a passo lento

schrijfbehoeften *mv* l'occorrente per scri'vere

schrijfbureau scrivania

schrijffout scorso di penna

schrijfmachine ma'cchina da scri'vere

schrijfpapier carta da le'ttere

schrijfster autrice; copista

schrijftafel scrivania

schrijlings (ac)cavalcioni

schrijnen bruciare

schrijnwerker ebanista *m*

schrijven scri'vere; le'ttera, missiva

schrijver scrivano, scrivente; copista *m*; (auteur) scrittore autore

schrik spavento, terrore *m*

schrikachtig pauroso

schrikbarend spaventoso, terri'bile

schrikbewind terrorismo; terrore *m*

schrikdraad recinzione elettrica

schrikkeljaar anno bisestile

schrikken sgomentarsi, spaventarsi

schril penetrante, stridente

schrobben scopettare

schroef vite *v*

schroefdraad verme *m* filetto

schroefmoer madrevite *v*

schroefsleutel chiave *v* inglese

schroeien abbruciacchiare

schroeven avvitare; serrare; chiu'dere a vite

schroevendraaier cacciavite

schrokken mangiare ingordamente

schrokkerig ingordo, ghiottone

schromelijk terri'bile, enorme

schromen temere, aver pa'ura

schroomvallig timoroso, ti'mido

schub squama, sca'glia

schuchter ti'mido

schudden scuo'tere, agitare; (s)crollare (la testa); stri'ngere (la mano); *kaartsp* mischiare, scozzare

schuier spa'zzola

schuieren spazzolare

schuif (grendel) chiavistello; (deksel) cope'rchio scorre'vole; (aan machine) tirato'io; va'lvola a cassetto

schuifdak cappotta

schuifdeur porta scorre'vole

schuifelen stropicciare (coi piedi)

schuifraam finestra scorre'vole

schuilen me'ttersi in sicurezza

schuilhoek nascondi'glio

schuilplaats rifu'gio

schuim schiuma, spuma

schuimen schiumare spumare

schuin obliquo, sbieco

schuit barca, battello

schuiven spi'ngere, muo'vere

schuld (geld) de'bito; (zedelijk) colpa; *het is jouw ~*, è colpa tua; *het is*

**mijn ~ niet*, non è colpa mia

schuldbekentenis pagherò *m*, obbligazione *v*; confessione *v*

schuldeiser creditore

schuldenaar debitore

schuldig colpe'vole, colpabile, reo; (geld, plicht) debitore

schunnig (uiterlijk) misera'bile; (gedrag) meschino; gretto, vile; (boek) scabroso, scandaloso

schuren strofinare; pulire; *~ langs*, fregarsi

schurft sca'bbia, tigna

schurftig tignoso, scabbioso

schurk furfante, briccone

schurkenstreek infa'mia, birboneria

schutspatroon patrono

schutter tiratore; (dierenriem) sagittario

schutting steccato, impalancato

schuur grana'io, capannone *m*

schuurpapier carta smerigliata

schuw pauroso, ti'mido; schivo; (paard) ombroso

schuwen temere; scansare, fuggire

scooter scooter *m*, motoretta, motorino

scooterrijder scooterista *m*, vespista *m*

scoren *sp* segnare, segnare un goal

seconde (minuut) secondo

secretaresse segretaria

secretaris segreta'rio

sectie (afdeling) sezione *v*; (lijkschouwing) autopsia

sector settore *m*

sedert da

sein segnale *m*, segno

seinen segnalare

seinhuis posto di blocco

seinpaal asta semafo'rica

seizoen stagione *v*

seks sesso

sekse sesso

seksshop sexshop *m*

seksualiteit sessualità

seksueel sessuale

sekte setta

selderij se'dano

selecteren selezionare, scegliere

sensatie sensazione *v*

september settembre *m*

serenade serenata

sergeant sergente

sergeant-majoor sergente maggiore

serie serie *v*

serieus serio

sering lilla, serenella

serre veranda; serra

serveerster cameriera

serveren servire

servet tovagliuolo, salvietta

servet salvietta *v*

servetring anello da tovaglioli**

service servizio
servies servi'zio (servito) da ta'vola
sfeer atmosfera, sfera
shag (tabacco) trinciato
shampoo shampoo *m*
sherry sherry *m*
shirt shirt *m*
shorts *mv* calzoncini *mv*
show spettacolo
sidderen tremare, tremolare
sieraad ornamento, addobbo
sieren ornare, adornare, abbellire
sierlijk elegante, leggiadro, grazioso
sifon sifone *m*
sigaar sigaro
sigarenhandelaar tabacca'io
sigarenpijpje bocchino da si'gari
sigarenwinkel tabaccheria
sigaret sigaretta
sigarettenkoker portasigarette *m*
signaal segnale *m*
signalement connotati *mv*
sijpelen stillare, ge'mere
sik barbetta
sikkel falce *v*, falcetto
simpel se'mplice; (onnozel) sciocco
sinaasappel arancia
sinaasappelsap succo d'arancia *m*
sinas aranciata
sinds *vz* da, fin da; *voegw* da quando
sindsdien dopo quel tempo
singel (gracht) bastione *m*, viale *m*
sint san, santo
sinterklaas San Niccolò
sire sire *m*
siroop sciroppo
sissen sibilare; (slang) fischiare; (olie) grillare
situatie situazione *v*
sjaal scialle *m*
sjacheren mercanteggiare, trafficare, treccare
sjalotje scalogna, scalogno
sjerp sciarpa
sjiek elegante
sjofel mi'sero
sjokken strascicarsi
sjorren tirare; legare
sjouwen portare; (hard werken) strapazzarsi
sjouwer facchino
skateboard skate-board *m*
skeeler pattino in linea
skelet sche'letro
ski sci *m*
skiën sciare
skilift sciovia
skilopen sciare
skischans pista da salto *v*
skischoen scarpa da sci
skistok bastoncino *m*
sla insalata; (kropsla) lattuga
slaaf schiavo
slaafs servile, schiavo

slaag percossa, bastonata
slaags (e'ssere) alle prese
slaan ba'ttere, percuo'tere, picchiare; bastonare
slaap sonno; (aan het hoofd) te'mpia
slaapkamer ca'mera da letto
slaapmiddel sonni'fero
slaapplaats cuccetta *v*
slaaptrein treno-letto *m*
slaapwagen vagone letti *m*
slaapwandelaar nottambulo
slaapzaal dormitorio *m*
slaapzak sacco a pelo
slaatje insalata di patata
slabbetje bavaglino, bava'glio
slachtbank macello
slachten macellare, ammazzare
slachthuis macello, mattatoio
slachting macello
slachtoffer vi'ttima
slag colpo, botta, percossa; (v. klok) tocco; (zang) canto; (veld-) batta'glia
slagader arteria *v*
slagboom barriera, sbarra
slagen riuscire; *voor een examen ~*, superare (passare) un esame; *de geslaagde kandidaten*, i candidati promossi
slager macella'io, becca'io
slagerij macelleria
slaginstrumenten *mv* batteria
slagregen rove'scione
slagroom panna montata *v*
slagtand zanna
slagvaardig pronto a comba'ttere; *fig* pronto alla risposta, arguto
slagveld campo di batta'glia
slagzin slogan *m*
slak lumaca; (met huisje) chio'cciola; (metaal-) sco'ria
slaken mandar fuori (sospiri); alzare (un grido)
slalom slalom *m*
slang (dier) serpe, serpente *m*; (buis) tubo flessi'bile
slangenleer pelle *v* di serpente
slank magro
slankheid sveltezza
slaolie olio per insalata *m*
slap flo'scio, fla'ccido; rallentato; *fig* indolente
slapeloos insonne
slapeloosheid insonnia
slapen dormire
slaperig sonnolente, sonnacchioso
slapte fiacchezza; (handel) male'ssere *m*
slavernij schiavitù *v*
slavin schiava
Slavisch slavo
slecht cattivo, malo, basso, vile, meschino; (veelal uitgedrukt door het achtervoegsel -accio, -accia)

slechter peggio
slechts solo, solamente, soltanto, non che
slee slitta
sleep coda; (v. jurk) stra'scico; (gevolg) se'guito; (boten) traino
sleepboot rimorchiatore *m*
sleep-in ostello della gioventù
sleepkabel, -touw cavo di rimorchio
slem cappotto
slenteren andare a zonzo; girellare, gironzolare
slepen trascinare, strascicare; (boot) rimorchiare
slet donna sporca
sleuf scanalatura
sleur ve'cchia pra'tica; via battuta
sleuren strascicare, strascinare
sleutel chiave *v*; *Engelse ~*, chiave inglese
sleutelbeen clavi'cola
sleutelbloem pri'mola
sleutelbos mazzo di chiavi
sleutelgat buco della chiave
sleutelring anello
slib fango
sliert striscia
slijk melma, mota, fango
slijm mucco; pitu'ita; mucila'ggine *v*
slijmerig mucoso
slijmvlies (membrana) mucosa
slijpen affilare, arrotare, aguzzare
slijtage logorio, consumo
slijten logorare, logorarsi; consumare
slijterij negozio di alcolici
slikken inghiottire
slim scaltro, astuto
slinger pe'ndolo
slingeren *overg* scagliare, lanciare; *onoverg* oscillare; serpeggiare
slingerplant pianta avviticchiante
slinken diminuire; (gezwel) sgonfiarsi
slinks furtivo, pe'rfido
slip falda
slipgevaar pericolo di slittamento *m*
slipje slip *m*, mutandine
slippen scivolare
slippers ciabatte *v*
sloep scialuppa
slof ciabatta, panto'fola; *bn* negligente, trascurato
slok sorso, sorsata
slokdarm eso'fago
slons donna su'dicia
sloom lento, pigro
sloop fe'dera
sloot fossa, fosso, fossato
slop vi'colo cieco; angiporto
slopen demolire, distru'ggere
slordig negligente; trascurato
slot (vergrendeling) serratura; (kasteel) castello, palazzo; (einde) fine *v*, te'rmine *m*; *ten ~te*, finalmente

227

slotenmaker magnano
slotsom conclusione v, risultato
slotvoogd castellano
sluier velo
sluikhandel (tra'ffico di) sonnerello
sluimeren sonnecchiare
sluipen andar a striscioni
sluipmoord assassi'nio
sluis cateratta, chiusa; chia'vica
sluiten (dichtdoen) chiu'dere, serrare;
  contrarre; (eindigen) finire,
  terminare; far (la pace);
  conchiu'dere (un matrimo'nio, un
  contratto)
sluiting chiusura; conclusione v
sluitingstijd ora di chiusura
slurf proboscide v; (vliegveld)
  passerella telescopica
slurpen sorbire
sluw scaltro, astuto, malizioso
smaad ingiu'ria, oltra'ggio
smaadschrift libello diffamato'rio
smaak gusto; sapore m
smaakvol di (buon) gusto, elegante
smachten languire; ~ naar, bramare
smachtend la'nguido
smadelijk ignominioso, obbrobrioso
smaden oltraggiare, ingiuriare
smak (val) caduta; een ~ geld kosten,
  costare un occhio
smakelijk saporito
smakeloos senza gusto
smaken avere sapore, piacere,
  gustare; goed ~, e'sser buono; ~
  naar, saper di
smal stretto, angusto
smaldeel squadra
smalen sgridare, insultare
smalfilm pelli'cola a passo ridotto
smalspoor bina'rio a scartamento
  ridotto
smaragd smeraldo
smart dolore m, pena
smartelijk doloroso
smeden ba'ttere il ferro
smederij fucina
smeedbaar mallea'bile
smeedijzer ferro battuto
smeekbede preghiera
smeer grasso, unto
smeerkaas formaggio da spalmare,
  formaggio spalmabile
smeermiddel lubrificante m
smeerolie o'lio lubrificante
smeken supplicare
smelten overg fo'ndere; onoverg
  fo'ndersi
smeltkroes crogiuolo
smeltpunt punto di'fusione
smeren lubrificare, u'ngere; (brood)
  imburrare
smerig schifoso, su'dicio, sporco,
  unto
smet ma'cchia, macula

smetteloos senza ma'cchia,
  immaculato
smeulen covare (sotto le ce'nere)
smid fabbro, ferraio
smidse fucina
smijten gettare, buttare; scaraventare
smoel muso, boccaccia
smoking (lo) smoking
smokkel contrabbando, traffico
smokkelaar contrabbandiere
smokkelen fare un contrabbando
smokkelwaar contrabbando
smoorlijk perdutamente (innamorato)
smoren soffocare, affogare; cuo'cere
  in u'mido
smullen banchettare
snaar corda
snackbar (lo) snackbar, tavola calda
snakken sospirare, desiderare
  ardentemente; (naar lucht)
  boccheggiare
snappen capire
snauwen sgridare, rimbrottare
snavel becco; rostro
snedig spiritoso, arguto
snee ta'glio, fetta; incisione v
sneetje fettina
sneeuw neve v
sneeuwbal palla di neve
sneeuwbui nevata
sneeuwen nevicare
sneeuwjacht nevi'schio
sneeuwketting catena da neve
sneeuwklokje bucaneve m
sneeuwvlok fiocco di neve
snel presto, ce'lere, veloce, lesto,
  spedito, ra'pido
snelbinder fascia elastica del
  portabagagli
snelgoed carico espresso
snelheid rapidità v, celerità v, velocità
  v, prestezza
snelheidsmeter tachi'metro
snellen co'rrere presto, affrettarsi
sneltrein treno rapido
snelverband fasciatura provviso'ria
snelweg superstrada v
snert minestra di piselli
sneuvelen perire; ca'dere
snijboon fagiolino
snijden tagliare
snijdend tagliente; fig acuto,
  pungente; (v. lijn) secante
snijlijn (li'nea d') intersezione,
  secante v
snijpunt (punto d') intersezione
snijtand dente incisivo
snik singhiozzo
snikken singhiozzare
snip (vogel) becca'ccia
snipper rita'glio; pezzettino
snit ta'glio
snoeien potare, diramare
snoek lu'ccio

snoekbaars luccioperca m
snoep dolciumi m mv
snoepachtig ghiotto, goloso
snoepen mangiare furtivamente;
  gustare per ghiottornia, leccare
snoepgoed dolciumi m mv
snoepje dolciume m, caramella, drop
snoer corda, cordino; vezzo (di perle);
  (v. hengel) lenza
snoet zie snuit
snoeven vantarsi, millantare
snoever fanfarone
snoezig carino
snood vile, infame
snor mustacchi, baffi mv
snorkel tubo di respirazione
snorken (opscheppen) vantarsi,
  millantarsi
snot mo'ccio
snotneus moccicone m
snowboard snowboard m
snuffelen fiutare, annusare
snugger intelligente
snuisterij ni'nnolo, gingillo
snuit muso; (v. varken) grugno, grifo;
  (v. olifant) tromba; (v. insect)
  succhiato'io; fig muso
snuiten soffiarsi (il naso)
snuiven respirare affannosamente,
  buffare
snurken russare, ronfiare
sober so'brio, parco, frugale
sociaal sociale
socialisme socialismo
socialist socialista
sociëteit casino, ci'rcolo
soda soda
sodawater a'cqua di soda
soep zuppa; (dikke) minestra,
  potacchio, potaggio
soepbord scodella, piatto
  fondo
soepel pieghe'vole, flessi'bile
soepgroente verdura per la minestra
soeplepel cucchia'io da minestra
soepvlees lesso
soes sgonfiotto
soeverein sovrano
soezen sonnecchiare, fantasticare
sof fiasco, delusione
sofa sofà m
soiree serata
sok calza v
soldaat soldato
soldeer(sel) saldatura
solderen saldare
soldij paga, soldo
solidair solida'rio
solidariteit solidarietà v
solide so'lido
soliditeit solidità v
solist solista
sollicitant postulante m
sollicitatie domanda

sollicitatiebrief domanda d'impiego

solliciteren conco'rrere (a un impiego)

solo solo

som somma; problema aritme'tico

somber oscuro, scuro, bu'io; fosco

sommige(n) alcuni, qualche

soms, somtijds qualche volta, certe volte, talvolta, talora, alle volte

soort sorta, spe'cie v, qualità v, ge'nere m

soortelijk speci'fico

soortgelijk si'mile

sop sugo, succo, brodo

sopraan soprano

sorbet sorbetto m

sorry scusi

sorteren assortire

sortering assortimento

souffleren suggerire

souffleur suggeritore

souper cena

souperen cenare

soutane sottana

souterrain sotterra'neo

souvenir souvenir m

Sovjet-Unie Unione v sovie'tica

spa (schop) vanga, pala; (water) acqua minerale

spaak raggio m

Spaans spagnolo

spaarbank cassa di rispa'rmio

spaarbankboekje libretto di rispar'mio

spaarpot salvadana'io

spaarzaam eco'nomo; (gering) rado, raro

spade vanga

spaghetti spaghetti m mv

spalk stecca

Spanjaard spagnuolo

Spanje la Spagna

spannen te'ndere; attaccare (alla carrozza)

spannend emozionante

spanning tensio'ne v; (v. gas) pressione v; (v. brug) portata; fig sospensione v

spar (boom) abete m

sparen risparmiare; economizzare

spartelen dimenarsi, agitarsi; (vis) (s)guizzare; (aan haak) diba'ttersi

spat za'cchera, pilla'cchera; schizzo

spatader va'rice v

spatbord parafango

spatiëren spaziare

spatten schizzare, spruzzare, sbruffare

specerijen mv spezierie, spe'zie, droghe v mv

specht pi'cchio

speciaal speciale, appo'sito

specialist specialista m-v

specialiteit specialità v

specificatie speci'fica

speculant speculatore

speculatie speculazione v

speech discorsetto; (toost) bri'ndisi m

speeksel saliva, sputum

speelbal palla; fig giuoco; trastullo (della fortuna)

speelgoed gioca'ttoli mv, balocchi mv

speelkaart carta da gioco v

speelruimte giuoco; tolleranza, ma'rgina m; fig libertà v, ma'rgina

speels scherze'vole

speeltafel tavolino da giuoco

speeltuin recinto dei giochi

speen succhiotto m

speenvarken maialino di latte, porcellino

speer la'ncia

spek lardo

spekslager macella'io di porci

speksteen steatite v; (v. kleermakers) lardite v

spektakel chiasso, rumore m; (schouwspel) spetta'colo

spel gioco; mazzo (di carte)

speld spillo

spelden attaccare cogli spilli

speldenknop capo'cchia (of capo) dello spillo

speldenkussen guancialino, cuscinetto per gli spilli

spelen giocare; muz suonare

speler giocatore; muz sonatore; (beroeps) biscaiolo; vals~, baro

speling gioco; ma'rgine m; ~ der natuur, capri'ccio (della natura)

spellen compitare

spelletje giochino m

spelling ortografia

spelonk spelonca

sperwer sparviere, sparviero

sperziebonen fagiolini m

spetter schizzo

speuren investigare, indagare

spiegel specchio

spiegelei uovo nel tegame (of affrittellato)

spiegelglas cristallo da spe'cchio

spiegeltje specchietto

spieken copiare

spier muscolo

spiering eperlano

spierkracht forza muscolare

spiernaakt tutto nudo

spierpijn mialgia

spiets spiedo, giavellotto

spijbelen salare/marinare la scuola

spijker chiodo

spijkerbroek jeans m

spijkeren inchiodare

spijl barra

spijs cibo, alimento

spijskaart lista (delle vivande) v

spijsvertering digestione v

spijt dispetto, rincrescimento; ~

hebben van, dolersi di; **ten ~ van**, a dispetto di

spijten dolere, dispiacere, rincre'scere; **het spijt mij**, mi rincresce, sono spiacente

spijtig spiace'vole; (boos) indispettito

spijz(ig)en dar la mangiare; cibare, nutrire

spikkel macchietta

spiksplinternieuw nuovo di zecca, nuovo fiammante

spil perno, a'lbero

spin ragno

spinazie spinaci m mv

spinnen filare

spinnenweb ragnatelo; tela di ragno

spion spione, spia

spioneren spiare

spiraal spirale v, elica

spiritualiën mv bevande alcoo'liche mv

spiritus spirito

spiritusbrander fornello a spirito

spit spiedo; ~ **in de rug**, lomba'ggine v

spits bn acuto; appuntato; pinnacolo; (neus) affilato; zn punta; (top) cima, vetta; (hoofd) testa

spitsboef birbo, birbante

spitsuur ora di punta

spitsvondig sottile; cavilloso

spitten vangare

spleet spaccatura, fessura, fesso, scissura

splijten overg fe'ndere, spaccare; onoverg fe'ndersi, spaccarsi

splinter sche'ggia, sverza

splinternieuw nuovo di zecca, nuovo fiammante

split fessura; sparato (della cami'cia)

splitsen divi'dere, partire

spoed fretta; ~! urgente!

spoedbestelling consegna urgente

spoedig presto; pronto; ra'pido

spoelen (ri)sciacquare, rigovernare (vasi, piatti); bagnare; (het haar) fare un cachet

spoken **het spookt in dit huis**, in questa casa rive'ngono gli spiriti

sponning scanalatura

spons spugna

spook apparizione v, spettro

spoor [het] tra'ccia, orma, pesta; (spoorweg) strada ferrata, ferrovia; (op station) binario; [de] (v. ruiter) sp(e)rone m

spoorbaan strada ferrata

spoorboekje orario ferroviario

spoorboom barriera

spoorkaartje biglietto di ferrovia

spoorloos senza lasciare tra'ccia

spoorslags a spron battuto

spoortrein treno, convo'glio

spoorwagen vagone m

spoorweg ferrovia *v*
spoorwegmaatschappij compagnia delle ferrovie
spoorwegovergang passaggio a livello
spoorwegpolitie polizia ferroviaria
sporadisch spora'dico
sporen spronare; (reizen) viaggiare in ferrovia
sport (v. ladder) piuolo, scalina; (lichaamsoefening) sport *m*
sportartikelen articoli sportivi *m mv*
sporten fare dello sport
sportlef sportivo
sportman sportivo
sportschoenen scarpe da sport *v*
sportterrein campo sportivo
spot beffa; scherno; derisione *v*
spotgoedkoop a vil prezzo
spotprent caricatura
spotprijs prezzo vili'ssimo
spotten canzonare, beffare, motteggiare, schernire
spottend beffardo, mottegge'vole, scherne'vole
spotter beffatore, motteggiatore
spraak li'ngua, lingua'ggio; (vermogen) favella, parola
spraakgebrek difetto nel parlare
spraakkunst gramma'tica
spraakzaam loquace
sprakeloos privo della parola
spreekkamer (v. dokter) gabinetto me'dico; (alg) gabinetto di consultazione
spreekuur ora(rio) di ricevimento
spreekwoord prove'rbio
spreeuw stornello, storno
sprei copriletto
spreiden ste'ndere, spiegare
spreken parlare
spreker parlatore, oratore; (iem die een lezing houdt) conferenziere *m*
sprenkelen spruzzare; annaffiare; aspe'rgere
spreuk sentenza
spriet antenna
springen saltare, balzare; (barsten) spaccarsi, screpolare, crepare; (ontploffen) esplo'dere; (v. band) scoppiare
springplank trampolino
springstof esplodente *m*
sprinkhaan cavalletta, locusta
sproeien annaffiare
sproeier auto iniettore *m*
sproet lenti'ggine *v*
sprokkelen racco'gliere frasche
sprong salto, sbalzo
sprookje fa'vola, fiaba
spruit germo'glio, rampollo (ook *fig*)
spruitjes cavolini di Bruxelles *m mv*
spugen sputare; vomitare
spuit siringa; (brand-) pompa (da ince'ndio)

spultbus bo'mbola
spuiten schizzare, spruzzare; siringare
spuitwater a'cqua gassosa
spul roba
spullen cose *v*, robe *v*
spurt volata
spuwen sputare
squash squash *m*
squashen giocare a squash
staaf sbarra, asta; verga
staak pe'rtica, stanga
staal (metaal) accia'io; (monster) campione *m*, modello
staan stare (in piedi), starsene, star
iliu; luut (en nog minder) (e) tanto meno
staand ritto, in piedi; (acqua) stagnante; (esercito) permanente; *op ~e voet*, su due piedi
staanplaats posto in piedi
staar cateratta
staart coda
staat (land) stato, regno; (toestand) condizione *v*, stato; (lijst) lista, tabella; *in ~ zijn om te*, e'ssere in grado di; *in ~ stellen om te*, me'ttere in grado di
staatkunde poli'tica
staatscourant Gazzetta ufficiale
staatsgreep colpo di stato
staatshoofd capo dello stato
staatsie sfo'ggio, gala, pompa
staatsman uomo di stato
stabiel stabile, solido
stad città *v*
stadgenoot concittadino
stadhuis palazzo municipale, munici'pio
stadion stadio
stadsbus autobus urbano *m*
stadslicht luce anabbagliante *v*
staf bastone *m*; mazza; (personeel) personale *m*; *generale ~*, stato maggiore
stage tiroci'nio, pra'tica
stagiaire tirocinante, praticante
staken sospe'ndere; cessare; (werk-) scioperare
staker scioperante
staking cessazione *v*, sospensione *v*; (werk-) scio'pero
stakker po'vero dia'bolo
stal stalla; scuderia
stalen *bn* d'accia'io
stalles *mv* poltrone *v mv*
stalling rimessa
stam (v. boom) tronco, sti'pite *m*; (familie) ceppo, tronco; (volks-) tribù *v*; (v. woord) radice *v*
stamboom a'lbero genealo'gico
stamelen balbettare
stamgast assi'duo
stampen pestare; tritare; (vast-)

mazzerangare; (v. schip) beccheggiare
stamper (werktuig) pestello; pestone *m*; (plantk) pistillo
stampvoeten pestare i piedi
stampvol pieno zeppo
stand posizione *v*; (plaats) luogo, posto; (rang) stato, grado; condizione *v*; (op tentoonstelling) (lo) stand
standaard *mil* (vaandel) stendardo; (maatstaf) misura, norma; (v. fiets) cavalletto
standbeeld sta'tua
standhouden resistere a, reggere a
standje ramanzina; riprensione *v*; (relletje) tumulto
standplaats posto; (v. tent/caravan) posto tenda/roulotte
standpunt punto di vista
standvastig costante, fermo
stang stanga, pe'rtica; sbarra (di ferro)
stank puzzo; fetore *m*
stap passo
stapel mu'cchio, ammasso; *van ~ laten*, varare una nave
stapelbed letto a castello
stapelen ammucchiare, ammassare
stappen andare, camminare
stapvoets a passo d'uomo, al passo
star fisso, ri'gido
staren guardare fisso
start *sp* partenza; *techn* avviamento
startbaan pista di lancio *v*
starten *auto, techn* avviare; *sp* partire
starter *sp* mossiere *m*; *auto* avviatore *m*
startkabels cavi *m*
startmotor motorino di avviamento
startpedaal pedale *m* di avviamento
Staten-Generaal *mv* Stati generali *mv*
statief trepiede *m*
statig pomposo, maestoso, solenne
station stazione *v*
stationcar station-wagon *m*
stationschef capostazione *m*
statistiek stati'stica
status stato, condizione; (geneeskunde) cartella clinica
statuten *mv* statuto
stedelijk municipale; comunale
steeds *bn* (v.e. stad) cittadinesco; *bijw* (altijd) sempre; *nog ~*, tuttora, sempre, continuamente
steeg vi'colo, viuzza
steek (v. insect) puntura; (prik) puntata; colpo; *~ onder water*, stoccata
steekhoudend va'lido; so'lido
steekvlam fiamma ossi'drica
steel ma'nico; (v. bloem, vrucht) pedu'ncolo, gambo; (v. blad) stelo; (v. pijp) canna, cannu'ccia

steen pietra; sasso
steenbakkerij tegola'ia
steenbok stambecco; (dierenriem) capricorno
steengroeve cava di pietre, petriera
steenhouwer tagliapietre, scalpellino
steenkool carbon(e) fossile
steenpuist carbo'nchio, fignolo
steiger (bouw) impalcatura, palco; *scheepv* ponte *m* d'approdo
steigeren impennarsi
steil erto, ri'pido, scosceso, arduo
stek talea, piantone *m*, barbatella
stekeblind completamente cieco
stekel (v. insect) pungiglione *m*; (doorn) spina
stekelig spinoso; *fig* pungente
stekelvarken porcospino
steken pu'ngere; (v. insecten ook) pinzare; *ergens in* (*op*) ~, infilare in (su)
stekker spina
stel assortimento; guarnitura; pa'io; (kopjes e.d.) servi'zio
stelen rubare
stellage palco, tribuna
stellen porre, me'ttere
stellig positivo, decisivo
stelling posizione *v*; disposizione *v*; ma'ssima; assioma *m*; (steiger) palco, palchetto
stelpen stagnare
stelregel princi'pio, ma'ssima
stelsel sistema *m*
stelselmatig sistema'tico
stem voce *v*; (bij verkiezing) voto; *met algemene ~men*, all' unanimità
stembanden *mv* corde vocali *v mv*
stembiljet scheda
stembus urna
stemgerechtigd che ha diritto di suffra'gio
stemmen *muz* accordare; votare; *fig* disporre (in favore di)
stemmig ritenuto, se'rio
stemming votazione *v*, voto; *muz* accordatura; *fig* umore *m*, disposizione *v*; *handel* tendenza
stempel bollo, timbro; marca; (werktuig) sigillo; (*plantk*) stimma; *fig* impronto, sigillo
stempelen bollare
stemrecht diritto elettorale; *algemeen ~*, suffra'gio (universale)
stemvork dia'pason *m*
stenen di pietra, di sasso
stengel stelo, gambo, fusto
stenograaf steno'grafo
stenotypiste stenodattilo'grafa
step (autoped) monopa'ttino
step-in guaina *v*
ster stella, astro; *vallende ~*, stella filante
stereo(fonisch) stereofo'nico

sterfbed letto di morte
sterfelijk mortale
sterfgeval decesso
sterfte mortalità *v*
steriel sterile; sterilizzato
sterk forte, gagliardo, vigoroso, robusto; (thee) forte, ca'rico; (drank) spiritoso, alco'lico
sterkedrank superalcolico, spirito
sterken fortificare, rinvigorire; (verkwikken) ristorare; *fig* confermare
sterkers crescione *m* inglese
sterkte forza; vigore *m*, robustezza; (vesting) fortezza
sterrenbeeld costellazione *v*
sterrenkunde astronomia *v*
sterrenkundige astro'nomo
sterrenwacht osservato'rio
sterrit raduno
sterveling mortale; *er was geen ~*, non c'era a'nima viva
sterven morire
steun sostegno; appo'ggio; (hulp) aiuto, appo'ggio
steunen (ap)poggiare; puntare; (helpen) aiutare, sostenere; *~ op*, fondarsi su
steunzool suola di sostegno
steur storione *m*
steven (voor-) prua, prora; (achter-) poppa
stevig saldo, forte, fermo, robusto
steward cameriere di bordo *m*
stewardess hostess *v*, assistente di volo *v*
stichtelijk edificante
stichten fondare, eri'gere; istituire
stichting fondazione *v*
stiefbroer fratellastro
stiefdochter figliastra
stiefmoeder matrigna
stiefvader patrigno
stiefzoon figliastro
stiefzuster sorellastra
stier toro
stierengevecht corrida
stift cavi'glia, perno
stijf ri'gido; duro; (ledematen) intirizzito; (in manieren) ceremonioso, freddo
stijfhoofdig testardo, capa'rbio, capone
stijfsel a'mido, salda; (pap) colla, pasta d'a'mido
stijgbeugel staffa
stijgen salire, montare
stijl (trant) stile *m*; (v. deur) sti'pite *m*
stijven re'ndere ri'gido; (met stijfsel) inamidare
stikdonker oscuri'ssimo
stikken soffocare, asfissiare; (borduren) ricamare; trapuntare
stikstof azoto, nitrogeno

stil silenzioso, quieto, tranquillo; calmo; *~!*, cheto; zitto!
stillen calmare, quietare, chetare; mitigare; cavarsi (la fame, la sete)
stilletjes piano piano; alla sordina, sordamente, di nascosto
stilleven natura morta
stilstaan star fermo, fermarsi
stilstand cessazione *v*; sosta, fermata, pausa; stagnazione *v*
stilte calma, quiete *v*; sile'nzio
stilzwijgend silenzioso, taciturno
stinken puzzare, putire
stip(pel) punto, macchiettatura
stippellijn li'nea punteggiata
stipt puntuale
Stockholm Stoccolma
stoeien scherzare, ruzzare
stoel se'ggiola, se'dia
stoelgang evacuazione *v*, andata di corpo; secuso
stoeltjeslift seggiovia
stoep (trottoir) marciapiede *m*; (voor huis) scalea
stoer robusto
stoet se'guito, treno, corte'ggio; corteo
stof [*het*] (vuil) po'lvere *v*
stof [*de*] (textiel) stoffa, tessuto; (grondstof) mate'ria, materiale *m*, sostanza; (onderwerp) materiale, soggetto
stofbril occhiali *mv* da automobilista
stofdoek spolvera'ccio
stoffeerder tappezziere
stoffelijk materiale; *~ overschot*, salma
stoffen *ww* spolverare; *bn* di stoffa
stoffer scopetta
stoffig polveroso
stofwisseling metabolismo
stofzuiger aspirapo'lvere *m*, aspiratore *m*
stok bastone *m*; canna
stokbrood filone di pane *m*
stokdoof affatto sordo
stoken (ri)caldare; (likeur) distillare; (twist) seminare; (opstoken) atizzare
stoker fochista; *fig* istigatore
stokoud vecchi'ssimo, strave'cchio
stokvis baccalà *m*, stoccafisso
stollen coagularsi, rappre'ndersi
stolp campana di vetro; coperchietto
stom (niet sprekend) muto, mu'tolo; (dom) stu'pido
stomdronken ubriaco fra'dicio
stomen (reinigen) lavare a secco
stomerij lavanderia a secco
stomheid mutolezza, mutismo; *fig* stupidità *v*
stommeling imbecille; minchione *m*
stomp *bn* ottuso, rintuzzato; spuntato, smusso; (neus) camuso

stomp *zn* pugno, colpo, cazzotto

stompzinnig ottuso, e'bete

stookolie o'lio combusti'bile

stoom vapore *m*

stoomboot vapore, piro'scafo

stoommachine ma'cchina a vapore

stoot urto; colpo; (schok) scossa; (houw, steek) botta

stoottroepen *mv* truppe *mv* d'assalto

stop (in bad e.d.) tura'cciolo, zaffo, tappo; (in kous) rammendatura

stop! (halt) ferma!/stop!

stopbord segnale *m* d'arresto

stopcontact presa

stoplicht semaforo

stopmiddel costipante *m*

stopnaald ago da rammendare

stoppel sto'ppia, se'ccia; (v. baard) peli duri *mv*

stoppen (dichtmaken) turare; (pijp) caricare; (kous) rammendare; *med* costipare; (halt houden) fermar; arrestarsi

stopplaats fermata

stoptrein treno regionale

stopverf ma'stice *m* (stucco) da vetri

storen disturbare; incomodare; *zich ~ aan*, curarsi de

storing disturbo; *rad* perturbazione *v*

storm tempesta, burrasca

stormen esserci tempesta

stortbui acquazzone *m*

storten *onoverg* ca'dere; *overg* precipitare, gettare; (bloed, tranen, geld) versare

storting (geld) versamento

stortregen pio'ggia dirotta, acquazzone *m*

stortzee colpo di mare, ondata

stoten percuo'tere, urtare; *~ op*, incontrare, inciampare in; *zich ~*, urtarsi

stotteren balbettare, tartagliare

stout (moedig) audace; (ondeugend) sgarbato, cattivo

stoutmoedig audace

stoven stufare

straal ra'ggio; (water) getto; (dun) zampillo

straalvliegtuig ae'reo a reazione

straat strada, via; (zee-) stretto

straatjongen monello, birichino

straatkant lato della strada *m*

straatveger spazzino

straatweg rotabile *v*

straf *zn* punizione *v*, pena

straf *bn* ri'gido, duro, severo, forte

strafbaar puni'bile, criminoso

straffeloos impune

straffen punire

strafport soprattassa

strafrecht diritto penale

strafschop ca'lcio di rigore

---

strak teso, ri'gido, fisso; (kleding) aderente

strakjes 1 fra poco 2 (un po') stretto

straks su'bito, tosto; presto; *tot ~ a* più tardi

stralen raggiare; (ir)radiare

stralenkrans aure'ola

straling radiazione *v*

stram ri'gido; marziale

strand spiaggia *v*

stranden arrenarsi

strandstoel (vroeger) capanna; (ligstoel) sedia a sdraio

streek (list) tiro; (dwaze) scappata; (domme) sciocchezza; (gebied) regione *v*; contrada

streekbus autobus interurbano, corriera

streep li'nea; (gebied) stri'scia, riga

strekken (di)ste'ndere, allungare; (dieren) servire

strekking tendenza

strelen (ac)carezzare, vezzeggiare; *fig* lusingare

stremmen (vloeistof) coagulari; (verkeer) impedire

streng *zn* corda, fune *v*; (zijde, garen) matassa

streng *bn* rigoroso, austero, severo; (kou) rigido

strengheid severità *v*, rigorosità *v*, rigore *m*

stress stress *m*

streven naar mirare a, aspirare a

strijd combattimento; lotta

strijden comba'ttere; (met) (ri)pugnare a; disputare; conte'ndere

strijdig contra'rio, opposto

strijkbout ferro da stiro

strijken passare (la mano sul viso); (glad-) lisciare; (zeilen) calare, ammainare; (linnengoed) stirare

strijkijzer ferro da stiro

strijkje orchestrina

strijkorkest orchestra d'archi

strijkplank asse da stiro *v*

strijkstok arco

strik (val-) la'ccio, lacciuolo; (knoop) nodo, fiocco; (versiering) nastro

strikt *bn* esatto, accurato; preciso; *bijw* precisamente

strikvraag domanda insidiosa

strip listello

striptease strip-tease, spogliarello

stripverhaal racconto a fumetti, fumetto

stro pa'glia

stroef ru'vido, aspro, duro

strohoed cappello di pa'glia

stromen co'rrere, sco'rrere; fluire

stromend water acqua corrente *v*

stronk torso, to'rsolo (di ca'volo)

strooibiljet volantino, manifestino

---

strooien *ww* spa'rgere, spa'ndere; *bn* di pa'glia

strook stri'scia; (v. japon) lista; (v. cheque) tagliando

stroom (elektriciteit) corrente *v*; (rivier) fiume *m*

stroomafwaarts con la corrente, a valle

stroomlijn li'nea aerodina'mica

stroomopwaarts contro la corrente a monte

stroomverdeler distributore di corrente *m*

stroomversnelling ra'pida

stroop sciroppo

strooptocht scorreria; razzia

strop (v. galg) capestro, (pech) sfortuna, disdetta

stropdas cravatta

stropen (villen) scorticare, scuoiare; (wild) rubare; (roven) spogliare, rubare

stroper cacciatore di frodo

strot gola

strottenhoofd laringe *v*

struik arbusto, fru'tice *m*

struikelblok osta'colo, intoppo

struikelen (over) (in)ciampare (in), incespicare (in)

struikgewas arbusti *mv*

struikrover grassatore, brigante, ladrone *m*

struisvogel struzzo

studeerkamer stu'dio

student studente *m*

studeren studiare

studie stu'dio

studiebeurs borsa di stu'dio

studio studio

stug ritroso; *fig* austero

stuifmeel polline *m*

stuiptrekking convulsione *v*, spas(i)mo *m*

stuiten (rim)balzare; (tegenhouden) arrestare; *~ op*, incontrare

stuitend ributtante

stuiven far po'lvere

stuk (deel) pezzo; (document) documento; (in tijdschrift) arti'colo; *per ~*, l'uno, al pezzo, cadauno; *bn* (kapot) rotto; guasto

stukadoor stuccatore

stukgaan rompersi

stukmaken rompere

stumper poverino; inetto

stunt bravata

sturen *scheepv* governare; *auto* guidare; condurre; (zenden) mandare

stutten appuntellare

Stuttgart Stoccarda

stuur *scheepv* timone *m*; (v. fiets) manu'brio; (v. auto) volante *m*

stuurboord tribordo

stuurhuis passaruota *m*
stuurinrichting *auto* sterzo
stuurman timoniere
stuurwiel volante *m*
stuw sbarramento
stuwdam diga di sbarramento
stuwen stivare; arrestare (l'acqua)
subsidie sovvenzione *v*
succes successo, riuscita
succesvol ben riuscito, fruttuoso, suf
   stordito, imbecille
sudderen stufare, cuocere a fuoco
   lento
suf stordito, intontito; *wat een suffe*
   boel!, che noia
suffen sonnacchiare
suggestie suggestione *v*
suiker zucchero
suikerbiet barbabie'tola
suikergoed zuccherini *mv*
suikerpatiënt diabetico
suikerpot zuccheriera
suikerriet canna da zu'cchero
suikerziekte diabete *m*
suite (kamers) fuga di stanze; (*muz*)
   suite *v*
suizen mormorare, sussurrare; (oren)
   ronzare, zufolare
sukade (scorza di) cedro candito,
   cedrata
sukkel acciabattone; (stakker)
   dia'volo
sukkeldrafje trotterello
sukkelen e'sser malati'ccio
super *zn* (benzina) super *v*; *bn* super,
   straordinario
superbenzine (benzina) super *v*
supermarkt supermercato
supplement supplemento
surfen fare windsurf
surfen fare il surf
surfplank tavola a velo, windsurf
Suriname il Surinam
surplus soprappiù *m*
surprise sorpresa
surrogaat surrogato
surséance van betaling dilazione *v* di
   pagamento
sussen calmare, placare
syfilis sifilide *v*
symbool si'mbolo
symfonie sinfonia
sympathiek simpatico
symptoom si'ntomo
synchronisatie (film) doppia'ggio
synchroniseren (film) doppiare
synoniem sino'nimo
systeem sistema *m*
systematisch sistema'tico

T

taai tenace, duro; (vlees) tiglioso;
   (slijm) viscoso

taak co'mpito, impegno; (voor straf)
   penso
taal lingua; li'ngere, lingua'ggio
taalfout errore di linguaggio *m*
taart torta
taartenschep palettina
taartje pasticcino, pasta
tabak tabacco
tabaksdoos tabacchiera
tabel tabella
tablet tavoletta; *med* compressa
tachtig ottanta
tachtigste ottante'simo
tact tatto
tafel ta'vola; desco; mensa; ~ *van*
   vermenigvuldiging, ta'vola
   pitago'rica
tafel tavolo *m*
tafelkleed tappeto da ta'vola
tafellaken tova'glia
tafeltennis tennis *m* da ta'volo, ping-
   pong *m*
tafelwijn vino da pasta
tafereel pittura, spetta'colo; scena
taille vita
tak ramo, ramicello
takel paranco
takelwagen autogru *v*
tal nu'mero, quantità *v*; ~ *van*, un
   gran nu'mero di
talen naar desiderare
talent talento
talk sego
talloos innumera'bile, innumere'vole
talmen indugiare, temporeggiare
talon talloncino
talrijk numeroso
tam addomesticato, dome'stico,
   mansueto
tamboer tamburo
tamboerijn tamburello
tamelijk abbastanza, piuttosto
tampon assorbente interno *m*
tand dente *m*
tandarts dentista *m-v*
tandem tandem *m*
tandenborstel spazzolino da denti
tandenstoker stuzzicadenti *m*
tandpasta dentifri'cio, pasta
   dentifri'cia
tandrad ruota dentata, cremagliera
tandradbaan ferrovia a cremagliera, a
   dentiera
tandvlees gengive *v*
tanen abbuiarsi, oscurarsi
tang tana'glie *mv*, tana'glia
tank (benzine-) serbato'io; (reservoir)
   cisterna; *mil* carro d'assalto, carro
   armato, autobruco
tankboot, tanker nave *v* cisterna
tanken fare rifornimento di, rifornirsi
   di benzina, fare il pieno
tankstation stazione *v* di servi'zio
tankwagen vagone *m* cisterna

tante zia
tap spina; *bier van de* ~, birra alla
   spina
tapijt tappeto
tapisserie tappezzeria
tappen mescere
tarbot rombo
tarief tariffa
tarra tara
tarwe frumento, grano
tas (hand-) borsa; (akte-) cartella
tastbaar palpa'bile, concreto
tasten tastare, palpare
taugé germi di soia *m mv*
taxateur tassatore *m*
taxatie stima, tassazione *v*, peri'zia
taxeren tassare, valutare
taxfree taxfree
taxi taxi, tassí *m*
taximeter tassametro *m*
taxistandplaats posteggio dei tassí
   (taxi) *m*
tbc tbc, tubercolosi *v*
te per, in, da, a; (te veel enz) troppo;
   gemakkelijk ~ *begrijpen*, fa'cile a
   compren'dersi
team squadra, team *m*
techniek tec'nica
technisch te'cnico; ~*e hulp* assistenza
   tecnica
teder te'nero, delicato
teef cagna
teek zecca *v*
teelt allevamento; coltura
teen dito del piede; *grote* ~, a'lluce
   m; *kleine* ~, mi'gnolo; (twijg) vinco,
   vi'mine *m*
teer *zn* (stof) catrame *m*
teer *bn* (breekbaar) fra'gile
tegel mattonella, piastrella
tegelijk insieme; *tien* ~, dieci per
   volta, dieci alla volta
tegelijkertijd nello stesso tempo
tegemoet all'incontro
tegen contro; (jegens) verso;
   (omstreeks) circa, incirca
tegendeel contra'rio
tegengaan opporsi (a qc)
tegengesteld opposto
tegenhouden ritenere; arrestare
tegenkomen (persoon) incontrare;
   (fouten etc.) riscontrare
tegenlicht controluce *v*
tegenlichtopname controluce *m*
tegenligger auto che va in senso
   contra'rio
tegenlopen non riuscire; e'ssere
   contra'rio
tegenover dirimpetto (a); di fa'ccia
   (a); di dronte a; con
tegenovergesteld contra'rio, opposto,
   contrapposto, opponente
tegenpartij avversa'rio, controparte *v*
tegenslag contraccolpo

tegenspoed avversità, contrarietà v; infortuni mv
tegenspraak contraddizione v
tegenspreken contraddire
tegenstand resistenza
tegenstander avversa'rio, antagonista
tegenstelling contrasto; contrario; anti'tesi v; opposizione v; in ~ lot, contrariamente a, a differenza di
tegenstribbelen ricalcitrare, far resistenza; opporsi
tegenstrijdig contra'rio, contraditto'rio
tegenstrijdigheid contraddizione v, contrarietà v
tegenvallen non rispo'ndere alle aspettative
tegenwerken opporsi a, avversare
tegenwerking opposizione v
tegenwerping obiezione v
tegenwicht contrappeso
tegenwind vento contra'rio
tegenwoordig bn presente, attuale; bijw presentemente, oggi, oggidì, nei giorni nostri
tegenwoordigheid presenza; ~ van geest, presenza di spi'rito
tegenzin ripugnanza, avversione v, disgusto, reluttanza
tegoed avere m, cre'dito
tehuis casa; rico'vero
teil bacile m, catino
teisteren infestare
teken segno; indi'zio, marca; (kenteken) caratteri'stica; si'ntomo; (sein) segnale m; (blijk) prova
tekenaar disegnatore
tekenen disegnare; (merken) segnare, marcare; (ondertekenen) sottoscri'vere, firmare
tekenfilm cartone (disegno) animato
tekening disegno
tekort manco, de'ficit m
tekst testo; libretto
tekstboekje libretto
tel secondo, attimo
telefoneren telefonare
telefonisch telefonico, per telefono
telefoniste operatrice v, centralinista, telefonista
telefoon telefono m
telefoonboek elenco telefonico
telefooncel cabina telefonica
telefoongesprek telefonata v
telefoongids guida telefonica v
telefoonkaart scheda telefonica v
telefoonkantoor sip v
telefoonnummer numero telefonico
telegraaf tele'grafo
telegraferen telegrafare
telegrafie telegrafia
telegram telegramma m
telelens teleobiettivo m
telen coltivare
teleurstellen delu'dere

teleurstelling disinganno, delusione v
televisie televisione v
televisietoestel televisore m
telex telescrivente v
telexbericht telex m, telescritto
telg rampollo; discendente
telkens ogni; ogni poco
tellen numerare, contare
teller numeratore m
telwoord numerale m
temmen domare, addomesticare, ammansare
tempel te'mpio
temperatuur temperatura
temperen temperare; moderare
tempo tempo, ritmo
ten a, per, da; ~ gevolge in conseguenza (di), per cagione (di); ~ slotte alla fine
teneinde a fine di, affinchè
tenger te'nero, delicato
tenminste almeno, per lo meno
tennis tennis m
tennisbaan campo da tennis
tennisbal pallina da tennis v
tennisracket racchetta da tennis
tennissen giuocare al tennis
tenor tenore m
tent tenda; (kermis) baracca
tentharing picchetto
tentoonstelling esposizione v
tentstok paletto m
tenue tenuta
tenzij a meno che non, tranne quando, eccetto che non
tepel capezzolo m
ter a, per, da
terdege ben bene
terecht (teruggevonden) ritrovato; ergens ~ komen, andare a finire, finire, capitare
terechtstelling esecuzione v
terechtwijzing ammonizione v
teren (met teer) incatramare; op iets ~, vi'vere a
tergen provocare, vessare
terloops di passa'ggio
term voce v
termijn te'rmine m
ternauwernood appena
terpentijn trementina, terebentina, acquara'gia
terras terrazza v
terrein terreno
terreur terrore m
terrine zuppiera
terstond su'bito, immediatamente
terts terza
terug die'tro, indie'tro; di ritorno; ~!, addie'tro
terugbetalen rimborsare
terugblik sguardo retrospettivo
terugbrengen riportare, ricondurre, restituire

terugdeinzen indietreggiare
teruggaan ritornare
teruggeven re'ndere, restituire
terughoudend ritenuto, riservato, contegnoso
terugkaatsen rimbalzare; (geluid) ripercuo'tere; (licht) rifle'ttere
terugkeer ritorno
terugkomen rivenire, ritornare
terugkomst ritorno
terugnemen ripre'ndere
terugreis via'ggio di ritorno
terugroepen richiamare; revocare
terugstoten respi'ngere, ributtare; fig far disgusto, ispirare antipatia
terugtocht ritirata
terugtrappem freno a contropedale m
terugtrekken ritirare, ritirarsi
terugweg via di ritorno
terugzenden rimandare
terugzending rispedizione v
terugzien rivedere
terwijl mentre
terzijde da banda, da parte
test techn prova, collaudo; (psychologische ~) test m, reattivo psicolo'gico
testament testamento
testen testare, mettere alla prova
teug sorso; sorsata
teugel re'dine v
tevens pure; nello stesso tempo; insieme
tevergeefs invano, inutilmente
tevoorschijn fuori; ~ halen, tirar fuori
tevoren prima
tevreden contento
tevredenheid contentezza
tevredenstellen appagare, contentare, quietare
tewaterlating varo
textiel tessuto
tezamen insieme, assieme
thans addesso, ora, a quest'ora, oggidi
theater teatro
theatervoorstelling spettacolo teatrale
thee tè m
theekopje tazza da tè
theelepel cucchiaino da tè
theemuts copriteiera
theepot teiera
theeservies servi'zio da tè
theezakje bustina di tè
thema tema m
theorie teoria, teo'rica
thermometer termometro
thermosfles thermos m
thuis a casa
thuisbrengen accompagnare a casa
thuiskomen ritornare a casa
thuiskomst ritorno a casa
thuisreis via'ggio di rientro

Tiber Te'vere *m*
ticket biglietto *m*
tien dieci
tiende de'cimo
tiendelig decimale
tienvoud, -voudig de'clupo
tieren prosperare; (razen) tempestare
tiet tetta
tij marea
tijd tempo
tijdbom bomba a orologeria
tijdelijk temporale
tijdens durante, nel corso di
tijdgenoot contempera'neo
tijdig *bijw* tempestivamente, per tempo; *bn* tempestivo
tijding nuova, novella
tijdopname posa
tijdperk peri'odo, e'poca, età *v*, era
tijdschrift rivista, perio'dico
tijdstip momento, ora
tijdvak peri'odo; e'poca, era
tijdverdrijf passatempo; divertimento; spasso
tijger, tijgerin tigre *v*
tik colpo, colpetto
tikfout errore *m* di dattilograna
tikken toccare; picchiare; (brief) scri'vere a ma'cchina
tillen sollevare, alzare
timmeren lavorare da falegname
timmerhout legname *m* da costruzione
timmerman falegname, carpentiere
tin stagno
tinctuur tintura
tinnen di stagno
tint tinta
tintelen scintillare; (v. kou) pizzicare
tip informazione; (fooi) mancia
tippelen battere il marciapiede
Tirol il Tirolo
Tirols tirolese
tissue fazzoletto di carta
tissues fazzoletti di carta *m mv*
titel ti'tolo
tjilpen garrire, cinguettare
toast toast *m*
tobbe tino
tobben affannarsi, inquietarsi
toch tuttavia, pure, però
tocht (expeditie) spedizione *v*; (excursie) escursione *v*; (uitstapje) gita, giro; (wind) corrente *v* d'a'ria
tochtdeur controporta; bu'ssola
tochten *het tocht* c'è corrente
tochtscherm paravento
toe a, da, per; (gesloten) chiuso
toebehoren *ww* appartenere a; accessori *mv*, appartenenza
toebereiden apparecchiare, preparare
toebereidsel preparativo
toeclip fermapiede *m*
toedekken coprire

toedienen dare, somministrare
toedoen chiu'dere; concorso, cooperazione *v*
toedracht andamento
toe-eigenen (zich) appropriarsi
toegang a'dito, accesso; (ingang) entrata, ingresso
toegangsbewijs, -biljet biglietto d'ingresso
toegangsnummer codice di accesso *m*
toegangsprijs prezzo dei biglietti
toegankelijk accessi'bile
toegedaan affezionato, devoto (a)
toegeeflijk indulgente, compiacente, cedevole
toegenegen affezionato
toegeven (bijgeven) aggiu'ngere, dare per giunta; (niet bestrijden) amme'ttere; convenire (in con); (zwichten) ce'dere, piegarsi
toegevendheid indulgenza
toegift (ag)giunta, soprappiù *m*, soprammercato
toehoorder ascoltatore; uditore
toejuichen applaudire
toejuiching applauso
toekennen accordare, dare, conce'dere, aggiudicare
toekijken stare a guardare
toekomen appartenere, compe'tere (a)
toekomst avvenire *m*, futuro
toekomstig futuro
toelage soprassoldo, sussidio; supplemento
toelaten (binnenlaten) amme'ticre; (gedogen) perme'ttere
toelatingsexamen esame *m* d'ammissione
toeleg progetto, disegno
toeleggen *zich ~ op*, applicarsi a
toelichten illustrare, spiegare
toelichting illustrazione *v*, spiegazione *v*
toeloop concorso, affluenza
toen *bijw* allora; *voegw* allorchè, quando
toenadering ravvicinamento
toenemen cre'scere, aumentare; ingrandire
toeneming accrescimento
toepasselijk applica'bile; pro'prio
toepassen applicare
toepassing applicazione *v*
toer (tochtje) gita; (beurt) volta; (omwenteling) giro; (moeite) fatica
toerauto torpedone *m*
toereikend bastante, sufficiente
toerekenbaar responsa'bile
toeren fare una giro
toerenteller contagiri *m*
toerisme turismo
toerist turista *m/v*
toeristenbelasting tasse turistiche

toeristenkaart carta turistica *v*
toeristenklasse classe turistica *v*
toeristenmenu menu turistico *m*
toeristisch turistico
toeroepen gridate (qc a qd)
toerusten equipaggiare; armare
toeschietelijk compiacente
toeschijnen parare
toeschouwer spettatore
toeschrijven ascrivere, attribuire, imputare
toeslag supplemento; aumento; aggiunta
toespeling allusione *v*
toespijs posposto
toespraak allocuzione *v*; arringa
toespreken indirizzare la parola (a), arringare
toestaan accordare, perme'ttere
toestand stato, situazione *v*, condizione *v*
toestel appare'cchio
toestemmen (ac)consentire; approvare
toestemming consenso, permesso
toestromen affluire
toetakelen sconciare, malmenare; *zich ~*, azzimarsi
toeter clacson *m*
toetreden entrare in, aderire a (un partito), accedere
toets tasto; *fig* prova
toetsen saggiare, provare; paragonare
toetsenbord tastiera
toetssteen pietra di paragone
toeval *[het]* caso; *[de]* (ziekte) accesso, attacco
toevallig *bn* accidentale, incidentale, casuale, contingente, fortu'ito; *bijw* a caso; per avventura
toevertrouwen affidare, confidare
toevloed affluenza
toevlucht rifu'gio; ricorso
toevluchtsoord (luogo di) rifu'gio, asilo, rico'vero
toevoegen aggiu'ngere; fare; recare
toewensen augurare (qc a qd)
toewijzen aggiudicare, assegnare
toezegging promessa
toezenden inviare, mandare
toezicht sorveglianza
toezien stare a vedere; (zorgen) badare, guardare; (toezicht houden) sorvegliare
toffee caramella molle
toga toga
toilet (kleding) abbigliamento, vestito, toletta; (wc) gabinetto
toiletpapier carta igie'nica
tokkelen toccare, pizzicare
tol (tolgeld) peda'ggio; *fig* tributo; (speeltuig) tro'ttola
tolk interprete *m-v*
tolken fare da interprete

tolweg strada a pagamento
tomaat pomodoro *m*
tomatenpuree estratto di pomodoro
tomatensaus sugo di pomodoro
ton botte *v*, barile *m*; (1000 kg) tonnellata
toneel scena, teatro; palco sce'nico; *fig* scena, spetta'colo
toneelkijker bino'c(c)olo
toneelspeelster attrice
toneelspeler attore
toneelstuk pezzo di teatro
tonen mostrare, indicare
tong (in mond) li'ngua; (vis) so'gliola
tongval dialetto, idioma *m*
tonijn tonno
tonnage tonnella'ggio
tonsuur tonsura
tooi ornamento, abbellimento, fre'gio
tooien ornare, adornare, abbellire
toom bri'glia, freno
toon tono; suono; accento
toonbank banco di ve'ndita
toonbeeld ese'mpio
toonder portatore
toonkunst mu'sica
toonladder scala (diato'nica); gamma
toorn ira, co'llera
toorts to'rcia, fla'ccola
toost (brood) pane *m* abbrustolito; (toespraak) bri'ndisi *m*
toosten brindare, fare bri'ndisi
top vetta, cima, cu'lmine, a'pice *v*; cresta; (van driehoek, piramide) ve'rtice *m*
topconferentie conferenza al ver'tice
topje (kleding) bustino; *het ~ van de ijsberg*, la puntina dell' iceberg
topless topless
toppunt colmo; a'pice *m*
topzwaar pesante alla tasta
tor coleo'ttero
toren torre *v*; (klokken-) campanile *m*
torenspits gu'glia
tornen scucire, disfare il cucito
torpedo siluro
torsen portare con difficoltà
tortelduif to'rtora, tortorella
tosti tosto
tot fino a, sino a; *~ en met*, fino a tutto (il 20 agosto)
totaal totale, complessivo; *in ~*, complessivamente, in totale, in tutto
totdat finchè
Toulon Tolone
Toulouse Tolosa
touperen cotonare (i capelli)
touringcar pullman *m*
touw fune *v*, corda; (dik) cavo, ca'napo
touwladder scala di corda
tovenaar incantatore, mago
tovenares maga; fattucchiera

toverachtig ma'gico, incante'vole
toveren esercitare la magia, far malie
toverij magia, malia
toverlantaarn lanterna ma'gica
traag lento, inerto
traagheid lentezza, pigri'zia; ine'rzia
traan (vette stof) o'lio di balena, di pesce
traan (oogvocht) la'grima, la'crima
trachten cercare; sforzarsi; te'ndere (a)
tractor trattrice *v*
traditie tradizione *v*
tragedie trage'dia
trainen allenare, allenarsi
trainer allenatore
training allenamento.
trainingspak tenuta d'allenamento
traject tratto (di strada)
traktaat trattato
traktement paga, sala'rio; stipe'ndio
trakteren convitare
tralie ferro d'un cancello
traliewerk inferriata, ingraticolata, cancello
tram tram *m*
tramabonnement tes'sera tranvia'ria
tramhalte fermata del tram
tramkaartje biglietto tranvia'rio
trans (v. toren) galleria
transactie transazione *v*
transmissie trasmissione *v*
transpireren traspirare
transport trasporto
trap (aantal treden) scala; (schop) ca'lcio, pedata
trapas movimento centrale *m*
trapleuning ringhiera, balaustata di scala
traploper passato'ia
trappelen scalpitare, pestare
trappen calcare; pestare; (fietsen) pedalare
trappenhuis tromba delle scale
trapper pedale *m*
travellercheque traveller's cheque *m*
trawler peschere'ccio
trechter imbuto
trede (stap) passo; (v. trap) scalino, gradino
treden entrare (in lizza, in uffi'cio, in ca'mera)
treeplank predellino, montatoio
treffen *ww* co'gliere, colpire, toccare; dare in; (uitkomst) avvenire, acca'dere; (ontmoeten) incontrare; (geluk hebben) aver fortuna; (aandoen) commuo'vere; scontro; combattimento
treffend giusto; (gelijkend) perfetto; (roerend) commovente
treffer rete *v*, goal *m*
trein treno
treinkaartje biglietto ferroviario

treinverbinding collegamento in treno
treinvertraging ritardo *m* del treno
treiteren dare fastidio
trek tratto; tiro; (v. vogels) passa'ggio, migrazione *v*; (lust) vo'glia; (eetlust) appetito
trekken tirare, trarre; (v. vogels) passare, migrare
trekker tiratore *m*; (geweer) grilletto; (persoon) viandante *m*
trekking estrazione *v*
trekpleister attrattiva
trektocht trekking *m*
trekvogel uccello migrante
Trente Trento; (land) Trentino
tres gallone *m*, passamano
treuren e'ssere triste, mesto, afflitto; attristarsi; pian'gere
treurig triste, mesto, afflitto; (ellendig) mi'sero, misera'bile, desolante
treurmars ma'rcia fu'nebre
treurspel trage'dia
treurwilg sa'lice *m* piangente
treuzelen tentennare
tribune tribuna, galleri'a, ringhiera
tricot (tessuto a) ma'glia
triest triste
trillen tremare, tremolare; (snaren, lucht) vibrare
triller *muz* trillo, tre'molo, gorghe'ggio, scevolo
trilling tre'mito; vibrazione *v*
trimmen fare ginnastica
trio *muz* trio
triomf trionfo
triomferen trionfare
trip viaggio, giro; (drugs) trip *m*
triplex legno compensato
trippelen sgambettare
triptiek tri'ttico
troebel to'rbido; offuscato, appannato
troef trionfo
troep truppa; schiera, banda; (toneel) compagnia
troetelkind cucco
troeven giocar trionfo
trofee trofeo
trolleybus fi'lobus *m*
trom tamburo
trombose trombosi *v*
trommel tamburo; scatola di latta
trommelen ba'ttere il tamburo, tamburare
trommelrem freno a tamburo
trommelstok bacchetta (da tamburo)
trommelvlies ti'mpano
trompet tromba, trombetta
trompetter trombetta *m*; trombettiere
tronen troneggiare
troon trono
troonhemel baldacchino
troonopvolger successore altrono
troost consolazione *v*, contorto

troosteloos sconsolato, desolante

troosten consolare, confortare

tropen *mv* regioni tropicali *mv*

tropisch tropicale

tros gra'ppolo, grappo

trots *zn* orgo'glio, supe'rbia, alteri'gia; (roem) glo'ria; *bn* orgoglioso, fiero, altero; *bijw* orgogliosamente; fieramente; *vz* a disperto di; ad onta di

trotseren affrontare, sfidare

trottoir marciapiede *m*

trouw *bn* fedele; fido; *zn* fedeltà *v*, fede *v*, lealtà *v*

trouwakte certificato matrimoniale

trouwdag giorno del matrimo'nio

trouweloos pe'rfido, sleale

trouwen sposare, sposarsi; (v. man) ammogliarsi, prender mo'glie; (v. vrouw) prender marito

trouwens d'altronde

trouwring anello nuziale, fede *v*

truc artifizio; stratagemma *m*

truck autotreno

truffel tartufo

trui ma'glia, (dik) maglione *m*

T-shirt maglietta

Tsjech(isch) ceco

tuba bassotuba, tuba

tube tubo, tubetto; ~ *tandpasta*, tubetto di dentifri'cio

tucht disciplina

tuchtigen castigare, punire

tufsteen tufo

tuig (gespuis) gentaglia; (v. paard) finimenti *mv*

tuimelen capitombolare

tuin giardino

tuinboon fava

tuinbouw orticoltura

tuinder orticultore

tuindorp città giardino *v*

tuinhuis padiglione *m*

tuinman giardiniere

tuinstoel se'ggiola da giardino

tuit canna, becco

tule tulle m

tulp tulipano

tunnel galleria, traforo; (onder spoorbaan) sottopassa'ggio

turen guardare (fissamente)

turf torba

Turijn Torino *v*

Turk turco

Turkije la Turchia

turnen far esercizi ginna'stici

tussen tra, fra, in mezzo

tussenbeide di quando in quando, alle volte; ~ *komen*, intervenire, frapporsi

tussendek traponte *m*, corrido'io

tussengerecht intramesso

tussenkomst intervento, intervenzione *v*

tussenlanding scalo intermedio

tussenmuur parete divisoria *v*

tussenpersoon mediatore, intermedia'rio, mezzano

tussenruimte intervallo, spa'zio, intersti'zio

tussenschot tramezzo; (anatomisch) diaframma *m*, *scheepv* paratia

tussenstation stazione interme'dia

tussenstop pausa, fermata

tussentijd intervallo, frattempo

tussenwerpsel interiezione *v*

tussenzin parentesi *v*

tutoyeren dar del tu a

tv televisione, TV; *tv-uitzending*, trasmissione *v* televisiva

twaalf do'dici; ~ *uur*, mezzodì, mezzanotte

twaalfde dodice'simo

twee due

tweedaags di due giorni

tweede secondo; ~ *klas* seconda classe *v*

tweedehands seconda mano

tweedracht disco'rdia, dissensione *v*

tweeduizend duemila

tweehonderd duecento, dugento

tweeklank dittongo

tweeledig do'ppio

tweeling gemelli *mv*; *zij heeft een* ~, ha due gemelli

tweemaal due volte

tweepersoonsbed letto matrimoniale *m*

tweepersoonskamer camera doppia

tweesprong bi'vio, biforcazione *v*

tweestemmig a due voci

tweestrijd irresoluzione *v*

tweevoud, *in* ~, in du'plice (co'pia), in do'ppio esemplare

tweevoudig do'ppio, du'plice

twijfel du'bbio

twijfelachtig dubbioso, du'bbio, incerto

twijfelen dubitare

twijg ramo, ramicello

twintig venti

twintigste vente'simo, vige'simo

twist disco'rdia; lite *v*; disputa

twisten disputare; discu'tere; litigare

tyfus tifo

type tipo

typen scri'vere (ba'ttere) a ma'cchina

typisch ti'pico

typist dattilografo

typiste dattilo'grafa

U
---

u Lei; Ella; Voi; *mv* Loro, Voi

ui cipolla

uier mammella

uil gufo, civetta, allocco; *fig* minchione *m*

uilskuiken grullo, citrullo, minchione *m*, baccello

uit da, di, fuor di, per; (afgelopen) finito

uitademen espirare, esalare

uitbarsting eruzione *v*; sco'ppio

uitbetalen pagare, sborsare

uitblinken brillare, ecce'llere

uitblussen estinguere

uitbouw sporgenza, aggetto

uitbrander sgridata

uitbreiden (uitspreiden) (di)ste'ndere; (onderneming etc.) ingrandire, ampliare

uitbreiding distendimento, allargamento, aggrandimento, espansione *v*

uitbreken ro'mpere; (oorlog, ziekte, brand) scoppiare

uitbroeden covare

uitbuiting abuso

uitbundig eccessivo, esuberante, esagerato

uitchecken pagare, saldare

uitdagen (di)sfidare; invitare; provocare

uitdaging (di)sfida

uitdelen distribuire, dispensare

uitdenken immaginare, escogitare

uitdoen (gas, licht, radio, tv) spe'gnere

uitdoven spe'ngere, spe'gnere, esti'nguere

uitdraaien (uitdoen) spegnere; stampare

uitdrager rigattiere

uitdrogen (moeras) prosciugare; (planten) disseccare, inaridire; disseccarsi

uitdrukkelijk *bn* espresso, formale, preciso; *bijw* espressamente

uitdrukken spre'mere; *fig* espri'mere, dire

uitdrukking espressione *v*, locuzione *v*

uiteen rotto, spezzato

uiteengaan separarsi; (vergadering) scio'gliersi

uiteenlopend (lijnen) divergente; (gevarieerd) svariato

uiteenzetten spiegare, illustrare

uiteenzetting spiegazione *v*, illustrazione *v*, esposizione *v*

uiteinde estremità *v*; fine *v*

uiten manifestare; espri'mere, dire, proferire

uiteraard naturalmente

uiterlijk aspetto *m*, sembiante *m*; *bn* esteriore; *bijw* (op zijn laatst) al più tardi

uitermate oltremodo

uiterst *bn* estremo; u'ltimo; *bijw* estremamente, oltremodo

uitfluiten fischiare

uitgaaf spesa; (van boek) edizione v, pubblicazione v

uitgaan uscire, sortire; andar fuori; (vuur, licht) spe'ngersi

uitgaansagenda programma delle attività culturali e ricreative m

uitgaanscentrum posto per divertirsi

uitgang uscita, esito

uitgangspunt punto di partenza

uitgave = *uitgaaf*

uitgebreid esteso, vasto

uitgeleide accompagnamento

uitgelezen scelto, squisito, eletto

uitgeput esaurito

uitgesloten escluso

uitgesteld rimandato

uitgestorven estinto, spento; *fig* deserto

uitgestrekt esteso, vasto

uitgestrektheid estensione v

uitgeven spe'ndere, (boek) pubblicare; (aandelen) eme'ttere

uitgever editore m

uitgeverij casa editrice

uitgezocht scelto, squisito

uitgezonderd eccetto, eccettuato, ad esclusione di, tranne

uitgifte distribuzione v; (aandelen) emissione v

uitglijden sdrucciolare, scivolare

uithalen (ergens ~) tirar fuori (da), estrarre (da)

uithangbord insegna

uithangen mettere fuori; cacciarsi; *waar hangt hij uit?*, dove si è cacciato?

uithollen scavare, incavare

uitholling (overdwars) cunetta (trasversale)

uithongeren affamare; far morir di fame

uithouden tenere esteso; (volhouden) persi'stere, perseverare; (verdragen) sostenere, sopportare

uithoudingsvermogen resistenza

uiting manifestazione v, espressione v

uitje gita

uitkeren pagare

uitkering pagamento; sborso

uitkiezen sce'gliere; ele'ggere

uitkijk scoperta; vedetta; *op de ~ slaan*, fare il palo

uitkijktoren belvedere m

uitkleden svestire, spogliare; *zich ~* spogliarsi

uitkloppen sba'ttere, spolverare; (pijp) vuotare

uitknippen ritagliare

uitkomen uscire; (rondkomen) cavarsela; (bloem) sbocciare

uitkomst (uitslag) risultato; e'sito; (redding) aiuto; (middel) espediente m

uitlaat sca'rico; (bij auto) tubo di sca'rico, scappamento

uitlaatgassen gas m mv dl sca'rico

uitlaatpijp tubo di scappamento m

uitlachen irri'dere, beffarsi di

uitlating omissione v; (uiting) parole mv

uitleenbibliotheek biblioteca circolante

uitleggen este'ndere, spiegare; (vergroten) allargare; (verklaren) spiegare, interp(r)etare, esplicare

uitlegging allargamento; spiegazione v, esplicazione v

uitlenen prestare

uitleveren consegnare, rime'ttere; restituire; (misdadiger) estradare

uitlokken allettare, adescare; invitare, provocare

uitlopen uscire; (langer duren) protrarsi; (inkt) sbavare; *op niets ~*, non portare a nulla

uitloven prome'ttere, pubblicamente

uitmaken (doen ophouden) terminare, (de)finire; (beslissen) deci'dere; (vuur) spe'ngere

uitmonden scaricarse, sboccare

uitmuntend, uitnemend eccellente, eminente, bravissimo

uitnodigen invitare

uitnodiging invito

uitoefenen esercitare

uitpakken (goederen) sballare; (koffer) dis'fare

uitpersen spre'mere

uitputten esaurire; vuotare; (krachten) spossare; (bodem) affaticare

uitputting esaurimento; spossamento; *med* inanizione v

uitreiken consegnare, distribuire

uitrekenen calcolare, computare

uitrekken (di)ste'ndere, stirare

uitrijstrook corsia di decelerazione

uitrit uscita

uitroeien estirpare, sve'llere

uitroep esclamazione v

uitroepen esclamare, gridare; (tot koning enz) proclamare

uitroepteken punto esclamativo

uitrukken strappare, sve'llere, sradicare; *mil* lasciare il quartiere

uitrusten *onoverg* riposarsi; pre'ndere riposo; *overg* fornire; (leger) armare; (schip) attre'zzare

uitrusting armamento; fornitura; equipaggiamento

uitschakelen interro'mpere (il circuito); disinserire; *fig* eliminare, esclu'dere

uitscheiden (afscheiden van vocht) sece'rnere; (ophouden) finire, cessare, sme'ttere

uitschelden sgridare, ingiurare

uitschot scarto, rifiuto

uitslag (afloop) risultato, e'sito; *med* eruzione (cuta'nea); efflorescenza

uitslapen dormire abbastanza

uitsluitend *bn* esclusivo; *bijw* esclusivamente

uitsluiting esclusione v; lockout m, serrata

uitsmijter (persoon) buttafuori m; panino con uova, formaggio e prosciutto

uitspansel firmamento

uitspatting eccesso, stravaganza

uitspraak pronu'nzia; pronunziazione v; (vonnis) giudi'zio; sentenza

uitspreiden (di)ste'ndere, espandere

uitspreken pronunziare

uitstallen me'ttere in mostra

uitstalling mostra

uitstapje gita, escursione v

uitstappen scendere, cambiare

uitstedig assente

uitstekend *bn* eccellente, o'ttimo; *bijw* a maravi'glia; ottimamente

uitstel ritardo, indu'gio, pro'roga, respiro, dimora

uitstellen differire, prorogare, aggiornare

uitsterven esti'nguersi, spe'ngersi

uitstralen emanare

uitstrekken ste'ndere, diste'ndere

uitteren consumarsi

uittocht partenza; e'sodo

uittrekken cavare, tirar fuori, estrarre; (kleren) togliersi (i vestiti)

uittreksel estratto

uitvaagsel fe'ccia

uitvaardigen emanare, pubblicare; promulgare

uitvaart ese'quie v mv

uitval sortita

uitvaren uscire dal porto; *~ tegen*, inveire contro qd

uitverkocht esaurito

uitverkoop liquidazione v

uitverkoren eletto

uitvinden inventare

uitvinder inventore

uitvinding invenzione v

uitvloeisel conseguenza

uitvlucht scappato'io, sotterfu'gio, pretesto

uitvoer esportazione v

uitvoerbaar fatti'bile, praticabile

uitvoerder esecutore m

uitvoeren esportare; (volbrengen) eseguire

uitvoerhandel comme'rcio d'esportazione

uitvoerig *bn* approfondito, particolareggiato, esauriente; *bijw* dettagliatamente, approfonditamente

uitvoering (ve werk) esecuzione v,

effettuazione *v*; (toneel)
rappresentazione *v*; (type, soort)
esecuzione *v*, tipo, qualità *v*
uitvoerrecht da'zio d'esportazione
uitvoervergunning permesso *m*
d'esportazione
uitwas escrescenza; *fig* eccesso
uitwasemen esalare; evaporare
uitweg *fig* espediente m
uitweiden dilungarsi, divagare
uitwendig esterno, esteriore; ~
gebruik uso esterno
uitwerking elaborazione *v*,
perfezionamento; (gevolg) effetto
uitwerpsel escremento, deiezione *v*
uitwijken scansarsi
uitwisselen scambiare, barattare; fare
lo sca'mbio
uitwissen cancellare; *fig* esti'nguere
uitwringen to'rcere
uitzenden mandar fuori; *rad*
diffo'ndere
uitzending invio; *rad* trasmissione *v*
uitzet corredo
uitzetten (groter worden) diste'ndersi,
dilatarsi; (uitschakelen) sgegnere
uitzetting dilatazione *v*
uitzicht veduta, vista; *fig* prospettiva,
aspettativa
uitzien aver aspetto, viso; aver
l'apparenza di, parere; ~ *op*, dare
su
uitzoeken sce'gliere, ele'ggere;
sceverare
uitzondering eccezione *v*; met ~ *van*,
fatta eccezione per, ad esclusione
di, eccettuato
uitzuigen succiare, succhiare; *fig*
smu'ngere
unie unione *v*
uniek u'nico (nel suo ge'nere),
eccezionale, senza eguale
uniform uniforme *v*, divisa
universiteit università *v*
UNO Organizzazione *v* delle Nazioni
Unite, ONU
uranium uranio
urgent urgente
urine urina
urinoir vespasiano
urn urna
uur ora
uurwerk orolo'gio; (binnenwerk v e
klok) orologeria
uw Suo, Sua, Suoi, Sue

V

---

vaag vago, indefinito
vaak spesso
vaal giallastro; falbo, fulvo
vaandel bandiera; insegna
vaandrig alfiere *m*
vaardig pronto; destro; a'bile

vaargeul canale *m*, passo
vaart (het varen) navigazione *v*;
(kanaal) canale *m*; (snelheid)
velocità *v*
vaartuig navi'glio, legno
vaarwater a'cqua naviga'bile
vaarwel addio
vaas vaso
vaat stoviglie *v mv*; de ~ *doen*, lavare
le stoviglie/i piatti
vaatdoek strofina'ccio
vaatwasmachine (ma'cchina)
lavastoviglie *v*, ma'cchina lavapiatti
vaatwerk vasellame *m*
vacant vacante
vacature vacanza
vaccineren vaccinare
vacht vello, tosone *m*
vader padre *m*
vaderdag festa del papà
vaderland pa'tria
vaderlijk paterno
vaderschap paternità *v*
vadsig indolente, pigro
vagebond vagabondo
vagevuur purgato'rio
vagina vagina
vak cassettino, casella; spartimento;
(beroep) mestiere *m*; (v.
wetenschap) mate'ria, ramo
vakantie vacanza
vakantiecursus corso estivo
vakantiehuis villetta per le vacanze
vakbond sindacato
vakkennis conoscenza professionale
vakman esperto
vakvereniging sindacato
val caduta; (v. water) decrescenza; *fig*
caduta; rovina; (vangtoestel)
tra'ppola, trabocchetto, *fig* agguato,
insi'dia
valhelm casco, elmo per motoristi
valk falco, falcone *m*
vallei valle *v*, vallata
vallen cadere, cascare; ~*de ziekte*,
epilessia, mal caduco
vals falzo; (nagemaakt) posti'ccio,
finto, alterato
valsheid falsità *v*
valuta valuta
van di, da
vanaf da, fin da, sin da; (met ingang
van) a datare da
vanavond stasera
vandaag oggi
vandaan di, da
vandaar quindi, indi, onde
vangen pre'ndere, pigliare;
acchiappare
vangrail guard-rail *m*
vangst presa, cattura
vanille vaini'glia
vanmiddag questo pomeriggio
vanmorgen stamattina

vannacht stanotte
vanuit da, di
vanwaar di/da dove; (waarom) come
mai
vanwege (van de zijde van) da parte
di; (tengevolge van) a ca'usa di, per
cagione di
vanzelf da sé
varen navigare
varen *zn* (plant) felce *v*
varen *ww* andare in barca, navigare
variëren variare
variété varietà *m*; teatro di varietà
variëteit varietà *v*
varken porco, maiale *m*
varkensvlees carne di maiale *v*
vaseline vaselina
vast sodo, saldo, fermo, fisso, duro,
sta'bile
vastberaden risoluto, determinato
vastbinden attaccare, legare
vastdraaien (schroef etc.) stri'ngere
vasteland terra ferma
vasten digiunare; osservare il
digiuno, mangiar di magro; *m*
quare'sima
vastenavond martedì grasso
vastentijd quare'sima
vasthouden tenere
vasthoudend tenace
vastleggen attaccare; *fig* fissare
vastlopen bloccarsi
vastmaken fissare
vaststaan constare
vaststellen fissare, stabilire,
determinare
vat botte *v*, barile *m*
vatbaar predisposto a
Vaticaan Vaticano
vatten pre'ndere, pigliare, impugnare;
(begrijpen) capire, compre'ndere
vechten ba'ttersi
vechtpartij zuffa, baruffa
vee bestiame *m*, bestie *mv*
veearts veterina'rio
veeg colpo (di spa'zzola)
veel molto; (talrijk) numeroso; te ~,
troppo
veelal spesso, usualmente
veelbelovend promettente
veelbetekenend significativo,
espressivo
veeleer anzi, piuttosto
veeleisend esigente, pretenzioso
veelvoud mu'tiplo
veelvraat ghiottone, mangione; (dier)
galone *m*
veelvuldig molte'plice; frequente
veelzijdig multila'tero; *fig* molte'plice;
universale
veemarkt mercato di bestiame
veen terreno torboso
veer *techn* molla; (v. vogel) piuma,
penna

veer (boot) traghetto

voorkracht elasticità *v*

veerkrachtig ela'stico

veerman passatore *m*

veerpont traghetto *m*

veertien quatto'rdici; ~ *dagen*, qui'ndici giorni, quindicina

veertiende quattordice'simo, de'cimo quarto

veertig quaranta

veertigste quarante'simo

veestapel bestiame *m*

veeteelt allevamento del bestiame

vegen pulire

veger (persoon) spazzino; scopetta

vegetariër vegetariano

vegetarisch vegetariano

veilen ve'ndere all' asta pu'bblica

veilig sicuro, senza pericoli

veiligheid sicurezza *v*

veiligheidsgordel cintura di sicurezza *v*

veiligheidsklep va'lvola di sicurezza

veiligheidsriem cintura di sicurezza *v*

veiligheidsspeld spillo di sicurezza

veiling asta pu'bblica, incanto

veinzen (dis)simulare, fi'ngere

veinzerij dissimulazione *v*

vel pelle *v*; (papier) fo'glio

veld campo, campagna

veldbed letto da campo *m*

veldfles borraccia *v*

veldheer generale

veldkijker bino'colo

veldslag batta'glia campale

veldtocht campagna

veldwachter guar'dia campestre

vele, velen molti

velen sopportare

velerlei diversi, d'ogni sorta

velg cerchione *m*

vellen abba'ttere; pronunziare (un giudi'zio)

Venetië Vene'zia; (provincie) Ve'neto

venijn veleno

vennoot so'cio, compagno

vennootschap compagnia, società; *commanditaire* ~, accoma'ndita; *naamloze* ~, società ano'nima

venster finestra

vensterbank davanzale *m*

vensterglas -ruit vetro, cristallo

vent ti'zip

venter venditore *m* ambulante

ventiel va'lvola

ventielslangetje tubo flessibile della pompa *m*

ventilator ventilatore *m*, aeratore *m*, aspiratore *m*

ventilatorriem cinghia del ventilatore *v*

ventileren ventilare

Venus Ve'nere *v*

ver lontano, distante, remoto; ~*re van*

(*eerlijk*), tutt'altro che (onesto); ~ *weg* lontano

verachtelijk disprezza'bile, sprege'vole

verachting disprezzo

verademing sollie'vo

verafgelegen remoto

verafschuwen abborrire, detestare

veranda veranda

veranderen mutare, cangiare, cambiare, modificare; variare, alterara

verandering mutazione *v*, variazione *v*, cambiamento

veranderlijk varia'bile, alterabile

verantwoordelijk responsa'bile

verantwoordelijkheid responsabilità *v*, ca'rica

verantwoorden rispo'ndere (di), giustificare

verantwoording giustificazione *v*; difesa

verbaasd sorpreso

verband fasciatura, fa'scia; *in* ~ *met*, in relazione a, inerente a, relativo a, pertinente a, in me'rito a, connesso con

verbandgaas garza

verbandkist cassetta farmace'utica

verbandpost ambulanza

verbandtrommel cassetta pronto soccorso *v*

verbannen (s)bandire, esiliare, deportare

verbanning esi'lio

verbasteren degenerare

verbazen stupefare, maravigliare

verbazend stupendo

verbazing sorpresa, maravi'glia, stupore *m*

verbeelden zich ~, figurarsi

verbeelding immaginazione *v*, fantasia; (inbeelding) presunzione *v*

verbeeldingskracht immaginazione *v*, immaginativa, fantasia

verbergen nasco'ndere, celare, occultare; zich ~, nasco'ndersi

verbeteren migliorare; (corrigeren) corre'ggere, emandare, rettificare

verbetering miglioramento; correzione *v*, retti'fica

verbeurdverklaring confisca

verbeuren confiscare, pe'rdere; inco'rrere (una multa)

verbieden proibire, vietare, interdire

verbijsterd sconcertato

verbinden legare, collegare; congiu'ngere, riunire; (wond) bendare; zich ~, unirsi; zich ~ *tot*, obbligarsi a, impegnarsi a

verbinding collegamento; congiunzione *v*; unione *v*; (telefoon) comunicazione *v*

verbintenis obbligazione *v*; o'bbligo;

(dienst) contratto di servi'zio

verbitterd esacerbato

verbittering esacerbazione *v*

verbleken impallidire

verblijden (r)allegrare

verblijf soggiorno, dimora

verblijfkosten *mv* indennità *v* di soggiorno

verblijfplaats luogo di soggiorno, dimora, domici'lio

verblijven soggiornare, rimanere

verblinden abbagliare

verbluffen stupefare, confo'ndere, sconcertare

verbluft confuso, interdetto

verbod divieto, proibizione *v*, precetto negativo

verboden probitio, vietato

verbogen storto

verbolgen adirato

verbond patto; alleanza

verborgen occulto, nascosto, celato, arcano

verbouwen coltivare; (anders) modificare

verbranden bruciare; consumare; a'rdere; (lijken) cremare; (door zon) scottare

verbreden allargare

verbreiden spa'ndere, diffo'ndere; divulgare

verbreken spezzare, ro'mpere

verbrijzelen fracassare

verbroken interrotto

verbrokkelen sbriciolare

verbruik consumo

verbruiken consumare

verbruiker consumatore

verbuigen sto'rcere; *gramm* declinare

verbuiging declinazione *v*

verchromen cromare

verdacht sospetto

verdagen aggiornare

verdampen evaporare, svaporare

verdedigen dife'ndere

verdediger difensore

verdediging difesa

verdeeldheid disunione *v*, disco'rdia

verdelen (uitdelen) distribuire, dispensare, (in gedeelten) scompartire, spartire, divi'dere

verdelerkabels cavi del ripartitore *m* *mv*

verdelgen estirpare, sterminare

verdeling spartimento

verdenken sospettare

verdenking sospetto

verder più lontano; (verderop) più oltre; (voorts) oltre, inoltre

verderf rovina; perdizione *v*

verderfelijk rovinoso; pernicioso

verdienen guadagnare; (beloning) meritare

verdienste guadagno, profitto; (loon)

sala'rio; *fig* me'rito
verdienstelijk merito'rio
verdieping affondatura; (v. huis) piano
verdoemen dannare
verdorren (dis)seccarsi; appassire
verdorven perverso; corrotto; vizioso
verdoven assordare; stordire; (pijn) intorpidire, narcotizzare
verdovende middelen droga *v*
verdoving stordimento; stupore m; *med* anestesia
verdraagzaam tollerante
verdraagzaamheid tolleranza
verdraaiing storcimento
verdrag trattato, patto; accordo, concordato
verdragen sopportare, soffrire
verdriet dispiacere m, dolore *m*, affanno; (groot -) cordo'glio
verdrietig triste, mesto; (onaangenaam) noioso, spiace'vole
verdrijven (s)cacciare
verdringen rimuo'vere; soppiantare
verdrinken *overg* annegare, affogare; *onoverg* annegarsi
verdrukken oppri'mere
verdubbelen (r)addoppiare, duplicare
verduidelijken spiegare
verduisteren oscurare, offuscare; (geld) sottrarre
verduistering oscuramento; (zon, maan) eclissi *m-v*; (geld) sottrazione *v*; appropriazione indebita
verdunnen rarefare; diluire; attenuare
verduren soffrire
verdwalen smarrirsi, sviarsi
verdwenen sparito
verdwijnen sparire, scomparire
vereenvoudigen semplificare
vereeuwigen eternare, perpetuare
vereffenen (rekening) liquidare, sistemare; (schulden) pagare; (geschil) accomodare
vereffening liquidazione *v*; compensazione *v*
vereisen richie'dere, esi'gere
vereist richiesto
vereiste requisito; l'occorrente *m*
veren *ww* molleggiare; *bn* di piume
verenigen (ri)unire; *Verenigde Naties*, le Nazioni Unite; *Verenigde Staten*, gli Stati Uniti
vereniging (ri)unione *v*; società *v*; ~ *voor vreemdelingenverkeer*, agenzia di turismo
vereren riverire, adorare; venerare; (schenken) regalare
verergeren peggiorare
verering venerazione *v*
verf tinta, (huis) vernice *v*, (schilderij) colore *m*
verfijnen (r)affinare

verfilmen filmare
verfkwast pennello
verfoeien abominare
verfoeilijk abbomine'vole, esecra'bile
verfraaien (r)abbellire, rimbellire
verfrissen rinfrescare, ristorare
verfrissing rinfreschi *m mv*; bibita fresca
vergaan (tra)passare; (schip) far naufra'gio, perire; (verrotten) putrefarsi
vergadering (r)adunanza, riunione *v*, assemblea; seduta
vergallen amareggiare
vergankelijk passeggiero, transito'rio
vergaren ammassare
vergeeflijk perdona'bile, scusa'bile
vergeefs *bn* inu'tile, vano; *bijw* invano, inutilmente
vergeetachtig smemorato, dimentico
vergeet-mij-niet non ti scordat di me *m*; mioso'tide *v*
vergelding punizione *v*
vergelijk accordo; transazione *v*
vergelijken comparare, paragonare, confrontare; assomigliare, conferire
vergelijking comparazione *v*, confronto, paragone *m*; raggua'glio; (*wisk*) equazione *v*; *in ~ met*, in confronto a, a confronto di, a comparazione di
vergemakkelijken facilitare
vergen esi'gere
vergenoegd contento; soddisfatto
vergetelheid oblio, dimenticanza
vergeten dimenticare; scordarsi di
vergeven perdonare; (vergiftigen) avvelenare
vergeving perdono
vergewissen (zich) accertarsi, verificare
vergezellen accompagnare
vergezicht veduto, prospettiva
vergieten versare, spa'rgere
vergif veleno, to'ssico
vergiffenis perdono; remissione *v*
vergiftig velenoso, vene'fico; (stof) to'ssico
vergiftigen avvelenare, attossicare
vergiftiging avvelenamento
vergissen (zich) sbagliarsi, ingannarsi
vergissing sba'glio, errore *m*
vergoeden compensare, indennizzare, rifare (d'un danno); rimborsare
vergoeding risarcimento, indennità *v*; (v. kosten) rifacimento; rimborso, compenso
vergoelijken scusare, coprire
vergrijp fallo; delitto
vergrootglas lente *v* d'ingrandimento
vergroten ingrandire; esagerare
vergroting (*fotogr*) ingrandimento; (vermeerdering) aumento

vergulden dorare
vergunnen conce'dere, accordare; perme'ttere
vergunning permissione *v*; permesso; licenza
verhaal narrazione *v*; racconto; (van schade) risarcimento
verhandelen ve'ndere; spacciare
verhandeling trattato; negoziazione *v*, dissertazione *v*
verhard indurito; (weg) disagiato
verheerlijking glorificazione *v*
verheffen levare, elevare; *fig* esaltare
verheffing elevazione *v*, inalzamento; (v. stem) alzamento
verhelderen schiarire
verhelen nasco'ndere, celare
verhelpen rimediare
verhemelte palato
verheugen (zich) rallegrarsi, dilettarsi (di)
verheven alto, augusto, elevato; eminente, sublime, eccelso
verhinderen impedire; ostare
verhindering impedimento
verhitten (r)scaldare
verhogen (in)alzare; rilevare
verhoging alzamento; (estrade) palco
verhongeren morir di fame
verhoor interrogato'rio
verhoren interrogare; (gebed) esaudire
verhouding relazione *v*, proporzione *v*, rapporto
verhuiskosten *mv* spese *mv* di sgo'mbero
verhuiswagen furgone per traslochi *m*
verhuizen trasferirsi, sgomberare, traslocare
verhuizing trasferimento, sgo'mbero, trasloco
verhuren affittare, appigionare, dare a pigione
verijdelen frustrare; sventare
vering sospensione *v*
verjaard prescritto; perento
verjaardag compleanno; anniversa'rio, (giorno) natali'zio
verjagen scacciare
verjaren celebrare il natali'zio; (vervallen) prescri'versi, scadere
verkeer movimento; (straat-) circolazione *v*, tra'ffico; (handels-) tra'ffico; (omgang) frequentazione *v*
verkeerd *bn* sbagliato, falso, erro'neo; *bijw* a rove'scio; malamente
verkeersagent agente di circolazione
verkeersbord cartello
verkeerslicht sema'foro
verkeersmiddel mezzo di trasporto
verkeersongeval accidente *m* stradale
verkeersplein piazza di circolazione
verkeerspolitie polizia stradale

verkeersteken segnale stradale *m*

verkeersvoorschriften *mv* norme *mv* di circolazione

verkeersweg strada carrozzabile

verkennen ricono'scere

verkering fidanzamento; ~ *hebben*, stare insieme, avere un ragazzo/una ragazza

verkieslijk preferi'bile

verkiezen ele'ggere, sce'gliere; ~ *boven*, preferire

verkiezing (tra)scelta; (door stemmen) elezione *v*

verklaarbaar esplica'bile, spiega'bile

verklappen spifferare

verklaren dichiarare; (uitleggen) spiegare, esplicare, commentare

verklaring dichiarazione *v*; spiegazione *v*; (v. getuige) deposizione *v*

verkleden cambiare a'biti; (kostumeren) travestire; *zich* ~, cambiarsi

verkleumd intirizzito (dal freddo)

verkleuren cambiare colore; scolorarsi

verklikker (persoon) rapportare *m*; (toestel) avvertitore w

verknocht de'dito; devoto

verknoeien guastare, sciupare

verkoelen rinfrescare

verkondigen annunziare, pubblicare

verkoop ve'ndita

verkoopprijs prezzo di ve'ndita

verkopen vendere

verkoper venditore *m*; (in winkel) commesso

verkoping ve'ndita

verkorten (r)accorciare, scorciare, abbreviare

verkouden raffreddato, infreddato

verkoudheid raffreddore *m*

verkrachting violenza carnale, stupro

verkreukelen stazzonare, spiegazzare

verkrijgbaar in ve'ndita, disponi'bile

verkrijgen avere; ottenere; acquistare

verkwikken ristorare

verkwisten scialacquare, sprecare, dilapidare, sciupare

verkwisting prodigalità *v*, dilapidazione *v*

verlagen abbassare; *fig* degradare

verlaging abbassamento

verlamd paralizzato, parali'tico

verlamming para'lisi *v*

verlangen ww (naar) desiderare; (vorderen) domandare, chie'dere, esi'gere; deside'rio; domanda, richiesta

verlanglijst lista dei desideri

verlaten ww lasciare; (voor altijd) abbandonare; (weggaan) allontanarsi; *zich* ~ *op*, fidarsi di

verleden bn passato, scorso; passato

verlegen imbarazzato, confuso; (bedorven) guasto

verlegenheid timidezza

verleidelijk seduttorio, seducente

verleiden sedurre

verleider seduttore

verleiding seduzione *v*

verlenen conferire, accordare, conce'dere; *hulp* ~, po'rgere uto

verlengen allungare; prolungare

verlengsnoer filo prolungato

verleppen appassire

verlichten illuminare; (lichter maken) alleggerire, alleviare; *fig* facilitare

verlichting illuminazione *v*; (in gewicht) alleggerimento, allevamento; *fig* sgravio, facilitazione *v*

verliefd innamorato; ~ *worden op*, innamorarsi di

verlies pe'rdita; perdizione *v*, sca'pito

verliezen perdere

verlof licenza; permissione *v*; concessione *v*

verlokken allettare; tentare

verloochenen (rin)negare

verloofd fidanzato, sposo

verloofde fidanzato(a), promesso(a), sposo(a)

verloop (achteruitgang) decadenza

verlopen ww sco'rrere; (ziekte) proce'ffere; (termijn) deco'rrere; bn (verouderd) scaduto

verloren perso, perduto; ~ *voorwerpen* oggetti smarriti *m mv*

verloskundige oste'trico

verlossen liberare, redi'mere; assi'stere una partoriente

verlossing redenzione *v*; riscatto; (geboorte) parto

verloten sorteggiare

verloting sorte'ggio

verloven fidanzare; *zich* ~, fidanzarsi

verloving promessa, fidanzamento

vermaak piacere *m*, diletto, sollazzo

vermaard ce'lebre, famoso

vermageren dimagrare

vermageringskuur cura dimagrante

vermakelijk dilette'vole, piace'vole, divertente, giocondo

vermakelijkheid divertimento

vermaken (zich) divertirsi

vermaning ammonizione *v*; esortazione *v*

vermeend presunto, supposto

vermeerderen (overg) aumentare, accre'scere; (onoverg) accre'scersi

vermelden menzionare, riportare, segnalare, riferire

vermelding menzione *v*

vermengen mescolare, mischiare

vermenigvuldigen moltiplicare

vermetel temera'rio, audace

vermicelli vermicelli *mv*

vermijden evitare, schivare, scansare

verminderen (overg) diminuire, sminuire, minorare, scemare, menomare; (onoverg) scemarsi, diminuirsi

vermindering diminuzione *v*

verminken mutilare, troncare

vermissen non ritrovare

vermissing scomparsa

vermoedelijk bn supposto, presunt(ir)o; *bijw* probabilmente

vermoeden ww supporre; presu'mere, congetturare; supposizione *v*; congettura, presunzione *v*

vermoeid affaticato, stanco

vermoeidheid, vermoeienis affaticamento; stanchezza

vermoeien stancare, straccare, affaticare; *zich* ~, stancarsi

vermogen ww potere; aver potere; e'ssere capace di; potere *m*, potenza, facoltà *v*; (fortuin) beni *mv* di fortuna, sostanza, sostanze *mv*

vermogend facoltoso, agiato; benestante

vermogensbelasting imposta sul patrimo'nio

vermolmd tarlato

vermommen mascherare; travestire

vermoorden assassinare, ammazzare

vermout vermut(te) *m*

vernauwen restri'ngere

vernederen umiliare, avvilire

vernedering umiliazione *v*

vernemen sapere, sentire, appre'ndere

vernielen devastare, desolare; distru'ggere

vernieling devastazione *v*, distruzione *v*

vernietigen annichilire, annientare, distru'ggere

vernieuwen rinnovare, rinnovellare; cambiare

vernikkelen nichellare

vernis vernice *v*

vernissen inverniciare

vernuft ingegno

vernuftig ingegnoso

veronachtzamen trascurare, negli'gere

veronderstellen (sup)porre

veronderstelling supposizione *v*

verongelukken perire; *fig* non riuscire

verontreinigen sporcare, insudiciare

verontrusten inquietare, allarmare

verontschuldigen scusare, scolpare; *zich* ~, scusarsi

verontschuldiging scusa, discolpa; giustificazione *v*

verontwaardigd indignato

verontwaardiging indignazione *v*, sdegno

veroordelen condannare
veroordeling condanna
veroorloven penne'ttere
veroorzaken causare, dare ori'gine a, dare luogo a, far na'scere
verordening decreto, ordinanza; grida
verouderen invecchiare
veroveraar conquistatore
veroveren conquistare, pre'ndere
verovering conquista, presa
verpakking (voor verzending) imballa'ggio, imballatura; (v. verkoopsartikelen) confezione *v*
verpanden impegnare
verplaatsen spostare; (ambtenaar) trasferire
verpleegster infermiera
verplegen curare, assi'stere
verpleger infermiere
verpleging cura, assistenza
verpletteren schiacciare
verplicht obbligato'rio, obbligato
verplichten obbligare
verplichting obbligazione *v*, o'bbligo; impegno
verraad tradimento
verraden tradire
verrader(lijk) traditore
verrassen sorpre'ndere
verrassing sorpresa
verregaand grave, estremo
verrekijker cannocchiale *m*
verrekken slogare, lussare
verreweg di gran lunga
verrichten fare, eseguire; effettuare
verrijken arricchire
verroeren *zich* ~ muo'versi
verroest arrugginito, rugginoso
verrotten putrefarsi, marcire
verruilen cambiare, barattare
verrukkelijk incante'vole; delizioso
verrukking incanto; e'stasi *v*
vers verso; (bijbel, koran) versetto; *bn* fresco, nuovo
verschaffen procurare, fornire
verscheidene *mv* vari; parecchi; diversi
verscheidenheid diversità *v*, varietà *v*
verschepen spedire per a'cqua
verscheping trasporto per nave
verschepingsdocumenten *mv* documenti *mv* d'imbarco.
verscheuren stracciare; lacerare; (v. wilde dieren) sbranare
verschiet prospettiva; lontananza; *fig* avvenire *m*
verschieten (kleuren) sbiadire, svanire; (verbleken) impallidire; (sterren) ca'dere
verschijnen apparire; *recht* comparire
verschijnsel feno'meno
verschil differenza
verschillen e'ssere differente
verschillend differente, diverso, va'rio

verschonen scusare; (ondergoed) mutar la biancheria
verschrikkelijk spavente'vole, (s)paventoso, terri'bile
verschrikken spaventare, sgomentare
verschrikking terrore *m*
verschroeien abbrustolire
verschrompelen raggrinzarsi
verschuilen nasco'ndere, celare; *zich* ~, nascondersi; celarsi
verschuldigd (schuldig) dovuto; (toekomend) de'bito; (verplicht) obbligato
versieren ornare, abbellire, decorare, parare; (v. meisje) fare la corte, corteggiare
versiering ornamento
verslaafd dato, de'dito a
verslaan ba'ttere
verslag rapporto, relazione *v*, verbale *m*
verslagen battuto; *fig* abbattuto
verslaggever cronista *m*, corrispondente (di giornale) *m*
verslapen (zich) dormire troppo a lungo
verslappen rilassarsi
versleten lo'goro
verslikken *ik heb mij verslikt*, mi è andato qe per traverso
verslinden divorare; inghiottire
versmachten languire, stru'ggersi di
versmaden sdegnare
versnapering leccornia
versnellen accelerare, affrettare
versnelling accelerazione *v*; (auto, fiets) cam'bio, ma'rcia; *de 2e* ~, la seconda ma'rcia
versnellingsbak sca'tola del cam'bio
versnellingshendel leva del cam'bio
versnellingskabel cavo del cambio *m*
versnellingspedaal pedale *m* del cam'bio
verspelen pe'rdere (al giuoco)
versperren (s)barrare; ingombrare; chiu'dere
versperring barricata *v*
verspillen dissipare, sprecare
verspilling dissipazione *v*
versplinteren scheggiare, (been) fratturare
verspreiden spa'ndere, diffo'ndere; divulgare; *zich* ~, diffo'ndersi, divulgarsi
verspreken (zich) far uno scorso di li'ngua; tradirsi nel parlare
verstaan (horen) inte'ndere; (begrijpen) compre'ndere, inte'ndere, capire; ~ *onder*, inte'ndere per
verstaanbaar udi'bile; (begrijpelijk) intelligi'bile
verstand intelligenza, intelletto;

(begrip) giudi'zio; (kennis) cognizione *v*; *gezond* ~, buon senso; *met dien* ~*e dat*, inte'ndesi che, restando inteso che, nel senso che
verstandhouding intesa; armonia
verstandig (persoon) sensato, ragione'vole, giudizioso, assennato; (besluit, handeling etc.) sensato, prudente, giudizioso
verstek *bij* ~ *veroordelen*, condannare in contuma'cia
versteld stupito, perplesso
verstellen (repareren) rattoppare, rammendare
versterken fortificare, rinforzare; *med* tonificare, attonare
versterker (geluid) amplificatore *m*
verstijfd intirizzito; to'rpido
verstikking soffocazione *v*; asfissia
verstoken privato, sprovvisto
verstokt ostinato, indurito
verstommen ammutolire
verstoord turbato; (boos) adirato, stizzito
verstoppen (dichtmaken) tappare, turare; (verbergen) nasco'ndere
verstopping ostruzione *v*; *med* costipazione *v*, stitichezza; (v.d. neus) intasamento
verstoren disturbare, perturbare; (boos maken) irritare; stizzire
verstoten rigettare, rifiutare; ripudiare (una donna)
verstrekken procurare, fornire
verstrijken passare, trasco'rrere; (termijn) scadere
verstrooid disperso, sparso; *fig* distratto
verstrooidheid distrazione *v*
verstuiken sto'rcere, slogare
verstuiver vaporizzatore, polverizzatore *m*
versturen spedire, inviare
versuft stordito, to'rpido
vertakking ramificazione *v*, biforcazione *v*
vertalen tradurre
vertaler traduttore
vertaling traduzione *v*
verte lontananza, distanza
vertederen intenerire
vertegenwoordigen rappresentare
vertegenwoordiger *handel* agente *m*
vertegenwoordiging rappresentanza
vertellen narrare, (rac)contare
vertelling narrazione *v*; racconto; (verhaal) novella
verteren (geld) spe'ndere; digerire, smaltire
vertering (verbruik) consumazione *v*, consumo; (spijs-) digestione *v*, consunzione *v*
verticaal verticale

vertier animazione v
vertoeven restare, soggiornare
vertolken interpretare
vertolking interpretazione v
vertonen presentare, mostrare, esibire
vertoning, vertoon esibizione v, presentazione v; (voorstelling) rappresentazione v
vertoornd adirato
vertragen ritardare, rallentare
vertraging ritardo, ritardamento
vertrappen calpestare; pestare
vertrek (kamer) locale m, ambiente m; (afreis) partenza
vertrekken partire
vertroetelen guastare
vertrouwd familiare; i'ntimo
vertrouwelijk confidenziale
vertrouweling confidente
vertrouwen ww (iemand) fidarsi (di uno); aver fidu'cia in; fede v, fidu'cia, fidanza
vertwijfelen disperarsi
veruit di gran lunga
vervaardigen fare, fabbricare, realizzare, confezionare
vervaardiging fabbricazione v, fattura
verval decadenza; (v. rivier) decli'vio
vervaldag giorno della scadenza
vervallen ww andare in rovina; decadere; (v. termijn) scadere; bn in rovina; (termijn) scaduto, spirato; (verplichting) decaduto
vervalsen falsificare; contraffare; (levensmiddelen) adulterare, sofisticare; (dranken) fatturare, alterare
vervangen (door) sostituire (con); cambiare
vervelen (an)noiare, tediare; zich ~, annoiarsi; tediarsi
vervelend noioso, tedioso, fastidioso
verveling no'ia, fasti'dio
verven colorire, dipi'ngere; (stoffen, haar) ti'ngere
ververij tintoria
verver~sen rinfrescare; ristorare; olie ~, cambiare l'o'lio
verversing rinfrescamento, ristoro
vervliegen (tijd) volar via; fuggire; (verdampen) svanire; volatizzarsi
vervloeken maledire
vervoeging coniugazione v
vervoer trasporto
vervoeren trasportare
vervolg continuazione v
vervolgen (voortzetten) continuare, (pro)seguire; (nazetten) inseguire; recht proce'dere legalmente contro; (wreed) perseguitare
vervolgens po'scia; poi, allora
vervolging persecuzione v, inseguimento; (voortzetting)

continuazione v
vervreemden alienare
vervullen insudiciarsi
vervullen (belofte, wens, plicht) ade'mpiere, adempire; (plicht, wens) soddisfare; (wens) esaudire
verwaand presuntuoso
verwaandheid presunzione v
verwaardigen (zich) degnarsi di
verwaarlozen trascurare, negli'gere
verwaarlozing trascuranza, negligenza
verwachten aspettarsi, atte'ndersi
verwachting aspettazione v, espettazione v, aspettativa; in ~ zijn essere incinta, in stato interessante
verwant parente; consangui'neo; imparentato; fig affine; zn parente
verwantschap parentado, parentela; consanguineità v, affinità v
verward confuso, imbrogliato
verwarmen (ri)scaldare
verwarming riscaldamento; centrale ~, riscaldamento centrale (a termosifone)
verwarren imbrogliare, confo'ndere
verwarring confusione v, imbro'glio; (verlegenheid) confusione v
verweerd roso dal tempo
verweerschrift difesa
verwekken generare; produrre
verwelken appassire, avvizzire
verwelkomen dar il benvenuto a, acco'gliere
verwennen guastare
verwensen esecrare, maledire
verwensing maledizione v
verweren (zich) dife'ndersi
verwerken consumare; fig digerire
verwerpelijk rigetta'bile
verwerpen ributtare, rigettare, rifiutare; disapprovare
verwerven acquistare, ottenere
verwezenlijken effettuare; realizzare
verwijden allargare, ampliare, dilatare
verwijderd lontano, remoto, distante
verwijderen allontanare, rimuo'vere; (vlekken etc.) eliminare, asportare; zich ~, assentarsi
verwijfd effem(m)inato
verwijt rimpro'vero
verwijten rimproverare
verwijzen (naar) rimandare a
verwijzing rimando; indirizzo
verwilderd selva'ggio; inselvatichito
verwisselen (s)cambiare, mutare
verwoed furioso, furibondo
verwoesten distru'ggere, devastare, annichilare
verwoesting devastiazione v
verwonden ferire
verwonderen, zich ~, meravigliarsi; stupirsi
verwondering maravi'glia

verwonderlijk maraviglioso
verwrongen storto
verzachten mitigare, (r)addolcire
verzachtend lenitivo, calmante; (omstandigheid) attenuante
verzadigen saziare, saturare
verzaken rinunziare a; (plicht) trascurare; (kaartsp) rifiutare
verzakken sprofondarsi
verzakking smottamento
verzamelaar raccoglitore; collettore, collezionista
verzamelen racco'gliere; far collezioni di (francobolli)
verzameling collezione v, raccolta
verzegelen sigillare, suggellare
verzekerd assicurato
verzekeren assicurare; accertare, asseverare
verzekering assicurazione v
verzekeringsmaatschappij società v d'assicurazione
verzenden spedire, inviare
verzending spedizione v, invio
verzengen abbruciare; abbrustolire
verzet resistenza, opposizione v; (ontspanning) divertimento
verzetten rimuo'vere; (uitstellen) rimandare; zich ~, opporsi
verziend iperme'tropo, pre'sbite
verzilveren incassare
verzinnen immaginare, inventare
verzinsel finzione v, invenzione v
verzoek domanda, preghiera; op ~ van, su richiesta di, su preghiera di
verzoeken domandare, pregare; (vragen) chiedere; (verleiden) tentare, indurre in tentazione
verzoeking tentazione v
verzoekschrift su'pplica, petizione v
verzoenen (ri)conciliare
verzoening (ri)conciliazione v
verzorgen pre'ndere cura di; sostentare; provvedere di, curare
verzorging cura; provvedimento
verzot op pazzo, matto di
verzuchting sospiro
verzuim trascuranza, negligenza; omissione v
verzuimen trascurare, negli'gere; ome'ttere; mancare
verzwakken indebolire, infirmare
verzwaren aggravare, re'ndere più diffi'cile
verzwering ulcerazione v
verzwijgen tacere; celare
verzwikken storcersi
vesper vespri mv
vest panciotto, gilè, gilet m; (gebreid vest) golf m, maglione m
vestiaire guardaroba v
vestibule vesti'bolo, a'trio
vestigen (firma) fon'dare; (blik) fissare; de aandacht ~ op,

richiamare l'attenzione su
vesting fortezza
vestzak taschino della sottoveste
vet *bn* grasso, pi'ngue; grasso, grassume *m*
vetarm senza grassi
veter aghetto, stringa
vetvlek ma'cchia di grasso
veulen puledro
vezel filamento; ta'glio, fibra
vezelig filamentoso; (vlees, hout) tiglioso, fibroso
vgl. = *vergelijk*, confronta, cfr
via via
viaduct viadotto
vicaris vica'rio
video video *m*
videoband, -cassette videocassetta
videocamera cinepresa
videorecorder videoregistratore *m*
videotheek videoteca
vier quattro
vierde quarto
vieren festeggiare, celebrare; (touw) filare
vierhoek quadrila'tero, quadrangolo
viering celebrazione *v*
vierkant quadrato, quadro
viervoeter quadru'pede *m*
viervoudig qua'druplo
vies su'dicio; sporco; lordo
viewer visore *m*
viezerik sporcaccione, sciattone, maiale
vijand nemico
vijandig nemico, ostile
vijandschap inimici'zia; ostilità *v*
vijf cinque
vijfde quinto
vijftien qui'ndici
vijftiende quindice'simo
vijftig cinquanta
vijftigste cinquante'simo
vijg fico
vijgenboom fico
vijl lima, limetta
vijlen limare
vijver stagno; vasca
vijzel morta'io
villa villa
villapark quartiere *m* di villette
villen scorticare, scoiare
vilt feltro
vilten di feltro
viltstift pennarello *m*
vin pinna
vinden trovare; (achten) considerare, ritenere, giudicare, trovare
vinding scoperta; *fig* invenzione *v*
vindingrijk inventivo, ingegnoso
vinger dito
vingerdoekje tovagliolino
vingerhoed anello da cucire, ditale *m*
vingerkom lavadita *m*

vingerwijzing indicazione *v*, indi'zio
vink fringuello
vinnig mordace; pungente
violet violetto
violier violacciocca
violist, vioolspeler violinista
violoncel violoncello
viool violino
viooltje violetta; (welriekend) viola ma'mmola; *driekleurig ~*, viola tricolore
virus virus *m*
vis pesce *m*
visgraat lisca
vishandelaar pescive'ndolo
visioen visione *v*
visitatie visitazione *v*; ispezione *v*
visite visita *v*
visitekaartje biglietto da vi'sita
visiteren far la vi'sita (al baga'glio)
vismarkt pescheria
vissen pescare
visser pescatore *m*
visserij pesca, pescagione *v*
visum visto
visvergunning licenza di pesca
visvrouw pescive'ndola, pescaiola
viswater riserva di pesca *v*
viswinkel pescheria *v*
vitamine vitamina
vitrine vetrina
vitten censurare, biasimare
vizier (geweer-) mira; (helm-) visiera
vizierkorrel mirino
vla crema
vlaag colpo di vento; *fig* accesso
Vlaams fiammingo
Vlaanderen la Fiandra
vlag bandiera; *scheepv* padiglione *m*
vlak *bn* piano, piatto; piano; fa'ccia
vlakgom gomma
vlakte piano; pianura
vlam fiamma
Vlaming fiammingo
vlammen fiammeggiare
vlas lino
vlecht tre'ccia
vlechten intrecciare
vleermuis pipistrello
vlees carne *v*; polpa; *~ in blik*, carne in sca'tola
vleeskleurig carnicino
vleeswaren *mv* salumi *m mv*
vleien adulare, lusingare
vleier adulatore, lusingatore
vleierij adulazione *v*, lusinga
vlek ma'cchia; macula
vlekkeloos immacolato
vlekken macchiare
vlekkenmiddel smacchiatore *m*
vlekkenwater a'cqua smacchiatrice
vleugel ala; (v. deur) battente *m*; (piano) pianoforte *m* a coda
vleugelmoer dado ad alette

m/galletto *m*
vlezig carnoso; (van vruchten) polposo
vlieg mosca
vliegangst paura di volare
vliegen volare
vliegenkast moscaiuola
vlieger (speelgoed) aquilone *m*; cervo volante; (piloot) aviatore
vliegramp disastro aviato'rio
vliegterrein campo d'aviazione
vliegtuig areoplano, ae'rco
vliegveld aeroporto
vliegwiel volante *m*
vlier sambuco
vliering soffitta
vlies pelli'cola; (op melk) velo; membrana
vliezig membranoso
vlijen ste'ndere, accomodare
vlijt diligenza, applicazione *v*, indu'stria
vlijtig diligente; applicato; industrioso
vlinder farfalla
Vlissingen Flessinga
vlo pulce *v*
vloed flusso; (stortvloed) dilu'vio, terrente *m*; (hoog water) alta marea
vloeibaar li'quido, flu'ido
vloeibaarheid fluidità *v*, liquidità *v*
vloeien (s)co'rrere, fluire
vloeipapier carta sugante, carta assorbente
vloeistof mate'ria li'quida; li'quido
vloeitje (voor sigaret) cartina (*mv* cartine); (inktvloei) carta suga(nte)
vloek maledizione, imprecazione *v*; (godslastering) beste'mmia
vloeken maledire, imprecare; bestemmiare
vloer pavimento
vloerkleed tappeto
vlok fiocco
vloot flotta; armata navale
vlot za'ttera; *bn* (drijvend) galleggiante; *fig* (snel) solle'cito, pronto
vlucht fuga; ('t vliegen) volo; (zwerm) stormo
vluchteling fuggitivo, fuggiasco
vluchten fuggire, darsi alla fuga
vluchtheuvel salvagente *m*, i'sola
vluchtig (oppervlakkig) superficiale, leggiero; (vergankelijk) fugace, passeggero
vluchtnummer numero di volo *m*
vluchtstrook corsia d'emergenza
vlug svelto, presto, veloce, lesto, ra'pido; pronto
vlugheid agilità *v*, prontezza
v.m. = *voormiddag*, antimeridiano, am, ant
vocht li'quido
vochtig u'mido, madido

vochtigheid umidità *v*
vod ce'ncio, stra'ccio
voeden nutrire, alimentare, cibare
voederen dar il forag'gio
voeding nutrizione *v*, alimentazione *v*; (voedsel) nutrimento
voedingsmiddel prodotto alimentare
voedsel nutrimento, alimento, cibo, vitto
voedselvergiftiging avvelenamento da cibo
voedzaam nutritivo
voegen comme'ttere; (passen) convenire; *zich ~ naar*, adattarsi a
voegwoord congiunzione *v*
voelbaar sensi'bile
voelen palpare, tastare; sentire, risentire
voelhoorn tenta'colo, antenna
voer fora'ggio, pa'scolo
voeren (dieren) dare il fora'ggio a, foraggiare; (leiden) menare; condurre; (kleren) foderare
voering fodera
voerman carrettiere *m*
voertuig vei'colo
voet piede, piè *m*; *te ~*, a piedi; *op staande ~*, sull'istante
voetbad bagno al piedi
voetbal [*de*] pallone *m*; [*het*] calcio
voetballen giocare a calcio
voetballer calciatore, calcista
voetbank sgabello
voeteneinde piede *m* del letto
voetganger pedone *m*
voetlicht ribalta
voetpad sentiero
voetrem freno a pedale
voetstap orma, passo, pedata
voetstuk base *v*; piedestallo
voettocht via'ggio a piedi
voetzool pianta del piede
vogel uccello
vogelkooi ga'bbia
vogelverschrikker spaura'cchio
vogelvlucht volo d'uccello
vogelvrij proscritto
voile veletta
vol pieno, completo; *~ pension* pensione completa *v*
volbloed puro sa'ngue
volbrengen compire, asso'lvere, adempire, effettuare, eseguire
voldaan soddisfatto; (betaald) pagato
voldoen aan (eis) rispo'ndere a; (verplichting) far fronte a
voldoende sufficiente
voldoening soddisfazione *v*, contento; pagamento
voldongen terminato; (fatto) compiuto
voleindigen consumare, finire
volgeling seguace
volgen seguire, seguitare, andare

dietro; *als volgt*, come segue
volgend seguente, che segue, pro'ssimo
volgens secondo, come da
volgorde o'rdine *m*, successione *v*
volharden perseverare
volharding perseveranza
volhouden sostenere; sopportare; persi'stere in
volk po'polo, gente
volkomen perfetto, intero
volkorenbrood pane *m* integrale
volksfeest festa popolare
volkslied canzone *v* popolare; inno nazionale
volksstam tribù *v*
volksstemming plebiscito
volksuniversiteit università *v* populare
volksvertegenwoordiging rappresentanza nazionale
volledig completo, intero
volleybal pallavolo *v*, palla a volo
volmaakt perfetto
volmacht pieni poteri *mv*; plenipotenza; (in handel) procura, mandato
volontair volonta'rio
volop abbondantemente
volslagen pieno, intero
volstrekt *bn* assoluto; *bijw* assolutamente; *~ niet*, non affatto, non mica
voltage voltaggio *m*
voltallig completo; (vergadering) in nu'mero, plenario
voltooien finire, condurre a te'rmine; completare
voltrekken eseguire; effettuare; (huwelijk) celebrare
voluit interamente, in le'ttere
volume volume *m*
volwassene adulto
vondeling trovatello; innocente
vondst trovato
vonk scintilla; favilla
vonnis sentenza, giudi'zio
vonnissen sentenziare
voogd tutore
voor *zn* solco, solcatura
voor *vz* (ten behoeve van) per; (tijd en plaats) avanti a; (tijd) prima di; (tijd en plaats) innanzi; (plaats) davanti a; (in plaats van) in vece di
vooraan davanti; innanzi, dinanzi; in testa al
vooraf preventivamente, in anti'cipo
voorafgaand anteriore, precedente; pre'vio, antecedente
vooral specialmente, soprattutto
voorarrest car'cere *m* preventivo
voorbaat *bij ~*, *in* anti'cipo, anticipatamente
voorbarig prematuro, anticipato
voorbedacht premeditato; *met ~en*

rade, con premeditazione
voorbeeld ese'mpio; modello; *bij ~*, per ese'mpio
voorbeeldig *bn* esemplare
voorbehoedmiddel preservativo
voorbehoud riserva; restrizione *v*; *onder ~*, con riserva
voorbereiden preparare
voorbereiding preparazione *v*
voorbericht prefazione *v*
voorbij *vz* (komen) davanti a; *bn* (verleden) passato; (gedaan) finito
voorbijgaan passare
voorbijgaand passeggiero
voorbijganger passante *m*
voordat prima che, avanti di (*of* che)
voordeel vanta'ggio; guadagno; (nut) u'tile *m*
voordelig (aanbod) vantaggioso; (winstgevend) lucrativo; (prijzen) conveniente
voordeur porta esterna
voordoen insegnare; *zich ~ als*, farsi passare per
voordracht discorso; conferenza; recitazione *v*; (voorstel) presentazione *v*
voordragen (reciteren) recitare, declamare; (voorstellen) proporre
voordringen non aspettare il proprio turno
vooreerst in primo luogo; (voorlopig) per ora
voorfilm film preliminare *m*
voorgaan andare avanti; (voorrang hebben) aver la precedenza; (v. uurwerk) andare avanti
voorgaand precedente
voorganger antecessore, predecessore
voorgerecht antipasto
voorgevel facciata
voorgeven asserire, prete'ndere
voorgevoel presentimento
voorgoed definitivamente
voorgrond parte *v* davanti; prima li'nea; (toneel) prosce'nio
voorhanden in magazzino; disponi'bile
voorheen anticamente, già, per il passato
voorhoede (a)vangua'rdia
voorhoofd fronte *v*
voorin davanti
voorjaar primavera
voorkamer stanza che dà sulla strada
voorkant parte anteriore *v*, lato anteriore
voorkennis *met mijn ~*, a mia saputa
voorkeur preferenza
voorkómen (beletten) prevenire, evitare, ovviare
vóórkomen (gebeuren) acca'dere, avvenire; (aangetroffen worden)

rico'rrere, riscontrarsi, verificarsi, figurare

voorlaatst penu'ltimo

voorletter iniziale *v*

voorlezen le'ggere (ad alta voce) ad uno; dar lettura di

voorlichten informare, schiarire

voorliefde predilezione *v*

voorloper precursore *m*

voorlopig provviso'rio; preliminare

voormalig pri'stino, primiero; precedente; ex-; già

voormeld suddetto

voormiddag mattino

voornáám *bn* no'bile, nota'bile; (belangrijk) importante, considere'vole

vóórnaam [*de*] nome *m*, prenome *m*

voornaamwoord pronome *m*; *aanwijzend, betrekkelijk, bezittelijk, persoonlijk* ~, pronome dimostrativo, relativo, possessivo, personale

voornamelijk principalmente; particolarmente

voornemen *ww* (zich) proporsi; progetto; intenzione *v*

voornoemd sopraddetto, suddetto

vooronderzoek (*recht*) istrutto'ria

vooroordeel pregiudi'zio

vooroorlogs prebe'llico

voorouders *mv* antenati, progenitori *m mv*

voorover in avanti

voorpoot piede *m* (zampa) anteriore

voorprogramma avanspetta'colo

voorraad scorta, provvista

voorrang precedenza, priorità *v*; *auto* ~ *geven*, dare la precedenza; ~ *hebben*, avere la precedenza

voorrangsweg strada con diritto di precedenza *v*

voorrecht prerogativa, privile'gio

voorrede prefazione *v*, pro'logo

voorruit parabrezza *m*

voorschieten (geld) prestare

voorschijn te ~ *komen*, venire fuori; apparire

voorschoot grembiale *m*

voorschot pre'stito; anticipazione *v*; disborso

voorschrift precetto; prescritto, prescrizione *v*; regola, norma; *techn* istruzione *v*; (v. dokter) prescrizione *v*

voorschrijven prescri'vere, ordinare; (als wet) dettare

voorseizoen bassa stagione

voorsorteren cambio di corsia

voorspel prelu'dio; pro'logo

voorspellen predire, profetizzare

voorspelling (prognose) *v* revisione *v*; (profetie) profezia

voorspoed prosperità *v*

voorspoedig pro'spero

voorspraak intercessione *v*

voorsprong vanta'ggio

voorstad sobborgo

voorstander partigiano, difensore

voorste il primo

voorstel proposizione *v*, proposta

voorstellen presentare; (voorstel doen) proporre; *zich* ~, presentarsi

voorstelling (film) spettacolo; presentazione *v*; (toneel) rappresentazione *v*; (begrip) idea; nozione *v*

voorsteven prora, prua

voort avanti, innanzi; (weg) via

voortaan d'ora innanzi, d'ora in poi; inseguito

voortbrengen produrre, generare

voortdrijven spi'ngere avanti

voortdurend *bn* conti'nuo; permanente; *bijw* di conti'nuo, continuamente

voorteken indi'zio; presa'gio, augurio, auspicio

voortgaan continuare, proseguire

voortgang continuazione *v*; progresso, avanzamento

voortplanten propagare; (licht) trasme'ttere

voortreffelijk eccellente, egre'gio, squisito

voortrekken preferire

voorts poi, inoltre

voortslepen, -sleuren (s)trascinare

voortvarend ene'rgico, speditivo

voortvluchtig fuggitivo

voortzetten continuare, proseguire

vooruit avanti, innanzi

vooruit! avanti!

vooruitgang progresso

vooruitzicht prospettiva, aspettativa; speranza

voorvader antenato

voorval caso, avvenimento, evento, fatto

voorvallen accadere, avvenire

voorverkoop vendita dei biglietti

voorvoegsel prefisso

voorvork forcella *v*

voorwaarde condizione *v*, patto

voorwaardelijk condizionale; *bijw* condizionalmente

voorwaarts avanti

voorwenden simulare, fi'ngere

voorwendsel pretesto

voorwerp oggetto

voorwiel ruota anteriore

voorwielaandrijving trasmissione *v* anteriore

voorzetsel preposizione *v*

voorzichtig ca'uto; circospetto; prudente; avvertito; ~!, (als toeroep) attenzione!

voorzichtigheid cautela, circospezione

v, prudenza, precauzione *v*

voorzien prevedere; ~ *van*, provvedere di, munire di

Voorzienigheid Provvidenza

voorzijde parte *v*, anteriore (*of* di davanti), facciata

voorzitter presidente

voorzorg precauzione *v*

voorzorgsmaatregel precauzione *v*

voorzover per quanto, a quel che, da quanto

vorderen esi'gere, richie'dere, domandare; (vooruitgaan) avanzare

vordering domanda, richiesta; (*handel*) cre'dito; (vooruitgang) avanzamento, progresso

vorig precedente, anteriore, antecedente; passato; scorso

vork forca; (eet-) forchetta; (v. fiets) forcella

vorm forma, figura

vormelijk cerimonioso

vormen formare, costituire

vorming formazione *v*

vormsel *rk* cre'sima

vorst pri'ncipe; (kou) gelo, ghiaccio, freddi *mv*

vorstelijk principesco

vorstendom principato

vorstin principessa

vos volpè *v*; (paard) (cavallo) sa'uro

vouw piega, crespa

vouwen (ri)piegare; (con)giu'ngere (le mani)

vouwstoel seggiolino pieghe'vole

vraag domanda; questione *v*

vraagstuk problema *m*, questione *v*

vraagteken punto interrogativo

vracht ca'rico; (geld) porto; *scheepv* nolo

vrachtauto camion *m*, autocarro *m*

vrachtbrief le'ttera di vettura; *scheepv* po'lizza di ca'rico

vrachtgoed merci a pi'ccola velocità, P V

vrachtrijder carrettiere *m*

vrachtvrij franco di porto

vrachtwagen carro da trasporto

vragen domandare, chie'dere

vrede pace *v*

vredelievend paci'fico

vredesverdrag trattato di pace

vredig paci'fico

vreedzaam paci'fico

vreemd (raar) strano; (buitenlands) straniero, forestiero, e'stero

vreemde forestiero *m*

vreemdeling straniero *m*

vreemdelingenverkeer turismo

vrees timore *m*, pa'ura

vreesachtig pauroso, timoroso

vrek avara'ccio, spilo'rcio

vrekkig avaro, spilo'rcio, sordido

vreselijk terri'bile; orri'bile

vreten mangiare, pa'scere; (v. mensen) divorare

vreugde gio'ia; piacere *m*; allegrezza

vrezen temere, aver paura

vriend amico

vriendelijk amiche'vole, affa'bile; cortese, gentile

vriendin amica

vriendschap amici'zia

vriendschappelijk amiche'vole, amico

vriespunt punto di congelazione

vriezen gelare

vrij li'bero, franco; ~e *tijd* tempo libero

vrijaf vacanza

vrijbiljet zie *vrijkaartje*

vrijblijvend senza impegno

vrijdag venerdì; *Goede V~*, il Venerdì santo

vrijdenker li'bero pensatore

vrijen fare l'amore

vrijer pretendente; innamorato, amante

vrijgezel celibe *m*, scapolo

vrijhandel li'bero sca'mbio

vrijheid libertà *v*, franchezza

vrijkaartje biglietto gratu'ito; entrata di favore

vrijlaten me'ttere in libertà, rilasciare

vrijmetselaar franco muratore, frammassone *m*

vrijmoedig franco, schietto

vrijpostig impertinente

vrijspraak assoluzione *v*

vrijspreken asso'lvere

vrijstelling dispensa

vrijster *oude* ~, ve'cchia zitella

vrijuit apertamente, francamente

vrijwel quasi

vrijwillig volonta'rio

vrijwilliger volonta'rio

vrijzinnig liberale

vrille cade *m* a vite

vroedvrouw oste'trica, levatrice

vroeg *bn* (jeugd) primo; (sluiting) anticipato; (dood) prematuro; (voorjaar) precoce; (trein) della mattina; *bijw* presto, di buon mattino, di buon' ora

vroeger *bn* anteriore; precedente; già; *bijw* prima, un tempo, una volta

vroegmis messa mattutina

vroegtijdig *bn* prematuro, precoce; mattutino, *bijw* innanzi tempo

vrolijk allegro, giocondo, ga'io

vrolijkheid allegria

vroom pio, devoto

vroomheid pietà *v*, devozione *v*

vrouw donna; (echtgenote) mo'glie; *kaartsp* donna

vrouwelijk femminino, femminile

vrouwenarts gineco'logo

vrucht frutto

vruchtbaar fe'rtile, frutti'fero, fecondo

vruchtboom (a'lbero) frutti'fero

vruchteloos infruttuoso, inu'tile, vano

vruchtenpers spremito'io

vruchtensap succo di frutta *m*

vuil *bn* sporco, su'cido, su'dicio, lordo; su'diciume *m*; (straat-) fango, mota

vuilnis immondi'zia

vuilnisbak pattumiera

vuilnisemmer cassetta delle immondi'zie, bidone dei rifiuti, pattumiera

vuist pugno

vulkaan vulcano

vulkaniseren vulcanizzare

vullen empire, riempire; (kies) otturare

vulling (kies) piombatura

vulpen penna stilografica

vulpotlood lapis automa'tico

vulsel ripieno

vuren far fuoco, tirare

vurenhout (legno di) abete rosso

vurig focoso, ardente, acceso; fe'rvido, fervente

vuur fuoco *m*

vuurpijl razzo

vuurrood rosso acceso

vuurspuwend che vo'mita fuoco

vuursteen pietra foca'ia

vuurtje (voor sigaret) da accendere

vuurtoren faro

vuurvast prova di fuoco

vuurwapen arme *v* da fuoco

vuurwerk fuochi artificiali *mv*

VVV-kantoor ufficio turistico, informazioni turistiche *v*

W

WA (wettelijke aansprakelijkheid) assicurazione verso terzi *v*

waaghals temera'rio; brava'ccio

waagschaal *in de* ~ *stellen*, azzardare

waagstuk impresa azzardosa

waaien soffiare

waaier venta'glio

waakhond cane *m* da gua'rdia

waakzaam vigilante

waan opinione falsa, illusione *v*

waanzin pazzia, demenza; alienazione *v* mentale

waar *zn* mercanzie, merci *mv*; ge'neri, arti'coli; *bn* vero; *voegw* ove, dove; (vragend) dove?

waaraan a che cosa

waarachtig vero, verace; veri'dico

waarbij in cui, nel qual caso

waarborg sicurtà *v*, garanzia

waarborgen garantire

waarborgsom cauzione *v*

waard *zn* (herbergier) oste, locandiere; *bn* (dierbaar) caro; ~

zijn, valere

waarde valore *m*; *fig* me'rito

waardeloos senza valore; brutto

waarderen apprezzare; pregiare; stimare

waardering stima; apprezzamento, pre'gio

waardig degno; dignitoso

waardigheid dignità *v*

waardin ostessa, albergatrice *v*, padrona

waardoor per dove?; per il quale

waarheen dove, per dove

waarheid verità *v*

waarin in che cosa?; in cui, nel quale

waarlijk veramente

waarmee con che cosa?; col(la) quale; con cui

waarna dopo diche, dopodiché

waarnemen percepire, osservare; (vervangen) far le veci di

waarneming osservazione *v*; (v. ambt) eserci'zio

waarom perchè?

waaronder sotto che cosa?; sotto cui

waarop dove?; su che cosa?; su cui, su che

waarover su che cosa?; su che

waarschijnlijk probabilmente

waarschuwen avvisare, avvertire, (vermanen) ammonire

waarschuwing avvertimento, ammonizione *v*; avviso

waartoe a che fine?; a cui

waartussen fra i quali?; fra cui

waaruit da che cosa?; da cui

waarvan di che cosa?; di cui

waarzegster indovina

waas velo

wacht gua'rdia; (-huis) corpo di gua'rdia

wachtcommandant (politie) agente di servizio

wachten aspettare; atte'ndere; *zich* ~, guardarsi (da)

wachtkamer sala d'aspetto *v*

wachtmeester sergente di cavalleria

wachtwoord parola (d'o'rdine)

waden (s)guadare

wafel cialda

wagen *ww* (ar)rischiare, avventurare; azzardare; *zn* carro, carrozza, vettura

wagenspoor rota'ia, carreggiata

wagenwijd spalancato

wagenziekte mal d'auto *m*, mal di macchina *m*

waggelen tentennare, vacillare

wagon vagone *m*

wak buca nel gbia'ccio

waken vegliare, far ve'glia, esser sve'glio (desto)

wakker sve'glio, desto; vi'gile, vivace; (dapper) bravo; ~ *worden*,

svegliarsi; ~ *blijven*, rimaner sveglio
wal (v. vesting) baluardo, bastione *m*; (oever) riva; *aan lager ~ raken*, rovinarsi; *de vaste ~*, la terra ferma
walgelijk disgustoso, nausea
walgen aver schifo (di)
walging na'usea; disgustonte
walkman walkman *m*
walmen fumare
walnoot noce *v*
wals (rol) rullo; (v. plaveisel) compressore *m* stradale; (dans) valzer *m*
walsen (pletten) spianare; (dansen) ballare un valzer
walvis balena
wanbegrip Idea erro'nea
wand parete *v*; muro
wandelaar passeggiatore
wandelen passeggiare
wandeling passeggiata *v*
wandelkaart mappa dei sentieri
wandelpad sentiero *m*
wandelstok bastone *m* da passe'ggio, mazza
wandeltocht passeggiata *v*
wandelwagentje (voor kinderen) passeggino
wandluis ci'mice *v*
wang guancia *v*
wangedrag cattiva condotta
wanhoop disperazione *v*
wanhopen disperare, disperarsi di
wankelen vacillare, barcollare, traballare; titubare
wanklank dissonanza
wanneer quando
wanorde diso'rdine *m*
wanordelijk disordinato
wansmaak cattivo gusto
wanstaltig contraffatto
want *zn* (handschoen) guanto a sacco; *voegw* perchè; che
wantrouwen diffidenza, sospetto; *ww* diffidare di
wapen arma, arme *v*
wapenen armare
wapenrusting armatuia
wapenstilstand armisti'zio
wapperen ondeggiare *v*
war confusione *v*, diso'rdine *m*; *in de ~ brengen*, scompigliare, confo'ndere
waren *mv* mercanzie, merci *mv*
warenhuis grande magazzino
warhoofd confusiona'rio
warm caldo
warmen (ri)scaldare; *zich ~*, (ri)scaldarsi
warmlopen surriscaldarsi
warmte caldo *m*; *fig* ardore *m*, calore *m*
warrig ingarbugliato, imbrugliato
wars : ~ *van*, avversario di

wartaal vanilo'quio
was (stof) cera; (het wassen) bucato; (het wasgoed) biancheria; *de ~ doen*, fare il bucato
wasbaar lava'bile
wasbak lavandino, lavabo
wasbenzine benzina per smacchiare
wasem vapore u'mido
wasgoed biancheria
washandje manina
waskaars candela di cera, cero
wasknijper molletta *v*
waskom catinella
waslijst lista del bucato
wasmachine lavatrice *v*
wasmiddel, -poeder detersivo *m*
wassen (reinigen) lavare; (groeien) cre'scere; *bn* di cera
wasserette lavanderia a gettoni
wasserij lavanderia
wastafel lavamano *m*, lavabo
wasverzachter ammorbidente *m*
wasvrouw lavanda'ia
wat che, cosa, che cosa
water a'cqua; *stromend ~*, a'cqua corrente
waterdamp vapore a'cqueo
waterdicht impermea'bile; stagno all'a'cqua
wateren orinare
waterfiets barca a pedali *v*
waterglas bicchiere *m* da a'cqua
watergolven fare la messa in piega
waterkoeling *techn* raffreddamento ad a'cqua
waterkraan rubinetto dell'acqua
waterleiding acquedotto
waterlelie ninfea
watermerk filigrana
waterpas livella; *bn* a livello; orizzontale
waterpokken *mv* varicella
waterpomp pompa dell'acqua *v*
waterproof impermea'bile
waterput pozzo
waterreservoir serbato'io d'acqua; cisterna
waterski sci acquatico *m*
waterskiën fare lo sci d'acqua
waterskisport sci nau'tico *m*
watersnood dilu'vio
watersport sport nautico *m*
waterstand livello dell'a'cqua
waterstof idro'geno
waterval cascata
waterverf colore *m* a a'cqua
watervliegtuig idro(plano)
watervrees idrofobia
watten ovatta
wc gabinetto *m*
wc-papier carta igienica *v*
we (wij) noi
we noi
web ragnatela

wedden scomme'ttere
weddenschap scommessa
weder(-) zie ook *weer(-)*
wederdienst servi'zio reci'proco
wederhelft (l'altra) metà; *fig* lo sposo, la sposa
wederkerig reci'proco, mu'tuo
wederom di nuovo
wederrechtelijk abusivo, contra'rio al diritto
wederzijds reci'proco, mu'tuo
wedijver gara, emulazione *v*
wedren corsa
wedstrijd gara, concorso
weduwe vedova
weduwnaar vedovo
wee *zn* doglia; *bn* dolciastro
weel guai!; dolore *m*
weefgetouw tela'io
weefsel tessuto
weegschaal bila'ncia; bascula; (dierenriem) Libra
week *zn* (7 dagen) settimana; *bn* molle, mo'rbido, te'nero
weekblad fo'glio ebdomada'rio, settimanale *m*
weekdier mollusco
weekend fine settimana *v*; *gedurende het ~*, durante la fine settimana
weekheid mollezza
weeklacht lamento
weeklagen lamentarsi
weekloon settimana
weelde lusso
weelderig lussuoso, sontuoso, opulento
weemoed tristezza
weemoedig triste; mesto
weer tempo; *bijw* di nuovo; da capo; (terug) di ritorno
weerbarstig capa'rbio, ostinato, ricalcitrante
weerbericht previsioni del tempo *v mv*, previsioni meteorolo'giche *v mv*, bollettino meteorolo'gico
weergalmen risonare, echeggiare, rimbombare
weergaloos senza pari, incompara'bile
weergeven re'ndere, riprodurre
weerhaak uncino; gra'ffio
weerhaan banderuola; *fig* girella
weerhouden ritenere; impedire
weerkaatsen (licht) rifle'ttere; (geluid) ripercuo'tere
weerklank eco *m/v*, risonanza
weerklinken risonare, rimbombare
weerleggen confutare
weerlicht lampo, lampeggiamento
weerlichten folgorare
weerloos inerme, indifeso
weerschijn rinesso
weersgesteldheid tempo
weerskanten (van) dall' una e

dall'altra parte

weerspannig ricalcitrante, refratta'rio

weerstand resistenza; (*elektr*) impedenza

weersverwachting previsioni del tempo *v*

weerwil *in ~ van*, malgrado, ad onta di

weerzien rivedere; *tot ~s*, a rivederci, arrivederci, a rivederla

weerzin ripugnanza, avversione *v*, riluttanza

wees o'rfano, -na

weeshuis orfanotro'fio

weetgierig desideroso di sapere (d'istruirsi)

weg via, strada; cammino; *bijw* sparito, perduto, smarrito; *~ met*, abbasso i; *de ~ wijzen* indicare la strada

wegblijven stare via

wegbrengen portar via

wegdek la'strico

wegen pesare, ponderare

wegenbelasting imposta stradale

wegenkaart carta stradale

wegens per; dato, data; per cagione di, a motivo di, a causa di

wegenwacht soccorso stradale

weggaan andare via, andarsene, assentarsi

weggeven dare via

weggooien buttare via

wegjagen scacciare, cacciar via

weglaten ome'ttere

weglopen fuggire

wegnemen to'gliere via, levare *of* portar via; (*stelen*) rubare

wegomlegging deviazione stradale *v*

wegrestaurant autogrill *m*

wegruimen rimuo'vere

wegvoeren condurre, menar via

wegwijzer cartello indicatore

wegzenden mandar via; spedire

wei (weide) prato; (uit melk) siero

weide prato, pa'scolo, pastura

weiden pa'scere, pascolare

weifelen esitare; e'ssere indeciso

weifeling esitazione *v*

weigeren ricusare, rifiutare

weigering rifiuto, ricusa

weiland prato, pa'scolo

weinig poco, un po

weitas carniera

wekelijks *bn* settimanale, ebdomada'rio; *bijw* per settimana, ogni settimana

weken ammollare, me'ttere in molle, mollificare

wekken svegliare, destare

wekker (klok) sve'glia, svegliarino

wel *bijw* bene, si; *~ eens* qualche volta, di quando in quando

welaan ebbene

welbehagen piacere *m*; bene'ssere *m*

welbespraakt eloquente; loquace

weldaad benefi'cio

weldadig bene'fico

weldadigheid beneficenza

weldra (ben) tosto; fra poco

weledel (titel) egre'gio, stimati'ssimo

weleerwaard reverendi'ssimo

welgedaan benestante

welgemanierdheid garbo

welgemoed di buon umore, ga'io

welgesteld agiato, benestante

welig rigoglioso

weliswaar a dir vero

welk(e) che, quale, quali

welkom benvenuto

wellevend civile, cortese

wellicht forse

welluidend armonioso, melodioso

wellust voluttà *v*; (genot) oso, deli'zia

welnu! ebbene!

welp leoncino, pi'ccolo del leone

welsprekend eloquente

welstand agiatezza; (gezondheid) bene'ssere *m*

welterusten buon riposo

welvaart prosperità *v*, agiatezza

welvarend pro'spero, flo'rido

welwillend bene'vole

welwillendheid benevolenza

welzijn bene'ssere *m*

wemelen formicolare, brulicare

wenden (ri)vo'lgere; (ri)voltare; *zich ~ tot*, indirizzarsi a, rico'rrere a

wending volta, voltata; giramento; *fig* piega

wenen pia'ngere

Wenen Vienna

wenk (ac)cenno; segno; avvertimento

wenkbrauw (soprac)ci'glio

wenken far cenno, accennare

wennen abituare, avvezzare; *zich ~*, abituarsi, avvezzarsi

wens (verlangen) deside'rio

wenselijk desidera'bile

wensen desiderare, bramare

wentelen rotolare; voltolare

wenteltrap scala a lumaca (*of* a chio'cciola)

wereld mondo, universo

werelddeel parte *v* del mondo

wereldkaart mappamondo

wereldlijk secolare, la'ico; mondano

wereldrecord primato mondiale

werelds mondano

wereldstad metro'poli *v*

wereldtentoonstelling esposizione *v* universale

werk lavoro; o'pera; (taak) impiego

werkdag giorno di lavoro

werkelijk *bn* reale, effettivo; *bijw* davvero, veramente, effettivamente

werkeloos ozioso, inattivo; inefficace; senza effetto; (zonder werk)

scioperato; disoccupato

werkeloosheid disoccupazione *v*

werken lavorare; operare

werkgever datore di lavoro *m*

werking azione *v*; effetto

werkkracht energia

werkkring sfera d'attività

werkloon mercede *v*, paga

werkloos zie *werkeloos*

werkloze disoccupato

werkman opera'io, lavorante

werknemer prestatore di lavoro, dipendente *m*

werkplaats laborato'rio; bottega, officina

werkstaker scioperante

werkstaking scio'pero

werkster donna delle puli'zie, donna di fa'tica, donna di mezzo servi'zio; *maatschappelijk ~*, assistente *v* sociale

werktuig strumento

werktuigkunde mecca'nica

werktuigkundige mecca'nico

werktuiglijk mecca'nico

werkwillige non scioperante

werkwoord verbo

werkzaam laborioso, attivo, operoso; (doeltreffend) efficace; *~ zijn bij*, essere impiegato presso

werpen gettare, buttare, lanciare

wervel ve'rtebra

wervelkolom colonna vertebrale

wervelwind tu'rbine *m*

werven (arbeidskrachten) reclutare

werving (arbeidskrachten) reclutamento

wesp vespa

west ovest, occidente

westelijk occidentale

westen occidente w, o'vest *m*

westenwind vento dall'ovest

westerlengte longitu'dine occidentale

westers occidentale

wet legge *v*

wetboek co'dice *m*; *~ van koophandel*, codice commerciale; *~ van strafrecht*, codice penale; *burgerlijk ~*, codice civile

weten sapere, conoscere; *niet ~*, ignorare

wetenschap scienza; (kennis) conoscenza, noti'zia

wetenschappelijk scienti'fico

wetenswaardig degno d'e'sser conosciuto (saputo)

wetgever legislatore *m*

wetgeving legislazione *v*

wethouder assessore *m* comunale

wettelijk legale, legi'ttimo

wetten affilare, aguzzare

wettig legale, legi'ttimo

wettigen legittimare

weven te'ssere

wever tessitore *m*
wezel do'nnola *v*
wezen ente *m*; e'ssere *m*, *ww* (zijn) e'ssere
wezenlijk essenziale; reale, vero
wezenloos apa'tico, indolente
whisky whisky *m*
wie chi
wieg culla, cuna
wiegen cullare
wiek ala
wiel ruota
wieldop coperchio della ruota
wielerbaan velo'dromo
wielersport ciclismo
wielklem blocco ruota *m*
wiellager cuscinetto ruota *m*
wielrennen *zn* ciclismo; *ww* praticare il ciclismo
wielrenner corridore *m* (cicli'stico)
wielrijden andare in bicicletta, pedalare
wielrijder ciclista
wierook incenso
wig cu'neo, bietta, zeppa
wij noi
wijd vasto, largo, spazioso
wijdbeens a gambe larghe
wijden (bisschop, koning) consacrare; (priester) ordinare; (toewijden) dedicare; votare; zich ~, darsi (a)
wijding consacrazione *v*, ordinazione *v*
wijdte larghezza, ampiezza
wijf donna'ccia
wijfje (v. dier) fe'mmina
wijk quartiere *m*, rione *m*; de ~ nemen naar, rifugiarsi in
wijken ce'dere; rittrarsi
wijkplaats rifu'gio, asilo
wijkverpleegster infermiera rionale
wijlen defunto, fu
wijn vino
wijnberg vigna, vigneto
wijnbouw viticultura
wijngaard vigna, vigneto
wijnhandel comme'rcio dei vini
wijnhandelaar negoziante di vino
wijnhuis osteria
wijnkaart carta dei vini
wijnkelder cantina di vini
wijnoogst vende'mmia
wijnstok vite *v*, vigna
wijs *zn* (manier) guisa, maniera, modo; *aantonende* ~, indicativo; *aanvoegende* ~, soggiuntivo
wijs *bn* (verstandig) sa'vio, sa'ggio
wijsbegeerte filosofia
wijsgeer filo'sofo
wijsheid sapienza, saggezza
wijsvinger i'ndice *m*
wijten imputare
wijwater a'cqua santa (*of* benedetta)
wijze = wijs

wijzen mostrare, indicare; ~ op, far notare, me'ttere in rilievo, far rilevare
wijzer (v. horloge) lancetta; (v. meetinstrument) indice *m*; (v. kompas) ago
wijzerplaat mostra
wijzigen modificare
wijziging modificazione *v*
wikkelen (om iets) avvo'lgere; (in iets) involtare, inviluppare
wil volontà *v*, volere *m*
wild selvaggina; *bn* selva'tico, selva'ggio; (woest) feroce; furioso
wildernis luogo selva'ggio
wilg sa'lcio, sa'lice *m*
Wilhelmina Guglielmina
willekeur arbi'trio; benepla'cito
willekeurig (het doet er niet toe welke) qualsiasi; (eigenmachtig) arbitra'rio
Willem Guglielmo
willen volere
wilskracht energia
wimpel fiamma, banderuola
wimper ci'glio
wind vento
winden avvo'lgere; annaspare (il filato)
winderig ventoso
windhond levriere *m*, veltro
windmolen mulino a vento
windscherm paravento; (v. voertuig) parabrezza *m*
windstilte calma, bona'ccia
windstreek rombo
windsurfen fare il windsurf
windvlaag ventata, ra'ffica
windwijzer anemosco'pio
wingerd vite *v*
winkel negozio *m*
winkelbediende commesso
winkelcentrum centro commerciale *m*
winkelen fare lo shopping, fare spese
winkelhaak squadra; (scheur) strappo
winkelier bottega'io
winkeljuffrouw commessa, venditrice
winkelprijs prezzo di ve'ndita
winnaar vincitore
winnen guadagnare; vi'ncere
winst guadagno; profitto, ucro
winstgevend lucroso, lucrativo
winter inverno
winterdienst ora'rio invernale
winterjas cappotto (d'inverno), paltò
winters *bn* invernale
wintersport sport invernale *m*
wip altalena
wipneus naso rincagnato
wippen muo'versi in bi'lico
wiskunde matema'tica
wispelturig capriccioso, incostante
wissel *handel* cambiale *v*, le'ttera di ca'mbio; tratta; (v. spoor) sca'mbio

wisselbeker coppa di challenge
wisselen cambiare, cambiarsi, mutare, alternare
wisselgeld moneta *v* da cambiare
wisselkantoor ufficio cambivalute
wisselkoers cambio
wisselstroom corrente alternata
wisselvallig varia'bile
wisselwerking azione *v* reci'proca
wissen forbire, spolverare
wit bianco
witkalk bianco
witkiel facchino
witlof cico'ria
wittebrood pan bianco
wittebroodsweken *mv* luna dimiele
witten imbiancare
wodka wodka *v*
woede ra'bbia, co'llera; furore *m*
woedend furibondo, furioso; rabbioso, frenetico
woekeraar usura'io
woekerplant pianta parassita
woelig irrequieto, tumultuoso
woensdag mercoledì *m*
woest (onbebouwd) deserto, incolto; (onstuimig) impetuoso
woesteling uomo selva'tico, feroce; libertino
woestijn deserto
wol lana *v*
wolf lupo
wolk nu'vola, nu'volo, nube *v*
wolkbreuk nubifra'gio
wollen di lana
wollig lanoso, lanuto
wond ferita
wonden ferire
wonder meravi'gila, mira'colo, prodi'gio
wonderbaarlijk maraviglioso, miracoloso
wonderlijk stravagante, strano, bizarro
wonderolie o'lio di ri'cino
wonen abitare, dimorare
woning abitazione *v*, appartamento, tetto
woonachtig residente, domiciliato
woonkamer soggiorno, stanza di soggiorno, salotto
woonplaats residenza, domici'lio
woonschuit abitazione *v* galleggiante
woonwagen carovana
woord parola; voce *v*; voca'bolo; met andere ~en, in altri te'rmini
woordbreuk mancamento di promessa, fellonia
woordelijk letterale; testuale
woordenboek diziona'rio, vocabolario
woordenlijst vocabola'rio
woordspeling giuoco di parole
worden divenire, diventare, farsi, rendersi; *hulpww* e'ssere, venire

worm verme *m*
wormstekig bacato
worp getto, gettata, tiro
worst salsiccia *v*
worstelen lottare
worsteling lotta
wortel radice *v*; (peen) carota
worteltjes carote *v mv*
woud selva, foresta
wraak vendetta
wraakzuchtig vendicativo
wrak rottami *mv*
wrang aspro, acerbo, agro
wrat porro, verruca, cece
weed crudele, spietato
wreedaard uomo crudele
wreedheid crudeltà *v*
wreef collo del piede
wreken vendicare
wrevel dispetto
wrevelig indispettito
wrijfwas cera da lustrare
wrijven (s)fregare; (meubels) lustrare
wrijving fregamento; (natuurkunde) frizione *v*, attrito; *fig* attrito, conflitto
wrikken scuo'tere; (in bootje) remare con un sol remo
wringen to'rcere, strizzare
wroeging rimorso, contrizione *v*
wrok risentimento, rancore *m*
wuft leggiero; sconsiderato
wuiven salutare colla mano, col fazzoletto, agitare il fazzoletto
wurgen strangolare
wurm verme *m*

X

x-benen *mv* gambe a i'cchese
x-stralen *mv* raggi X
xylofoon xilofono

Y

yoga yoga *m*
yoghurt yoghurt *m*

Z

zaad seme *m*, semenza
zaadkorrel seme *m*, granello
zaag sega
zaagsel segatura
zaaien seminare
zaak cosa, faccenda; *handel* nego'zio, affare *m*
zaakgelastigde incaricato d'affari, mandatario
zaakwaarnemer agente d'affari; procuratore
zaal sala
zacht dolce, mo'rbido; delicato, soave; (lucht) mite; ~ *ei*, uovo a bere

zachtgekookt bazzotto
zachtheid morbidezza; dolcezza; mansuetu'dine *v*
zachtjes piano; ada'gio; pian piano
zadel sella
zagen segare
zak sacco; (in kleren) tasca
zakagenda notes *m*
zakboekje taccuino
zakdoek fazzoletto *m*
zakelijk obiettivo, oggettivo; essenziale
zakenman uomo d'affari
zakenreis viaggio d'affari *m*
zakenrelatie relazione *v* d'affari
zakje (papier) carto'ccio, sacchetto
zakken abbassarsi, calare; (voor examen) non passare
zakkenroller borsaiuolo, borseggiatore, tagliaborse *m*
zaklantaarn torcia *v*
zakmes temperino
zalf pomata *v*, unguento
zalig beato, felice
zaliger fu, defunto
zaligheid felicità *v*, beatitudine *v*, deli'zia
zalm salmone *m*
zalven u'ngere
zalving unzione *v*
zand sa'bbia, (a)rena
zandbank banco di sa'bbia
zandsteen pietra arenaria
zandstrand spiaggia sabbiosa
zang canto
zanger cantante; (kerk) cantore *m*
zangeres cantante, cantatrice
zangvogel uccello cantatore *m*
zaniken anfanare
zat (verzadigd) sa'zio; (dronken) ubriaco; *ik ben het* ~, sono stufo di, ne ho abbastanza (di)
zaterdag sa'bato
ze ella, essa; *mv m* li, *v* le
zebra zebra
zebrapad passa'ggio zebrato; corridoio zebrato
zebrapad strisce *v mv*, zebre *v mv*
zede costume *m*; uso
zedelijk morale
zedelijkheid moralità *v*
zedeloos immorale
zedenleer morale *v*, e'tica
zedig decente, modesto
zee mare *m*; *de Middellandse Zee*, (Mare) Mediterra'neo; *de Zwarte Zee*, Mar Nero
zee-egel riccio di mare *m*
zeef colino, colato'io, crivello
zeehaven porto di mare
zeehond foca
Zeeland Zelanda
zeeleeuw leone marino, otaria
zeelt tinca

zeem pelle di daino *v*
zeemacht marina
zeeman marina'io
zeemeeuw gabbiano
zeemijl mi'glio
zeemleer pelle *v* di camo'scio
zeeofficier ufficiale, di marina
zeep sapone *m*
zeepbakje saponiera
zeeppoeder sapone in polvere *m*
zeepsop saponata
zeer *bijw* molto; *bn* doloroso; che fa male; *het doet mij* ~, *mi* fa male, mi duole
zeereis via'ggio per mare
zeester stella di mare
Zeeuws zelandese
zeevaart navigazione *v*
zeevis pesce di mare *m*
zeewaardig atto al mare
zeeziek (zijn) (avere) il mal di mare
zeeziekte mal *m* di mare
zege vitto'ria, trionfo
zegel sigillo; (ambtelijk) bollo
zegelen sigillare; (ambtelijk) bollare
zegellak ceralacca
zegelrecht diritto di bollo
zegelring anello da sigillare
zegen benedizione *v*; (geluk) fortuna, felicità *v*
zegenen benedire
zegevieren trionfare (di)
zeggen dire; *naar zijn* ~, a sua delta; *volgens* ~ *van*, a detta di
zegswijze modo di dire, locuzione *v*
zeil vela; (vloer) lino'leum *m*
zeilboot barca a vela
zeildoek tela incatramata
zeilen veleggiare
zeiljacht pa'nfilo a vela
zeiltocht veleggiata
zeilwedstrijd regata ve'lica
zeis falce *v*
zeker sicuro, certo
zekerheid sicurezza, sicurtà *v*, certezza; *voor alle* ~, per maggior sicurezza
zekering fusi'bile *m*, va'lvola di sicurezza
zelden raramente, di raro
zeldzaam raro
zelf stesso, da solo, da me (te ecc), personalmente
zelfbediening self-service, autoservi'zio
zelfbeheersing autocontrollo
zelfbehoud conservazione *v* (di sè stesso)
zelfbewust sicuro di sè
zelfde mede'simo, stesso
zelfmoord suici'dio; ~ *plegen*, commettere suici'dio, ucci'dersi
zelfontspanner autoscatto
zelfs perfino, persino, anzi, anche,

magari; ~ *al*, anche se, anche a, quand'anche

zelfstandig indipendente; auto'nomo

zelfstandigheid indipendenza

zelfverloochening abnegazione *v* di sè stesso

zelfvertrouwen confidenza in sè

zelfzucht egoismo

zelfzuchtig egoi'stico

zemelen *mv* crusca, semola

zendeling missiona'rio

zenden inviare, mandare, spedire

zender *rad* radioemittente *v*

zending invio; (*prot*) missione *v*

zendinstallatie stazione *v* trasmittente

zenuw nervo

zenuwachtig nervoso

zenuwachtigheid nervosità *v*

zenuwarts neuro'logo

zenuwinzinking esaurimento nervoso

zenuwziekte male nervoso, nevrosi *v*

zerk pietra sepolcrale

zes sei

zesde sesto

zestien se'dici

zestiende sedice'simo

zestig sessanta

zet tratto, tiro; (bij schaak enz) mossa

zetel se'dia; *fig* sede *v*

zetelen aver sede, sedere

zetmeel fe'cola

zetpil supposta

zetten porre, posare, me'ttere; (letter-) comporre; (been) rime'ttere

zetter compositore *m*

zeuren seccare

zeven *telw* sette; *ww* stacciare

zevende settimo

zeventien diciassette

zeventig settanta

zich si, sé

zicht vista; *auto* visibilità *v*, *op ~*, in visione

zichtbaar visibile

zichtzending spedizione *v* in visione

zichzelf se stesso

ziek malato, ammalato

zieke malato, infermo

ziekelijk malati'ccio

ziekenauto ambulanza

ziekenfonds cassa malattia *v*

ziekenhuis ospedale *m*

ziekte malattia

ziel a'nima

zielig meschino, mi'sero

zien vedere

zienderogen a vista d'o'cchio

ziens *tot ~*, arri vederci!, arrivederla!

zienswijze opinione *v*

zier, *geen ~*, niente affatto

zigeuner zi'ngaro

zij *pers vnw* essi, esse, loro

zij *zn* (zijkant) fianco, lato

zij *zn* (stof) seta

zijde lato; (stof) seta

zijdelings *bn* laterale; *fig* indiretto; *bijw* lateralmente; *fig* indirettamente

zijden di seta

zijderups baco da seta, bigatto

zijgang corridoio laterale

zijkant fianco, lato; *aan de ~* al lato

zijn *ww* essere

zijn *bez vnw* suo, sua, suoi, sue

zijpad sentiero trasversale

zijrivier affluente *m*; confluente *m*

zijspan carrozzetta

zijstraat via laterale

zijwaarts *bn* laterale; dal fianco (destro, sinistro); *bijw* lateralmente

zijweg traversa

zilt salso, salato

zilver argento; (zilverwerk) argenteria

zilverdraad filo d'argento

zilveren *bn* d'argento; *fig* argentino

zilvergeld moneta d'argento

zilversmid argentaio

zin senso; sentimento; (bedoeling) intenzione *v*; (lust) deside'rio, vo'glia; (betekenis) senso; (volzin) proposizione *v*; *in zekere ~*, in certo (qual) modo, in un certo senso

zindelijk netto, pulito

zingen cantare, (v. vogels) piare

zink zinco

zinken *bn* di zinco; *ww* affondare, abbassarsi; (schip) andare a fondo, affondarsi

zinnebeeld si'mbolo

zinnelijk sensuale

zinneloos insensato

zinnen piacere a

zinrijk pieno di senno

zinsnede parte *v* d'una frase

zinspeling allusione *v*

zinspreuk sentenza; divisa, motto

zintuig senso

zit tirata; *een hele ~*, una bella tirata

zitbad semicu'pio

zitje posticino

zitplaats posto, sedile *m*

zitslaapkamer ca'mera da letto e da soggiorno

zitten sedere, star seduto

zitting (v. stoel) fondo; (vergadering) sessione *v*, seduta

zo *bijw* così; (dadelijk) subito; *~ ~*, così così; *voegw* se, quando; (nauwelijks) appena; *tsw* davvero; dunque, allora

zo'n un tal

zoals come; a quel che (vedo, sento)

zodanig *bn* tale; *bijw* talmente

zodat così che, di modo che, in modo che, in maniera che, così da (+ *onbepaalde wijs*), sicchè, talchè

zodra (non) appena, una volta (+pp);

~ *mogelijk*, quanto prima

zoek perso; *~ maken*, smarrire; *~ raken*, smarrirsi; *~ zijn*, e'ssere smarrito

zoeken cercare

zoeklicht proiettore *m*

zoel affoso

zoemen ronzare

zoemer vibratore *m*

zoen bacio

zoenen baciare, dar baci

zoet dolce; *~ water* acqua dolce

zoethout liquiri'zia

zoetjes (zoetstoffen) dolcificanti *m*

zoetsappig lezioso

zo-even or ora; poco innanzi

zogen allattare; (v. dieren) poppare

zogenaamd *bn* cosiddetto; sedicente; preteso; *bijw* col pretesto di

zoiets qualcosa del genere

zojuist in questo momento, appena

zolang fino quando, fino a quando, sino a che, finché

zolder sola'io, soffitta

zoldering soffitto

zolderkamer soffitta

zomer estate *v*

zomerdienst servi'zio d'estate; ora'rio d'estate

zomerhuisje villino *m*

zomersproeten *mv* lenti'ggini *mv*

zomervakantie vacanze estive *v mv*

zomerverblijf villeggiatura

zon sole *m*

zondaar peccatore

zondag dome'nica

zondares peccatrice

zonde peccato

zondebok capro emissa'rio

zonder senza

zonderling singolare, particolare, bizarro

zondig pecca'bile, peccaminoso

zondigen peccare

zondvloed dilu'vio (universale)

zone zona

zonnebaden prendere il sole

zonnebank lettino solare; solarium *m*

zonnebloem girasole *m*

zonnebrandolie o'lio contro le scottature del sole

zonnebril occhiali da sole *m mv*

zonnehoed cappello da spiaggia

zonnen prendere il sole

zonnescherm tettoia da sole *v*

zonneschijn luce *v* solare, sole *m*

zonnesteek insolazione *v*

zonnestelsel sistema *m* solare

zonnestraal ra'ggio solare

zonnig assolato, esposto al sole; raggiante

zonsondergang tramonto del sole

zonsopgang levata (il levar) del sole

zonsverduistering eclissi *m* solare
zoogdier mammi'fero
zool pianta (del piede); (v. schoen) suola
zoom orlo, orlatura; lembo
zoomlens zoom *m*
zoon figlio
zorg (verzorging) cura; premura; (bezorgdheid) preoccupazione *v*, ansietà *v*
zorgelijk peni'bile, cri'tico
zorgeloos senza cure; incurante; senza pensieri; (achteloos) negligente; trascurato
zorgen, ~ *voor*, curare, badare a, provvedere a, aver cura di; *ervoor ~ dat,* fare in modo che (di), curare che, aver premura che (di), provvedere che, vedere che
zorgvuldig *bn* accurato; premuroso; *bijw* con cura, accuratamente
zorgvuldigheid cura, accuratezza
zot *zn* en *bn* matto, pazzo, stolto
zout sale *m*; *bn* salato, salso
zouteloos insi'pido
zouten salare; condire con sale
zoutjes *mv* salatini *mv*
zoutloos senza sale
zoutvaatje saliera
zoutzuur a'cido muria'tico
zoveel tanto
zover fin a quel punto; fin là; *in ~(re),* in quanto che; *voor ~,* in quanto a; per quanto
zowat quasi, pressappoco
zowel ~ *als,* tanto quanto (che); così come; e e
z.o.z. vedi retro
zucht sospiro; (neiging) smania, mania; (ziekte) male *m*
zuchten sospirare
zuid sud *m*
Zuid-Afrika il Suda'frica
Zuid-Amerika Ame'rica del Sud, Sudamerica *m*
zuidelijk del sud, meridionale, australe
zuiden il sud, il mezzodi'
zuidenwind vento del sud; vento australe, a'ustro, noto
zuiderbreedte latitu'dine *v* meridionale
zuidoost sud-est
zuidoostenwind vento del sud-est; (in Italië) scirocco
zuidpool polo sud, polo anta'rtico
zuidwest sud-ovest
zuidwestenwind libeccio
Zuidzee *de Stille ~,* l'Oce'ano Paci'fico

zuigeling bambino lattante
zuigen succhiare; succiare; (a d borst) poppare
zuiger pistone *m*, stantufo
zuigerstang asta di stantuffo
zuil colonna
zuilengang colonnato, peristi'lio
zuinig eco'nomo, parco
zuinigheid economia
zuivel prodotti *mv* del latte, latticini *mv*
zuiver puro; mero, netto, pulito; ~*e opbrengst,* utile netto
zuiveren pulire, nettare; purificare; (r)affinare; purgare
zuiverheid purezza
zuivering purificazione *v*
zulk tale, cotale, così fatto, si'mile
zulks il, la, lo, questa cosa
zullen hulpwerkwoord voor de *futuro,* en de *condizionale, bv ik zal spreken,* parlerò; ook: dovere, e'ssere obbligato
Zürich Zurigo
zuring acetosa, ossa'lide *v*
zus(ter) sorella
zuur agro, acido
zuurkool sarcra'uti *mv*
zuurstof ossi'geno
zuurtje caramella, cipollina
zwaaien met agitare (la mano, il berretto); sventolare (una bandiera); brandire (la spada)
zwaan cigno
zwaar grave, pesante, ponderoso; (geschut) grosso; (wijn) forte; (moeilijk) diffi'cile, penoso
zwaard spada
zwaarlijvig corpulento, obeso
zwaarmoedig malinco'nico
zwaarte (gewicht) peso; gravità *v*; gravezza; *fig* gravità *v*
zwaartekracht gravitazione *v*; gravità *v*
zwaartepunt centro di gravità
zwaartillend pensieroso; pessimista
zwachtel fa'scia; fasciatura
zwager cognato
zwak *bn* de'bole; (slap) fiacco; (mat) fie'vole; il de'bole; lato de'bole
zwakte debolezza, debilità *v*, fiacchezza
zwaluw ro'ndine *v*
zwam fungo
zwang *in ~ zijn,* e'ssere in voga (di moda)
zwanger incinta, gra'vida, grossa; *fig* pregno
zwangerschap gravidanza

zwart nero; (clandestien) di contrabbando; ~ *maken,* annerire; *fig* denigrare
zwarte negro
zwartwitfoto fotografia in bianco e nero *v*
zwavel zolfo, solfo
zwavelzuur a'cido solfo'rico
Zweden Sve'zia
Zweed(s) svedese
zweefvliegen aliare
zweefvliegtuig aliante *m*
zweefvlucht volo a vela
zweep frusta, sferza
zweer ulcera
zweet sudore *m*
zwellen gonfiarsi, enfiarsi
zwelling enfiatura, gonfiatura
zwembad piscina
zwemband salvagente *m*
zwembroek costume (da bagno) *m*
zwemgordel cintura da nuoto, salvagente *m*
zweminrichting stabilimento balneare
zwemmen nuotare
zwemvliezen pinne *v*
zwemvogel uccello nuotatore
zwendel inganno
zwendelaar mariuolo, imbroglione
zwengel (v. pomp) bilanciere *m*; (kruk) manivella
zwenken voltarsi, vo'igersi
zweren (eed) giurare; (etteren) ulcerarsi, suppurare
zwerftocht peregrinazione *v*
zwerm (bijen) sciame *m*; (vogels) stormo; (mensen) schiera
zwerven errare, vagare; girovagare
zwerver vagabondo, giro'vago
zweten sudare, traspirare
zwetsen ciarlare; (pochen) vanagloriarsi
zwetser spaccone *m*
zweven stare, e'ssere sospeso (in a'ria); (vogels) librarsi sulle ali
zwezerik animella
zwichten ce'dere; piegarsi
zwierig elegante; grazioso
zwijgen tacere; star zitto
zwijm in: *in ~ vallen,* svenire
zwijn porco, maiale *m*; *wild ~,* cinghiale *m*
zwijnenstal porcile *m*
Zwitser(s) svi'zzero
Zwitserland Svi'zzera
zwoegen affaticarsi; penare; sgobbare
zwoel afoso, pesante; *fig* sensuale
zwoerd cotenna

Woordenlijst

Italiaans-Nederlands

A

a naar, te, in, tot; voor; met; tegen; volgens; over; aan
ar *andata e ritorno,* retour(tje)
abate abt
abat-jour *v* bedlamp
abbagliante verblindend; *luce ~,* groot licht
abbagliare verblinden
abbaiare blaffen
abbandonare verlaten (voor altijd); opgeven; laten varen (een plan); in de steek laten; *-rsi* zich overgeven aan, zich laten gaan
abbassare lager maken, neerslaan (de ogen); vernederen; zlnken, afdalen, zwakker, minder worden
abbasso beneden, omlaag
abbastanza tamelijk, genoeg, voldoende
abba'ttere neerwerpen, neerslaan; vellen; *fig* vernederen; *-rsi* de moed verliezen
abbattimento het neerschieten; *fig* neerslachtigheid
abbattuto terneergeslagen, bedroefd
abbellire verfraaien, versieren
abbeverare drenken; *fig* dronken maken
abboccare aan de mond brengen; iets vurig begeren; toehappen; *-rsi* in elkaar uitmonden
abbonamento *m* abonnement ; *~ mensile,* maandabonnement
abbonato abonnee
abbondante overvloedig
abbondanza overvloed
abbozzare ontwerpen, schetsen
abbozzo ontwerp; schets
abbracciare omarmen; omvatten; overzien, begrijpen
abbra'ccio omarming
abbreviare afkorten, verkorten
abbreviazione *v* afkorting
abbronzare bruin worden door de zon; (koffie) branden
abbruciacchiare aanbranden
abbruciato verbrand
abbrustolire roosteren; (koffie) branden; schroeien
abbuiare verduisteren; *-rsi,* donker worden, betrekken (lucht); *fig* somber worden
abbuono korting; *sp* handicap
abdicare afstand doen
aberrare afdwalen, afwijken
aberrazione *v* afdwaling; afwijking
abeta'ia sparrenbos
abete *m* spar
a'bile bekwaam; behendig; goedgekeurd (militaire dienst)
abilità *v* bekwaamheid; ervaring
abissale diepzee-

abisso afgrond
abita'bile bewoonbaar
abitante *m* bewoner, inwoner
abitare wonen; bewonen
abitazione woning
abito *m* jurk; kostuum; *abiti fatti,* confectie
abituale gewoon, gebruikelijk
abitualmente gewoonlijk
abituare gewennen; *abituarsi a* wennen aan
abitu'dine *v* gewoonte
abolire afschaffen, opheffen
abominare verfoeien, verafschuwen
aborrimento afschuw; afkeer
aborrire verafschuwen; haten
aborto abortus; ontijdige geboorte, miskraam; mislukt werk
abrogare afschaffen, opheffen (v. wetten)
Abruzzo *mv* Abruzzen
a'bside *v* apsis; koornis
abusare (di) misbruik maken (van); *-rsi* misbruiken
abusivamente wederrechtelijk
abusivo verkeerd
abuso misbruik
acagiù *m* mahonieboom
accade'mia academie; hogeschool; *~ di mu'sica,* muzikale soiree, concert
accade'mico *bn* academisch
accadere gebeuren, voorvallen
accampare legeren
accanto naast, dichtbij
accantonare opzij leggen; legeren, inkwartieren
accappato'io badjas
accapponarsi *mi si acca' ppona la pelle,* ik krijg er kippenvel van
accarezzare liefkozen
accattare bedelen; lenen van
accattone bedelaar
accecare verblinden; blind worden
acce'dere toetreden; *fig* toestemmen, instemmen
accelerare versnellen; gas geven
acceleratore *m* gaspedaal
accelerazione *v* versnelling
accendere aanzetten, aandoen (licht, tv, enz.); aansteken
accendino *m* aansteker
accendisi'garo sigarenaansteker
accennare wenken; aanduiden, aanwijzen; *~ di si,* (ja) knikken
accenno wenk; zinspeling
accensione *v* ontsteking (elektr); ontbranding
accento accent, klemtoon
accentrare centraliseren
accentuare accentueren, (goed) doen uitkomen
accertare verzekeren; bevestigen; nagaan
accesamente vurig

accessi'bile toegankelijk
accesso toegang
accesso'rio bijkomstig, bijbehorend
accetta'bile aannemelijk, aanvaardbaar
accettare aannemen; aanvaarden; accepteren
accettazione *v* aanneming; goedkeuring
acciabattare knoeien
acciaio *m* staal
accidentale toevallig, onvoorzien
accidente *m* toeval, onvoorziene gebeurtenis; ongeval; *~ stradale,* verkeersongeluk
acciocché, acciò che opdat, ten einde
acciuga ansjovis
acclamare toejuichen, applaudisseren
acclamazione *v* toejuiching, bijval, applaus
acclusa bijlage
accoccolarsi (ineen)hurken
accogliente gezellig (sfeer); comfortabel
accoglienza ontvangst; opname
acco'gliere ontvangen; honoreren; inoogsten; *-rsi,* verzamelen
accoma'ndita commanditaire vennootschap
accomodare in orde brengen; regelen; verstellen; *-rsi,* zich schikken naar; een vergelijk sluiten; plaats nemen; *si accomodi!* neemt u plaats!
accomodato passend
accompagnamento begeleiding;
accompagnare begeleiden, vergezellen; brengen (naar huis, school etc); *~ con,* passen bij
accompagnare a casa thuisbrengen
acconciare in orde brengen; klaarmaken; *-rsi;* zich tooien; het zich gemakkelijk maken
acco'ncio gepast; geschikt;; *in ~,* gelegen, van pas
accorciare verkorten, inkorten
accordare verzoenen, tot overeenstemming brengen; toestaan, verlenen; overeenstemmen, een akkoord sluiten, het eens zijn; *muz* stemmen
accordatore *m* stemmer
accordo *m* afspraak (akkoord); overeenstemming, overeenkomst; verdrag
acco'rgersi *di* gewaarworden, bemerken
acco'rrere toesnellen, samenstromen
accortezza handigheid, slimheid
accorto slim, scherpzinnig; omzichtig
accostare naderen; *-rsi,* naderen; lijken op
accoste'vole toegankelijk
accosto *bn* bevriend, vertrouwd met; naast, nabij; dicht bij

accostumarsi zwennen aan

accozzare bijeenbrengen; bijeenflansen

accreditare crediteren; aanzien verschaffen, geloofwaardig maken; een krediet openen voor

accre'scere toenemen; *accrescersi*, zich vermeerderen

accrescimento stijging, aanwas

accumulare ophopen

accumulatore *m* accu

accuratezza nauwkeurigheid

accurato zorgvuldig, nauwlettend

accusa aanklacht, beschuldiging

accusare aanklagen, beschuldigen; (de ontvangst) berichten

accusativo vierde naamval

accusato aangeklaagde, beschuldigde, verdachte

accusatore *m* aanklager

acerbo onrijp (v. vruchten); bitter; *fig* vroegtijdig (dood); hard, wreed; bits

a'cero ahorn, esdoorn

aceto azijn

acetone *m* remover (v. nagellak)

acidità di stomaco *v* maagzuur

a'cido zuur

acidume *m* zuur

acqua corrente *v* stromend water

acqua di sorgente bronwater

acqua dolce *v* zoet water

acqua minerale *v* mineraalwater

acqua potabile *v* drinkwater

acqua *v* water

acquaforte ets

acqua'io gootsteen

acquara'gia terpentijn

Acquario *m* Waterman

acquata stortregen

acqua'tico water-

acquavite *v* brandewijn

acquazzone *m* stortbui

acquedotto aquaduct, waterleiding

acquerello aquarel

acqueru'giola motregen

acquietare geruststellen, bevredigen

acquisizione *v* verwerving, aanwinst

acquistare verwerven, kopen

acquisto verwerving; aanschaffing; koop; vermeerdering

acre zuur, scherp, bijtend

acro'bata *m* acrobaat

acutezza scherpte; scherpzinnigheid

acuto spits, scherp; schril; doordringend; acuut

ad zie *a*

adacquare besproeien

ada'gio langzaam, zacht! ~ ~ of ~ *Bia' gio!*, kalm aan!; *zn* muziekstuk in langzaam tempo; spreuk, spreekwoord

adattare passen; toepassen; *-rsi*, zich schikken, zich aanpassen

adatto gepast (geschikt)

addensarsi dichter worden, opeenhopen

addentro binnen, binnenin

addestrare africhten, dresseren

addetto toebehorend; bijgevoegd; toegevoegd; *zn* attaché

addietro terug, achterwaarts, achteruit; *farsi ~*, zich terugtrekken

addio! vaarwel; *fig* weg

addirizzare recht zetten; terechtwijzen

addizionale aanvullend, extra

addizione *v* optelling

addolcimento verzachting

addolcire verzachten, lenigen

addome *m* onderbuik

addomesticare temmen, tam maken; *(plantk)* veredelen

addomesticato tam, getemd

addominale onderbuik-

addoppiare verdubbelen

addormentare slaap verwekken; verdoven: *-rsi*, inslapen

addossare belasten, beladen

addosso *bijw* dicht bij, tegenaan; *levarsi d' ~*, zich van de hals schuiven; (kleren) uittrekken

adeguare gelijk maken; *fig* vergelijken

adempiere, adempire volbrengen, vervullen, nakomen

aderente strak, nauwsluitend (kleding); aanhanger

aderire a opgeven: zich – voor; aanhangen

adesione *v* adhesie, samenhang; gehechtheid; toestemming

adesivo klevend; *zn* sticker; *~adesivo* plakband

adesso nu, thans; zojuist

adirarsi bboos worden

adirato kwaad (boos)

adolescente *m* jongere, adolescent

adolescenza jeugd, adolescentie

adombrare beschaduwen, verduisteren; verhullen; *-rsi*, schuw worden (paarden)

adone *m* adonis

adora'bile aanbiddelijk

adorare aanbidden, vereren

adorazione *v* aanbidding

adornare sieren, tooien

adottare (v.e. kind) aannemen, adopteren; (methode) toepassen; (idee, voorstel) accepteren

adottivo Aangenomen, adoptie-

adria'tico Adriatisch; *l' A~*, Adriatische zee

adulare vleien, liefkozen

adulatore *m* vleier; *bn* vleiend

adulazione *v* vleierij

adulterare vervalsen; verdunnen

adulte'rio echtbreuk

adulto *m* volwassene; *bn* volwassen

adunanza vergadering, zitting

adunare verzamelen, vergaderen

aerato luchtig, goed gelucht

ae'reo lucht-; *posta ~a*, luchtpost; *via ~a*, per luchtpost; *compagnia ~a*, luchtvaartmaatschappij; *zn m* vliegtuig; antenne; *~ a reazione* straalvliegtuig

aero'dromo vliegveld

aeroplano *m* vliegtuig

aeroporto *m* vliegveld

afa *v* hitte

affa'bile minzaam, vriendelijk

affamare uithongeren; honger hebben

affanno *m* benauwdheid

affare *m* zaak; aangelegenheid; *affari e' steri*, buitenlandse zaken

affascinante bekoorlijk, betoverend, fascinerend

affascinare betoveren, bekoren, fascineren

affaticare vermoeien, uitputten

affaticarsi inspannen

affatto volkomen, geheel en al, juist zo, inderdaad; *non ~*, helemaal niet; *niente ~*, volstrekt niet

affermare bevestigen

affermativo bevestigend; *in caso ~*, zo ja

affermazione *v* bevestiging

afferrare stevig vastgrijpen; in zijn macht houden; goed begrijpen; aangrijpen

affettato gemaakt, gekunsteld; *zn* gesneden koud vlees

affettazione *v* gemaaktheid

affetto liefde, genegenheid; gevoel; *bn* behept; aangetast

affettuoso vriendelijk, liefdevol

affezionato aanhankelijk,gepassioneerd

affezione *v* genegenheid, liefde; aandoening; kwaal; *~ di cuore,* hartkwaal

affidare toevertrouwen; verzekeren

affi'ggere hechten, aanplakken

affilare scherpen, slijpen, wetten

affilato scherp (geslepen)

affilato'io slijpsteen

affinare verfijnen; affineren, zuiveren; scherpen

affinché *voegw* opdat

affine verwant

affinità *v* verwantschap; affiniteit

affisso affiche, aanplakbiljet; voor-, achtervoegsel

affittaca'mere *m-v* kamerverhuurder, -ster

affittare huren; verhuren

affittasi huur: te huur

afflitto bedroefd

affluente *m* zijrivier; *bn* toestromend

affluenza *v* toevloed, toestroom

affluire toevloeien, toestromen
affogato drenkeling; *bn* verstikt; verdronken; overstroomd; *uova affogate*, gepocheerde eieren
affollato vol ; druk (met mensen)
affondare onderdompelen; *-rsi* zinken; te gronde gaan
affrancare bevrijden, vrij maken; frankeren (brief)
affrancato gefrankeerd
affrancatura *v* frankering
affresco fresco, muurschildering
affrettare bespoedigen, haasten
affrontare trotseren; beledigen
affronto belediging
affumicare roken (vlees enz.)
affumicato gerookt (v. spijzen)
afoso zwoel, drukkend
Africa Afrika
africano Afrikaan; *bn* Afrikaans
agenda agenda, notitieboekje
agente handelend, werkend, werkzaam; *zn m* werkende stof
agenzia bureau; *~ d'annunzi*, advertentiebureau; *~ di turismo*, VVV
agenzia di viaggio *m* reisbureau
aggettivamente bijvoeglijk
aggettivo bijvoeglijk naamwoord, adjectief
a'ggio agio, opgeld
aggiornare verdragen, uitstellen; aanbreken (v.d. dag)
aggiudicare toekennen; toewijzen
aggiu'ngere bij-, toevoegen
aggiunta toeslag, toevoeging, toegift; *per ~*, bovendien
aggiunto helper, adjunct; *~ che*, bovendien
aggiustare aanpassen (aan); regelen; repareren; bijstellen
agglutinare aaneenkleven, lijmen
aggrandimento uitbreiding
aggrandire vergroten, uitbreiden, vermeerderen
aggravamento verzwaring, verergering (v.e. ziekte)
aggravare verzwaren, belasten
aggredire aanvallen, aangrijpen
aggregato vereniging, ophoping, aggregaat; *bn* toegevoegd; plaatsvervangend
aggressione *v* aanval, aanranding
aggressore *m* aanvaller
aggruppare groeperen; verenigen
agguagliare vereffenen, effen-, glad-, gelijkmaken
agguato hinderlaag
agiatezza welgesteldheid; gemak
agiato gemakkelijk; welgesteld
a'gile vlug, behendig; lenig
agilità *v* vlugheid, behendigheid, lenigheid
a'gio gemak, speling, speelruimte

agire handelen, doen; werken, uitwerken
agitare schudden; roeren; zwaaien met; opruien; in beroering brengen
agitatore *m* opruier
agitazione *v* beweging, onrust, opgewondenheid
agli (= a + gli) aan de
aglio *m* knoflook
agnello lam
ago *m* naald; wijzer; angel; *~da calza* breinaald; *~torto*, haakpen
agonia doodsstrijd; kwelling
agosto augustus
agra'rio landbouw-
agreste landelijk, boers
agricoltore *m* landbouwer, boer
agricoltura landbouw
agrifo'glio hulst
agro zuur, wrang, scherp; *fig* stekend, bijtend; *zn* akker
agrodolce zoetzuur
agrumi *m mv* citrusvruchten
aguzzare scherpen, wetten, slijpen
aguzzo scherp
ah! ahi! ach! ah!
ahimè! ach helaas; och arme!
ai aan de
A'ia: *L'~* Den Haag
aids *m* aids
airone *m* reiger
aiuola grasperk, bloembed; *~ spartitra'ffico*, middenberm
aiutante *m* helper; adjudant
aiutare helpen
aiuto *m* hulp; *correre in ~*, te hulp snellen; *con l' ~ di*, met behulp van
aiuto! help!
aizzare ophitsen
al aan de
al giorno dag: per -
al lato zijkant: aan de -
ala vleugel, zeil
alabastro albast
alba dageraad, morgenstond
albanese *bn* en *zn* Albanees
Albania Albanië
albergare herbergen, huisvesten
albergatore *m* herbergier, hotelhouder
albergo *m* hotel; *~ per la gioventù*, jeugdherberg
albero a camme *m* nokkenas
albero a gomiti *m* krukas
albero *m* boom
albicocche *v mv* abrikozen
albicocco abrikozeboom
albo *zn* album
albume *m* eiwit
alce *m* eland
alcol, alcool *m* alcohol
alco'lico alcoholisch
alcoltest alcoholtest
alcuni sommige
alcuno enig, enige; iemand; *non*

alcun, geen enkel(e)
alfabe'tico alfabetisch
alfabeto alfabet; *fig* grondslag
alfiere loper (schaakspel); *sp* teamleider
Algeri *m* Algiers
Algeria Algerije
algerino Algerijn; Algerijns
aliante *m* zweefvliegtuig
aliare zweefvliegen
alienare vervreemden; ontvreemden
alienato vervreemd; krankzinnig; *zn* krankzinnige
alienazione *v* vervreemding; ontvreemding; krankzinnigheid
alienista *m* psychiater
alimentare voeden, verzorgen
alimentari *m* kruidenier
alimenta'rio voedings-
alimentazione dietetica *v* dieetvoeding
alimento voedsel; *gli ~i*, *mv* alimentatie
ali'nea *m* alinea, zinsnede
aliscafo *m* draagvleugelboot
alla aan de
allargare verwijden, verbreden
allarmante verontrustend, alarmerend
allarmare alarmeren, verontrusten
allarme *m* alarm; *~ ae'reo*, luchtalarm
allattare zogen, de borst geven
alle *mv* aan de, met de
alle prese handgemeen
alleanza bondgenootschap, verbond
alleato bondgenoot; *bn* verbonden
allegato *zn* bijlage; *verl deelw*: *~ alla presente Vi mando*, ingesloten zend ik U
alleggerire verlichten, verzachten
allegretto *muz* enigszins vlug en levendig te spelen
allegrezza, allegria vrolijkheid
allegro vrolijk, opgeruimd
allelu'ia *m* alleluja
allenamento training
allenare oefenen, trainen
allenatore *m* trainer
allentare losdraaien (schroef), losmaken
allergico allergisch
allettare verlokken, aanlokken
allevare fokken; opvoeden
alleviare verlichten, verzachten
allievo leerling; pleegkind
allineamento rooilijn
allineare op een rij plaatsen, richten
all'ingrosso in zijn geheel, en gros
allo aan de
allocuzione *v* toespraak
allo'dola leeuwerik
alloggiamento onderkomen, kwartier
alloggiare logeren (verblijven); onderdak geven
alloggio *m* logies; onderkomen,

huisvesting

allontanamento verwijdering

allontanare verwijderen; afwenden (gevaren)

allontanarsi verlaten (weggaan)

allora toen, alsdan; ~ ~, juist, zo-even

alloro laurierboom; *fig* roem, lauweren

a'lluce *m* grote teen

allucinazione *v* zinsbegoocheling, hallucinatie

allu'dere a zinspelen op

allumare verlichten, aansteken

allumi'nio aluminium

allungare verlengen; verdunnen: uitstrekken; ~ *il passo,* de pas versnellen; ~ *la strada,* een omweg maken; -rsi, zich uitstrekken; lengen

allusione *v* zinspeling, toespeling

alluvione overstroming; aanslibbing

almanacco almanak

almeno tenminste; minstens

alno els (boom)

alone *m* kring (v. vlek)

alpestre alpen-

Alpi *v mv* Alpen

alquanto iets, een weinig

Alsa'zia-Lorena Elzas-Lotharingen

alsaziano Elzasser

alt! halt!, stop!

alta stagione *v* hoogseizoen

altalena schommel, wip; *fig* besluiteloosheid

altare *m* altaar ·

altera'bile veranderlijk, prikkelbaar

alterare veranderen; vervalsen; prikkelen; -rsi, zich boos maken

alterato veranderd; vervalst, vals; boos

altercare kibbelen

alternare wisselen, afwisselen

alternatamente afwisselend, beurtelings

alternativa *v* alternatief

alternativo afwisselend

altero trots, hooghartig, fier

altezza hoogte, lengte; diepte (van water, van een groeve); ~ *d' acqua,* diepgang; ~ *del passa' ggio,* doorrij-, doorvaarthoogte; *e' ssere all'* ~ *di,* in staat zijn om

alti'ssimo zeer hoog; *l' A~,* de Allerhoogste, God

altitu'dine *v* hoogte

alto hoog; lang, groot (v. gestalte); *testa* ~, metopgeheven hoofd; *in* ~, hierboven; omhoog;*verso l'* ~, omhoog; *bijw* hoog, luid

altoparlante *m* luidspreker

altopiano hoogvlakte

altrettanto evenveel; evenzo; ~ *quanto,* evenveel als; *grazie ~!* dank

u, (ik wens u) hetzelfde

altri een ander

altrimenti anders

altro ander; *l'* ~ *giorno,* onlangs; *dell'* ~, nog meer; *per* ~, overigens

altroché nou en of!

altronde ergens anders; overigens

altrove elders, ergens anders

altrui een ander, anderen; *bene* ~, een andermans goed

alveare *m* bijenkorf

alzare opheffen, oprichten, optillen, ophalen (schouders); ~ *i tacchi,* er vandoor gaan'

alzarsi opstaan

ama'bile beminnelijk

amaca hangmat; kooi

amante liefhebbend, beminnend; *zn m-v* minnaar, minnares; beminde

amare houden van (iem)

amarena *v* kers

amaro bitter; pijnlijk

amata beminde, geliefde

amatore *m* liefhebber, amateur

ama'zzone *v* amazone

ambagi *v mv* omhaal; *senza* ~,duidelijk

ambasciata *v* ambassade

ambasciatore *m* ambassadeur

ambiente *zn m* omgeving; milieu; kring; vertrek, ruimte; *bn* omgevings-; *temperatura* ~, kamertemperatuur

ambiguità *v* dubbelzinnigheid

ambi'guo dubbelzinnig

ambire vurig verlangen, streven, dingen naar

am'bito ingesloten ruimte; *fig* gebied, werkkring; *nell'* ~ *di,* binnen het kader van

ambizione *v* eerzucht

ambizioso eerzuchtig

ambra amber; ~ *gialla,* barnsteen

ambulante rondtrekkend; *zn venditore* ~, venter

ambulanza ambulance

ambulanza *v* ambulance, ziekenauto

Amburgo Hamburg

amen *m* amen; *in un* ~, in een oogwenk

amenità *v* lieftalligheid

ameno lieftallig, bekoorlijk

amento katje (bloeiwijze)

Ame'rica Amerika

americano Amerikaans; *zn m* Amerikaan

amianto *m* asbest

amica *v* vriendin

amichevole vriendelijk

amiche'vole vriendschappelijk; *all'* ~, in der minne

amici'zia vriendschap

amico *m* vriend; *bn* bevriend, vriendschappelijk

amicone *m* boezemvriend

a'mido stijfsel

ami'gdale *v mv* amandelen (in de keel)

ammaccare verpletteren, kneuzen

ammaccatura kneuzing; deuk; beurse plek

ammaestramento africhting, dressuur

ammaestrare onderrichten; dresseren

ammainare (de zeilen) strijken

ammalarsi ziek worden

ammalato ziek, *zn* zieke

ammara'ggio landing op het water

ammarare (op water) landen

ammassare ophopen

ammazzare slachten, vermoorden

ammazzato'io slachthuis

ammenda boete, vergoeding; verbetering

ammendamento verbetering; amendement

ammendare verbeteren, vergoeden; ontginnen

ammesso che toegegeven dat, aangenomen dat

amme'ttere toelaten: veroorloven, dulden

amministrare beheren, besturen; ingeven, toedienen (geneesmiddel)

amministrativo administratief

amministratore *m* bestuurder, beheerder, administrateur

amministrazione *v* bestuur, beheer

ammira'bile bewonderenswaardig

ammira'glio admiraal

ammirare bewonderen; -rsi, zich verwonderen

ammirazione *v* bewondering

ammissi'bile toelaatbaar

ammissione *v* toelating

ammobiliare meubileren

ammobiliato gemeubileerd

ammodernare moderniseren

ammogliarsi trouwen, huwen

ammogliato getrouwd, gehuwd

ammollire week maken; weken; -si, week, slap worden, verwekelijken; ook ammollare

ammonire vermanen, waarschuwen

ammontare ophopen; belopen; bedragen (een rekening); -rsi, zich ophopen

ammorbidente *m* wasverzachter

ammortizzatore *m* schokbreker

ammucchiare ophopen

ammuffire beschimmelen

ammutinamento muiterij, oproer

amore *m* liefde

amoreggiare flirten, vrijen

amoretto vrijerijtje

amore'vole liefdevol, liefderijk; vriendelijk

amorino Amor, liefdegodje

amorosa geliefde; minnares

amoroso bn liefderijk, liefdevol

ampiamente breedvoerig, rijkelijk

ampiezza wijdte; omvang; *fig* omhaal, breedsprakigheid

ampio ruim, wijd, breed

ampli(fic)are verwijden, uitbreiden; *rad* versterken

amplificatore *m rad* versterker

ampolla flesje, ampul; zandloper; *ampolle, mv* olie- en azijnstel

ampolliera olie- en azijnstel

amputare afzetten, amputeren

anabbagliante: *luce* ~, dimlicht

a'nace *m* anijs

anacoreta *m* kluizenaar

ana'grafe *v* bevolkingsregister

analco'lico alcoholvrij

ana'lisi *v* ontleding, analyse; *m in ultima* ~, per slot van rekening

ananas *m* ananas

anatema *m* banvloek

a'natra eend

anca heup

anche ook; ~ *se*, ook al

ancona altaarstuk

ancora nog

a'ncora anker

andante gaand, lopend; gangbaar (artikel, munt e.d.); meegaand; *muz* langzaam voorgedragen

andare gaan

andare a quel paese oprotten

andare in canoa kanoën

andare in palestra fitness (aan – doen)

andare via weggaan

andata e ritorno *m* retour

andata *v* enkele reis

andato a male bedorven

anello *m* ring

anello nuziale fede trouwring

anemia bloedarmoede

ane'mone *m* anemoon

anemosco'pio windwijzer

anestesia *v* verdoving (medisch)

anfanare bazelen, zaniken

anfiteatro *m* amfitheater

a'ngelo engel

angiporto doodlopend steegje

angolo *m* hoek

angoloso hoekig

ango'scia angst; beklemdheid; vurig verlangen

angoscioso angstig; beangstigend

anguilla *v* paling

angu'ria watermeloen

angusto eng, beperkt, bekrompen

a'nice *m* anijs

a'nima ziel; geest; geweten; gemoed, gevoelens, leven; wezen; kern

animale domestico *m* huisdier

animale *m* dier; *bn* dierlijk

animali nocivi *m* ongedierte

animare bezielen; opvrolijken; aanmoedigen

animato bezield; levendig

animazione *v* animatie, vertier

animella zwezerik

a'nimo *m* gemoed, hart; moed; zin, geest; neiging, lust

a'nitra eend

annaffiare begieten, besproeien

annaffiato'io gieter; ~ *automa' tico,* automatische grassproeier

annata jaar; jaargang; jaarlijks inkomen

annegare verdrinken; onder-dompelen; *fig* onderdrukken

annessione *v* aanhechting; inlijving, annexatie

annesso aanhangsel; bijlage; bijgebouw; *bn* bijgevoegd; toegevoegd

annichilare vernietigen, verwoesten

annidarsi zich nestelen, vastzetten

anniversa'rio verjaardag; gedenkdag

anno *m* jaar; *quanti ~i ha?*~ hoe-bent u?; *bisestile,* schrikkeljaar

annodare knopen; toeknopen; *fig* verbinden: tot stand brengen; ~ *un matrimo' nio,* een huwelijk sluiten

annoiare vervelen

annotare aantekenen, noteren

annotazione *v* aantekening, verklaring

annottare nacht worden

annuale jaarlijks

annuario *m* jaarboek

annullare annuleren

annunciare aankondigen, aandienen

annu'ncio aankondiging; aanmelding; boodschap; kennisgeving; advertentie

Annunziata, Annunciazione *v* Maria-Boodschap

annunziatore *m* omroeper; conferencier

a'nnuo jaarlijks

annuvolato bewolkt

ano anus

ano'nimo zonder naam, anoniem; *società ano' nima,* naamloze vennootschap

anormale abnormaal

ansa hengsel; handvat

ansante hijgend; ademloos

a'nsia, ansietà *v* angst; bezorgdheid

ansioso angstig; begerig; beklemd

antecedente voorafgaand; antecedent

antecessore *m* voorganger

antenato voorvader

antenna voelspriet (v. insect); antenne

anteporre vooraan plaatsen; de voorkeur geven (boven)

anteriore voorste, voor-; vroeger

anteriormente vroeger, eerder

anticamente vroeger

antichità *v* oudheid; antiek

anticipare vooraf doen; vooruitlopen op; te vroeg komen

anticipato (te) vroeg; voorbarig; vooraf

anticipo: in ~ *m* vooruit, van tevoren

antico oud, ouderwets, antiek

anti'doto tegengif

antigelo *m* antivries

antimeridiano 's ochtends

antipasto *m* voorgerecht

antipatia afkeer; tegenzin: antipathie

antipa'tico onaardig, vervelend; onsympathiek

antiqua'rio antiquair

antiquato verouderd

anti'tesi *v* tegenstelling; antithese

antologia bloemlezing

antracite *v* antraciet

antro hol; grot

anulare *m* ringvinger

Anversa Antwerpen

anzi en zelfs, ja zelfs; integendeel; ~ *che,* in plaats van

anziano bejaard; *zn m* oudste

anziché liever dan; in plaats van

anzitutto allereerst

ape *v* bij (insect)

aperitivo *m* aperitief

aperto open; *all'* ~, in de open lucht

apertura opening; ouverture

a'pice *m* top; spits

apo'crifo apocrief; onbetrouwbaar

apoge'o hoogtepunt

apologia apologie, verdediging, rechtvaardiging

apoplessia beroerte

apo'stolo apostel

appagare voldoen, tevreden stellen

appaltatore *m* aannemer

appalto aanbesteding

appannato dof, troebel; beslagen (v. ruit)

apparecchiare gereedmaken, uitrusten; *fig* inblazen; de tafel dekken

apparecchio *m* toestel, apparaat; ~ *fotogra' fico,* fototoestel

apparente schijnbaar, ogenschijnlijk; duidelijk, zichtbaar

apparenza schijn

apparire verschijnen, opdagen

apparizione *v* verschijning

appartamento *m* appartement

appartenente toebehorend; passend

appartenere toebehoren; schikken, passen

appassionarsi een hartstocht opvatten, in geestdrift geraken; driftig worden

appassionato hartstochtelijk

appassire verwelken

appellare in beroep, appèl gaan

appello appèl, beroep

appena zojuist, nauwelijks; *non ~,* zodra

appe'ndere ophangen

appendice v aanhangsel, feuilleton; appendix, blindedarm

appendicite v blindedarmontsteking

Appennini mv Apennijnen

appetito lust, eetlust; *buon ~!* smakelijk eten!

appetitoso smakelijk

appianare vereffenen; effen, gelijk maken; wegruimen

appiccare aanhechten, ophangen; *fig* beginnen, aanvangen; *~ il fuoco,* brand stichten; *~ lite,* strijd aanbinden

appigionare verhuren

applaudire toejuichen, applaudisseren

appla'uso bijval; toejuiching; applaus

applica'bile toepasselijk

applicare aanwenden, toepassen; *-rsi,* zich toeleggen op; zich wijden aan

applicazione v aanwending; toepassing; vlijt, ijver

appoggiare steunen, leunen

appo'ggio steun, ondersteuning; leuning; hulp

apporre ernaast zetten; bijvoegen; toeschrijven; aanvoeren, ertegen inbrengen

apportare brengen, veroorzaken; aanbrengen (wijzigingen)

apposito speciaal (daarvoor bestemd); geschikt

apposizione v bijvoeging; *gramm* bijstelling

appre'ndere leren

apprendista m leerjongen, leerling

appresso vz bij, nabij; naast; achter; na; *bn: il giorno ~,* de volgende dag; *bn: ~ a poco,* ongeveer

apprezzare waarderen; op prijs stellen

approfittare profiteren

approfondito grondig, uitvoerig

appropriare toeschrijven; in overeenstemming brengen; *~rsi,* zich toe-eigenen

appropriato geschikt

approssimarsi naderen

approssimativamento bij benadering, ongeveer

approssimazione v nadering; benadering

approvare goedkeuren; billijken

approvazione v goedkeuring

appuntamento m afspraak; afspraakje; *prendere un ~* afspreken

appuntato puntig; stipt

appuntellare stutten; *fig* ondersteunen

appunto aanmerking; noot; kritiek;

bijw nauwkeurig; stipt; juist; precies; zeker! aprile m april; *fig* jeugd

après-ski m après-ski

apribottiglie m flesopener

aprire openen, openmaken

apriscatole v blikopener

a'quila adelaar

aquilone m noordenwind; (papieren) vlieger

Aquisgrana Aken

ara are

Ara'bia Arabië

a'rabo Arabisch; *zn m* Arabier

ara'chide v apenootje, pinda; *pasta d' ~i,* pindakaas

aragosta v kreeft

arancia v sinaasappel

aranciata sinas

ara'ncio oranje

arancione oranje

arare bewerken (de akkers), ploegen; *~ diritto,* met overleg te werk gaan

aratro ploeg

a'rbitra'rio willekeurig

arbitrio m willekeur

a'rbitro scheidsrechter

arbusto struik, heester

a'rca ark; *~ di Noè,* ark van Noach

arca'ngelo aartsengel

arcano geheim; *bn* geheimzinnig, verborgen

architetto architect

architettura bouwkunst, architectuur

archi'vio archief

arcipe'lago archipel

arcive'scovo m aartsbisschop

arco m boog; kromming; gewelf; strijkstok

arcobaleno regenboog

ardente brandend; gloeiend; vurig; hartstochtelijk

a'rdere branden; *fig* ontvlammen; fonkelen, glinsteren

arde'sia leisteen, lei

ardire wagen; durven; *zn m* durf; vermetelheid

ardito gewaagd; stoutmoedig

ardore m hitte; gloed; *fig* hartstocht; ijver, vuur

a'rduo steil; moeilijk

a'rea gebied, vlakte; bouwterrein

arena zand; arena

arenare stranden; blijven steken

arena'rio zandig, zand-

arenoso zandig; *fig* onzeker, wankelbaar

arganello tourniquet

arge'nteo zilverwit; zilveren

argenteria zilverwerk

argent'iere zilversmid

Argentina Argentinië

argentino zilverachtig

argento m zilver

argilla klei, pottenbakkersklei

a'rgine v dam; dijk

argomentare argumenteren; menen, denken

argomento argument; bewijsgrond

arguto scherpzinnig, slagvaardig; schril (geluid)

argu'zia scherpzinnigheid, geestigheid; geestige zet, kwinkslag

aria condizionata v airconditioning

aria v lucht; uiterlijk; houding; aria

a'rido dor, droog

arieggiare luchten

ariete m ram; A~ Ram

aringa v haring (vis)

arioso luchtig, aanzienlijk

aristo'crate m aristocraat

aritme'tica v rekenkunde

arlecchino harlekijn

arma wapen; *l' ~ azzurra,* 't luchtwapen

armadio m kast

armare wapenen; bewapenen; monteren; laden (geweer)

armata leger; vloot

armato gewapend

armatore m reder

armatura wapenrusting; metalen beslag; anker (v. magneet)

arme wapenschild; geslachtswapen

armonia v harmonie; overeenstemming

armo'nico harmonisch; welluidend, eendrachtig

armonioso harmonieus, welluidend

armonizzare harmoniëren; *~ con,* passen bij

arnese m gereedschap, werktuig, instrument; huisraad; uitrusting

aroma aroma; bouquet (wijn)

aroma'tico aromatisch, gekruid

arpa harp

arpista m-v harpspeler, -speelster

arrabbiato boos

arrabiarsi boos worden

arrampicare klimmen, bergbeklimmen

arredo huisraad, gereedschap; meubels

arre'ndersi zich overgeven; *fig* toegeven, zich voegen

arrende'vole buigzaam, lenig; *fig* toegeeflijk

arrestare tegenhouden, verhinderen; aanhouden, arresteren; in beslag nemen

arresto oponthoud; aanhouding; arrestatie; arrest

arretrato achterstallig

arricchire verrijken; rijk worden

arricciare krullen (haren); ineenwikkelen; te berge rijzen (haren)

arri'dere toelachen; *fig* begunstigen

arrischiare wagen, op 't spel zetten
arrischie'vole gewaagd
arrivare aankomen; overkomen
arrivederci! tot ziens!, dag!
arrivo m aankomst
arrogante arrogant
arroganza arrogantie
arrossire blozen
arrostire braden, roosteren
arrostito geroosterd
arrosto gebraad; ~ di bue, rosbief
arrotare slijpen, scherpen, polijsten
arrotino scharenslijper
arrozzire verwilderen
arrugginito verroest, roestig
arte v kunst
arte'fice m bewerker; auteur
arte'ria slagader; fig
  hoofdverkeersweg
a'rtico arctisch, noordpool-
articolato duidelijk uitgesproken,
  gearticuleerd; geleed
articolazione v gewricht; articulatie
articoli sportivi m mv sportartikelen
articolo m artikel; lidwoord
artificiale kunstmatig, kunst-
artifi'cio kunstwerk;
  kunstvaardigheid; kunstgreep;
  fuochi d' ~, vuurwerk
artigiano handwerksman
artiglieria artillerie, geschut; ~
  contrae'rea, luchtdoelgeschut; ~ da
  campagna, veldartillerie
arti'glio klauw
artista m-v artiest(e), kunstenaar
arti'stico kunstzinnig, artistiek
asbesto asbest
ascella voksel
asce'ndere opklimmen; bestijgen;
  belopen
ascensione v bestijging; opklimming;
  hemelvaart
ascensore m lift (in gebouw)
ascesa stijging
ascesso m abces
a'scia bijl
asciugacapelli m föhn
asciugamano m handdoek
asciugare drogen, afdrogen
asciugatoio m badhanddoek
asciugatura m (haar)droger
asciugavetri m ruitenwisser
asciutto droog, dor, mager
ascoltante m toehoorder
ascoltare luisteren; med ausculteren
ascoltatore luisteraar, toehoorder
ascolto het toehoren, gehoor; dare ~,
  gehoor verlenen
ascri'vere toeschrijven; indelen
asfalto asfalt
asfissiare verstikken, doen stikken;
  stikken
A'sia v Azië
asia'tico Aziatisch; zn m Aziaat

asilo toevluchtsoord, asiel; ~
  infantile, kleuterschool; asilo-nido
  crèche
asina'io ezeldrijver
asinino ezels-; ezelachtig
a'sino ezel
asma v astma
aspa'rago asperge
aspa'rago asperge
aspe'rgere besprenkelen, besproeien;
  bestrooien
aspettare wachten, verwachten
aspettativa v verwachting
aspetto het wachten; aanblik,
  gezicht; uiterlijk; uitzicht;
  gezichtspunt; opzicht; sotto ogni ~,
  in ieder opzicht
aspirante m aspirant, sollicitant; bn
  inademend
aspirapo'lvere m stofzuiger
aspirina v aspirine
asportare verwijderen, weghalen,
  (ergens) afhalen
aspro wrang; ruw, hobbelig; guur;
  scherp, bars, hard
assaggiare proeven
assa'ggio proef; monster
assai genoeg, voldoende; veel; heel;
  zeer
assalire aanvallen
assassinare vermoorden; kwellen
assassi'nio moord
assassino moordenaar
asse 1 vplank; ~ da stiro, strijkplank
asse 2 m as (wagen)
assediare belegeren
asse'dio beleg, belegering
assegnare toewijzen (geldsom),
  toekennen
assegno (garantito) m betaalkaart
assegno m cheque
assegno postale (garantito) m
  girobetaalkaart
assemblea vergadering
assennato verstandig, oordeelkundig
assentarsi zich verwijderen, weggaan
assente afwezig
assentire toestaan, inwilligen
assenza afwezigheid; verzuim (van
  school); ~ di, gebrek aan
assertivo bevestigend; assertief
asserzione v bewering
assessore m assessor; ~ comunale,
  wethouder
asseverare verzekeren, bevestigen
assicurare verzekeren
assicurata brief met geldswaarde
assicurato verzekerd
assicuratore m verzekeraar
assicurazione v verzekering
assicurazione verso terzi v WA
  (wettelijke aansprakelijkheid)
assicurazione viaggiatori v
  reisverzekering

assiduità v volharding; vlijt
assi'duo volhardend, onverdroten;
  stamgast
assieme tezamen, samen
assimilare assimileren, in zich
  opnemen, vereenzelvigen
assistente m helper; assistent; ~
  sociale, maatschappelijk werkster;
  ~ di volo, v steward(ess)
assistenza v tegenwoordigheid;
  bijstand, verpleging, hulp; ~
  stradale, wegenwacht
assistenza giuridica v juridische hulp
assistenza medica v medische hulp
assistenza tecnica v technische hulp
assi'stere (a) bijwonen, deelnemen
  aan; bijstaan, helpen
asso aas; kampioen
associarsi zich verenigen, associëren;
  zich aansluiten
associato deelgenoot; abonnee
associazione v vereniging;
  maatschappij
assoggettare onderwerpen
assolato zonnig
assoluto absoluut, onbeperkt
assoluzione v absolutie, vrijspraak
asso'lvere vrijspreken; de absolutie
  geven; kwijtschelden; nakomen
  (verplichting)
assomiglianza gelijkenis
assomigliare verwijderen; ~ a, lijken
  op; -rsi, op elkaar gelijken
assorbente m maandverband
assorbente interno m tampon
assorbente sottile v inlegkruisje
assorbenti igienici m damesverband
assorbire opzuigen, absorberen;
  geheel in beslag nemen
assordare verdoven
assordato verdoofd, bedwelmd
assortimento voorraad, assortiment
assortire ordenen, sorteren
assortito goed voorzien, gesorteerd
assuefare gewennen
assu'mere aanvaarden (functie); op
  zich nemen (verantwoordelijkheid);
  in dienst nemen; ondernemen;
  inwinnen (informaties); -rsi, op zich
  nemen, aanvaarden (opdracht), voor
  zijn rekening nemen (risico)
assunzione v verheffing; A~ Maria-
  Hemelvaart
assurdo ongerijmd, dwaas, absurd
asta stok; veiling; ve' ndere all' ~, bij
  opbod verkopen
aste'mio geheelonthouder
astenersi zich onthouden (van
  dranken)
asterisco sterretje*
a'stero aster
astinente matig
astinenza matigheid; vasten
a'stio nijd; wrok

astioso afgunstig, haatdragend
astore *m* havik
astrarre afzonderen, afscheiden,
aftrekken
astratto afgetrokken; abstract
astrazione *v* abstractie; abstract
begrip; *facendo ~ da,* afgezien van
astro ster
astronauta *m* ruimtevaarder,
astronaut
astronau'tica ruimtevaart
astronave *v* ruimteschip
astro'nomo sterrenkundige
astu'ccio etui; koker'
astuto sluw, slim
Atene *v* Athene
atlante *m* atlas
atleta *m-v* atleet, atlete
atle'tica atletiek
atmosfera atmosfeer; dampkring
atmosfe'rico atmosferisch
a'tomo atoom
atrabiliare zwartgallig; prikkelbaar
atroce wreed; vreselijk
attaccapanni(-) *m* kleerhanger
attaccare vastmaken; hangen (aan);
fig overdragen, aansteken;
aanvallen; aantasten; aanplakken;
beginnen; *-rsi,* zich vastklampen
aan; fig partij kiezen voor
attacco aanval: voorwendsel; *elektr*
contact
attacco del manubrio *m* crank
attempato bejaard
atte'ndere opletten; zich wijden aan,
afwachten, wachten; *-rsi,*
verwachten, waarnemen, nakomen
attendi'bile betrouwbaar
attenersi zich houden aan volgen
attentare een aanslag doen, naar het
leven staan
attentato *m* aanslag
attento oplettend; voorkomend
attenuare verminderen, verzachten
attenzione *v* aandacht,
oplettendheid; beleefdheid
attenzione! let op!, pas op!
atterraggio *m* landing; *~ forzato,*
noodlanding
atterrare neerslaan; diep vernederen;
landen
attesa *v* afwachting
attestare verklaren, ge-, betuigen
attestato attest, getuigschrift
attinografia röntgenfoto
attirare aantrekken, aanlokken; *-rsi,*
zich op de hals halen
attitudine *v* houding; aanleg, talent
attivare in 't werk zetten; in gang
zetten
attivazione *v* exploitatie (v. mijn)
attività *v* activiteit, werkzaamheid,
ijver
attivo actief, ijverig, werkzaam

attizzare opstoken
attizzatore *m* ophitser
atto *m* handeling, daad; akte,
decreet; *bn* bekwaam, geschikt,
passend
atto'nito verstijfd van schrik; stom
van verbazing
attore *m* acteur, toneelspeler; *recht*
eiser
attorno om, rondom; *d' ~,* dichtbij,
nabij
attossicare vergiftigen
attraente aantrekkelijk
attrarre aantrekken; *fig* aanlokken
attrattiva *v* aantrekkingskracht;
aantrekkelijkheid
attrattivo aantrekkings-;
aantrekkelijk, verlokkend
attraversare oversteken; doorkruisen;
fig hinderen, dwarsbomen
attraverso dwars over, dwars door;
scheef, schuin; *fig* verkeerd
attrazione *v* aantrekking(skracht)
attrezzatura da campeggio *v*
kampeerbenodigdheden
attrezzatura subacquea *v*
duikuitrusting
attrezzo gereedschap, werktuig; *sp*
toestel
attribuire toeschrijven
attributo *m* eigenschap; attribuut;
bijvoeglijke bepaling
attrice *v* toneelspeelster
attristare bedroeven
attristire bedroefd worden
attrizione *v* berouw
attuale huidig(e), actueel
attualità *v* actualiteit, ogenblikkelijk
belang; werkelijkheid
attualmente op het ogenblik
attua'rio griffier, secretaris
attuffare onderdompelen
audace dapper
audito'rio *rad* studio, gehoorzaal
augurare wensen; voorspellen,
waarzeggen
auguri! gefeliciteerd!
augu'rio wens; voorteken
aumentare vermeerderen, verhogen
aumento toename, vermeerdering,
toeneming; *~ salariale,*
loonsverhoging
a'una el
a'ureo gouden
aure'ola stralenkrans
auretta briesje, zuchtje
auricolare oor-
aurora morgenrood, dageraad
ausiliare, ausilia'rio hulp-
auspi'cio voorteken; bescherming;
gunst
austero streng, hard
australe zuidelijk
Austra'lia Australië

A'ustria Oostenrijk
austri'aco Oostenrijks; *zn m*
Oostenrijker
a'ustro *m* zuidenwind
autenticare wettigen, rechtsgeldig
maken, legaliseren
aute'ntico authentiek, echt;
geloofwaardig
autista *m* chauffeur, bestuurder
a'uto *v* auto
autobruco rupsauto, tank
autobus interurbano *m* streekbus
autobus *m* autobus
autobus urbano *m* stadsbus
autocarro vrachtauto
autocontrollo zelfbeheersing
auto'dromo circuit
autogarage *m* garage
autogrù *v* kraanwagen, takelwagen
automa *m* automaat
automa'tico automatisch; *zn*
drukknoopje
automobile *v* auto
autopsia lijkschouwing, sectie
autore *m* auteur, schrijver, dader
autorimessa garage
autorità *v* gezag
autorizzare machtigen
autorizzazione *v* machtiging
auto'scafo motorboot
autoscatto zelfontspanner
autoscuola (auto)rijschool
autostazione *v* busstation
autostello motel
autostop *fare l' ~,* liften
autostoppista *m-v* lifter
autostrada *v* autosnelweg
autotreno vrachtauto met
aanhangwagen
autunno *m* herfst
avangua'rdia voorhoede
avanspetta'colo voorprogramma
avanti voor; *~l,* vooruit!; *~ che,*
alvorens; *in ~,* voorover
avantieri eergisteren
avanzamento bevordering
avanzare overschieten; overhandigen;
vooruitgaan; *-rsi* voorwaarts gaan;
vorderingen maken
avanzo rest; overblijfsel, opbrengst,
winst; voordeel; *d' ~,* ten
overvloede, voor 't overige
avaraccio *m* vrek, gierigaard
avaria averij
avariare havenen
avari'zia gierigheid
avaro gierig; *zn* gierigaard
Ave *v* weesgegroet
Avem(m)aria Ave Maria
avena haver; herdersfluit
aver bisogno di nodig hebben
avere hebben; *zn m* vermogen;
bezitting
avere delle contusioni kneuzen

avere il mal d'aria luchtziek zijn
avere intenzione plan: van – zijn
avere la nausea misselijk zijn
avere sapore smaken
avere torto ongelijk hebben
avere una gomma a terra bandenpech (hebben)
aviatore vliegenier, piloot
aviatore *m* starter
aviazione *v* luchtvaart; luchtwapen
avidità *v* begeerte, hebzucht
avo'rio ivoor
avvantaggiare vermeerderen, vergroten, verbeteren, voordeel geven, begunstigen
avvelenamento vergiftiging
avvelenamento da cibo *m* voedselvergiftiging
avvelenare vergiftigen; verbitteren
avvenimento *m* gebeurtenis
avvenire gebeuren, plaatsvinden; voortkomen, ontstaan uit; *zn m* toekomst
avventi'zio toevallig; tijdelijk
Avvento advent
avventore *m* klant
avventura gebeurtenis, voorval; avontuur; gevaar; *all'* ~, op goed geluk af; *per* ~, toevallig; misschien
avventurare wagen, op 't spel zetten; begunstigen
avventurato gewaagd; gelukkig
avventuriere *m* avonturier
avventuroso avontuurlijk
avverbiale bijwoordelijk
avve'rbio bijwoord
avversare tegenwerken; hinderen
avversa'rio *m* tegenstander; tegenpartij; *bn* tegenwerkend; vijandelijk
avversione *v* afkeer, walging
avversità *v* tegenspoed; ramp
avverso vijandig; afkerig; ongunstig; tegen-
avvertimento raad; vermaning; waarschuwing
avvertire waarschuwen; op zijn hoede zijn
avvertito voorzichtig, bedachtzaam
avvezzare gewennen
avvezzo gewoon, gewend; afgericht
avviamento *techn* het starten; startmechanisme
avviare op weg brengen, in gang zetten; starten (motor); beginnen (zaken); – *rsi,* zich op weg begeven; zich voorbereiden; (v. motor) aanslaan
avviato op weg gebracht; goed lopend (winkel)
avvicinarsi naderen, nader komen; aanbreken
avvilire verlagen, vernederen
avviluppare verwikkelen; verwarren,

overstelpen; -*rsi,* in de war raken, de kluts kwijt raken
avvisare waarschuwen
avviso *m* bericht; boodschap; vermaning; mening; gevoelen; voorzichtigheid; aanplakbiljet; bekendmaking; ~ *pubblicita'rio,* advertentie
avviso *m* waarschuwing
avvitare vastschroeven
avvivare leven geven, moed inblazen; opvrolijken, verlevendigen; opfrissen (kleuren)
avvizzire verwelken, verschrompelen
avvocato *m* advocaat
avvo'lgere omwikkelen, wikkelen (in); bedriegen, bedotten; -*rsi,* zich wikkelen, zich verwarren
azione *v* handeling, daad; werking; actie; spel (v. acteur); *handel* aandeel; *recht* proces, rechtsgeding
azionista *m* aandeelhouder
azoto stikstof
azzardare wagen, in de waagschaal stellen
azzardo waagstuk; toeval, geluk
azzurro hemelsblauw; azuur

B

B M = buona memo'ria zaliger gedachtenis
babbo vader; *B~ Natale,* Kerstman
babordo bakboord
baby sitter *v* oppas
bacato wormstekig; *fig* ongezond, ziekelijk
bacca bes
baccalà *m* stokvis
baccello peul; uilskuiken, domoor
bacche *v* bessen
bacchetta *v* roede; staaf; stok; ~ *da tamburo,* trommelstok
bachelite *v* bakeliet
baciare kussen, zoenen
bacile *m* bekken, kom
bacillo bacil
bacino *m* bekken; waskom, schotel; dok; bassin; kusje
bacio 1 *m* kus, zoen
bacio 2 op 't noorden gelegen
baco *m* worm; zijderups; *fig* dwaling; manie; ingewandswormen
bacte'rio bacterie
badare opletten, oppassen; talmen; dralen; ~ *a,* zorgen voor; *badate signori!* past op, heren!; *badiamo bene!* goed opgepast!
baffi *m* snor; snorharen
bagagliaio *m* bagageruimte, kofferruimte
bagaglio a mano *m* handbagage
bagaglio *m* bagage

bagattella bagatel, kleinigheid
bagnante *m* badgast; bader
bagnare baden, natmaken, besprenkelen; -*rsi,* baden, een bad nemen, nat worden
bagnato doornat
bagni *mv* badplaats
bagnino *m* badmeester
bagno *m* bad; badkamer, toilet; *fare il* ~, een bad nemen
bagnolo natte omslag
bagnoschiuma *m* badschuim
baia *v* baai (zee)
baionetta bajonet
balaustra *v* balustrade
balbettare stamelen, stotteren
Balcani *m mv* Balkan
balcone *m* balkon
balena walvis; balein
balenamento 't weerlichten
balenare bliksemen, weerlichten; plotseling opkomen (in de gedachte); wankelen
baleno bliksem
ba'lia 1 min, voedster
balia 2 macht, heerschappij, willekeur; *in ~ della sorte,* ten speelbal aan het noodlot
balla *v* baal
ballare dansen
ballare l'house housen
ballerina (ballet) danseres
ballerino balletdanser; dansmeester
balletto *m* ballet
ballo danskunst; dans, bal; ~ *in ma'schera,* gemaskerd bal; *e'ssere in ~,* in een kwaad zaakje gewikkeld zijn
balneare bad-; *stazione ~, v* badplaats
balocco speelgoed; tijdverdrijf; dagdief
baloccone *m* leegloper, dagdief
ba'lsamo balsem; *fig* troost
baluardo bolwerk
bambinaia *v* babysitter
bambino *m* kind, kleuter, jongetje
bambola *v* pop (speelgoed)
banale banaal, alledaags
banalità *v* banaliteit
banana *v* banaan
banca *v* bank (voor geld); ~ *commerciale,* handels-bank
bancarella boekenstalletje
banca'rio bank-, bankiers-
bancarotta bankroet
banchetto feestmaal, banket
banchiere *m* bankier
banchina dam; perron; los- en laadkade; verhoogde los- en laadplaats; berm; banket
banco *m* bank; zitbank; balie (hotel-); ~ *di sabbia,* zandbank
Bancomat *m* geldautomaat

banconota v bankbiljet

banda bende; muziekkorps; zijde; kant; *da tutte le bande*, van alle kanten

banderuola vaantje; banderol; wimpel; windvaan

bandiera v vlag

bandire bekendmaken, omroepen; afkondigen (huwelijk); verklaren (oorlog); verbannen

bandista m bandlid

bandita jachtterrein, viswater

bandito banneling; bandiet

banditore m omroeper; afslager (bij veilingen)

bando afkondiging, verordening; verbanning

bar m bar

baracca barak, kraam

baraccone m loods

barare bedriegen, vals spelen

ba'ratro afgrond

barattare ruilen; wisselen (geld)

baratto ruil

barattolo m blik, bus

barba v baard; *fare la ~*, scheren

barbabie'tola biet

ba'rbaro barbaars; zn barbaar

barbiere m barbier, kapper

barbone m man met zware baard; poedel

barbuto baardig

barca a pedali v waterfiets

barca a remi v roeiboot

barca a vela v zeilboot

barca v boot

barcaiolo bootsman, schipper

barcarola Venetiaans gondellied, barcarole

barchetta bootje

barcollare wankelen

barella brancard

bari'tono bariton

barocco barok, smakeloos

barometro m barometer

barone m baron

baronessa barones

barra balie; stang; slagboom

barricare versperren, barricaderen

barricata v versperring

barriera barrière; afsluitboom; spoorboom; tolboom

baruffa vechtpartij, herrie

basare gronden op; baseren; *~rsi su*, gebaseerd zijn op

basculla bascule, weegschaal

base v basis; *fig* beginsel; grondslag; *~ del motore*, carter; *in ~ a*, op grond van

Basilea Basel

basi'lica v basiliek

basilico m basilicum

bassa marea v eb

bassa stagione v naseizoen

bassa stagione v voorseizoen

bassista m bassist

basso laag; klein (v. persoon); zn laagte; *verso il ~,in ~*, omlaag, naar beneden

bassofondo ondiepte (in zee)

bassopiano laagvlakte

bassorilievo m bas-reliëf

basta! genoeg!

bastante genoeg, voldoende

bastare genoeg, voldoende zijn; toereiken

bastione m bastion, bolwerk

bastoncino m skistok

bastone m stok; wandelstok

batta'glia gevecht, veldslag, strijd; slagorde

battaglione m bataljon

battello boot

ba'ttere slaan; verslaan; dorsen; uitkloppen (tapijten); beheersen; kloppen (het hart); luiden (klok); -*rsi*, vechten, duelleren; *~ i denti*, klappertanden

batteria v accu, batterij; de slaginstrumenten

batterista m drummer

batte'simo doop; doopsel

battezzando dopeling

battezzare dopen, ten doop houden

battezza'to'rio doopvont

batticuore m hartklopping

battipanni m mattenklopper

battista m doper; *il B~* of *Giovanni ~*, Johannes de Doper

battistero doopkapel

battistrada m loopvlak (v. band)

baule m kofferbak

bava speeksel; schuim; (metaal) slakken

bava'glio slabbetje; prop in de mond

bavarese Beiers; zn m Beier

ba'vero kraag

Baviera v Beieren

bazar m bazaar; warenhuis

bazza geluk, bof; gelegenheidskoopje

bazzotto halfgaar; zachtgekookt (ei); ziekelijk

beatificare zalig spreken; gelukkig maken

beatificazione v zaligspreking

beatitu'dine v gelukzaligheid; geluk, heil; *Sua ~*, Zijne Zaligheid

beato gelukzalig

beccare pikken; iets door list verkrijgen; aangrijpen; begrijpen

beccato'io etensbakje (voor vogels)

becco m snavel; mond, bek; tuit (v. kan); punt (v. pen); gaspit; bok

beffa scherts, grap

beffardo spotziek

beffare honen, bespotten

bei bn mooie *(mv)*

bel mooi

belare blaten

belga Belgisch; zn m Belg, Belgische

Belgio m België

bella beminde, schone

belletto rouge

bellico 1 m navel; middelpunt

be'llico 2 oorlogszuchtig; oorlogs-, krijgs-

bellimbusto fat

bello mooi; leuk

belvedere m uitkijktoren; -koepel

bemolle m molteken

ben zie bene

ben cotto gaar, doorgebakken

benchè ofschoon, hoewel

benda blinddoek; sluier

bendare verbinden (wond)

bene m goed; het goede; welzijn, nut; bezittingen; *bn* en *bijw* goed, wel, verstandig, degelijk, passend, zeer

bene goed (bijwoord)

benedettino benedictijn

benedetto gezegend, geprezen

benedire zegenen, inzegenen; wijden

benedizione v zegen, wijding, inzegening, inwijding

beneficare weldoen

beneficenza wel-, liefdadigheid; weldaad

benefi'cio, benefi'zio weldaad; gunst; beneficie; *a ~ comune*, te algemenen nutte

bene'fico weldadig

bene'ssere m welzijn; welgesteldheid

benestante welgesteld, bemiddeld

benestare m welzijn; toestemming

benevolenza welwillendheid

bene'volo welwillend, goedgunstig

benfatto welgemaakt

benigno goedig; goedaardig

benissimo! zeer goed!, prima!, uitstekend!

bensì maar, weliswaar

benvenuto welkom

benvoluto bemind

benzina per smacchiare v wasbenzine

benzina v benzine

benzina super v superbenzine

bere drinken

berlinese Berlijns; zn m Berlijner

berlinga'ccio laatste donderdag vóór de vasten

Berlino Berlijn

Berna Bern

berretto m pet, muts

bersa'glio schijf; mikpunt

bersò prieel

besciamella v bechamelsaus

beste'mmia godslastering, vloek

bestemmiare vloeken

be'stia dier, beest

266

bestiale dierlijk, beestachtig
bestiame *m* vee
be'ttola *v* kroeg; herberg
betulla berk
bevanda *v* drank; drankje
(alcoholisch)
be'vero bever
bevi'bile drinkbaar
bevone *m* zuiplap
bevuta drank; dronk
biada haver
biancheria linnen-, wasgoed, lingerie
biancheria *v* linnengoed
bianchire bleken; witten, kalken;
(zilver) poetsen
bianco wit; bleek, blank; ~ *di bucato*,
hagelwit; *znwit*
biasimare berispen, afkeuren,
bekritiseren
bi'bbia bijbel
bibita *v* frisdrank; ~ *analcoo' lica*,
alcoholvrije drank
bi'blico bijbels
biblioteca bibliotheek; ~ *circolante*,
uitleenbibliotheek
biblioteca'rio bibliothecaris
bicchiere *m* glas
bicchierino *m* borrel; glaasje
bicicletta da cross *v* crossfiets
bicicletta *v* fiets; ~ *furgoncino*,
bakfiets
bidone *m* (benzine)blik; vervelend
mens *of* boek
bidone dell'immondizia *m* afvalbak
bieco scheel, loens; scheef
biella krukstang, krukas
biennale *bn* tweejaarlijks
bietta wig, spaan: *me' ttere biette*,
twist stoken
biforcazione *v* vertakking,
tweesprong
bi'gio beige, grijs
biglietta'io kaartjesverkoper
(openbaar vervoer)
biglietto di andata e ritorno *m*
retourbiljet
biglietto d'ingresso *m*
toegangsbewijs
biglietto ferroviario *m* treinkaartje
biglietto *m* kaartje, biljet, ticket; ~ *di
banca*, bankbiljet
bigodino *m* krulspeld
bikini *m* bikini
bila'ncia weegschaal, balans; *B~*
sterrenbeeld Weegschaal;
evenwicht; ~ *per le le' ttere*,
brievenweger
bilanciare wegen, afwegen;
onderzoeken, overwegen; in
evenwicht houden
bila'ncio balans; budget, begroting
bile *v* gal; toorn
biliardo biljart
bilione *m* biljoen

bimba klein meisje
bimbo kleine jongen
bimensile *bn* tweemaandelijks
bimotore *m* tweemotorig vliegtuig
binario *m* tweedelig; *zn* spoor (op
station); ~ *morto*, dood spoor; ~
ascartamento ridotto, smalspoor
bino'colo veldkijker; toneelkijker
biografia levensbeschrijving, biografie
biologia biologie
biondina blondine
biondo blond
bip *bn* piep(toon)
birboneria *v* schurkenstreek
birilli *m mv* kegels, kegelspel
biro *v* ballpoint
birra alla spina *v* bier van de tap
birra *v* bier
birra'io *m* bierbrouwer
birreria bierbrouwerij; bierhuis
bis tweemaal; bis
bisbigliare fluisteren
bisca speelhol
bi'scia ringslang
biscottato *pane ~, fette ~e*, beschuit
biscotto *m* koekje, biscuit; beschuit
bisogna zaak
bisognare nodig zijn, moeten, nodig
hebben
bisogno *m* nood, behoefte, gebrek;
levensonderhoud; *aver ~ di*, nodig
hebben; *esserci ~* nodig zijn; *al ~*,
in geval vannood, zo nodig
bisognoso behoeftig, noodlijdend
bistecca *v* biefstuk
bitume *m* bitumen, asfalt
bituminare asfalteren
bivaccare bivakkeren
bivacco bivak
bi'vio *m* tweesprong
bizzarro grillig, vreemd, wonderlijk,
zonderling
bloccare blokkeren
bloccarsi vastlopen
blocco blokkade; blok
blocco note *m* blocnote
blocco ruota *m* wielklem
blu blauw
blue-jeans *m mv* spijkerbroek
boa 1 *m* boa
boa 2 *v* boei, baken, ton
boa di salvataggio *v* reddingboei
bocca *v* mond
bocce *v mv* jeu de boules
boccetta flesje; flacon
bocchino mondje; sigarenpijpje;
mondstuk (van sigaret)
bocciato *sono ~*, ik ben gezakt (voor
een examen)
boccone *m* mondvol; hap
bocconi voorover, op de buik liggend
Boe'mia Bohemen
boemo Boheems; *zn m* Bohemer
bolla blaas, bel; puistje; diploma

bollare zegelen; afstempelen
bollato gezegeld; zegel-
bollente kokend, heet
bollettino bulletin; ~ *meteorolo' gico*,
weerbericht
bollire koken
bollo *m* zegel; stempel
bomba bom; *a prova di ~*, bomvrij; ~
ato' mica, atoombom
bombardamento bombardement
bombardare bombarderen
bombardiere *m* bommenwerper
bo'mbola spuitbus; (gas)cilinder
bombola di gas *v* gasfles
bomboletta per accendino *v*
gasvulling (aansteker)
bombone *m* bonbon
bona'ccia windstilte; *fig* geluk
bonarietà *v* goedmoedigheid
bona'rio goedig, eenvoudig
bonificare verbeteren; vergoeden,
aanvullen; droogleggen
bonomia goedmoedigheid
bontà *v* goedheid
borace *m* borax
borboglio gerommel in de buik
borbottare mompelen, brommen,
rommelen (in 't lijf)
bordeggiare laveren (ook *fig*)
bordello bordeel
Bordò *m* Bordeaux
bordo *m* boord (schip); rand; *a ~* aan
boord; *prendere a ~*, een liftgeven
bordone *m* grote klok; bas,
pelgrimsstok
bo'rea noordenwind
boreale noordelijk
borgata gehucht
borghesia burgerij, burgerstand
borghetto gehucht
borgo groot dorp, voorstad
Borgogna Bourgondië; *b~*, bourgogne
(wijn)
borraccia *v* veldfles
borsa da spiaggia *v* badtas
borsa della bicicletta *v* fietstas
borsa *v* tas; *tener la ~ stretta*, gierig
zijn; *B~*, beurs (handel)
borsaiolo, borseggiatore zakkenroller
borsellino *m* geldbeurs,
portemonnee
borsetta *v* handtas
bosco *m* bos, woud
bota'nica plantkunde
bota'nico plantkundige; *bn*
plantkundig
botta slag, stoot; houw; bijtend
woord
botte *v* vat, tobbe; ton
bottega winkel; werkplaats
botteghino winkeltje
bottiglia *v* fles
bottigliere *m* bottelier; hofmeester
bottiglietta *v* flesje

botto *m* slag, houw, stoot; *di ~*, plotseling, op 't eerste gezicht

bottone *m* knoop; knop; ~ *automa' tico*, drukknoop; ~ *di contatto*, drukknop

bovino osse-, runder-, rund-

bowling (giocare a) bowlen

box *m* box

boxe *v* het boksen, de bokssport; *fare la ~*, aan boksen doen

bozza *v* ontwerp, schets; drukproef; *ficcar bozze*, iemand iets op de mouw spelden

braccare opsporen; najagen

braccialetto *m* armband

bracciata armvol

braccio *m* (braccia *v mv*) arm

bracciolo armleuning (stoel)

bracco jachthond

braciola *v* karbonade

branca klauw, poot; tak, vertakking; *branche, mv* ook: scharen van kreeft

bra'nchia kieuw

brandire zwaaien

brano *m* stuk

Brasile *m* Brazilië

bravata stunt

bravi'ssimo opperbest, uitmuntend

bravo moedig, dapper; degelijk; rechtschapen; ~!, bravo!, goed zo!, mooi zo!

bravura dapperheid; heldenmoed; meesterschap

bre'ccia bres; *far ~*, een bres openen; indruk maken

Bretagna Bretagne; *la Gran ~*, Groot-Brittannië

bretelle *v mv* bretels

breve kort (van tijd)

brevemente kort; kort en bondig

brevetto brevet

brevità *v* kortheid

brezza bries, koelte

bricco koffiepot; baksteen

bricconata schurkenstreek

briccone *m* schelm, schurk

bri'ciola, bri'ciolo brokje, kruimeltje

brigante *m* (straat)rover, bandiet

brigata brigade

bri'glia toom, teugel

brillante *m* briljant; (toneel) komiek; *bn* schitterend

brillare schitteren, glanzen, stralen; (rijst) pellen

brillo aangeschoten, brina, brinata rijp (bevroren dauw)

brindare toosten

bri'ndisi *m* toost; *fare il ~*, toosten

brio levendigheid, opgewektheid, vuur

brioso levendig, opgewekt: vurig

brita'nnico Brits; *zn m* Brit

bri'vido huivering, rilling

brocca kruik; waterkan

bro'ccolo uilskuiken; *bro' ccoli, mv* broccoli

brodo vleesnat; bouillon

bromo broom

bronchi *m mv* luchtpijptakken, bronchiën

bronchite *v* bronchitis

bro'ncio verstoordheid

brontolare morren, brommen; knorren (v. honden); rommelen (ingewanden)

brontolone knorrig, knorrepot

bronzare bronzen, bruin worden (door zon)

bronzo *m* brons; erts; bronzen kunstvoorwerp; ; *di ~*, bronzen

brossura brochure

bruciare branden

bruciata gepofte kastanje

bruciati'ccio branderig

bruclato gebrand; verbrand; *saper di ~*, aangebrand smaken

bruciatura *v* brandwond

bruco rups

brulicare wemelen, krioelen

brunetto bruinachtig

brunire polijsten

bruno bruin; donker, somber; *zn* bruine kleur; rouw(-kleding)

bruschezza ruwheid, barsheid

brusco wrang (van wijn); bars, ruw, onvriendelijk

Brusselle *v* Brussel

brutale brutaal, ruw, grof

brutalità *v* onbeschoftheid, ruwheid, dierlijkheid; gewelddaad

bruto redeloos dier; ruw, beestachtig mens, bruut; *bn* ruw, grof, dierlijk

brutto lelijk

buca gat; kuil; hol; ~ *delle le' ttere*, brievenbus

bucaneve *m* sneeuwklokje

bucato *m* hol (kies); lek

bu'ccia schors; schil, bast; huid

bucintoro Bucentaurus (het dogenschip in Venetië)

buco *m* gat, opening

buddista *m* boeddhist

budello darm

budino *m* pudding

bue *m* (*mv* buoi) os; domkop

buffet *m* restauratie

buffo windstootkomiek; *bn* komisch, grappig

buffone *m* grappenmaker, nar

buffoneria grappenmakerij, scherts

bugia leugen; blaker

bugiardo *m* leugenaar

buio *m* donker, duister, somber; *zn* duisternis, schemering; *essere al ~*, niets afweten van

bulbo bloembol

bulboso bolvormig, bol-, knol-

Bulga'ria Bulgarije

bu'lgaro Bulgaars; *zn m* Bulgaar

bullettino zie *bollettino*

bullone *m* klinknagel

buon appetito! eet smakelijk!

buon divertimento! veel plezier!

buon pomeriggio! goedemiddag!

buon riposo welterusten

buon viaggio! goede reis!

buonanotte! goedenacht!

buonasera! goedenavond!

buongiorno! goedemorgen!, goedendag!

buono goed, lekker; *a buon mercato*, goedkoop; *zn* het goede; bon, coupon

buonsenso gezond verstand

burattino marionet

bu'rbero nors, somber, bars

burla *v* scherts; grap, plagerij

burlare voor de gek houden; schertsen, grappen maken

burocrazia *v* bureaucratie

burrasca storm, orkaan

burro *m* boter; *dare del ~*, vleien

burrone *m* bergkloof, ravijn

burroso boterachtig, boter-

bus *m* bus

buscarsi oplopen (ziekte)

businessclass *v* businessklasse

bussare kloppen, aankloppen, slaan

bussola *v* kompas

busta *v* envelop

busto buste; borst; borstbeeld; korset

butano *m* butagas

buttare slingeren, werpen; uitspruiten; *buttar via*, weggooien

---

C

C = *co'dice*, wetboek

C.D. = *Corpo Diploma' tico*, corps diplomatique

C.d.R. = *Cassa di Rispa'rmio*, spaarbank

C.P. = *casella postale*, postbus

CV = *cavallo vapore*, paardenkracht

cia = *compagnia*

cm = *corrente mese*, van de lopende maand

cs = *come sopra*, zoals boven

cabaret *m* cabaret

cabina telefonica *v* telefooncel

cabina *v* hut; kajuit; cabine

cabota'ggio kustvaart

cacao *m* cacao

cacca *v* poep

caccia *v* jacht (het jagen)

cacciare jagen; verjagen, verdrijven; -*rsi*, zich indringen; zich verbergen; insluipen

cacciatore *m* jager

cacciavite *m* schroevendraaier

ca'cio kaas

cacto cactus

cada'vere *m* lijk
cadente vallend, ten einde lopend; ondergaand; afgeleefd, bouwvallig
cadenza cadans; ritme; cadens
cadere vallen
cadetto jongere zoon; cadet
caduco bouwvallig, vergankelijk; vervallen
caduta val; ongeluk; ~ *sassi,* (verkeersbord) vallend gesteente
caduto gevallen; *i caduti, mv* de gesneuvelden
caffè *m* koffie; ~ *corretto,* koffie met een likeurtje;~ *macchiato,* koffie met een beetje melk;~ *ristretto,* erg sterke koffie; ~ *solubile,* oploskoffie; café, bar
caffeina *v* cafeïne
caffellatte *m* koffie met melk
caffettiera koffiepot
cagionare veroorzaken, voortbrengen
cagione *v* oorzaak
cagna teef
calabrese Calabrisch; *zn* Calabrees
Cala'bria Calabrië
calama'io inktkoker
calamaro inktvis
calamita *v* onheil, ramp
calamitosa rampspoedig
calare laten zakken; (de zeilen) strijken; afdalen; dalen; zich op de hals halen (verkoudheid); afnemen; in prijs dalen; minder worden; korten (der dagen)
calca gedrang; grote menigte
calcafogli *m* presse-papier
calcagno hiel, hak
calcale'ttere *m* presse-papier
calcare trappen, met voeten treden, stampen, calqueren, doortrekken
calce *v* kalk
calcestruzzo mortel, beton
calcina kalk, mortel
ca'lcio *m* calcium; schop, trap; voetbal; kolf (v. geweer); greep (v. pistool); ~ *d' angolo,* hoekschop; ~ *d' inizio,* aftrap; ~ *di rigore,* strafschop
calcio, giocare a voetballen
calcio-balilla *m* tafelvoetbal
calcista *v* voetballer
calco doortrekking, calque; afdruk
calcolare berekenen
calcolatrice *v* rekenmachine; ~ *tascabile,* zakrekenmaschine
ca'lcolo berekening; rekenkunde; vermoeden; niersteen
calda'ia ketel
caldezza warmte, gloed
caldo warm, heet; hartelijk; *zn* warmte, hitte
calendario *m* kalender
cali *m* kali; loogzout
ca'lice *m* kelk; bloemkelk

calle *m* voetpad, nauwe straat; weg
calligrafia handschrift (manier v. schrijven); schoonschrijfkunst
callo *m* likdoorn
calloso eeltig, vereelt; verhard
calma windstilte; kalmte; malaise, slapte in zaken
calmare kalmeren; tot bedaren brengen; geruststellen; bedaren, tot rust komen
calmo *bn* rustig, kalm
calo vermindering, afname (in gewicht, omvang), daling; slijtage, lekkage
calore *m* warmte, hitte; gloed; vuur; hartstocht
caloroso warm; verhittend
calotta kapje, deksel
calpestare vertreden; onder de voet lopen
calpestio *m* getrappel, gestamp
calu'nnia laster
calunniare belasteren
calunniatore *m* lasteraar
calunnioso lasterlijk
calvo kaal, kaalhoofdig
calza *v* kous, sok
calzamaglia *v* maillot
calzare schoenen en kousen aantrekken; schoeisel dragen; goed passen
calzatura schoeisel
calze di nailon *v* panty
calzerotto sok
calzetta *v* kous
calzino sok
calzolaio *m* schoenmaker
calzoncini *mv* shorts *mv*
calzoncino *m* broekje
calzoni *m mv* broek
cambiadischi *m* platenwisselaar
cambiale *v* wissel
cambiamento verandering
cambiamonete *m* wisselaar
cambiare wisselen, ruilen, vervangen, verversen, ver-nieuwen; schakelen (auto); ~ *idea,* zich be-denken; ~ *treno,* overstappen; ~*rsi,* zichverkleden
cambiare l'olio olie verversen
cambiavalute *m* wisselaar
cambio di corsia *m* voorsorteren
cambio *m* ruil; wisselkoers; versnelling(sbak)
camera 1 *v* kamer; ~ *di commercio,* kamer van koophandel;~ *dei conti,* rekenkamer; ~ *corazzata,* kluis;~ *da letto,* slaapkamer; ~ *degli ospiti,* logeer-kamer, ~ *di soggiorno,* woonkamer
camera 2 *v* camera
camera a due letti *v* tweepersoonskamer
camera d'aria *v* binnenband

camera singola *v* eenpersoonskamer
camerata slaapzaal; *m* kameraad
cameriera *v* serveerster; kamermeisje
cameriere *m* kelner, ober
camerino *m* paskamer
camicetta *v* blouse
camicia *v* overhemd
camicia da notte *v* nachtpon
camiciola borstrok;zomerblouse
camiciotto kiel
caminetto schoorsteenmantel
camino *m* open haard
camion *m* vrachtauto
camionista *m/v* vrachtwagenchauffeur
cammello kameel
cammeo camee
camminare lopen
camminare con meelopen
cammino gang, het gaan; weg; reis; mars
camomilla kamille
camorra *v* Napolitaanse maffia
camo'scio gems, gemzenleer
campagna *v* platteland; campagne; *in* ~, op het platteland
campagnolo landelijk, land-
campana klok; glazen stolp; ballon (v. lamp)
campana'io, campanaro klokkenluider
campanella klokje; schel
campanello *m* bel
campanile *m* klokkentoren
campare bevrijden, redden; zich in 't leven houden, door 't leven slaan; ~ *di,* leven van
campeggiare kamperen
campeggiatore kampeerder
campeggio *m* camping
camper *m* camper
campestre landelijk; wild
Campido'glio Capitool
campione *m* kampioen; monster; staal
campo da tennis *m* tennisbaan
campo *m* veld; kamp; *fig* gebied
campo sportivo *m* sportterrein
camposanto kerkhof
cana'glia gepeupel
canale *m* kanaal; gracht
ca'napa hennep
ca'napo ankertouw; kabel
canarino kanarie; *bn* kanariegeel
cancellare doorhalen, doorschrappen, annuleren, verwijderen
cancellata traliehek
cancellatura, cancellazione *v* doorhaling, doorschrapping
cancelleria kanselarij, griffie
cancelliere *m* kanselier; griffier
cancello traliewerk; traliehek, afsluiting
canceroso kankerachtig

cancro *m* kanker; kreeft; C~, Kreeft
candela *v* kaars; bougie
candeliere *m* kandelaar
Candelora Maria-Lichtmis
candidato kandidaat
candidatura kandidatuur
ca'ndido sneeuwwit; vlekkeloos, rein, verblindend wit; ongerept
candire konfijten
candito gekonfijte vruchten; kandijsuiker; *bn* gekonfijt
cane *m* hond
canestro (platte) mand
ca'nfora kamfer
cani'cola Sirius (ster); *v giorni della ~*, hondsdagen
canile *v* hondenhok; krot
canna riet; stok; pijp; loop (v. geweer)
canna (da pesca) *v* hengel
cannella rietje, buisje, kaneel
cannello rietpijpje; metalen of glazen buisje
cannocchiale *m* verrekijker; *~ da teatro*, toneelkijker
cannone *m* kanon; buis, pijp
cannuccia *v* rietje
canoa *v* kano
canone *m* regel; richtsnoer; canon
cano'nica pastorie
cano'nico kanunnik, domheer; *bn* canoniek; kerkelijk
canonizzare canoniseren; heilig verklaren
canonizzazione *v* heiligverklaring
ca'nova verkoopgelegenheid van wijn en olie
canta'bile zingbaar, zangerig
cantante *m* zanger; *bn* zingend, zang-
cantare zingen; kwelen, piepen; zuchten
cantata het zingen, gezang, cantate
cantatore *m* zanger
cantatrice *v* zangeres
canterellare neuriën
ca'ntico kerkelijk lied, hymne, lofzang
cantiere *m* werkplaats; werf
cantilena volksliedje
cantina kelder, wijnkelder; wijnhuis kantine: hol
canto gezang, zang; hoek (van kamer of straat); zijde, kant
cantone *m* hoek; kant, zijde; kanton
cantore *m* koor-, voorzanger
canuto wit (v. haar); bejaard; *zn* grijsaard
canzone *v* lied(je)
canzonetta liedje, gedicht
caos *m* chaos
capace wijd, ruim; *fig* bekwaam, geschikt
capacità *v* ruimte, wijdte, inhoud, capaciteit; *fig* bekwaamheid, geschiktheid

capanna hut, schuur; strandstoel
capanno loofhut, prieel
capannu'ccia hut; de heilige kribbe
capa'rbio halsstarrig, eigenzinnig; *zn* stijfkop
caparra handgeld
capello *m* haar; *al ~*, nauwkeurig; *in capelli*, blootshoofds
capezzolo mtepel
capigliatura haardos, kapsel
capillare haar-
capire begrijpen, verstaan
capitale 1 *m* kapitaal; vermogen; schat; 2 *v* hoofdstad; 3 *bn* hoofdzakelijk, voornamelijk, hoofd-; *~ circolante*, bedrijfskapitaal
capitano bevelhebber, kapitein; hoofd, aanvoerder
capitare toevallig aankomen; geraken; terechtkomen; overkómen
capitello kapiteel
capitolare capituleren, zich overgeven; in hoofdstukken verdelen; *bn* kapittel-
capi'tolo kapittel, hoofdstuk
capitombolare buitelen, tuimelen
capito'mbolo buiteling, tuimeling
capo hoofd; *fig* verstand; begrip; top; begin; kaap; stuk (vee e.d.); opperhoofd, chef, hoofdstuk; *~ d' anno*, nieuwjaar; *~ per ~*, stuk voor stuk; *far di suo ~*, zijn eigen zin volgen
capobanda *m* kapelmeester; belhamel
capocuoco chef-kok
capodanno *m* nieuwjaarsdag
capofitto *a ~*, hals over kop
capogiro *m* duizeligheid
capolavoro meesterstuk, meesterwerk
capoli'nea *m* kop-, eindstation, eindpunt
capolinea *m* eindpunt (tram, bus)
capolino hoofdje; *far ~*, om een hoekje kijken, even kijken; aanwippen
capone *m* stijfkop
caporale *m* korporaal; opzichter
capostazione *m* stationschef
capote schuifdak
capotreno hoofdconducteur
capovo'lgersi omvallen, op zijn kop vallen
capovolto ondersteboven
cappa kap; pij; riddermantel, koormantel; dop; *~ del camino*, schoorsteenmantel
cappella kapel; muziekkorps; *schertsend* rekruut
cappellano kapelaan
cappelleria hoedenwinkel
cappelliera hoededoos
cappellino hoedje

cappello da spiaggia *m* zonnehoed
cappello *m* hoed
cappero *m* kappertje
cappotto *m* winterjas
cappuccino cappuccino; kapucijn; kapucijnaap
capra *v* geit
capri'ccio luim, gril; caprice
capriccioso grillig; zonderling, wispelturig
Capricorno *m* Steenbok
caprifico wilde vijgenboom
caprifo'glio kamperfoelie
capriola reegeit, bokkensprong, capriool
capro bok
capsula *v* capsule (pil)
carabiniere *m* karabinier; politieagent, gendarme
caraffa *v* karaf
caramella snoepje; *~ molle*, toffee
carato karaat
cara'ttere *m* karakter; kenmerk; schriftteken; hoedanigheid
caratteris'tica eigenschap
caratteri'stico karakteristiek, kenschetsend
caratterizzare kenmerken, kenschetsen
carbonari *m mv* kolenbranders; geheim genootschap in de 19e eeuw tot vrijmaking van Italië
carbone *m* houtskool; kool; kolen
carbo'nio *chem* kool(stof)
carburante *m* brandstof
carburatore *m* carburator
carburo carbid
carcerato gevangene
ca'rcere *m* kerker; gevangenis; kerkerstraf
carceriere *m* cipier
carcinoma *m* kankergezwel
carciofo artisjok
cardi'aco hart-; *zn* hartpatiënt
cardinale *m* kardinaal; *bn* voornaamste, hoofd-
carena kiel (schip)
carestia schaarste, gebrek
carezza liefkozing, streling, aai
carezzare liefkozen, aaien
ca'rica aanval; ambt; waardigheid; verantwoordelijkheid
caricare belasten, beladen; opleggen; overdrijven; overladen; opwinden (uurwerk); aanvallen; chargeren; (een geweer) laden; (pijp) stoppen; *-rsi lo sto'maco*, de maag overladen
caricato beladen; overdreven; overladen, gemaakt
caricatura overdrijving, karikatuur
caricaturista *m* karikatuurtekenaar
ca'rico *m* last; lading; verantwoordelijkheid; belasting; dienst; opdracht; beschuldiging; *~*

e sca'rico, laden en lossen; *a ~ di*, ten laste van; tot last

carico espresso *m* snelgoed

cariglione *m* klokkenspel

carino lief, aardig

carità *v* naastenliefde; wel-, liefdadigheid; erbarmen; aalmoes; liefde; *fare la ~*, een aalmoes geven; weldoen

caritate'vole liefdadigheid

carlinga cockpit

carmelitano Karmeliet

carmi'nio, carmino karmijn(rood)

carne di maiale *v* varkensvlees

carne di manzo *v* rundvlees

carne macinata *v* gehakt (vlees)

carne *v* vlees; *~ tritata*, gehakt

ca'rneo van vlees, vlees-

carnevale *m* carnaval

carnicino vleeskleurig

carnoso vlezig

caro duur; lief

carote *v mv* worteltjes

carotina worteltje

carovana karavaan; proeftijd

carpa karper

carponi op handen en voeten; *andare ~*, kruipen

carreggiata rijbaan

carrello onderstel (v. wagen), chassis; *~ d' atterra' ggio*, landingsgestel

carretta karretje, stortkar; wagen

carriera loopbaan, carrière; *di gran ~*, in volle vaart

carro *m* kar; *~ armato*, tank; *Gran ~*, de Grote Beer

carrozza koets

carrozzella kinderwagen

carrozzeria *v* carrosserie

carrozzetta zijspan

carru'cola katrol; *u' ngere le carru' cole*, wat in de hand stoppen, omkopen

carta da gioco *v* speelkaart

carta da lettere *v* briefpapier

carta dei vini *v* wijnkaart

carta di credito *v* creditcard, betaalpas

carta d'identitá *v* identiteitsbewijs

carta d'imbarco *v* instapkaart

carta geografica *v* kaart (landkaart)

carta igienica *v* toiletpapier

carta stradale *v* wegenkaart

carta turistica *v* toeristenkaart

carta *v* kaart; papier; *alla ~* à la carte

cartella aktetas; map

cartellino label

cartello affiche: verkeersbord; aanplakbiljet; etiket; uithang-, naambord

cartello indicatore *m* wegwijzer

cartello *m* (verkeers)bord; aanplakbiljet; naambord; uit-hangbord

cartellone *m* reclameplaat; theateraffiche

cartila'gine *v* kraakbeen

cartina *v* landkaart

cartine (per sigarette) *v* vloeitjes (sigaretten)

carto'ccio *m* zakje; papieren omslag; *mil* patroon

cartolina *v* ansichtkaart; *~ postale*, briefkaart

cartone *m* bordpapier, karton; *~ animato*, tekenfilm

casa *v* huis; firma; *a ~* thuis; *~ editrice*, uitgeverij

casalinga *v* huisvrouw

casato familienaam

cascare vallen; instorten

cascata *v* waterval

caschetto helm

cascina kaasmakerij

casco *m* (val)helm

casella vak, vierkant hokje; *~ postale*, postbus

caserma kazerne

casetta huisje

casino club,, speelhuis; landhuis; bordeel; *che ~!*, wat een rotzooi, bende!

casinò *m* casino

caso geval; toeval; noodlot; misdrijf; naamval; mogelijkheid; *a (of per) ~*, toevallig, bij toeval; *in ~ che*, ingeval dat; *nella maggior parte dei ~i*, meestal

cassa malattia *v* ziekenfonds

cassa *v* kas (kassa); holte; *~ di risparmio*, spaarbank

cassaforte *v* kluis, brandkast

cassare doorhalen, doorschrappen

cassazione *v* cassatie

casseruola pan (met steel)

cassetta (del) pronto soccorso *v* verbandtrommel, EHBO-doos

cassetta delle lettere *v* brievenbus

cassetta di sicurezza *v* safeloket, kluis

cassetta *v* cassette(bandje)

cassiere *m* kassier

castagna kastanje

castagnetta castagnet, klepper

castagno kastanjeboom

castellano slotvoogd

castello *m* kasteel

ca'stigare kastijden

castigo kastijding

castità *v* kuisheid

casto kuis, rein; zuiver

casuale toevallig; *casuali, m mv* neveninkomsten

casualmente bij toeval, toevallig

casu'pola krot

catacomba catacombe

catalogare catalogiseren

catalogo *m* catalogus

catarro catarre; verkoudheid

catasto kadaster; grondbelasting

cata'strofe *v* catastrofe; onheil

catechismo catechismus

categoria categorie; groep; klasse

catego'rico categorisch; stellig

catena ketting, keten; *~ a ci' ngoli*, rupsband

catena della bicicletta *v* fietsketting

catene da neve *v* sneeuwkettingen

catenella ketting (horloge enz.)

cateratta sluis; waterkeer; valdeur; grauwe staar; waterval

catinella waskom

catrame *m* (kool)teer

ca'ttedra katheder, leerstoel

cattedrale *m* kathedraal

cattivo slecht, boos; stout (kinderen)

cattolico katholiek

cattura gevangenneming; arrestatie; inbeslagneming

catturare gevangennemen; in beslag nemen; buitmaken

caucciù *m* rubber

causa *v* oorzaak; aanleiding; zaak, rechtszaak; *a ~ di*,ten gevolge van

causalità *v* causaliteit, oorzakelijkheid

causare veroorzaken, teweegbrengen, doen ontstaan

ca'ustico brandend, bijtend, scherp; *zn* brandend, bijtend middel

cautela voorzichtigheid; borgtocht

ca'uto voorzichtig; slim; gewaarborgd; verzekerd

cauzione *v* borgsom

cava hol

cavalcare paardrijden

cavalcatura rijdier

cavalcavia viaduct; galerij over de straat tussen twee huizen

cavalcione, -ni *a ~*, schrijlings; aan weerszijden

cavaliere *m* ruiter; ridder; cavalier; paard (in 't schaakspel); *~ d' industria*, gelukzoeker

cavalla merrie

cavalleresco ridderlijk

cavalleria cavalerie; ridderschap; ridderlijkheid; dapperheid

cavallerizza manege; rijschool; rijkunst

cavalletta sprinkhaan; valse streek

cavalletto paardje; schildersezel; standaard, onderstel; bok, pijnbank; schraag

cavallo *m* paard; *~ da corsa*, renpaard; *~ da sella*, rij-paard; *~ vapore*, paardenkracht

cavare uitgraven; uittrekken; wegnemen; afleggen, uitdoen (kleren); ontlokken (tonen)

cavatappi *m* kurkentrekker

caverna hol, spelonk

cavezza halster
cavi del ripartitore *mv*verdelerkabels
cavi delle candele *m*bougiekabels
cavi *m* startkabels
ca'via cavia, Guinees biggetje
caviglia *v* enkel; pin, stift
cavillare muggenziften, haarkloven
cavilloso spitsvondig, vitterig
cavità *v* holte
cavo holte; groeve; gat; uitgraving;
gietvorm; dodenmasker; kabel; *bn*
uitgehold, hol; uitgegraven
cavo del cambio *mv*ersnellingskabel
cavo del freno *m*remkabel
cavo della frizione *m*koppelingskabel
cavo di rimorchio *m* sleepkabel
cavolfiore *m* bloemkool
cavolini di Bruxelles *m* spruitjes
cavolo *m* kool (groente); *non capire
un ~*, er geen zak van begrijpen
cavolo rosso *m* rodekool
cavolrapa *m* koolraap
cc = *conto corrente*, lopende rekening
cd *m* cd
ce staat voor *ci* in verbinding met
andere voornaamwoorden en met
ne; er; *vnw* ons, aan ons
c'è bisogno nodig: er is -
Ceca *Repubblica ~* Tsjechië
cece *m* wrat
cecità *v* blindheid; verblinding
ceco Tsjechisch; Tsjech
ce'dere wijken, teruggaan; toegeven,
zich buigen; iets toestaan; afstaan
cede'vole toegeeflijk: inschikkelijk
ce'dola briefje, biljet; coupon
cedrata sukade
cedrato met citroensap bereid
cedro muskaatcitroen; ceder
ceffone *m* muilpeer, klap in het
gezicht
celare verbergen, verzwijgen;
verhelen
celebrante *m* geestelijke die de mis
opdraagt
celebrare roemen, prijzen;
ophemelen: plechtig vieren; (de
mis) opdragen
celebrazione *v* lofprijzing, viering;
opdragen (der mis); voltrekking (v.
huwelijk)
ce'lebre beroemd
celebrità *v* beroemdheid
ce'lere vlug, snel
celerità *v* snelheid, vlugheid
celeste hemels, hemel-; hemelsblauw
celestiale hemels, goddelijk
celibe *m* ongehuwd; vrijgezel (man)
cella cel, kamer; vak
ce'llula (organische) cel
cellulare celvormig; cellulair;
draagbare telefoon
cellulo'ide *v* celluloid
Celti *mv* Kelten

ce'mbalo *m* cimbaal, bekken;
klavecimbel
cemento cement
cena *v* avondeten, diner
cena *v* diner
cena'colo schilderij vh Laatste
Avondmaal (van Leonardo da Vinci)
cenare dineren
ce'ncio *m* lomp, lap, vod
cencioso haveloos
ce'nere *v* as (verbrandingsproduct)
cenere'ntola Assepoester
cenerino, cenero'gnolo asgrauw
cenno wenk, teken; knik; signaal;
bevel; aanduiding
ceno'bio klooster
cenobita *m* kloosterling
censura censuur
censurare berispen, scherp beoordelen; censureren, kerkelijk straffen
centena'rio honderdjarig; *zn*
eeuwfeest
cente'simo honderdste; *zn* centime
centigrammo centigram
centimetro *m* centimeter
centinaio(a) *m*, (*v*) honderdtal
cento honderd; *per ~*, procent
centomila honderdduizend
centrale centraal; *~ telefo' nica*,
telefooncentrale
centralinista telefoniste
centralino *m* telefoniste
centralizzare centraliseren
centri'fugo middelpuntvliedend
centri'peto middelpuntzoekend
centro commerciale *m* winkelcentrum
centro *m* centrum; *~ abitato*,
bebouwde kom
ceppo stomp, stronk (v. boom);
knoest; blok; offerbus; stam;
afkomst; geslacht; domoor
cera was, waskaars; gelaat;
gelaatskleur; uiterlijk
ceralacca zegellak
Ce'rbero Cerberus, hellehond
cercare zoeken, opzoeken
ce'rchio kring, cirkel; band, hoepel (v.
vaten); wielband; ring; omvatting;
omvang
cerchione *m* velg
cereali *mv* graangewassen
cerebrale hersen-
ce'reo was-, wassen; wasbleek
ceretta schoenwas
cerimonioso vormelijk, vol
plichtplegingen
cerniera scharnier
cerniera lampo *v* ritssluiting
cero altaarkaars
cerone *m* schmink
ceroso wasachtig; was-, wassen
cerotto *m* pleister
certamente zeker, gewis
certezza zekerheid

certificare verzekeren, bevestlgen;
verklaren
certificarsi legitimeren: zich -
certificato *m* certificaat, attest
certificato di vaccinazione *m*
inentingsbewijs
certo zeker, zekere
certuno een zeker iemand; *certuni*,
mv sommigen, enigen
cervello hersenen; verstand; oordeel;
zin
cervino herten-, herts-; *C~*,
Matterhorn
cervo herten-; *~ volante*, vliegend hert;
vlieger (speelgoed)
cesa'reo cesars-, keizerlijk
cessare ophouden, eindigen; de
betalingen staken, liquideren; *-rsi*,
zich onthouden, afstand doen,
weggaan
cessazione *v* beëindiging; het
ophouden, onderbreking;
verwijdering, uitstel
cessione *v* cessie, afstand
cesta grote tenen korf *of* mand; *a
ceste*, in overvloed
cestini da viaggio *m* lunchpakketten
cestino *m* prullenmand
cesto bos gras *of* bloemen; stoel;
mand; gordel, ceintuur
ceto klasse (van mensen); stand,
rang; *~ me'dio*, middenstand
cetra citer; lier
cetriolo *m* komkommer; augurk
cfr = *confronta*, vergelijk, vgl
che die, dat, welke, wat; *voegw*
opdat, dat, of, tenzij, want, omdat;
non c' è di ~!, niets te danken
che, che cosa wat; welk(e)
checchè wat ook, wat het ook zij
cherubino cherubijn
chi wie, degene die
chia'cchiera *v* geklets; kletspraatje;
chia' cchiere!, praatjes!, onzin!
chiacchierona babbelkous
chiama afroeping (van namen); appèl
chiamare roepen, omroepen
chiamarsi heten
chiamata uitnodiging; oproep; appèl;
open doek; drukknop; verwijzing
chiamata a carico del destinatario *v*
collect call
chiara eiwit
chiaramento helder, duidelijk
chiarettó licht, helder, bleekrood;
soort rosé
chiarezza licht; helderheid, klaarheid,
glans, duidelijkheid; beroemdheid
chiarificare duidelijk maken,
ophelderen, zuiveren, klaren
chiarire klaar, duidelijk, helder
maken; klaren, zuiveren
(vloeistoffen); *-rsi*, klaar, helder
worden

chiari'ssimo Weledele Heer
chiaro duidelijk; helder, licht
chiarore *m* schijn, glans, helderheid
chiaroscuro clair-obscur
chiaroveggente helderziend,
  scherpzinnig
chiasso lawaai
chiassone *m* druktemaker; *bn* druk,
  luidruchtig
chiatta veerpont; platbodem schuit
chiave per le candele *v* bougiesleutel
chiave *v* sleutel; *fig* middel, weg
chiavetta d'accensione *v*
  contactsleutel (auto)
chiavetta della bicicletta
  vfietssleuteltje
chia'vica riool; sluis
chiavistello grendel
chiazzato gevlekt, gespikkeld
chicca suikergoed; bonbon; ~ *al rum,*
  rumboon
chicchirichì *m* kukeleku
chicco korrel; (koffie)boon; bes
chiedere vragen, aanvragen,
  verzoeken
chiesa *v* kerk
chiesetta kerkje
chiglia (scheeps)kiel
chilo(grammo) *m* kilo(gram)
chilometra'ggio afstand in kilometers
chilometro *m* kilometer
chimera hersenschim
chi'mica scheikunde, chemie
chi'mico scheikundig; *zn*
  scheikundige
china *v* helling; kina, kinabast; *alla*
  ~, bergaf
chinare neerbuigen, doen dalen; (de
  ogen) neerslaan; *fig* aan invloed
  verliezen; *-rsi*, zich bukken, een
  buiging maken
chinato gebogen, gebukt
chinina, chinino kinine
chino gebogen: *a capo* ~, met
  gebogen hoofd
chio'cciola slak; schroefmoer
chiodo *m* spijker
chiosco kiosk
chiostra ommuurde plaats
chiostro kloosterhof (met
  zuilengangen); klooster; *fig*
  kloosterleven
chiro'grafo handschrift;
  schuldbekentenis
chirurgia chirurgie, heelkunde
chiru'rgico chirurgisch, heelkundig,
  chirurgo *m* chirurg
chitarra gitaar
chitarrista *m* gitaarspeler
chiudere sluiten
chiunque al wie, wie ook
chiusa afsluiting; omheining;
  hinderpaal; dam; waterkering; slot
  (v. brief)

chiuso dicht, gesloten; *zn* heg,
  omheining
chiusura afsluiting, sluiting; traliehek,
  slot; ~ *lampo*, ritssluiting
ci 1 ons, aan ons (pers vnw)
ci 2 (voor *ne* verandert ci in ce); hier,
  daar; er, erop; daar, daarheen; *ci
  vado*, ik ga erheen
ciabatte *v mv* slippers
cialda *v* wafel; oblie
ciampicare struikelen, strompelen
cia'ncia praatje, oppervlakkig
  gesprek; *ciancel*, praatjes!, larie!
cianciatore, -trice *m, v* babbelaar;
  babbelkous
ciao *interj* hoi, hallo
ciarla geklets, gezwets
ciarlare kletsen, babbelen, onzin
  praten
ciarlatano marktschreeuwer,
  kwakzalver
ciarlone *m* kletser; babbelkous
ciarpa sjerp
ciascuno ieder, elk; iedereen, wie ook
cibare voeden, voederen
ciba'rio voedend, voedings-,
cibo *m* voedsel
cibo'rio hostiekelk, monstrans
cicatrice *v* litteken
cicca peukje
cicerone *m* toeristische gids; *C~*,
  Cicero
ciclamino cyclaam
ciclismo wielersport
ciclista *m* fietser; wielrenner
ciclo kring, cirkel, omloop, cyclus,
  tijdkring
ciclomotore *m* bromfiets
ciclomotorista *m* bromfietser
ciclone *v* cycloon
cicogna ooievaar
cico'ria witlof, Brussels lof
cieco blind, verblind; *alla cieca,*
  blindelings, op de tast; *zn* blinde
cielo *m* hemel, lucht; *a* ~ *aperto,* in
  de open lucht
cifra cijfer
cifrare chiffreren, in geheimschrift
  schrijven; cijferen, rekenen
ci'glio wenkbrauw; *in un batter di* ~, *in
  een oogwenk*; ~ *franoso*, zachte berm
cigno zwaan
cigolare knarsen, kraken, piepen
Cile *m* Chili
ciliegia *v* kers
cilie'gio kersenboom
cilindrata cilinderinhoud
cilindro *m* cilinder
cima *v* top, spits
cimare afpunten (haren, planten);
  knotten (bomen)
ci'mice *v* wandluis; punaise
cimitero *m* kerkhof
Cina China

cine(ma)giornale *m* filmjournaal
cineasta *m* cineast, filmspeler
cinema, cine *v* bioscoop
cinepresa *v* videocamera
cinera'rio as-
cinese *m* Chinees
cinesiterapia *v* fysiotherapie
ci'ngere omsluiten, omgorden,
  omsingelen
ci'nghia singel, riem; ceintuur,
  bretels; ~ *motrice*, drijfriem
cinghia del ventilatore vventilatorriem
cinghiale *m* wild zwijn
ci'ngolo *m* strik, gordel, koppel
ci'nico cynisch; *zn m* cynicus
cinquanta vijftig
cinquante'simo vijftigste
cinque vijf
cinquecento vijfhonderd; *zn* de
  zestiende eeuw
cinquemila vijfduizend
cinto gordel
ci'ntola middel, heup; lijfriem, gordel
cintura di sicurezza *v*
  veiligheidsgordel
cintura *v* riem, ceintuur, gordel
cinturino koppel
ciò dit, dat, datgene; *a* ~, hiertoe; ~
  nondimeno, ~ *nonostante*,
  niettemin; nochtans
ciocca bos, tros, ruiker, bos haar, vlok
  wol
cioccolata calda *v* warme
  chocolademelk
cioccolata fredda *v* koude
  chocolademelk
cioccolata *v* chocolade
cioccolatino bonbon, chocolaatje
cioè namelijk; dat wil zeggen
ciottolato bestrating
cio'ttolo kiezelsteen, kei
cipolla *v* ui
cipollata uienragout; *fig* domme
  praat; knoeiwerk
cipollina sjalotje
cipresso cipres
cipria *v* poeder (make-up)
cipriotto Cypers; *zn m* Cyprioot
Cipro Cyprus; *c~*, Cypruswijn
circa circa, ongeveer
circo *m* circus
circolante circulerend, rondgaand
circolare rondgaan, circuleren, in
  omloop zijn; rijden; *bn* kringvormig,
  rond; kring-, cirkel-
circolazione *v* omloop, circulatie;
  verkeer; ~ *sanguigna*,
  bloedsomloop; *piazza di* ~, rotonde,
  verkeersplein
ci'rcolo kring, cirkel; kringloop;
  kransje, club, sociëteit
circoncisione *v* besnijdenis
circondare omringen, insluiten,
  omsingelen

circonferenza omtrek, cirkelomtrek
circonflesso circumflex
circoscrizione v omschrijving, begrenzing, indeling in districten; district
circospetto bedachtzaam, omzichtig
circospezione v omzichtigheid, bedachtzaamheid
circostante omstaand, omliggend; *i circostanti*, mv de omstanders
circostanza omstandigheid
circostanziato omstandig
circu'ito omtrek, omloop; rondrit, rondvlucht; omhaal van woorden; *corto ~*, kortsluiting
cispadano ten noorden van de Po
cisterna bron, put; waterreservoir; tank; *vagone ~*, tankwagen
citare dagvaarden; aanhalen, citeren
citazione v dagvaarding; aanhaling, citaat
ci'tiso goudenregen
città v stad; C~ *del Capo*, Kaapstad
cittadinanza burgerij; burgerrecht
cittadino burger; *bn* burgerlijk
città-giardino v tuindorp, -stad
ciuca ezelin
ciuca'io ezeldrijver
ciuco ezel
ciuffo kuif; bosje gras
civetta uil; flirt, behaagzieke vrouw
civettare *fig* koketteren, flirten
civettuolo behaagziek
ci'vico stedelijk; gemeente-
civile burgerlijk, burger-, civiel; beschaafd; beleefd
civilizzare civiliseren, beschaven
civiltà v beschaving; beleefdheid
clamore m woest geschreeuw, getier
clandestino heimelijk, verborgen, clandestien
claretto lichtrode wijn
clarinetto klarinet
classe turistica v toeristenklasse
classe v klasse (vliegtuig, trein)
cla'ssico klassiek
classificare in klassen (soorten) indelen, classificeren
cla'usola beding; clausule
clava knots
clavi'cola v sleutelbeen
claxon m claxon
clearing m clearing
clemente mild, goedertieren
clemenza goedertierenheid, zachtheid
clero geestelijkheid
cliente m cliënt, klant
clientela cliëntèle, klanten
clima m klimaat
cli'nica v kliniek
cli'nico klinisch
cloaca riool
clone m kloon

cloro chloor
club m club
coagularsi stollen; stremmen
coalizione v coalitie, verbond
coatto gedwongen, dwang-
coazione v dwang
co'cchio koets
coccinella v lieveheersbeestje
co'ccio pot-, glasscherf
cocciuto stijfkoppig, eigenzinnig
cocco m kokospalm; kokosnoot; ei (kindertaal); *stupia di ~*, kokosmat
coccodrillo m krokodil
coccolone, coccoloni neergehurkt, op de hurken
cocente brandend, kokend heet
coda staart, einde; sleep (aan kleding); ~ *dell' o' cchio*, ooghoek; *e ~!* en wat er nog bij komt!
codardo laf, vreesachtig
codesto deze, dit
co'dice m codex; wetboek; ~ *civile*, burgerlijk wetboek; ~ *commerciale*, wetboek van koophandel; ~ *penale*, wetboek van strafrecht
codice di accesso m toegangsnummer
codice postale m postcode
codice segreto m pincode
codino staartje
cofano m motorkap
cogli = *con gli*, met de
co'gliere plukken, verzamelen; oogsten; treffen; overvallen, betrappen; ~ *l' occasione*, de gelegenheid aangrijpen; ~ *sul fatto*, op heterdaad betrappen
coglitura pluk (van vruchten)
cognac m cognac
cognata schoonzuster
cognato zwager
cognizione v kennis, inzicht; ~ *di se stesso*, zelfkennis
cognome m achternaam
coincidenza v aansluiting (van trein enz.)
coinci'dere samenvallen, gelijktijdig gebeuren; aansluiten (treinen)
coinvolto betrokken bij
coke m cokes
col (con + il) met de
colà daar, daarginds, ginds
colare filtreren, smelten; (boter, metalen e.d.); laten uitdruipen; zich oplossen, afdruipen
colato'io zeef; doorslag; smeltkroes; gootsteen; goot
colazione v ontbijt
coleo'ttero kever
co'lica koliek
colino zeef, theezeefje
colla v lijm
collaborare meewerken, helpen
collaboratore m medewerker

collaborazione v samenwerking
collana v ketting (sieraad)
collare m halskraag (v. geestelijken); halsband; halsketting; ordelint
collasso ineenstorting
collaudare inrijden (auto)
collaudo *techn* test, proefdraaien (v.e. motor)
colle m heuvel; bergpas
collegamento in treno m treinverbinding
collegamento m verbinding (met openbaar vervoer)
collegare verbinden (telefoon)
colle'gio vereniging, college; kostschool
co'llera toorn, woede
colle'rico opvliegend
colletta collecte, inzameling
collettare collecteren, geld ophalen
collettivo collectief; gezamenlijk
colletto boord (v. overhemd); heuveltje; *bn* ingezameld, opgehaald
collettore m collecteur, inner (v. belastingen); verzamelaar (v. oudheden e.d.)
collezione v collectie, verzameling; inning (v. belasting)
colli'dere botsen
collina v heuvel
collino halsje; kraagje
collisione v botsing, aanvaring; aanrijding; *fig* meningsverschil
collo m nek, hals; (post)pakket, baal
collocamento m aanstelling, plaatsing (van arbeidskrachten); *ufficio di ~*, arbeidsbureau
collocare plaatsen, zetten; ; een betrekking voor iem vinden; afzetten (artikelen)
collo'quio onderhoud, samenspraak
colmare tot boven toe vullen; ophogen; vervullen; overláden
colmata ophoging, aanvulling
colmo spits, top; toppunt; hoogtepunt; *bn* vol, volgestopt, opeengedrongen; bolstaand
colomba duif
colomba'ia duiventil
Colombo Columbus
Colo'nia Keulen
colo'nia kolonie
colonna kolom, zuil; pijler; *mil* colonne; ~ *vertebrale*, wervelkolom
colonnato colonnade, zuilengang
colonnello kolonel
colorare kleuren; verven
colorazione v het kleuren; opsiering, opsmuk
colore m kleur; verf, kleurstof
colorire kleuren; beschilderen; *fig* verontschuldigen, in een gunstig daglicht stellen
colorito koloriet, kleurmenging;

gelaatskleur
colossale kolossaal
Colosseo Colosseum
colosso kolos
colpa v schuld; *è ~ mia,* het is mijn
schuld
colpa'bile schuldig
colpevole schuldig; *zn m* schuldige
colpire treffen; slaan
colpo slag, houw, stoot, steek, schot;
~ apople' ttico, beroerte; *~ d' a' ria,*
verkoudheid; *~ d' o' cchio,*
oogwenk; *~ di sole,* zonnesteek; *~
di Stato,* staatsgreep
colta oogst, inzameling, pluk
coltellata messteek
coltello m mes; *~ da tasca,* zakmes
coltivare bebouwen; onderhouden,
verzorgen, drijven
coltivatore m landbouwer
colto beschaafd; geplukt
coltura zie *cultura*
colza koolzaad
comandamento bevel, gebod
comandante m bevelhebber
comandare bevelen, commanderen,
aanvoeren
comando commando, bevel, order;
techn bediening
comba'ttere bestrijden, vechten;
strijden, weerstaan
combattimento strijd, gevecht
combattitore m strijder
combinare combineren,
bijeenvoegen; verbinden; *-rsi,*
toevallig ontmoeten
combinazione v vereniging,
samenvoeging, combinatie;
verbinding
combusti'bile brandbaar; *zn m*
brandstof
combustione v verbranding; *fig*
opschudding
come hoe; zoals; als
come se alsof
Comense, Comasco m (inwoner) van
Como
cometa komeet
comicamente komisch
co'mico komedie-; blijspel-; komisch;
komiek; *zn* komisch schrijver;
komiek
cominciare beginnen
comitato m comité, commissie
comma m komma
comme'dia komedie, blijspel
commediante m toneelspeler,
komediant
commemora'bile gedenkwaardig
commemorare in herinnering
brengen; vieren, gedenken
commemorazione v herinnering;
aandenken; herdenking
commentare uitleggen, verklaren

commenta'rio verklaring, commentaar
commerciale handels-
commerciante m handelaar; *~
all' ingrosso,* grossier
commerciare handel drijven,
handelen
commercio m handel
commesso m verkoper (in winkel)
commestibile eetbaar; *zn m mv*
levensmiddelen
comme'ttere opdragen; in bewaring
geven; bedrijven, begaan;
samenvoegen; passen; *-rsi,* zich
blootstellen, zich toevertrouwen
commiserazione v medelijden,
erbarmen
commissa'rio m commissaris
commissiona'rio commissie-; *zn*
commissionair; makelaar
commissione v boodschap
committente m opdrachtgever
commosso geroerd, bewogen,
aangedaan
commovente aangrijpend,
aandoenlijk
commozione v aandoening,
ontroering, opschudding
commozione cerebrale v
hersenschudding
commuo'vere bewegen, ontroeren,
treffen, aangrijpen; ophitsen; *-rsi,*
bewogen, aangedaan worden
comò m commode
comodamente gemakkelijk
comodato bruikleen
comodino nachtkastje
comodità v gemak, geriefelijkheid
co'modo gemak, geriefelijkheid;
privaat; *bn* gemakkelijk, passend;
comfortabel
compaesano landsman, landgenoot
compagnia gezelschap, vereniging;
maatschappij; compagnie; troep; *~
ae' rea,* luchtvaartmaatschappij
compagno metgezel, deelgenoot;
compagnon; *~ di via' ggio,*
reisgenoot; *bn* overeenstemmend,
volkomen gelijk
compara'bile vergelijkbaar
comparare vergelijken; gelijk stellen
comparativo comparatief, vergrotende
trap
comparazione v vergelijking,
gelijkenis; *senza ~,* onvergelijkelijk
comparire verschijnen
comparizione v verschijning (voor de
rechter)
comparsa het verschijnen; komst;
figurant; uiterlijk; *kaartsp* blinde
compartimento afdeling, vak,
compartiment, (spoorweg)coupé; *~
a letti,* slaapcoupé
compassato afgemeten, afgepast,
pedant

compassiona'bile meelijwekkend
compassionare medelijden hebben
(met)
compassione v medelijden
compasso passer;*a ~,* afgepast
compatire medelijden hebben met;
beklagen; toegeeflijk zijn
compatriota *m-v* landgenoot, -note
compe'ndio uittreksel, handboek,
kort begrip
compendioso beknopt, kort
compensare vergoeden, vereffenen;
schadeloos stellen
compensazione v vergoeding,
vereffening
compenso vergoeding,
schadeloosstelling,
schadevergoeding
competente passend; bevoegd,
gerechtigd
competenza bevoegdheid;
mededinging; competitie
compe'tere strijden, mededingen
competitore m mededinger
compiacente toegevend,
inschikkelijk; meegaand
compiacenza gedienstigheid,
inschikkelijkheid; goedheid
compiacere toegeeflijk zijn, toestaan;
tevreden stellen
compia'ngere bewenen, betreuren
compianto klacht; beklag
compiere afmaken, voltooien,
vervullen; eindigen, aflopen
compiere gli anni jarig zijn
compilare invullen (formulier);
samenstellen, bijeen-brengen
compimento voltooiing, vervulling;
complement
compire voltooien, volbrengen,
vervullen; eindigen, aflopen
co'mpito 1 taak; huiswerk; *a ~,* krap,
afgepast
compito 2 vervuld, voltooid; beleefd;
onberispelijk; volmaakt; volbracht
compleanno m verjaardag
complemento voltooiing, aanvulling;
complement; bepaling
complessivamente in totaal; over het
geheel genomen
complessivo totaal, gezamenlijk
complesso omarming, vereniging;
muziekband; complex, geheel; som;
in ~, over het geheel genomen; *bn*
complex, ingewikkeld; stevig
gebouwd
completamente helemaal
completare volledig maken, aanvullen
completo compleet, volledig,
volkomen; voltallig; *il campeggio è
~,* de camping is vol; *zn* driedelig
pak
complicare verwikkelen, verwarren
complicato ingewikkeld, verward

275

complicazione *v* verwikkeling; complicatie

co'mplice *m* medeplichtige

complicità *v* medeplichtigheid

complimentare begroeten, complimenteren

complimento compliment; plichtpleging; buiging

complimentoso complimenteus, hoffelijk

complotto complot

componente samenstellend; *zn m* component

comporre samenstellen, maken; schrijven (boek); componeren; draaien (telefoonnummer); zetten (drukwerk); schikken; *-rsi*, bestaan uit, zich verstaan met

comportare verdragen, dulden; toelaten; *-rsi*, zich gedragen

compositore *m* samensteller; componist; letterzetter

composizione *v* samenstelling; compositie; toonzetting; zetsel

composta compote

compostiera compoteschaal

composto samengesteld, bestaande (uit); *zn* samenstelling; mengsel

compra *v* koop

comprare kopen

compratore *m* koper

compre'ndere begrijpen, bevatten

comprensi'bile begrijpelijk

compreso inbegrepen; *tutto ~*, alles inbegrepen

compressa *v* tablet (medisch)

compressione *v* samendrukking, persing

compressore *m techn* compressor; *~ stradale*, stoomwals

compri'mere samendrukken, persen; onderdrukken

compromesso scheidsrechterlijke uitspraak; minnelijke schikking; overeenkomst; compromis

comprome'ttere zich op een scheidsrechter beroepen; compromitteren in opspraak brengen, blootstellen (aan gevaar of onaangenaamheden)

compunzione *v* bitter berouw

computare berekenen; begroten

computer *m* computer

comunale gemeentelijk, gemeente

comune *m* gemeente; *bn* gemeenschappelijk; algemeen

comunicare mededelen; bekendmaken

comunicativo mededeelzaam

comunicato communiqué

comunicazione *v* mededeling; verbinding (telefoon)

comunione *v* gemeenschap; communie; *prot* gemeente

comunista *m* communist; *bn* communistisch

comunità *v* gemeenschap; gemeentehuis

comunque hoe ook, hoe het ook zij; echter, evenwel

con met

con filtro *v* sigaret met filter

co'ncavo concaaf; *zn* holte

conce'dere toestaan; toegeven

concentrare concentreren, samentrekken; verdichten

concentrato samengetrokken, verdikt

concepire ontvangen, bevrucht worden; *fig* opvatten, uitdenken, ontwerpen

conce'rnere betreffen, duiden op, aangaan

concertare concerteren, een concert geven; afspreken: *-rsi*, afspreken

concerto di musica pop *m* popconcert

concerto *m* concert

concessiona'rio dealer

concessione *v* concessie; verlof; patent, recht

concesso toegestaan; *zn* inwilliging

concetto opvatting; begrip; plan (van werk)

concezione *v* ontvangenis, bevruchting; opvatting, gedachte; *la C~ Immacolata*, de Onbevlekte Ontvangenis

conchiglia *v* schelp

conciare (leer)looien; bewerken; toetakelen; bevuilen

conciatore *m* leerlooier

concilia'bile verenigbaar

conciliante verzoenend, toegeeflijk

conciliare verenigen; verzoenen

conciliazione *v* verzoening

conci'lio kerkvergadering

concimare (be)mesten

concime *m* mest, meststof

co'ncio tooi; mest

concisamente bondig, beknopt

conciso beknopt, kort, bondig

concludente beslissend, afdoend

conclu'dere besluiten, sluiten; bewijzen, beslissen

conclusione *v* sluiting; beëindiging; gevolgtrekking; besluit

concordante overeenstemmend

concordanza *v* overeenstemming, harmonie

concordare in overeenstemming brengen; verzoenen; overeenstemmen, in harmonie zijn

concordato verdrag; overeenkomst; akkoord (in faillissement); concordaat

concorde eensgezind, overeenstemmend

conco'rdia eendracht, eensgezindheid

concorrente concurrerend; *zn m* concurrent

conco'rrere samenvallen, bijdragen tot iets; meehelpen; mededingen, concurreren; *~ ad un impiego*, naar een betrekking solliciteren

concorso samenloop; oploop, concours

concreto tastbaar; concreet; vast

concupiscenza zinnelijke begeerte, zondige lust

condanna veroordeling; straf; verdoeming

condanna'bile verwerpelijk

condannare veroordelen; verwerpen

condensare condenseren, verdichten, samenvatten

condensatore *m* condensator; *bn* condensatie-, verdichtings-

condensazione *v* condensatie

condire kruiden; zouten; inmaken

condito gekruid

condizionale *m* voorwaardelijke wijs; *bn* voorwaardelijk

condizionamento dell'aria airconditioning

condizionato geconditioneerd; *ben (male)* ~, in goede (slechte) toestand

condizione *v* toestand, aard; voorwaarde; stand; *a* ~, op voorwaarde

condoglianze condoleance

condolersi condoleren

condonare kwijtschelden; vergeven, door de vingers zien

condotta buisleiding; gedrag; leiding

condotto (pijp)leiding

condotto di raffreddamento dell'acqua *m* koelwaterleiding

conducente *m* conducteur; bestuurder

condurre voeren, geleiden, sturen; overhalen; *~ a fine*, ten einde brengen; *-rsi*, zich begeven; zich gedragen

condurre con sé meebrengen

conduttore *m* gids; geleider; conducteur; *bn* geleidings-, geleidend

conduttura (gas, elektr) leiding; *a' cqua di* ~, leidingwater

confederarsi een verbond sluiten

confederativo bonds-, bondgenootschappelijk

confederazione *v* bond; eedgenootschap

conferenza bijeenkomst, bespreking; conferentie; lezing; *~ stampa*, persconferentie

conferenziere *m* spreker, iem die een lezing houdt

conferire verlenen, vergelijken; beraadslagen, onderhandelen

confermare bevestigen, bekrachtigen; staven; het vormsel toedienen...
confermativo bevestigend
confermazione *v* bevestiging; confirmatie; *rk* vormsel
confessare bekennen, belijden; biechten; *-rsi,* biechten
confessionale *m* biechtstoel; *bn* confessioneel, geloofs-
confessione *v* bekentenis, belijdenis; biecht; geloof
confessore *m* biechtvader
confettiere *m* confiseur, suikerbakker
confetto suikererwt, suikeramandel; *confetti, mv* bruidssuikers, muisjes, bonbons; confetti
confettura *v* jam
confezione *v* confectie; vervaardiging; verpakking
confidare toevertrouwen; vertrouwen hebben op
confidente vertrouwend, vol vertrouwen; *zn m* vertrouweling
confidenza vertrouwen; vertrouwelijkheid; ~ *in sè,* zelfvertrouwen
confidenziale vertrouwelijk
confinare verbannen; begrenzen; grenzen (aan, *con*); *-rsi,* zich terugtrekken
confine *m* grens, grenslijn
confisca confiscatie, inbeslagneming; verbeurdverklaring
confiscare in beslag nemen
conflitto conflict, botsing
confluente *m* samenstroming; zijrivier
confluenza samenvloeiing
confo'ndere vermengen; verwarren; beschamen; *-rsi,* zich vermengen; in de war geraken
conformare in overeenstemming brengen; *-rsi,* zich voegen, richten; regelen naar
conforme conform, gelijkvormig; overeenkomstig, gelijkluidend
confortare troosten, sterken
conforte'vole comfortabel, behaaglijk, gemakkelijk
conforto sterking, troost; bijstand; helper, steun
confrontare vergelijken; confronteren; overeenstemmen
confronto vergelijking; *in ~ a, a ~ di,* in vergelijking met; *nei ~i di,* jegens, ten opzichte van
confusiona'rio warhoofd
confusione *v* verwarring, wanorde; verlegenheid
confuso verward; verlegen
congedare ontslaan, afdanken, wegzenden
congedarsi afscheid nemen
congedo ontslag; afscheid; verlof

congelare bevriezen; stollen
congelato diepvries
congelatore *m* diepvriezer
congettura vermoeden, gissing
congiu'ngere verbinden, verenigen; samenvoegen
congiuntamente verenigd, in gemeenschap, tezamen
congiuntiva bindvlies
congiuntivo verbindend, bind-, verbindings-, voegwoordelijk; *zn* aanvoegende wijs
congiuntura voeg, las, aaneenvoeging; conjunctuur
congiunzione *v* verbinding; voegwoord
congiura samenzwering, complot
congiurare samenzweren, samenspannen
conglomerare opeenhopen, samenpakken
congratulare zich verheugen; *-rsi,* iemand gelukwensen
congratulazione *v* gelukwens; *congratulazioni!,* gefeliciteerd!
congregazione *v* vereniging; broederschap, congregatie
congresso congres
congruente passend, overeenkomstig, behoorlijk, congruent
congruenza overeenstemming, behoorlijkheid; congruentie
co'ngruo overeenkomstig, passend, behoorlijk; congruent
coni'fera naaldboom, conifeer
coniglio *m* konijn
coniugale echtelijk, huwelijks-
coniugare vervoegen; verbinden, paren
coniugato vervoegd; gehuwd; *zn mv coniugati,* echtgenoten
coniugazione *v* vervoeging
co'niuge *m* echtgenoot
connessione *v* verband, samenhang; connectie
connesso (met elkaar) verbonden; desbetreffend; ~ *con,* in verband met, met betrekking tot
connotati *mv* signalement
cono kegel; ~ *gelato,* hoorn (consumptie-ijs)
conoscente *m, v* kennis, bekende
conoscenza kennis; wetenschap; bekende
conoscere kennen
conosci'bile kenbaar
conosciuto bekend, beroemd
conquista verovering; buit
conquistare veroveren; verwerven
conquistatore *m* veroveraar
consacrare wijden; inzegenen; bevestigen, rechtvaardigen
consacrazione *v* wijding, inzegening, heiliging; bevestiging

consangui'neo verwant
consapevolezza medeweten; kennis
co'nscio bewust
consecutivo opeenvolgend
consegna bewaring; consignatie; aflevering; consigne, wachtwoord; ~ *a domici' lio,* thuisbezorging
consegnare overhandigen, afgeven; afleveren
conseguentemente dientengevolge, bijgevolg
conseguenza gevolg, resultaat; gevolgtrekking; consequentie; *di ~,* derhalve, bijgevolg, dientengevolge
consenso toestemming
consentire inwilligen; toestemmen; mogelijk maken
conserva'bile duurzaam
conservare bewaren, behouden; *-rsi,* goed blijven
conservato'rio conservatorium; *bn* behoudend
conservazione *v* behoud, instandhouding
conserve *mv* conserven, verduurzaamde levensmiddelen
considera'bile aanzienlijk, aanmerkelijk
considerando met het oog op
considerare beschouwen, overwegen, in overweging nemen; achten, vinden, houden voor; *-rsi,* zich houden voor, zich rekenen, zich achten
considerato met het oog op
considerazione *v* beschouwing, overweging; mening, achting, naam
considere'vole aanmerkelijk, aanzienlijk
consiglia'bile aanbevelenswaardig
consigliare aanraden; *-rsi,* beraadslagen
consigliere *m* adviseur, raadsheer, raadslid
consiglio *m* raad; raadsvergadering; *dar ~,* raad geven
consistente bestaand; stabiel; vast; duurzaam
consistenza duurzaamheid, houdbaarheid; stevigheid, dichtheid
consi'stere *di* bestaan uit
conso'cio *m* associé, compagnon
consolare troosten, opbeuren; verkwikken; *bn* consulair
consolato *m* consulaat
consolazione *v* troost
co'nsole *m* consul
consolidamento bevestiging; duurzaamheid
consolidare consolideren, duurzaam maken; bevestigen; *-rsi,* vast, stevig, duurzaam worden; helen
consonante *v* medeklinker
consonare harmoniëren,

277

overeenstemmen
consorte m-vechtgenoot
consorteria gezelschap; groep; kliek
conso'rzio consortium; syndicaat; genootschap
constare duidelijk zijn; vaststaan; ~ di, bestaan uit, samengesteld zijn uit
constatare constateren, met zekerheid vaststellen
consuetamente gewoonlijk
consueto gewoon; zn gewoonte; gebruik; di ~, naar gewoonte
consuetudina'rio gewoonte-
consuetu'dine v gewoonte; gebruik; gewoonterecht
consulente bn bijstaand; consulterend; m consulent; ~ tributa'rio, belastingconsulent
consulta beraadslaging
consultare raadplegen, consulteren
consultazione v raadpleging, consultatie
consultivo raadgevend
consulto consult
consuma verbruik
consuma'bile verteerbaar, voor 't verbruik geschikt
consumare verteren, verbruiken; eten, consumeren; verslijten; vernietigen; -rsi, verslijten, wegteren
consumato verbruikt; versleten; volleerd, grondig, ervaren; zn consommé
consumatore m consument
consumazione v consumptie; verbruik
consumo consumptie; verbruik; afzet
contabilità v comptabiliteit, boekhouding
contachilo'metri m kilometerteller
contadina v boerin
contadino m boer
conta'gio besmetting
contagioso besmettelijk
contagiri m techn toerenteller
contaminare bevlekken, bezoedelen; onteren; ziek maken, besmetten
contante contant; pagare a (in) contanti, contant betalen
contare tellen; rekenen
contatto m contact; prendere ~ contact opnemen
conte m graaf
contea graafschap
conteggiare rekenen, berekenen
contegno houding; gedraging; waardigheid
contegnoso waardig, deftig
contemplare beschouwen
contemplazione v beschouwing, bespiegeling
contempora'neo gelijktijdig; zn m tijdgenoot

conte'ndere strijden, tegenspreken; beletten, bestrijden
contenere bevatten, omvatten beteugelen; -rsi, zich beheersen
contentare bevredigen, tevredenstellen; -rsi, tevreden zijn, zich vergenoegen
contentezza tevredenheid; voldoening
contento tevreden, blij
contenuto m inhoud
contessa gravin
conte'ssere samenweven, samenvlechten
conti'guo aangrenzend; belendend; naburig
continentale continentaal, vastelands-
continente m vasteland; bn ingetogen, kuis, matig
contingente toevallig; zn m aandeel; contingent
continuamente steeds, voortdurend
continuare voortzetten; verlengen; duren; aanhouden
continuatamente voortdurend
continuazione v voortzetting; voortduring
continuità v continuïteit, onafgebroken reeks; samenhang
conti'nuo onafgebroken, doorlopend
conto m rekening; ~ corrente, rekening-courant; ~ corrente postale, postgirorekening; per ~ proprio voor eigen rekening; a conti fatti, na rijp overleg; per nessun ~, onder geen voorwaarde; tener ~ di, rekening houden met; chiedere ~ di, rekenschap vragen
contorno m omtrek; omgeving; omlijsting; bijgerecht
contrabbandiere m smokkelaar
contrabbando smokkelhandel; smokkelwaar; contrabande
contrada straat; stadswijk; streek
contraddire tegenspreken; bestrijden
contraddizione v tegenspraak; tegenwerping; tegenstrijdigheid
contraffare namaken, vervalsen; -rsi, zich vermommen
contraffatto nagemaakt, vervalst; verkleed; wanstaltig
contraffazione v namaak; vervalsing
contralto alt (stem)
contrappeso tegenwicht
contrapposto tegenovergesteld; zn het tegenovergestelde; tegenstelling
contrariamente a in tegenstelling tot
contrariare bestrijden, dwarsbomen; weerspreken
contrarietà v tegenspraak; tegenstand; tegenspoed
contra'rio tegenovergesteld; tegenstrijdig; ongunstig, nadelig; zn tegendeel; tegenstelling; vento ~,

tegenwind; ~ a, in strijd met
contrarre sluiten, aangaan; aanknopen; oplopen (ziekte); -rsi, zich samentrekken; ineenkrimpen
contrastare in strijd zijn met, contrasteren
contrasto tegenstelling, contrast; beletsel; gekibbel
contrattante m contractant; bn contracterend
contrattare onderhandelen; pingelen; een contract sluiten
contratto contract; bn gesloten, samengetrokken
contravvenzione v overtreding; boete
contrazione v samentrekking, verkorting
contribuire bijdragen; geven
contribuzione v bijdrage, belasting; contributie
contrizione v wroeging
contro tegen
controllare controleren
controllo m controle
controllo di frontiera m grenscontrole
controllo di passaporti m pascontrole
controllo doganale m douanecontrole
controllore m controleur
controluce v tegenlicht, vals licht; m tegenlichtopname
contromarca contramerk, sortie (in schouwburg); ijkmerk (op goud en zilver)
controparte v tegenpartij
controve'rsia meningsverschil, geschil
controverso bestreden, betwist, twist-
contuma'cia verstek
contu'ndere kneuzen
contusione v kneuzing; buil
convalescenza genezing, beterschap
convene'vole passend, geschikt; zn m fatsoen; beleefdheid
convenevolezza v fatsoen; goede manieren
conveniente passend, geschikt; voordelig (goedkoop)
convenienza gepastheid; samenhang; fatsoen; goede manieren
convenire samenkomen; overeenstemmen; het eens worden (over); nuttig, nodig zijn; passen; non mi conviene, 't past mij niet
convento m klooster
convenzione v conventie, overeenkomst; gebruik, gewoonte
conversare zich met iem onderhouden, praten
conversazione v onderhoud, gesprek; gezelschap
conversione v conversie; bekering; zwenking
convertire veranderen, omkeren, bekeren; converteren

convertito bekeerling
convincente overtuigend, pakkend
convi'ncere overtuigen
convinzione v overtuiging
convitto kostschool, opvoedingsgesticht
convivere samenwonen
convocare samen-, oproepen
convocazione v convocatie, oproeping
convo'glio geleide; konvooi; ~ funebre, lijkstoet
convulsione v stuiptrekking
cooperare samenwerken
cooperativa coöperatie(v.e. vereniging)
cooperazione v samenwerking
Copenaghen v Kopenhagen
cope'rchio deksel
coperchio della ruota m wieldop
coperta v deken, dekbed; dek (v. schip)
coperto bedekt; gekleed, toegedekt; heimelijk; zn couvert (aan tafel); overdekte plaats; beschutting
copertone m buitenband
copertura bedekking, dek, dak
co'pia kopie; afschrift; exemplaar; doorslag; brutta ~, klad, concept; per ~ conforme, voor gelijkluidend afschrift
copiare kopiëren
copiatrice v kopieerapparaat
copione m script; draaiboek
copioso overvloedig, rijkelijk
coppa v coupe; cup
co'ppia v paar; koppel; paartje, echtpaar
coppia v echtpaar
copre tutto (che ~) all-riskverzekering
copriauto autohoes
copricatena m kettingkast
copriletto m sprei
coprire bedekken; verbergen, dekken, beveiligen; (een ambt) bekleden
copriteiera theemuts
copulazione v verbinding, vereniging; paring
coraggio m moed
coraggioso moedig, dapper
corallo koraal (stof)
corazza pantser
corba korf; een korf vol
corda v touw, snoer, koord; pees; corde vocali, stembanden
cordiale m hartversterking; bn hartelijk; vriendelijk
cordialità v hartelijkheid
cordone m kordon
corista m-vkoorlid; stemvork
corna'cchia kraai; babbelkous
cornamusa doedelzak
cornetta v jacht-, posthoorn; kornet
cornice v lijst

corno hoorn; gewei; buil; arm (v. rivier); ~ da scarpe, schoenlepel
coro koor
corona krans; kroon; diadeem; rozenkrans; kring
coronare bekransen; kronen; belonen; sieren; omringen
corpo m lichaam
corporale lichamelijk
corpulento zwaarlijvig
corpulenza zwaarlijvigheid
Corpusdomini m Sacramentsdag
corredo uitrusting, uitzet; ~ da via' ggio, reisnecessaire
corre'ggere terechtwijzen; verbeteren; corrigeren
corre'ggia (leren) riem
corrente v loop, stroom; stroming; gangbare mening, mode; ~ alternata, wisselstroom; bn vloeiend, stromend; lopend, gangbaar
corrente d'aria v tocht (luchttrek)
corrente elettrica v stroom (elektrische)
co'rrere lopen, draven, rennen, snellen; stromen, vloeien; voorbijgaan; ~ agli occhi, in 't oog lopen
corretto correct; juist
correzione v straf, verbetering; correctie
corrida stieregevecht
corrido'io gang; tussendek
corridore m hardloper, (wiel)renner
corriera v busverbinding; streekbus
corriere m koerier; briefpost
corrispondente m correspondent; verslaggever; bn overeenkomstig
corrispondenza overeenkomst; briefwisseling; per ~, schriftelijk (cursus)
corrispo'ndere beantwoorden aan; in briefwisseling staan met
corro'dere wegvreten, uitbijten
corro'mpere bederven; omkopen
corrompi'bile omkoopbaar
corrotto bedorven, slecht, verdorven; omgekocht, corrupt
corruzione v verdorvenheid, bederf; corruptie; omkoping
corsa v rit; koers; loop, wedren; le corse, de paar-denrennen; ~ staffetta, estafetteloop; di ~,op een draf; haastig
corsetto korset, lijfje
corsia v rijbaan; ~ di accelerazione, invoegstrook;~ di decelerazione uitrijstrook
corsivo cursief
corso loop, wedren; renbaan; corso; optocht, rondgang; stroom, stroming; vaart; koers; cursus, leergang; ~ estivo, zomercursus;

nel ~ di, gedurende, tijdens, in de loop van
Corso Corsicaan
corte v hof; binnenplaats; hofhouding; ~ d' appello, hof van appel; ~ d' assise, hof van Assisen; ~ marziale, krijgsraad
corte'ccia bast, schors
corteo m optocht
cortese hoffelijk, beleefd, vrijgevig
cortesia hoffelijkheid, beleefdheid; vrijgevigheid; fooi
cortezza kortheid; bekrompenheid
cortile m binnenplaats
cortina gordijn
corto kort; kortstondig; klein (v. gestalte); bekrompen
corto circuito m kortsluiting
corvo raaf
cosa v ding; zaak; (che) ~? wat; qualche ~, iets;ogni ~, alles
coscia v dij(been)
coscienza geweten; gemoed; bewustzijn
coscienzioso nauwgezet, getrouw, consciëntieus
cose v mv spullen
così zo, zodanig; ~ ~, zo zo, middelmatig
così che zodat
cosiddetto zogenaamde
cosmetici m cosmetica
cosme'tico cosmetica; bn schoonheids-, cosmetisch
cosmona'utica ruimtevaart
cosmo'poli v wereldstad
cospi'cuo in 't oog vallend; belangrijk, aanzienlijk
cospirare samenzweren
cospirazione v samenzwering
costa oever, kust; rib; zijde, flank; heuvelrug
costà daar, daarheen, daarginds
costa v kust
costanza standvastigheid, vastheid
costare kosten; quanto costa?, hoeveel kost dat?
costata kotelet
costatare constateren
costellazione v sterrenbeeld
costernato verward, verbijsterd
costernazione v verbijstering, ontsteltenis
costipante m stopmiddel (med)
costipazione v constipatie
costituire vormen; oprichten; benoemen
costituito essere ~ da (di), bestaan uit
costituzione v grondwet, staatsregeling, samenstelling; gestel
costo kosten, prijs; a nessun ~, onder geen voorwaarde

costola v rib
costoletta kotelet, ribbetje
costoso kostbaar, duur
costri'ngere dwingen, noodzaken
costrizione v samentrekking; dwang;
noodzaak
costruire bouwen, samenstellen
costruttore m constructeur;
vervaardiger, bouwer
costruzione v gebouw; constructie
costume m gewoonte; gebruik;
welgemanierdheid, fatsoen;
kostuum; klederdracht; costumi, mv
zeden, gewoonten
costume da bagno m badpak,
zwembroek
costume m klederdracht
cotenna zwoerd
cotoletta v kotelet
cotonare (i capelli) touperen
cotone m katoen; ~ idro' filo, watten
covare (uit)broeden; smeulen; (haat)
koesteren
covata broed, broedsel
covile m leger (v. dier), hol, nest
covo hol
covone m (koren)schoof
cozza v mossel
cozzare stoten, botsen
crac m krach, ineenstorting
crampo kramp; mi prende un ~, ik
krijg kramp
cra'nio schedel
crasso dik; grof
cratere m krater
cravatta v stropdas
creare scheppen, creëren
creatore m schepper; bn scheppend,
scheppings-
creatura schepsel
creazione v schepping, creatie
credente gelovig; gelovige
credenza geloof; mening; vertrouwen;
krediet; buffet; dientafel;
provisiekamer; a ~, op krediet; a
mia ~, naar mijn mening; sotto ~,
onder geheimhouding
cre'dere geloven, menen, houden
voor; vertrouwen; zn m het geloven,
mening
credi'bile geloofwaardig
cre'dito m credit; tegoed; krediet; a
~, op krediet
creditore m crediteur, schuldeiser
credo credo, geloofsbelijdenis
cre'dulo lichtgelovig
crema v crème, room; ~ da barba,
scheerschuim
crema per il caffè v koffiemelk
cremagliera tandrad
cremare cremeren
cremazione v crematie
crepa scheur; kloof
crepa'ccio grote scheur, kloof

crepare barsten, splijten, scheuren;
creperen, verrekken
crepatura scheur, barst
crepitare knetteren
cre'pito geknetter
crepu'scolo schemering
crescendo muz aanzwelling,
crescendo
crescenza groei, toename,
aangroeiing, aanzwelling
cre'scere groeien, toenemen, gedijen;
vermeerderen; opvoeden
cre'scita groei
cre'sima rk vormsel
cresimando rk vormeling
crespo gekroesd, kroes
cresta kam (v. haan, bergketen); kruin
(v. dijk)
creta krijt
cric(co) krik, vijzel
cri'cchio gekletter
cricco m krik
Cri'mea Krim
criminale misdadig, strafrechtelijk
crine m paardenhaar
criniera manen
crisantemo chrysant
crisi v crisis; ~ di nervi, zenuwaanval
cristallino bn kristallen
cristallo m kristal; ruit
cristiane'simo christendom
cristianità v christenheid
cristiano christelijk; zn christen
cristino geroosterde snee brood
Cristo m Christus
cri'tica v kritiek; beoordeling
criticare beoordelen, kritiseren;
bedillen; afkeuren
cri'tico m criticus; recensent; bn
kritisch; kritiek, beslissend,
zorgelijk
cri'vellare zeven, ziften; nauwkeurig
onderzoeken
crivello zeef
crocchetta croquetje
crocchiare knakken
croce v kruis; kruising; C~ Rossa,
Rode Kruis
crocevia m kruispunt
crociata kruistocht; kruisweg
crociera kruistocht; cruise; rondvlucht
crocifi'ggere kruisigen; fig kwellen
crocifissione v kruisiging
crocifisso crucifix, kruisbeeld
croco krokus
crollo ruk; ineenstorting
cromare verchromen
cro'naca kroniek, reportage
cronista m reporter
crosta korst; neerslag; schaal (van
schaaldieren); schurft
cruciverba m kruiswoordraadsel
crudele wreed, onbarmhartig
crudeltà v wreedheid

crudo rauw; fig wreed
crumiro onderkruiper
cruna oog (v. naald)
crusca zemelen; kaf
cruscotto m dashboard
cubetto di ghiaccio m ijsblokje
cubetto flash m flitsblokje
cu'bico kubiek, derdemachts-
cu'bito ellepijp; voorarm
cubo kubus; derde macht
cuccagna luilekkerland
cuccetta v couchette
cucchiaino theelepeltje
cucchiaio m lepel
cucina v keuken
cucinare koken (spijzen)
cucinato gekookt
cucire naaien
cucitrice naaister; (per carta)
nietmachine
cucitura v naad;; hechting (v. wond)
cu'culo, cuculo koekoek
cu'ffia muts; voile, sluier; rad
koptelefoon; fig schijn
cuffia da bagno v badmuts
cuffie v koptelefoon
cugina vnicht (kind v. oom of tante)
cugino m neef (kind v. oom of tante)
cui die, dat, hetwelk, wat; di ~ (a
pa' gina 3), vermeld (op blz 3)
culla v wieg
cullare wiegen
cu'lmine m top, nok
culto eredienst
cultura v cultuur; beschaving;
ontwikkeling (kennis);verbouw (v.e.
gewas); ~ fisica, bodybuilding
cumino m komijn
cumulare ophopen, opstapelen
cuneo wig
cuoca keukenmeisje, kokkin
cuo'cere koken
cuoco m kok
cuoio m leer
cuore m hart; moed; cuori, mv,
harten (kaartspel);aver il ~, de
moed hebben; di ~, hartelijk
cupè m coupé
cupidi'gia, cupidità v begeerte, vurig
verlangen
cu'pido di belust op
cu'pola koepel, dom
cupone m handel coupon
cura zorg; bezorgdheid; toezicht;
beheer; kuur; verpleging; ~
dimagrante, vermageringskuur
cura'bile geneeslijk
curare verzorgen; letten op; med
behandelen; in acht nemen; ~ che,
ervoor zorgen dat; non ~ di qc, niet
veel geven om
curativo geneeskrachtig
curato pastoor
curatore m curator; voogd; verzorger

curiosità *v* bezienswaardigheden; nieuwsgierigheid;curiosa
curioso nieuwsgierig; zeldzaam, merkwaardig
curva *v* bocht; curve, kromme lijn
curvare krommen, buigen
curvatura kromming, buiging, bocht
curvo krom, gebogen, gebukt
cuscinetto kussentje
cuscinetto a sfere *m* kogellager
cuscinetto ruota *m* wiellager
cuscino *m* (hoofd)kussen
custode *m* bewaarder; huismeester, portier
custodia *v* bewaring; bewaking
custodire bewaken: bewaren, verzorgen
cuta'neo huid-
cute *v* huid (van mens)
cutre'ttola kwikstaartje

D

da van, vanaf, vanuit; uit (plaats); om te; naar(persoon); sinds; ~ *quando*, sinds; ~ *parte*,naaste, terzijde; ~ *lontano*, van verre, uit deverte; ~ *meno*, minder; ~ *presso*, van dichtbij;*tanto* ~, genoeg om; *andare da*, gaan naar (persoon); *aver* ~ ..., ... moeten; *fare da se*,iets zelf doen
daccapo nog eens, van voren af aan
dacchè sinds
d'accordo afgesproken
dado dobbelsteen; *techn* moer; ~ *per brodo*, bouillonblokje; *a dadi*, in stukjes, blokjes
dado ad alette *mv*leugelmoer
dagli = *da gli*
dai = *da i*
dal, dallo, dalla = *da il, da lo, da la*
da'lia dahlia
dalto'nico kleurenblind
d'altronde trouwens
dama dame, meesteres; geliefde
dama, giocare a dammen
damasco damast
damiere *m* dambord
danaroso geld-; rijk
dancing *m* dancing
danese Deens; *zn* Deen
Danimarca Denemarken
dannare verdoemen; vervloeken; hevig berispen
dannato verdoemd; hevig
dannazione *v* verdoemenis; plaag
danneggiare beschadigen
danneggiato beschadigd
danno *m* schade, nadeel, verlies; *è un* ~, het is jammer
dannoso schadelijk, nadelig
Danu'bio Donau
danza dans
danzare (kunstig) dansen

danzatrice *v* danseres
dappertutto overal
dapprima eerst, in 't begin
dare geven
dare in custodia bewaring: in – geven
data *v* datum; datg; *kaartsp* het geven
data di nascita *v* geboortedatum
datare dagtekenen; *a* ~ *da*, vanaf, met ingang van
dati *m mv* gegevens
dativo derde naamval, datief
dato gegeven; *bn* gegeven; een bepaalde, een zekere (tijd); wegens, door; met het oog op; verslaafd (aan); ~ *che*, aangezien, daar
datore gever; ~ *di lavoro*, werkgever
dattero *m* dadel, dadelpalm
dattilo'grafo *m* typist
dattorno rondom, ongeveer; om
davanti vooraan; *zn* voorkant
davanti a vóór (plaats); tegenover
davvero werkelijk, waarachtig; *no* ~*!*, volstrekt niet!
da'zio belasting, octrooi o; ~ *consumo*, accijns; ~ *d' entrata*, invoerrecht
DD = *direttissimo*
dea godin
debilità *v* zwakte, slapte
debilitare verzwakken
debito *m* schuld (geld)
debitore *m* debiteur, schuldenaar
debole zwak (niet sterk)
debolezza zwakte, zwakheid; gebrek, zonde
debuttare debuteren
debutto debuut
decadenza verval, afname
decadere vervallen
decaffeinato cafeïnevrij
decennale tienjaarlijks
decente betamelijk, eerbaar; zedig, fatsoenlijk
decenza fatsoen, eerbaarheid, zedigheid
decesso dood, overlijden
deci'dere beslissen, besluiten, vaststellen
decifrare ontcijferen
decimale tiendelig; tientallig
decimetro *m* decimeter
de'cimo tiende
decina tiental
decisione *v* beslissing, besluit
declamare declameren, voordragen
declinare buigen, afhellen; ten einde lopen, ondergaan (sterren); afwijken; verbuigen
declinazione *v* afneming, buiging; verval; declinatie, afwijking; verbuiging
decli'vio helling, glooiing; verval
declività *v* schuinte, helling, afloop

decollare onthoofden; opstijgen
decorare versieren, decoreren
decorazione *v* versiering, decoratie; ridderorde
decoro decorum, fatsoen; *fig* eer, roem
deco'rrere voorbijgaan, verlopen; ingaan, van kracht worden; *a* ~ *da*, met ingang van
decre'pito afgeleefd; vervallen
decrescendo afnemend, zwakker wordend van toon, decrescendo
decreto verordening, beschikking, decreet, raadsbesluit
de'dica opdracht, wijding
dedicare toewijden, opdragen
dedicazione *v* (in)wijding
dedurre afleiden; besluiten; aftrekken
deduzione *v* afleiding, gevolgtrekking; aftrekking, aftrek; *in* ~ *di*, in mindering van
defalcare aftrekken, in mindering brengen
definire bepalen; uitmaken, beslissen; beslechten; regelen (zaken); definiëren
definitivamente definitief, voorgoed
definitivo beslissend, uiteindelijk
definizione *v* bepaling, definitie; regeling (v/e kwestie)
deformare misvormen
deforme misvormd, wanstaltig
defunto gestorven, overleden; wijlen; *zn* overledene
degenerare ontaarden
degli = *de gli*, van de
degnare waardig keuren; ~ *of* -*rsi*, zich verwaardigen
degno waardig, waard; verdienstelijk
degradare degraderen; verlagen, vernederen
degustare proeven
deità *v* godheid
del = *de il*, van de
delegare afvaardigen; delegeren, overdragen; machtigen
delegato afgevaardigde, gedelegeerde, gemachtigde
delegazione *v* opdracht, volmacht, delegatie
delete'rio vernietigend; verderfelijk, dodelijk
delfino dolfijn
deliberare besluiten; beraadslagen; toekennen
deliberazione *v* beraadslaging; beslissing, besluit; overleg
delicatezza kiesheid; fijnheid; smakelijkheid; lekkernij
delicato zacht, kies; kleinzerig; welluidend, lekker, smakelijk, netelig
delirare ijlen, raaskallen; dwepen
delitto misdrijf

delittuoso misdadig

deli'zia genot, lust, pracht, heerlijkheid; *delizie*, *mv* geneugten; weelde

delizioso verrukkelijk, heerlijk

dell', delle, della, dello van de, van het

delu'dere teleurstellen, ontgoochelen

delusione *v* ontgoocheling, teleurstelling

demente waanzinnig; dement

demenza krankzinnigheid; dementie

democrazia democratie

demolire slopen, slechten, afbreken

demo'nio *m* demon; duivel; kwaadaardig mens

denaro *m* geld

denigrare zwart maken, belasteren

denominare een naam geven, noemen; *-rsi*, heten

denominatore *m* noemer (v. breuk)

denominazione *v* benaming

denotare uitdrukken, betekenen, aanduiden

densità *v* dichtheid; vastheid

denso dicht, verdikt, dik

dente *m* tand; ~ *molare*, kies

dentiera *v* kunstgebit

dentifricio *m* tandpasta

dentista *m-v* tandarts

dentro binnen

denunciare zie *denunziare*

denunzia *v* aanklacht; aankondiging, bekendmaking;aangifte

denunziare aangeven, aankondigen, melden; aanbrengen

denunziatore *m* aanbrenger aanklager, verklikker

denutrizione *v* ondervoeding

deodorante *m* deodorant

deperire vervallen; wegkwijnen

depliant *m* brochure, folder

deplora'bile betreurenswaardig; jammerlijk

deplorare betreuren

deporre afleggen, neerleggen; laten varen; getuigen; ontzetten (v. rang)

deportare verbannen, deporteren

depositare in bewaring, in deposito geven; deponeren

depo'sito *m* deposito, depot, bewaargeving; bijzetting in graf; bezinksel; ketelsteen; ~ *di biciclette*, fietsenstalling

deposito bagagli *m* bagagedepot

depravare bederven, verderven

deprecare smeken, bidden; bezweren

depressione *v* depressie; gedrukte stemming; druk; onderdrukking; vernedering

depresso gedeprimeerd; *zona ~*, achtergebleven gebied

depri'mere neer-, omlaagdrukken; indrukken; vernederen

onderdrukken

deputare afvaardigen

deputato afgevaardigde; volksvertegenwoordiger

deputazione *v* afvaardiging; deputatie

deragliamento ontsporing

deragliare derailleren, ontsporen

deragliatore *m* derailleur

deretano achterste, achterwerk

deri'dere uitlachen, bespotten

derisione *v* spot, hoon

deriso'rio belachelijk

derivare afleiden; afstammen, voortkomen; afdrijven

derubato bestolen

descri'vere beschrijven

descrizione *v* beschrijving

deserto woest, onbewoond, verlaten; *zn* woestijn

desidera'bile wenselijk

desiderare wensen, begeren

desiderio *m* wens, verlangen

designare aanwijzen, aanduiden; benoemen

desinare eten, dineren; *zn m* middagmaal

desi'stere afstaan, afzien van; ~ *da*, opgeven

desolante troosteloos, bedroevend, treurig

desolare verwoesten; diep bedroeven, kwellen

dessert *m* dessert

destare wekken, opwekken; opvrolijken; aanwakkeren

destinare bestemmen

destinata'rio *m* geadresseerde

destinazione *v* bestemming

destino (nood)lot; plaats van bestemming

destituire afzetten; beroven van

destituzione *v* ontzetting

desto wakker, vlug, levendig

destra rechts; rechterhand; rechterzijde; *a ~*, rechts, rechtsaf; *a ~ di*, rechts van

destrezza handigheid, behendigheid, slimheid

destro rechter; handig, bekwaam; vlug; sluw

detenere gevangenhouden; terughouden, in toom houden

detenuto gevangene, gedetineerde

detenzione *v* hechtenis, detentie

deteriorare bederven; verslechteren

determinare bepalen, vaststellen; veroorzaken; beslissen; besluiten

determinativo bepalend

determinato bepaalde

determinazione *v* bepaling, vaststelling; besluit, beslissing, vastberadenheid

detersivo *m* wasmiddel; ~ *per i*

piatti, afwasmiddel

detestare verfoeien, verafschuwen, haten

detrarre aftrekken; door 't slijk sleuren, belasteren

detrazione *v* aftrek, vermindering

detrimento nadeel, schade

detta gezegde, uitspraak; *a ~ di*, volgens zeggen van

dettagliante *m* kleinhandelaar

dettagliato gedetailleerd, uitgebreid, uitvoerig

detta'glio detail, bijzonderheid; *in ~*, en detail, in het klein

dettare dicteren; voorzeggen; ingeven, voorschrijven (als wet)

dettato dictee; dictaat; zinspreuk; spreekwoord; gezegde

dettatura dictee dictaat

detto *zn* woord, gezegde; spreekwoord; *bn* gezegd, gesproken; genoemd

devastare verwoesten

devastazione *v* verwoesting

deviare afwijken; ontsporen; op dwaalwegen geraken; afleiden

deviazione stradale *v* wegomlegging

deviazione *v* afwijking; ontsporing; omlegging (weg)

devoto vroom; toegewijd

devozione *v* vroomheid; godsvrucht; verknochtheid; aalmoes; *far le sue devozioni*, zijn godsdienstplichten vervullen

di van; uit; over; tot; bij, op, in; met; voor; aan; te; *la città ~ Roma*, de stad Rome; ~ *forza*, met geweld; *più bravo ~*, knapper dan

dì *m* dag

diabete *m* suikerziekte

diabetico suikerpatiënt

diabo'lico duivelachtig, duivels; *fig* boosaardig, hels

dia'fano doorzichtig, doorschijnend

diaframma *m* middenrif; tussenschot; diafragma

dia'gnosi *v* diagnose

dialetto dialect, tongval

dialogo *m* dialoog

diamante *m* diamant

dia'metro *m* middellijn, diameter

dia'mine deksels!, drommels!

dianto anjelier

diapositiva *v* dia

dia'rio dagboek, journaal; agenda

diarrea *v* diarree

diavoletto deugniet; papillot

dia'volo duivel

dicembre *m* december

dichiarare verklaren; kennis geven; aankondigen, declareren; *-rsi*, zijn mening zeggen; zich duidelijk uitspreken

dichiarazione *v* verklaring,

kennisgeving; aangifte
diciannove negentien
diciassette zeventien
diciottenne achttienjarig
diciotto achttien
didascalia onderschrift (onder film of illustratie)
didietro m achterkant; achterin
dieci tien
diecimila tienduizend
diecina, decina tiental
diesis m muz kruis
dieta v dieet; a ~ op dieet
dietro achter; di ~, van achteren; bn di ~, achter-,achterste; ~ a, achter(na); zn achterstuk , achterwerk
dife'ndere verdedigen, beschermen; beletten, verbieden; -rsi, zich verdedigen
difensivo verdedigend, defensief
difesa verdediging; ~ contrae'rea, luchtbescherming
difettivo onvolkomen, gebrekkig; onvolledig
difetto m defect
difettoso gebrekkig, onvolledig
difettuosità v gebrekkigheid, onvolledigheid
differente verschillend; ~ da, anders dan
differenza v verschil; geschil; a ~ di, in tegenstelling tot
differire verschillen; talmen; uitstellen
difficile moeilijk
difficoltà con moeite met
difficoltà v moeilijkheid
diffidare wantrouwen; argwaan hebben; tot wanhoop brengen
diffidente wantrouwend, argwanend
diffo'ndere verspreiden
difformare misvormen
difforme ongelijk, verschillend
diffusione v verbreiding; uitstraling, diffusie (van licht, gas); breedsprakigheid; rad uitzending
difilato rechtuit; lijnrecht
difterite v difterie
diga dijk
digerire verteren; verkroppen
digestione v spijsvertering
digitale vinger-
digiunare vasten
digiuno vasten(dag); nuchterheid; bn nuchter; verstoken van
dignità v waardigheid
dilapidare verkwisten
dilatare uitzetten, uitrekken, verwijden
dilettare vermaken; bevallen; aanstaan; -rsi, zich vermaken; genoegen scheppen in
dilette'vole vermakelijk, aangenaam

diletto genoegen; lust; bn bemind, dierbaar
dilezione v welgevallen; vrome liefde
diligente vlijtig; voortvarend
diligenza ijver, vlijt; voortvarendheid; diligence
diluire oplossen, verdunnen
dilu'vio zondvloed; overstroming; watersnood; overvloed
dimagrare vermageren; afvallen (v. gewicht)
dimensione v afmeting, omvang
dimenticare vergeten
dime'ntico vergeetachtig
dimentire ontkennen
dime'ttere afzetten, ontzetten; ontslaan; verwaarlozen; kwijtschelden; vergeven; -rsi, zijn ontslag nemen; zich verwaardigen
dimezzare middendoor delen, halveren
diminuire verminderen
diminuzione v vermindering
dimissione v ontslag
dimora verblijf, onthoud o; uitstel
dimorante woonachtig
dimorare wonen; talmen
dimostrare bewijzen, aantonen; betogen; uiteenzetten, schijnen, de schijn hebben; -rsi, zich betonen; blijken te zijn
dimostrativo betogend; demonstratief, aanwijzend
dimostrazione v bewijs; teken; betuiging; betoging; demonstratie
dinamite v dynamiet
dinamo v dynamo
dinanzi voor, bij, in tegenwoordigheid van; tegenover; vroeger, vóór, eer; il giorno ~, daags te voren; zn m voorkant
dintorno 1 omtrek; omstreken
dintorno 2, d'intorno om, rondom, ongeveer
Dio m God
dipartimento vertrek; scheiding; afdeling, district
dipartire scheiden, losmaken, afzonderen; verdelen
dipendente bn afhankelijk; zn m werknemer, employé
dipendenza afhankelijk; afkomst
dipe'ndere afhangen, afstammen
dipi'ngere schilderen; beschrijven; afschilderen; -rsi, zich verven; zich afspiegelen
dipinto m schilderij
diploma m diploma; oorkonde
diploma'tico diplomatisch; zn diplomaat
dipoi daarop, vervolgens
dire zeggen
direttamente regelrecht, rechtstreeks
diretti'ssimo sneltrein

direttiva leidraad, richtlijn
diretto, direttamente rechtstreeks; geleid
direttore m directeur
direttrice v directrice
direzione v directie; bestuur; richting
direzione v richting, kant
dirigente m dirigent, leider
diri'gere richten, adresseren; besturen
dirimpetto tegenover, juist tegenover; in vergelijking met (a)
dirittamente rechtstreeks, regelrecht
dirittezza rechtschapenheid
diritto bijw rechtdoor, rechtuit; zn recht; rechtspraak; ~ civile, burgerlijk recht; ~ d' entrata, invoerrecht; ~ penale, strafrecht; bn recht; rechts,rechter-; rechtschapen; regelrecht
disabitato onbewoond
disaccordo wanklank; meningsverschil
disadatto onhandig, onbeholpen
disadornare ontsieren
disaffezionare vervreemden, afkerig maken
disage'vole moeilijk, bezwaarlijk
disagiato verhard (weg)
disa'gio ongemak, moeilijkheid; nood, verlegenheid
disanimato moedeloos
disapprovare afkeuren, laken
disapprovazione v afkeuring
disarmonia wanklank; onenigheid
disastro onheil, ramp; ~ aereo, vliegramp
disattenzione v onoplettendheid, nalatigheid
discendente m afstammeling
discendenza afkomst, afstamming
disce'ndere (af)dalen; ondergaan; afstammen; landen; laten zakken
disce'pola leerlinge, schoolmeisje
disce'polo leerling, scholier; discipel
disce'rnere onderscheiden
discernimento onderscheidingsvermogen; oordeel
discesa afdaling; bergafwaarts lopend weggedeelte
dischetto m diskette
discio'gliere losmaken, oplossen, scheiden; zich kwijten van
disciplina tucht, discipline, orde; wetenschap
disciplinare onder tucht houden; tuchtigen; bn disciplinair, tucht-
disco discus, werpschijf; (grammofoon)plaat; grande ~, langspeelplaat; ~ combinatore, kiesschijf; ~ volante, vliegende schotel
disco del freno m remschijf
disco orario m parkeerschijf

discolpa verontschuldiging, rechtvaardiging
discolpare vrijpleiten, rechtvaardigen
discono'scere miskennen
disconoscimento miskenning
discontento ontevreden
discordare niet overeenstemmen; niet bij elkaar passen; in twist zijn
discorde oneens; ongelijk, niet bijeenpassend, tegenstrijdig
disco'rdia tweedracht
discorso gesprek
discosto ver(af), verwijderd
discoteca v disco
discreditare in diskrediet, in kwade reuk brengen
discreto gescheiden, afgezonderd; redelijk, matig; bescheiden
discrezione v bescheidenheid, terughouding; goeddunken
discussione v bespreking, gedachtewisseling; discussie
discu'tere bespreken, discussiëren
disdetta strop, tegenvaller, ongeluk
disdire afzeggen
diseccare ver-, uitdrogen
disegnare tekenen (afbeelden)
disegnatore m tekenaar
disegno tekenkunst; tekening, schets; ontwerp, plan; patroon (v. behang of stof); ~ animato, tekenfilm; per ~, met opzet
diseredare onterven
disertare verwoesten, ontvolken; deserteren
disertore m deserteur
disfare losmaken; slopen; te gronde richten; uitpakken (koffer); demonteren; afhalen (bed); verslaan; -rsi, uiteenvallen; oplóssen
disfida uitdaging
disfidare uitdagen, tarten
disgelo m dooi
disgiu'ngere scheiden, losmaken
disgrade'vole onaangenaam
disgra'zia v ongeluk, tegenspoed; ongenade
disgusto m tegenzin, walging
disgustoso walgelijk
disillusione v ontgoocheling
disimparare afleren
disinfettare ontsmetten
disingannare ontgoochelen, ontnuchteren
disinserire elektr uitschakelen
disinteressato belangeloos, onbaatzuchtig
disinteresse m onbaatzuchtigheid, belangeloosheid; gebrek aan belangstelling
disinvolto ongedwongen
disobbedire ongehoorzaam zijn
disoccupato werkloos; zn werkloze;

leegloper
disoccupazione v werkloosheid
disonestà v oneerlijkheid
disonesto oneerlijk
disopra al ~, boven
disordinatamente, disordinato onordelijk; in wanorde
diso'rdine m wanorde; verwarring; uitspatting; twist
disotto al ~, onder
di'spari ongelijk, verschillend; oneven (getal)
disparità v ongelijkheid, verschil
dispendioso kostbaar, duur
dispensa uitdeling (v. levensmiddelen); voorraadkamer, etenskast; aflevering (v. feuilleton)
dispensare uitdelen; vrijstellen; toedienen; -rsi, zich vrijmaken
dispensa'rio polikliniek
disperare wanhopen; -rsi, wanhopig worden
disperato wanhopig, hopeloos; radeloos
disperazione v wanhoop
dispe'rdere vernietigen, verstrooien, uiteenjagen; uitstralen (elektriciteit)
dispersione v verstrooiing, versnippering; kleurschifting; verkwisting
dispettare minachten
dispetto geringschatting, minachting; hoon, smaad; toorn, wrevel; aver in ~, minachten; a ~ di, ten spijt van; bn verachtelijk, laag
dispettoso geringschattend; verachtelijk; wrevelig
dispiacere ww mishagen; spijten; mi dis' piace, ik houd er niet van; ik vind het niet mooi (fijn, aardig); ik vind het vervelend; het spijt me; mi dis' piace che, ik vind het jammer dat; zn m misnoegen, leedwezen, spijt
dispiace'vole onaangenaam
disposizione v regeling, schikking; toestand; aanleg; beschikking, bepaling
disposto geregeld, bepaald; geneigd, gezind; bereid; ben ~, goedgezind, goed gestemd
dispregiativo minachtend
disprezzare min-, verachten
disprezzo minachting
disputa'bile betwistbaar
disputare disputeren, (rede)twisten; onderzoeken
disseminare uitstrooien, uitzaaien; verbreiden
dissensione v onenigheid
dissenso meningsverschil, onenigheid
dissentire van mening verschillen; niet overeenstemmen
dissestata (strada) opgebroken (weg)

dissezione v ontleding; sectie
dissi'mile ongelijk; verschillend
dissimulare verbergen, verhelen, ontveinzen
dissimulazione v veinzerij
dissolu'bile oplosbaar
dissolutezza bandeloosheid, losbandigheid
dissoluto opgelost; bandeloos
dissoluzione v oplossing, ontbinding; bandeloosheid, uitspatting
disso'lvere oplossen, ontbinden, opheffen
dissonanza wanklank
dissuadere afraden, ontraden
distante ver, afgelegen
distanza v afstand
distare verwijderd zijn
diste'ndere uitstrekken, (uit)rekken; neervellen; uitwerken; -rsi, zich uitstrekken, uitbreiden, verspreiden; uitzetten; reiken
distesa uitgestrektheid; vlakte, rij
disteso uitgebreid; uitgestrekt; ruim; glad, plat; e' ssere ~ su, liggen op; lungo ~, languit
distillare distilleren
disti'nguere onderscheiden; herkennen; afzonderen
distintamente duidelijk, helder; eerbiedig
distintivo bn kenmerkend, onderscheidend
distinto onderscheiden; duidelijk, klaar; gedistingeerd
distinzione v onderscheiding; verschil; eerbied, distinctie
distrarre aftrekken, afleiden, verstrooien; onttrekken
distratto afgeleid; verstrooid
distrazione v verstrooiing, afleiding; verduistering
distretto district
distribuire uitdelen
distributore automatico m automaat
distributore di corrente m stroomverdeler
distribuzione v uitdeling; distributie; bestelling (v. brieven)
distru'ggere verwoesten; vernietigen; verteren
distruttivo verwoestend, vernielend; destructief
distruzione v verwoesting, vernietiging, ondergang
disturbare storen
disturbo m storing
disubbidiente ongehoorzaam
disubbidire ongehoorzaam zijn, niet gehoorzamen
disuguale ongelijk, oneffen
disunire scheiden; tweedracht zaaien
disusato buiten gebruik; verouderd; ongewoon

disuso onbruik
ditale *m* vingerhoed
dito *m* vinger; ~ *anulare*, ringvinger; *(~) indice,*wijsvinger; *(~) mignolo,* pink
dito del piede *m* teen; ~ *grosso,* grote teen; *(~) mignolo,* kleine teen
ditta *v* bedrijf, firma
dittatore *m* dictator
dittongo tweeklank
diurno getijden-, dagboek; *bn* dagelijks, dag-
diva godin; *fig* geliefde; beroemde zangeres, filmactrice
divano divan, bank
divano-letto slaapbank
divenire worden
diventare worden
divergente uiteenlopend
dive'rgere uit elkaar lopen, divergeren
diversamente anders
diversione *v* afleiding; diversie, verstrooiing
diversità *v* verscheidenheid, verschil
diverso verschillend(e); ~ *da*, anders dan
divertente vermakelijk
divertimento afleiding, vermaak; vermakelijkheid
divertire amuseren, vermaken; *divertirsi*, zich vermaken
divetta chansonnière
divezzare afwennen
dividendo dividend
dividere (ver)delen
divieto verbod; veto; ~ *di sosta*, stopverbod
divieto di parcheggio *m* parkeerverbod
divinamente goddelijk
divinare voorspellen
divinità *v* goddelijkheid; godheid
divino goddelijk
divisa verdeling; scheiding (in 't haar); uniform; zinnebeeld, devies; wissel op het buitenland
divisamente afzonderlijk
divisare indelen; regelen; zich voornemen; ontwerpen
divisi'bile deelbaar
divisione *v* verdeling; indeling; afdeling, divisie; verdeeldheid
diviso verdeeld; onenig
divisore *m* deler
diviso'rio scheidings-; *parete ~a*, tussenmuur
divo goddelijk
divorare verslinden; opmaken
divo'rzio echtscheiding
divulgare verbreiden, ruchtbaar maken; rondstrooien
diziona'rio woordenboek
dizione *v* dictie, voordracht; spreuk, gezegde

doccia *v* douche; *fare la ~*, een douche nemen
docente *m* docent, leraar
do'cile leerzaam, gedwee
docilità *v* leerzaamheid, gedweeheid
documenta'rio documentaire
documenti della macchina *m* autopapieren
documento document, bewijsstuk; *documenti d' imbarco,* verschepingsdocumenten; *documenti!*, uw papieren aub!
dodice'simo twaalfde
do'dici twaalf
dogana *v* douane
doganiere *m* douanebeambte
dogaressa gemalin van de doge
doge *m* doge *m*
dogo dog
dolce zoet; zacht, vriendelijk; lief; *zn* zoetig-heid; nagerecht
dolcetto *m* bonbon
dolcezza zoetheid; zachtheid, tederheid, bevalligheid; genoegen, vreugde
dolci *m* gebak
dolcificanti *m* zoetjes (zoetstoffen)
dolciume *m* snoepje
dolciumi *m mv* snoep
dolere pijn, leed doen, smarten; *-rsi*, smart, leed, pijn voelen, spijten; zich beklagen
dollaro *m* dollar
dolore *m* pijn; verdriet, droefheid; zorg
doloroso pijnlijk, smartelijk, droevig, treurig
domanda *v* vraag
domandare vragen
domani morgen (volgende dag); *a ~* tot morgen
domani sera morgenavond
domare temmen; onderwerpen, bedwingen, dempen (opstand)
domatore *m* temmer
domattina morgenochtend
dome'nica zondag; ~ *delle palme*, Palmzondag
domenicale zondags-
domenicano dominicaan
dome'stica dienstbode
dome'stico bediende; *bn* huiselijk, huishoudelijk; huis-; tam; vertrouwelijk; familiaar
domici'lio woonplaats, domicilie
dominare beheersen
dominazione *v* heerschappij, overheersing
Do'mine Heer!, Here God!
Domineddio Onze Lieve Heer
domi'nio heerschappij; domein; gebied; ~ *u' tile*, vruchtgebruik
do'mino eigenaar; dominospel
Don *m* (mijn)heer; don (titel voor

geestelijken en hoge adel)
donare schenken, geven
donatore *m* schenker; ~ *di sangue*, bloeddonor
donazione *v* schenking
donchisciotte *m* don quichot
donde vanwaar, waarvandaan
dondolare schommelen, wiegen; wiegelen
do'ndolo schommel; slinger
dondoloni schommelend, waggelend; slenterend
donna *v* vrouw
donna'ccia gemeen wijf
donnesco vrouwen-, vrouwelijk; verwijfd
do'nnola wezel
dono geschenk, gave; aanleg; *in ~*, voor niets
dopo na, achter; later
dopo di voorbij
dopobarba *m* aftershave
dopochè nadat
dopodiché waarna
dopodomani overmorgen
doppia'ggio nasynchronisatie (film)
doppiare verdubbelen; omvaren; nasynchroniseren (film)
doppiato nagesynchroniseerd
doppio dubbel
dorare vergulden
dorè goudgeel, goudbruin
dori'fora coloradokever
dormire slapen
dormita diepe, lange slaap; winterslaap
dormitorio *m* slaapzaal
dorso *m* rug; achterkant
dose *v* dosis
dosso rug; achterkant
dotazione *v* dotatie, schenking
dott = *dottore*, doctor
dotto geleerd
dottore *m* dokter; doctorandus
dottrina leer, wetenschap; geleerdheid
dove waar
dovere moeten; nodig zijn; *non ~*, niet hoeven; *zn* plicht; taak
dovunque waar dan ook
dovuto verplicht, verschuldigd, schuldig; billijk
dozzina dozijn
dragone *m* draak; dragonder
dram(m)a *m* drama
dramma'tico dramatisch
drappo vlag, vaandel
dritto recht (niet krom)
drizzare recht maken, recht buigen; oprichten (monument); opzetten (tent)
droga *v* verdovende middelen, drugs; *droghe leggere*, softdrugs; *droghe pesanti*, harddrugs

drogato zn drugsverslaafde
drogheria drogisterij
droghiere m drogist
du'bbio twijfel; verdenking, vrees; in
~, in twijfel, in 't onzekere; senza ~,
zonder twijfel; bn twijfelachtig,
onzeker, onbeslist
dubbioso twijfelachtig, onzeker;
onbeslist, besluiteloos
dubitare (be)twijfelen; vrees
koesteren; wantrouwen
duca m hertog
ducato hertogdom; dukaat
duce legeraanvoerder; hoofd; il D~,
Mussolini
duchessa hertogin
due twee
duecento tweehonderd
duellare duelleren
duello duel
duemila tweeduizend
duetto duet, duo
duna duin
dunque dus
duo duo, duet
duomo dom, kathedraal
duplicare verdubbelen
du'plice dubbel, tweevoudig;
dubbelzinnig; in ~ copia, in
tweevoud
duplo dubbel; het dubbele
dura'bile duurzaam
durante tijdens, gedurende
durare duren
durata duur
dure'vole duurzaam
durevolezza duurzaamheid
durezza hardheid; taaiheid
duro hard, vast, taai; ruw, onbeschoft
du'ttile rekbaar; buigzaam

E

e en
è is; (hij, zij, het) is
E = Est, oost
ec = bij voorbeeld
ebanista m meubelmaker
ebanite v eboniet
e'bano ebbehout
ebbene welnuen?
ebbro dronken
ebdomada'rio week-; weekblad
ebra'ico Hebreeuws
Ebrea jodin
Ebreo jood, Israëliet; bn Hebreeuws,
joods
Ecc = Eccellenza, Excellentie, Exc
ecce'dere overschrijden; te boven, te
buiten gaan; te ver gaan
eccellente uitstekend, prima
eccellenza voortreffelijkheid,
uitmuntendheid, excellentie
ecce'llere uitmunten

eccelso hoog; verheven
eccessivo buitensporig
eccetera (ecc) enzovoort (enz.)
eccetto behalve
eccettuato uitgezonderd, met
uitzondering van
eccezionale uitzonderlijk, uniek
eccezione v uitzondering; fatta ~ per,
a ~ di, met uitzondering van
eccitare aansporen, prikkelen,
opwekken
eccitazione v prikkeling; aansporing,
opwekking; opgewondenheid,
opwinding
ecclesia'stico geestelijk, priesterlijk;
kerkelijk
ecco ziedaar, daar is, daar zijn, hier is;
alstublieft (bij aangeven); eccomi,
hier ben ik
echeggiare weerklinken, -galmen,
echoën
eclissi v eclips
eco m-v echo
economia economie; spaarzaamheid;
zuinigheid; huishouding
economico economisch; goedkoop;
zuinig
economizzare sparen; bezuinigen
eco'nomo econoom; rentmeester;
administrateur; bn economisch;
spaarzaam, zuinig
ed en
e'dera klimop
edicola v kiosk
edificare bouwen, oprichten
edificatore m bouwer; stichter; bn
bouw-
edificazione v oprichting, bouw,
bouwwerk; stichting (ook fig);
verheffing
edifi'cio, edifi'zio gebouw, bouwwerk;
fabriek
editore m uitgever
editoriale uitgevers-; zn m
hoofdartikel
edizione v uitgave; druk
educare opvoeden; opleiden
educazione v opvoeding; opleiding
effettivamente inderdaad, werkelijk
effettivo werkelijk, wezenlijk,
effectief; zn effectief, aanwezige
sterkte; bijw inderdaad, werkelijk
effetto effect, werking; gevolg,
uitvloeisel; resultaat;
verwezenlijking; effetti, mv kleren;
reisbenodigdheden; bagage; a
questo ~, per ~ di, ten gevolge van; ~ serra,
broeikaseffect
effettuale werkelijk, wezenlijk
effettuare ten uitvoer brengen,
verwezenlijken
efficace werkzaam; werkdadig;
doeltreffend, effectief

effi'gie v beeld; beeltenis; uiterlijk
effo'ndere uitgieten, -storten;
verbreiden
effrazione v braak, inbraak
effusione v uitstorting,
ontboezeming
Egitto Egypte
egiziano Egyptisch; Egyptenaar
egli hij
egoismo egoïsme, zelfzucht
egre'gio uitstekend, voortreffelijk; all
~ signore NN, de Weledele Heer NN
elaborare uitwerken; met zorg
bewerken
elasticità v elasticiteit
ela'stico elastisch, veerkrachtig; zn
elastieken band; elastiek
elefante m olifant
elegante elegant, chic
eleganza sierlijkheid, bevalligheid,
elegantie
ele'ggere uitkiezen, kiezen
elemento element; grondstof
elemo'sina aalmoes
elenco register; ~ telefonico,
telefoonboek
eletto uitverkoren; uitgelezen,
voortreffelijk
elettorale verkiezings-, kies-
elettore m kiezer
elettricista m elektricien
elettricità v elektriciteit
elettrico elektrisch
elettrodomestico m huishoudelijk
apparaat
elettronica v elektronica
elevare opheffen, verheffen
elevato hoog (heuvel, prijs,
temperatuur); groot
(nauwkeurigheid)
elevazione v verheffing, hoogte;
opheffing (van de hostie); elevatie,
opzethoogte
elezione v verkiezing, keus; vrije wil
elico'ttero m helikopter
eliminare verwijderen, wegwerken,
verdrijven, uitschakelen, elimineren
eliporto heliport
Elleno Griek; Helleen; Grieks
elmo helm
elo'gio lof, lofspraak
eloquente welsprekend
eloquenza welsprekendheid
elve'tivo Helvetisch, Zwitsers
e-mail m e-mail
emanare uitvloeien, uitstromen;
uitstralen; afkomstig zijn van;
bekend maken, uitvaardigen
emendare verbeteren
emergenza noodgeval, onvoorzien
voorval; kritieke toestand
eme'rgere opduiken; te voorschijn
komen; blijken; uitsteken (boven)
eme'tico m braakmiddel

eme'ttere uitzenden; uitstralen; in omloop brengen, uitgeven, voortbrengen

emicra'nia migraine

emigrante *m* emigrant

emigrare emigreren, uitwijken; wegtrekken

eminente hoog, verheven; uitstekend; uitmuntend

eminenti'ssimo hoogeerwaardig

eminenza hoogte, verhevenheid; uitsteeksel; *E~*, Eminentie (titel van kardinaal)

emisfero halfrond; ~ *boreale*, noordelijk halfrond; ~ *australe*, zuidelijk halfrond

emissione *v* uitstraling, uitgifte, emissie

emorragia *v* bloeding

emorro'ide *v* aambei

emottisi *v* bloedspuwing

emozione *v* ontroering, emotie

e'mpiere, empire vullen, aanvullen, vervullen; overladen

e'mpio goddeloos; onmenselijk; zeer slecht

empo'rio markt, stapelplaats, entrepot

emulare wedijveren met

emulazione *v* wed-, naijver

enci'clica encycliek

enciclopedia encyclopedie

enco'mio openlijke lof

energia *v* energie

ene'rgico energiek, krachtig; werkzaam

enfiarsi zwellen, opzwellen

enigma, enimma *m* raadsel

enimma'tico raadselachtig

enorme enorm, ontzaglijk

enormità *v* enormiteit, buitengewone grootte; afschuwelijkheid; grove vergissing

enoteca *v* wijnproeverij, wijnhandel

Enrico Hendrik

ente *m* wezen; bestaan; lichaam, instituut; ~ *pu' bblico*, (officiële) instantie; ~ *morale*, rechtspersoon

entrambe *v mv* *-bi*, *m mv* beide(n)

entrare binnenkomen, binnengaan

entrata *v* ingang, entree; begin

entri! binnen!

entro in; binnen

entusiasta enthousiast

enumerare opsommen, -noemen

eperlano spiering

epidemia epidemie

Epifania Driekoningenfeest

episcopale bisschoppelijk

episo'dio *m* episode

epistassi *v* neusbloeding

e'poca tijdperk, tijdvak

eppure en toch, niettemin

equatore *m* evenaar, equator

equazione *v* vergelijking

equestre ruiter-, ridder-; te paard

equilibrare in evenwicht houden *of* brengen

equili'brio evenwicht, balans

equipa'ggio uitrusting, toebehoren; bemanning, equi page; reisgoed

equipe di soccorso *v* reddingsbrigade

equità *v* billijkheid, rechtvaardigheid

equitazione *v* paardensport

equivalere a gelijk zijn aan; gelijk staan met

equi'voco dubbelzinnigheid, misverstand; *bn* dubbelzinnig, verdacht

equo billijk, rechtvaardig

era tijdrekening; tijdperk

erba *v* gras; kruid

erba'ccia onkruid

erba'ggio groente

erbive'ndolo groenteboer

E'rcole *m* Hercules

erede *m-v* erfgenaam

eredità *v* erfenis, nalatenschap

ereditare erven

eredita'rio erfelijk; erf-

eremita *m* kluizenaar

e'remo *m* eenzame, onbewoonde plaats; kluizenaarswoning; *bn* eenzaam; afgelegen

ere'tico *m* ketter; *bn* ketters

eretto opgericht; rechtop, loodrecht; steil

erezione *v* oprichting, stichting; erectie

eri'gere oprichten, stichten

ermellino hermelijn

e'rnia breuk, hernia

eroe *m* held; heros

ero'ico heldhaftig, heroïsch

eroina *v* heldin

ero'tico erotisch

errare dwalen, verdwalen; zich vergissen

erroneamente bij vergissing

erro'neo verkeerd, vals; dwaal-

errore *m* dwaling, vergissing, fout; afdwaling

erta steile hoogte; steile helling

ertezza steilte

erto steil, rechtop

erudito geleerd, gestudeerd; *zn* geleerde

erudizione *v* geleerdheid

eruzione *v* (huid)uitslag; uitbarsting (vulkaan); uitval

es = *esempio*, voorbeeld

esagerare overdrijven

esagerato overdreven

esagerazione *v* overdrijving

esalare uitwasemen

esalazione *v* uitwaseming; uitademing; geur

esaltare verheffen, prijzen

esame *m* examen; onderzoek; ~ *d' ammissione*, toelatingsexamen

esaminare onderzoeken, ondervragen, examineren

esattezza nauwkeurigheid

esatto nauwkeurig, stipt; ingevorderd, geïnd

esauriente uitvoerig, grondig

esaurire uitputten

esaurito uitverkocht

esca *v* aas (hengelsport)

escavazione *v* uit-, opgraving

eschimese Eskimo

esclamare uitroepen

esclamazione *v* uitroep

esclu'dere uitsluiten; afwijzen

esclusione *v* uitsluiting; *ad ~ di*, uitgezonderd, met uitzondering van

esclusivo exclusief

escluso uitgesloten; uitgezonderd

escogitare uitdenken

escremento uitwerpsel

escrescenza uitwas

escrezione *v* uitscheiding

escursione *v* excursie, rondrit, tocht

esecutivo uitvoerend; *potere ~*, uitvoerende macht

esecutore *m* uitvoerder, executant; executeur; ~ *testamentario*, executeur-testamentair

esecuzione *v* executie; uitvoering

eseguire uitvoeren, volbrengen, voltrekken

esempio *m* voorbeeld; *per ~*, bijvoorbeeld

esemplare *m* exemplaar, voorbeeld; *bn* voorbeeldig; *(verbo)* natekenen, afbeelden

esercitare oefenen; africhten, drillen; uitoefenen, drijven (handwerk), bekleden (ambt); *-rsi*, zich oefenen

ese'rcito leger, troep

eserci'zio (uit)oefening; exercitie; lichaamsoefening; boekjaar; exploitatie, bedrijf; *esercizi*, *mv* schoolwerk; oefeningen

esibire vertonen, laten zien; *-rsi*, optreden (kunstenaars)

esibizione *v* overlegging, vertoon

esigere eisen

esiliare verbannen; uitsluiten

esi'lio *m* ballingschap

esistenza bestaan; levensonderhoud

esistere bestaan

esitare haperen; aarzelen, twijfelen

esitazione *v* aarzeling, weifeling, besluiteloosheid

e'sito uitgang; gevolg; uitkomst; resultaat; omzet, verkoop

eso'fago *m* slokdarm

esorbitante buitensporig

esortare aan-, vermanen, aansporen

esortazione *v* vermaning, aansporing

eso'tico exotisch

espa'ndere uitspreiden, uitbreken; -
rsi, zich verbreiden; zijn hart
uitstorten
espansione v expansie; uitbreiding
esperienza v ervaring
esperimento proef(neming),
experiment
esperto kundig, ervaren, bekwaam;
zn m deskundige, expert
espirare uitademen, de adem
uitblazen
espirazione v uitademing; afloop
esplicare uitleggen
esplicazione v uitleg(ging)
esplo'dere uitbarsten, exploderen
esplorare exploreren, onderzoeken;
uitvorsen
esploratore m onderzoeker,
ontdekkingsreiziger; bn vorsend
esplorazione v exploratie;
bodemonderzoek; verkenning
esplosione v explosie, ontploffing
esplosivo ontplofbaar; zn springstof
esponente m exponent; verzoeker,
adressant
esporre blootstellen; tentoonstellen;
uiteenzetten
esportare exporteren
esportatore m exporteur
esportazione v export
esposimetro m belichtingsmeter
esposizione v tentoonstelling
espressione v uitdrukking
espressivo expressief
espresso uitdrukkelijk; duidelijk; zn
expresse(brief); per ~ per expresse;
espresso(koffie)
espri'mere uitdrukken
espropriare onteigenen
essa zij v enk
essenza het zijn; wezen; natuur;
vluchtige olie, essence
essenziale essentieel; zn m
hoofdzaak
essere zijn, bestaan; zn leven; wezen
essi, esse, loro zij, ze
esso hij
est m oosten
estate v zomer
estempora'neo onvoorbereid; voor de
vuist gesproken
este'ndere uitstrekken, groter maken;
uitbreiden
estensione v uitbreiding;
uitgestrektheid; omvang
esteriore buitenste, buiten-;
uitwendig
esterno uitwendig, buitenst, extern,
uitwonend; vreemd, buitenlands; zn
het uiterlijke, uitwendige
e'stero vreemd, buitenlands; zn het
buitenland
esteso uitgebreid, -gestrekt, ruim
estimare achten

esti'nguere uitblussen, blussen,
lessen; doden; delgen (schuld);
uitwissen (herinnering); -rsi,
uitsterven
estintore m blusapparaat
estinzione v blussing, doving,
delging (v. schuld)
estirpare uitroeien, verdelgen
estivo zomer-, zomers
esto'rcere afpersen
estorsione v afpersing
estra'neo vreemd, buitenlands, ver
van; zn vreemdeling;
buitenstaander
estrarre uittrekken; (ergens) uithalen;
loten, (een lot) trekken; een
uittreksel maken, extraheren
estratto uitgetrokken, getrokken; zn
uittreksel, extract; winnend
nummer; ~ di pomodoro,
tomatenpuree
estremità v uiteinde; overdrijving,
uiterste nood; laatste ogenblik
estremo uiterst, laatst; hoogst,
buitengewoon; zn uiterste;
uiteinde; toppunt
estua'rio zeearm, wijde riviermond
esuberanza overvloed; uitbundigheid
e'sule m balling; bn verbannen
e'sultare jubelen, juichen
età v leeftijd; tijdperk; maggiore ~,
meerder-jarigheid; minore ~,
minderjarigheid
etce'tera enzovoorts
eternità v eeuwigheid
eterno eeuwig; in ~, voor eeuwig,
voor altijd
etichetta etiquette; etiket;
adreskaartje
e'ttaro hectare
etto m ons (100 gram)
eufonia welluidendheid
euro m euro (munt)
eurochèque m eurocheque
Europa v Europa
europeo Europees; zn Europeaan
evacuare ledigen, ruimen; afvoeren;
ontruimen, evacueren; ontlasting
hebben
evacuazione v lediging, ontruiming;
ontlasting, stoelgang; evacuatie
eva'dere ontsnappen
evanescenza rad fading
evange'lico evangelisch; protestants;
zn protestant
evangelo evangelie
evaporare verdampen
evasione v vlucht, ontsnapping
evasivo ontwijkend
evento gebeurtenis; uitslag; in ogni
~, in elk geval
eventuale eventueel, mogelijk
eventualmente in voorkomend geval,
mogelijkerwijs

evidente klaarblijkelijk, duidelijk
evidenza klaarblijkelijkheid,
duidelijkheid
evitare vermijden; voorkómen
evitazione v vermijding
evo eeuw, tijdperk; me'dio ~,
middeleeuwen
evoluzione v ontwikkeling, evolutie
evviva! leve! hij leve!
extra extra
extraurbano buiten de bebouwde
kom

F

Fco = franco
fa'bbrica gebouw;fabriek, werkplaats
fabbricante m fabrikant
fabbricare bouwen; vervaardigen,
fabriceren
fabbricato fabrikaat
fabbricazione v vervaardiging,
fabricage
fabbro smid; uitvinder
faccenda zaak, aangelegenheid,
kwestie
facchino m kruier
fa'ccia v gelaat, gezicht;vlak; buiten-,
voorzijde; (a) ~ a ~, onder vier
ogen; vlak tegenover
facile gemakkelijk
facilità v gemakkelijkheid; gemak;
vlugheid; toegeeflijkheid
facilitare vergemakkelijken
facilmente gemakkelijk
facitore m maker; zaakwaarnemer
facoltà v bekwaamheid; vermogen;
gave, kracht; macht; faculteit; mv
vermogen, bezittingen
fa'ggio beuk
fagiano fazant
fagioli bianchi m witte bonen
fagioli borlotti m bruine bonen
fagioli m bonen
fagiolini m sperziebonen
fagotto bundel; fagot
falce v sikkel; zeis
falco, falcone m valk
falegname m timmerman
falla lek
falli'bile feilbaar
fallimento faillissement; far ~, failliet
gaan
fallire missen, zich vergissen; failliet
gaan; te kort schieten; mankeren;
zn m fout, dwaling, vergissing
fallito vergist; gemist, failliet; zn
bankroetier
fallo fout, misslag, dwaling
falsamento vervalsing
falsare vervalsen
falsa'rio m vervalser
falsificare vervalsen
falsificazione v vervalsing

falsità *v* valsheid; bedrog; vervalsing

falso vals, vervalst; onjuist, verkeerd; huichelachtig; *zn* vervalsing

fama faam, roem; aanzien, beroemdheid; gerucht

fame *v* honger

fame'lico hongerig, gulzig, nooit verzadigd; zeer arm

famiglia *v* gezin; familie; geslacht

familiare huiselijk; familie-, huis-; vertrouwelijk, familiaar; *zn m* familielid

familiarità *v* vertrouwelijk-, gemeenzaam-, vrijpostigheid

famoso beroemd

fanale *m* lantaarn; koplamp; vuurtoren

fanale anteriore *m* koplamp

fanalino posteriore *m* achterlicht

fana'tico dweepziek, fanatiek; *zn* dweper, geestdrijver

fanciulla (jong) meisje

fanciullesco kinderachtig

fanciullo jongen, kind; *bn* jong

fanfarone *m* opschepper

fango slijk; modder, straatvuil

fangoso modderig; gemeen

fantasia fantasie, verbeeldingskracht; gril, luim, inval; verbeelding, neiging

fantasma *m* spook

fantastico fantastisch, fijn

fante *m* infanterist; *kaartsp* boer

fanteria infanterie

fanto'ccia pop; ledenpop

far marcia indietro achteruitrijden

far vedere laten zien

faraona parelhoen

fare doen, maken; *che tempo fa?*, wat voor weer is het?

fare attenzione oppassen, opletten

fare colazione ontbijten

fare conoscenza kennismaken

fare da baby sitter oppassen

fare dello sport sporten

fare discesa afdalen (skiën)

fare ginnastica trimmen; gymen

fare il bagno baden

fare il barbecue barbecuen

fare il check-in inchecken

fare il fondo langlaufen

fare il footing joggen

fare il pieno tanken

fare la corte versieren (van meisje)

fare la denuncia aangifte doen

fare la messa in piega watergolven

fare l'amore vrijen

fare l'autostop liften

fare le spese inkopen doen

fare lo sci d'acqua waterskiën

fare un cachet spoelen (haar)

fare una pausa pauzeren

fare windsurf surfen

farfalla vlinder

farina *v* meel

farinata meelspijs, pap

farmacia *v* apotheek

farmacista *m* apotheker

fa'rmaco geneesmiddel

faro antinebbia *m* mistlamp

faro *m* koplamp; vuurtoren

farsa klucht; grap

farsi prestare da lenen van

fasci *m mv* bundel roeden met uitstekende bijl; zinnebeeld van de Romeinse eenheid en de fascisten

fa'scia band, strook, zwachtel, luier; omhulsel; sierlijst; sport (v. stoel); rand op muur

fascia elastica del portabagagli *v* snelbinder

fasciare inwikkelen, verbinden

fasciatura *v* verband, zwachtel

fasci'colo aflevering

fascina takkenbos

fascino betovering, bekoring

fa'scio bundel; pak; bos (hooi, sleutels)

fase *v* fase

fasti'dio verveling; verdriet; plaag

fastidioso lastig, vervelend, hinderlijk

fasto praal, pracht

fastoso pronkziek, prachtig

fatale fataal; noodlottig

fatalità *v* noodlot; onheil

fatica bezwaar, moeite, inspanning; arbeid

faticare zich inspannen; arbeiden, vermoeien, afmatten; *-rsi*, zich vermoeien

faticoso vermoeiend, moeilijk, zwaar

fato (nood)lot

fatt = *fattura*, factuur

fatta soort; manier; gesteldheid, karakter

fatti'bile doenlijk, uitvoerbaar

fatto gemaakt, volbracht; passend; bekwaam; rijp; op daad; geburtenis, feit; ~ *d' arme*, wapenfeit; ~ *compiuto*, voldongen feit; *di* ~, inderdaad; terstond

fatto a mano handgemaakt

fatto male bezeerd

fattore *m* factor

fattoria *v* boerderij

fattorino winkelbediende

fattura arbeid; fabricatie; uitvoering; factuur, rekening

fautore *m* begunstiger

fava tuinboon, grote boon

favella spraak(vermogen); taal

favilla vonk; beetje

favo honingraat

fa'vola fabel; sprookje; smoesje; *favole!* onzin

favoloso fabelachtig

favore *m* gunst, genade; bijval; *per* ~, alstublieft

favore'vole gunstig

favorire begunstigen, de voorkeur geven; bevorderen (handel etc), genegen zijn; vereren (met

favorito begunstigd, favoriet; *zn* gunsteling, lieveling

fax *m* fax; faxapparaat

faxare faxen

fazione *v* partij, fractie; gevecht; wachtdienst; *e' ssere di* ~, wacht hebben; op post staan

fazzoletti di carta *m* tissues

fazzoletto *m* zakdoek; ~ *da collo*, halsdoek; ~ *da testa*, hoofddoek

febbra'io februari

febbre *v* koorts

febbrile koorts(acht)ig

feci *v* ontlasting

fe'cola zet-, aardappelmeel

fecondità *v* vruchtbaarheid

fecondo vruchtbaar; groeizaam

fede *v* geloof; trouw; *in buona* ~, te goeder trouw

fedele getrouw; eerlijk; betrouwbaar; waar; gelovig; *zn m* gelovige; getrouwe; vazal

fedeltà *v* trouw; rechtschapenheid; nauwkeurigheid

federa *v* kussensloop

fegato *m* lever

felce *v* varen

felice gelukkig

felicemente gelukkig, met succes

felicità *v* geluk; welvaart

felicitare gelukkig maken; *-rsi*, zich gelukkig achten; gelukwensen

felicitazione *v* gelukwens

fellone *m* schurk, verrader

felpa pluche

feltro vilt; vilten hoed

fe'mmina wijfje

femminile, femminino vrouwelijk; vrouwen-

femore *m* dijbeen

fe'ndere splijten, kloven; (ver)scheuren, *-rsi*, splijten; openbarsten

fenditura *v* kloof, barst

feno'meno fenomeen, natuurverschijnsel; wonderlijk voorval; bijzonder begaafd persoon

ferace vruchtbaar

fe'ria *v* rustdag; *ferie*, *mv* vakantie

feriale de werkdagen betreffende; *fig* onbeduidend

feri'bile kwetsbaar

ferire treffen, verwonden, kwetsen; krenken

ferita *v* wond

ferito gewond; *zn* gewonde

fermal stop!

fermacarte *m* presse-papier

ferma'glio sluithaak; slot, gesp

fermapiede *m* toeclip

289

fermare stoppen; tegenhouden
fermata d'autobus v bushalte
fermata del tram v tramhalte
fermata v halte
fermato opgehouden, bevestigd; duurzaam, vast, standvastig
fermatura (af)sluiting, slot
fermentare gisten
fermento gist
fermezza vastheid, stevigheid; standvastigheid
fermo vast
fermo (in) posta m poste restante
feroce wild, wreed, bloeddorstig
ferragosto 15 augustus (Maria-Hemelvaart, lt feestdag)
ferra'io smid, metaalbewerker
ferrame m ijzerwaren
ferrare met ijzer beslaan
ferrata v ijzeren tralie; het strijken (v. linnen e.d.)
ferratura v (ijzeren) beslag; hoefbeslag
fe'rreo ijzeren, ijzer-; krachtig; onbuigzaam
ferro m ijzer; ~ da stiro, strijkbout
ferrovia v spoorweg
fe'rtile vruchtbaar
fertilità v vruchtbaarheid
fervente gloeiend; vurig
fe'rvere gloeien, vurig zijn; vol zijn, wemelen; bruisen
fe'rvido gloeiend; vurig
fervore m gloed; vuur; ijver
fesso scheur, spleet, reet; bn gespleten, gebarsten; schril
fessura spleet, reet, scheur; kloof; sleuf, gleuf
festa house v houseparty
festa v feest
festaiolo fuifnummer
festeggiare feestelijk, plechtig vieren; feestelijk ontvangen; feestvieren, jubelen
festiva'l, fe'stival m muziekfeest, festival
festivo feestelijk, plechtig; feest-, zondags-
festoso feestelijk; vrolijk
fe'tido stinkend; bedorven
fetta v plak (snee); moot; strook
ff = facente funzioni, waarnemend
fiaba sprookje; blufferij
fiacchezza vermoeidheid, zwakte, slapte
fiacco zwak; zn m grote hoop
fia'ccola fakkel
fiamma v vlam
fiammante gloeiend, vlammend, schitterend; nuovo ~, gloednieuw
fiammeggiare vlammen, opvlammen, opflikkeren
fiammifero m lucifer
fiammingo Vlaams; zn Vlaming

fianco m heup; zijde, zijkant; a ~ di, naast
Fiandra v Vlaanderen
fiaschetto flacon
fiasco mandfles; mislukking; fare ~, niet slagen
fiascone m grote mandfles
fiato adem; ademhaling; damp; geur; windje, ademtochtje, zucht(je) ; sterkte
fibbia v gesp
fibra vezel; gestel, constitutie
fibroso vezelig, vezel-
fico vijg; vijgenboom; vleierij
fidanzamento verloving, engagement
fidanzarsi zich verloven
fidanzata v verloofde (vrouw)
fidanzato m verloofde (man)
fidare vertrouwen; toevertrouwen
fidarsi vertrouwen
fidato betrouwbaar
fido krediet; bn trouw, vertrouwd, betrouwbaar, eerlijk
fidu'cia vertrouwen; hoop
fiducioso vol vertrouwen
fiele m gal; bitterheid; haat
fieno hooi
fiera v kermis; jaarmarkt; wild dier; ~ campionaria, jaarbeurs
fiero wild, woest; heftig; trots, hoogmoedig
fie'vole zwak, krachteloos
fi'ggere indrijven, inslaan; bevestigen
figlia v dochter
figliastra stiefdochter
figliastro stiefzoon
figlio m zoon
figlio'ccio, -a petekind
figliola dochter; meisje
figliolo zoon, jongen; kind; figlioli, mv nakomelingschap
fi'gnolo steenpuist
figura gedaante, vorm, figuur; afbeelding; beeld
figurante m-v figurant(e)
figurare voorstellen, afbeelden; doen alsof; optreden, een rol spelen; figureren, meedoen; -rsi, zich verbeelden, zich voorstellen
figurino beeldje, figuurtje; modeplaat, model; fat
fila rij, reeks; file; gelid; far ~,in de rij staan
fila v rij, reeks; file; far ~, in de rij staan
fila'ccia draadje, rafel
filamento draad, vezel
filare 1 spinnen; vieren (touw); in dunne stralen uitstromen
filare 2 m rij
filata rij, reeks
filato gesponnen; fig verstandig; zn garen; ~ cucirino, naaigaren
filetto m draadje; sprietje; trens;

streepje; bandje; tongriem; filet, ossenhaas
filiale kinderlijk, kinder-; zn m filiaal
film m film
film per bambini m kinderfilm
filmare filmen
filo m draad; garen; snoer; ~ d' acqua, water-straal; ~ da cucire, naaigaren
fi'lobus m trolleybus
filone di pane m stokbrood
filtrare filtreren
filtro filter; sigaretta a ~, filtersigaret
filtro del carburante mbrandstoffilter
filtro dell'aria mluchtfilter
filtro dell'olio moliefilter
filtro m filter
finale eind-, slot-; beslissend; zn m slotstuk; eindwedstrijd, finale
finalmente eindelijk, ten slotte
finanza, finanze v, v mv financiën, geldmiddelen
finanzia'rio financieel
finanziera jacquet
finchè totdat; zolang als
fine 1 v eind, slot; alla ~, in ~, eindelijk, ten slotte
fine 2 m doel; a tal ~, met dat doel
fine settimana m weekend
finestra v raam
finestrino raampje
finezza fijnheid; zuiverheid; sluwheid; list; goedheid
fi'ngere veinzen; huichelen; verzinnen, verdichten
finire voltooien, afmaken; staken; ophouden, uitscheiden; verdwijnen; sterven; (ergens) terechtkomen; eindigen (in, met), uitlopen (op); uitgaan (op); andare a ~, (goed, slecht) aflopen; (ergens) terechtkomen
finito afgelopen
finlandese m Fins; zn Fin
fi'nnico Fins
fino 1 bn fijn, dun, zacht; zuiver
fino 2 vz tot; ~ a, tot aan; ~ da, sinds; ~ quando, zolang (als)
finocchio m venkel
finora tot dusverre, tot nu toe
finto vals, geveinsd; schijn-; blind (deur); nagemaakt, kunst(bloemen, leer)
finzione v huichelarij: verdichting, verdichtsel
fiocco strik, knoop; lintje (van ridderorde); vlok (sneeuw of wol); coi fiocchi, in de puntjes, piekfijn
fiochezza heesheid
fioco schor, hees
fiora'ia bloemenmeisje
fiora'io bloemist
fiordaliso korenbloem
fiore m bloem; fiori, mv kaartsp klaver

fiorente bloeiend
fiorentino Florentijns
fioretto bloempje; floretzijde
fioricoltore *m* bloemkweker, bloemist
fiorile'gio *m* bloemlezing; potpourri
fiorino *m* gulden
fiorire bloeien; met bloemen bestrooien
fiorito in bloei; met bloemen getooid; uitgezocht; schimmelig (wijn)
Firenze *v* Florence
firma *v* handtekening
firmare (onder)tekenen
fisarmo'nica harmonica
fischiare fluiten; suizen; sissen, uitfluiten
fi'sica natuurkunde
fi'sico natuurkundig; *zn* natuurkundige
fissare vastmaken; *fotogr* fixeren
fisso vast (vastgesteld)
fitto dicht, gedrongen; opeengepakt; donker (nacht); *bijw* dicht achtereen, druk; geducht
fiume *m* rivier
fla'ccido slap
flagrante in ~, op heterdaad
flanella flanel
flash *m* flitser
flato oprisping
flautista *m* fluitist
fla'uto fluit
flemma'tico flegmatisch; koelbloedig
flessi'bile buigzaam, lenig
flessione *v* buiging
fle'ttere buigen; *fig* bewegen
flo'rido bloeiend; bloemrijk, sierlijk; voorspoedig
flo'scio slap, mat, zonder geestkracht; week
flotta vloot; ~ *ae'rea*, luchtvloot
flu'ido vloeibaar; gasvormig; *zn m* vloeistof
fluire vloeien, stromen
flusso *m* vloed
fluttuare golven; weifelen, wankelen, zweven
fluviale rivier-
foca *v* zeehond
foca'ccia focaccia, soort brood
focolare *m* haard; haardstede
focoso gloeiend; onstuimig, vurig; vuurrood
fodera *v* voering
foderare voeren; bekleden
foglia *v* blad (boom)
fogliame *m* hoop bladeren; loof, gebladerte
foglietto *m* blaadje (papier)
fo'glio blad, vel papier; oorkonde
fogliolina *v* blaadje (boom)
fogna zinkput, riool; greppel; vreetzak
folgorare bliksemen, weerlichten; verblinden, schitteren; verpletteren

fo'lgore *v* bliksem
folgoreggiare bliksemen; snel als de bliksem zijn; met de bliksem treffen
folla menigte; gedrang
folle dwaas, gek, zot
follia dwaasheid; onbezonnenheid; krankzinnigheid
folto dicht, dik, diep
fomentare stimuleren
fondamento grondslag, fundament
fondare grondvesten; stichten; *-rsi*, steunen op
fondazione *v* stichting; instelling
fo'ndere (doen) smelten; verkwisten; *-rsi*, smelten
fonderia (ijzer)gieterij
fondia'rio grond-; hypotheek-
fondo grond, bodem; bezinksel; karakter; achter-, ondergrond; fonds; *basso* ~, ondiepte; *in* ~ *a*, achterin; onderaan; *a* ~, grondig; *in* ~, eigenlijk; *in* ~ *alla pa' gina*, onderaan de bladzijde; *bn* diep (water, bord)
fontana *v* fontein
fonte *m-v* fontein; bron; *fig* oorsprong; *sacro* ~, ~ *battesimale*, doopvont
foraggio voer
forare (door)boren, doorprikken; knippen (treinkaartje); een lekke band krijgen
forato lek
forbici *v mv* schaar
forbicine *v* nagelschaar
forca hooi-, mestvork; gaffel; galg (meestal *forche*); *va' alle forche!* loop naar de hel!
forcella vvoorvork; haarspeld
forcellino superiore *m* achtervork
forchetta *v* vork
forcina haarspeld; vorkje
forense gerechtelijk, gerechts-
foresta bos, woud
forestiero *m* vreemde, vreemdeling
forfora *v* roos (haar)
forma vorm, gestalte; model; leest (v. schoen); uitdrukking; formulier; formaliteit; richtsnoer
formaggio *m* kaas
formale formeel, nadrukkelijk
formalità *v* formaliteit, vorm; plichtpleging
formare vormen; formeren; draaien (tel nummer); formuleren; *-rsi*, zich vormen, ontstaan
formato *m* formaat
formazione *v* vorming; formatie; opleiding
formica *v* mier
formica'io *m* mierenhoop
formicolare dooreenkrioelen, wemelen; slapen (v. been enz.)
formida'bile vreselijk, geducht

formula'rio formulier
fornace *v* oven; grote hitte
fornaio *m* bakker
fornello a spirito *m* primus; spiritusbrander
fornire voltooien, afwerken; opsieren; voorzien van; verschaffen; zorgen voor; *-rsi*, zich voorzien van, zich verschaffen
fornitore *m* leverancier
fornitura benodigdheden; toebehoren; fournituren
forno oven; bakkerij; opening, groot gat; *alto* ~, hoogoven
forno a microonde *m* magnetron
foro gat; opening; gerechtshof, rechtbank, balie; forum
forse misschien
forte sterk; krachtig; gezond; kras; dapper; groot; hevig; moeilijk; sterk, wrang (v. smaak)
fortezza sterkte, kracht; standvastigheid, moed; vesting; scherpte, zuurheid; fort
fortificare versterken
fortu'ito toevallig
fortuna geluk; fortuin, lot; gebeurtenis; storm; ~ *avversa*, tegenspoed; *per* ~, gelukkig *bijw*
fortunatamente gelukkig *bijw*
fortunato *bn* gelukkig
forza kracht, sterkte; energie; macht; geweld; betekenis; *forze di terra*, landmacht; *a (viva)* ~, met geweld; gedwongen; *a* ~ *di*, door kracht van, door; *e'ssere* ~, nodig zijn; ~ *maggiore*, overmacht; ~*!*, hup, kom op!
forzare dwingen; forceren; verkrachten; openbreken
forzato gedwongen, genoodzaakt
forziere *m* brandkast, ijzeren geldkist
fosco donker, duister, somber; *zn* duisternis, somberheid
fo'sforo fosfor
fossa gracht; kuil; graf
fossetta slootje, kuiltje
fossile *m* fossiel; *bn* fossiel; *carbone m* ~, steenkool
fosso *m* sloot; gracht
fotocolor kleurenfotografie
fotocopia *v* fotokopie
fotocronista *m* persfotograaf
fotografa fotografie
fotografare fotograferen
fotografia a colori *v* kleurenfoto
fotografia in bianco e nero *v* zwartwitfoto
fotografia, foto *v* foto
foto'grafo fotograaf
fototessera *m* pasfoto
foulard *m* hoofddoek
Fra = *frate*, (klooster)broeder
fra, tra tussen; ~ *poco*, binnenkort

fra'gile breekbaar, broos
fragola v aardbei
fragore m gekraak; geraas
frammassone m vrijmetselaar
frammento fragment; brokstuk; splinter
framme'ttere er tussenin steken; -rsi, zich mengen in; bemiddelend optreden
frana aardverschuiving; ineenstorting
francare vrijmaken, bevrijden; frankeren
francatura porto; frankering
francescano franciscaan
francese Frans; zn Fransman, Française
franchezza vrij-, vrijmoedig-, openhartigheid
Francia v Frankrijk
franco m frank (geld)
francobollo m postzegel
fra'ngere breken, vernietigen; uitpersen (olijven); bedwingen; temmen; -rsi, breken; week worden
fra'ngia franje
frangi'bile breekbaar
frascato m prieel, bladerdak; loofhut
frase m frase, zin; spreekwijze
fra'ssino es, essenhout
frate m monnik, klooster-, ordebroeder
fratellastro stiefbroeder
fratello m broer
fraternità v broederlijkheid, broederschap
fraterno broederlijk, broeder-
frattanto inmiddels, ondertussen; tussentijds
frattempo in questo ~, nel ~, inmiddels, ondertussen
frattura v breuk
fraudolento bedrieglijk, frauduleus
frazionamento splitsen, verdelen; ~ ato'mico, atoomsplitsing
frazione v deel, stuk; gedeelte; fractie; breuk
freccia v pijl
freddare koud maken; doden; koud worden, afkoelen
freddezza koude, koelte; onverschilligheid
freddo koud, koel; onverschillig; a sa' ngue ~, in koelen bloede
freddoloso kouwelijk; kil
fregare wrijven; doorstrepen; non me ne frega niente,het kan me geen reet schelen!
fregatura v afzetterij
frenare intomen; remmen; fig beteugelen
frene'tico razend, woedend
freni a disco m schijfremmen
freno a contropedale m terugtraprem
freno a mano m handrem

freno a tamburo m trommelrem
freno d'emergenza m noodrem
freno m rem
frequentare veelvuldig bezoeken; druk omgaan met; -rsi, zich bevolken met; zich bezighouden met
frequentato veel bezocht, druk
frequente veelvuldig, herhaald; di ~, dikwijls
frequenza veelvuldigheid; druk bezoek; toeloop;frequentie
freschezza frisheid; koelte
fresco koel, fris; vers; ~ ~,kersvers; zn koelte; fresco
fretta v haast (spoed)
frettoloso haastig, overhaast
fricandò m fricandeau
friggere bakken (in olie)
fri'gido koud; verstijfd van koude
frigo koelkast
frigorifero m koelkast
fringuello vink
Fri'sia Friesland
frittata v omelet
frittella v pannenkoek
fritto in olie gebakken, gebraden; oud, afgezaagd; verloren, geruïneerd
frittura gebakken gerechten
fri'volo nietig, beuzelachtig, frivool, lichtzinnig
frizione v koppeling (voertuig); wrijving
frizzante bn koolzuurhoudend; vino ~, mousserende wijn
frodare bedriegen; frauderen
frode v bedrog; fraude
frollo murw, zacht; mals; oud, vervallen
fronda loof; gebladerte; struikgewas
frontale voorhoofds-, frontaal
fronte v voorhoofd; voorgevel; front; di ~ a, tegen-over; far ~ a, 't hoofd bieden aan
frontiera v grens
fro'ttola v klucht; praatje
frugale matig, sober
frugalità v matig-, soberheid
frugare doorzoeken, doorsnuffelen
frugolino dreumes
fruire genieten
frumenta'rio graan-
frumento tarwe, koren
frusta zweep; kastijding
frustare tuchtigen; geselen; scherp verwijten; verslijten
frustrare verijdelen, frusteren
fru'tice m struik, heester
frutta v fruit
fruttaiolo fruithandelaar
fruttare vruchten dragen; voordeel aanbrengen; jongen werpen; rente opbrengen

frutteto boomgaard
fruttiera fruitschaal
frutti'fero vruchtdragend; vrucht-; nuttig; overvloedig
frutto m vrucht; nut, voordeel, opbrengst, rente
fruttuoso voordelig, succesvol
fu wijlen
fucile m geweer
fucina smidse, smederij
fuga vlucht; ontsnapping, lekkage (van gas e.d.)
fugace voortvluchtig, vluchtend; vluchtig; vergankelijk, voorbijgaand
fugare op de vlucht drijven, verjagen
fuggire vluchten, ontsnappen; snel lopen; ontwijken; in veiligheid brengen
fuggitivo voortvluchtig; vergankelijk; zn vluchteling; deserteur
fuli'ggine v roet
fulminare met de bliksem treffen, doden; slingeren, werpen; bliksemen, weerlichten; uitvaren
fu'lmine m bliksem; donderslag
fumaiolo schoorsteenpijp
fumare roken
fumatore m roker
fumetto stripverhaal (ook: racconto a fumetti)
fumigare roken; dampen, uitwasemen
fumista m rookverdrijver
fumo m rook
fumoso rokerig
funa'mbolo koorddanser
fune v touw, koord; kabel
fu'nebre lijk-, begrafenis-; somber, treurig
funerale m begrafenis; bn begrafenis-
funesto noodlottig, rampzalig
funghi (prataioli) m mv champignons
fungo m paddestoel
funicolare v kabelbaan
funziona'rio ambtenaar
funzione v functie, ambt, werkkring; kerkdienst
funzione religiosa v kerkdienst
fuoco m vuur; brand; al ~!, brand!; fuochi d' artificio, mv, vuurwerk
fuorchè behalve, met uitzondering (van)
fuori buiten; uit; ~ di misura, overmatig
fuoribordo buitenboordmotor
furgone m vrachtauto; ~ per traslochi, verhuiswagen
fu'ria woede, razernij; onstuimigheid; grote haast; feeks; a (of di) ~, overhaast, haastig
furibondo woedend, razend
furioso woedend; onstuimig
furore m furore; woede, geweld

furtivo heimelijk, verholen
furto *m* diefstal
fuscello takje; splinter
fusibile *m* zekering
fusione *v* smelting; samensmelting, fusie
fuso 1 gesmolten, gegoten
fuso 2 spoel, klos; schacht (van anker)
fusto stengel, steel; halm (graan); stam; romp; fust; schacht (v. zuil, lans, speer)
fu'tile onbeduidend, nietig
futilità *v*futiliteit, nietigheid
futuro *m* toekomst; toekomende tijd; *bn* aanstaand, toekomstig

---

G

G U = *Gazetta Ufficiale*, Staatscourant
G *v* = *Grande velocità*, ijlgoed
gabbano wijde mantel, regenjas
ga'bbia kooi; gevangenis
gabbiano zeemeeuw
gabinetto degli uomini *m* herentoilet
gabinetto *m* toilet
gabinetto medico *m* spreekkamer
gabinetto per signore *m* damestoilet
gaiezza vrolijkheid
ga'io vrolijk, levendig
galante galant, smaakvol gekleed, sierlijk; hoffelijk
galanteria hoffelijkheid; complimentje; *galanterie*, *mv* galanterieën, luxe-artikelen
galantina koud vlees *of* gevogelte in gelei
galleggiante *m* dobber
galleggiare drijven; vlot zijn
galleria *v* tunnel; passage, (winkel)galerij; museum
Galles *m* Wales
gallina *v* kip, hen
gallo haan
galoppino loopjongen
galoppo galop
galo'scia *v* overschoen
gamba *v* been (lich deel)
gambale *m* beenkap
gamberetto *m* garnaal
ga'mbero kreeft
gambo steel, stengel
gancetto *m* haakje
ga'ncio haak, bootshaak
ga'nghero hengsel, spil
gara *v* wedstrijd
garage *m* garage
garante *m* borg
garantire waarborgen,garant staan, verzekeren
garanzia *v* garantie
garbato beleefd, vriendelijk, sierlijk
garbo vorm, snit; ronding; bevalligheid; fatsoen;

welgemanierdheid; gewoonte; mal, model
gareggiare wedijveren
gargarizzare gorgelen
garo'fano kruidnagel
garza *v* verbandgaas
gas da campeggio *m* campinggas
gas *m* gas
gasolio *m* dieselolie
gassosa priklimonade
gastronomia *v* delicatessen
gatta poes
gattino katje (diertje en bloeiwijze)
gatto *m* kater; poes, kat
gavitello baken, ton, ankerboei, dobber
gazza ekster
gazzetta krant; *G~ Ufficiale*, staatscourant
gel *m* gel
gelare vriezen; bevriezen
gelateria ijssalon
gelatina gelatine, gelei; ~ *di carne*, zult
gelato alla crema *m* roomijs
gelato *m* ijs (om te eten); *bn* bevroren
ge'lido ijskoud; verstijfd (v. koude, v. schrik); hardvochtig, ijzig
gelo *m* vorst (koude)
gelosia jaloezie; zonnescherm
geloso afgunstig; jaloers; zorgvuldig; gevoelig
gelsa moerbei
gelso moerbeiboom
gelsomino jasmijn
Gemelli *m mv* Tweelingen
gemello *bn* tweeling-; *zn gemelli*, *mv* tweeling; *tre ~i*, drieling; (dubbele) manchetknopen; *Gemelli*, Tweelingen
ge'mito gezucht, gesteun
gemma *v* edelsteen
generale 1 *m* generaal
generale 2 *bn* algemeen; *zn m* algemeenheid; (het) algemeen
generalizzare generaliseren
generalmente in 't algemeen
generare telen, voortbrengen, verwekken; veroorzaken
generazione *v* voortbrenging; voortteling, geslacht, generatie; het ontstaan; soort
genere *m* soort, geslacht; aard; *del ~*, dergelijk
generi alimentari *m* levensmiddelen
gene'rico geslachts-, soort-
ge'nero schoonzoon
generosità *v* edelmoedigheid; vrijgevigheid, milde gave
generoso edelmoedig; edel; vrijgevig, gul; veel opbrengend
gengive *v mv* tandvlees
geniale geniaal; vermakelijk;

sympathiek, lievelings-
ge'nio beschermgeest, genius; (goede of kwade) geest; neiging, lust; aanleg; karakter, genie; vernuft
genitale geslachts-; *or' gani ~i*, geslachtsdelen
genitivo 2de naamval
genitore *m* ouder; *genitori*, ouders
genna'io januari
Genovese *m* Genuees
gente *v* volk, mensen; familie, geslacht
gentile *bn* vriendelijk, aardig, lief; doorluchtig; edel, fijn;; sierlijk, aangenaam; teer
gentilezza bevallig-, sierlijk-, teer-, beleefdheid; adeldom, voorname afkomst
gentiluomo edelman
genufle'ttersi neerknielen, de knie buigen
genuino natuurlijk, echt, onvervalst
geografia aardrijkskunde
geometria meetkunde
gerente *m* beheerder
Germania *v* Duitsland
germinare ontkiemen
germo'glio spruit, scheut, aflegger
Gerusalemme *v* Jeruzalem
gesso gips; gipsafgietsel, -model; krijt; pleisterwerk
gesto gebaar
gestore *m* gerant
Gesù Jezus
gettare werpen, slingeren, gooien; verkwisten, te gronde richten; uitspuwen, opgeven; gieten; vloeien, spuiten; *-rsi*, zich werpen, zich storten
getto worp, gooi; straal (water); afgietsel; gietwerk; scheut
gettone *m* fiche; munt, penning (voor gasmeter, telefoon, garderobe); *ma' cchina a ~*, (sigaretten-, snoep-)automaat
ghiaccia'ia koelkast
ghiacciaio *m* gletsjer
ghiacciare (doen) bevriezen
ghiacciato bevroren, ijskoud; *fig* gevoelloos, onbarmhartig
ghiaccio *m* ijs
ghiacciuolo ijskegel
ghia'ia grind
ghianda eikel
ghiotto gulzig; smakelijk, lekker; *zn* lekkerbek; gulzigaard
ghiottoneria lekkernij
ghirlanda guirlande, bloemslinger
ghisa gietijzer
già eens, voorheen, eertijds; reeds; weldra, terstond; trouwens; ja, jawel
giacchè daar, dewijl
giacente liggend, gelegen; onbeheerd

giacere liggen; *qui giace*, hier ligt, rust

giacinto hyacint

giallo geel

Giappone *m* Japan

giapponese Japans, *zn* Japanner

giardiniere *m* tuinman

giardino *m* tuin; ~ *pubblico*, park, plantsoen

giarrettiera jarretelle

Giava Java

gibbo *m* bult; knobbel

Gibilterra Gibraltar

gigante *m* gigant, reus; *bn* gigantisch, enorm

gigantesco reusachtig, reuzen-

gi'glio lelie

gilet, gilè *m* vest, gilet

gineco'logo gynaecoloog, vrouwenarts

ginestra brem

Ginevra Genève

ginna'sio gymnasium

ginna'stica gymnastiek

ginocchio *m* knie

giocare spelen; ~ *a calcio* voetballen, ~ *a scacchi* schaken

giocata spel, inzet

giocatore *m* speler

giocattolo *m* speelgoed

giochino *m* spelletje

gioco *m* spel

gioco per bambini *m* kinderspel

giocoliere *m* goochelaar

giocondo vrolijk, opgeruimd; vermakelijk; aangenaam

giocoso vrolijk, grappig, vermakelijk

giogo juk; slavernij; dwang; bergrug

gio'ia vreugde, blijdschap; edelgesteente; juweel

gioielli *m mv* sieraden

gioielliere *m* juwelier

gioiello juweel, kleinood

gioioso vrolijk

gioire zich verheugen, vrolijk, tevreden zijn

giornala'io krantenverkoper

giornale *m* krant; journaal

giornaliero *m* dagelijks

giornalista *m* journalist

giornalmente dagelijks

giorno feriale *m* werkdag

giorno festivo *m* feestdag

giorno *m* dag; *l' altro* ~, onlangs; *un* ~, eens; *a* ~ *chiaro*, op klaarlichte dag; *di* ~, overdag

giostra *v* draaimolen

giovane jong; *zn* jongere

giovanetta jong meisje

giovanetto knaap, jongeling

giovanile jeugdig

Giovanni *m* Johannes

giovare dienen, baten, helpen; begunstigen; *-rsi*, zich van dienst maken, zich bedienen van

Giove *m* Jupiter; Zeus

giovedi' *m* donderdag; *G~ santo*, Witte Donderdag

gioventù *v* jeugd

giovinezza jeugd

giracapo duizeling

giraffa giraf

girare omkeren, draaien; opnemen (filmcamera)

girare intorno omrijden

girasole *m* zonnebloem

girata wending, draai, wandelingetje; *kaartsp* het geven; endossement; girering

gire'vole draaibaar

giro *m* rondje, ronde; tocht, rondreis, uitstapje; giro; *fare un giro*, een tochtje maken

giro'vago rondlopend, zwervend; *zn* zwerver, landloper

gita in barca *v* boottocht

gita in battello *v* rondvaart

gita in bicicletta *v* fietstocht

gita *v* uitstapje, excursie

giù beneden; *in* ~, naar beneden, omlaag

giubba manen (v. leeuw)

giubilare jubelen, juichen; pensioneren

giu'bilo gejubel, vreugdegeroep

giudeo jood; *bn* joods

giudicare oordelen; beoordelen; vinden, achten, houden voor

giu'dice *m* rechter; beoordelaar; scheidsrechter, kamprechter

giudizia'rio rechterlijk, gerechtelijk

giudi'zio *m* rechterlijke uitspraak, vonnis; beslissing; rechtbank; beslissing (bij wedstrijd); oordeel; verstand, toezicht

giudizioso verstandig, wijs, oordeelkundig

giugno juni

giulivo blij, verheugd

giunco riet

giunta toevoeging, toegift; aanhangsel; *sp* voorgift; commissie; vergadering; ~ *municipale*, gemeenteraad

giuntura *v* verbinding; voeg; scharnier; gewricht

giuramento eed

giurare zweren, een eed doen, bezweren, vloeken

giurato beëdigd, gezworen; boezem-; *zn* jurylid

giurì, giuria *m*, jury

giuri'dico gerechtelijk, juridisch

giurisprudenza rechtsgeleerdheid; jurisprudentie

giurista *m* jurist, rechtsgeleerde, student in de rechten

Giuseppe Jozef

giusta overeenkomstig, volgens

giustamente billijk; terecht; juist

giustezza juistheid, nauwkeurigheid

giustificare rechtvaardigen; bewijzen

giustificazione *v* rechtvaardiging; verantwoording

giusti'zia gerechtigheid, rechtvaardigheid; recht; gerechtshof; justitie; doodvonnis

giusto rechtvaardig, rechtschapen; billijk; juist, nauwkeurig

glaciale ijs-, ijzig

gladi'olo gladiool, zwaardlelie

gla'ndola klier

gli 1 hem, haar, hun

gli 2 *mv* van het lidwoord *lo* (voor woorden, beginnende met een klinker, met een *s* gevolgd door een medeklinker of met een *z*)

globo bal, bol; ballon; aardbol

globoso bolvormig

glo'ria roem, eer, glorie; roemrijke daad; *m* gloria

gloriare roemen, prijzen

glorificare verheerlijken

glorificazione *v* verheerlijking, lofprijzing

glorioso roemrijk, roemvol

glutinoso kleverig

gnomo aard-, kaboutermannetje; berggeest

gobba bult, bochel;; knobbel

gobbo bult, bochel; bultenaar; verhoging; knobbel; *bn* gebocheld, knobbelig

go'ccia, go'cciola druppel; beetje

gocciolare druipen, druppelen

go'cciolo druppel; beetje; slokje (water)

godere, godersi (zonder *vz*) genieten van

godimento genot; bevrediging, vreugde; vruchtgebruik

goffo dom, lomp, onhandig; *zn* lomperd; sukkel

gola *v* keel

golf *m* gebreid vest; jumper; *sp* golf

golf, giocare a golfen

golfo golf (zeeboezem)

goloso gulzig; begerig

gomito *m* elleboog

gomi'tolo kluwen

gomma forata *v* lekke band

gomma *v* band; rubber; gom; ~ *da masticare*, kauwgom

go'ndola gondel

gondoliere gondelier

gonfiare opblazen; oppompen (band); *-rsi*, zwellen

gonfiato gezwollen, dik; trots, opgeblazen; woedend

gonfiezza *v* zwelling; gezwel; opgeblazen-, verwaandheid

go'nfio *m* opzwelling, gezwel; *bn*

gezwollen; bol; opgeblazen, verwaand
gonna v rok
gorgata grote slok
gorgheggiare kwelen; neuriën
gorgo draaikolk
gorgogliare gorgelen; ruisen; koken, borrelen
go'tico Gotisch
gotta jicht
governare leiden, regeren; besturen; beheersen (hartstochten); verzorgen
governo m regering
gozzo keel; slokdarm
GPL m LPG
gracidare kwaken
gra'cile teer, tenger, slank
gradatamente stapsgewijs, beetje bij beetje
grade'vole aangenaam, welgevallig
gradino trede, trap; voetstuk
gradire met genoegen aannemen, aanvaarden; op prijs stellen; graag zien; aanstaan, bevallen, goed smaken
grado graad; welgevallen, genoegen; *di (a) buon ~*, met genoegen; graag; *di buon~*, goedschiks; *di mal ~*, kwaadschiks; *e'ssere (me' ttere) in ~ di*, in staat zijn (stellen) om te
graduale m koorboek
gradualmente trapsgewijze, allengs
graffiare krabben, openkrabben; schetsen
gra'ffio krab, schram; kras; haak, puthaak
grafite v grafiet
gramma'tica grammatica, spraakkunst
grammo m gram
grammo'fono pick-up, grammofoon
gran groot
Gran Bretagna Groot-Brittannië
granata bezem; granaat (*mil* en edelsteen); granaatappel
granato m granaatappel; granaat (edelsteen)
grancassa grote trom
granchio m krab
granchiolino garnaal
grande groot, hoog; sterk, hevig; *il più ~* grootste; *zn* grootheid; *bijw* zeer, heel
grande magazzino m warenhuis
grandezza grootte; grootheid
grandinare hagelen
grandinata hagelbui
grandine v hagel (weer)
grandiosità v grootsheid
grandioso groots, verheven, prachtig
grandi'ssimo zeer groot, allergrootst
granello korrel; pit
granelloso korrelig

gra'nfia klauw
granito graniet; kracht, vastheid; *bn* sterk, stevig, duurzaam; gekorreld
grano graan; tarwe; zaad; beetje
granoturco m maïs
granuloso korrelig
grappa ijzeren kram; haakje (als leesteken); jenever, grappa
grappino dreg
gra'ppolo m tros
grassezza vetheid
grasso vet; *zn* vet, smeer
grati'cola rooster; tralievenster
gratificare begiftigen, belonen; zich dankbaar betonen
gratificazione v gratificatie, beloning, geschenk
gratis voor niets, gratis
gratitu'dine v dankbaarheid
grato dankbaar; aangenaam; vriendschappelijk; *zn* dankbaarheid; wens; wil; *bijw* voor niets, vrijwillig
grattacielo wolkenkrabber
grattare krabben; af-, uitkrabben; raspen
grattu'gia rasp
grattugiare raspen
gratuito gratis; ongegrond (bewering); vergeefs
gravame m bezwaar; druk, last
gravare drukken, bezwaren; in beslag nemen; leed veroorzaken; *-rsi*, zich belasten met iets; zich beklagen
grave ernstig
gravezza zwaarte, last
gra'vida zwanger; drachtig (v. dieren)
gravidanza zwangerschap
gravità v zwaarte, gewicht; ernst (v.e. ziekte); zwaartekracht
gravitazione v zwaartekracht
gra'zia gratie; lieftallig-, bevalligheid; gunst; genade; goedheid; dank; *render ~* (of *grazie*), dank zeggen
graziare inwilligen; begenadigen, straf kwijtschelden
grazie dank u; *~!*, bedankt!; *~ tante*, *mille*, heel erg bedankt
grazioso bevallig; lief; sierlijk (stijl); genadig, minzaam; gul
Gre'cia Griekenland
greco Grieks; *zn* Griekse wijn; Grieks; Griek
gregge m kudde; menigte
gre'ggio ruw, onbewerkt; onopgevoed, boers
grembiale m schort; voorschoot
grembo schoot; moederschoot
grida verordening
gridare schreeuwen, uitroepen; schelden
grido schreeuw, kreet; beroemdheid, roep, naam
grifo snuit, snoet
grigio grijs

grillare sissen (olie); schuimen, gisten
grillo krekel; gril, luim
grinza rimpel; plooi; kreukel
grinzoso rimpelig; gekreukeld
grippe m griep
gronda daklijst; dakgoot; neergeslagen hoedrand
gronda'ia dakgoot
grondare druipen
grossa gros; *alla ~*, ruw; in grove trekken; en gros
grossezza dikte; omvang
grossista m grossier
grosso dik
grossolano ruw, lomp, ongemanierd; grof
grotta v grot
gru v kraanvogel; (hef)kraan
gru'ccia v kruk; deurkruk; kleerhanger
grugno snuit, snoet; smoel
gruista m kraanmachinist
gruppo m groep
gruviera m gruyère
guadagnare winnen, verdienen
guadagno winst, voordeel, nut; verdienste; *~ avventi' zio*, bijverdienste
guaina v step-in
guancia v wang
guanciale m hoofdkussen
guanto m handschoen
guardaboschi m boswachter
guardare kijken, bekijken; bewaren, bewaken, beschermen; *guarda!*, kijk eens!; *-rsi*, zich in acht nemen
guardare intorno rondkijken
guardare l'orologio klok kijken
guardaroba m garderobe
guardia v agent; wachter; lijfwacht; wachtpost; bewaring, bewaking; bescherming
guard-rail m vangrail
guari'bile geneeslijk
guarigione v genezing
guarire genezen
guarito genezen
guarnigione v garnizoen
guarnimento m uitrusting; garneersel, versiering
guarnire uitrusten, voorzien van; versieren; garneren (kleding); bezetten (met troepen); bewapenen
guarnitura v pakking
guarnizione v uitrusting, versiering; garnituur
guastare verwoesten (een land); bederven, beschadigen; verwennen; vertroetelen; vervalsen; verkwisten; *guasto?*, stoor ik?; *-rsi*, bederven; zware schade lijden; boos (op iem) worden
guasto kapot (technisch), defect; *zn defect*

guasto al motore *m* motorpech
guazzo poel, waterplas
guer'cio loens, scheel
guerra *v* oorlog; strijd
guerreggiare oorlog voeren;
   bestrijden
guerriero *m* krijgsman, -held; *bn*
   strijdlustig, krijgs-, heldhaftig
guerri'glia guerrilla
gufo uil
gu'glia obelisk, spitse zuil, torenspits
Guglielmina Wilhelmina
Guglielmo Willem
guida telefonica *v* telefoongids
guida *v* gids, reisgids; reisleider;
   regel, leidraad; het autorijden;
   esame di ~, rijexamen; *scuola ~*,
   (auto)rijschool
guidare voeren, geleiden; (be)sturen,
   (auto)rijden
guidare l'automobile autorijden
guisa wijze, manier
guizzare vooruitschieten, spartelen;
   flikkeren; zich snel bewegen; trillen
gu'scio schaal, dop, schil; huls;
   notendop
gusta're proeven; smaken, genieten,
   aangenaam zijn
guste'vole smakelijk; behaaglijk
gusto smaak; genot; vreugde; mode;
   buon ~, goede smaak
gustosità smakelijkheid
gustoso smakelijk; aangenaam

H

ha (hij) heeft; *hai*, je hebt
hanno (zij) hebben
ho (ik) heb
ho bisogno di ik heb ... nodig
hobby *m* hobby
hostess *v* stewardess
hui! ai, au

I

i *mv* van *il*, de
IVA *v* BTW
iato hiaat, gaping; leemte
idea *v* idee
ideale *m* ideaal; *bn* ideaal
identificare identificeren
idiota *m* idioot
ido'neo bruikbaar, geschikt.
idrau'lico *bn* hydraulisch; *zn*
   loodgieter
idrofobia watervrees; hondsdolheid
idro'geno waterstof
idroplano *m* watervliegtuig
ieri gisteren; *l' altro ~*, eergisteren; *~
   mattina*, gistermorgen
iersera gisteravònd
igiene *v* hygiëne, gezondheidsleer
igie'nico hygiënisch; *carta ~a*,

---

   toiletpapier
ignaro onwetend
ignomi'nia schande, smaad;
   schandvlek
ignominioso schandelijk, smadelijk
ignorante onwetend, dom; *zn m*
   domkop; onbeschaafde kerel
ignoranza onwetendheid
ignorare niet weten; niet willen
   kennen *of* weten
ignoto onbekend, verborgen; *zn*
   onbekende
ih! foei!
il, lo, i, gli de, het (mannelijk)
ilarità *v* vrolijkheid
ille'cito ongeoorloofd, onrechtmatig
illegale onwettig; ongeldig
illegalità *v* onwettigheid
illeggi'bile onleesbaar
illegi'ttimo onwettig, onecht (kind)
illeso ongedeerd, -schonden
illimitato onbeperkt
illuminare verlichten, illumineren;
   licht geven, inlichten
illuminazione *v* verlichting
illusione *v* illusie, waan, droombeeld,
   ijdele hoop
illuso'rio bedrieglijk, vals,
   denkbeeldig; schijn-
illustrare toelichten, uiteenzetten;
   illustreren, verluchten; beroemd
   maken
illustratore *m* illustrator
illustrazione *v* toelichting, uitleg,
   uiteenzetting; illustratie, plaatje;
   weekblad
illustre beroemd, vermaard; berucht
imballa'ggio emballage, verpakking
imballare ver-, inpakken
imbarcare (zich) inschepen,
   inladen;zich inlaten met
imbarcato'io aanlegsteiger; los- en
   laadplaats
imbarcazione *v* inscheping
imbarco *m* inscheping
imbecille onnozel, stompzinnig
imbellettare opmaken (gezicht)
imbellire verfraaien
imbe'vere in-, opzuigen
imbevuto doortrokken, volgezogen,
   gedrenkt
imbiancare witten, kalken; bleken; -
   rsi, wit, bleek, oud, helder worden
imbizzirsi zich opwinden
imboccare in de mond steken; voeren;
   ingeven, inblazen; aan de mond
   zetten (instrument); *~ in*,
   uitmonden in; uitlopen op: passen
   in
imboccatura uitmonding; mond (v.
   rivier); mondstuk
imborsare in de zak steken;
   opstrijken, innen (geld)
imboscata hinderlaag

---

imbottigliare bottelen ·
imbottire watteren, vullen
imbrattare besmeren, vuil maken;
   slordig schrijven
imbrogliare verwarren; het hoofd op
   hol brengen; *-rsi*, in de war geraken,
   blijven steken; zich bemoeien met
imbro'glio verwarring, verwikkeling;
   moeilijke kwestie
imbroglione *m* bedrieger, oplichter,
   intrigant, zwendelaar
imbucare in de bus doen, posten
   (brief)
imbuto *m* trechter
imitare navolgen, nabootsen
imitatore *m* nabootser; navolger;
   imitator
imitazione *v* nabootsing, navolging,
   namaak
immacola'to onbevlekt, rein
immagina'bile denkbaar
immaginare verbeelden, voorstellen,
   uitdenken, bedenken; *-rsi*, zich
   verbeelden
immagina'rio ingebeeld, denkbeeldig,
   vermeend
immaginativa verbeeldingskracht
immaginazione *v* ver-, inbeelding;
   fantasie; hersenschim
immagine *v* beeld (afbeelding)
immane wild, wreed, onmenselijk;
   monsterachtig groot
immanità *v* woestheid, wreedheid;
   monsterachtigheid
immatricolare inschrijven (in 't
   register)
immatricolazione *v* registratie;
   nu' mero d' ~, kentekennummer
immaturo onrijp; overijld
immediatamente onmiddellijk
immediato onmiddellijk, rechtstreeks
immemora'bile onheuglijk
immenso onmetelijk
imme'rgere in-, onderdompelen; *-rsi*,
   onderduiken, zinken; zich geheel
   verdiepen in
immersione *v* in-, onderdompeling;
   diepgang
imminente voor de deur staand,
   dreigend
immischiarsi zich mengen in; zich
   bemoeien met
immo'bile onbeweeglijk;
   onveranderlijk; onroerend (goed);
   zn m onroerend goed
immobilità *v* onbeweeglijkheid
immoderato onmatig
immodesto onbescheiden
immondi'zia vuilnis; keukenafval
immorale onzedelijk
immoralità *v* onzedelijkheid
immortale onsterfelijk; eeuwig
immortalità *v* onsterfelijkheid
immoto onbeweeglijk

immunità v immuniteit; vrijstelling (v. belasting); parlementaire onschendbaarheid; onvatbaarheid (voor ziekte)

immuta'bile onveranderlijk

impaccare, impacchettare inpakken

impacciare hinderen, storen; *-rsi*, zich bemoeien met

impacciato onbeholpen

impaga'bile onbetaalbaar

impalcatura (bouw)steiger

impallidire verbleken; de moed verliezen

imparare ww leren

imparziale onpartijdig

impastare kneden (brood); vormen; kleuren mengen

impaurito bevreesd

impaziente ongeduldig

impazienza ongeduld

impedenza (*elektr*) weerstand

impedimento belemmering, hindernis; *~i, mv* legertros, bagage

impedire hinderen, belemmeren; beletten

impegno verplichting; ijver, zorg; twist; *senza ~*, vrijblijvend

impennare optrekken (vliegtuig)

imperare gebieden, heersen

imperativo gebiedend; bindend; *zn* gebiedende wijs

imperatore m keizer

imperatrice v keizerin

impercetti'bile onmerkbaar

imperdona'bile onvergeeflijk

imperfetto onvolmaakt, onvolkomen; *zn* onvoltooid verleden tijd

imperiale m imperiaal

imperialismo imperialisme

imperioso gebiedend, trots

imperito onervaren, onbedreven

impermeabile m regenjas; *bn* ondoordringbaar; *~ all' acqua*, waterdicht

impero heerschappij; (keizer-) rijk; bevel, wil

impertinente onbeschaamd, vrijpostig

imperturba'bile onverstoorbaar, rotsvast

i'mpeto onstuimigheid; vuur, ijver; bestorming

impetuoso onstuimig, heftig, hartstochtelijk

impiagare wonden; *-rsi*, zich verwonden; zich doorliggen

impiastro pleister, papomslag

impiegare gebruiken; investeren (geld); in dienst nemen; erover doen (bepaalde tijd)

impiegato m beambte

impiegato(a) della reception v receptionist(e)

impiego m baan, werk, taak

impiombare plomberen

implaca'bile onverzoenlijk, onverbiddelijk

implicare verwikkelen; omvatten

implicazione v verwikkeling

impli'cito mede inbegrepen, vanzelfsprekend; stilzwijgend

impolverare poederen, bestuiven, stoffig maken

imponente indrukwekkend

imporre opleggen (lasten, verplichtingen e.d.); bevelen; eerbied inboezemen, imponeren; *-rsi*, zich laten gelden

importante belangrijk

importanza belangrijkheid; gewicht

importare importeren; van gewicht, van belang zijn; bedragen

importatore m importeur

importazione v import; invoer

importo m bedrag

importunare lastig vallen, hinderen

importuno lastig, ongelegen

impossibile onmogelijk

impossibilità v onmogelijkheid

imposta belasting; blind; *~ stradale*, wegenbelasting

impostare posten

impostore m bedrieger

impostura bedrog, laster

impotente machteloos; impotent

impotenza machteloosheid; krachteloosheid; impotentie

impoverire verarmen; arm worden

impraticabile onbegaanbaar, onberijdbaar

imprecare verwensen, schelden, uitvaren

impregnare verzadigen, drenken

imprenditore m ondernemer

impreparato onvoorbereid

impresa onderneming; (bouw-, exploitatie-)maatschappij; zinspreuk

impressionato onder de indruk; belicht (film)

impressione v indruk; druk

imprestare (uit)lenen

impre'stito lening

imprevisto onvoorzien

imprigionare gevangen zetten

impri'mere drukken; indrukken, inprenten

improba'bile onwaarschijnlijk

impro'prio oneigenlijk, verkeerd, onjuist; ongepast

improvvisamente plotseling

improvviso onverwacht, onvoorzien; *all' ~*, onverwachts, plotseling

imprudente onverstandig, onvoorzichtig

impudente schaamteloos; onbeschaamd

impulsione v stoot; aandrang aansporing, opwelling

impulso impuls, stoot, aandrang

impuntare blijven steken; *-rsi*, zich verzetten

impuro onzuiver; onrein, onzedelijk

imputare toeschrijven; wijten, ten laste leggen

imputato beklaagde

imputazione v aantijging; beschuldiging

in in, binnen, naar; met; *vado ~ Francia*, ik ga naar Frankrijk; *vado ~ treno*, ik ga met de trein

ina'bile onbekwaam

inabilità v onbekwaamheid

inabita'bile onbewoonbaar

inaccessi'bile ontoegankelijk

inaccetta'bile onaannemelijk

inalare inhaleren (rook etc)

inammissi'bile ontoelaatbaar

inanimare bezielen; moed geven

inanizione v uitputting, zwakte

inaspettatamente onverwachts

inaspettato onverwacht

inattendi'bile onbetrouwbaar (berichten)

inattivo werkeloos, lusteloos, traag

inaudi'bile onhoorbaar

inaudito ongehoord

inaugurare inwijden, openen

inazione v werkeloosheid

incalcola'bile onberekenbaar

incalzare op de hielen zitten; dringen (tijd, nood); dreigen (gevaar)

incamminare op weg brengen; in gang brengen; *-rsi*, zich op weg begeven

incantare betoveren; bekoren

incante'vole betoverend, bekoorlijk, verrukkelijk

incanto betovering; verrukking; bekoorlijkheid; veiling; openbare verkoping

incapace ongeschikt; onbevoegd

incarcerare gevangen zetten

incaricare laden, belasten; opdragen; beschuldigen

incaricato beladen; belast; *~ d' affari*, zn zaakgelastigde

incartamento dossier

incartare inpakken

incartocciare in een zakje doen

incassare in kisten pakken; opbaren; zetten (juwelen), innen; indijken; in elkaar passen, sluiten

incasso inning, ontvangst

incatenare ketenen

inca'uto onvoorzichtig

incavare uithollen

incavato hol

incendiare aansteken, in brand steken

incendio m brand

incenerare in de as leggen; met as bestrooien

incenso wierook; *bn* ontbrand;

bruciare l' ~, bewieroken
incerare met was inwrijven; poetsen (schoenen)
incertezza onzekerheid
incerto onzeker, twijfelachtig
incespicare (in) struikelen (over)
incessante onophoudelijk, aanhoudend
inchiesta onderzoek; enquête
inchinare buigen, neerbuigen, -slaan (blik); *-rsi*, toegeven
inchino buiging
inchiostro inkt; *di China*, Oost Indische inkt
inciampare, -picare (in) struikelen (over), blijven steken (in); toevallig ontmoeten, treffen
incidentale toevallig; neven-
incidente *m* ongeluk; incident, voorval
inci'dere (in)snijden; doorsnijden
incinta zwanger, *essere ~ in* verwachting zijn
incipriare poederen
incirca *all' ~*, ongeveer, om en nabij
incisione *v* snede, insnijding; gravure, plaat; *~ in legno*, houtsnede
incisivo snijdend, snij-; *zn* snijtand
incisore *m* graveur
incitare aansporen
incivile onbeleefd, onvriendelijk; lomp
incivilire beschaven
inciviltà *v* onbeschaafdheid; lompheid
inclemente meedogenloos; guur
inclinare naar beneden buigen; (iem) aansporen; neiging hebben tot, overhellen; dalen; *-rsi*, zich onderwerpen
inclinazione *v* inclinatie; helling, buiging; neiging, zin
inclu'dere insluiten, bijvoegen; opnemen (in lijst)
inclusa bijlage
inclusivamente inclusief
incluso inclusief
incoerente onsamenhangend
inco'gnito onbekend
incollare plakken
incollerire boos worden
incolto onbebouwd, woest; verwaarloosd; ongemanierd, onontwikkeld
incombusti'bile onbrandbaar
incominciare beginnen
incomodare lastig vallen, ongelegen komen
incomodo *m* ongemak, bezwaar, probleem; *bn* onge-makkelijk, lastig
incompara'bile onvergelijkelijk
incompati'bile onverenigbaar, uiteenlopend

incompetente onbevoegd
incompleto onvolledig
incomprensi'bile onbegrijpelijk
inconcilia'bile onverenigbaar; onverzoenlijk
inconseguente inconsequent
inconsola'bile ontroostbaar
inconsuma'bile oneetbaar
incontesta'bile onbetwistbaar
incontrare ontmoeten, tegenkomen; *-rsi*, elkaar ontmoeten
incontro ontmoeting; gebeurtenis; treffen, bijval, vz tegen; tegemoet; tegenover; *~ ponti' stico*, bridgedrive
inconveniente ongepast, onbetamelijk; *zn m* ongemak, bezwaar
incoraggiare aanmoedigen
incorniciare inlijsten; inramen (dia's)
incoronare kronen
incorporare inlijven; in zich opnemen
incorporazione *v* inlijving
incorreggi'bile onverbeterlijk
incorretto incorrect, onjuist
incosciente onbewust
incostante onstandvastig, onvast (weer); onbestendig
incostanza onbestendigheid, onstandvastigheid
incredi'bile ongelofelijk
incredulità *v* ongelovigheid
incre'dulo ongelovig
increspare krullen
incrociare kruisen; overvaren; tegenkomen
incrocio *m* kruising; *~ a raso*, gelijkvloerse kruising
incubazione *v* broedtijd; *med* incubatietijd
i'ncubo nachtmerrie
incu'dine *v* aambeeld
inculcare inprenten
incura'bile ongeneeslijk
incurante zorgeloos
incu'ria nalatigheid, zorgeloosheid
incurvare buigen, krommen
incustodito onbewaakt
indagare uitzoeken, onderzoeken
inda'gine *v* onderzoek
indebitarsi schulden maken
indebolire verzwakken
indecente onbetamelijk
indecenza onwelvoeglijkheid
indecisione *v* besluiteloosheid
indeciso onbeslist, besluiteloos
indefinito onbepaald; onbegrensd; vaag
indegno onwaardig; laag
indelicato onkies, tactloos
indenne onbeschadigd; ongedeerd
indennità *v* schadeloosstelling, schadevergoeding
indennizzare schadeloosstellen

indescrivi'bile onbeschrijfelijk
indesidera'bile ongewenst
indeterminato onbepaald, onbestemd; besluiteloos
India *v* India
indiano Indisch; Indiaans; *zn m* Indiër; Indiaan
indicare aanwijzen, tonen
indicare la strada de weg wijzen
indicativo aanwijzend, aantonend; *zn* aantonende wijs
indicatore *m* aanwijzer; woning-, reisgids
indicatore di direzione *v* richtingaanwijzer
indicazione *v* aanwijzing
i'ndice *m* wijzer, merkteken; wijsvinger; inhoud (v. boek); index; catalogus; indexcijfer
indietro *bijw* achteruit, terug; achter(lijk)
indifferente onverschillig
indifferenza onverschilligheid
indi'geno inboorling, inlander; *bn* inlands, inheems
indigente behoeftig, arm
indigenza gebrek, armoede
indignarsi verontwaardigd worden
indignato verontwaardigd
indignazione *v* verontwaardiging
indimentica'bile onvergetelijk
indipendente onafhankelijk
indipendenza onafhankelijkheid
indiretto indirect; middellijk; zijdelings
indirizzare adresseren; richten (verzoek); sturen, verwijzen (naar)
indirizzo *m* adres; regel, richtsnoer
indiscreto onbescheiden
indiscrezione *v* onbescheidenheid
indispensa'bile noodzakelijk, onontbeerlijk
indisposizione *v* ongesteldheid; ontstemming
indisposto niet lekker (voelen)
indisputa'bile onbetwistbaar
indistinto onduidelijk, vaag
indisturbato ongestoord
indi'via andijvie
individuale individueel
indivi'duo *m* individu, persoon
indi'zio aanduiding; indice; kenteken
i'ndole *v* inborst, aard
indolente indolent, traag; vadsig
indolore pijnloos
indoma'bile ontembaar
indomani *m* volgende dag
Indone'sia: *l' ~*, Indonesië
indorare vergulden
indormentare in slaap maken
indossare aantrekken (kleren); dragen (kleren)
indovinare raden; waarzeggen, voorspellen

indovinello raadsel

indovino waarzegger

indubbiamente ongetwijfeld

indubita'bile ontwijfelbaar, zeker

indu'gio getalm, uitstel, vertraging, oponthoud

indulgenza toegevendheid

indu'stria v industrie; vlijt; kunst, list; bedrijf

industriale bn industrieel, nijverheids-; zn m industrieel

industriarsi zich beijveren, zich moeite geven

industrioso nijver, vlijtig; kunstvaardig

ine'dito onuitgegeven

ineducato onopgevoed

ineffettua'bile onuitvoerbaar

inefficace onwerkzaam, niet doeltreffend

ineguale ongelijk; ongelijkmatig

inerente a onafscheidelijk verbonden met, eigen aan; in verband met, met betrekking tot

inerme weerloos

inerte werkeloos; lui, traag

ine'rzia traagheid; werkeloosheid, luiheid, inertie

inesatto onnauwkeurig; nalatig

inesauri'bile onuitputtelijk

inesegui'bile onuitvoerbaar

inesora'bile onverbiddelijk, onvermurwbaar

inesperienza onervarenheid

inesperto onbedreven

inesplica'bile onverklaarbaar

inesprimi'bile onuitsprekelijk, onbeschrijfelijk

inestima'bile onschatbaar

inevita'bile onvermijdelijk

infame eerloos, schandelijk, laag, berucht

infamità v eerloosheid, gemene, schandelijke daad

infantile kinds, kinderlijk; kinder-

infantilità v, kindsheid, kinderlijkheid

infanzia v jeugd

infarto m hartaanval

infatica'bile onvermoeibaar

infatti inderdaad; namelijk; echter

infatuato di verzot op, ingenomen met

infecondo bn onvruchtbaar

infedele ontrouw; onbetrouwbaar; ongelovig

infedeltà v ontrouw; ongeloof

infelice ongelukkig, rampzalig; mislukt

inferiore lager, minder, geringer; ongeschikt; minderwaardig

inferiorità v minderheid; minderwaardigheid; ondergeschiktheid

infermeria ziekenzaal

infermiera v verpleegster; ~ rionale,

wijkverpleegster

infermiere m verpleger

infermità v ziekte; zwakte

infermo ziek; lijdend, gebrekkig; zwak

inferno hel

infettare besmetten; infecteren; aansteken; bederven

infetto besmet

infezione v infectie

infiammare aansteken; med ontsteken; fig aanvuren

infiammazione v ontsteking (infectie)

infido onbetrouwbaar (mens); vals (glimlach)

infilare (in, su) ergens in (op) steken

infilzare rijgen

infine eindelijk, ten slotte

infinitivo infinitief, onbepaalde wijs

infinito oneindig, onbegrensd, eindeloos; buitengewoon groot

infirmare ontzenuwen, verzwakken; opheffen

inflazione v inflatie

infle'ttere buigen, verbuigen

influente invloedrijk

influenza v griep; invloed

influenzato grieperig; beïnvloed

influire invloed uitoefenen, inwerken op

influsso invloed

info'ndere inboezemen

informare inlichten, meedelen; -rsi, informeren

informatore m berichtgever

informazione v informatie

informazioni v inlichtingen

informe vormeloos

infortunato ongelukkig

infortu'nio tegenspoed, ongeluk

infra bijw beneden

infrangi'bile onbreekbaar

infrazione v inbreuk, overtreding, schending

infrutti'fero renteloos

infruttuoso onvruchtbaar, vergeefs

infusione v aftreksel; infuus

ingannare bedriegen; foppen; -rsi, zich vergissen, zich bedriegen

inganno misleiding, bedrog; zwendelarij, list; dwaling; vergissing

ingegnarsi zich inspannen, zich beijveren; zijn best doen

ingegnere m ingenieur

ingegno geest; vernuft; talent; aard, natuur; list; werktuig

ingegnosità v scherpzinnigheid; vindingrijkheid

ingegnoso geestig, vernuftig; vindingrijk

ingenuità v argeloosheid, naïviteit

inge'nuo onbevangen, openhartig, argeloos, naïef, onschuldig

ingerire opwekken; -rsi, zich

bemoeien met

Inghilterra v Engeland

inghiottire slikken, inslikken, doorslikken

ingiù naar beneden

ingiu'ria belediging; beschimping; verwoesting

ingiuriare beledigen, uitschelden

ingiurioso beledigend

ingiusti'zia onrechtvaardigheid

ingiusto onrechtvaardig, onbillijk

inglese Engels; zn m Engels; Engelsman, Engelse

ingorgo m opstopping (verkeer)

ingrana'ggio raderwerk

ingrandimento m vergroting

ingrandire vergroten; overdrijven; groter worden

ingrassare doorsmeren; vetmesten; -rsi, aankomen (gewicht)

ingratitu'dine v ondankbaarheid

ingrato ondankbaar; onvruchtbaar (bodem); onaangenaam, afstotend

ingrediente m bestanddeel

ingresso m toegang, ingang; toegangsprijs

ingrossare dikker maken; doen zwellen; afstompen; dikker, groter worden; zwellen (rivier)

ingrosso all' ~, in 't groot, en gros; globaal

inguine mlies

iniettore m sproeier (auto)

iniezione v injectie

inimici'zia vijandschap

inimita'bile onnavolgbaar

iniquo onbillijk, onrechtvaardig; slecht, boosaardig; ongunstig; onverdraaglijk

iniziale begin-

iniziare beginnen

iniziativa initiatief

inizio m begin

innamorato verliefd

innanzi voor; boven; vroeger, sinds, sedert; nader, later; più ~, later, nader; verder; andare ~, vooruitgaan; voorwaarts gaan; venire ~, gebeuren

innaturale onnatuurlijk

innaviga'bile onbevaarbaar

innega'bile onloochenbaar, niet te ontkennen

innestare enten, inenten

inno nazionale m volkslied

innocente onschuldig; onschadelijk

innocenza onschuld

inno'cuo onschadelijk, ongevaarlijk

innovare vernieuwen

innumere'vole ontelbaar, talloos

inobbediente ongehoorzaam

inodore reukloos

inoltrare doorzenden, nazenden (goederen, post)

inoltre bovendien, verder
inondare overstromen
inondazione v overstroming
inopinato onverwacht
inopportuno ongelegen, ontijdig; ongeschikt
inospitale onherbergzaam, onbewoonbaar; ongastvrij
inosservato onbemerkt, onopgemerkt; niet nageleefd
inossida'bile roestvrij
inquietante verontrustend
inquietare verontrusten; -*rsi*, ongerust worden
inquieto onrustig, ongerust; druk, rumoerig
inquietu'dine v ongerustheid; onrust; bezorgdheid
inquilino m huurder
inquisizione v gerechtelijk onderzoek, verhoor
insalata v salade, sla; *fig* mengelmoes
insalubre ongezond
insaponare inzepen
insazia'bile onverzadigbaar
inscenare ensceneren; *fig* op touw zetten
inscri'vere inschrijven
inscrizione v inschrijving; opschrift, inscriptie
insegna v opschrift; uithangbord
insegnamento onderwijs
insegnante zn m/v onderwijzer(es)
insegnare onderwijzen
inseguire vervolgen, najagen
insensato dwaas, onbezonnen; zinneloos; waanzinnig, gek
insensi'bile onmerkbaar; gevoelloos, ongevoelig
insepara'bile onafscheidelijk
inserire tussenvoegen; insteken; inlassen
inservi'bile onbruikbaar
inserzione v in-, tussenvoeging; advertentie; ingezonden mededeling; annonce
inserzionista m adverteerder
insetto m insect
insieme samen; zn m l' ~, het geheel
insignificante onbetekenend
insinuare te verstaan geven, insinueren
insipido flauw
insipiente dwaas, onbenullig; dom
insi'stere aandringen, aanhouden
insocia'bile ongezellig
insolazione v zonnesteek
inso'lito ongewoon
insolvente insolvent
insomma kortom, in één woord; ten slotte
insonne slapeloos
insonnia v slapeloosheid

insopporta'bile onverdraaglijk, onuitstaanbaar
insperato onverhoopt
inspirare inademen
insta'bile onbestendig, onstandvastig
installare installeren
instanca'bile onvermoeibaar
insù omhoog; *all'* ~, omhoog, opwaarts; *da* ~, vanaf
insubordinato ongehoorzaam
insudiciare vuilmaken
insufficiente onvoldoende
insultare beledigen
insulto belediging, hoon; *med* aanval, toeval
insupera'bile onoverwinnelijk; onovertrefbaar
intanto inmiddels, intussen, evenwel, toch; dus; ~ *che*, terwijl
intascare in de zak steken; opsteken, verdienen
intatto intact, onaangeroerd, ongeschonden, ongerept
integrale geheel, volkomen; wezenlijk; integraal
i'ntegro ongerept; onkreukbaar; rechtschapen; zuiver
intelaiatura frame, chassis
intelletto verstand, begrip; knappe kop
intellettuale intellectueel
intelligente verstandig; schrander, intelligent
intelligenza v verstand; intelligentie; kennis, begrip; verstandhouding
intelligi'bile verstaanbaar, begrijpelijk, bevattelijk
intempe'rie v of *mv* slechte weersomstandigheden, weer en wind
intempestivo ontijdig, ongelegen
intendenza v opzicht, beheer
intendere bedoelen; begrijpen; horen; van plan zijn;-*rsi*, met elkaar overweg kunnen; verstand hebben van
intenerire zacht, week maken; vertederen; -*rsi*, vertederd worden
intensità v sterkte, kracht, inspanning, intensiteit
intensivo hevig, krachtig, intensief
intenso ingespannen, hevig, in-, doordringend
intento plan, doel; *bn* oplettend, gericht op
intenzionato van plan, voornemens, gezind
intenzione v bedoeling; plan
interamente helemaal, geheel
intercalare inlassen, tussenvoegen
interce'dere tussenbeide komen
intercessione v tussenkomst, bemiddeling, voorspraak
intercettare onderscheppen;

afsnijden; opvangen
intercomunale interlokaal
interdire verbieden; schorsen
interdizione v verbod
interessante interessant
interessare belangstelling opwekken; van belang zijn; aangaan, raken; -*rsi* a, belangstelling hebben voor; geld steken in
interessato belanghebbende; gegadigde; deelgenoot; *bn* belanghebbend, geïnteresseerd; *e' ssere* ~ a, belangstelling hebben voor
interesse m belangstelling; belang; winst, rente
interiezione v tussenwerpsel
interino tussentijds, voorlopig, ad interim
interiore innerlijk, inwendig; *zn* m het inwendige, binnenste; interieur; ~*i*, *mv* ingewanden
interme'ttere onderbreken, storen
intermina'bile eindeloos
internare indrijven; interneren; -*rsi*, zich verdiepen
internazionale internationaal
interno binnenst, innerlijk, inwendig; binnenlands; intern; *zn* het inwendige; binnenland
interno inwendig, binnenst; binnenlands; intern; *zn* binnenland; het binnenste
intero heel (geheel); *per* ~, geheel en al
interpretare uitleggen; tolken
interpretazione v vertolking
interprete m, v tolk
interrogare ondervragen
interrogativo vragend, vraag-
interrogato'rio verhoor
interro'mpere in de rede vallen; storen; onderbreken
interrotto verbroken
interruttore m schakelaar (licht)
interruzione v onderbreking, afbreking; rust(poos), pauze
intersezione v snijpunt; snijding
intersti'zio tussenruimte, -tijd; pauze
interurbano interlokaal
intervallo tussentijd; pauze; afstand, tussenruimte
intervenire tussenbeide komen; bijwonen
intervista interview
intesa plan; bedoeling; *star sull'* ~, op zijn hoede zijn
inteso begrepen, verstaan; *restando* ~ *che*, met dien verstande dat
intestino m darm; ingewand; *bn* inwendig, binnenlands
intestino cieco m blindedarm
intestino m darm
intignatura motgaatje

intimidire bang maken; bang zijn, worden

i'ntimo innerlijk, binnenste; intiem, innig; vertrouwelijk; *zn* binnenste; boezemvriend

intirizzito *bn* verstijfd, verkleumd, stijf

intitolare betitelen, noemen

intollera'bile onduldbaar, ontoelaatbaar

intollerante onverdraagzaam, ongeduldig

intonare aanheffen; luid schreeuwen

intorno om, rondom; ongeveer, omtrent; over; *bijw* rondom, in de omtrek

intransitivo onovergankelijk

intraprendente ondernemend

intrapre'ndere ondernemen

intratta'bile onhandelbaar, stroef

intrecciare vlechten; over elkaar slaan (armen, benen)

intre'pido onverschrokken

intrigante *m* intrigant, konkelaar; *bn* intrigerend

intrigare intrigeren, konkelen, kuipen

intrigo intrige, kuiperij

intri'nseco innerlijk, intrinsiek; vertrouwd; *zn* kern; vertrouwde vriend

introdurre invoeren, -brengen; inleiden in, introduceren; aanbrengen (wijzigingen); toegang verschaffen

introduzione *v* voorbericht; ouverture; introductie

introme'ttere inbrengen, inschuiven, insteken; iem voorstellen; introduceren

intruso indringer

intu'ito, intuizione *m, v* intuïtie, ingeving

inumano onmenselijk

inumidire bevochtigen

inusato ongebruikelijk; ongebruikt

inu'tile nutteloos

inutilità *v* nutteloosheid, vruchteloosheid

inutilmente tevergeefs

inva'dere een inval doen, binnendringen; overstromen

invalidare ongeldig verklaren, buiten werking stellen

invalidità *v* ongeldigheid, invaliditeit

inva'lido zwak, niet steekhoudend; ongeldig; invalide, gebrekkig; *zn* invalide

invano vruchteloos, tevergeefs

invaria'bile onveranderlijk, duurzaam

invasione *v* inval

invecchiare verouderen; oud maken; (wijn) laten liggen

invece daarentegen; in tegendeel; ~ *di*, in plaats van

inveire contra uitvaren tegen

inventare uitvinden, verzinnen

inventa'rio inventaris

inventivo vindingrijk

inventore *m* uitvinder

invenzione *v* uitvinding; verzinsel; vinding

invernale winterachtig, winter-

inverniciare vernissen

inverno *m* winter

inverosi'mile onwaarschijnlijk

inverso *bn* omgekeerd, tegenovergesteld

invertire omdraaien, omzetten; op de kop zetten

investigare uit-, onderzoeken

investimento aanrijding, -varing, botsing; investering

investire bekleden (met ambt); (geld) beleggen; insluiten; stoten, schokken; aanrijden, aanvaren

invetriatura *v* glazuur

invettiva scheldwoord

inviare in gang zetten; zenden, sturen; -*rsi*, zich op weg begeven

invi'dia nijd, afgunst

invidiare benijden; misgunnen; vurig verlangen

invidioso afgunstig

inviluppare omhullen; verward maken

inviluppo omhulsel; zakje; pakje; verwarring

invinci'bile onoverwinnelijk

invio (in)zending, over-, uitzending

inviola'bile onschendbaar

invisi'bile onzichtbaar

invitare uitnodigen; vastschroeven

invitato genodigde, gast

invitazione *v* uitnodiging

invito uitnodiging; invitatie

invocare aanroepen, inroepen

invocazione *v* aan-, inroeping

invo'lgere inwikkelen

involontario onvrijwillig; gedwongen; onwillekeurig

involtare zie *involgere*

io ik

iodio *m* jodium

ipertesto *m* hypertext

ipocrisia huichelarij

ipo'crita *m* huichelaar

ipo'crito huichelachtig

ipoteca hypotheek

ipotesi *v* hypothese

ippo'dromo renbaan

ippopo'tamo nijlpaard

ira woede

i'ride *v* regenboog; iris (v.h. oog)

i'ris *v* iris (plant)

Irlanda Ierland

ironia ironie

irregolare onregelmatig; ongeregeld

irregolarità *v* onregelmatigheid

irrepara'bile onherstelbaar

irreprensi'bile onberispelijk

irrequieto onrustig, rusteloos, woelig

irresisti'bile onweerstaanbaar

irresoluto besluiteloos, wankelmoedig

irresponsa'bile onverantwoordelijk

irrevoca'bile onherroepelijk

irriconosci'bile onherkenbaar

irrigare irrigeren, bevloeien

irrigidire verstijven

irrimedia'bile onherstelbaar

irrisione *v* bespotting, spot

irrita'bile prikkelbaar, lichtgeraakt

irritante prikkelend, irriterend

irritare prikkelen; boos maken

irritazione *v* prikkeling, geprikkeldheid

irriverente oneerbiedig

irsuto harig, ruig, dichtbehaard

iscri'vere inschrijven, opschrijven, intekenen

iscrizione *v* boeking, inschrijving, intekening; opschrift

Islanda IJsland

isola *v* eiland; vluchtheuvel

isolare isoleren

isolato *m*huizenblok; *bn* geïsoleerd

ispettore *m* inspecteur

ispezionare inspecteren

ispirare inademen, -blazen; *fig* inboezemen; bezielen

ispirazione *v* inademing; ingeving; bezieling, inspiratie

israeliano Israëlisch; *zn m* Israëli

israelita *m* Israëliet

israeli'tico Israëlitisch

issare hijsen

istanta'nea *v* momentopname

istanta'neo ogenblikkelijk

istante ogenblik

istanza aandrang; dringend verzoek; instantie, aanleg

istigare aansporen

istinto instinct

istituire instellen; stichten, maken

istituto instelling, stichting; instituut

istrice *m* stekelvarken

istruire onderrichten, -wijzen

istrumento instrument; werktuig; bewijsstuk

istruttivo leerzaam, leerrijk, instructief

istrutto'ria *recht* vooronderzoek

istruzione per l'uso *m* gebruiksaanwijzing

istruzione *v* onderwijs; instructie, aanwijzing

Italia *v* Italië

italiano Italiaans; *zn m* Italiaan

item idem, evenzo

iterativo herhalend; herhaald

itinerario *m* route

itteri'zia geelzucht

Iugosla'via Joegoslavië

iugoslavo Joegoslavisch; *zn m* Joegoslaaf

iunior jongere, junior

ivi daar, er

J

jacht jacht (schip)

jeans *m* spijkerbroek

K

kaki, cachi kaki(kleurig)

kapoc *m* kapok

kermesse *v* kermis

kilowatt *m* kilowatt

kitsch kitsch

L

L = *legge*, wet

LN = *luna nuova*, nieuwe maan

la de; het; *vnw* haar; het; u

là daar, daarheen; *più (in)* ~, verder

la pillola *v* pil (anticonceptiepil)

la, le de (vrouw)

labbro *m* lip

la'bile labiel, wankelbaar

labirinto labyrint, doolhof

laborato'rio laboratorium

laborioso werkzaam; moeilijk

lacca *v* lak; haarlak

laccare lakken

la'ccio strik; *fig* hinderlaag, valstrik; strop

lacerare verscheuren, vernietigen; belasteren

la'crima *v* traan

lacuna lacune; leemte, gaping

ladra dievegge

ladro *m* dief; *bn* diefachtig, oneerlijk; lelijk

ladroci'nio diefstal

laggiù daar beneden; daarginds

lagnarsi klagen, jammeren; bedroefd zijn

lago *m* meer (waterplas)

laguna lagune; strandmeer

lamentare beklagen, bewenen; treuren, jammeren

lamente'vole jammerlijk, beklagenswaardig

lamento geklaag, gejammer; klacht

lametta *v* scheermesje

lamiera dunne metalen plaat, plaatijzer

lampada *v* lamp; ~ *ad incandescenza*, gloeilamp

lampada'rio kroonluchter

lampadina *v* lamp (gloei-)

lampadine flash *v* flitslampjes

lampante lichtend, glanzend; fonkelend; duidelijk

lampeggiante flikkerend; schitterend;

---

luce ~, knipperlicht

lampeggiare weerlichten; flikkeren; schitteren

lampioncino lampion

lampione *m* (straat)lantaarn

lampo *m* bliksem, weerlicht; geflikker; opflikkering

lamponi *m* frambozen

lana *v* wol; *di* ~ wollen

lancetta lancet, wijzer

la'ncia lans, speer; sloep

lanciare slingeren, werpen; lanceren; zich storten op

la'ncio worp, (flinke) sprong; *di primo* ~, terstond, dadelijk

laneria wollen goederen

la'nguido kwijnend, mat

languire kwijnen, versmachten

lanoso wollig

lanterna lantaarn

lapis *m* potlood; ~ *automa'tico*, vulpotlood

lardellare larderen

lardo *m* spek

larghezza breedte; vrijgevigheid; overvloed; wijdte

largo breed, wijd, ruim; *zn* breedte; ruimte

laringe *v* larynx, strottenhoofd

larva *v* larve

lasciapassare *m* toegangsbewijs, perskaart

lasciare achterlaten, verlaten; laten; toevertrouwen

lassativo *m* laxeermiddel

lassù daar, daarboven, daarginds

lastra tegel; dakpan; plaat (metaal); ~ *di ghia'ccio*, ijsschots; ~ *di vetro*, glasruit

lastricare bestraten, dekken (met pannen, leien)

lastricato *m* straatsteen; bestrating, plaveisel

la'strico plaveisel, bestrating, wegdek

latente verborgen; latent

laterale zijdelings, zij-

latino Latijns; *zn* Latijn

latitu'dine *v* breedte(graad)

lato anteriore *m* voorkant

lato della strada *m* straatkant

lato inferiore *m* onderkant

lato *m* zijkant, kant; *a* ~, ernaast

lato opposto *m* overkant

latrare blaffen, keffen

latta blik; bus

latta'io melkboer

latte *m* melk

latte in polvere *m* poedermelk

latte *m* melk; ; ~ *intero*, volle melk; ~ *rappreso*, zure melk; ~ *scremato*, halfvolle melk

lattemiele *m* slagroom

la'tteo melkachtig; melkwit; melk-

latteria zuivelwinkel; melkfabriek

---

latticello *m* karnemelk

lattici'ni *mv* zuivel

lattiera melkkan

lattina *v* blikje (drinken)

lattuga sla; latuw; ~ *cappu'cia*, kropsla

laudare loven, prijzen

la'urea doctoraal(examen)

laureato *zn* doctorandus

la'uro *m* laurierboom; ~ *ceraso*, laurierkers

lava'bile wasecht, wasbaar

lavabo *m* wastafel

lavadita *m* vingerkom

lavagna *v* lei; schoolbord

lavamano *m* wastafel

lavanda, lava'ndula lavendel

lavanda'ia wasvrouw

lavanderia wasserij

lavanderia a gettoni *v* wasserette

lavanderia a secco *v* stomerij

lavapiatti *m* bordenwasser; *ma'cchina* ~, *v* afwasmachine, vaatwasmachine

lavare wassen

lavare a secco stomen

lavastoviglie *v* afwasmachine, vaatwasmachine

lavatrice *v* wasmachine

lavina lawine

lavorare werken

lavoratore arbeider; ~ *migrante*, gastarbeider

lavoro *m* werk (arbeid)

le, loro (*mv* van *la*) de; (*vnw*) haar, hen, ze; *Le*, u

leccare likken, aflikken; vleien; even aanraken

leccornia lekkernij

le'cito geoorloofd

lega bond, bondgenootschap; legering; mijl (4 km)

legale *m* rechtsgeleerde; *bn* wettelijk, wettig

legalizzare legaliseren, wettig maken; bekrachtigen

legalizzazione *v* legalisatie, bekrachtiging

legame *m* band; boei; *fig* samenhang

legare (vast)binden; inbinden (boek); boeien, bekoren; legateren; -*rsi*, zich verbinden, een verbond sluiten

legato ge-, ver-, ingebonden; schuchter; ~ *alla bodoniano*, ingenaaid; *zn* legaat

legatore *m* boekbinder

legatura verbinding; het inbinden; band (v. boek); verbintenis

legazione *v* legatie, gezantschap

legge *v* wet

leggenda legende; *fig* gerucht

leggere lezen

leggere lettera per lettera spellen

leggerezza lichtheid; lichtzinnigheid
leggero licht (gewicht); gemakkelijk; lichtzinnig
leggi'bile leesbaar
leggio lessenaar
legione v legioen; schaar
legislatore m wetgever
legislazione v wetgeving
legittimare wettigen; echten (een kind); rechtvaardigen
legi'ttimo wettig, rechtmatig
legna v mv brandhout
legnaiolo m schrijnwerker
legname m (timmer)hout
legno m hout; ~ compensato, triplexhout
legnoso houtachtig, hout-
legume m peulvrucht; legumi, mv groenten
lei v zij; haar
Lei, La, Le u
Lemano: lago ~, Meer van Genève
lembo zoom; buitenste rand
lemme lemme zeer zacht, langzaam
lenire verzachten, lenigen
lenitivo pijnstillend middel
lentamente langzaam
lente v lens (objectief); ~ a contatto, contactlens
lenti'cchie v mv linzen mv
lenti'ggini v mv zomersproeten
lento langzaam, traag, slap; los; wijd
lenza hengelsnoer
lenzuola mv laken (op bed)
leoncino welp
leone m leeuw
Leone m Leeuw
leonessa leeuwin
lepre m-v haas
le'sina els, priem
lesione v blessure, verwonding
leso beledigd; gekwetst
le'ssico woordenboek, lexicon
lesso soepvlees; bn gekookt
lesto snel, vlug, behendig; kort van duur
letale dodelijk
letame m mest; stalmest
lettera v brief; letter
letterale letterlijk
letterato letterkundig, geletterd
letteratura letterkunde
lettino (per bambino) m kinderbed
letto da campo m veldbed
letto m bed; ~ ribaltabile, opklapbed; bn gelezen
letto matrimoniale m tweepersoonsbed
letto singolo m eenpersoonsbed
lettore m lezer, lector
lettore cd m cd-speler
lettura het lezen; lectuur; lezing; leesstof; ~ amena, ontspanningslectuur

leva hefboom; hendel; koevoet; mil lichting
leva del freno v, m handrem
levante m het Oosten; de Levant; bn opgaand; oostelijk
levapneuma'tici m bandafnemer
levare opheffen, optillen, oprichten; wegnemen; -rsi, opstaan; opstijgen; opgaan (zon e.d.); opbreken; in opstand komen; zich verheffen (wind); (kleren) uittrekken
levata v lichting; het opgaan (vd zon)
levatrice v vroedvrouw
levigatezza gladheid
levriere m hazewindhond
lezione v les
li (mv van lo) de; vnw hen; ze (lijdvw)
lì daar, daarginds
libbra pond (Eng)
libe'ccio zuidwestenwind
liberale mild, vrijgevig; vrijzinnig, liberaal; vrij
liberare bevrijden, vrij maken
liberazione v bevrijding
libero vrij; ongedwongen; openhartig
libertà v vrijheid
libertino losbol
libra weegschaal
libra'io boekhandelaar
libra'rio boeken-, boek-
libreria v boekhandel; bibliotheek; boekenkast
libretto (spaarbank)boekje; operatekst, libretto; couponboekje
libro m boek
licenza inwilliging; verlof; ontslag; vrijpostigheid; eindexamen
licenza di pesca visvergunning
licenziare verlof geven; ontslaan; opzeggen (huur); -rsi, zijn ontslag nemen
licenzioso losbandig
lido strand, oever
lieto vrolijk, opgeruimd, blij
lieve licht; gering, onbeduidend
lievitare rijzen (van deeg), gisten
lie'vito gist; zuurdeeg
lilla sering; bn lila (kleur)
lima vijl; rasp; wrok; knagend verdriet
limare vijlen, polijsten
limetta vijl
limitare beperken, begrenzen
limitazione v beperking, begrenzing
li'mite m grens; grenspaal; limiet; einddoel
limonata v limonade
limone m citroen
limosina limousine
li'mpido klaar, helder, doorzichtig
li'nea v lijn; streep; regel; linie; richting; afstamming; ~ aerodinamica, stroomlijn; ~ d' intersezione, snijlijn
linea aerea v lijnvlucht

lineare lijn-; rechtlijnig
lineetta streepje
lingeria lingerie
lingua v taal; tong (in mond)
lingua'ggio taal
linguale tong-
lino vlas
lino'leum m linoleum
liquefare vloeibaar maken; -rsi, vloeibaar worden, smelten
liquidare vloeibaar maken; liquideren, vereffenen; uitverkopen
liquidazione v opruiming, uitverkoop; liquidatie
li'quido vloeibaar; vloeiend; contant; liquide; zn vloeistof
liquido refrigerante m koelvloeistof
liquirizia v drop(je); zoethout
liquore m likeur
lira lire; ~ sterlina, pond sterling
li'rico lyrisch, zangerig; gevoelig
Lisbona Lissabon
lisciare glad maken, polijsten; glad strijken; schminken; vleien; -rsi, zich opmaken
li'scio glad, gepolijst; glanzend; zindelijk; eenvoudig, onbewerkt
liso versleten, kaal
lista (delle vivande) v spijskaart
lista v lijst; strook
listello lijst, strip, rand
listino prezzi m prijslijst
lite v twist, onenigheid; proces
litigare twisten, kibbelen; procederen
litoranea v kustweg
litro m liter
littorale kust-; oever-, strand-; zn m kuststreek
liuto luit
livellare waterpas maken; gelijk maken; waterpas zijn
livello d'olio m oliepeil
livello m niveau; waterpas
lo m de, het (voor woorden die met een klinker, een onzuivere s of z beginnen)
lo, lui, gli hem
lobo lob; oorlelletje
locale plaatselijk, lokaal; zn m lokaal; zaal; ruimte, vertrek
locale notturno m nachtclub
località costiera v kustplaats
locanda herberg
locandiere m herbergier
locare plaatsen, stellen
locata'rio huurder
locatore m verhuurder; huisbaas
locomotiva locomotief
locomozione v voortbeweging
locusta sprinkhaan
locuzione v uitdrukking, gezegde
lodare prijzen, loven
lode v lof, lofprijzing
lode'vole lof-, prijzenswaardig

lo'dola leeuwerik

lo'ggia *v* loggia, bogengang, gewelfde galerij

lo'gico logisch; steekhoudend

logorio slijtage, verbruik

lomba'ggine *v* lendenpijn, spit

Lombardia Lombardije

lombardo Lombardijs; Lombardijer

lombata lende-, nierstuk

lombo lende, lendenen; zijde

Londra *v* Londen

lontananza afstand; verte; verwijdering

lontano ver, ver weg

loppa *v* kaf

loquace spraakzaam, praatziek

lordare bevuilen, vuilmaken

lordo vuil, smerig; bruto; *fig* gemeen

lordume *m* vuiligheid

lordura vuilheid; smerigheid; vuilnishoop

loro *mv* zij, hen, hun; *bez vnw* hun, haar

lotta worsteling; strijd

lottare worstelen

lotteria loterij; verloting

lotto lotto; loterij

lozione *v* lotion

lu'brico glibberig, glad; *fig* vuil, ontuchtig; gevaarlijk

lubrificante *m* smeermiddel

lubrificare smeren

lucchetto hangslot

luccicare glanzen, glimmen

lu'ccio snoek

luccioperca *m* snoekbaars

luce anabbagliante *v* dimlicht

luce del giorno *v* daglicht

luce di arresto *v* remlicht

luce di posizione *v* parkeerlicht

luce lampeggiante *v* knipperlicht

luce posteriore vachterlicht

luce *v* licht (verlichting)

lucente lichtend, glanzend, stralend

lucerna lamp; licht; leidraad; gids; *Lucerna,* Luzern

lucertola *v* hagedis

lu'cido helder, klaar, duidelijk; licht, glanzend; verlakt; *zn* glans; boenwas

lucrativo winstgevend, voordelig

lucro winst, voordeel

lu'glio juli

lu'gubre droevig, naar, akelig, luguber

lui hij; hem

luì *m* winterkoninkje

Luigi Lodewijk

lumaca tuinslak

lume *m* licht; schijn; lamp; fakkel

luminoso lichtgevend, helder

luna *v* maan; *Luna di miele,* wittebroodsweken

lunare maan-

luna'tico maanziek; grillig, wonderlijk

lunedì *m* maandag

lunghezza *v* lengte

lungo lang (lengte); langzaam; *zn* lengte; *vzlangs;* gedurende

lungo la strada onderweg

lunotto posteriore *m* achterruit

luogo plaats; oord, *in nessun ~* nergens, *in qualche ~* ergens; ruimte; *fig* gunstige gelegenheid; *aver ~,* plaatsvinden, gebeuren; *in ~ di,* in plaats van; *dar ~ a,* veroorzaken, doen ontstaan

lupo wolf, gulzigaard

lu'ppolo hop

lusinga *v* vleierij; verwachting

lusingare verlokken; vleien; *·rsi,* zich vleien (met de hoop, dat)

lusingatore *m* vleier

lusinghiero verleidelijk

Lussemburgo Luxemburg

lusso weelde, luxe

lussuoso weelderig, luxueus

lussu'ria weelderigheid; ontucht, wellust

lussurioso weelderig; zinnelijk

lustrare poetsen

lustrascarpe, lustrastivali *m* schoenpoetser

lustro glans; roem; lustrum; *bn* schitterend; glimmend

lutto rouw

M

MD = *mano destra,* rechterhand

ma maar, evenwel; *~ si che,* weliswaar

ma maar (doch)

ma' (voor *mai*), nooit, ooit

maccheroni *m mv* macaroni

macchia *v* vlek

macchiare (be)vlekken; bezoedelen, onteren

ma'cchina auto; machine; machinerie; *~ da cucire,* naaimachine; *scri' vere (ba' ttere) a ~,* typen

macchina fotografica 24 x 36 mm *v* kleinbeeldcamera

macchina fotografica tascabile *v* pocketcamera

macchina fotografica *v* camera, fototoestel

macchinale machinaal

macchinista *m* machinist

macchione *m* dicht struikgewas; dichte heg

macella'io slager

macellare slachten

macelleria *v* slagerij

macello slachthuis, abattoir; slachting

macinacaffè *m* koffiemolen

macinare malen; fijnstoten; kauwen; verkwisten

macinino *~ da caffè,* koffiemolen; ~

---

per pepe, pepermolen

ma'cula vlek, smet

madama, madame mevrouw

madido vochtig

Madonna de Heilige Maagd, Onze Lieve Vrouw

madonnina Mariabeeldje

madre *v* moeder

madrepa'tria *v* moederland

madreperla parelmoer

madreselva kamperfoelie

madrevite *v* schroefmoer

madrina peettante

maestà *v* majesteit

maestoso majestueus, groots, verheven; plechtig

maestra onderwijzeres; meesteres

maestrale *m* mistral (noordwestenwind)

maestre'vole meesterlijk

maestro meester, onderwijzer; patroon, baas; doctor; heer; groot musicus; *~ di cappella,* kapelmeester; *bn* meesterlijk, meester-; hoofd-

magari zelfs; misschien; ook al, al ook; *~!,* wat graag!, en of!; *~ venisse!* kwam hij maar!

magazzino magazijn; pakhuis; winkel; *grande ~,* warenhuis

ma'ggio *m* mei; meifeest; *~ cio' ndolo,* goudenregen

maggioranza voorrang; meerderheid

maggiore groter, meerder; ouder; oudst; meerderjarig; *la ~ parte,* het grootste deel; *nella ~ parte dei casi,* meestal; *la ~ parte di,* de meeste; *per ~ sicurezza,* voor alle zekerheid; *età ~,* meerderjarigheid; *forza ~,* overmacht; *zn m* majoor; meerdere; oudere

maggiorenne *m/v* meerderjarige; *bn* meerderjarig

ma'gico magisch, tover-; betoverend, bekoorlijk

ma'gio wijze; magiër, tovenaar; *i re Magi,* mv de drie Koningen

magistero, magiste'rio meesterschap; leraarsambt; neerslag

magistrale leer-, onderwijs-; meesterachtig; meesterlijk; *scuola (istituto) ~,* kweekschool

magistrato *m* overheidspersoon; rechter

magistratura *v* magistratuur; overheid(sambt) ; rechterlijke macht; rechterambt

ma'glia *v* trui; schakel; jumper; maillot

maglietta *v* hemd; T-shirt

maglione *m* trui (dikke)

magna'nimo groot-, edelmoedig

magnete *m* magneet

magneto'fono bandrecorder

magnificare prijzen, ophemelen, verheerlijken

magnificenza heerlijkheid, pracht; verhevenheid

magnifico prachtig, heerlijk; prachtlievend

magro mager; slank

mai ooit; nooit; ~*!* nooit!; *non* ~, nooit; *che dice* ~*?* wat zegt hij toch?; *come* ~*?* (hoe) is het mogelijk?; ~ *più*, nooit meer; *più che* ~, meer dan ooit, aller-

mai ooit; nooit: *non...*~, nooit; *come* ~*?*, hoezo,hoe is het mogelijk?; ~ *più*, nooit meer: *più che* ~, meer dan ooit

maiale *m* varken

maialino di latte speenvarken

maionese *v* mayonaise

maiu'scola hoofdletter

mal zie *male*

mal d'auto *m* wagenziekte

mal di macchina *m* wagenziekte

mal di denti *m* kiespijn

mal di gola *m* keelpijn

mal di mare *m* zeeziek; *avere il* ~ zeeziek (zijn)

mal di montagna *m* bergziekte

mal di pancia *m* buikpijn

mal di schiena *m* rugpijn

mal di testa *m* hoofdpijn

mal d'orecchi *v* oorpijn

malagra'zia onbevalligheid, lompheid

malandrino straatrover; landloper

mala'nimo kwaadwilligheid

malanno onheil; ziekte, kwaal; booswicht

malaria *v* malaria

malati'ccio ziekelijk

malato ziek; *zn* zieke

malato di cuore hartpatiënt

malattia *v* ziekte

malattia venerea *v* geslachtsziekte

malcaduco épilepsie

malcontento ontevreden; *zn* ontevredenheid

malcreato *bn* lomp, ongemanierd; *zn* lomperd

maldestro onhandig

maldicente *m* kwaadspreker

maldicenza kwaadsprekerij

male *m* het kwade, slechte; ziekte, kwaal; pijn; schade, hinder; *mal di testa*, hoofdpijn; *mal di gola*, keelpijn; *mal di mare*, zeeziekte; *mal d' auto*, wagenziekte; *mal d' aria*, luchtziekte; *mal del paese*, heimwee; *gli viene* ~, hij wordt onwel; *bijw* kwaad, slecht, boos; *star* ~, zich onwel voelen

male *bijw* slecht; *zn* het slechte; pijn; *sentirsi*~, zich slecht voelen

maledetto vervloekt, beroerd

maledire vervloeken, -wensen

maledizione *v* verwensing; vloek; ongeluk, ramp

maleducato onbeschoft

malerba onkruid

male'ssere *m* onbehaaglijk gevoel; malaise

malevolenza kwaadwilligheid

male'volo kwaadwillig, afgunstig

malfatto misvormd

malfido onbetrouwbaar

malgrado ondanks

malia betovering, hekserij

malignità *v* boosaardigheid

maligno boosaardig, kwaadaardig; schadelijk

malinconia melancholie, zwaarmoedigheid

malinco'nico zwaarmoedig

malinteso *m* misverstand; *bn* verkeerd begrepen

mali'zia kwaadwilligheid, boosheid; valsheid

malizioso boosaardig; vals, kwaadaardig

mallea'bile smeedbaar; *fig* buigzaam

malle'olo enkel

mallevadore *m* borg

malo'cchio het boze oog

malora ondergang, verderf; *andare in* ~, te gronde gaan

malsano ongezond, ziekelijk

malsicuro onzeker, onveilig

maltempo *m* onweer; slecht weer

maltese Maltees; Malterzer

malto mout

maltrattamento mishandeling

maltrattare mishandelen; ruw bejegenen

malumore *m* slecht humeur; ontstemming

malvolentieri ongaarne, met tegenzin

malvolere niet mogen, haten; *zn m* kwaadwilligheid, kwade bedoeling

mamma moeder, mama; *festa della* ~, moederdag

mammi'fero zoogdier

ma'mmola viooltje

manata *v* handvol; troepje

manca linkerhand

mancamento gebrek; fout; vergissing

mancanza gebrek; dwaling; fout; tekort, flauwte; *in* ~ *di*, bij gebrek aan

mancare missen; ontbreken

manche'volo gebrekkig; onvolkomen

mancia *v* fooi

mancino links; linker: onoprecht; *a mancina*, aan de linkerhand, aan de linkerkant

manco *bn* links; *bijw* niet eens

mandamento bevel, opdracht; arrondissement

mandare sturen, zenden; ~ *giù*, doorslikken

mandarino *m* mandarijn

mandata zending; pakje; bundel

mandata'rio gevolmachtigde; zaakgelastigde

mandato mandaat; volmacht; order, opdracht

mandolino mandoline

ma'ndorla amandel

mandra, ma'ndria kudde

manegge'vole, maneggia'bile handelbaar, gewillig; gemakkelijk te hanteren, handig (v. formaat)

maneggiare behandelen, hanteren; bewerken; beheren; africhten; kneden; -*rsi*, zich roeren, ijverig tonen

mane'ggio hantering, gebruik; beheer; manege; *fig* kunstgrepen, intriges

ma'ngano mangel

mangere'ccio, mangia'bile eetbaar

mangiare eten

mangiare bene lekker eten

mangiarino fijn gerecht

mangiato'ia ruif; krib, voederbak

mangiatore, -trice *m, v* eter; eetster

mangime *m* voer

mangione *m* veelvraat

mania manie; zucht

Ma'nica *La* ~, Het Kanaal

manica *v* mouw

manichino *m* mannequin

ma'nico hengsel, handvat, heft, steel; greep

manico'mio psychiatrische inrichting

manicotto mof

manicure *v* manicure

maniera wijze, manier; werkwijze

maniere *v* manieren

manifattura fabricage; fabriek

manifatturare bewerken, vervaardigen

manifestare bekendmaken; betogen, manifesteren; -*rsi*, zich openbaren

manifestazione *v* evenement; manifestatie

manifestino strooibiljet

manifesto manifest, bekendmaking; aanplakbiljet; *bn* klaar, duidelijk

mani'glia *v*handvat, deurkruk

manipolare behandelen; bewerken; vervalsen; konkelen

mani'polo armdoek

mano *v* hand; macht; hulp, handschrift; laag (verf, vernis); handjevol; (mensen) *dare una* ~, een handje helpen; *man* ~, geleidelijk aan, langzamerhand; *man* ~ *che più*, naarmate (hoe meer) des te meer

mano *v* hand; handschrift; *dare una* ~, een handje helpen; *man* ~, langzamerhand

mano'pola handvat v.e. fietsstuur

manoscritto manuscript, handschrift

manovella kruk, zwengel

manovra manoeuvre; list, kunstgreep

manovrare besturen; manoeuvreren; rangeren (trein); listig, handig te werk gaan

manovratore *m* (wagen)bestuurder

mansueto tam (van dieren); zacht, zachtaardig

mansuetu'dine *v* zachtmoedigheid, vreedzaamheid

mantellina cape

mantello *m* mantel, jas

mantenere onderhouden; handhaven; houden (een belofte); *-rsi,* zich (staande) houden; zich handhaven; leven

mantenimento instandhouding; handhaving; (levens) onderhoud

ma'ntice *m* blaasbalg; kap (van auto)

manto mantel; omhulsel; *fig* dekmantel, voorwendsel

Ma'ntova Mantua

manuale *m* handboek, -leiding; *bn* hand-

manubrio *m* stuur (fiets); handvat

maomettano mohammedaan; moslim

mappa landkaart; plattegrond

mappamondo wereldkaart

marasca morel

marca merk; (merk)teken; fiche; baak, boei; ~ *da bollo,* plakzegel

marcare (waar)merken, stempelen, markeren

marchese *m* markies

ma'rchio *m* merk

marcia *v* versnelling; mars; snelwandelen

marciapiede *m* perron; stoep

marciare marcheren; *auto* rijden

ma'rcio bedorven, rot, etterig

marcire etteren, rot worden, bederven; wegteren

marco *m* mark (Duitse munt)

mare *m* zee; *fig* menigte;; ~ *grosso,* hoge zee

mare *m* zee; *alto* ~, volle zee; *M~ Ba' ltico,* Oostzee; *M~ Ca'spio,* Kaspische Zee; *M~ Mediterra' neo,* Middellandse Zee; *M~ Nero,* Zwarte Zee

marea getij; *alta* ~, vloed; *bassa* ~, eb

margarina *v* margarine

margherita madeliefje; ganzebloem

marginale rand, kant-

margine *m* rand; marge; oever

marina marine, zeemacht; zeekust

marina'io matroos, zeeman

marinare inmaken, marineren

marinaro zeeman; *bn* zee-, zeevaart-, scheeps-

marino zee-

marionetta marionet

maritare uithuwelijken; *-rsi,* trouwen

marito *m* man (echtgenoot)

mari'ttimo zee-; kust-; zeevaart-

marmellata *v* jam

marmiera marmergroeve

marmitta vvleesketel; uitlaatbuis, knalpot

marmo marmer; marmeren beeld

marmo'reo marmeren; marmerbleek, marmerkoud

marmotta marmot

marna mergel

marocchino Marokkaan; *zn* Marokkaans

Marocco *m* Marokko

marrone kastanjebruin; *zn* tamme kastanje

Marsi'glia Marseille

Marte Mars

martedì *m* dinsdag; ~ *grasso,* vastenavond

martellare hameren; kloppen

martello *m* hamer

martinello *m* vijzel, krik

ma'rtire *m-v* martelaar, -lares

marti'rio marteling, marteldood

martirizzare martelen, folteren; *fig* kwellen

ma'rtora marter

marzapane *m* marsepein

marziale krijgshaftig, krijgs-

marzo *m* maart

Marzocco Leeuw van Florence

mascella vkaak

ma'schera masker; mom

mascherare maskeren; maskéren; vermommen

mascherata maskerade

maschile mannelijk, mannen-

ma'schio mannelijk; sterk, krachtig; *zn* jongen, mannetje; schroef (tegenover moer); pin; tap

mascolino mannelijk

massa massa, menigte; hoop; *far* ~, ophopen

massacro *m* slachtpartij

massaggio *m* massage

massi'ccio massief

ma'ssima *v* grondregel, stelregel; lijfspreuk; gezegde; *in li' nea di* ~, over het geheel genomen; in principe

massimamente hoofdzakelijk

massimo *bn* maximaal; *zn* maximum

masso rotsblok, rots

masticare kauwen

ma'stice plamuur; ~ *da vetri,* stopverf

matassa streng, kluwen; *fig* verwarde boel

matema'tica wiskunde

materassino *m* luchtbed

materasso *m* matras

mate'ria materie; stof; aanleiding; ~ *prima,* grondstof; ~ *pla'stica,* plastic

materiale stoffelijk, lichamelijk; grof;

zn m materiaal; bouwstof; materieel

maternità *v* moederschap; kraamafdeling; zwangerschapsverlof

materno moederlijk, moeder-

matita *v* potlood

matrice matrijs

matrigna stiefmoeder

matrimoniale huwelijks-

matrimonio *m* huwelijk

mattare schaakmat zetten (ook *fig*)

mattina, mattino *v, m* ochtend; *di mattina/la* ~, 's ochtends, 's morgens

mattinata morgen(stond); voormiddag; matinee; middagvoorstelling

matto gek, zot; ziekelijk, zwak; mat; *zn* gek, zot, dwaas; mat (schaak-)

mattone *m* baksteen; klinker

mattonella tegel

mattutino morgen-; *zn* morgen; metten

maturare rijpen, rijp worden, etteren; *fig* (rijpelijk) overwegen

maturità *v* rijpheid; eindexamen

maturo rijp

mausoleo mausoleum, praalgraf

mazza stok; knuppel, knots; wandelstok

mazzo bundel, bos, pak; boeket; hoop, menigte; spel (kaarten)

mazzolino boeketje

me me, mij

me' afk voor *meglio*

meccanico *m* monteur; *bn* mechanisch

meda'glia medaille

medaglione *m* medaillon

mede'simo zelf; dezelfde, hetzelfde

me'dia *zn* het gemiddelde; *in* ~, gemiddeld *bijw*

mediano midden-, middel-

mediante door middel van, met behulp van

mediato indirect

mediatore *m* bemiddelaar; makelaar, tussenpersoon

mediazione *v* bemiddeling, tussenkomst

medicamento geneesmiddel

medicare genezen, geneeskundig behandelen; verbeteren, verzachten

mediceo *bn* van de Medici

medicina *v* geneeskunde; geneesmiddel; drankje

medicinale *m* geneesmiddel; *bn* geneeskrachtig

medicine *v* medicijnen

medico di base/di famiglia/generico *m* huisarts

medico *m* arts; *bn* medisch

medico'nzolo kwakzalver

medievale, medioevale middeleeuws

me'dio middelste; gemiddeld; middelbaar, -matig; midden-, middel-; *zn* middelvinger; medium

mediocre (middel)matig

Medioevo *m* de Middeleeuwen

meditare overdenken, overwegen; beramen; peinzen, mediteren (over)

meditatamente met voorbedachten rade

meditazione *v* overdenking, overpeinzing; bespiegeling

mediterra'neo mediterraan; *il (mare) M~*, de Middellandse Zee

medusa *v* kwal

meglio beter; liever; *zn* het beste

mela *v* appel

melagrana, melagranata granaatappel

melanco'nico melancholiek, zwaarmoedig

melma slijk, modder

melmoso modderig

melo appelboom

melodia melodie; (zang)wijze; welluidendheid

melodioso welluidend, melodieus

melone *m* meloen

membro lid; *membra, mv* ledematen

memora'bile gedenkwaardig

memo'ria geheugen; herinnering; aandenken, gedachtenis; gedenkschrift

memoriale *m* gedenkschrift; memorie, verzoekschrift

memo'rie *mv* memoires

menadito *a ~,* zeer nauwkeurig; op zijn duimpje

menare voeren, leiden, brengen; doorbrengen (zijn levensdagen); onderhouden; schudden; *~ buono,* geluk brengen

mendace leugenachtig, onwaar

menda'cio leugen

mendicante *m-v* bedelaar, bedelares

mendicare bedelen

mendicità *v* bedelarij; gebedel

meno minder; min; geringer; *da ~,* nog minder; *~ male che* gelukkig dat; *niente ~?,* anders niets?; *non poter fare a ~ di,* ergens niet buiten kunnen; *(e) tanto ~,* laat staan (des te minder); *a ~ che non,* tenzij; *zn* het minste, geringste; mindere; *per lo ~,* althans, tenminste

mensa *v* kantine, mensa; maaltijd; *M~Sacra,* H Communie

mensile maandelijks; maand-

menta munt (plant); *~ piperita,* pepermunt

mentale 1 mentaal, geestelijk; geestes-, geest-

mentale 2 kin-

mente *v* geest, verstand; plan; bedoeling; *aver in ~ di,* van plan zijn om

mentina pepermuntje

mentire liegen

mentitore *m* leugenaar

mento *m* kin

mentre terwijl

menu *m* menu, menukaart

menu per bambini *m* kindermenu

menu turistico *m* toeristenmenu

menzionare vermelden, melden, noemen

menzionato genoemd; *sotto ~,* hierna genoemd

menzione *v* vermelding; gewag; *degno di ~,* vermeldenswaard

menzogna leugen, onwaarheid

meravi'glia verwondering; wonder

meravigliarsi zich verwonderen

meraviglioso verwonderlijk, wonderbaarlijk

mercante *m* koopman

mercanteggiare handelen; sjacheren; verhandelen

mercantile handels-

mercanzia (koop)waar, handelswaar

mercatino marktkoopman; marktje

mercato *m* markt; *a buon ~,* goedkoop

merce *v* waar, handelswaar

merci: treno ~ *m* goederentrein

mercia'ia koopvrouw

mercia'io *m* venter; handelaar in naaigerei

mercoledì *m* woensdag

mercuriale kwik-; *zn v* marktbericht

mercu'rio kwik(zilver)

merda drek, stront

merenda *v* tussendoortje

meridiano middag; *zn m* meridiaan

meridionale middag-; zuidelijk, zuid-

meritare verdienen, waardig zijn; *~ di (qc of qd),* zich verdienstelijk maken voor iets of iem; *~ la pena,* de moeite waard zijn, lonen

me'rito *m* verdienste; loon, beloning; vergelding; *in ~ a,* met betrekking tot, wat betreft; *in ~,* daarover, daaromtrent, hierover, hieromtrent

merito'rio verdienstelijk

merletto kant (v. garen)

merlo merel; *fig* slimme vos, leperd

merluzzo kabeljauw

me'scere (ver)mengen; inschenken

mescolare ver-, dooreenmengen; (kaarten) schudden; *-rsi,* zich mengen, vermengen; zich inlaten met

mese *m* maand

messa a punto *v* onderhoudsbeurt

Messa *v* mis; *~ solenne,* hoogmis

messaggeria besteldienst; bodedienst; scheepvaartdienst

messaggiero *m* bode

messaggio *m* boodschap (bericht)

messale *m* misboek

messe *v* (graan)oogst

Me'ssico Mexico

mestiere *m* beroep; bedrijf; vak, moeten

mesto treurig, bedroefd, verdrietig

me'stola roerspaan, pollepel; troffel; schuimspaan

mestruazione *v* menstruatie

meta doel, einddoel; grens

metà helft

meta'llico metalen; metaalachtig

metallo metaal; metaalklank

mete'ora meteoor

me'todo methode; leergang; stelsel; levenswijze; gewoonte

metro 1 *m* meter; metrum; *~ cubo,* kubieke meter

metro 2 metro

metro'poli *v* hoofdstad; wereldstad

metropolitana *v* metro

mettere leggen, zetten; aanbrengen; aantrekken(kleren); *~ a posto,* opbergen; *~ insieme,* samenvoegen

mettere giù neerzetten

mezza pensione *v* halfpension

mezzaluna halvemaan

mezzano midden-, middel-, gemiddeld; middelmatig; *zn* tussenpersoon

mezzanotte *v* middernacht

mezzo 1 half; *zn* helft; het midden; omgeving; (hulp)middel; gelegenheid; bemiddeling; tussenpersoon; *mezzi, mv* (geld)middelen; stem; *a ~ di,* door middel, door tussenkomst van; *in ~* atemidden van; *in quel ~, in questo ~,* onderwijl, ondertussen; *per ~ di,* door middel van; *nel ~ di,* midden in, in het midden van; *me' ttersi di ~,* tussenbeide komen; *sono le tre e ~,* het is half vier

mezzo 1 half; *zn* helft; midden; middel; *mezzi, mv* (geld)middelen; *in ~ a,* temidden van; *per ~ di,* door middel van; *mezzi pubblici,* openbaar vervoer; *sono le tre e ~,* het is half vier

mezzo 2 rot, beurs

mezzo chilo *m* pond (1/2 kilo)

mezzogiorno middag, middaguur, twaalf uur 's middags; zuiden; *il M~,* Zuid-Italië

mi mij, aan mij; voor mij

miagolare miauwen; grienen

mica *v* kruimeltje, splintertje; *non è ~ vero,* 't is volstrekt niet waar

mi'cia poes

micidiale dodelijk; moorddadig

mi'cio, micino poes

midolla broodkruim; merg; *fig* kern, pit

midollo merg; kern; *~ spinale,* ruggenmerg

mie, mi'ei *mv* (van *mio*) mijn(e)
miele *m* honing
mie'tere maaien; oogsten
miglia'io duizendtal; *a migliaia*, bij
  duizenden
mi'glio mijl
migliorare verbeteren, beter maken;
  beter worden
migliore beter; beste; *i ~i auguri*, de
  beste wensen
mi'gnolo pink; kleine teen
mignone *m* lieveling
migrare migreren; trekken (v. vogels)
mila *mv* *v* mille
milanese Milanees
Milano *v* Milaan
miliardo miljard
miliona'rio miljonair
milione *m* miljoen
militare soldaat zijn, dienen; spreken
  voor; *bn* militair; leger-, krijgs-; *zn*
  m militair
mi'lite *m* soldaat
mili'zia krijgswezen; militie;
  krijgsdienst; troepen
millantare snoeven; *-rsi*, snoeven;
  zich beroemen op
millantatore *m* bluffer, opschepper
mille duizend
mille'simo duizendste
millimetro *m* millimeter
milza *v* milt
mimma, mimmo klein kind, baby
mina *zn* mijn
mina'ccia bedreiging
minacciare dreigen, bedreigen
minaccioso dreigend
minare ondermijnen
minatore *m* mijnwerker
minato'rio dreigend, dreig-
minchione *m* lummel, sukkel,
  domkop, ezel; *bn* dom, onnozel
minerale mineraal
minera'rio mijn-; mijnbouw-
minestra di verdure *v* groentesoep
minestrone *m* minestrone-soep
miniera *zn* mijn
minimo *m* minimum; *bn* miniem,
  minimum-
mi'nio menie
ministero ministerie; ambt; dienst,
  taak
ministro minister; ambtenaar;
  dienaar; gezant; predikant
minoranza minderheid
minorare verminderen
minore kleiner, minder, geringer;
  jonger; minderjarig; jongste
minorenne minderjarig
minorità *v* minderheid;
  minderjarigheid
minu'scolo (zeer) klein; kleine letter
minuta *v* eerste ontwerp; origineel
minuteria kleinigheid, bagatel;

snuisterijen
minutezza kleinheid; pietluttigheid
minuto *m* minuut; *bn* klein, teer;
  minutieus; *commerciante al ~*,
  detailhandelaar
minu'zia nietigheid; pietluttigheid
minuzioso angstvallig, minutieus
mio, mia, miei, mie *m, v, mv* mijn; *zn*
  de/het mijne; *i miei*, mijn ouders
miope bijziend
miopia bijziendheid
mioso'tide *v* vergeet-mij-nietje
mira vizier
mira'bile bewonderenswaardig;
  verbazend
mira'colo *m* wonder
miracoloso wonderbaarlijk
mirtilli *m mv* bosbessen
misa'ntropo mensenhater
miscela *v* mengsel; mengsmering
mi'schia handgemeen, gevecht
mischiare (ver)mengen
miscu'glio mengsel, mengelmoes
misera'bile ellendig, erbarmelijk,
  ongelukkig; *zn m* ellendeling;
  ongelukkige
mise'ria ellende, gebrek; kleinigheid;
  a ~, zuinig, gierig
misericordioso barmhartig
mi'sero arm, ongelukkig; ellendig;
  nauw, krap (kleren); gierig, karig
missione *v* zending, opdracht; missie
misterioso geheimzinnig
mistero *m* mysterie; geheim
mi'stica mystiek
mi'stico mystiek; geheimzinnig,
  verborgen
misto gemengd, vermengd, bont; *zn*
  m mengsel
mistura mengsel
misura *v* maat; maatregel
misurare meten, opmeten, de maat
  nemen; schatten; overwegen; *-rsi*,
  zich schikken
misurato gemeten, afgemeten;
  gematigd
mite zacht, mild, vriendelijk; billijk
  (prijs)
mitigare verzachten, stillen; matigen;
  -rsi, bedaren, zachter worden
mito mythe
mitra mijter
mitragliatrice *v* mitrailleur
mittente *m, v* afzender
Mn M/N = *motonave*, motorschip
mo'bile beweeglijk; beweegbaar; *fig*
  onstandvastig; *beni mo' bili, mv*
  roerende goederen; *zn m* meubel
mobi'lia meubilair, huisraad
mobiliare meubileren; *zn m* meubilair,
  huisraad
mobiliato gemeubileerd
mobilità *v* beweeglijkheid;
  onbestendigheid

mobilitazione mobilisatie
moca *m* mokka
moccicone *m* snotneus
mo'ccio snot; slijm
moda *v* mode
mo'dano *m* mat, model; vorm
modella *v* model (voor schilders);
  mannequin
modellare modelleren
modello *m* model
moderare matigen
moderato matig, billijk
moderazione *v* matiging
moderno modern
mode'stia zedig-, ingetogenheid
modesto bescheiden, zedig,
  eenvoudig; matig (van prijs)
modificare veranderen
modificazione *v* wijziging
modista modiste
modo *m* manier (methode); wijs (v.
  werkwoord); *ad (in) ogni ~*, in elk
  geval; *in che ~?*,hoezo?; *fare in ~*
  che, ervoor zorgen dat; *di ~ che* zo
  dat
modulo *m* formulier
mo'gano *m* mahoniehout
mo'ggio mud
moglie *v* vrouw (echtgenote)
molare *m* kies
mole'cola molecule
molestare overlast aandoen,
  molesteren
molesto lastig, hinderlijk, bezwaarlijk
molla veer, springveer; veerkracht;
  drijfveer; *molle, mv* (vuur)tang
molle week, zacht; mollig; verwijfd;
  slap; toegeeflijk; lenig; vochtig; *zn*
  m vochtigheid, natheid
molletta *v* wasknijper
mollezza week-, zacht-, lenig-,
  verwijfdheid; zwakheid van karakter
mollificare zacht maken, weken
mollusco weekdier
molo *m* kade, pier
molte'plice veelvuldig
molti vele, velen
molti'plica versnelling (aan fiets)
moltiplicare vermenigvuldigen
moltitu'dine *v* menigte
molto erg (zeer), veel; *~ bene*, heel
  goed; *molte volte*, vaak
momenta'neo kortstondig
momento *m* moment, ogenblik; *un ~*
  eventjes, een ogenblik; *per il ~*,
  op/voor het ogenblik; *in questo ~*,
  zojuist
mo'naca non
Mo'naco Monaco; *~ di Baviera*,
  München
mo'naco monnik
monastero klooster
mondano werelds, aards; wereldlijk
mondare zuiveren, reinigen;

schoonmaken (groenten)
mondiale werelds, wereld-
mondo 1 gezuiverd; schoongemaakt; zuiver, rein
mondo *m* wereld; mensen, mensheid; *tutto il ~*, iedereen; *un ~ di*, een heleboel
monello straatjongen, schelm
moneta *v* munt, wisselgeld; geld
mongolfiera *v* luchtballon
mo'nito berisping, vermaning
monopa'ttino autoped, step
monopo'lio monopolie
mono'tono eentonig
monsignore *m* monseigneur
monta'ggio montage
montagna berg
montagne *v mv* gebergte
montagnoso bergachtig
montare (be)stijgen, klimmen; opgaan (zon); toenemen; opzetten (van tent); monteren; kloppen (room, eieren)
montato'io treeplank; step
montatore *m* monteur
montatura bestijging; montuur; montage
monte *m* berg; hoop, massa; *M~ Bianco*, Mont Blanc
montone *m* ram; stijfkop
montuoso bergachtig
monumento *m* monument
mora moerbei; braam; uitstel; achterstand
morale moreel; zedelijk, zede-; *zn v* moraal, zedenleer
moralità *v* zedelijkheid; zedelijk gedrag
morbido zacht, week, mals; ziekelijk
morbo (besmettelijke of ernstige) ziekte
morboso ziekelijk ongezond
mordace bijtend, scherp; bits
mordere bijten; steken (insecten)
moresco Moors
morire sterven; wegsterven (tonen)
mormorare mompelen, prevelen; murmelen; ruisen; mopperen; kwaadspreken
moro 1 gebruind, zwart, donker
moro 2 moerbeiboom
morsicare bijten, steken (insecten)
morsicatura beet, prik
morso beet; steek; smart, pijn; gewetenswroeging; hap; toom
mortadella mortadella (Ital vleeswaar)
morta'io vijzel; mortier
mortale sterfelijk, dodelijk; dood(s); *zn m* sterveling
mortalità *v* sterfelijkheid; sterfte
morte *v* dood; overlijden; verwelking; ondergang
morto dood (overleden); *zn* dode,

overledene
mortua'rio dood-, lijk-, sterf-
Mosa Maas
mosa'ico mozaïek
mosca *v* vlieg
moscato muskaatwijn
moschea *v* moskee
moscone *m* bromvlieg
Mosè *m* Mozes
mossa beweging; zet (in schaak- en damspel); *~ (di corpo)*, stoelgang; *mosse*, *mv* start, het loslaten (v. renpaarden); (lichaams)houding
mossiere *m sp* starter
mosso bewogen
mostarda mosterd
mostra teken; uitstalling; monster; schijn; jaarbeurs; wijzerplaat; *far ~ di*, tentoonspreiden; te koop lopen met; *far bella ~*, een goed figuur slaan; *me' ttere in ~*, tentoonstellen; *~ di moda*, modeshow
mostrare (aan)tonen; voorleggen; onderrichten; te kennen geven; veinzen; duidelijk zijn; *-rsi*, zich vertonen, zich laten zien
mostro monster; ondier
motel *m* motel
motivare motiveren; met redenen omkleden; aanvoeren
motivo motief, beweegreden; *di pro' prio ~*, uit eigen beweging
moto *v* motor(fiets); beweging
motocarrozzetta motorfiets met zijspan
motocicletta *v* motor(fiets)
motociclista *m* motorrijder
motore *m* motor; *bn* bewegend, beweeg-
motoretta scooter
motorino di avviamento *m* startmotor
motorino *m* scooter
motoscafo *m* motorboot
motrice *v* motorwagen
motteggiare foppen, bespotten; gekheid maken, gekscheren
motto geestig gezegde; motto, zinspreuk, devies
mountain bike *v* mountainbike
movente *m* beweegreden; drijfveer; *bn* bewegend
movi'bile beweeglijk
movimentato druk (straat)
movimento beweging; opgewondenheid, onrust; drukte; aanleiding; raderwerk; omzet; bedrijf
movimento centrale *m* trapas
mozione *v* beweging; motie
mozzo 1 *bn* verminkt, afgesneden
mozzo 2 *m* stalknecht; loopjongen
mozzo 3 *m* naaf
mucca *v* koe

mu'cchio *m* hoop, stapel
muco (taai) slijm
mucoso slijmig, slijm-; kleverig
muda rui; verharen; vervellen; afwerpen van het gewei
mudare ruien, verharen, vervellen
muffa schimmel
muffito duf
mugghiare, muggire loeien, bulken (vee); huilen (wind)
mughetto lelietje-van-dalen
mugna'io *m* molenaar; *bn* molen-
mugolare huilen, janken, keffen
mulino *m* molen
mulo muildier; *fig* bastaard
multa *v* boete, bekeuring
multare beboeten
multicolore veelkleurig
multila'tero veelzijdig
mu'ltiplo *zn* veelvoud; *bn* veelvoudig, samengesteld
mu'mmia mummie
mu'ngere melken
municipale gemeentelijk, gemeente-
municipalità *v* gemeentebestuur; stadsgebied; gemeente
municipio *m* stadhuis; gemeente(raad)
munire voorzien van, uitrusten met
munizione *v* munitie
muo'vere bewegen; aansporen; veranderen; *~ da*, uitgaan van, beginnen; *-rsi*, zich bewegen, zich verroeren; zich gereed maken (tot)
mura'glia (vesting)muur
murale muur-, wand-
murare metselen; ommuren, inmetselen
muratore *m* metselaar
muro muur, wand
musa muze; *le Muse*, *mv* de Muzen
musco mos
muscolo *m* spier
muscoloso gespierd
muscoso bemost
museo *m* museum
museruola muilkorf
musica pop *v* popmuziek
musica *v* muziek
musicale muzikaal; muziek-
musicante *m* muzikant
musicare muziek maken
musicista *m* musicus
muso snuit, snoet; gezicht; smoel; zuur gezicht
mustacchi *m mv* snor
musulmano moslim
muta'bile veranderlijk, onbestendig
mutande *v* onderbroek
mutandine (da bagno) *v mv* zwembroek
mutandine *v* slipje (broekje)
mutare veranderen, verwisselen; aflossen; *-rsi*, veranderen, anders

worden; zich verkleden
mutazione v verandering; wisseling; mutatie
mutilare verminken
mutismo stomheid
muto, mu'tolo stom, sprakeloos
mutolezza v stomheid
mu'tuo wederkerig, wederzijds, onderling; zn lening

N

N = nu'mero, nummer, nr
nailon m nylon
nano dwerg
napoletano Napolitaans; Napolitaan
Na'poli v Napels
nappo kop; beker
narciso narcis
narcosi v narcose
narice v (mv: narici) neusgat
narrare verhalen, vertellen
narrazione v vertelling, verhaal
nasale neus-, nasaal
na'scere geboren worden; ontstaan, ontspruiten; aanbreken, beginnen
na'scita geboorte; afkomst; ontstaan
nasco'ndere verbergen; verheimelijken; -rsi, zich verbergen, schuilhouden
nascondi'glio schuilhoek
nascosto verborgen, heimelijk
naso m neus
nastro lint; band (voor bandrecorder); (orde)lintje; ~ isolante, isolatieband; magneto' fono a ~, bandrecorder
nastro adesivo m plakband
natale geboorte-
Natale m Kerstmis
na'tica bil
nativo geboortig, geboorte-
nato geboren
natura v natuur; karakter; aanleg
naturale natuurlijk, ongekunsteld, ongedwongen; buitenechtelijk (kind); dipi' ngere al (of dal) ~, naar de natuur schilderen
naturalizzare naturaliseren
naturalmente natuurlijk
naufragare schipbreuk lijden
naufra'gio schipbreuk
na'ufrago schipbreukeling
na'usea misselijkheid; walging
nauseabondo walgelijk
na'utico nautisch, zeevaart-, scheepvaartkundig; sci ~, waterskisport; far lo sci ~, waterskiën
navale zee-; zeevaart-
nave v schip (ook v. kerk); ~ cisterna, tanker
navicella bootje; scheepje; bekken; wierookvaatje

navicello boot, schuit, (rivier)schip
naviga'bile bevaarbaar
navigare varen
navigatore m zeevaarder
navigato'rio bn scheepvaart-, zee-; zeewaardig
navigazione v scheep-, zeevaart; ~ ae'rea, luchtvaart
nazionale nationaal
nazionalità v nationaliteit
nazione v natie, volk
ne ervan, eraan; er
né noch, niet, ook niet; ~ ~, noch noch
ne' (afk; van nei) in de
neanche níet eens; zelfs niet; ook niet
nebbia v mist, nevel
nebbioso nevelachtig; nevelig, beneveld; onduidelijk
nebuloso nevelig, mistig; onduidelijk
necessario nodig; zn het noodzakelijke
necessità v noodzakelijkheid; gebrek
necessitare dwingen, noodzaken; nodig zijn
negare loochenen, ontkennen; weigeren; verloochenen
negativa ontkenning; weigerend antwoord; negatief; cliché
negativo v negatief; ontkennend
negazione v ontkenning; loochening; weigering
negli (voor in gli) in de
negligenza nalatigheid, slordigheid; verzuim
negoziante m handelaar, winkelier
negoziare verhandelen; onderhandelen; handeldrijven
negoziazione v onderhandeling
nego'zio handel; zaak, winkel
negozio del campeggio m campingwinkel
negozio di abbigliamento m kledingzaak
negozio di alcolici m slijterij
negozio di animali m dierenwinkel
negozio di biciclette m rijwielhandel
negozio di frutta e verdura m groentewinkel
negozio di scarpe/calzature m schoenenwinkel
negozio m winkel
negra negerin
negro m neger
nei (voor in i) in de
nel, nella, nello, nelle in de, in het
nemico vijandig, vijandelijk; afkerig; zn vijand
nemmeno zelfs niet, in 't geheel niet; ook niet
neo moedervlek
neonato m baby
neppure zelfs niet; ook niet
nero zwart; donker; somber

nervatura zenuwstelsel; nerf
nervo mzenuw; pees; kracht, kern; ader, nerf (v. blad); nervi, mv zenuwen
nervoso zenuwachtig; zenuw-; gespierd, krachtig
ne'spola mispel
nessun geen, geen enkele; nessuna cosa, niets; in ~ luogo, nergens; da ~a parte, nergens
nessuno niemand
nettare reinigen, schoonmaken; (tanden) poetsen
netto zuiver, zindelijk, net; fig rein; netto; duidelijk; zn zuivere opbrengst, zuivere winst; al ~, netto
neuro'logo zenuwarts, neuroloog
neutrale neutraal, onzijdig
neutro onzijdig; zn onzijdig geslacht
nevata sneeuwbui; sneeuwlandschap
neve v sneeuw
nevicare sneeuwen
nevicata sneeuwbui, -val
nevi'schio sneeuwjacht
nevoso besneeuwd
ni'cchia nis
ni'cchio schelp
nichel, niche'lio nikkel
nichel(l)are vernikkelen
nicotina nicotine
nidificare nestelen
nido nest, woning, tehuis; bed; leger; broeinest; asilo ~, kinderdagverblijf
niente niets, geen; ~ affatto, in 't geheel niets
nientedimeno niettemin, toch
ninfea waterlelie
ninnananna v slaapliedje
nipote m/v neef, nicht (kind v. broer of zus); kleinkind, kleinzoon, -dochter
ni'tido glanzend; helder; klaar
nitrire hinniken
nitro'geno stikstof
Nizza Nice
no nee
no'bile adellijk; edel; zn m-v edelman, -vrouw
nobilitare veredelen, adelen; in de adelstand verheffen
nobiltà v adel; adeldom; voornaamheid
nocca knokkel
nocciolina americana v pinda
nocciolo m hazelaar
no'cciolo m pit, kern
nocciuola hazelnoot
noce v noot (vrucht); notenboom; notenhout; ~ moscata, nootmuskaat
nocivo schadelijk; nadelig
nodello gewricht; knokkel
nodo knoop, band; knoest, kwast; knobbel; fig moeilijkheid,

verwikkeling; ~ *scorsoio,* lus
nodoso knoestig, kwastig; knobbelig
noi wij, we
no'ia verveling; moeilijkheid; afkeer
noioso vervelend, lastig
noleggio *m* huur (v. auto e.d.)
nolo (scheeps)vracht; huur
nome da ragazza *v* meisjesnaam
nome *m* naam; vóórnaam;
    naamwoord
nomenclatura naamlijst
no'mina benoeming;
    verkiezing
nominale nominaal, bij name, naam-;
    op naam gesteld
nominare noemen, heten; benoemen
nominativo nominatief, naam-; *zn m*
    eerste naamval
nominazione *v* benaming
non niet
non affilato bot (mes)
non deteriorabile houdbaar (spijzen)
noncurante onverschillig, zorgeloos;
    nonchalant
nondimeno niettemin; toch
nonna *v* oma
nonno *m* opa
nonnulla *m* kleinigheid, een niets
nono negende
nonostante niettegenstaande;
    ondanks
nord *m* noorden
nord(-)est *m* noordoosten
nord(-)ovest *m* noordwesten
no'rdico noordelijk; noords
Norimberga Neurenberg
norma norm, maatstaf; regel; *norme
    di circolazione,*
    verkeersvoorschriften
normale normaal, gewoon
normalmente meestal
norvegese Noors; Noor
Norve'gia Noorwegen
nossignore nee, meneer
nostalgia *v* heimwee
nostrano inheems, van het eigen
    land, van ons
nostro, nostra, nostri, nostre *m, v, mv*
    ons, onze
nota *v* nota; noot; aantekening;
    kenteken; lijst
nota'bile aanzienlijk; belangrijk; *zn m*
    het merkwaardige, opmerkelijke;
    notabele
notabilità *v* merkwaardigheid;
    aanzienlijkheid; aanzienlijk,
    beroemd persoon
nota'io, notaro notaris
notare merken; aantekenen; noteren;
    boeken, inschrijven; opmerken; *far
    ~,* wijzen op
notarile notarieel
notes *m* aantekenboekje, zakagenda
note'vole opmerkelijk, merkwaardig;

aanzienlijk, aanmerkelijk, groot
notificare mededelen; aangeven,
    aanmelden; betekenen (vonnis)
notificazione kennisgeving,
    aankondiging
notizia *v* bericht, nieuws;
    kennisgeving
notizia'rio nieuwsberichten (in krant)
noto bekend, beroemd
noto'rio algemeen bekend;
    klaarblijkelijk
notta'mbulo *m* nachtbraker
notte *v* nacht; duisternis; *di/la ~,* 's
    nachts; *per ~* per nacht
notturno nachtelijk, nacht-; *zn*
    nocturne
novanta negentig
novante'simo negentigste
nove negen
Novecento *m* twintigste eeuw
novella nieuws, nieuwtje, tijding;
    novelle; sprookje; *Buona ~,* Blijde
    Boodschap
novello nieuw, jong; vers
novembre *m* november
novilu'nio nieuwe maan
novità *v* nieuws, nieuwtje
novi'zio nieuw, onervaren, jong; *zn*
    novice; nieuweling
nozione *v* kennis; begrip, notie
nozze *v mv* huwelijk; bruiloft; ~
    d' argento, ~ d' oro, zilveren,
    gouden bruiloft
ns = *nostro,* ons
nube *v* wolk; *fig* sluier, floers
nubifra'gio wolkbreuk
nubile *v* vrijgezel (vrouw)
nuca nek; achterhoofd
nu'cleo kern; pit; kiem
nudista *m* nudist
nudità *v* naaktheid; kaalheid (v. land)
nudo bloot, naakt; kaal (vlakte)
nulla niets; *per ~,* volstrekt niet; *zn m*
    nul
nullità *v* nietigheid,
    onbeduidendheid; ongeldigheid
nullo geen, geen enkele; niemand;
    niets; *bn* ongeldig, nietig, van
    onwaarde; nutteloos, vergeefs
numerale *m* telwoord
numerare (mee)tellen, opsommen;
    nummeren; betalen
numera'rio pasmunt
numeratore *m* teller
numerazione *v* telling; nummering
numero di abbonato *m*
    abonneenummer
numero di allarme *m* alarmnummer
numero di conto bancario *m*
    rekeningnummer
numero di volo *m* vluchtnummer
numero *m* aantal; getal, cijfer;
    nummer
numero telefonico *m*

telefoonnummer
numeroso talrijk, veel
nuo'cere schaden, benadelen
nuora schoondochter
nuotare zwemmen
nuotatore *m* zwemmer
nuoto het zwemmen, zwemkunst
nuova *v* nieuwtje, tijding
nuovamente opnieuw
nuovo nieuw(e); modern; *di ~,*
    opnieuw; ~ *di zecca,* gloednieuw
nutrice *v* min, voedster
nutrimento voeding; voedsel
nutrire voeden, voedzaam zijn
nutritivo voedzaam
nu'vola wolk
nu'volo *m* somber weer
nuvoloso bewolkt
nuziale bruids-, huwelijks-

O

O = *Ovest,* west
o of
obbligante verplichtend; beleefd,
    voorkomend
obbligare verbinden; *fig* verplichten,
    (zedelijk) dwingen; *-rsi,* zich
    verplichten, zich verbinden
obbligato verplicht
obbligato'rio verplicht; verplichtend
obbligazione *v* verplichting;
    obligatie, schuldbewijs
o'bbligo verplichting; plicht
obbrobrioso schandelijk, smadelijk
obeso zwaarlijvig
obiettare tegenwerpen, bezwaren
    inbrengen
obiettivo objectief; zakelijk; *zn*
    .objectief; doel
obiezione *v* tegenwerping,
    bedenking
oblio vergetelheid
obliquo schuin, scheef; slinks
obliterare afstempelen
oblungo langwerpig
oca gans
occasionale toevallig, gelegenheids-,
    bijkomend
occasionare aanleiding geven tot
occasione *v* gelegenheid; koopje
occhiale *bn* oog-
occhiali da sole *m mv* zonnebril
occhiali *m mv* bril
occhialini *m mv* duikbril
occhiata blik; oogje; uitzicht;
    oogwenk
occhiello knoopsgat
occhietto oogje, ring, lus, knop
occhio *m* oog; *a ~ e croce,* ongeveer;
    occhio!, pas op!
occhiolino knipoogje
occidentale westelijk; west; westers
occidente *m* westen

occorrente voorkomend, voorvallend; nodig, benodigd

occorrenza voorkomende gelegenheid; voorval, geval; zaak; *all'* ~, in geval van nood; in voorkomend geval

occo'rrere overkomen, gebeuren, voorvallen; nodig hebben

occulto verborgen, geheim; occult

occupare in bezit nemen; bezetten; innemen; omvatten; bekleden (ambt), bezighouden, werk geven, *rsi*, zich bezighouden; werk hebben

occupato bezet; bezig; druk (met werk); *tel* in gesprek

occupazione *v* bezetting; bezigheid, werk

oce'ano oceaan; *O~ Paci' fico*, Stille Zuidzee

oculare oog-; *zn* oculair

oculista *m-v* oogarts

odiare haten

odierno huidig, hedendaags, modern; van vandaag

o'dio haat; afschuw

odioso hatelijk, gehaat

odorare ruiken; snuffelen (van honden); (naar iets) ruiken

odorato reuk; *bn* geroken; welriekend, geurig

odore *m* geur, reuk

odorino luchtje

odoroso geurig, welriekend

offe'ndere stoten; kwetsen; beledigen, krenken, aanstoot geven; *-rsi*, zich beledigd voelen

offensivo beledigend, krenkend; aanvallend, aanvals-

offerente *m* bieder, biedende

offerta aanbieding, aanbod; offerte; bod: offer

offesa belediging

officina werkplaats, fabriek

offrire aanbieden, geven

offuscare verduisteren, benevelen; fig verkleinen

oggetti smarriti *m mv* gevonden voorwerpen

oggettivo objectief; zakelijk, onbevangen; daadwerkelijk; voorwerps-

oggetto voorwerp, ding; *in* ~, desbetreffend, genoemd

oggi vandaag; tegenwoordig; ~ *a otto*, vandaag over een week; *a tutt'* ~, tot op heden; *d'* ~ *a domani*, van vandaag op morgen

oggigiorno heden ten dage

ogni ieder, iedere; elk(e); ~ *cosa*, alles; ~ *volta*, telkens

Ognissanti *m* Allerheiligen

ognuno iedereen

Olanda *v* Nederland, Holland

olandese Nederlands; *zn*

Nederlander, Nederland-se

oleastro wilde olijfboom

oleoso olieachtig, vettig

olfatto reuk (zintuig)

oliatore *m* oliespuit

oliera olie- en azijnstel

oli'mpico Olympisch

olio del motore *m* motorolie

olio d'oliva *m* olijfolie

olio e aceto olie en azijn

olio *m* olie

olio per freno *m* remolie

olio per insalata *m* slaolie

olio per le scottature solari *m* zonnebrandolie

oliva *v* olijf

oliveto olijfbosje

olivo olijfboom

olmo olm, iep

oltramontano aan de andere kant van de bergen (Alpen, vanuit Italië gezien)

oltre aan de andere zijde; over; meer dan; behalve; *bijw* verder; ~ *misura*, bovenmatig

oltremarino overzees

oltrepassare ergens overheen gaan, overschrijden (limiet)

oltretomba *m* hiernamaals

oma'ggio hulde, eerbied; (beleefde) groeten; cadeau; *copia in* ~, presentexemplaar

ombel(l)i'co navel

ombra *v* schaduw; duisternis; schijn; spoor; schim, geest

ombrare beschaduwen; fig verduisteren; achterdocht koesteren; schichtig worden

ombreggiare beschaduwen; de schaduwpartijen aanbrengen

ombrello *m* paraplu

ombrellone *m* parasol

ombroso schaduwrijk, beschaduwd; schuw; achterdochtig, argwanend

omerale schouder-, opperarm-

ome'ttere verzuimen, nalaten

omicida *m* moordenaar

omici'dio moord, doodslag

omissione *v* weglating, verzuim

o'mnibus *m* omnibus, bus

onda *v* golf

ondata *v* stortzee

ondata di caldo *v* hittegolf

ondeggiamento deining

ondeggiare golven; schommelen; fladderen; weifelen

ondoso golvend

ondulare schommelen; onduleren

ondulati slagen (in haar)

o'nere *m* last; verplichting

oneroso drukkend, bezwarend

onestà *v* eerbaarheid, zedigheid; eerlijkheid, rechtschapenheid

onestare vergoelijken, verbloemen;

rechtschapen handelen

onesto eerbaar, zedig, kuis; fatsoenlijk; eerlijk, rechtschapen; *zn* fatsoen; fatsoenlijk mens

onora'bile eerwaardig, eervol

onorare eren, vereren; tot eer strekken; honoreren, betalen

onora'rio vererend, ere-; *zn* honorarium

onorato geëerd, geacht

onore *m* eer; aanzien; ereambt; *oorbewijs; koartsp honneur*

onore'vole eervol, roemrijk, geacht; loffelijk; edelachtbaar; *zn m* afgevaardigde, kamerlid

onta schande; spot, hoon

ontano *m* els, elzenboom

ONU VN: Verenigde Naties

opaco ondoorschijnend; donker; mat

opera *v* opera; werk, daad; kunstwerk; ~ *buffa*, komische opera

opera'io arbeider; *bn* arbeiders-, werk-

operare opereren; handelen, doen; beïnvloeden

operativo werkend, werkzaam; operatief

operatore *m* (be)werker; operateur;chirurg

operatrice *v* telefoniste

operazione *v* operatie; onderneming, verrichting

operetta operette

operoso werkzaam, arbeidzaam, vlijtig; moeilijk

opinare menen, denken; geloven

opinione *v* mening

opponente tegenovergesteld, bestrijdend; *zn m* opponent, bestrijder, tegenstander

opporre tegenoverstellen; opwerpen; tegenstand bieden; verzet aantekenen; *-rsi*, zich verzetten

opportunità *v* gunstige gelegenheid; gunstig ogenblik, voordeel, gemak

opportuno geschikt, gunstig; passend; van pas, gelegen; nodig

opposizione *v* tegenstelling; tegenwerping; verzet, oppositie

opposto tegenovergesteld; tegenoverliggend; *zn* tegendeel; *all'* ~, integendeel

oppressione *v* onder-, verdrukking; benauwdheid

oppressivo drukkend; beklemmend

oppresso onderdrukt, verdrukt

oppri'mere ver-, onderdrukken; beklemmen, benauwen

oppure of

oppure of, ofwel

opulento weelderig, overvloedig; zeer rijk

opu'scolo *m* brochure; werkje; folder

or afk van *ora*

ora 1 *v* uur; tijd; moment; ~ *di punta,* spitsuur; *che ~ è?/che ore sono?,* hoe laat is het?

ora 2 *bijw* nu; meteen; dadelijk

ora(rio) di ricevimento *m* spreekuur

o'rafo *m* goudsmid

orale mondeling

oramai voortaan, van nu af

orari d'apertura *m* openingstijden

orario di visita *m* bezoekuren

orario ferroviario *m* spoorboekje

orario *m* dienstregeling

oratore *m* redenaar; prediker

orazione *v* gebed; redevoering; rede; preek

or'bita oogkas; baan (v. planeet, ruimtevaartuig)

orchestra orkest; ~ *d' archi,* strijkorkest

ordinanza regeling; opstelling

ordinare bestellen; regelen, ordenen; wijden

ordinariamente gewoonlijk

ordina'rio gewoon; alledaags, plat; *zn m* het gewone, alledaagse; dagelijkse kost; bisschop van 't diocees; gewoon hoogleraar

ordinazione *v* bestelling; regeling; wijding

o'rdine *m* rij, volgorde; orde; stand; regel; voorschrift; bouwstijl; order, bestelling; rang (in theater); *di prim' ~,* eersteklas; ~ *coercitivo,* dwangbevel

ordire beramen, op touw zetten

orecchino *m* oorbel

orecchio *m* oor

orecchioni *m mv med* bof

ore'fice *m* goudsmid

o'rfano *m* wees; *bn* ouderloos, wees-

orfanotro'fio weeshuis

orga'nico organisch

organino *m* accordeon; draaiorgel

organismo organisme

organista *m* organist

organizzare inrichten, organiseren, regelen

organizzazione *v* organisatie

o'rgano orgaan; orgel; instantie, instelling

orgo'glio trots, hoogmoed

orgoglioso trots, hoogmoedig

orientarsi zich oriënteren

orientazione *v* oriëntering, richting, koers

oriente *m* oosten, Oosten

originale oorspronkelijk; origineel; eigenaardig, vreemd; *zn m* origineel

originalità *v* oorspronkelijkheid, originaliteit

origina'rio *di* afkomstig uit

ori'gine *m* oorsprong; aanvang; afkomst; afleiding; *in ~,* oorspronkelijk, aanvankelijk; *dar ~*

---

a, doen ontstaan, veroorzaken

orina urine

orizzontale horizontaal, waterpas

orizzonte *m* horizon

orlare (om)zomen, omranden

orlatura zoom, rand

orlo zoom, rand; zelfkant

orma (voet)spoor

ormai al, nu

orme'ggio tros

ormone *m* hormoon

ornamento sieraad, versiering, ornament; tooi

ornare versieren, opsmukken

ornatura ver-, opsiering

oro *m* goud

orologeria horlogewinkel; uurwerk; *bomba a ~,* tijdbom

orologia'io horlogemaker

orologio *m* horloge; klok

orpello klatergoud; *fig* veinzerij

orrendo vreselijk, gruwelijk, afgrijselijk

orri'bile verschrikkelijk, vreselijk, gruwelijk

orrore *m* afschuw; ontzetting, vrees, afgrijzen; gruwel

orso *m* beer; ~ *polare,* ijsbeer; ~ *gri' gio,* grizzlybeer

orsù! kom aan!

ortaggi *m mv* groente

ortica brandnetel

orticoltura tuinbouw

orto moestuin

ortofrutta *v* groente en fruit; *negozio di ~,* groente- en fruithandel

orzo gerst

osare durven

oscenità *v* obsceniteit, ontucht, onzedelijkheid; vuile praat

osceno gemeen; obsceen, ontuchtig; afzichtelijk

oscillare slingeren, schommelen, schudden, trillen

oscuramento verduistering

oscurare verduisteren; onduidelijk maken; *-rsi,* duister worden; betrekken

oscurità *v* donker, duisternis; onbegrijpelijkheid, onbekendheid

oscuro donker, duister; somber; onduidelijk; onbekend; onbelicht

ospedale *m* ziekenhuis

ospitale gastvrij; herbergzaam

ospitalità *v* gastvrijheid

ospite *m, v* gast; gastheer, gastvrouw

ospi'zio kloosterherberg; hospitium; toevluchtsoord

ossatura geraamte, gebeente

o'sseo benig, beenachtig

osservare waarnemen, beschouwen; in acht nemen; houden (belofte, woord)

osservatore *m* waarnemer;

---

opmerker; *bn* oplettend, waarnemend, opmerkzaam

osservazione *v* observatie, waarneming, opmerking; naleving

ossessione *v* obsessie

ossesso bezeten; bezetene

ossetto beentje

ossia of wel

ossi'geno zuurstof

osso *m* bot (been); *le ossa, mv,* gebeente

osta'colo hindernis, obstakel

osta'ggio gijzelaar

ostare in de weg staan, beletten

ostello (della gioventù) *m* jeugdherberg

ostenso'rio monstrans

ostentare vertoon maken, pralen

ostentativo in 't oog lopend, opvallend, drukdoend

osteria restaurantje, kroeg

o'stia hostie

ostile vijandelijk; vijandig

ostilità *v* vijandelijkheid, vijandschap

ostinato koppig, eigenzinnig; eigenwijs

ostinazione *v* hardnekkigheid; eigenzinnigheid; volharding

o'strica oester

ostruzione *v* verstopping

otalgia oorpijn

otoiatra *m, v* oorarts

ottanta tachtig

ottava octaaf

ottavo achtste

ottenere (ver)krijgen

ottico *m* opticien; *bn* optisch

ottimamente zeer goed, voortreffelijk

ottimista *m* optimist

o'ttimo zeer goed, uitstekend

otto *m* acht

ottobre *m* oktober

ottone *m* geelkoper, messing

otturare vullen (kies)

otturazione *v* vulling (v. kies)

ottuso afgestompt, stomp; bot

ovaiolo eierdopje

ovale ovaal

ovatta *v* watten

ovest *m* westen

ovunque waar dan ook; overal

ovvero of wel

ovviare beletten; voorkomen; ondervangen

o'zio ledigheid; werkeloosheid; vrije tijd

ozioso ledig, luierend, nietsdoend, ijdel; *zn* leegloper

P

P = *padre,* pater

pc = 1 *per condoglianze,* met rouwbeklag; 2 *per congedo,* om

---

313

afscheid te nemen; 3 *per*
congratulazioni, om geluk te
wensen
pes = *per ese'mpio*, bijv, bv
pr = *per ringraziamento*, om te
bedanken
PV = *Pi' ccola Velocità*, vrachtgoed
pv = *pro'ssimo venturo*,
eerstkomend, aanstaande (as.)
pacchetto *m* pakje
pacchetto postale *m* postpakket
pacco *m* pak, pakket
pace *v* vrede
pacificare bevredigen, verzoenen; *-rsi*,
bedaren; zich verzoenen
paci'fico vreedzaam, vredig,
vredelievend; kalm, bedaard
padella *v* koekenpan
padiglione *m* paviljoen; prieel; ~
dell' ore'echio, oorschelp
padre *m* vader
padrona meesteres
padrone *m* patroon, heer, meester;
(huis)baas
paesaggio *m* landschap
paesano inheems, inlands; *zn*
dorpbewoner, boer; inwoner,
landgenoot
paese *m* dorp; land (vaak Paese)
paese *m* land
Paesi Bassi *m mv* Nederland
paesi'sta *m* landschapschilder
paga betaling; loon
paga'bile betaalbaar
pagamento betaling
pagano heidens; *zn* heiden
pagare betalen, afrekenen
pagella schoolrapport
pa'gina bladzijde
pa'glia stro
paglia'ccio clown
paio *m* paar
paiolo ketel; waterketel
pala *v* schep (spade)
palato verhemelte
palazzo *m* paleis; groot woonhuis,
appartementenge-bouw
palchetto vak in kast; boekenplank;
loge (schouwburg)
palco plafond; stellage; vloer; loge
palcoscenico *m* toneel
palestra *v* sportschool
paletta kolenschop; schouderblad
paletto *m* paaltje, stokje; tentstok;
pal, grendel
palla *v* bal (speelbal); bol; kogel
pallacanestro *v* basketbal
pallavolo *v* volleybal
palliare verzachten; vergoelijken
palliativo vergoelijkend, verzachtend;
zn lapmiddel
pallidezza bleekheid
pallido bleek (lichtgekleurd)
pallina da tennis *v* tennisbal

pallino balletje; *pallini*, *mv*
hagelkorreltjes, schroot
pallone *m* grote speelbal; voetbal;
ballon; windbuil, bluffer
pallore *m* bleekheid
pallo'ttola knikker
palma palmboom; palm; palmtak;
zegepraal; handpalm
palmo palm (v. hand, lengtemaat)
palo *m* paal, staak; *fare il* ~, op de
uitkijk staan
palo sos *m* praatpaal
palpa'bile tastbaar
palpitare kloppen (hart, pols),
hartkloppingen hebben; popelen
palpitazione *v* hartklopping
pa'lpito kloppen van het hart
paltò *m* overjas, winterjas, -mantel
palude *v* moeras
paludoso moerassig, drassig
palustre moerassig, moeras-
panca bank
panchetta bankje
panchina *v* bankje
pancia *v* buik
panciotto (heren)vest
pane *m* brood; ~ *arrostito*,
geroosterd brood; ~ *integrale*,
volkorenbrood
panetteria bakkerij
panettiera broodmand, -zak
panettiere *m* bakker
pa'nfilo jacht
pa'nico panisch; *zn* paniek
paniere *m* mand
panifi'cio broodfabriek, bakkerij
panino con formaggio broodje kaas
panino con prosciutto broodje ham
panino *m* broodje; ~ *ripieno*, belegd
broodje
paninoteca *v* broodjeszaak
panna 1 *v* room
panna montata *v* slagroom
panna, panne 2 *m* pech, panne
pannello linnen; doek; bord, paneel
panno *m* doek, stof; laken; *panni*,
mv, kleding
panno'cchia maïskolf; aar, tros
pannolano wollen deken
pannolino *m* luier
pantaloni *m mv* broek
pantano moeras; modderpoel; *fig*
wespennest
pantofola *v* pantoffel
paonazzo pauw-, violetblauw
papà papa, vader; *festa del* ~,
vaderdag
papa *m* paus
papale pauselijk
papa'vero papaver; klaproos
pappa pap; stijfsel
pappagallo papegaai
parabrezza *m* voorruit; windscherm
paracadute *m* parachute

paracadutista *m* parachutist
paradiso paradijs
parafa paraaf
parafango *m* spatbord
parafare paraferen
parafu'lmine *m* bliksemafleider
parafuoco vuurscherm
paragonare vergelijken; toetsen
paragone *m* vergelijking; gelijkenis;
beeld; toetssteen
para'lisi *v* verlamming; ~ *infantile*,
kinderverlamming
parali'tico verlamd, lam
paralizzare verlammen
parallelo evenwijdig;
overeenstemmend, gelijkluidend; *zn*
m vergelijking; breedtecirkel
paralume *m* lampenkap
paranco takel
parapetto borstwering; leuning; rand
(om put)
parare opsieren, tooien; afwenden;
pareren, afweren; uitlopen op; *-rsi*,
zich aanbieden, vertonen; zich
beschermen, pareren
parasole *m* zonnescherm; parasol
parata afweer; bolwerk; feestelijke
optocht; pronk; parade,
wapenschouw
parato bekleding; behangsel
paraurti *m* bumper
paravento *m* windscherm
parcella perceel
parcheggiare parkeren
parcheggio coperto a pagamento *m*
parkeergarage
parcheggio *m* parkeerplaats
parchimetro *m* parkeerautomaat,
parkeermeter
parco 1 *m* park; ~ *naturale di riserva*,
natuurreservaat
parco 2 spaarzaam; matig; karig,
zuinig
parco di villini *m* bungalowpark
parco divertimenti *m* pretpark
parecchi verscheidene, sommige
pare'cchio nog al wat, tamelijk veel,
heel wat
parentado *m* verwantschap, familie
parente *m* familielid; *parenti*, *mv*
ouders
parentela verwantschap; familie;
samenhang
pare'ntesi *v* tussenzin, wat tussen
haakjes staat; haakjes ; *tra* ~,
tussen twee haakjes
parere verschijnen; schijnen, gelijken,
blijken; *zn m* schijn; mening,
gevoelen, oordeel; *a mio parere*,
naar mijn mening
parete *v* wand
pari gelijk; dezelfde; opgewassen
(tegen), even (getal); effen; recht
(staand); ~ ~, geheel gelijk; *zn m*

gelijke; *un suo ~*, zijns gelijke; *al ~ di*, in vergelijking met; evengoed

Parigi *v* Parijs

parità *v* gelijkheid; gelijkstelling

parlamentare onderhandelen; *bn* parlementair, parlements-

parlamento parlement

parlare praten, spreken

parlare lentamente langzaam spreken

parlatore *m* spreker, redenaar

parmigiano Parmezaans; *zn* Parmezaanse kaas

parola *v* woord; spraak, taal; *~ per ~*, woord voor woord

parro'cchia parochie, kerspel

parroco *m* pastoor

parrucca pruik

parrucchiere *m* kapper

parte *v* deel; gedeelte; aandeel; streek; zijde, kant; richting; opzicht; plicht; rol; partij; tegenstander; *fare ~ di*, behoren tot, deel uitmaken van; *pre' ndere in mala ~*, kwaad opvatten; *a ~*, afzonderlijk, apart; afgezien van; *da ~*, terzijde; *da ~ mia*, uit mijn naam; *da ~ di*, door, door middel van; *da ogni ~*, overal; *d' altra ~*, overigens; *dalla ~ di*, in de richting van; *da questa ~*, in deze richting; *vnw* enige(n), sommige(n)

partecipante *m* deelnemer

partecipare ten deel doen vallen, mededelen; deelnemen, (aan)deel hebben; delen in

partecipazione *v* mededeling; deelname

parte'cipe deelachtig

partenza *v* vertrek, afvaart; *sp* start(plaats)

parterre *m* bloembed

particella deeltje; woordje, partikel

partici'pio deelwoord

particolare particulier; bijzonder, merkwaardig; *zn m* particulier; 't bijzondere

particolareggiato uitvoerig, gedetailleerd

particolarità *v* bijzonderheid, eigenaardigheid

partire vertrekken; starten; beginnen

partita *v* partij (spel)

partito *m* partij (groep)

partitura partituur

partner *m/v* partner

parto verlossing, bevalling; vrucht; worp jongen; voortbrengsel

partoriente *v* kraamvrouw

partorire baren, bevallen; jongen (van dieren)

parziale partijdig; gedeeltelijk

parzialità partijdigheid

parzialmente deels

pa'scere weiden, grazen

pascolare naar de wei brengen, voederen; *-rsi*, zich voeden genot vinden in; weiden; grazen

pa'scolo weide; bevrediging (begeerte); genot

Pasqua *v* Pasen; *~ delle rose*, Pinksteren

passa'bile draaglijk, tamelijk; middelmatig

passaggio a livello *m* overweg, spoorwegovergang

passaggio *m* doorgang, passage, overtocht; overgang; lift (met auto); *essere di ~* doorreizen

passaggio pedonale *m* oversteekplaats

passante *m* voorbijganger

passaporto paspoort, pas

passare voorbijgaan; verder gaan; aangenomen worden (wetten); verwelken (bloemen); passen (bij 't spel); overzetten; overschrijden; aanreiken; overtreffen; passeren (tijd); overschrijden; benoemen; bestrijken; *~ un esame*, voor een examen slagen; *passi!*, binnen!; *~ da uno*, bij iem aankomen, komen; *~ per*, doorgaan voor; *-rsi*, zich (iets) ontzeggen; afzien (van iets); *passarsela*, zich er doorheen slaan

passaruota *m* stuurhuis

passata doorgang, -tocht; vluchtige blik; *di ~*, in 't voorbijgaan

passatempo tijdverdrijf

passato verleden; vroeger, voormalig; bedorven; *zn* verleden; verleden tijd; moes; puree; *in ~*, *per il ~*, vroeger, eertijds

passato verleden (vroeger)

passeggero *m* passagier; *bn* voorbijgaand; kortstondig

passeggiare wandelen

passeggiata in montagna *v* bergwandeling

passeggiata *v* wandeling, wandeltocht

passeggiatore *m* wandelaar

passeggiero voorbijgaand, vergankelijk; kortstondig

passeggino *m* kinderwagen

pa'ssera, -ro *vm* mus; *~ di mare*, bot

passerella loopplank, vonder

passione *v* lijden, passie; hartstocht; medelijden; hobby

passivo passief, lijdend; lijdelijk

passo *m* stap, pas; bergpas; gang; doorgang; *a ~ a ~*, stap voor stap; *di ~*, stapvoets; *~ falso*, misstap

pasta *v* deeg; deegwaar; stijfsel; pasta; gebakje; *~ dentifri' cia*, tandpasta

pastello pastel; kleurkrijt

pasticca pastille; *~ di menta*, pepermuntje

pasticceria *v* banketbakkerij; banket

pasticciere *m* banketbakker

pasticcino *m* gebakje; koekje

pasti'ccio pastei, vleespastei; mengelmoes; knoeiwerk

pasti'glia pastille

pastiglie dei freni vremblokken

pasto *m* maaltijd; voedsel; *a tutto ~*, voortdurend

pastore *m* geestelijke (prot); herder

pastoso deegachtig, pappig

pastura weide; voer

patata *v* aardappel

patate fritte *v* frites

patatine *v* chips

patentato gediplomeerd, geschoold

patente (di guida) 1 *v* rijbewijs

patente 2 duidelijk, in 't oog vallend

paterno vaderlijk

Paternostro onzevader; paternoster

pate'tico aandoenlijk, pathetisch

patire lijden; doorstaan, dulden; veroorloven; ondergaan

pa'tria vaderland

patrigno stiefvader

patrimo'nio (ouderlijk) erfdeel; familiegoed; vermogen

patrio(t)ta *m* patriot

patrono *m* patroon, beschermheer, beschermheilige

pattina'ggio schaatsenrijden; ijsbaan

pattinare schaatsenrijden

pattini *m* mv schaatsen; *~ a rotelle*, rolschaatsen

patto verdrag; overeenkomst; voorwaarde; *~ di non aggressione*, niet-aanvalsverdrag; *a ~ che*, op voorwaarde dat

pattu'glia patrouille

pattuire afspreken

pattumiera vuilnisemmer

paura vrees, angst; *ho ~*, ik ben bang

pauroso bang

pausa *v* pauze, rust

pausare pauzeren, rusten

pavimento vloer; plaveisel

pavone *m* pauw

pazientare geduld hebben

paziente lijdend; geduldig; *zn m* patiënt

pazienza geduld

pazzia gekheid; waanzin, krankzinnigheid; dwaasheid

pazzo gek, krankzinnig; overspannen; grillig (weer); *zn* krankzinnige; zonderling

pecca'bile, peccaminoso zondig

peccare zondigen; falen

peccato jammer; *zn* zonde

peccatore *m* zondaar

pece *v* pek, pik

pecora *v* schaap

pecora'io *m* schaapherder

pecorino schapenkaas

pecunia'rio geld-, geldelijk
pedaggio tolgeld
pedagogia opvoedkunde, pedagogiek
pedalare fietsen
pedale m pedaal; trapper
pedale dell'acceleratore mgaspedaal
pedantello wijsneus
pedata voetstap; voetspoor; spoor
(van dieren); schop, trap
pedestre te voet, voet-
pedicure v pedicure
pedina pion; damschijf
pedone m voetganger
peggio slechter
peggiorare verergeren; erger, slechter
worden (maken)
peggiore slechter, erger
pegno pand; inzet; bewijs
pelame m haar, vel
pelle di daino v zeem
pelle v huid, vel; schil; ~ d' oca,
kippenvel
pellegrina'ggio bedevaart,
pelgrimstocht
pellegrino pelgrim
pellerossa m roodhuid
pelletteria v leerwaren
pellicceria bont-, pelshandel; huiden
pelliccia v bont (pels)
pelliciame m bont
pellicola a passo ridotto m
kleinbeeldfilm
pellicola per diapositive a colori v
kleurendiafilm
pellicola Polaroid v polaroidfilm
pellicola v filmpje; vel, vlies
pelo haar; vacht; fig kleinigheid;
barst; waterspiegel; far ~, barsten
krijgen
peloso harig, behaard; ruig
pelu'ria dons
pena straf; boete; fig pijn, smart;
leed, zorg; moeite; ~ capitale,
doodstraf; a ~ di, op straffe van; a
mala ~, ternauwernood
pena, valere la de moeite waard zijn
penale bn strafrechtelijk; v boete
pendente hangend; hellend;
onbeslist; besluiteloos; zn m
(oor)hanger; helling
pendenza v helling
pe'ndere hangen; afhangen; hellen;
onafgedaan zijn; neiging hebben tot
pendio helling, glooiing
pe'ndola pendule
pe'ndolo m slinger
pene m penis
penetrare door-, in-, binnendringen;
doorgronden
peni'sola schiereiland
penitente boetvaardig; zn m
boeteling; biechtkind
penitenza berouw; straf; boete;
penitentie

penna stilografica v vulpen
penna v pen; veer; ~ a sfera, balpen
pennarello m viltstift
pennello penseel; witkwast; kwast
pennello da barba m scheerkwast
penoso pijnlijk, smartelijk
pensare denken; menen; overwegen
pensiero gedachte; denkvermogen;
plan; mening, denkbeeld; stare in ~
per, bezorgd zijn over
pensieroso nadenkend; bezorgd
pensionante m-v pensiongast
pensionare pensioneren
pensiona'rio kostganger
pensione completa v volpension
pensione v pension; pensioen;
kostgeld
pensoso peinzend, in gedachten
verzonken; bezorgd
Pentecoste v Pinksteren
pentimento berouw; verandering van
plan
pentirsi berouw hebben
pentola v pan
penu'ltimo voorlaatste
peo'nia pioenroos
pepaiola peperbus
pepe m peper
peperoncino m (rode) peper
peperone m paprika
per voor (iemand); gedurende; langs,
door, over; per; naar; maal, keer;
om (opdat); volgens; als; parto ~
Roma, ik vertrek naar Rome; ~ me,
naar mijn mening; ~ quanto, hoe
ook; stare ~, op het punt staan om
pera v peer
perbacco! drommels!; deksels!
percento m procent
percentuale di servizio v
bedieningsgeld
percepire opnemen (in de geest);
waarnemen; innen
percezione v waarneming; inning
(van belastingen)
perché omdat, want; waarom
perciò daarom, om die reden
perco'rrere afleggen (afstand);
doorreizen, doorheen gaan; lopen
door (rivier, straat)
percorso afstand; loop (rivier), route
(trein); durante il ~, onderweg
percossa slag, stoot
percuo'tere stoten, slaan; treffen
perdere verliezen; lekken; missen
(trein e.d.); -rsi, verdwalen
pe'rdita verlies; lek, lekkage (in
gasleiding)
perdizione v verlies; verderf;
verdoemenis
perdona'bile vergefelijk
perdonare vergeven;
verontschuldigen; ontzien
perdono vergiffenis, vergeving; aflaat

perduto verloren; vergeefs;
geruïneerd
peregrinare rondzwerven
peregrinazione v zwerftocht
perenne altijddurend
perfettamente volkomen; zeer zeker
perfetto volmaakt; voltooid; zn
voltooid verleden tijd
perfezionare voltooien; tot
volmaaktheid brengen
perfezione v volmaaktheid;
voortreffelijkheid
perfi'dia trouweloosheid, valsheid
pe'rfido trouweloos, vals
perfino zelfs
perforare doorboren, perforeren
pergamena perkament
pe'rgola prieel
pericolo di slittamento m slipgevaar
pericolo m gevaar
pericoloso gevaarlijk
periferia, peri'metro omtrek
perio'dico periodiek; zn tijdschrift,
periodiek
peri'odo omloop(tijd); tijdperk, -vak;
volzin, periode; getij
perire vergaan; omkomen, ten onder
gaan, sterven
peristi'lio zuilengang
perito m deskundige, expert; bn
ervaren, deskundig
peritoneo buikvlies
peri'zia bekwaamheid,
deskundigheid; rapport, verslag; ~
dei danni, schaderapport
perla v parel
permanente v permanent (haar); bn
permanent
permesso m vergunning,
toestemming; bn geoorloofd,
toegestaan
permettere toestaan, veroorloven;
mogelijk maken
permissione v verlof, vergunning,
toestemming
pernice v patrijs
pernicioso verderfelijk; kwaadaardig
perno m spil; pin, stift
pernottare overnachten
pero pereboom
però echter; toch; niettemin
perpendicolare v loodlijn; bn
loodrecht
perpetuare vereeuwigen
perpe'tuo altijddurend, voortdurend,
eeuwig; levenslang
persecuzione v vervolging
perseguire nastreven (doel);
vervolgen, achtervolgen
perseveranza volharding,
standvastigheid
perseverare volharden, volhouden
Pe'rsia Perzië
persiana jaloezie

persiano Perzisch; Pers
pe'rsico 1 baars
pe'rsico 2 perzikboom
persino zelfs
persi'stere aandringen op; blijven bij; volhouden
perso verloren, kwijt
persona v persoon; di ~, persoonlijk
persona'ggio persoon, personage; rol (toneel), figuur (op schilderij)
personale persoonlijk; zn m personeel
personalità v persoonlijkheid
personalmente persoonlijk
perspi'cuo doorzichtig, duidelijk
persuadere overtuigen, overreden
persuasione v overreding; overtuiging; vaste mening
pertanto daarom, derhalve, dus; non ~, niettemin
pe'rtica staak, roede; stok
pertinente toepasselijk, ter zake; ~ a, in verband met, betrekking hebbende op
pertosse v kinkhoest
perturbare storen; in opschudding brengen; hevig schudden
perturbazione v verstoring, verwarring; ontsteltenis; rad storing
pervenire bereiken, aankomen
perverso slecht; bedorven; pervers
pesale'ttere m brievenweger
pesante zwaar (gewicht)
pesare zwaar zijn, wegen; van gewicht zijn; drukken; stutten; overwegen
pesca 1 v visserij; hengelsport
pesca 2 v perzik
pescagione v visvangst, visserij
pescare vissen
pescatore m visser
pesce di mare m zeevis
pesce m vis; ~ rosso, goudvis
pescecane m haai
pescheria v viswinkel
Pesci m mv Vissen
pescive'ndolo, -la visverkoper, visvrouw
pesco m perzikboom
peso m gewicht
pe'ssimo zeer slecht; allerellendigst
pestare stampen, fijnwrijven, malen, vertrappen; trappelen
peste v pest; stank; plaag
pe'talo bloemblad
petizione v verzoekschrift
petrolio m petroleum
pettinare kammen; hekelen
pettine m kam
pettirosso roodborstje
petto m borst; boezem
pezza stuk; lap; luier (v. kinderen)
pezzetto stukje
pezzo di ricambio m (reserve)onderdeel

pezzo m stuk, gedeelte; onderdeel; schaakstuk)
piacere houden van (iets); lusten; zn genoegen, plezier; ~!, aangenaam (kennis te maken)
piacevole aangenaam, prettig, gezellig
piaga v wonde; plaag
pialla schaaf
piallare schaven
pianare vlak maken; effenen
pianella muil, pantoffel; tegel, plavuis
pianeta m planeet
piangere huilen
piano 1 bn vlak, effen; zacht; langzaam; pian ~, rustig aan
piano 2 m verdieping, etage; vlakte
piano 3 m plattegrond, plan, programma
piano, lento langzaam
pianoforte m piano; ~ a coda, vleugel; suonare il ~, pianospelen
pianta v plant; plattegrond
piantare planten; plaatsen; opstellen; vestigen
piantatore m planter
pianterreno benedenhuis, parterre
piantone m stek, loot
pianura vlakte
piastra v plaat
piastrella tegel
piattaforma platform
piattino schoteltje
piatto del giorno m dagschotel
piatto m bord, schotel; gerecht; bn plat, vlak
piazza v plein; handel markt
piazzale m groot plein
picca piek, spies; wrok, twist
piccante pittig, scherp
picche v mv kaartsp schoppen
picchetto m tentharing
picchiare slaan, kloppen
picchiata v schop; ongeluk
pi'cchio 1 m klop; klap, tik
pi'cchio 2 mspecht
piccino klein; kleingeestig; m kleuter, kleintje
piccione m duif
picco bergspits, piek; a ~, loodrecht, steil
piccolo klein; zn kleintje
piccone m (pik)houweel
pic-nic m picknick
pido'cchio m luis
piede m voet; poot; a piedi, te voet
piedistallo voetstuk
piega v vouw; inslag; plooi, kreukel; wending, keer
piega'bile opvouwbaar
piegare vouwen, plooien; sluiten (brief); buigen; overreden; omslaan; -rsi, (door)buigen; toegeven

piegatura v kromming, bocht
pieghe'vole buigzaam, lenig; plooibaar, gedwee; zn m folder
pienamente ten volle; breedvoerig
pieno vol; verzadigd; fare il ~ (di benzina), tanken
pietà v vroomheid; piëta (Maria met het lijk van Christus op de schoot)
pietanza v gerecht
pietra v steen; ~ preziosa, edelsteen; ~ sepolcrale, grafsteen
pietrame m gesteente
Pietro Petrus, Pieter
pigiama m pyjama
pigino drukknoopje
pigionale m huurder
pigione v huishuur; huurcontract
pigliare nemen, weg-, afnemen, pakken, grijpen
pigolare piepen; klagen
pigri'zia luiheid; traagheid
pigro lui, traag; zn luiaard
pila pijler; wijwaterbak (op zuil); kolom
pilastro pijler, pilaster
pillola anticoncezionale v anticonceptiepil
pillola v pil
pi'lota m loods, stuurman; piloot
pilotare besturen; loodsen
pina v dennenappel
pinacoteca pinacotheek, schilderijenmuseum
pi'ngere (uit)schilderen
pi'ngue dik, vet
pinna v vin
pinna'colo top, spits, tinne
pinne v zwemvliezen
pino m pijn-, dennenboom; dennen-, grenenhout
pinzette v mv pincet
pio vroom; barmhartig
pioggia ghiacciata v ijzel
pioggia v regen
piolo paaltje, staak; sport (v. ladder)
piombare loodrecht staan op; loodrecht omlaagvallen; zich storten op; loden; loodrecht stellen; vullen (tanden)
piombatura provvisoria v noodvulling
piombatura v vulling (kies)
piombo, senza loodvrij
piombo lood; schietlood; a ~, loodrecht
pioppo populier
piovere regenen
piovoso regenachtig
pipa v pijp (voor tabak)
pipistrello vleermuis
piro'scafo m stoomboot
piscina per i bambini piccoli pierenbadje
piscina v zwembad
piselli m doperwten

pisello *m* erwt
pista (ren)baan, piste; spoor (v.
wagen of dier); ~ *ciclabile*, fietspad
pista da fondo *v* loipe
pista da salto *v* skischans
pista di lancio *v* startbaan (vliegtuig)
pistacchio *m* pistache
pistillo *plantk* stamper
pistola pistool
pistone *m* zuiger (wagen)
pittore *m* schilder
pittoresco schilderachtig
pittrice schilderes
pittura schilderkunst; schilderij;
schildering
più meer; meest; langer, verder; plus,
en; ~ *grosso di*, dikker dan; *il* ~
grande, de grootste; ~ *che*, meer
dan; *di* ~, meer; *non* ~, niet meer;
per lo ~, meestal; *in* ~, extra; ~ ~,
hoe meer des te meer; *bn* meer;
verscheidene; *zn m* het meeste,
grootste, beste; *mv* de meesten; *per
di* ~, bovendien; *e'ssere da* ~,
overtollig zijn, overschieten; *al* ~,
hoogstens
più lentamente langzamer
più lontano verder
piuma dons; donzen bed
piuma'ggio gevederte
piumino plumeau; poederdons;
dekbed
piuttosto liever, eer; tamelijk, nogal
pizzica'gnolo kruidenier (vlees en
kaas)
pizzicare knijpen; jeuken; prikkelen;
tokkelen
pizzicheria *v* vleeswaren;
vleeswarenwinkel
plastica *v* plastic
platea parterre (in schouwburg)
platessa *v* bot (vis)
plausi'bile geloofwaardig,
aannemelijk
pla'uso bijval, toejuiching, applaus
pleba'glia gepeupel, gespuis
plebe *v* gepeupel, plebs; de menigte,
de grote hoop
plena'rio vol, volledig; voltallig
plenilu'nio volle maan
pleurite *v* pleuris
plico pakje (documenten, brieven
etc); enveloppe; *in* ~ *separato*, per
separate post
plurale meervouds-, meervoudig; *zn
m* meervoud
pneumatico pneumatisch; lucht-; *zn*
band (v. auto of fiets)
pneumatico posteriore machterband
po' = *poco*
poco weinig; beetje; *fra* ~, binnenkort
poco fa onlangs
poco profondo ondiep
po'dio podium

poema *m* gedicht
poesia poëzie, dichtkunst; dichtwerk
poeta *m* dichter
poetessa dichteres
poe'tico dichterlijk
poggiare steunen; omhoogstijgen,
opklimmen
poi daarna, vervolgens, toen
poiché daar; sedert, nadat
polacco Pools; *zn* Pool
polare pool-, polair
polenta *v* polenta (gerecht van
maismeel)
politica *v* politiek
poli'tico politiek, staatkundig; sluw;
handig; *zn* staatsman, politicus
polizia ferroviaria *v* spoorwegpolitie
polizia stradale *v* verkeerspolitie
polizia *v* politie
poliziotto *m* politieagent
polizza *v* polis
polla'io *m* kippenhok
pollice *m* duim
pollo *m* kip
polluzione *v* vervuiling
polmonare long-
polmone *m* long
polmonite *v* longontsteking
polo pool; ~ *anta'rctico*, zuidpool; ~
a'rctico, noordpool
polpa vruchtvlees; vlees, pulp, kern
polpa'ccio kuit
polpettone *m* soort bal gehakt
polpo inktvis
polposo vlezig (ook v. vruchten)
polsino manchet
polso *m* pols
poltrire luieren
poltrona armstoel, fauteuil; ~ *a
dondolo*, schommelstoel; ~ *a
sdra'io*, ligstoel
poltrone lui; laf; *zn m* luiaard
polvere insetticida *v* insectenpoeder
polvere *v* stof (vuil), poeder
polverina poeder; ~ *effervescente*,
bruispoeder
polverizzare tot poeder wrijven,
verpulveren; verstuiven
polverizzatore *m* verstuiver
polveroso stoffig; bestoven
pomata per le ustioni *v* brandzalf
pomata *v* zalf
pomba del carburante
v brandstofpomp
pomeridiano namiddag-
pomeriggio *m* middag; *di* ~
's middags
po'mice *v* puimsteen
pomodoro *m* tomaat
pompa 1 pracht, praal; pralerij
pompa 2 pomp, spuit
pompa della bicicletta *v* fietspomp
pompa dell'acqua *v* waterpomp
pompa dell'olio *v* oliepomp

pompare pompen
pompelmo grapefruit
pompieri *m mv* brandweer
pomposo prachtig, pralend;
hoogdravend
ponce *m* punch
ponderare overwegen
ponderoso zwaar, gewichtig
ponente *m* westen; westenwind
ponte *m* brug; steiger; scheepsdek
popolare bevolken; *bn* volks-;
populair
popolarità *v* populariteit
popolazione *v* bevolking
popolo *m* volk
popoloso dichtbevolkt
popone *m* meloen
poppare zuigen
porcellana porselein
porcellino big; speenvarkentje
porcino varkens-, zwijnen-; *carne* ~*a*,
varkensvlees
porco zwijn, varken; varkensvlees; *bn*
lelijk, vuil
porcospino stekelvarken
porgere aangeven
porno porno
poro portie
poroso poreus
po'rpora purper
porre zetten, leggen, plaatsen;
vaststellen; aannemen,
veronderstellen; (be)planten; -*rsi*,
gaan zitten; gaan, plaats nemen;
beginnen
porro prei; wrat
porta *v* deur; poort
portabagagli *m* bagagedrager (fiets);
bagagerek (trein); imperiaal (auto)
porta'bile draagbaar
portacenere *m* asbak
portafoglio *m* portefeuille
portalampada fitting
portale'ttere *m* brievenbezorger
portamonete *m* portemonnee
portantina draagstoel
portapacchi *m* bagagedrager
portapenne *m* penhouder
portare dragen; brengen; ~ *a*, leiden
tot
portare con sé meenemen
portasigarette *m* sigarettenkoker
portasi'gari *m* sigarenkoker
portata last; vracht; tonneninhoud;
draagwijdte; inkomen; gang (aan
diner)
porta'tile draagbaar, draag-
portatore *m* brenger, drager;
toonder; houder; bode
portauovo *m* eierdopje
portiera *v* portier (deur)
portiere *m* portier (in hotel);
doelman, keeper
portina'io portier

porto 1 *m* haven
porto 2 *m* porto
porto 3 *m*port
Portogallo Portugal
portoghese Portugees; *zn* Portugees
portone *m* poort
portulaca postelein
porzione *v* portie
posa rust, pauze; pose, houding;
  fotogr belichtingstijd, tijdopname
posace'nere *m* asbakje
posare leggen, plaatsen, zetten;
  poseren, zich aanstellen, een
  houding aannemen; -*rsi*, gaan
  zitten; neerstrijken (vogels)
posata couvert (aan tafel); pauze,
  rustpunt
posate *v* bestek (mes en vork)
positivo positief, vast, bepaald,
  stellig, zeker
posizione *v* positie, ligging; houding;
  opstelling, standpunt
possedere bezitten, beheersen
possedimento bezitting
possesso bezit; eigendom; bezitting
possessore *m* bezitter, eigenaar
possibile mogelijk
possibilità *v* mogelijkheid
posta aerea *v* luchtpost
posta *v* post, postkantoor;
  standplaats
postale post-; *zn m* posttrein
posteggiare parkeren
poste'ggio parkeerplaats
posteggio dei tassì (taxi) *m*
  taxistandplaats
posteriore achterst, achter-;
  daaropvolgend; ~ *a*, volgend op; *zn*
  m achterste
postino *m* postbode
posto di frontiera *m* grenspost
posto di polizia *m* politiebureau
posto *m* plaats (plek); betrekking; *a*
  ~, in orde; *al* ~ *di*, in plaats van
posto per divertirsi *m*
  uitgaanscentrum
posto tenda/roulotte *m* standplaats
  voor tent/caravan
pota'bile drinkbaar; *acqua* ~,
  drinkwater
pota'ggio soep
potare (be)snoeien, uitdunnen
potente machtig, invloedrijk
potenza macht, vermogen;
  mogendheid; kracht
potere kunnen; *zn* vermogen; macht
povero arm (behoeftig)
povertà *v* armoede; schaarste
pozione *v* drank
pozzo put
pranzare lunchen
pranzo *m* lunch, middageten
prataiolo champignon
pra'tica praktijk, toepassing; ervaring;

gebruik; gewoonte; dossier; zaak;
  liefje; omgang
pratica'bile uitvoerbaar; doenlijk;
  begaanbaar (weg)
praticare be-, uitoefenen; toepassen;
  aanbrengen (opening, snede etc);
  maken, omgaan, omgang hebben
  met
pra'tico ervaren, bedreven, doelmatig;
  è ~ *a Milano?* bent u bekend in
  Milaan?; *zn m* praktisch mens
prato weide
prebe'llico vooroorlogs
precauzione *v* voorzorgsmaatregel
precedente voorafgaand, vorig; *zn m*
  precedent
precedentemente vroeger, eerder; in
  vroeger tijden; *citato* ~, hierboven
  vermeld
precedenza *v* voorrang
prece'dere voorgaan; voorafgaan; de
  voorrang hebben
precetto *m* voorschrift
precettore *m* leermeester
precipitoso overijld, haastig; wild
precisare vermelden, opgeven,
  mededelen
precisione *v* nauwkeurigheid,
  juistheid
preciso precies, nauwkeurig
precursore *m* voorloper
preda *v* prooi
predecessore *m* voorganger
predellino treeplank
predetto bovengenoemd
pre'dica preek
predicare preken, vermanen
predicato gezegde
predicatore *m* prediker
predilezione *v* voorliefde
predire voorspellen
predisposizione *v* vatbaarheid,
  aanleg
predisposto a vatbaar voor
prefazione *v* voorwoord, voorbericht
preferenza voorkeur
preferire liever hebben, de voorkeur
  geven aan
prefisso *m* netnummer; voorvoegsel
pregare bidden; verzoeken
preghiera gebed; smeekbede
pregiudicare schaden, afbreuk doen
  aan
pregiudi'zio vooroordeel; nadeel,
  schade
pregno zwanger
prego alstublieft
prelevare (del denaro) opnemen
  (geld)
prelu'dio voorspel; inleiding
prematuro (te) vroeg, ontijdig,
  overhaast
premeditazione *v* opzet
pre'mere drukken

pre'mio prijs; beloning; premie
premura zorg, toewijding; haast,
  spoed
premuroso ijverig, belangstellend;
  dienst-, bereidwillig; dringend
prendere nemen, pakken; innemen
  (pillen); halen; meenemen; vangen;
  ~ *in affitto/a nolo*, huren
prendersela kwalijk nemen
prendersi cura di zorgen voor
prenome *m* voornaam
prenotare bespreken, reserveren;
  boeken (reis)
prenotazione *v* reservering
preoccupazione *v* bezorgdheid
preparare voor-, toebereiden;
  gereedmaken; prepareren
preparazione *v* voorbereiding
preponderante overwegend
preposizione *v* voorzetsel
prepotenza overmacht
prerogativa voorrecht
presa *v* stopcontact; vangst; handvat
presa'gio voorteken; vermoeden,
  voorgevoel
pre'sbite verziend
prescritto voorgeschreven
prescri'vere voorschrijven; -*rsi*,
  verjaren
prescrizione *v* voorschrift
presentare voorstellen; tonen;
  presenteren; -*rsi*, zich vertonen;
  gebeuren
presentatore (radio, tv)presentator;
  conferencier
presentazione *v* voorstelling,
  vertoning, aanbieding; presentatie
presente aanwezig; deze; *con la* ~,
  hierbij (zend ik u etc); *zn*
  tegenwoordige tijd; *al* ~, op dit
  ogenblik
presentemente op het ogenblik
presentimento voorgevoel
presenza tegenwoordigheid,
  aanwezigheid; *di* ~, persoonlijk
prese'pio krib (v. Jezus)
preservare bewaren, behoeden
preservativo *m* voorbehoedmiddel,
  condoom
presidente *m-v* president, voorzitter
preso genomen
pressacarte *m* presse-papier
pressante dringend
pressappoco bijna, ongeveer
pressare persen
pressione *v* drukking, druk; dwang;
  pressie; ~ *sanguigna*, bloeddruk
pressione delle gomme *v*
  bandenspanning
pressione *v* druk (spanning)
presso bij, nabij; ongeveer; ten
  naaste bij; in vergelijking met; per
  adres, p/a; *zn* nabuurschap,
  nabijheid

presso bij (nabij)

presso naast

pressochè bijna, ten naaste bij

prestare a lenen aan

prestatore di lavoro *m* werknemer

prestazione *v* prestatie

prestidigitatore *m* goochelaar

pre'stito lening

presto vroeg; straks; spoedig, snel; *far ~*, opschieten

presu'mere veronderstellen, vermoeden; zich aanmatigen; zich inbeelden

presuntivo vermoedelijk

presuntuoso aanmatigend, verwaand, pedant

presunzione *v* verwaandheid

prete *m* geestelijke (rk), priester

prete'ndere beweren; voorgeven; voornemens zijn, menen; aanspraak maken; *~ a*, dingen naar

pretensione *v* aanspraak, vordering, eis; aanmatiging

pretenzioso aanmatigend

pretesto voorwendsel, smoes

pretore *m* kantonrechter

prevalere de overhand hebben

prevedere voorzien

prevenire vóór zijn; voorkómen, waarschuwen

preventivamente vooraf, vooruit, van te voren

preventivo begroting; *bn* voorafgaand; voorzorgs(maatregelen); preventief; *car' cere ~*, *recht* voorarrest

pre'vio voorafgaand

previsione *v* verwachting, prognose, voorspelling; begroting

previsioni del tempo *v* weerbericht, weersverwachting

prezioso kostbaar

prezze'molo peterselie

prezzo dei biglietti *m* toegangsprijs

prezzo *m* prijs; *a buon ~*, goedkoop

prigione *v* gevangenis

prigioniero gevangene; *bn* gevangen

prima *bijw* eerst; eerder; vooraf; *vz* (met *di*) voor, alvorens

prima che voordat

prima classe *v* eerste klas

prima di, prima delle vóór (tijd)

prima'rio eerst, elementair, aanvangs-; hoofd-

primato *m* record; *~ mondiale*, wereldrecord

primavera *v* lente, voorjaar

primitivo primitief

primo eerst(e)

principale *m* baas; *bn* voornaamste, hoofd-

principalmente voornamelijk

principato vorstendom

pri'ncipe *m* vorst, prins; voornaamste

principesco vorstelijk

principessa *v* prinses; vorstin

princi'pio begin; principe; *i ~i*, de eerste beginselen

priorità voorrang

privare beroven; ontnemen; *-rsi*, zich ontzeggen, afstand doen (van)

privato beroofd; bijzonder, privaat, particulier, privé; *zn* particulier

privazione *v* beroving; gemis

privilegiare bevoorrechten

privile'gio voorrecht

privo di zonder, ontbloot van

pro *m* nut, genot, voordeel; *buon ~ ti fa' ccia!*, veel geluk!

proba'bile waarschijnlijk

probabilità *v* kans, waarschijnlijkheid

probabilmente waarschijnlijk

problema *m* probleem

proce'dere vooruit-, voorwaarts gaan; vorderen; te werk gaan; handelen; procederen; *~ a*, overgaan tot; *~ da*, voortkomen uit, ontstaan uit

procedimento *recht* proces; *techn* procédé; procedure

processione *v* processie

processo *m* proces

proclama *m* proclamatie

procura procuratie

procurare zorgen, verschaffen; oppletten; zaken bezorgen

procuratore *m* procuratiehouder; procureur

prodigalità *v* verkwisting: overdaad

prodi'gio wonder

prodigioso wonderbaar, verbazend

prodotto opbrengst, voortbrengsel, product

produrre produceren, voortbrengen; voorleggen; opbrengen; veroorzaken; *-rsi*, ontstaan, vóórkomen; optreden (kunstenaars)

profanare ontwijden

proferire uiten; uitspreken

professare belijden; onderwijzen; (een beroep) uitoefenen

professione *v* beroep; bekentenis

professionista *m* vakman; professional

professore *m* professor; leraar

professoressa lerares

profeta *m* profeet

profe'tico profetisch

profetizzare voorspellen

profezia voorspelling

profilo profiel

profittare profiteren; voordelig zijn; vooruitgaan

profitto *m* winst; voordeel, profijt

profondo diep

profugo *m* vluchteling

profumare parfumeren

profumo *m* parfum

progettare ontwerpen

progetto plan, ontwerp, project; voornemen

programma delle attività culturali e ricreative *m* uitgaansagenda

programma *m* programma

progredire voortschrijden, vooruitgaan

progresso *m* voortgang; vooruitgang; groei, toeneming

proibire verbieden; beletten

proibizione *v* verbod; verhindering

proiettare werpen; projecteren

proie'ttile *m* projectiel

proiettore *m* zoeklicht, schijnwerper; koplamp

proiezione *v* projectie; lichtbeeld

prologo voorrede

promessa belofte; promesse; verloofde

promesso beloofd; verloofd; *zn* verloofde

promettere beloven

promosso bevorderd; geslaagd (voor een examen)

promozione *v* promotie, bevordering

promulgare afkondigen, uitvaardigen

promuo'vere bevorderen, de stoot geven

pronome *m* voornaamwoord

pronto klaar (gereed)

pronto soccorso *m* eerste hulp, EHBO-post

pronto! hallo! (telef)

pronunzia, pronuncia *v* uitspraak

pronunziare, pronunciare uitspreken

propagare verbreiden; voortplanten, verspreiden

propi'zio gunstig, genegen

proporre voorstellen, opperen; aanbieden

proporzionato evenredig

proporzione *v* verhouding, evenredigheid; afmeting

propo'sito besluit, voornemen; doel; onderwerp; *a ~*, trouwens, à propos; *a ~ di*, wat betreft, naar aanleiding van

proposizione *v* voorstel, aanbod; *gramm* zin

proposta *v* voorstel

proposto voorgesteld; voorgenomen

proprietà *v* eigendom

proprietario *m* eigenaar

proprio eigen; passend; *bijw* echt

prora voorsteven, boeg

pro'roga uitstel, verdaging

prorogare opschorten, verdagen, uitstellen

prosa proza

prosciutto *m* ham; *~ cotto*, gekookte ham; *~ crudo*, rauwe ham

proscritto vogelvrij

proseguire voortgaan, vervolgen, doorgaan (met); doorrijden

prosperare (doen) gedijen; voorspoed hebben
prosperità v voorspoed, welvaart
pro'spero, prosperoso voorspoedig, welvarend; bloeiend
prospettiva v perspectief, verschiet, vergezicht; vooruitzicht
prospetto uitzicht; aanblik; gezicht op; overzicht; prospectus, folder
prossimo aanstaande, volgende; dichtbij
pro'ssimo dichtbij; aanstaand; jongstleden; naast; verwant; zn naaste, evenmens
prostituta prostituee
protagonista m/v hoofdrolspeler
prote'ggere beschermen
protesta v betuiging; protest, verzet, voorbehoud
protestante protestant
protesto protest, verzet
protetto beschermeling
protettore m beschermer, begunstiger; beschermheer
protezione v bescherming, begunstiging; protectie
protocollo protocol
prova proef(neming); onderzoek, test; bewijs; bewijsstuk; beproeving; examen; (toneel) repetitie; ~ del sa' ngue, bloedproef
provare proberen; passen (kleding); ondervinden; bewijzen
proveniente da afkomstig uit
provenienza v herkomst
provenire afkomstig zijn (van), voortspruiten, ontstaan
prove'rbio spreekwoord, spreuk
provi'ncia provincie; gewest
provinciale gewestelijk, provinciaal; zn m buitenman
provocare uitlokken; uitdagen, verwekken
provocazione v uitdaging; uitlokking
provvedere voorzien; verschaffen; voorbereiden; ~ a, zorgen voor; ~ che, ervoor zorgen dat; -rsi, zich aanschaffen
provvedimento voorzorg; voorziening
pro'vvido vooruitziend; wijs
provvisorio provisorisch; voorlopig
provvista aanschaffing, inkoop
prudente verstandig; voorzichtig
prudenza v doorzicht; voorzichtigheid; bezonnenheid; vrees
pru'dere jeuken, kriebelen
prudore m jeuk
prugna v pruim; ~ di Damasco, kwets
prugno m pruimenboom
pruno doornstruik; doorn
prurito m jeuk
Pru'ssia v Pruisen
psichiatra m psychiater

psicologia psychologie
psico'logo psycholoog
pubblicare publiceren, uitgeven (boek); rond vertellen
pubblicazione v publicatie; uitgave (van boeken e.d.)
pubblicità v openbaarheid, bekendheid; publiciteit; reclame; ~ luminosa, lichtreclame; agenzia di ~, reclamebureau
pubblico m publiek; bn openbaar
pubertà v puberteit
pudico kuis, eerbaar
pudore m schaamte, kuisheid
puerile jongens-; kinderlijk; kinderachtig
pue'rpera kraamvrouw
pugilato het boksen, de bokssport; fare il ~, aan boksen doen
pugilatore bokser
pu'glia speelfiche; P~, Apulië
pugnale m dolk
pugno m vuist; vuistslag; handvol; fare ai pugni, knokken
pulce v vlo
pulcino kuiken
puledro veulen
pule'ggia katrol
pulire schoonmaken, reinigen, vegen
pulito schoon, zuiver
pulizia zindelijkheid; schoonmaak, het reinigen; donna delle ~e, schoonmaakster
pullman m touringcar; streekbus
pu'lpito spreekgestoelte; kansel
pulsante m knopje
pulsare kloppen, slaan
pulsazione v polsslag
pungere steken (van insect), prikken, bijten
pungiglione m stekel; doorn; angel
pu'ngolo m prikkel
puni'bile strafbaar
punire straffen, bestraffen
punizione v straf
punta v punt, spits; top; steek in de zij; steek; een beetje; a ~, spits, puntig
puntata v steek, stoot; aflevering (v. feuilleton); kort bezoek; romanzo a ~e, feuilleton
puntine v contactpunten
punto d'incrocio m kruispunt
punto m punt; plek; ogenblik; due punti, dubbele punt; ~ esclamativo, uitroepteken; ~ interrogativo, vraagteken; ~ e virgola, puntkomma; ~ di vista, standpunt
puntuale stipt, nauwkeurig
puntura v steek; prik; fig bitterheid; scherp gezegde
punzone m keur (op goud enz.)
pupilla pupil (van oog)
pupillo pupil

purché mits
pure toch, ook; evenwel, niettemin, slechts, maar
purè m puree
purezza zuiverheid
purgante m purgeermiddel
purgare zuiveren, vrijmaken, aflossen; -rsi, zich rechtvaardigen; purgeren
purgativo zuiverend, purgeer-; zn purgeermiddel
purgatorio m vagevuur
purificare zuiveren, louteren
puro zuiver, rein; onvervalst
purpu'reo purperen
purtroppo helaas
purulento etterend, etter-
pu'stola puist
putire stinken
putrefare doen (ver)rotten; -rsi, rotten, verrotten
pu'trido rottend, rot
puttana v hoer
puzzare stinken
puzzo stank
puzzolente stinkend

Q

qua hier; ~ e là, hier en daar; di ~, hierheen; aan deze zijde; hier en daar; over en weer
quaderno schrift; katern; ~ a blocco, schrijfblok
quadra'ngolo vierhoek; bn vierhoekig
quadrato vierkants-; vierkant; zn kwadraat, vierkant; blok (huizen)
quadri mv kaartsp ruiten
quadrifoglio m klavertjevier
quadri'glia quadrille
quadrila'tero vierhoek
quadro m schilderij; vierkant; ruit; lijst; bn vierkant
quadru'pede m viervoetig dier
qua'druplo viervoud; bn viervoudig
quaggiù hierbeneden
qua'glia kwartel
qualche enig, wat, een of ander; enige, sommige; in ~ luogo, ergens; in ~ altro luogo, ergens anders
qualcosa iets
qualcuno iemand
quale (quali) welke, die, dat; wat; wat voor een; ~~, de een of de ander
qualificare aanduiden, toeschrijven; betitelen, noemen, kwalificeren
qualificato geschoold
qualità v kwaliteit
qualora indien, als
qualsiasi wie ook; welke ook; wat ook; elke, ieder (wie dan ook)
qualunque ieder, elk; wie ook, wat ook; de een of de ander
quando wanneer; als; da ~, sinds
quantità m hoeveelheid

quantitativo kwantitatief
quanto hoeveel; evenals; *in ~ a lui,*
wat hem betreft; *per ~,* hoewel
quanto costa? kosten: hoeveel kost
het?
quanto lontano? hoe ver?
quanto tempo hoe lang
quantunque hoewel
quaranta veertig
quarantena quarantaine; veertigtal
quaresima vasten(tijd)
quarta vierde gedeelte; vierde klasse;
vierde versnelling
quartetto kwartet
quartiere *m* wijk
quarto d'ora *m* kwartier
quarto *m* kwart (1/4); *bn* vierde; *bijw*
ten vierde
quarto alle (un) kwart vóór
quarto, ... meno un kwart vóór
quarto (e un) kwart over
quasi bijna, vrijwel
quassù *bijw* hierboven
quatto'rdici veertien
quattrino *m* penning, duit; *quattrini,*
mv geld
quattro vier
quattrocento vierhonderd; *il Q~,* de
15e eeuw
quegli, quelle *m mv, v mv zie quello*
quel = *quello*
quello, quella *m, v* dat, die
(aanwijzend vnw)
querce, que'rcia *v* eik, eikenhout
querela klacht; weeklacht
querelare klagen
questionare twisten
questione *v* vraagstuk; kwestie;
proces, twist; *in ~,* desbetreffend,
betrokken
questo, questa deze, dit
questo pomeriggio vanmiddag
questura hoofdbureau van politie
questurino *m* politieagent
qui, qua hier; nu
quietanza kwitantie
quietanzare kwiteren
quietare geruststellen; kalmeren;
tevredenstellen
quiete *v* rust, stilte, kalmte
quieto rustig, kalm, bedaard
quindi daarom, dus
quindice'simo vijftiende
qui'ndici vijftien
quindicina vijftiental; veertien dagen
quinta quint; coulisse
quintale *m* centenaar (100 kg)
quinto vijfde (gedeelte)
quota aandeel; afbetaling; hoogte
(ook van vliegtuig)
quotazione *v* notering
quotidiano dagelijks; *zn* dagblad
quoziente *m* quotiënt

R

rabar'baro rabarber
ra'bbia razernij, woede; ~ *(canina),*
hondsdolheid
rabbino rabbijn
rabbioso dol, razend, woedend
rabbrividire rillen, huiveren
raccattare oprapen; oprichten
racchetta (tennis)racket
raccogliere verzamelen; oproepen;
plukken; oogsten;opsteken (haren)
raccolta verzameling; oogst, pluk;
bloemlezing
raccomandare aanbevelen
raccomandata *v* aangetekende brief
raccomandato aanbevolen;
aangetekend (brief); bevestigd
raccomandazione *v* aanbeveling;
aantekening (v. poststuk)
raccomodare verstellen, herstellen
raccontare vertellen
racconto *m* verhaal
raccorciare verkorten
racco'rcio verkort, afgekort
rada *scheepv* rede
raddolcire verzoeten; verzachten
raddoppiare verdubbelen
raddormentarsi weer inslapen
radere scheren
radiare doorschrappen
radiatore *m* radiateur
radiatore *m*radiator
radiazione *v* straling; doorhaling,
uitschrapping; aflossing (van
hypotheek)
ra'dica wortel
radicale wortel-; radicaal, grondig
radi'cchio cichorei, Brussels lof
radice *v* wortel (v. plant/kies);
oorsprong, oorzaak
radio *v* radio; radium
radioascoltatore *m rad* luisteraar
radiocomme'dia hoorspel
radiodiffusione *v* radio-uitzending
radioemittente *v* zender
radiografia röntgenfoto
radiovisione *v* televisie
rado dun gezaaid; ijl; los; schaars; *di*
~, zelden
radunare verenigen, verzamelen;
ophopen
radunata vergadering; bijeenkomst
raduno rally, sterrit
ra'fano rammenas
raffermo oudbakken
raffinare verfijnen; zuiveren, louteren,
raffineren
raffineria (suiker) raffinaderij
rafforzare versterken
raffreddamento *techn* koeling; ~ *ad*
a'ria, luchtkoeling
raffreddare koud maken; kou vatten; -
rsi, koud worden, afkoelen; kou

vatten
raffreddato verkouden
raffreddore *m* verkoudheid
raffrenare beteugelen
ragazza *v* meisje
ragazzo *m* jongen
raggiante zonnig
raggiare stralen
ra'ggio straal; spaak; *fig* schittering;
raggi X, x-stralen
raggiungere bereiken
raggiustare her-, verstellen; in orde
brengen
ragguarde'vole aanzienlijk,
belangrijk, deftig
ragionamento redenering; gesprek
ragionare redeneren; spreken; een
gesprek voeren; motiveren
ragione *v* reden; rede, verstand; *aver*
~, gelijk hebben;*dar* ~, gelijk geven
ragioneria boekhouding
ragione'vole verstandig; billijk;
redelijk
ragioniere *m* boekhouder
ragnatela, ragnatelo spinneweb
ragnato gerafeld (kleren); ragfijn
ragno *m* spin
ragù *m* ragout
ra'ion *m* rayon, kunstzijde
rallegrare verblijden, opvrolijken; *-rsi,*
zich verheugen; *-rsi* gelukwensen
rallentare vertragen; verminderen;
verslappen
rame *m* koper; kopergravure
ramificarsi zich vertakken
rammendare herstellen, verstellen;
stoppen (kousen)
ramo tak; aftakking
rampa *v* hellend vlak; oprit
rampicare klimmen, klauteren
rampollo scheut
rana kikker
ra'ncido ransig
rancore *m* wrok
randello stok, knuppel
rango *mil* rang
ranno loog; loogwater
ranu'ncolo ranonkel, boterbloem
rapa knol, raap
rapace *m* roofvogel; *bn* roofzuchtig
ra'pida stroomversnelling
rapidità *v* snelheid
ra'pido snel, vlug
rapimento schaking, roof; verrukking,
vervoering
rapina *v* beroving
rapire roven; ontvoeren; meeslepen;
in verrukking brengen
rappezzare verstellen, lappen
rapportare berichten, rapporteren;
overbrengen; *-rsi,* zich verlaten op;
betrekking hebben op
rapportatore *m* verslaggever,
rapporteur; verklikker

rapporto rapport, mededeling; verhouding; reportage; *per ~ a*, met betrekking tot; *~i di affari*, zakenrelaties

rappresentante *m* vertegenwoordiger

rappresentanza vertegenwoordiging; verzoek

rappresentare voorstellen, afbeelden; vertegenwoordigen; *toneel* opvoeren; vertonen (film)

rappresentazione *v* voorstelling, opvoering; vertegenwoordiging; afbeelding; beschrijving

raramente zelden

rarefare verdunnen

rarità *v* zeldzaamheid; rariteit

raro zeldzaam; buitengewoon

rasare glad maken; gladstrijken; kaal knippen, scheren

raschiare afkrabben; afschrappen; raderen

raschino radeermes

rasente rakelings

raso geschoren; kaal; vlak

rasoio *m* scheerapparaat

raspa rasp

rassegnazione *v* gelatenheid; berusting

rasserenare opvrolijken; *-rsi*, opklaren (v. weer)

rassicurare geruststellen; herverzekeren

rassomiglianza gelijkenis

rastrellare harken

rastrelliera *v* ruif; borden-, fietsen-, wapenrek

rastrello hark

rata aandeel; afbetaling; termijn

ratificare bekrachtigen, bevestigen, ratificeren

ratto *m* rat

rattoppare lappen, verstellen

ra'uco hees, schor

ravanello radijs

ravvivare doen herleven; *-rsi*, weer opleven

razionale verstandig, redelijk; met rede begaafd; rationeel

razione *v* rantsoen

razza ras; spaak

ra'zzia strooptocht; drijfjacht, razzia

razzo vuurpijl; spaak

re *m* koning; *kaartsp* heer

reagire terugwerken; reageren

reale koninklijk; heerlijk; prachtig; werkelijk; reëel; ronduit

realizzare verwezenlijken, realiseren; maken, vervaardigen, construeren

realtà *v* werkelijkheid; *in ~*, eigenlijk

reato schuld; misdrijf

reattivo *chem* reagens

reazione *v* reactie

recapitare bestellen (brief), afgeven

reca'pito postadres

recare (aan)reiken; brengen; *~ con sé*, bij zich hebben; *-rsi*, zich begeven

rece'dere wijken, zich terugtrekken; afzien van

recensione *v* recensie

recente recent, nieuw, pas gebeurd

recentemente onlangs, kort geleden; in de laatste tijd

reception *v* receptie

recesso schuilhoek; het afnemen (van koorts)

reci'dere afsnijden

recipiente *m* ontvanger; vat; bak; *bn* inhoudend

reci'proco wederkerig, wederzijds

recitare opzeggen, voordragen; spelen (een rol)

reclamare opeisen, vorderen; reclameren, klagen

ré'clame *v* reclame

reclamo *m* klacht

re'cluta *v* rekruut

reclutamento werving (arbeiders); rekrutering

reclutare werven (arbeiders); rekruteren

redattore *m* redacteur

redazione *v* redactie

reddito *m* inkomen

redenzione *v* verlossing; toevlucht; redding

redi'mere loskopen, bevrijden

re'dine teugel; *re'dini, mv* leidsel

refe *m* garen

referenza referentie

referto bericht, rapport, nota

refratta'rio weerspannig

refrigerare afkoelen

refrigerato gekoeld

regale koninklijk, konings-

regalo *m* geschenk, cadeau

regata roei-, zeilwedstrijd

re'ggere (vast)houden, steunen; regeren; beteugelen; bestand zijn; standhouden; *-rsi*, zich vasthouden, -klemmen; steunen; zich op de been houden

reggiposata *m* messenlegger

reggiseno *m* beha

regia regie

regime *m* regime

regina *v* koningin; *kaartsp* vrouw

re'gio koninklijk, konings-

regionale regionaal

regione *v* gewest, landstreek; gebied

regista *m* regisseur

registrare registreren, inschrijven

registro register, lijst

regnare regeren; heersen

regno (konink)rijk; heerschappij

regola *v* regel; orde, *in ~* in orde

regolamento reglement; dienstregeling

regolare *ww* regelen, ordenen; leiden; *-rsi*, zich regelen (naar); *bn* regelmatig; effen (terrein); beroeps(leger)

regolarità *v* regelmatigheid; regelmaat

regolato geregeld, regelmatig

re'golo liniaal; model

relativo betrekkelijk, relatief; *~ a*, betreffende, aangaande, met betrekking tot

relazione *v* betrekking, verhouding, verband; relatie, connectie; verslag, rapport; reportage

religione *v* godsdienst

religiosa non, zuster

religioso *bn* godsdienstig, godsdienst-; *zn* (ordes)geestelijke

reli'quia relikwie

reliquia'rio relikwieënkastje

remare roeien

rematore *m* roeier

reminiscenza (flauwe) herinnering; reminiscentie

remissione *v* vergiffenis

remo (roei)riem

remoto verwijderd, ver, afgelegen

re'ndere terug-, weergeven; beantwoorden; (gelukkig, sterk, mogelijk etc) maken; opbrengen; *~ gra'zie*, bedanken; *~ servi'zio*, een dienst bewijzen; *-rsi*, zich overgeven; zich maken; worden; zich begeven

rendiconto rekenschap

re'ndita *v* opbrengst; rente; *re' ndite, mv* inkomsten

rene *m* nier

renna rendier

Reno Rijn

reparto *m* afdeling

repentino plotseling

reperto'rio repertoire

re'plica repliek; reprise (toneel)

replicare (weer) antwoorden; tegenwerpen; herhalen; opnieuw opvoeren (toneelstuk)

repressione *v* onderdrukking

repri'mere onderdrukken

repubblica *v* republiek

requisire opeisen

requisito gevorderd, vereist; *zn m* vereiste

residente woonachtig, verblijf houdend

residenza residentie; woonplaats, zetel

resi'duo *m* rest, overblijfsel, restant; bezinksel

re'sina hars

resistenza tegenstand, weerstand, stevigheid

resi'stere weerstaan, weerstand bieden; bestand zijn tegen

respingente *m* buffer

respi'ngere terugwerpen, -drijven; afwijzen

respirare ademhalen

respirazione *v* ademhaling

respirazione bocca a bocca *v* mond-op-mondbeademing

respiro adem; verademing; rust; respijt

responsabile verantwoordelijk; aansprakelijk

responsabilità *v* verantwoordelijkheid; aansprakelijkheid

ressa oploop

restante overblijvend; *zn m* rest

restare blijven

restare a letto in bed blijven

restituire terugbrengen; teruggeven

restituzione *v* teruggave, restitutie

resto *m* rest; *del ~*, overigens

restri'ngere nauwer maken; beperken, dwingen

restrizione *v* beperking, restrictie, voorbehoud

resurrezione *v* opstanding

rete *v* net (visnet)

reticella (haar)netje; bagagenet, bagagerek

re'tina netvlies

retro achter; *vedi ~*, zie ommezijde, zoz; *zn m* achterkant

retrogua'rdia achterhoede

retroma'rcia *fare ~, andare a ~*, achteruitrijden

retrostanza achterkamer

rettangolare rechthoekig

retta'ngolo rechthoek

retti'fica correctie, verbetering

rettificare verbeteren; herstellen, rectificeren

re'ttile *m* reptiel

rettitu'dine *v* rechtschapenheid, oprechtheid

retto recht; eerlijk, oprecht

rettore *m* rector

reumatismo *m* reumatiek

revisione *v* herziening

revisore revisor; *~ dei conti*, accountant; *~ di bozze*, corrector

revocare herroepen; terugroepen; intrekken

revolverata revolverschot

riaffermare bevestigen; bekrachtigen

riassunto uittreksel, overzicht

ribalta voetlicht

ribasso korting, rabat

riba'ttere omslaan; terugkaatsen; teruglopen

ribbellire verfraaien

ribellarsi oproerig worden, in opstand komen

ribelle oproerig; *zn m* rebel, oproerling, muiter

ribellione *m* oproer, muiterij

ribes *m* aalbes

ricalcitrante weerbarstig

ricamo borduurwerk

ricavare opgraven; winst maken

ricchezza *v* rijkdom

ricci *m* krullen

ri'ccio *m* haarlok; krul; egel; *bn* gekruld, gelokt, gekroesd

riccio di mare *m* zee-egel

ricciuto gekruld, kroes-riccio m

riccone *m* rijkaard

ricerca opsporing; onderzoek, research

ricercare onderzoeken; nasporen; visiteren; nakijken; vragen, eisen

ricetta *v* recept

ricettatore *m* heler

ricevere ontvangen

ricevere un passaggio meerijden

ricevimento *m* ontvangst; receptie

ricevitore *m* ontvanger; *bn* ontvang-

ricevuta *v* kwitantie, reçu, bewijsbriefje

richiamare terugroepen; oproepen; aanlokken; *~ l' attenzione su*, de aandacht vestigen op; *-rsi (di qc con qd)* zich beklagen, reclameren

richie'dere eisen; vereisen; vragen

richiesta verzoek, verlangen, eis; vraag (naar); aanvraag

richiesto vereist, noodzakelijk

riciclaggio *m* recycling

riciclare recyclen

ricognizione *v* herkenning; *(mil)* verkenning

ricompensa *v* beloning

ricompensare (be)lonen

riconciliare (weer) verzoenen

riconciliazione *v* verzoening

riconoscente erkentelijk, dankbaar

riconoscenza erkentelijkheid, dankbaarheid

ricono'scere herkennen, erkennen; vaststellen, danken; bekrachtigen; verifiëren; verkennen

riconoscimento *m* erkenning

ricoprire toedekken; bemantelen; dekken; overladen (met lof, smaad); *-rsi*, betrekken (lucht); zich dekken

ricordare herinneren, vermelden; *-rsi*, zich herinneren; gedenken

ricordo herinnering; aandenken

rico'rrere voorkomen; vallen op (datum), plaats vinden; *~ a*, zich wenden tot; een beroep doen op

ricorso terugloop; terugvloeiing; toevlucht; beroep

ricoverare toevlucht, onderdak verlenen; *-rsi*, zich verbergen; schuilen

rico'vero schuilplaats; onderkomen

ricreare vermaken, ontspannen;

verkwikken; *-rsi*, zich ontspannen

ricreazione *v* vermaak, ontspanning, recreatie

ricusa weigering

ricusare weigeren

ridente lachend, vrolijk

ridere lachen

ridi'colo bespottelijk

ridosso voor de wind beschutte plaats; schutswand; *a ~*, naast, bij

ridotto *m* foyer; *bn* gereduceerd

ridurre reduceren, terugvoeren; herleiden, terugbrengen; bedwingen; korter, kleiner, nauwer maken (kleren e.d.); *-rsi*, zich begeven; zich terugtrekken; veranderen

riduzione *v* reductie, vermindering

riempimento vulling; vulsel

riempire vullen, bijvullen

rientrare terugkeren; naar huis gaan; *~ in*, behoren tot, vallen onder

rifare nog eens doen; herstellen; *-rsi*, (zich) herstellen

riferire berichten, mededelen, vertellen; vermelden; refereren; *-rsi a*, betrekking hebben op, slaan op

rifinire voltooien, beëindigen

rifiutare weigeren

rifiuto weigering; *rifiuti*, afval; *cassetta (bidone) dei ~i*, vuilnisemmer

riflessione *v* terugkaatsing; weerspiegeling; weerschijn; 't nadenken, overweging

riflessivo doordacht; bedachtzaam; wederkerend

riflesso weerschijn; weerkaatsing; reflexbeweging

rifle'ttere terugkaatsen, weerspiegelen; nadenken, overwegen

riflettore *m* schijnwerper; zoeklicht

riflusso eb

riforma hervorming

riformare hervormen; verbeteren; afkeuren voor militaire dienst

riformato protestants

rifornimento bevoorrading

rifornire di voorzien van; *-rsi di*, zich voorzien van; innemen (water); *-rsi di benzina*, tanken

rifra'ngere breken (stralen)

rifrazione *v* straalbreking

rifugio *m* berghut; toevluchtsoord; schuilplaats

riga *v* regel; lijn; scheiding (in haar)

rigattiere *m* uitdrager

rigetta'bile verwerpelijk

rigettare verwerpen; afwijzen (voor examen)

rigidezza, rigidità *v* strengheid; hardheid; stijfheid, onbuigbaarheid

ri'gido onbuigbaar, stijf; hard, streng; ernstig

rigo lijn, regel; notenbalk

rigore *m* gestreng-, hard-, stijfheid; hevige koude

rigorosità strengheid, hardheid

rigoroso (ge)streng; hard; ruw; stipt

rigovernare (de vaat) afwassen

riguardante aangaande, betreffende

riguardare betreffen, aangaan, betrekking hebben op; aanzien, beschouwen; nazien; in acht nemen; eren; ontzien; terugzien; -*rsi*, zich inachtnemen; zich bedenken

riguarde'vole opmerkelijk; voortreffelijk

riguardo oplettendheid; ontzag; hoede, voorzorg; opzicht; *sotto questo* (*ogni*) ~, in dit (elk) opzicht; *aver* ~ *a*, rekening houden met; ~ *a*, wat betreft, betreffende, aangaande; *al* ~, daarover, daaromtrent, hierover, hieromtrent

rilasciare loslaten; afstaan; afleveren

rilassare ontspannen; doen verslappen, minder streng maken; ~*rsi*, zich ontspannen, relaxen; verslappen, verflauwen

rilegare inbinden; verbinden

rilegatore *m* boekbinder

rilevante belangrijk

rilevare in 't licht stellen; aflossen; ontheffen (van); weer opstaan; herstellen, -leven; *far* ~, wijzen op

rilievo belang, belangrijkheid; reliëf; *una posizione di* ~, een belangrijke positie; *mettere in* ~, de nadruk leggen op, wijzen op; *basso* ~, basreliëf

riluttanza tegenzin; weerzin

rima rijm; vers

rimandare terugzenden; verwijzen; terugslaan (bal); ontslaan; uitstellen

rimandato uitgesteld

rimanente *m* rest, overschot, overblijfsel; *bn* overig

rimanenza overschot, rest

rimanere blijven; achterblijven; zich bevinden; zijn; overblijven; ophouden met; *poco rimase che*, het scheelde weinig of; ~ *da qc*, van iem afhangen; -*rsi*, blijven; ophouden (iets te doen)

rimarcare opmerken

rimarche'volo opmerkelijk, merkwaardig

rimare rijmen

rimaritarsi hertrouwen

rimbalzare (op)stuiten

rimbambi(ni)to kinds

rimbecco *m* gevat antwoord; *di* ~, slagvaardig, gevat

rimbellire verfraaien; mooier worden

rimboccare om-, opslaan, opstropen

(mouwen); omgooien; overlopen, -vloeien

rimbombare weergalmen, dreunen

rimborsare terugbetalen

rimborso terugbetaling

rimediare genezen, verhelpen; herstellen

rime'dio genees-, hulpmiddel

rimessa terugplaatsing; stalling, garage; *handel* overmaking; zending; verlies

rimestare omroeren

rime'ttere weer leggen, zetten, plaatsen; zetten (arm *of* been); *handel* overmaken; inhalen (verloren tijd); kwijtschelden; uitstellen; verwijzen (naar); weer beginnen; -*rsi*, weer gaan zitten; zich herstellen; er weer bovenop komen; ophelderen; weer aantrekken

rimodernare moderniseren

rimontare weer opstijgen; weer instappen; ~ *la corrente*, stroomopwaarts varen

rimorchiare slepen

rimorchiatore *m* sleepboot

rimorchio *m* aanhangwagen; het slepen; sleeptouw

rimorso wroeging, berouw

rimpetto (juist) tegenover

rimproverare verwijten; berispen

rimpro'vero verwijt, berisping

rimunerare belonen

rimunerativo lonend

rimunerazione *v* beloning

rimuo'vere verplaatsen; omwoelen; verwijderen, wegzenden; uit de weg ruimen; -*rsi*, zich verwijderen; afzien van

rina'scere herleven

Rinascimento Renaissance

rincarare duurder maken, opslaan; erger maken; duurder worden

rincaro prijsverhoging

rincontro ontmoeting

rincorsa aanloop

rincre'scere mishagen, leed doen, spijten

rincrescimento leed, leedwezen, spijt

rinforzare versterken; harden; bekrachtigen

rinfrescare opfrissen; verfrissen, verkoelen

ringhiera leuning; balustrade

ringraziamento dank

ringraziare bedanken, danken

rinnegare verloochenen; laten varen; afvallen van

rinnovare her-, vernieuwen; opnieuw beginnen

rinoceronte *m* neushoorn

rinomato beroemd, befaamd

rinsanire weer gezond worden

rintoppare toevallig ontmoeten

rintracciare opsporen, ontdekken

rintronare dreunen

rinunziare a afzien van, opgeven, laten varen, afstand doen van

rinvenire bijkomen (na flauwte)

rione *m* stadswijk

riordinare weer in orde brengen; reorganiseren

ripara'bile herstelbaar

riparare herstellen, maken, repareren; beschermen; -*rsi*, zich hoeden voor, zich beschutten

riparatore di biciclette *m* fietsenmaker

riparazione *m* reparatie; herstel

riparo voorzorg; beschutting; dam; (hulp)middel; uitvlucht

ripartire ver-, uitdelen; weer vertrekken

ripartitore *m* stroomverdeler

ripentirsi berouw hebben; zich bedenken

ripercuo'tere terugstoten, weerkaatsen; -*rsi*, teruggekaatst worden; terugstralen

ripercussione *v* terugslag; weerkaatsing; weerklank

ripetere verhalen, repeteren

ripetizione *v* herhaling, repetitie

ripetutamente herhaaldelijk

ripido steil

ripiegare vouwen, omslaan (mouwen); -*rsi*, zich buigen, zich krommen; weerkaatsen

ripieno boordevol; *zn* vulling; vulsel; stopwoord

riporre weer neerleggen, wegleggen; opbergen

riportare terugbrengen; rapporteren; vermelden; verklappen; behalen, oogsten; uitstellen; -*rsi*, betrekking hebben op, zich beroepen op

riposare rusten, uitrusten; -*rsi*, uitrusten

riposato rustig, kalm, bedaard

riposo *m* rust

riposti'glio bergplaats

ripre'ndere wegnemen; hervatten; berispen; antwoorden

riprensi'bile laakbaar

ripresa hervatting; herovering; opleving; *a riprese*, met tussenpozen

riprodurre voortbrengen; weergeven; namaken; reproduceren

riproduzione *v* voortplanting; nabootsing, kopie, reproductie

riprovare opnieuw proberen; bewijzen

ripugnanza weerzin, afkeer

ripugnare tegenstaan, een afkeer hebben van

riputato geacht, gezien; befaamd

riputazione *v* naam, roep, reputatie

risa'ia rijstveld

risanare genezen, gezond maken (worden); saneren

risata gelach, schaterlach

riscaldamento centrale *m* centrale verwarming

riscaldamento *m* verwarming

riscaldare ver-, opwarmen; warmer worden; *-rsi*, zich warm maken; boos worden, opvliegen

riscaldato verhit, verwarmd, opgewarmd; *fig* hons, toornig

riscaldo *m* verhitting; ontsteking; huiduitslag

rischiare (di) wagen; gevaar lopen (om te)

ri'schio gevaar, risico

rischioso gewaagd, gevaarlijk, hachelijk, riskant

riscontrare tegenkomen, vinden (fouten); nauwkeurig vergelijken; nagaan; overeenstemmen, bijeenpassen

riscontro vergelijking; controle; pendant; punt van overeenkomst; ~ *d'a'ria*, tocht; *vz* tegenover

riscuotere innen (van cheque)

risedere woonachtig zijn; berusten bij; zich bevinden; weer gaan zitten

risentire (weer) horen, (ge)voelen; ondervinden, ruiken, smaken (naar); *-rsi*, opkomen tegen; zich herstellen; bemerken

riserbare bewaren, besparen, ter zijde leggen

riserbato'io reservoir

riserva di pesca *v* viswater

riserva naturale *v* natuurgebied

riserva *v* reserve

riservare bewaren; reserveren

riservato gereserveerd

risibile belachelijk

riso *m* rijst

risolutezza vastberadenheid

risoluto opgelost; beslist, vastberaden

risoluzione *v* oplossing; ontbinding; besluit; vastberadenheid

riso'lvere oplossen; ontbinden; opheffen; besluiten; *-rsi*, oplossen, smelten; een besluit nemen

risolvi'bile oplosbaar

risonante weergalmend

risonanza weerklank

risonare weerklinken, galmen

riso'rgere (weer) opstaan; weer herstellen; er weer bovenop komen

risorsa hulpbron

risotto risotto (rijstgerecht gekookt in bouillon)

risparmiare (be)sparen, ontzien

rispa'rmio het sparen, besparing; spaargeld; *libretto di* ~, spaarbankboekje

rispedizione *v* door-, terugzending

rispetta'bile achtenswaardig

rispettare achten, eerbiedigen; in acht nemen

rispettivamente respectievelijk

rispetto eerbied, ontzag, achting; opzicht; inachtneming; reserve; *sotto questo* ~, in dit opzicht; *per (a of in)* ~ *di*, in vergelijking met; gelet op; ~ *a*, ten opzichte van

rispettoso eerbiedig

rispo'ndere antwoorden; nakomen (bevel); ~ *di*, instaan voor; ~ *a*, beantwoorden aan (doel); voldoen aan (eis)

risposarsi hertrouwen

risposta *v* antwoord

ristampa herdruk

ristorante *m* restaurant

ristorare verkwikken, versterken; herstellen; *-rsi*, zich verfrissen; uitrusten

ristoro schadevergoeding; versterking, vertroosting; verversing

ristretto eng, nauw, bekrompen; gering; gesloten, terughoudend; *zn* beperkte ruimte; kort overzicht; uiterste prijs

risultare volgen, voortvloeien uit, ontstaan uit, blijken

risultato *m* resultaat, gevolg; uitslag

risurrezione *v* opstanding

risuscitare opwekken; doen herleven; opstaan (uit de dood); herleven

ritagliare uitknippen; snoeien

rita'glio restant, coupon (stof); ~ *di giornale*, kranteknipsel

ritardare uitstellen; vertragen; tegenhouden; dralen, achterblijven; achterlopen (klok)

ritardo *m* vertraging, oponthoud

ritenere terug-, op-, in-, ont-, tegenhouden; beteugelen; beletten; bewaren; houden voor, achten, vinden

ritirare ophalen; opnemen (geld), pinnen; intrekkenterugtrekken; *-rsi*, zich terugtrekken

ritirata *v* terugtocht; wc

ritiro eenzame plaats, klooster; toevluchtsoord; onttrekking; terugneming; *mil* terugtocht

ritornare teruggaan, terugkomen; teruggeven

ritornello refrein

ritorno terugkeer, komst; retourzending; *biglietto di andata e* ~, retourkaartje; *via' ggio di* ~, terugreis

ritrarre terug-, intrekken; winst trekken; opmaken uit; tekenen

ritrasmissione *v* heruitzending

ritratto portret, beeltenis

ritrovare terugvinden; aantreffen;

herkennen; ontdekken, uitvinden; *-rsi*, zich bevinden; blijken te zijn

ritto stut; kram; voorzijde (medaille); *bn* rechtop, overeind, recht; loodrecht; *bijw* rechtuit, rechtop

riunione *v* hereniging, vereniging; samenkomst, bijeenkomst, vergadering

riunire herenigen, weer samenvoegen; verzoenen

riuscire weer uitgaan; uitzien op; uitlopen op; gelukken slagen; blijken te zijn

riuscita gelukkige uitslag, goede afloop

riva *v* oever; kust

rivale *m* mededinger, medeminnaar; *bn* wedijverend, concurrerend

rivalità *v* wedijver, naijver

rivedere terugzien; herzien

rivelare onthullen, openbaar maken; *-rsi*, blijken te zijn, zich ontpoppen als

rivelazione *v* onthulling; Openbaring

rivenire terugkomen

riverente eerbiedig; onderdanig

riverenza eerbied; buiging; compliment

rivestire bekleden; *-rsi*, zich verkleden

riviera zeekust, kuststreek

rivista *v* tijdschrift; revisie; revue; ~ *ebdomadaria*,weekblad; ~ *mensile*, maandblad

rivi'vere herleven

rivo'lgere (om)draaien; wenden; omkeren; ~ *da*, afbrengen van

rivolgersi a wenden (tot)

rivolta opstand, revolte

rivoltare omdraaien, -keren, -slaan; tegenstaan, doen walgen; *-rsi*, zich omdraaien; in opstand komen

rivoltella *v* revolver

rivoluzione *v* omwenteling, revolutie

roba spullen, waar; goederen; bezitting; eetwaren, stof;rotzooi

roba'ccia slechte waar, bocht; gemeen volk

robusto krachtig, robuust, sterk, stevig, pittig

rocca rotsvesting, burcht

roccia *v* rots

roco hees, schor; dof

ro'dere (af)knagen; eten; bijten, wegvreten

rododendro rododendron

rognone *m* nier

Roma Rome

Romania Roemenië

romano Romeins; Rooms; Romaans

romantico romantisch

romanzesco roman-

romanziere *m* romanschrijver

romanzo *m* roman; ~ *giallo*, detectiveroman

ro'mbico ruitvormig

rombo gedreun; gesuis; ruit; tarbot
romboidale ruitvormig
romeno Roemeens
rompere breken, stukslaan; overtreden
rompicollo *a* ~, hals over kop
ronda ronde
ro'ndine *v* zwaluw
ronfare snurken, snorken
ronzare gonzen, brommen, zoemen, snorren; suizen
rosa *v* roos; *bn* roze
rosa'io rozenstruik
rosa'rio rozenkrans
rosbif *m* rosbief
ro'seo roze
rosicante *m* knaagdier
rosicare knagen
rosmarino *m* rozemarijn
rosolia mazelen
rospo pad (dier)
rossastro roodachtig, rossig
rosseggiare delle Alpi Alpengloeien
rossetto *m* lippenstift
rossi'ccio roodachtig, rossig
rosso rood
rossore *m* blos
rostro snavel (v. vogel)
rotabile *v* straatweg; *bn* berijdbaar
rota'ia karrenspoor; rail
rotare ronddraaien; rollen; rondzwaaien
rotazione *v* ronddraaiing; omwenteling
rotella knieschijf; wieltje
rotolare voort-, weg-, oprollen; wentelen
rotoletto, -lino rolletje
ro'tolo rol
rotonda *v* rotonde
rotondo rond; vol
rotta doorbraak; koers, route; *a* ~, in allerijl; *a* ~ *di collo*, hals over kop
rottame *m* brokstuk, scherf; *rottami, mv* puin
rotto gebroken; kapot
rottura breuk, scheur; *fig* onenigheid; overtreding, verbreking
ro'tula knieschijf
roulotte *v* caravan
roulottista *m* iem die met een caravan rondtrekt
rove'scio verkeerd, omgekeerd; *zn m* keerzijde; het omgekeerde; stortbui; *(a of da)* ~, verkeerd, omgekeerd
rovescione *m* slagregen
rovina *v* instorting; ondergang val; *rovine, mv* puinhopen, ruïne; *a* ~, in allerijl, hals over kop
rovinare verwoesten; te gronde richten, ruïneren; instorten; te gronde gaan; *rovinarsi*, aan lager wal geraken

rovinato kapot (algemeen), verwoest
rovinoso woest, onstuimig
rozzo ruw, onbewerkt; onbeschaafd, grof; onervaren
rubare stelen
rubato gestolen
rubinetto *m* kraan
rubino robijn
rubrica opschrift; rubriek
ruderi *m* ruïne
ruga rimpel
ru'ggine *v* roest
rugginoso roestig, verroest
ruggire brullen
ruggito *m* gebrul
rugiada dauw
rugoso rimpelig, vol rimpels
rullino per le diapositive *m* diafilmpje
rullo rol, cilinder; wals
rum *m* rum
rumore *m* rumoer, geraas; gerucht
rumoreggiare lawaai maken
rumoroso lawaaiig, rumoerig
ruolo rol, (leden)lijst
ruota anteriore vvoorwiel
ruota di scorta *v* reservewiel
ruota posteriore *v* achterwiel
ruota *v* wiel, rad
rupe *v* rots; klip
rurale landelijk, land-
ruscello beekje
russare snurken
Ru'ssia *v* Rusland
russo Russisch
ru'stico landelijk, boers; rustiek; lomp
rutto oprisping, boer
ru'vido ruw, oneffen; onbewerkt; onbeleefd, lomp; bars
ruzzare stoeien, ravotten

S

SA = *Società Ano' nima*, naamloze vennootschap, NV
sa'bato *m* zaterdag; sabbat
sabbia *v* zand
sabbioso zandig, zanderig; zand-
sabota'ggio sabotage
sabotare saboteren
sacca zak, reiszak; tas; ~ *da marina' io*, plunjezak
saccarina sacharine
saccheggiare plunderen
sacche'ggio plundering
sacchetto zakje; beurs
sacco *m* zak; menigte, een boel; plundering; ~ *alpino (di montagna)*, rugzak; *un* ~ *di soldi*, een hoop geld
sacco a pelo *m* slaapzak
sacerdote *m* priester
sacramento sacrament
sacrare wijden
sacrificare offeren; opofferen
sacrifi'cio, sacrifi'zio offer; offergave;

offerdier; opoffering
sacrile'gio heiligschennis
sacro gewijd; heilig; onschendbaar
saetta *v* bliksem
sagace slim, scherpzinnig, schrander
saga'cia *v* scherpzinnigheid, schranderheid
saggiare toetsen; proberen, beproeven, uitproberen, testen, uittesten
saggio 1 *bn* wijs, verstandig
sa'ggio 2 *m* proef, test; monster, staal; bewijs
Sagittario *m* Boogschutter
sago sago
sagrestano *m* koster
sagrestia sacristie
sala da pranzo *v* eetzaal
sala d'aspetto *v* wachtkamer
sala *v* zaal
salame *m* salami
salare zouten, inzouten
salariare bezoldigen
sala'rio *m* salaris
salatini zoutjes
salato zout, gezouten, hartig; peperduur
salda *v* stijfsel
saldare aaneenvoegen; solderen; lassen; vereffenen, betalen; bijleggen (twist)
saldatore *m* *techn* lasser
saldo vereffening, afdoening; saldo; heling (wond); *bn* duurzaam; vast; bestendig, standvastig; *saldi*, uitverkoop
sale *m* zout
salendo bergop gaand
sa'lice *m* wilg
saliera zoutvaatje
salire klimmen, stijgen; beklimmen, bestijgen; instappen
salita stijging, klimming
saliva speeksel
salma stoffelijk overschot
salmastro *bn* brak (v. water)
salmo psalm; spreuk, vers
salmone *m* zalm
salone *m* grote zaal; (jaar)beurs; kapperswinkel
salotto salon, woonkamer
salsa *v* saus
salsiccetta worstje, saucijsje
salsiccia *v* worst
salsiera *v* jus-, sauskom
salso zout, gezouten
saltare springen; overslaan
salte(re)llare huppelen
salto sprong
salumi *mv* vleeswaren (varkensvlees)
salutare 1 groeten, begroeten; salueren
salutare 2 heilzaam, gezond

salutazione v begroeting, groet
salute v gezondheid
salute! proost!
saluto m groet; *tanti saluti*, vele groeten
salva salvo
salvadana'io, -ro spaarpot
salvagente m reddinggordel, -boei; zwemband; vlucht-heuvel
salvamento redding; verlossing
salvare redden, in veiligheid brengen; *-rsi*, zich bergen, vluchten
salvatore m verlosser, redder; *il S~*, de Heiland
salve! dag! (hallo)
salvezza heil, welzijn; behoud
salvietta v servet
salvo veilig, behouden; *zn* veiligheid; voorbehoud; *vz* behalve; behoudens
sambuco m vlier
san afk voor *santo*, heilig
sanare genezen; saneren
sanato'rio sanatorium
sancire bekrachtigen, staven; vaststellen
sandalo m sandaal
sangue v bloed
sanguigno bloed-; bloedrood; bloeddorstig, volbloedig
sanguina'ccio bloedworst
sanguinare bloeden; bloederig zijn (vlees)
sanguina'rio bloeddorstig
sanguinoso bloedig
sanità v gezondheid; geneeskundige dienst.
sanita'rio sanitair, gezondheids-
sano gezond; ongeschonden, gaaf
santa heilige
santificare heilig verklaren, heiligen
santino m klein heiligenbeeld; bidprentje
Santi'ssimo het Allerheiligste
santità v heiligheid
santo heilig; *zn m* heilige; heiligenbeeld
santua'rio heiligdom
sanzionare bekrachtigen, sanctioneren
sanzione v sanctie, bekrachtiging
sapere kennen, weten; kunnen; smaken; *zn* kennis
sapiente wijs, geleerd
sapienza wijs-, geleerdheid
saponata zeepsop
sapone da barba m scheerzeep
sapone in polvere m zeeppoeder
sapone m zeep
saponetta stuk toiletzeep
saponiera zeepbakje
sapore m smaak
saporito smakelijk
saputello eigenwijs; *zn* wijsneus
sarcra'uti *mv* zuurkool

sarda sardine
Sardegna Sardinië
sardella, sardina sardine
sardine v *mv* sardines
sarta v naaister
sarto m kleermaker
sasso steen; gesteente, rots
sassofono m saxofoon
Sasso'nia Saksen
saturare verzadigen
sa'viezza wijsheid
sa'vio wijs, verstandig; oordeelkundig
saziare verzadigen
sazietà v verzadiging
sa'zio verzadigd, zat; beu
sbadigliare gapen
sbagliare missen (de weg); zich vergissen, dwalen
sbagliarsi vergissen (zich)
sbagliato verkeerd
sba'glio vergissing, dwaling; misstap; flater
sbaglio m fout, vergissing
sballare uitpakken; opsnijden
sbalordito verdoofd, bedwelmd, verbluft; beteuterd; onbezonnen
sbalzo sprong; stoot, ruk
sbarcare ontschepen, lossen
sbarcato'io aanlegplaats
sbarco ontscheping, lossing; landing; landingsplaats
sbarra slagboom, barrière; dwarsbalk; *fig* rem, teugel
sbarrare versperren, afsluiten; wijd opensperren (de ogen)
sba'ttere door elkaar schudden; klutsen, kloppen; slaan; *-rsi*, heen en weer slingeren
sbavare kwijlen
sbieco scheef, schuin
sboccare uitmonden, uitstromen
sboccato ongegeneerd, ongemanierd; aangebroken (fles)
sbocco (uit)monding; stapelplaats, afzetgebied, markt; *~ (di sa' ngue)*, bloedspuwing
sborsare (uit)betalen
sborso voorschot; uitbetaling, uitkering
sbozzare ontwerpen, schetsen
sbozzo ontwerp, schets
sbrigarsi zich haasten
sbucciare schillen, pellen
sbuffare snuiven
Sc = *sconto*
sca'bbia v schurft
scabbioso schurftig
scabroso ruw, hobbelig, moeilijk zwaar; hachelijk
scaccato geruit
scacchi *mv* schaakspel; *a ~*, geruit
scacchi, giocare a schaken
scacchiera schaakbord
scacciare verjagen, verdrijven

scacco m schaakstuk; veld (van schaakbord); nederlaag; *~ matto*, schaakmat
scadenza verval; ondergang
scadere vervallen; in verval geraken; ten einde lopen; aflopen
scaduto verlopen (verouderd)
scaffale m boekenrek
sca'glia schub, splinter, schilfer; metaalplaatje
scagliare slingeren, werpen; verspillen; *-rsi*, afbladderen
scala di emergenza v brandtrap
scala mobile v roltrap
scala v trap; ladder; toonladder; *~ a chiocciola*, wenteltrap
scalare bergbeklimmen; een trap oplopen
scaldaacqua m boiler
scaldabagno (bad)geiser
scaldamento verwarming
scaldare verwarmen; stoken; *fig* branden
scalea brede voortrap, bordes
scaleo trapleer (soort ladder)
scalino trede (v. trap); sport (v. ladder)
scalo intermedio m tussenlanding
scalogna, scalogno sjalot
scalpellino kleine beitel; steenhouwer
scalpello beitel; scalpel
scalpitare trappelen
scaltrito, scaltro slim, sluw
scambiare verwisselen; ruilen; vervangen
scambievolmente beurtelings
sca'mbio ruil; ver-, uitwisseling; plaatsvervanger; vergissing; (spoorweg) wissel; *li' bero ~*, vrijhandel; *in ~ di*, in ruil voor; in plaats van
scamiciato overgooier
sca'mpolo restant, lap (van stof); overschotje
scanalatura v sleuf, groef
scandalizzarsi zich ergeren
sca'ndalo ergernis, aanstoot, schandaal
scandaloso aanstotelijk, schandalig, ergerlijk
Scandina'via Scandinavië
scansare ontgaan; ontwijken, mijden, uit de weg gaan
sca'pola schouderblad
sca'polo vrijgezel
scappamento m uitlaat (wagen)
scappare ontsnappen, ontkomen; er vandoor gaan
scappato'ia uitvlucht
scarabeo kever
scarafaggio m kakkerlak
scaramu'ccia schermutseling
scaricare af-, ontladen; lossen (schepen); afschieten; *-rsi*, zich

losmaken van; afgaan (geweer)

sca'rico *m* ontlading, lossing; uitlaat; puin; *bn* onbelast, onbeladen; leeg; *tubo di ~*, uitlaat; *gas di ~*, uitlaatgassen

scarlattina roodvonk

scarpa da sci *v* skischoen

scarpa *v* schoen

scarpe da sport *v* sportschoenen

scarponi da montagna *m* bergschoenen

scarso schaars, karig; gierig; krenterig

scarto uitschot; onbruikbaar persoon

scatenare ontketenen; *-rsi*, losbarsten

scatola *v* doos; blik(je)

scatolino doosje, kistje

scavamento opgraving

scavare uitgraven, opgraven; blootleggen

scegliere kiezen, uitzoeken

scelta keuze

scelto uitgelezen

scemare verminderen; verlagen; verzwakken; benadelen; afnemen, korten

scemo sukkel, idioot; *bn* achterlijk, idioot; onnozel;

scena *v* toneel

scena'rio *toneel* decor; scenario

scendendo bergaf gaand

scendere afdalen, dalen; uitstappen; afhellen

sce'nico toneel-

scheda briefje; formulier; stembiljet

scheda telefonica *v* telefoonkaart

schedario *m* kaartsysteem

sche'ggia *v* splinter; houtspaander; granaatscherf

sche'letro skelet, geraamte

schermire schermen

schermo scherm, bescherming; doek (bioscoop); tv-scherm, beeldbuis; *~ giallo*, geelfilter

schernire bespotten, honen

scherno spot, hoon; bespotting; voorwerp van spot

scherzare grappen maken, schertsen; stoeien, dartelen

scherzo *m* grap

scherzoso schertsend, grappig

schiaccianoci *m* notenkraker

schiacciare kraken; stuk-, platslaan; uitpersen; fijnstampen; indrukken

schiaffo oorvijg

schiarire lichter worden, maken; *~ i capelli*, harenblonderen

schiavitù *v* slavernij

schiavo slaafs; *zn* slaaf

schiena *v* rug

schiera schaar, troep; gelid; ploeg (arbeiders)

schietto onvervalst, zuiver; *fig* oprecht, eenvoudig; onbeschadigd; gaaf

schifare mijden; afkeer hebben, walgen van

schifiltoso preuts, kieskeurig

schifo *bn* vies

schifoso smerig

schioppo buks, jachtgeweer

schiu'dere openen, ontsluiten; *-rsi*, opengaan

schiuma schuim

schivare vermijden, ontwijken

schivo schuw

schizzare schetsen; spatten; ont-, openspringen

schizzato'io spuit; fietspomp

schizzetto injectiespuit; schets, krabbeltje

schizzo *m* be-, inspuiting; straal; spet; druppeltje; schets

sci *m* ski; skisport; *fare lo ~*, skieën; *~ di fondo*,langlaufen

sci acquatico/nautico *m* waterski

scia'bola sabel

sciacquare spoelen

scialacquare verkwisten

scialle *m* sjaal, das

scialuppa sloep

scialuppa di salvataggio *v* reddingboot

sciame *m* zwerm; menigte

sciampagna *m* champagne

sciare skiën

sciarpa sjaal, sjerp

sciatore *m* skiër

scienti'fico wetenschappelijk

scienza *v* wetenschap

scienziato geleerde

sci'mmia aap

scimmiottare naäpen

scintilla *v* vonk

scintillare fonkelen, glinsteren, flikkeren

sciocco flauw; dom, onnozel; *zn m* domkop, sukkel

scio'gliere losmaken; oplossen; smelten; ontbinden; bevrijden; ontslaan

sciogliersi dooien, smelten; zich losmaken

scioglimento ontknoping; oplossing; verklaring; ontbinding

scioltezza *v* lenigheid

sciolto los; ongedwongen; vrij; lenig

scioperante *m* werkstaker; *non ~*, werkwillige

scioperare staken (het werk)

scio'pero werkstaking

sciovia *v* skilift

scipito smakeloos, flauw; kinderachtig

scirocco zoele zuiden- of zuidoostenwind

sciroppo siroop, stroop

sciroppo per la tosse *m* hoestdrank

scissione *v* scheuring

scivolare uitglijden; glijden

sci'volo *muz* triller

scodella soepbord; nap

sco'glio klip; rots; zwaarigheid, struikelblok

scoiare villen

scoia'ttolo eekhoorn

scolare afdruipen

scolaro *m* leerling

scolastico *bn* schools, school-

scolato'io goot, greppel

scolpire uitbeitelen, uithouwen; graveren; inprenten

scombro makreel

scommessa weddenschap

scomme'ttere wedden

scomparire verdwijnen

scomparsa vermissing, verdwijning

scomparso spoorloos

scompartimento fumatori *m* rookcoupé

scompartimento *m* coupé; indeling, vak

scomporre uit elkaar nemen

scomposto onordelijk, slordig, verward; onbetamelijk

scomunicare excommuniceren

sconcertare in de war brengen

scono'rdia onenigheid

sconfitta nederlaag

scono'scere miskennen, ondankbaar zijn tegen (voor)

sconosciuto onbekend

sconsiderato onbezonnen

sconsigliare afraden

sconsolato troosteloos

scontare in mindering brengen; boeten

scontentezza ontevredenheid

scontento ontevreden; *zn* ontevredenheid

sconto *m* korting

scontrino *m* kassabon

scontro *m* aanrijding, botsing

sconveniente ongepast

sconvenire niet passen; ongelegen komen

sconvolto van streek

scooterista *m* scooterrijder

scopa bezem

scopare (uit)vegen

scoperta ontdekking; uitkijk

scoperto ongedekt; open; onoverdekt; onbeschermd; *allo ~*, in de open lucht

scopettare afborstelen; afstoffen

scopo doel; mikpunt; plan

scoppiare barsten; ontploffen; opengaan, openbreken; uitbreken

scoppiettare knetteren; knappen; weerklinken

sco'ppio *m* knal, ontploffing; gekraak; uitbarsting

scoprire ontdekken; onthullen;

verkennen; -rsi, de hoed afnemen; bekend worden

scopritore m ontdekker

scoraggiare, -gire ontmoedigen

scorciare verkorten; afkorten; afknippen

scordare ontstemmen; vals klinken; niet overeenstemmen; vloeken; -rsi, vergeten

sco'rgere bespeuren, bemerken; ontdekken

scorno schande; hoon

scorpione m schorpioen; S~ sterrenbeeld Schorpioen

scorsa stroming; stroom, loop; verloop (v. tijd)

scorso vorig(e); zn fout

scorta gids; geleide; escorte; konvooi; handel voorraad; ruota di ~, reservewiel

scortare geleiden; konvooieren

scortese onbeleefd

scortesia onbeleefdheid

scorticare villen, afstropen

scorza bast; schil; dop; huid; korst; uiterlijk; schijn

scorzare schillen

scorzonera schorseneer

scossa schok, stoot, bons; hevige ruk; stortregen; ongeluk

scostarsi opzijgaan; afwijken (van), afdwalen (van)

scottarsi verbranden (door zon)

scottatura brandwonde

scout m padvinder

scovare opsporen

Sco'zia Schotland

scozzare kaartsp schudden

scozzese Schots; Schot

screanzato onbeschoft

screpolare scheuren

scricchiolare kraken

scrigno schrijn, kastje; kistje

scritta opschrift

scritto geschreven; zn geschrift; schrift; in ~, schriftelijk

scritto'io bureau, kantoor, schrijftafel

scrittore m schrijver

scrittura het schrijven; geschrift; boekhouding; contract, overeenkomst; la Sacra S~, de Heilige Schrift

scritturare engageren (zanger, acteur)

scrivania v schrijftafel, bureau, lessenaar

scrivano, scrivente m schrijver, klerk

scrivere schrijven, opschrijven

scrollare schudden; ophalen (de schouders)

scrosciare kletteren; ruisen; knarsen

scro'scio gekletter, geruis

scru'polo angstvalligheid; (gemoeds)bezwaar

scrupoloso angstvallig, scrupuleus

scrutare nauwkeurig onderzoeken

scudo schild

scultore m beeldhouwer

scultura beeldhouwkunst

scuola v school; ~ superiore, hogeschool; ~ guida, autorijschool

scuo'tere schudden; ontroeren; afschudden; afleggen; -rsi, ontroerd worden; onstuimig zijn; zich verzetten

scure v bijl

scuro donker (kleur), somber; zn duisternis

scusa v excuus, verontschuldiging

scusare verontschuldigen, excuseren; -rsi, zijn excuses aanbieden

scusi pardon, sorry

sdegnare verachten, versmaden

sdegnoso verachtelijk; hooghartig

sdrucciolevole glad (weg)

se als, indien; anche ~, ook al

sé 1 zich

se stesso zichzelf

sebbene ofschoon, hoewel

secca ondiepte, zandbank

seccare drogen; vervelen, lastig vallen, zeuren

seccatura droogte; last; hinder, plaag

se'cchia emmer

secchiello m emmer

secco droog, dor; mager; zn droogte, dorheid; magerte

sece'rnere med afscheiden

secolare honderdjarig, eeuw-; wereldlijk, werelds; zn m leek

secolo m eeuw

seconda a ~, stroomaf; a ~ di, naar gelang, al naar

seconda classe v tweede klas

seconda mano v tweedehands

secondare navolgen; helpen, ondersteunen; meegaan

secondo m seconde; bn tweede; vz overeenkomstig, volgens; bijw ten tweede

se'dano m selderij

sedare stillen; bedaren

sedativo m pijnstiller

sede v zetel; woonplaats; haard; ~ centrale, hoofdzetel, -bureau

sedere zitten; zetelen; -rsi, gaan zitten; zn zitting,zitvlak, achterwerk

sedia a sdraio v ligstoel, strandstoel

sedia v stoel

sedice'simo zestiende

se'dici zestien

sedile m zitting (v. stoel); zitplaats (in auto of trein)

sedimento bezinksel

sedizione v opstand, oproer

sedizioso oproerig; woelig

seducente verleidelijk

sedurre verleiden

seduta zitting

seduttore m verleider

seduzione v verleiding

seg = seguente, volgend

sega zaag

segale m rogge

segare (door)zagen; maaien

se'ggio zetel; college

se'ggiola stoel; ~ di bordo, dekstoel

seggiolina v kinderstoel; kinderzitje (op fiets)

seggiolone m kinderstoel; fauteuil

seggiovia v stoeltjeslift

segnalare signaleren; aankondigen; vermelden; seinen; bekend maken; -rsi, zich onderscheiden

segnale m teken, signaal; ~ d' arresto, stopbord

segnale stradale m verkeersteken

segnare tekenen, merken; aantekenen; stempelen

segnatura v ondertekening

segno m teken; (ken)merk; litteken; doel, schijf; signaal; symptoom; wenk

sego talk

segregare afzonderen

segreta'rio secretaris

segreteria telefonica v antwoordapparaat

segretezza geheimhouding

segreto geheim; bn geheim, verborgen; bescheiden

seguace m volgeling

seguente volgend

seguire volgen; navolgen

se'guito gevolg; volgorde; vervolging; reeks; rij; nasleep; in ~ a, ten gevolge van; due giorni di ~, twee dagen achtereen (achter elkaar); in ~, hierna, hieronder

sei zes

Seicento 17e eeuw

selce v kiezel(steen); kei(steen)

selciato plaveisel

self-service m zelfbediening

sella v zadel

sellare zadelen

sellino mzadel

sellino posteriore duozit

selva woud, bos

selvaggina v wild (vlees)

selva'ggio, selva'tico wild

semaforo m stoplicht

sembrare lijken, schijnen

seme m zaad; zaadkorrel; oorsprong

semenza zaad

semenza'io kwekerij

semi half

seminare zaaien, uitzaaien

se'mola zemelen

semolino griesmeel

se'mplice enkelvoudig; enkel; eenvoudig; alleen, enig

semplicità v eenvoud,

eenvoudigheid; enkelvoudigheid;
per ~, gemakshalve
semplificare vereenvoudigen
sempre altijd; steeds
sempre dritto alsmaar rechtdoor
senape *v* mosterd
senile ouderdoms-
senior oudste, senior
senno verstand; (gezond) oordeel
seno *m* borst; holte
sensale *m* tussenpersoon
sensato verstandig
sensazione *v* gewaarwording; indruk;
sensatie; opzien
sensibile gevoelig; tastbaar,
waarneembaar; aan-zienlijk
sensibilità *v* gevoel; gevoeligheid
senso zin, verstand; betekenis;
gevoel; inzicht, mening; richting;
sensi, mv zintuigen; zinnen;
gezindheid, denkwijze; *in un certo*
~, in zekere zin
senso unico eenrichtingverkeer
sensuale sensueel
sentenza *recht* vonnis; zinspreuk;
mening; zin
sentenziare vonnissen
sentiero *m* pad, wandelpad, bospad
sentimento gevoel; mening; gevoelen;
inzicht
sentinella *v* schildwacht
sentire voelen, horen, ruiken, proeven
senza zonder
senza grassi vetarm
senza sale zoutloos
separare scheiden, afscheiden;
afzonderen
separatamente afzonderlijk
separato gescheiden
separazione *v* scheiding,
afscheiding; afzondering
sepolcro graf
sepolto begraven
sepoltura begrafenis; graf
seppellire begraven
se'ppia inktvis
seppure ook al
sera di capodanno *v* oudejaarsavond
sera *v* avond; *di* ~, *la* ~, 's avonds
serata avond; soiree
serbare bewaren, op zij leggen;
houden (zijn woord)
serbatoio della benzina *m*
benzinetank
serbatoio *m* tank, reservoir
serenata serenade
sereno helder, klaar; opgeruimd;
objectief; *zn* helderheid, klaarheid
sergente *m* sergeant
serie *v* serie, rij
serietà *v* ernst
se'rio ernstig, gewichtig; oprecht; *zn*
ernst
sermone *m* preek

serpe *v* slang (reptiel)
serpeggiare kronkelen
serpente *m* slang
serra dam; ravijn; serre, kas; *effetto*
~, broeikaseffect
serrare (in-; op)sluiten; opbergen;
besluiten; dringen; persen
serratura *v* slot (vergrendeling),
portierslot
serva dienstbode
servi'gio dienst
servile slaafs
servire dienen, bedienen; opdienen; -
rsi, zich bedienen van
servitore *m* dienaar
servizio in camera *m* roomservice
servizio *m* dienst; bediening; servies;
~ *di primosoccorso*, EHBO; *stazione*
di ~, tankstation
servo slaaf; lijfeigene
sessanta zestig
sessione *v* zitting
sesso *m* seks; geslacht
sessuale seksueel
sesto 1 orde, regel; maat; formaat;
boog, spanning
sesto 2 zesde
seta *v* zijde (stof)
seta'ccio zeef
sete *v* dorst
setta sekte
settanta zeventig
sette zeven (cijfer)
settembre *m* september
settemila zevenduizend
settentrionale noordelijk, noorden-,
noord-
settentrione *m* noorden
settimana *v* week; *una* ~ *fa* een week
geleden
settimanale wekelijks; *zn m* weekblad
se'ttimo zevende
settore *m* sector
severità *v* strengheid
severo streng, stroef; eenvoudig,
somber (kleur)
sex-shop *m* seksshop
sezione *v* (dwars)doorsnede;
afdeling; sectie
sfacciato onbeschaamd, brutaal;
schel (licht); schreeuwend (kleur)
sfavore'vole ongunstig, onvoordelig
sfera *v* bol; sfeer; *techn* kogel;
cuscinetto a sfere, kogellager;
penna a ~, balpen
sfe'rico bolrond, bolvormig
sferza zweep
sfida *v* uitdaging
sfidare uitdagen; tarten
sfidu'cia wantrouwen
sfigurare misvormen
sfinire uitputten
sfondo achtergrond
sformare misvormen

sfortuna ongeluk
sfortunato ongelukkig
sforzare dwingen; forceren
sforzo krachtsinspanning; dwang,
geweld
sfregamento *m* wrijving
sfregare wrijven
sfrenato losbandig, uitgelaten;
onstuimig; tomeloos
sfuggire ontvluchten, mijden;
ontsnappen; ontgaan
sgabello voetenbankje
sgarbato ruw, onbeschoft
sgarbo ongemanierdheid,
onbeschoftheid, grofheid
sgobbare blokken (leren)
sgo'mbero verhuizing; ontruiming
sgomb(e)rare verhuizen
sgomentare verschrikken
sgonfiare doen slinken; *-rsi,* slinken
sgo'rbio inktvlek
sgrade'vole onaangenaam
sgravare verlichten; ontlasten; *-rsi,*
bevallen
sgraziato lomp, ongemanierd
sgridata standje, uitbrander
sguardo blik
sguazzare waden; zwelgen
sgusciare pellen (eieren, noten)
shampoo *m* shampoo
sherry *m* sherry
si men; zich; elkaar
sì ja
sia het zij zo; *sia sia,* hetzij hetzij
sicchè zodat, dus
siccità *v* droogte; dorheid
siccome aangezien, daar
Sici'lia Sicilië
siciliano Siciliaans; Siciliaan
sicurezza *v* veiligheid
sicuro veilig; betrouwbaar; zeker; vast
sidro cider, appelwijn
siepe *v* heg, schutting, heining
sieropositivo *bn* seropositief
siesta *v* middagslaapje
sifone *m* hevel; sifon
sigaretta *v* sigaret
sigariera sigarepijpje
sigaro *m* sigaar
sigillare (ver)zegelen
sigillo zegel; stempel; bekrachtiging
sigla afkorting; code
significare betekenen
significativo veelbetekenend;
veelzeggend; kenmerkend
significato *m* betekenis
signora *v* mevrouw, dame
signore *m* heer, meneer
signorile heren-
signorina *v* juffrouw
signorino *m* jongeheer
silenziatore *m* knaldemper
silenzio *m* stilte, rust
silenzioso stil, rustig

si'llaba lettergreep
silvestre bos-; in 't wild groeiend, wild
si'mbolo symbool, zinnebeeld
similare gelijksoortig, dergelijk
si'mile gelijk, soortgelijk, zulk; *zn m* gelijke, naaste
simpatico *bn* sympathiek, aardig
simulare veinzen, voorwenden
simulato vals, geveinsd, voorgewend, in schijn
simulta'neo gelijktijdig, simultaan
sincerità *v* oprechtheid
sincero eerlijk, oprecht
sindacato trust, syndicaat; vakbond
sindaco *m* burgemeester
sinfonia symfonie
singhiozzare hikken; snikken
singolare uitstekend; eigenaardig, zonderling; enkelvoudig; *zn m* enkelvoud
singolarità *v* eigenaardigheid; zonderlingheid
si'ngolo enkel, afzonderlijk; *zn* individu
sinistra links; *a* ~ linksaf; *zn* . linkerhand
sinistro linker, links; *fig* schadelijk, ongelukkig, noodlottig; *zn m* ongeluk, ramp
sino tot, tot aan; ~ *a che,* ~ *a quando,* zolang (als)
sino'nimo synoniem
si'ntomo symptoom
sintonizzare *rad* afstemmen
sinuosità *v* bocht, kronkeling
sip *v* telefoonkantoor
sipa'rio (toneel)scherm
siringa (injectie)spuit(je), naald
sissignore ja, meneer
sistema *m* systeem, stelsel
sistemare systematiseren; aanbrengen, bevestigen; rangschikken; regelen, vereffenen (rekening); bijleggen (twist); onderbrengen
sistema'tico stelselmatig, systematisch
sito ligging; gelegen
situare plaatsen, zetten
situato gelegen
situazione *v* situatie, toestand; ligging
slanciare werpen, slingeren
slavina *v* lawine
sleale oneerlijk, trouweloos, vals
slealtà *v* trouweloos-, valsheid
slip *m* slipje
slitta *v* slee
slogan *m* slagzin
slogare verstuiken, ontwrichten
smacchiare ontvlekken
smacchiatore *m* vlekkenmiddel
smagliatura (het) laddeen (van kousen)

smagrire vermageren
smaliziato schalks
smaltire verteren; verkopen
smalto email; glazuur
smarrire kwijtraken, zoek maken; vergeten
smarrirsi verdwalen
smascherare ontmaskeren
smeraldo smaragd
sme'rcio *m* afzet, verkoop
smerigliato *carta* ~a, schuurpapier
smettere stoppen
smoderato mateloos, bovenmatig, onmatig, buitensporig
smontare afstijgen; uitstappen; afdalen; vervallen
smo'rfia grimas; aanstellerij
smorzare doven; temperen; dimmen; lessen; dempen; smoren
smuo'vere ontroeren
snervato ontzenuwd, zwak, slap
snodare losknopen, losmaken; *-rsi,* losgaan, opengaan
snowboard *m* snowboard
soave lieflijk, aangenaam, zoet, aanvallig; rustgevend
soavità *v* lieflijkheid; beminnelijkheid, zachtmoedigheid
sobrietà *v* matigheid
sobrio matig, sober; nuchter
socco'mbere bezwijken
socco'rrere te hulp komen, helpen
soccorso hulp, bijstand; ondersteuning
soccorso stradale *m* wegenwacht
sociale sociaal, maatschappelijk
socialismo socialisme
socialista *m* socialist
società *v* samenleving, maatschappij; ~ *anonima,* naamloze vennootschap; ~ *a responsabili-tà limitata,* besloten vennootschap
socie'vole gezellig, aangenaam in de omgang
so'cio vennoot; partner; lid; abonnee, intekenaar
soda *v* soda
soddisfacente voldoende; genoegzaam, bevredigend
soddisfare bevredigen; voldoen; betalen; nakomen (verplichting)
soddisfatto tevreden, voldaan
soddisfazione *v* vervulling; bevrediging, voldoening; genoegdoening; betaling
sodo hard, vast; sterk; duurzaam; stevig; degelijk; hardgekookt; *zn* vastheid; grondslag; *bijw* vast (slapen); geducht, krachtig
sofà *m* sofa, rustbank
sofferente lijdend, ziekelijk; verdraagzaam
sofferenza lijden, smart, pijn
soffiare waaien, blazen; uitblazen; *-rsi*

Il naso, de neus snuiten
so'ffice week, zacht
soffietto blaasbalg; neerslaande kap (v. rijtuig)
so'ffio 't blazen; windstoot
soffitta zolder, vliering, zolderkamer
soffitto zoldering, plafond
soffocare (ver)stikken, smoren; onderdrukken
soffocazione *v* verstikking
soffrire di last hebben van, lijden aan; verdragen
soggetto onderwerp; stof; persoon; onderdaan; *bn* onderworpen, onderdanig, gehoorzaam; onderhevig
soggezione *v* onderwerping; onderdanigheid
soggiogare onderwerpen
soggiornare verblijven
soggiorno *m* verblijf, oponthoud; woonkamer
soggiu'ngere eraan toe-, er bijvoegen; erbij doen
soggiuntivo aanvoegende wijs
so'glia drempel
sogliola *v* tong (vis)
sognare dromen
sogno droom
sola'io zolder
solamente alleen, slechts
solare zon-, zonne-, zons-
solatio *bn* op 't zuiden gelegen, zonnig
solco voor; plooi; rimpel
soldato soldaat
soldi *m mv* geld
sole *m* zon; *prendere il* ~ zonnebaden
soleggiare in de zon leggen
solenne plechtig; feestelijk; prachtig; uitgelezen
solennità *v* plechtigheid, feestelijkheid; feestdag
solere plegen, gewoon zijn
soletto *solo* ~, moederziel alleen
solfo zwavel
solidarietà *v* solidariteit
solida'rio solidair
solidità *v* soliditeit, stevigheid, duurzaamheid, degelijkheid
so'lido vast; solide, duurzaam; krachtig; deugdelijk, degelijk
solita'rio eenzaam; afgelegen; verlaten
so'lito gewoon, gebruikelijk, normaal; è ~ *venire presto,* hij komt meestal vroeg; *zn* gewone gang; gewoonte; gebruik; *di* ~, gewoonlijk, meestal
solitu'dine *v* eenzaamheid; afzondering; woestenij
sollecitamente ijverig
sollecitare aansporen, aandrijven; bespoedigen; vlug afdoen;

bevorderen; ~ *il pagamento*, manen
sollecitazione *v* aansporing;
    bespoediging; aanmaning
solle'cito ijverig; vlug, vlot; zorgzaam;
    bezorgd
sollecitu'dine *v* ijver; zorg;
    voortvarendheid; spoed
sollevare troosten; optillen,
    opbeuren; ophitsen
sollievo troost; verlichting
solo alleen, eenzaam; verlaten; enig;
    enkel; ontbloot (van, *di*); *zn* enige;
    enkele; solo; *da ~*, zelf, alleen; *da ~
    a ~*, onder vier ogen; *bijw* alleen,
    slechts; ~ *che*, wanneer, slechts, als
    maar
solo alleen; *da ~*, zelf, alleen; *zn muz*
    solo; *bijw* alleen, slechts
solo, solamente slechts
soltanto slechts, alleen
solu'bile oplosbaar
soluzione *v* oplossing
soma last, lading; *bes' tia da ~*,
    lastdier
somiglianza gelijkenis; overeenkomst
somigliare lijken (op)
somma som; uitslag, resultaat;
    hoofdzaak; *in ~*, kortom; in één
    woord
sommare optellen (plus); bedragen
somma'rio *bn* kort, beknopt; *zn*
    uittreksel, overzicht
somme'rgere onderdompelen;
    overstromen; overweldigen
sommergi'bile *m* duikboot
sommesso onderworpen, onderdanig;
    nederig
somministrare leveren, bezorgen;
    toedienen
sommissione *v* onderdanigheid
sommo hoogste; opperste, opper-;
    uiterste; *zn* 't hoogste, top; toppunt
sonnambulo *m* slaapwandelaar
sonnecchiare sluimeren dutten; een
    flater begaan
sonnellino slaapje; dutje
sonnifero *m* slaapmiddel
sonno *m* slaap
sonnolento slaperig
sonoro luid
sontuoso weelderig, prachtig
sopore *m* slaperigheid; dommel; ~
    narco' tico, med verdoving
sopporta'bile draaglijk
sopportare verdragen, dulden;
    dragen, houden
soppressione *v* onderdrukking;
    opheffing, ontbinding
soppri'mere opheffen, afschaffen
sopra boven, op; over; meer dan; *di
    cui ~*, bovengenoemd; *quanto ~*,
    het bovenstaande
soprabito *m* jas (overjas)
sopraccennato bovengenoemd

sopracci'glio wenkbrauw
sopraccitato bovengenoemd
sopraddetto bovenstaand, -gemeld
soprammercato toegift
soprannome *m* bij-, spotnaam
soprano *m* sopraan
soprappeso *v* overgewicht
soprappiù *m* overschot, surplus;
    toegift; *di ~*, bovendien, verder
soprascarpa overschoen
soprattassa strafport
soprattutto bovenal
sopravanzo overschot, restant; teveel
sopravvivente *m-v* overlevende
sorbetto *m* sorbet
sordidezza viezigheid; vrekkigheid
so'rdido vuil, smerig; vrekkig, gierig
sordità *v* doofheid
sordo doof
sordomuto doofstom
sorella *v* zus; zuster, non
sorellastra stiefzuster
sorgente *v* bron
so'rgere opstaan; omhoogstijgen;
    opgaan (zon e.d.); ontstaan,
    ontspringen
sorpassare *auto* inhalen
sorpasso *auto* het inhalen
sorpre'ndere verrassen, overvallen;
    overrompelen
sorpresa *v* verrassing
sorpreso verbaasd
sorri'dere glimlachen
sorriso glimach
sorsata, sorso slok, teug
sorta *v* soort; kwaliteit
sorte *v* lot, noodlot;
    levensomstandigheden; toeval
sorteggiare loten, verloten
sorte'ggio loting
sortire uitgaan; verkrijgen; ten deel
    vallen
sorveglianza *v* bewaking
sorvegliare bewaken
sospe'ndere ophangen; opschorten;
    schorsen; uitstellen
sospensione *v* uitstel; schorsing;
    onderbreking; spanning; vering
sospensione motore
    *v*motorophanging
sospeso hangend, opgehangen;
    onderbroken, opgeschort; in
    onzekerheid, in spanning, in angst;
    essere (stare, mantenersi) ~,
    zweven
sospettare verdenken
sospetto argwaan; verdenking;
    verdachte
sospettoso verdacht
sospirare zuchten; vurig verlangen,
    smachten (naar)
sospiro zucht; verzuchting
sosta oponthoud; stopplaats; pauze,
    onderbreking; het parkeren

sostantivo zelfstandig; *zn* zelfstandig
    naamwoord
sostanza wezen; stof; substantie;
    kern; vermogen
sostanziale substantieel, wezenlijk;
    voedzaam
sostare parkeren
sostegno stut; steun; onderstel
sostenere steunen, stutten;
    (ver)dragen, dulden; bekleden
    (ambt); afleggen (examen); staande
    houden; ondersteunen; *-rsi*, zich
    staande houden; zich voeden
sostenimento steun, handhaving;
    onderhoud
sostentamento onderhoud, steun
sostentare onderhouden, voeden
sostentatore *m* kostwinner
sostituire vervangen
sostituto *m* plaatsvervanger
sottana onderrok
sotterfu'gio uitvlucht
sotterra'neo onderaards, -gronds; *zn*
    onderaardse gang; souterrain
sottile dun, fijn, teer, tenger; zuiver;
    scherpzinnig
sotto onder, beneden; tijdens; minder
    dan; *zn* het onderste
sottocoppa schoteltje
sottocuta'neo onderhuids
sottolineare onderstrepen; de nadruk
    leggen op
sottomano ondershands
sottomarino duikboot; *bn* onderzees
sottome'ttere onderwerpen
sottopassa'ggio onderdoorgang;
    verkeerstunnel; ~ *pedonale*,
    voetgangerstunnel
sottoporre onderleggen, -werpen, -
    plaatsen; *-rsi*, zich onderwerpen;
    zich voegen; op zich nemen
sottoscritto ondergetekende
sottoscri'vere ondertekenen,
    intekenen; zich abonneren
sottoscrizione *v* ondertekening;
    intekening
sottosopra ondersteboven
sottotenente *m* tweede luitenant
sottotitolato ondertiteld
sottoveste *v* vest
sottrarre onttrekken (aan);
    ontvreemden, verduisteren;
    aftrekken
sottrazione *v* onttrekking,
    ontvreemding; verduistering;
    aftrekking
sottufficiale *m* onderofficier
souvenir *m* souvenir
sovraccaricare overladen
sovraesporre overbelichten
sovvenire helpen, bijstaan; *-rsi*, zich
    herinneren
sovvenzione *v* ondersteuning,
    bijstand, subsidie

spaccalegna *m* houthakker
spaccare splijten, kloven, klein hakken
spaccatura spleet, kloof, barst
spacciare verkopen, van de hand doen, verhandelen; uitgeven voor; - *rsi*, aftrek vinden
spa'ccio afzet, verkoop
spada degen, zwaard; *pesce ~*, zwaardvis
spaghetti *m mv* spaghetti
Spagna *v* Spanje
spagnolo Spaans; *zn* Spanjaard
spago bindtouw; vrees
spalla *v* schouder; *alzare le spalle*, de schouders ophalen
spalliera rugleuning; hoofdeinde (bed); latwerk voor leibomen;klimrek
spa'ndere uitgieten, uitstrooien
spa'rgere verspreiden, rondstrooien, verkwisten
sparire verdwijnen; wegteren
sparito verdwenen, weg
sparo schot, knal
sparso verstrooid; loshangend (haar)
spartire delen; verdelen; scheiden
spartito partituur
spartitra'ffico vluchtheuvel; middenberm
sparviero *m* sperwer
spa'simo hevige pijn, kramp
spasmo kramp
spasmo'dico krampachtig
spassarsi zich vermaken
spasso tijdverdrijf, vermaak; *andare a ~*, gaan wandelen
spaura'cchio vogelverschrikker
spaurire vrees aanjagen
spaventato verschrikt, bang
spavento schrik, ontzetting
spaventoso angstaanjagend; vreselijk, ontzettend
spaziale ruimte-
spaziare spatiëren
spazio *m* ruimte; spatie
spazioso ruim, wijd
spazzacamino schoorsteenveger
spazzare (aan)vegen
spazzino straatveger
spazzola *v* borstel
spazzolare borstelen
spazzolino borsteltje
spazzolino da denti *m* tandenborstel
specchiera toiletspiegel
specchietto hand-, zakspiegeltje; overzicht
specchietto esterno *m*buitenspiegel
specchietto retrovisore *m*achteruitkijkspiegel
specchio *m* spiegel
speciale speciaal
specialista *m/v* specialist
specialità *v* specialiteit

specialmente vooral
spe'cie *v* soort; vorm; *far ~*, verwonderen, bevreemden
specifica specificatie
speci'fico specifiek; eigenaardig
speculare nadenken; speculeren
speculatore *m* speculant
speculazione *v* bespiegeling, beschouwing; speculatie
spedire zenden, verzenden
speditore *m* expediteur
spedizione *v* verzending; expeditie; *~ in visione*, zichtzending
spedizioniere *m* expediteur
spegnere uitzetten, uitschakelen, uitdoen; blussen;-*rsi*, uitgaan, doven; overlijden
spendere opmaken (geld), uitgeven
spe'ngere zie *spegnere*
spenna(cchia)re plukken (vogel)
spensierato zorgeloos, gedachteloos, lichtzinnig
speranza hoop, verwachting
sperare hopen, verwachten
sperduto verloren, eenzaam, niet op zijn gemak
spergiuro meineed; *bn* meinedig
sperone *m* spoor (laars); prikkel
sperperare verkwisten; verwoesten
spesa uitgave; aankoop; *fare la spesa*, boodschappen doen
spese *v mv* onkosten
spessamente dikwijls; dicht
spesso vaak, dikwijls
spettacolo *m* voorstelling, show
spettacolo teatrale *m* theatervoorstelling
spettatore *m* toeschouwer
spettro spook; geest; spectrum
speziale *m* drogist; *bn* zie *speciale*
spezie *v mv* kruiden, specerijen
spezzare (ver)breken; -*rsi*, breken
spia *v*controlelampje
spiacente *sono ~ di*, het spijt me te
spiacere mishagen; *mi spiace*, ik houd er niet van; het spijt me; ik vind het vervelend; *mi spiace che*, ik vind het jammer dat
spiace'vole onaangenaam
spiaggia per i nudisti *v* naaktstrand
spiaggia sabbiosa *v* zandstrand
spiaggia *v* strand
spianare gladmaken, -strijken, - schaven; walsen; slopen
spiare bespieden, spioneren
spi'cchio schijfje, partje (v. vrucht); teentje (knoflook)
spicciare afdoen; te woord staan; -*rsi*, zich haasten
spiccioli *m* kleingeld
spiedo spies
spiegare uitleggen, verduidelijken; ontplooien, openvouwen; tonen; - *rsi*, zich duidelijk uitdrukken

spiegazione *v* verklaring
spiegazzare kreukelen
spietato onbarmhartig
spifferare verklappen
spiga aar
spillo di sicurezza *m* veiligheidsspeld
spillo *m* speld
spillone *m* broche
spilo'rcio vrek
spina *v* doorn; stekker; *birra alla ~*, bier vd tap; *~ dorsale*, ruggengraat
spinaci *m* spinazie
spingere duwen
spino doornstruik
spinoso doornig, stekelig; netelig, delicaat (kwestie, onderwerp)
spinta stoot, duw; prikkel
spione *m* spion
spira schroeflijn; wending
spirale *v* spiraal(veer)
spirare (uit)ademen, uitblazen; sterven; vervallen (termijn); waaien
spirito 1 *m* (brand)spiritus
spirito 2 *m* ziel, geest; gemoed; *~ canforato*, kamferspiritus; *lo S~ Santo ~*, de H Geest
spiritoso geestig, gevat
spirituale geestelijk, vroom
sple'ndere schitteren, stralen; glanzen
splendido prachtig, schitterend
splendore *m* glans; luister; pracht
spogliarello *m* striptease
spogliarsi uitkleden
spogliatoio *m* kleedhokje; kleedkamer
spoglio ontkleed; kaal; leeg, ontruimd
spolverizzare verpulveren
sponta'neo spontaan, vrijwillig
spora'dico sporadisch
sporcare verontreinigen
sporco vies, vuil
spo'rgere uitsteken, uitspringen; uitstrekken; aanreiken, voorhouden; -*rsi*, leunen uit; *è pericoloso ~rsi*, niet uit het raampje hangen (trein)
sport invernale *m* wintersport
sport *m* sport
sport nautico *m* watersport
sportello automatico *m* geldautomaat
sportello del check-in *m* incheckbalie
sportello *m* loket
sportivo sportief
sposa *v* echtgenote; verloofde
sposali'zio *m* huwelijksplechtigheid
sposare, sposarsi trouwen
sposato getrouwd
sposo verloofde; bruidegom, echtgenoot; *(promessi) sposi*, *mv* verloofden
spossato loom

spostare verplaatsen
sprecare verkwisten, verspillen
spreco verspilling
sprege'vole verachtelijk
spregiare verachten
spre'mere (uit)persen; afpersen
spremilimoni m citruspers
spremito'io vruchtenpers
spremuta sap; ~ di aran' cia, sinaasappelsap
sprizzare spuiten
sprofondare verzinken; -rsi, invallen, inzinken; zich (in iets) verdiepen; verzakken
spronare de sporen geven; aansporen
sprone m spoor; aansporing
sproporzionato onevenredig; buitensporig
sproporzione v wanverhouding
spropriare onteigenen
sprovveduto, sprovvisto onvoorzien; ~ di, ontbloot van, verstoken van; alla sprovvista, onverhoeds
spruzza'glia motregen
spruzzare besprenkelen
spugna v spons
spuma schuim
spumante schuimend, schuim-; zn m mousserende wijn
spumare schuimen, mousseren
spumeggiare schuimen
spuntare de punt afbreken; te voorschijn komen; ontkiemen; allo spuntar del giorno, bij 't aanbreken van de dag
spuntare i capelli bijknippen
spuntato stomp
spuntino lichte maaltijd
sputare spugen, uitspugen
sputo speeksel, sputum
squadra 1 ploeg, sp elftal
squadra 2 winkelhaak
squadri'glia quadrille; eskader
squadrone m eskadron
squalificare disqualificeren
squalo m haai
squama schub; schilfer
squarciare verscheuren
squash, giocare a squashen
squilla klokje, belletje
squillare rinkelen (v. telefoon)
squisito uitgezocht, uitmuntend; uitgelezen
sregolato ongeregeld
sta'bile m onroerend goed; pand; bn vast, duurzaam; stabiel
stabilimento m oprichting; aanleg; gebouw, inrichting; etablissement
stabilire vastleggen, vaststellen; aanwijzen
stabilità v stabiliteit, vastheid; stevigheid
staccare losmaken; scheiden; -rsi, losgaan; afvallen

staccato los, gescheiden; afzonderlijk; staccato
stacciare zeven, ziften; schiften
stadio m stadion; stadium
staffa stijgbeugel; pedaal; treeplank
staffetta v estafette
stagione v seizoen; jaargetijde; weer; tijd
stagnare stilstaan; stelpen
stagno tin; vijver
stalla v stal
stamane, stamani vanmorgen
stamattina vanmorgen
stambecco steenbok
stampa su carta v afdruk op papier
stampa v druk; boekdruk; afdruk, plaat; pers; confe-renza ~, persconferentie
stampare drukken; fotogr afdrukken
stampare drukken; afdrukken (foto)
stampatello blokletters
stampato gedrukt; bedrukt; stampati, drukwerk
stampatore m boekdrukker
stamperia drukkerij
stancare vermoeien; vervelen; -rsi, zich vermoeien
stanchezza vermoeienis
stanco moe; ~ morte, doodmoe
stanga v stang, slagboom; nood, ellende
stanotte vannacht
stante staand, zijnd; blijvend; vz gezien, ten gevolge van; ~ che, aangezien
stantuffo zuiger (v. pomp)
stanza kamer, vertrek; couplet, strofe; ~ d' abbasso, kamer gelijkvloers; ~ d' aspetto, wachtkamer; ~ di compensazione clearinginstituut
stanza da bagno v badkamer
stare staan, liggen, zitten; zijn; zich bevinden; zich voelen; come sta?, hoe gaat het met u?; ~ a casa, thuis blijven; sto scrivendo, ik ben aan het schrijven; ~ per, op het punt staan om
starnutare, -tire niezen
stasera vanavond
statale bn staats-, rijks-; zn m rijksambtenaar; v rijksweg
station wagon stationcar
statista m staatsman
stati'stica statistiek
stato geweest; zn stand, toestand; staat; essere in ~ interessante in verwachting zijn; ~ civile, burgerlijke stand; ~ li' bero, ongehuwde staat; ~ maggiore, generale staf
statua v beeld, standbeeld
statura gestalte, lichaamsbouw
statuto statuut; statuten mv
stazionare geparkeerd zijn

stazione di rifornimento v benzinestation
stazione v station
stecca houtsplinter; stokje; balein vouwbeen sp keu
steccato m hek (van hout)
steccone m paal
stella ster; gesternte; ~ filante, vallende ster; ~ cinematogra' fica, filmster
stendardo m standaard, vaandel
ste'ndere uitstrekken; uitrekken; opstellen (brief); opmaken (proces-verbaal)
stenodattilo'grafa stenotypiste
steno'grafo stenograaf
stentare gebrek lijden; moeite hebben
stereofo'nico stereo(fonisch)
ste'rile onvruchtbaar; dor; steriel
sterilità v onvruchtbaarheid; dorheid
sterlina v pond (Engelse, Ierse munt)
sterminare uitroeien, verdelgen
sterminazione, stermi'nio v, verdelging, uitroeiing
sterzo stuur(inrichting)
stesso de/hetzelfde; zelf
stigma plantk stempel
stile m stijl
stillare druppelen; -rsi i cervello, zich het hoofd breken
stilo(gra'fica) vulpen
stima v schatting; achting; taxatie
stima'bile achtenswaardig
stimare schatten, taxeren; gissen; menen, houden voor
stimolare aansporen, prikkelen, opwekken
sti'molo prikkel; aansporing; neiging; opwekkend middel, stimulans
stinco m scheen(been)
stipendiare bezoldigen, een inkomen geven
stipe'ndio inkomen
sti'pite m stam, stengel
stipulare bepalen, bedingen; overeenkomen
stipulazione v beding; bepaling
stiracchiare (uit)rekken
stirare strijken
stirpe v stam, geslacht; afkomst
stitichezza med verstopping
sti'tico med verstopt; kleingeestig, krenterig
stivale m laars
stivaletto halve laars
stivali di gomma m kaplaarzen
stivare stouwen, stuwen
stizza toorn, woede
stizzire boos maken (worden)
stizzito boos, woedend
stizzoso boos; prikkelbaar, driftig; zn driftkop
stoccafisso stokvis

335

Stoccarda Stuttgart
stoccata degenstoot; steek onder
water
Stoccolma Stokholm
stoffa *v* stof (textiel)
stoltezza dwaasheid
stolto onzinnig, dwaas
stomache'vole walgelijk
stomaco *m* maag; *dar di ~*, braken,
overgeven
stonare uit de toon vallen, vals
zingen, spelen; detoneren
sto'ppia stoppel
sto'rcere verdraaien, wringen
storcersi verzwikken
storcimento verdraaiing
stordire bedwelmen, verdoven
storia *v* geschiedenis; verhaal
storico historisch
storione *m* steur
stormire ruisen, ritselen
sto'rmo troep, schaar; vlucht (vogels)
stornare afwenden; (iem) van iets
afbrengen; van de weg afwijken
stornello spreeuw
storno 1 spreeuw
storno 2 ommekeer; *handel*
tegenboeking
storta verstuiking; *chem* retort
storto verbogen, verdraaid,
(ge)krom(d)
stovi'glie *v mv* vaat, potten en
pannen; *lavare le stoviglie*, de
afwas doen
stra'bico scheel
straca'rico overladen
straccare vermoeien, afmatten
stracciare verscheuren
stra'ccio vod, lor; flard; *bn* gescheurd,
verscheurd
straccione *m* schooier
stracco uitgeput; lauw
strada a pagamento *v* tolweg
strada con diritto di precedenza *v*
voorrangsweg
strada provinciale *v* provinciale weg
strada statale *v* hoofdweg
strada *v* straat, weg; middel; *a metà
~*, halverwege
stradale weg-, wegen-, straat-
stradare de weg wijzen; aan de gang
brengen; *-rsi*, zich op weg begeven
stradone *m* brede straat, laan
strafatto beurs (fruit)
straniero *m* buitenlander; *bn*
buitenlands
strano vreemd
straordinario bijzonder,
buitengewoon
strappare verscheuren; ontrukken;
ontlokken
strappo scheur, ruk
strapuntino *m* klapstoeltje
straricco schatrijk

strascicare (weg)slepen, langs de
grond slepen; *-rsi,*zich slepen
stra'scico sleep; nasleep; overblijfsel;
gevolg
strascinare slepen; meeslepen; op
sleeptouw nemen
strato laag
stravaganza *v* buitensporigheid,
buitenissigheid
strave'cchio stokoud
strega *v* heks
strenna nieuwjaars-, kerstgeschenk;
nieuwjaarsfooi
stre'nuo moedig, dapper, vurig
stretta duw, druk; verdrukking, klem;
bergengte; gedrang; *~ di mano*,
handdruk
strettezza engte; krapheid (van kas);
strettezze, *mv*armoede
stretto nauw, smal, eng, krap *zn* (zee-
)engte
stria groef, gleuf
stri'dere gillen, schreeuwen, krijsen;
knetteren
strigare ontwarren, losmaken,
afwikkelen
stringa *v* veter
stri'ngere samentrekken, -snoeren,
aandraaien (schroef); dwingen;
sluiten (vriendschap, verdrag);
(aan)dringen; nauwer maken; *~ il
pugno*, de vuist ballen; *-rsi*, zich
samentrekken
stri'scia *v* streep; strook (papier);
lint;start-/landingsbaan; *strisce mv*,
zebrapad
strisciare kruipen (slangen); langs
strijken; schampen; wrijven;
bestrijken
strizzare uitpersen, -wringen
strofa, strofe couplet, strofe
strofina'ccio poets-, schuurlap;
vaatdoek
strofinare afwrijven, oppoetsen,
schuren
stroncare afknotten; -breken
stropicciare wrijven, afwrijven;
schuifelen, sloffen
strozza keel, strot
strozzare wurgen; afkappen
strumento *m* instrument; *~ ad arco/a
fiato*, strijk-/blaasinstrument
strutto gesmolten; mager, uitgeteerd;
zn reuzel
struttura structuur, bouw
struzzo struisvogel
stuccare bepleisteren, dichtsmeren;
vervelen; *-rsi*, zich vervelen
stuccatore *m* stukadoor
stucco *m* stuc, pleisterkalk; *~ da
vetri*, stopverf; *bn* vervelend, saai,
beu
studente *m* student
studiare studeren, leren

stu'dio studie; studeerkamer;
werkplaats, atelier, studio; kantoor
(v. notaris); *a (bello) ~*, met opzet
studioso ijverig, vlijtig
stufa *v* kachel, haard
stufare stoven; smoren
stufato gestoofd vlees
stufo saai, vervelend; *sono ~*, ik
verveel me; *sono ~ di*, ik ben zat
stuo'ia vloermat; mat
stupefacente *m* drug
stupefare verbazen; *-rsi*, verstomd
staan (v. verbazing)
stupefazione *v* verbazing
stupendo prachtig, schitterend,
fantastisch
stupidità *v* domheid
stu'pido dom, stompzinnig
stupire verbaasd zijn, zich
verwonderen
stupore *m* verbazing, verbijstering;
verdoving
stupro *m* aanranding
su, sopra op; tegen, omstreeks (v.
tijd); over; aan; *sul giornale*, in de
krant; *~ e giù*, op en neer; *in ~*,
ongeveer; omhoog
sua, sue *v*, *v mv* haar (*bez vnw*)
subacqueo *m* duiker; *bn* onderwater-
subcosciente, subcoscienza
onderbewustzijn
subire ondergaan, lijden, doorstaan
subitamente terstond, onmiddellijk
subita'neo plotseling; onwillekeurig
subito direct, meteen, dadelijk;
plotseling
sublime hoog, verheven
subordinato ondergeschikt;
gehoorzaam
succe'dere gebeuren, voorvallen;
opvolgen; volgen op
successione *v* opvolging; erfenis;
reeks, opeenvolging
successivo op-, achtereenvolgend
successo succes; *voltdw* gebeurd
successore *m* opvolger
succhiare zuigen; uitzuigen
succhiello boor
succhiotto *m* speen
succinto bondig, beknopt
su'cciola gekookte kastanje
succitato bovengenoemd
succo d'arancia *m* sinaasappelsap
succo di frutta *m* vruchtensap
succo di mela *m* appelsap
succo d'uva *m* druivensap
succo *m* sap
succulento sappig, smakelijk
succursale *v* hulp-, neven-; *zn v*
filiaal; bijkantoor
sud *m* zuiden
sudare zweten, uitzweten
suddetto bovengenoemd, voormeld
su'ddito *zn* onderdaan

su'dicio vuil, vies

sudore *m* zweet

suffic(i)enza voldoende hoeveelheid; toereikendheid

sufficiente voldoende, genoeg

suffra'gio *m* bijstand; stem (verkiezing); gebed (voor overledene); ~ *universale*, algemeen kiesrecht

suggerire ingeven, inblazen; souffleren; suggereren

suggeritore *m* souffleur

su'ghero *m* kurk; dobber

sugli *mv* op de; zie *su*

sugo sap; tomatensaus; pit, kern

sugoso sappig

sui *mv* op de; zie *su*

suici'dio zelfmoord

suino *bn* varkens-; *carne suina*, varkensvlees

suite *v (muz)* suite

sul, sull', sulla, sulle, sullo *mv* op de, op het

sultano sultan

suo, suoi *mv* zijn *bez vnw*

Suo, Sua, Suoi, Sue uw

suo'cera schoonmoeder

suo'cero schoonvader

suola *v* zool

suolo grond, bodem

suonare klinken; blazen; slaan, luiden; spelen; bespelen; ~ *il pianoforte*, pianospelen; ~ *la tromba*, de trompet blazen

suonatore *m muz* speler

suono *m* geluid; klank

suora zuster, non

superare inhalen ; overtreffen, overwinnen; ~ *un esame*, slagen voor een examen

supe'rbia trots, hoogmoed

superbo hoog, verheven, prachtig; trots, aanmatigend

superficiale oppervlakte-; oppervlakkig, vluchtig

superfi'cie *v* oppervlakte; buitenzijde

super'fluo overbodig; onnodig; *zn* overschot

superiore bovenst, hoger, superieur, uitstekend; boven-; beter; opper-; ~ *a*, boven; meer dan; *zn m* chef; meerdere

superiorità *v* meerderheid; overwicht; superioriteit

superlativo overtreffende trap, superlatief

supermercato *m* supermarkt

super'stite overlevend

superstizione *v* bijgeloof

superstizioso bijgelovig

superstrada *v* autoweg

suppelle'ttile *v* gereedschap; huisraad

supplementare extra

supplemento *m* toeslag (trein)

supplente *m* plaatsvervanger

supplicare bidden, smeken

supplire aanvullen

supporre veronderstellen, aannemen; *suppongo che*, ik neem aan dat

supporto *techn* steun, drager

supposito'rio zetpil

supposizione *v* veronderstelling

supposta zetpil

suppurare etteren, zweren

supremo hoogst; uiterst

surgelamento *zn* diepvries

surgelato *bn* diepvries-; *verdure ~e*, diepvriesgroente

surriscaldarsi warmlopen

surrogato surrogaat

sus(s)urrare fluisteren; mompelen, murmelen; gonzen (insect); ritselen; ruisen; klateren; suizen

sus(s)urro gefluister; gedruis; gemompel; geritsel; geruis

suscitare opwekken; verwekken; aanstoken

susina *v* pruim

sussi'dio subsidie; studiebeurs; leermiddelen

sussistenza *v* bestaan; wezen; (levens)onderhoud

sussi'stere bestaan, zijn

sutura naad; hechting

svagare afleiden, verstrooien

svago *m* verstrooiing, vermaak

svanire verdampen, vervliegen; verdwijnen; verschieten (v. kleuren)

svanta'ggio nadeel, schade

svantaggioso nadelig

svaporare uitwasemen, verdampen, verdwijnen

svariato verschillend, afwisselend, uiteenlopend, gevarieerd

svedese Zweeds; *zn* Zweed

sveglia *v* wekker

svegliamento het wekken; het ontwaken

svegliare wekken; *-rsi*, wakker worden

svegliato opgewekt, levendig

sveglio wakker

svelare onthullen, ontsluieren

svelto slank, vlug, behendig; pienter, vlot

svendita uitverkoop

svenire flauwvallen

sventare verijdelen

sventato lichtzinnig

sventolare zwaaien; wapperen, fladderen

sventura ongeluk

sventurato ongelukkig

svenuto bewusteloos, flauwgevallen

sverza splinter

svestire ontkleden

Sve'zia *v* Zweden

sviare van de rechte weg brengen; afleiden, voorko'men; *-rsi*, verdwalen, afdwalen

sviluppare ontwikkelen (ook v. foto)

sviluppatore *m* ontwikkelaar

sviluppo *m* ontwikkeling (ook v. foto)

svincolo *m* knooppunt van snelwegen, afslag

svitare af-, losschroeven

Svi'zzera *v* Zwitserland

svi'zzero Zwitsers; Zwitser

svogliatezza tegenzin; lusteloosheid

svogliato moe, beu; lusteloos

svolazzare fladderen

svo'lgere ontrollen; ontplooien; ontwikkelen, uitvoeren; *-rsi*, zich ontwikkelen

svolta kromming, bocht, hoek

svoltare ontrollen; ontwikkelen; ~ *a destra (sinistra)*, naar rechts (links) afslaan

svoltolare wentelen, rollen

T

T = *tomo*, deel

tabacca'io sigarenhandelaar

tabaccheria *v* sigarenwinkel

tabacchiera *v* tabaksdoos

tabacco da pipa *m* pijptabak

tabacco *m* tabak; ~ *trinciato* shag

tabarino cabaret, variété-theater

tabella tabel, lijst, opgave

taccagno gierig, krenterig

tacchino kalkoen

tacco *m* hak

taccone *m* hoge hak; lap (op schoen)

taccuino notitie-, zakboekje

tacere zwijgen; stil, rustig zijn; *zn m* stilte, het zwijgen

tachi'metro snelheidsmeter

tacitamente stilzwijgend

ta'cito stil, zwijgend

taciturno gesloten; stilzwijgend; stil

tafano *m* horzel

ta'glia *v* maat (kleren); takel; *kaartsp* het couperen

tagliaborse *m* zakkenroller

tagliacarte *v* vouwbeen

tagliando bon, coupon

tagliapietre *m* steenhouwer

tagliare snijden; knippen (haar)

tagliatelle *v mv* tagliatelle (lintvormige deegwaar)

tagliatore *m* coupeur

tagliente snijdend, scherp

ta'glio snede; snit; scherp; het maaien; 't kappen (v. bomen); coupon (voor kostuum)

tailleur mantelpak

talco talk

tale, tal zo, zodanig, zulk; *il ~ il ~*, de een, de ander; *un ~*, een zekere, zo'n

talea stek
talento talent, aanleg
talloncino talon; ~ di risposta, antwoordcoupon
tallone mhiel
talmente zo(danig), dermate
talora soms
talpa mol
taluno iemand
talvolta soms
tamburare trommelen
tamburello tamboerijn
tamburino kleine trom; tamboer
tamburo trommel, trom; bus; tamboer
tampone del freno mremblokje
tana hol
tana'glie v mv tang, nijptang
tandem m tandem
tangenziale v rondweg
tangi'bile voelbaar, tastbaar
tantino een weinig, een beetje
tanto zoveel, zo groot; tante gra' zie, hartelijk dank; tante volte, zo dikwijls; due tanti, tweemaal zoveel; a ~, tot aan; bijw zo zeer, zo veel; ~ me' glio (pe' ggio), des te beter (erger); v ani' è! kortom, in één woord; ~ più quanto più, des te (meer) naarmate; (e) ~ meno, laat staan (des te minder); ~ quanto, een weinig, een beetje; non per ~, niettemin; voegw ~ che, zodat
tappare sluiten; dichtstoppen; toedekken
tappeto tapijt; ~ da ta' vola, tafelkleed
tappezzato gestoffeerd
tappezzeria behang
tappezziere m stoffeerder, behanger
tappo m kurk, dop; stop (in bad)
tardare talmen; achterblijven; dralen
tardi laat; al più ~, op zijn laatst; a più ~ tot straks
tardivo laat
tardo langzaam; dralend; laat, traag
targa v nummerplaat (auto)
tariffa notturna v nachttarief
tariffa v tarief
tarlato wormstekig, vermolmd
tarma mot; mijt; made
tartagliare stotteren
tartaruga schildpad
tartufo truffel; huichelaar
tasca v zak
tasca'bile zak-; zn pocket(boek)
tassa contributie; belasting; ~ d' iscrizione inschrijfgeld
tassa d'importazione v invoerrechten
tassametro m taximeter
tassare schatten, taxeren; belasten; aanslaan in de belasting
tassatore m taxateur
tassazione v taxatie
tasse areoportuali v

luchthavenbelasting
tasse turistiche toeristenbelasting
tasse v belasting
tassì m taxi
tasso (zoöl) das
tastare (be)tasten; polsen
tastiera toetsenbord
tasto 't (be)tasten; toets; proef
tatto m gevoel (zintuig); tact
taverna kroeg, eethuisje; herberg
tavola calda v cafetaria
tavola da windsurf v surfplank
tavola v plank, plaat; tafel; tabel
tavolato lambrisering
tavoletta v tafeltje; plankje; plaatje; tekenplank; naambordje; reep (chocolade e.d.); (per lo sci nau' tico) waterski
tavoletta di cioccolato reep chocolade
tavoliere m dam-, schaakbord
tavolino tafeltje; studeertafel; ~ da gioco, speeltafeltje
tavolo m tafel
tavolozza palet
taxfree taxfree
taxi, tassì m taxi
tazza v kopje; kom
tazzina e piattino v kop en schotel
tazzina v kopje
tè m thee
te, ti jou, je
teatro m theater; schouwburg; ~ all' aperto, open-luchttheater
tec'nica techniek
te'cnico technisch
tedesco Duits; zn Duitser
tediare vervelen
te'dio m verveling
tedioso vervelend; saai
tegame m pan
te'gola dakpan
teiera v theepot
tela v linnen; doek; schilderij; intrige; zeil; toneel gordijn; ~ di ragno, spinneweb
telaio m frame; chassis; skelet; weefgetouw
telefe'rica v kabelbaan
telefonare telefoneren, opbellen
telefonata v telefoongesprek
telefonico telefonisch
telefonista m-v telefonist(e)
telefono a moneta v munttelefoon
telefono m telefoon
telegrafare telegraferen
telegrafia telegrafie; ~ senza fili, draadloze telegrafie
telegrafista m-v telegrafist(e)
tele'grafo telegraaf
telegramma v telegram
tele'metro afstandsmeter
teleobiettivo m telelens
telescritto telexbericht
telescrivente v telexapparaat

televisione a colori v kleuren-tv
televisione, TV v televisie, tv
televi'sivo televisie-
televisore m televisietoestel
telo m breedte (v. stof); baan; strook
tema m thema; onderwerp
temera'rio stout, vermetel, roekeloos; zn waaghals
temere vrezen
temerità v roekeloosheid
tempa'ccio slecht, afschuwelijk weer; slechte tijd
temperamento matiging; uitweg; temperament, aard
temperante matig
temperanza matigheid, matiging
temperare temperen, verzachten
temperato getemperd, gematigd, zacht, mild
temperatura v temperatuur
tempe'rie v (gematigd) klimaat
temperino m vrije tijd
tempesta v storm; esserci ~ stormen
tempestare stormen, razen
tempestivo tijdig
tempestoso stormachtig, onstuimig
te'mpia slaap (aan 't hoofd)
te'mpio tempel; kerk
tempo libero m vrije tijd
tempo m tijd; duur; weer; jaargetijde; fa buon ~, het is mooi weer; a ~, bijtijds; un ~ fa, een tijdje geleden; un ~, vroeger, eens
temporale 1 m onweer; storm; noodweer
temporale 2 tijdelijk
temporaneo bn tijdelijk
temprato gehard
tenace vasthoudend, taai; kleverig; hardnekkig
tenacità v taaiheid; vasthoudendheid
tenaglie v tang
tenda v tent; dekzeil; vitrage
tenda a bungalow v bungalowtent
tendenza neiging, strekking
te'ndere spannen; opslaan (tent, bed); ~ la mano, de hand reiken; ~ a, geneigd zijn tot; streven naar
tendina v gordijn, vitrage
tendine machillespees
tendone m gordijn
te'nebre v mv duisternis
tenebroso donker, duister; dof, somber
tenere houden, vasthouden; ~ a, op prijs stellen; ~ la destra, rechts aanhouden; tieni!, pakaan!
tenerezza tederheid
tenero zacht, teer; mals
te'nia lintworm
tennis m tennis
tenore m inhoud; teneur; gehalte; tenor
tensione v spanning

tentacolo voelhoorn

tentare betasten; onderzoeken; proberen; verleiden; bekoren; tarten

tentativo poging

tentazione *v* beproeving

tentennare waggelen, wankelen; schudden (het hoofd)

tentone, tentoni tastend; voorzichtig; behoedzaam

tenuta landgoed; inhoud; tenue; ~ *d' allenamento*, trainingspak; ~ *dei libri*, boekhouding

teoria *v* theorie

te'pido lauw

tergicristallo *m* ruitenwisser

termale thermaal-

terme *v mv* warme bronnen

terminare begrenzen, beëindigen, voltooien; nauwkeurig bepalen; eindigen

te'rmine 1 *m* grens; slot; einde; termijn; omstandigheid; *me' ttere ~ a*, een eind maken aan

ter'mine 2 term; *in altri ~i*, met andere woorden

termocoperta elektrische deken

termometro *m* thermometer; ~ *clinico*, koortsthermo-meter

terra ferma *v* vasteland

terra *v* aarde; grond, land; *T~*, Aarde

terracotta *v* aardewerk

terra'glia, terra'glie *mv* aardewerk

terrazza *v* terras

terrazzo terras, balkon

terremoto aardbeving

terreno *m* terrein; veld, land; *bn* aards; ~ *dicampeggio*, kampeerterrein

terrestre aards, aard-

terribile afschuwelijk, vreselijk

territorio *m* gebied

terrore *m* schrik, ontzetting

terroso aardachtig

terso helder

terzo derde

tesi *v* stelling, thesis; scriptie

tesoriere *m* thesaurier; penningmeester

tesoro schat; schatkist

te'ssera kaart, legitimatiebewijs; ~ *di iscrizione*, lidmaatschapskaart

tessera bancomat *v* bankpas, pinpas

tessera d'immatricolazione *v* kentekenbewijs

te'ssere weven

tessile textiel-

tessitore *m* wever

tessuto weefsel; textiel; ~ *a ma' glia*, tricot

test *m* (psychologische) test

testa dello sterzo *v* balhoofd aan fietsstuur

testa *v* hoofd

testamento testament

testardo koppig, eigenzinnig, eigenwijs

testata *v* hoofdeinde; (krant) kop

teste *m-v* getuige

testimone getuige

testimonianza getuigenis; blijk

testimoniare getuigen

testimo'nio getuige

testo 1 tekst

testo 2 bloempot; deksel; scherf

testu'ggine *v* schildpad

tetto dak; woning

tetto'ia *v* afdak; loods

tettoia da sole *v* zonnescherm (huis)

Te'vere *m.* Tiber

thermos *m* thermosfles

ti jij; jou

ti'bia scheenbeen

tiepido lauw

tifo *m* tyfus

tifoso *m* fan

ti'glio linde (bloesem)

tiglioso vezelig, taai

tigna *v* schurft

tignola mot

tigre *v* tijger; tijgerin

timballo pauk

timbrare stempelen

timbro *m* stempel

timidezza *v* bangigheid; verlegenheid

ti'mido bang; verlegen

timo tijm; thymus

timone *m* roer

timoneggiare sturen (roer)

timoniere *m* stuurman

timore *m* vrees

ti'mpano pauk; trommelvlies

tinca zeelt (vis)

tingere verven

tino kuip, vat

tinozza badkuip

tinta *v* verf; kleur; tint; genre

tintoria ververij

tintura het verven, kleuren; tinctuur

ti'pico typisch

tipo type; model; voorbeeld

tipo'grafo boekdrukker

tirare trekken; schieten; ~ *a sorte*, loten; ~ *fuori*, te voorschijn halen

tirata trek, ruk; slok, teug; tirade; oplage

tiratore *m* schutter

tiratura oplaag

tiro trek, ruk; worp; schot; span (trekdieren)

tiro'ide *v* schildklier

tirolese *m* Tiroler; Tirools, Tiroler-

Tirolo Tirol

ti'tolo titel; recht, aanspraak; *handel* aandeel; waardepapier

titubare aarzelen, weifelen

ti'zio kerel, vent

toast *m* toast

toccare aanraken; ontroeren; bespelen; overkomen; ten deel vallen; betreffen; *tocca a te*, jij bent aan de beurt

tocco 1 aanraking; slag; aanslag; flink stuk; *il ~*, één uur

tocco 2 baret, muts

toga toga

to'gliere nemen, weg-, ontnemen; ~ *che*, ~ *di*, beletten dat; *-rsi*, zich wegpakken

toletta kaptafel

tollera'bile draaglijk, duldbaar

tollerante verdraagzaam

tolleranza verdraagzaamheid

tollerare dulden, verdragen; toelaten

Tolone Toulon

Tolosa Toulouse

tombolare tuimelen, buitelen

tomo (boek)deel

tondo rond; eenvoudig, onnozel; *zn* rondje, cirkel, rond voorwerp; (etens)bord

tonfo plons; bons, slag; val

tonnella'ggio tonnage

tonnellata ton (1000 kg)

tonno *m* tonijn

tono toon; stevigheid, kracht, klemtoon

tonsille *v mv med* amandelen

topless *m* topless

topo *m* muis

toppa lap (op kleren); lapmiddel; (deur)slot

torace *m* borstkas

torba turf, veengrond

to'rbido troebel; somber; onvriendelijk; *zn* norsheid

to'rcere ineendraaien; wringen; verdraaien

to'rchio pers; drukpers

torcia *v* zaklantaarn; fakkel

Torino Turijn

tormentare kwellen, plagen

tormento kwelling; plaag

tornaconto *m* voordeel, nut, winst

tornante *m* haarspeldbocht

tornare terugkeren, -komen; omkeren; kloppen (rekening)

toro stier; *T~* sterrenbeeld Stier

torpedone *m* touringcar

to'rpido verstijfd, verdoofd, gevoelloos, traag

torpore *m* verstijving, verdoving; traagheid

torre *v* toren

torrente *m* bergbeek; stortvloed

to'rrido verzengend, heet, dor

torso, to'rsolo stronk; klokhuis; romp; torso

torta *v* taart, koek

torto gedraaid, verbogen, krom; *zn* onrecht; belediging

to'rtora *v* tortelduif

tortuoso bochtig

tortura foltering; marteling

torturare folteren, pijnigen

tosare scheren; snoeien; knippen (nagels, baren)

tosse *v* hoest; *~ asinina* of *canina*, kinkhoest

tossicchiare kuchen

to'ssico *m* vergif; *bn* giftig

tossire hoesten

tostapane *v* broodrooster

tostare roosteren; branden (koffie e.d.)

totale totaal; geheel; *in ~*, in totaal

totalità *v* 't geheel, alles

totalmente helemaal, geheel

tovaglia *v* tafellaken

tovagliolino vingerdoekje

tovagliolo servet

tozzo stuk verouderd brood; *bn* kort en dik, gedrongen

tra tussen; onder; over; *~ poco*, binnenkort

traballare waggelen; wankelen; slingeren

traboccare overlopen; overvol zijn

tra'ccia *v* voetstap, spoor; tracé; schets; plattegrond

tracciare tekenen; schetsen; traceren

tracciato ontwerp, schets

trachea vluchtpijp

tradimento verraad

tradire verraden, misleiden

traditore *m* verrader; *bn* verraderlijk

tradizione *v* overlevering, traditie

tradurre vertalen

traduttore w vertaler

traduzione *v* vertaling

trafficante *m* handelaar

trafficare handel drijven, handelen; omgaan met

traffico *m* verkeer; handel

traforare doorboren

traforo tunnel

trage'dia treurspel, tragedie

traghetto *m* veerpont

tra'gico tragisch; treurig, noodlottig

tragitto overvaart; overtocht; traject

traguardo (d'arrivo) eindstreep, finish

trainare slepen, voorttrekken

tra'ino lading, vracht; slede; sleep

tralucente doorschijnend

tram *m* tram

tramezzare tussenleggen, -zetten, -plaatsen

tramezzino *m* sandwich

tramezzo tussenwand, -schot; *bijw ~ a*, onder, te midden van

tra'mite door middel van, via

tramontana noordenwind; noorden

tramonto (zons)ondergang; verval, achteruitgang

trampolino springplank, springtoren, springschans

tranne behalve; *~ che*, tenzij

tranquillare geruststellen; kalmeren

tranquillità *v* rust, stilte, kalmte

tranquillo rustig, stil, kalm

transazione *v* transactie

transitare voorbijgaan

transitivo vergankelijk; overgankelijk (v. werkwoord)

tra'nsito doorgang; doorvoer

transito'rio voorbijgaand, vergankelijk, vluchtig

tranvai *m* tram

tranvia trambaan

trapano *m* boor

trapassare doorboren; voorbijgaan

trapianto *m* transplantatie

trappolare vangen; afzetten

trapuntare stikken (naaien)

trarre trekken; halen; uittrekken

trasbordare overladen

trasce'ndere overtreffen

trascinare slepen, voortslepen

trasco'rrere voorbijlopen, -snellen; voorbijgaan, doorlopen, doorlezen

trascorso fout, dwaling

trascri'vere overschrijven

trascurare verwaarlozen, over 't hoofd zien

trascurato slordig

trasferire overbrengen; overdragen; verplaatsen; *handel* overschrijven; -*rsi*, verhuizen

trasferta overdracht

trasformare veranderen

trasformatore *m* adapter

trasformazione *v* verandering; gedaanteverandering

trasfusione del sa'ngue *v* bloedtransfusie

trasgredire overtreden

trasgressione *v* overtreding

traslatare overdragen

traslazione *v* verplaatsing; overdracht

traslocare verhuizen

trasloco verhuizing

trasme'ttere overdragen; doen toekomen

trasmettitore *m rad* zender

trasmigrare verhuizen

trasmissione *v recht* overdracht; *rad* uitzending; *techn* overbrenging; *~ anteriore*, voorwielaandrijving

trasmissione *v* transmissie

trasparente doorschijnend

traspirare uitwasemen, transpireren

trasportare vervoeren, verzenden; transporteren; overboeken; overbrengen; meeslepen

trasporto transport; vervoer; verzending; vervoering

trasporto pubblico *m* openbaar vervoer

Traste'vere *m* het op de rechter

Tiberoever gelegen deel van Rome

trasteverino aan de rechteroever van de Tiber gelegen

trasversale dwars

tratta ruk; trekking; wissel

trattamento *m* behandeling; ontvangst

trattare behandelen, omgaan met; onderhouden; -*rsi*, zich gedragen; gaan om, betreffen

trattare sul prezzo afdingen

trattato overeenkomst, verdrag; traktaat, verhandeling

trattenimento onderbreking; oponthoud; tijdverdrijf; onderhoud

tratto ruk, trek; eind, afstand; tijd; gedrag, houding; *tratti*, *mv* gelaatstrekken; *~ d' unione*, koppelteken; *~ di strada*, weggedeelte; *a (ad, in) un ~*, ineens, tegelijkertijd; *di primo ~*, terstond; *a tratti*, van tijd tot tijd

trattoria *v* eethuis

trattrice *v* tractor

travagliare lastig vallen, kwellen

trava'glio nood; zorg

trave *v* balk

travedere zich vergissen

traveller's cheque *m* traveller's cheque

traversa *v* zijweg, dwarsstraat; dwarsligger

traversare oversteken (straat); doortrekken, doorkruisen

traversata *v* overtocht

traversina dwarsligger

traverso dwars, scheef; ongunstig; *zn* breedte; schuinte; dwarsrichting; *a ~*, in de breedte

travestire verkleden; vermommen

tre drie

trebbiare dorsen

tre'ccia vlecht

trecento driehonderd

tredice'simo dertiende

tre'dici dertien

trekking *m* trektocht

tremare beven; trillen; rammelen (ruiten)

tremendo ontzettend, vreselijk; reusachtig

trementina terpentijn

tremila drieduizend

tre'mito *m* siddering, rilling

tremolare sidderen, trillen

tre'molo *muz* triller

tremore *m* siddering, trilling

treno ad alta velocità *m* hogesnelheidstrein

treno intercity *m* intercity

treno *m* trein

treno merci *m* goederentrein

treno navetta *m* autotrein

treno rapido *m* sneltrein**

treno regionale *m* stoptrein
treno-letto *m* slaaptrein
trenta dertig
trente'simo dertigste
trentuno eenendertig
treppiede *m* statief
triade *v* drietal; drie-eenheid; triool
triangolare driehoekig
tria'ngolo driehoek
tribolare kwellen
tribolazione *v* plaag, bezoeking,
  tegenspoed; verdriet
tribordo stuurboord
tribù *v* volksstam
tribunale *m* rechtbank
tributo belasting; tol
triciclo driewieler
tricolore driekleurig; *zn m* driekleur
trifo'glio klaver
trillo *m* triller
trimestre *m* kwartaal
trina kant (stof)
trincare zuipen
trinciare (fijn)snijden
Trinità *v* drie-eenheid
trio *muz* trio
trionfale zege-, triomf-
trionfare zegevieren, overwinnen,
  triomferen
trionfo triomf; zegetocht, zegepraal;
  troef
tri'plice driedubbel, -voudig
triplo driedubbel, -voudig; *zn*
  drievoud
trippa *v* pens
triste treurig, bedroefd, zielig
tristezza droef-, treurigheid
tristo slecht, boosaardig, jammerlijk
tritare fijnwrijven, -stampen, -hakken
trito fijngewreven; afgedragen
  (kleren)
tri'ttico triptiek, drieluik
triviale afgezaagd, alledaags
tri'vio driesprong
trofeo trofee
tromba trompet; claxon; snuit (v.
  olifant, v. insect); hevel; wind-,
  waterhoos
trombettiere *m* trompetter
troncare afkappen, afbreken;
  weglaten; verminken
tronco boomstam; stronk; romp
tro'nfio verwaand
trono troon
tropicale tropisch; *regioni ~i,* tropen
tro'pico keerkring
troppo te (al te); te veel
trota *v* forel
trottare draven
trotterello sukkeldrafje
trotto draf; *di~,* in draf
tro'ttola tol (speelgoed)
trovare vinden
trovata vondst; goede inval;

uitvinding verzinsel
trovatello vondeling
truccare grimeren; make-up
  aanbrengen
trucco *m* make-up
truce wild, woest, wreed, grimmig
tru'ciolo (hout)krul, spaander
truffa *v* oplichting, bedrog
truffare bedriegen, oplichten, afzetten
trufferia *v* afzetterij, oplichterij;
  bedriegerij
truppa *v* troep (leger)
tu jij, ; *dare del ~ a qc,* iem tutoyeren
tubercolosi *v* tbc, tuberculose
tubetto *m* tube
tubo di respirazione *m* snorkel
  (luchtpijp)
tubo di scappamento muitlaatpijp
tubo flessibile della pompa
  *m*ventielslangetje
tubo *m* pijp, buis
tuffare in-, onderdompelen
tuffarsi duiken; *fig* ondergaan (zon)
tufo tuf, tufsteen
tulipano tulp
tu'mido gezwollen; opgeblazen
tumore *m* gezwel
tumulto tumult; oproer; opschudding
tumultuoso stormachtig, rumoerig;
  oproerig, woelig
tuo, tua, tuoi, tue jouw
tuono donder
tuorlo eierdooier
tura'cciolo stop, dop, kurk
turare dichtstoppen, kurken
turbare verstoren, in wanorde
  brengen; verontrusten; *-rsi,*
  verontrust worden; betrekken
  (lucht)
turbinare dwarrelen
tu'rbine *m* wervelwind
turbinoso stormachtig
turbolento woelig; oproerig
Turchia *v* Turkije
turchino donkerblauw
turco Turks; *zn* Turk
tu'rgido opgezwollen; opgeblazen,
  trots; gezwollen (stijl)
turista *m/v* toerist
turistico toeristisch
turlupinare voor de gek houden
turno *m* beurt; *è il mio ~,* het is mijn
  beurt
tuta overall; *~ spaziale,* ruimtepak
tutore *m* voogd
tutt'altro iets heel anders
tutt'altro che allesbehalve
tuttavia toch, niettemin
tutti alle(n)
tutti e due allebei, beide
tutti quanti allemaal
tutto alles; *bn* heel, hele; alle; iedere;
  tutti,tutte mv, allen, iedereen (als
  bijw gebruikt)helemaal, geheel; *~*

sbagliato, helemaal fout; *~ che,*
  ofschoon
tuttora nog altijd, nog steeds

U

u s *= u' ltimo scorso,* jongstleden, jl
ubbidiente gehoorzaam
ubbidienza gehoorzaamheid
ubbidire gehoorzamen
ubriacare dronken maken, worden
ubriachezza dronkenschap
ubriaco dronken; *zn* dronkaard; *~*
  fra' dicio, stomdronken
ubriacone drankzuchtig; *zn m*
  dronkaard
uccello *m* vogel; *~ acquatico,*
  zwemvogel; *~ migratorio,*trekvogel
ucci'dere doden; *~rsi,* zelfmoord
  plegen
ucciso vermoord; *zn* slachtoffer (v.e.
  moord)
udi'bile hoorbaar
udienza verhoor, audiëntie, gehoor,
  toehoorders
udire horen, luisteren
udito *m* gehoor (oor)
uditore *m* toehoorder
udito'rio toehoorders, auditorium
uff *= ufficiale,* officieel
ufficiale *m* officier; ambtenaar; *bn*
  ambtelijk, officieel
ufficiare de mis lezen;
  godsdienstoefening houden; in
  behandeling nemen
ufficio cambivalute *m* wisselkantoor
ufficio di dogana *m* douanekantoor
ufficio informazioni *m*
  inlichtingenbureau
ufficio *m* kantoor, bureau; dienst;
  ambt
ufficio postale centrale *m*
  hoofdpostkantoor
ufficio postale *m* postkantoor
ufficio prenotazioni *m*
  bespreekbureau
ufficio turistico *m* VVV-kantoor
ufficioso officieus
ufo *a ~,* voor niets
uggioso onaangenaam
u'gola huig
u'guaglianza gelijkheid
uguale gelijk
ulcera *v* zweer
ulcerare zweren
ulcerazione *v* verzwering, zweer
ulteriore verder; meer; later
ultimamente eindelijk, ten slotte; in
  de laatste tijd
ultimazione *v* voltooiing
ultimo laatste
ultrara'pido zeer snel; *fotogr* zeer
  lichtgevoelig
ululare huilen

ululato gehuil

umanesimo *m* Humanisme

umanità *v* mensheid, mensdom; menselijkheid; studie der klassieke letteren

umanita'rio menslievend, humanitair

umano menselijk; vriendelijk

umettare bevochtigen

umidità *v* vochtigheid

umido nat, vochtig; *zn* vocht, vochtigheid

u'mile nederig; ootmoedig

umiliare vernederen

umiliazione *v* vernedering

umore *m* (lichaams)vocht; lust; humeur; humor

umori'stico humoristisch

un, uno een (mann)

una een (vrouw)

una'nime eenstemmig; eenparig; eensgezind

unanimità *v* eenstemmigheid, eenparigheid; *all'~*, met algemene stemmen

uncinetto haakje

uncino haak; voorwendsel

unde'cimo, undice'simo elfde

u'ndici elf

u'ngere zalven, oliën; insmeren

unghere se Hongaars; Hongaar

Ungheria *v* Hongarije

unghia *v* nagel

unguento zalf, pommade

unico enige (uniek); buitengewoon

uniforme een-, gelijkvormig; effen (terrein); *zn v* uniform

uniformità *v* eenvormigheid

unione *v* vereniging; verbond; unie; eendracht; *U~ europea, v* Europese Unie

unire verbinden, verenigen

uni'sono *m* eenstemmigheid, overeenstemming

unità *v* eenheid

unitamente a samen met

unito verenigd, verbonden; eendrachtig; glad, effen; *e'ssere ~ a*, gepaard gaan met; *tinta unita*, effen kleur

universale universeel, wereld-

università *v* universiteit

universita'rio *m* universitair docent; student aan de universiteit; *bn* universiteits-

universo heelal

uno een; *l'~*, per stuk; *vnw* iemand, zeker iemand; men

unto zalf; smeer, vet; *bn* vettig

untuoso vet; zalvend

unzione *v* zalving; zalf

uomo *m* man; mens; ~ *d' affari*, zakenman

uovo *m* (*mv -vi* en *-va)* ei

uovo alla coque *m* zachtgekookt ei

uovo, uova *m, v mv* ei; *uova affogate, ~ in cami' cia, mv* gepocheerde eieren; *~ affrittellato,* gebakken ei; *uova strappazzate, mv* geklutste eieren; *~ al tegame,* spiegelei

uovo sodo *m* hardgekookt ei

uragano orkaan

urbanità *v* beleefdheid

urbano stèdelijk; binnen de bebouwde kom; beleefd, hoffelijk

urgente dringend; ~*!*, spoed!

urgenza dringende noodzakelijkheid, haast, urgentie

u'rgere dringen, dringend zijn

urina *v* urine

urlare luid schreeuwen; brullen

urlo gehuil; luide schreeuw; kreet

urna *v* urn, kruik; stembus; *andare alle urne,* naar de stembus gaan

urtare stoten, stuiten; krenken

urto stoot, duw; *fig* afkeer

urtone *m* bons

usanza gebruik, gewoonte

usare gebruiken

usare il flash flitsen

usato gebruikt; versleten; *zn* gebruik; gewoonte

usciere *m* portier, bode

u'scio uitgang; deur

uscire uitgaan; uitkomen, verschijnen

uscita di sicurezza *v* nooduitgang

uscita *v* uitgang; afrit; uitgave; afloop

usignolo *m* nachtegaal

uso esterno uitwendig gebruik

uso *m* gebruik; oefening, ervaring; ~ *interno,* inwendig gebruik

u'ssaro, u'ssero huzaar

usuale gewoon, gebruikelijk

usura woeker

usura'io woekeraar

usurpare zich aanmatigen; zich toe-eigenen

utensile *m* gereedschap; ~*i di cucina,* keukengerei

utente *m* gebruiker

utero *m* baarmoeder

u'tile nuttig, voordelig, winstgevend; *zn m* nut, voordeel; winst

utilità *v* nuttigheid, nut; zuivere winst

utilita'rio nuttigheids-, utiliteits-

utilizzare benutten

uva secca *v* rozijnen

uva *v* druiven

V

V = I *vedi,* zie; II *volume,* boekdeel

V evangelie

va bene oké, goed

vacanza *v* vakantie

vacca koe

vaccinare inenten

vaccinazione *v* inenting

vacillare waggelen; wankelen; aarzelen

vagabondo zwervend; *zn m* landloper, vagebond

vagare zwerven

vagina *v* vagina

va'glia dapperheid; bekwaamheid; ~ *postale,* postwissel

vagliare zeven, ziften

vago vaag; begerig, vurig verlangend

vagone letti *m* slaapwagen

vagone *m* wagon

vagone ristorante *m* restauratiewagen

vaiolo pokken

valanga lawine

valente flink, degelijk, bekwaam; dapper

valere gelden, waard zijn; deugen; betekenen; opwegen tegen; van groot gewicht zijn; opleveren; ~ *me' glio,* beter zijn

va'lico (berg)pas

validità *v* kracht; geldigheid

valido geldig

va'lido krachtig; krachtdadig, geldig; deugdelijk

valigia *v* koffer

vallata vallei

valle *v* dal

vallo wal

valore *m* waarde; betekenis (v.e. woord); moed; *valori mv* waardepapieren

valorizzare exploiteren

valoroso dapper, moedig; bekwaam

valuta muntvoet, valuta

valutà *v* ijdelheid

valutare schatten; beoordelen

valutazione *v* schatting, taxatie; beoordeling

valvola *v* klep; ventiel; zekering

valzer *m* wals

vanamente tevergeefs; zonder reden

vanda'lico baldadig, vandalistisch

vani'glia vanille

vano hol, ledig; ijdel; nietig; ingebeeld, verwaand

vanta'ggio voordeel, nut, voorrang; voorsprong

vantaggioso voordelig; gunstig; winstgevend

vantare roemen; (aan)prijzen; *-rsi,* zich beroemen, pochen

vapore *m* damp, wasem; stoom; locomotief; stoomboot

vaporetto *m* stoomboot(je)

vaporizzare (doen) verdampen, verstuiven

vaporizzatore *m* verstuiver

vaporoso dampig; wazig

vari, varie *mv* verscheidene, verschillende

varia'bile veranderlijk
variabilità v veranderlijkheid
variare veranderen; afwisselen; variëren
variato verschillend, verscheiden, veelzijdig; bont
variazione v verandering, verscheidenheid, onderscheid; variatie
varice v spatader
varicella waterpokken
variegato bont; gevlekt
varietà m verscheidenheid; variété
va'rio veelzijdig, gevarieerd; veranderlijk, onbestendig
vasca vijver, bekken; badkuip
vaselina vaseline
vasellame m aarde-, vaatwerk
vaso da notte m po
vaso m pot; kom; vaas
vasso'io presenteerblad, dienblad
vasto wijd, ruim, gestrekt
Vaticano m Vaticaan
vaticinare waarzeggen
ve aan u, u; bijw er
vecchia'ia ouderdom
vecchio oud
vece v plaatsvervanging; in ~ di, in plaats van; in Sua ~, in zijn, uw plaats
vedere zien; bekijken; bezoeken
vedetta uitkijk
vedova v weduwe
vedovo m weduwnaar
veduta gezicht; uitzicht; gezichtskring; inzicht
veemente hevig, heftig
veemenza hevigheid, geweld
vegetale plantaardig; zn m plant
vegetare groeien; vegeteren
vegetariano m vegetariër; bn vegetarisch
ve'glia het waken; soiree, avondpartij
vegliare waken; bewaken, verplegen
vei'colo voertuig, vervoermiddel
vela v zeil, fig schip; zonnescherm
velato mat, dof, omfloerst
veleggiare zeilen
veleggiata zeiltocht
veleno m gif
velenoso giftig; boosaardig, vals
veletta voile m
velluto fluweel
velo sluier; gaas; wasem; dun laagje; vlies; voorwendsel; schijn
veloce snel
velocità v snelheid
vena vader; aanleg, neiging
venale omkoopbaar
vende'mmia wijnoogst
vendere verkopen
ve'ndere'ccio te koop
vendesi te koop
vendetta (bloed) wraak

vendi'bile te koop, verkoopbaar; omkoopbaar
vendicare wreken
vendicativo wraakzuchtig
vendita verkoop, omzet; winkel
vendita dei biglietti v voorverkoop
venditore m verkoper
venditrice v verkoopster
venera'bile eerwaardig
venerando eerbiedwaardig
venerare vereren
venerazione v verering
venerdì m vrijdag; ~ santo, Goede Vrijdag
Ve'nere v Venus
Vene'zia Venetië
veneziano Venetiaans
veniale vergeeflijk
venire komen; mi viene il mal di testa, ik krijg hoofdpijn
venta'glio waaier
vente'simo twintigste
venti twintig
venticello zacht windje
ventilare luchten, ventileren
ventilatore m ventilator
ventiquattr'ore etmaal
vento m wind
ventoso winderig
ventre m buik; schoot
ventuno eenentwintig
venuta komst
verace waar, waarachtig
veracità v waarachtigheid
veramente waarlijk, werkelijk; inderdaad, heus, echt
verbale m proces-verbaal; bn verbaal; werkwoordelijk
verbo werkwoord; woord
verde groen
verdeggiare groenen
verdezza groenheid, groen
verdura v groente
verga roede, stokje; streep (in weefsel); staaf; staf
verginale maagdelijk
ve'rgine v maagd; V~ sterrenbeeld Maagd; bn maagdelijk, ongerept
verginità v maagdelijkheid
vergognoso schandelijk, smadelijk; beschaamd
veridicità v waarheidsgetrouwheid
veri'fica controle v
verificare nakijken, controleren; bevestigen; -rsi, zichvoordoen
verità v waarheid
verme m worm; ~ solita'rio, lintworm
vermicelli mv vermicelli
vermut, vermutte m vermout
vernice v verf, vernis
verniciare verven, schilderen
verniciatore (huis)schilder
vero echt, werkelijk, waar
verosi'mile waarschijnlijk

verruca wrat
versante m helling (v. berg)
versare uit-, vergieten, storten; inschenken; lekken; -rsi, overlopen, uitmonden
versa'tile wispelturig
versato bedreven, ervaren
versione v vertaling; lezing; versie
verso 1 vers; dichtregel; gezang; manier; middel
verso 2 tegen; naar, naar toe, richting; in vergelijking met; omstreeks
ver'tebra wervel
vertebrale wervel-
verticale verticaal, loodrecht; zn v loodlijn
ve'rtice m kruin; spits, top; conferenza al ~, topconferentie
verti'gine v duizeling
vertigini v hoogtevrees
vescica v blaar; blaas
vescovado m bisdom
vescovile bisschoppelijk
ve'scovo bisschop
vespa v wesp; V~, merk scooter
vespasiano urinoir
vespista m-v scooterrijder, -ster
vespro vesper; avond
vessillo vaandel
veste v japon; kleding; omhulsel; huls
vestia'rio kleding; garderobe
vesti'bolo vestibule, hal
vesti'gio spoor; voetstap
vestire kleden; dragen (kleren); inkleden; -rsi, zich (aan)kleden
vestiti m mv kleren, kleding
vestito m pak (kostuum); jurk
Vesu'vio Vesuvius
veterina'rio m dierenarts
veto veto, verbod
vetreria glasblazerij; vetrerie, mv glaswaren
vetrina v etalage; vitrine
vetro glas; ~ appannato of opaco, matglas
vetroghiaccio m ijzel
vetta top, spits
vettova'glia, -glie v mv proviand
vettura voertuig, rijtuig; ~ d' abitazione, woonwagen; di rimo'rchio, aanhangwagen; in ~!, instappen!
vezzeggiare liefkozen
vezzo liefkozing, vleierij; gewoonte; parelsnoer
vi aan u; u; bijw daar, daarginds; er
via 1 weg, straat; reis; middel; doorgang; loopbaan; ~ di ritorno, terugweg~ La'ttea, Melkweg; per ~ aerea, per luchtpost
via 2 via; weg; andare ~, weggaan; ~~, geleidelijkaan
viadotto m viaduct

viaggiare reizen
viaggiatore *m* reiziger
viaggio d'affari *m* zakenreis
viaggio *m* reis
viale *m* laan
via'tico proviand
viavai *m* heen-en-weer-geloop; va-et-vient
vibrare slingeren, trillen; zwaaien
vibratore *m* zoemer
vibrazione *v* slingering, trilling, vibratie
vica'rio hulpgeestelijke, vicaris
vicenda opeenvolging, reeks; afwisseling; wisselvalligheid; lotgeval; *a ~ ,* afwisselend; wederzijds
vicende'vole wederkerig
viceversa omgekeerd
vicinanza nabijheid, buurt
vicinanze *v mv* buurt (wijk)
vicinato buurt (wijk)
vicino dichtbij; *zn* buurman; *il più ~* dichtstbijzijnd
vi'colo *m* nauw straatje, steeg; *~ cieco,* doodlopend straatje
videocassetta *v* videoband
videogioco *m* videospelletje
videoregistratore *m* videorecorder
Vienna Wenen
vietare verbieden
vietato verboden
vietato fumare niet roken
vi'gere gelden, van kracht zijn
vigilante waakzaam
vigilanza waakzaamheid, omzichtigheid; bewaking
vigilare waken; letten; bewaken
vi'gile waakzaam; *~ del fuoco,* brandweerman
vigi'lia nachtwake; vooravond; vigilie; *la ~ di Natale,* kerstavond
vigliacco laf; laag
vigna wijnberg, wijngaard, wijnstok
vignaiolo *m* wijnbouwer
vigneto wijnberg, -gaard
vigore *m* kracht; geldigheid; *entrare in ~,* van kracht worden
vigoroso krachtig, sterk, levendig; kernachtig
vile laf, gemeen; gering; *zn m* lafaard; gemeen mens
villa landhuis, villa
villa'ggio dorp, gehucht
villaggio vacanze *m* bungalowpark
villano dorps-; landelijk; boers; ongemanierd, lomp; *zn* boer; lomperd
villeggiante *m* zomergast
villeggiatura zomerverblijf
villetta per le vacanze *v* vakantiehuis
villino *m* zomerhuisje
viluppo omhulsel
vina'io wijnhandelaar

vi'ncere overwinnen; overtuigen; overtreffen, beheersen
vi'ncita overwinning, winst
vincitore *m* (over) winnaar
vincolare aangaan (verbintenis)
vi'ncolo band; boei
vino *m* wijn; *~ caldo,* bisschop; *~ di mele,* appelwijn; *~ nostrano,* landwijn; *~ da pasto,* tafelwijn; *~ di mele,* cuder; *~ nostrano,* landwijn; *~ da pasto, da tavola,* tafelwijn; *~ rosato* rosé
viola paars; viooltje; altviool
violacciocca violier
violare schenden
violazione *v* overtreding; schending
violento gewelddadig, hevig, heftig
violenza geweld; heftigheid
violenza carnale *v* verkrachting
violetta viooltje
violetto violet
violinista *m* violist
violino viool
violoncello *m* violoncel
vio'ttola, -lo voetpad, weggetje
vi'pera adder
vi'rgola komma
virgolette *v mv* aanhalingstekens
virile mannelijk; moedig
virilità *v* mannelijkheid
virtù *v* deugd; kracht, werking; vermogen
virtuoso deugdzaam; heilzaam; virtuoos
virulento kwaadaardig, virulent, giftig
vi'scere, vi'sceri *v, m mv* ingewanden
viscosità *v* kleverigheid
viscoso kleverig, taai
visibile zichtbaar
visibilità *v* zicht
visione *v* visioen; droombeeld; *in ~,* op zicht
visita guidata *v* rondleiding
visita *v* bezoek, visite; inspectie
visitare bezoeken, bezichtigen
visitatore *m* bezoeker
visitazione *v* bezichtiging, visitatie, bezoek
viso *m* gezicht
vispo levendig; vlug
vista *v* gezichtsvermogen; gezicht; uitzicht
visto *m* visum; *bn* gezien
vistoso opvallend, opzichtig
visuale gezichts-, oog-; *zn* uitzicht
vita *v* leven
vitale levens-
vitali'zio lijfrente; *bn* levenslang
vitamina *v* vitamine
vite 1 *v* schroef
vite 2 *v* wijnstok
vitello kalf; kalfsleer; kalfsvlees
viticoltura, viticultura wijnbouw
vi'treo glazen, glazig

vi'ttima slachtoffer
vitto kost, voeding
vitto'ria overwinning
vittorioso zegevierend
vitupe'rio *m* smaad, schande; schanddaad
vituperoso schandelijk
viuzza smal pad; steeg
viva! leve!, lang leve!
vivace druk, levendig; helder (kleur)
vivacità *v* levendigheid
vivamente levendig, krachtig
vivanda spijs; gerecht
vivente levend
vivere leven; wonen; *zn m* leven; levens-onderhoud
vivezza levendigheid
vivo levend(ig); vurig
vi'zio gebrek; kwaal; ondeugd; verdorvenheid
vizioso gebrekkig, slecht; verdorven; liederlijk
vizzo slap, verwelkt; beurs
vocabolario *m* woordenboek; woordenschat
voca'bolo woord
vocale vocaal, stem-; *zn v* klinker
vocazione *v* roeping
voce *v* stem; geluid; *ad alta ~,* luidkeels; *ad una ~,* unaniem; *a viva ~,* mondeling
vociare luid schreeuwen
vociferare rondvertellen
voga *v* vaart, koers; mode, ijver; *in ~,* in zwang
vogare roeien, varen
voglia *v* wil; zin, lust; *di mala ~,* met tegenzin
voi, vi jullie
volante *m* stuur (auto); *bn* vliegend
volare vliegen
volata het vliegen, vlucht; spurt; *muz* loop
vola'tile vluchtig
volendo desgewenst
volenteroso bereidwillig
volentieri graag
volere willen; verlangen; *~ bene,* graag mogen; *volerci,* nodig hebben; *ci vuole un' ora,* er is een uur voor nodig
volgare alledaags; gewoon; plat; volks-; ordinair; *zn m* omgangstaal
vo'lgere draaien, wenden, keren; neigen; *-rsi,* zich omkeren, omdraaien; verlopen; zich wijden; *zn m* verloop, loop
volgo het volk
volo charter *m* chartervlucht
volo *m* vlucht (met vliegtuig)
volontà *v* wil; wilskracht; neiging; lust; *a ~,* naar believen; *di (sua) ~,* uit eigen vrije wil
volonta'rio vrijwillig; *zn* vrijwilliger

volpe *v* vos
volta keer (maal); *una ~* een keer; beurt; wending, draai; *un' altra ~,* een andere keer; nog eens; *una volta + verl deelw,* zodra, wanneer; *qualche ~,* soms; *dieci per (alla) ~,* tien tegelijk;
voltaggio *m* voltage
voltare omdraaien; draaien, wenden; *volta (pagina),* zoz
volto gelaat
voltolare voort-, (op) rollen; *-rsi,* zich rondwentelen
volu'bile veranderlijk; wispelturig; buigzaam (stem)
volume *m* volume, inhoud, grootte; boekdeel
voluminoso omvangrijk
vomitare braken, overgeven
vongole *v mv* mosselen
vorace vraatzuchtig, gulzig
vo'rtice *m* draaikolk
vostro, vostra, vostri, vostre jullie
votare een gelofte doen; stemmen; *-rsi,* zich wijden
votazione *v* stemming
votivo gelofte-, votief-
voto stem (bij verkiezing); advies; gelofte; votiefgeschenk
vulcanizzare vulcaniseren
vulcano vulkaan
vulnera'bile kwetsbaar
vuotare legen; ruimen
vuoto leeg; *zn* leegte

W

walkman *m* walkman
week-end *m* weekend
whisky *m* whisky
wodka *v* wodka

Y

yog(h)urt *m* yoghurt

Z

zabaione *m* zabaglione-pudding
za'cchera modderspat
zafferano krokus; saffraan
zaino *m* rugzak
zampa poot; klauw
zana wieg, kindermand; draagkorf
zanna slagtand
zanzara *v* mug
zanzariera muskietennet, klamboe
zattera vlot
zecca 1 munt (plaats waar geld gemunt wordt); *nuovo di ~,* gloednieuw, splinternieuw
zecca 2 *v* teek
zelo ijver
ze'nzero gember
zeppo stampvol; *pieno ~,* prop- en propvol
zerbino, zerbinotto fat, dandy
zero *m* nul
zi(t)tella ongetrouwde vrouw;

ve' cchia ~ oude vrijster
zia tante
zinco zink
zi'ngaro zigeuner
zio oom
zirlare fluiten (v. lijster)
zitto stil, zwijgend; *sta ~!,* sst, stil!
zo'ccolo houten sandaal; klomp; hoef; sokkel
zodi'aco dierenriem
zolfo zwavel
zolla aardklomp; kluit; grond
zolletta (di zucchero) *v* klontje (suiker)
zona azzurra *v* blauwe zone
zona *v* streek, zone
zoo *m* dierentuin
zoppo kreupel, mank, lam
zo'tico grof, lomp
zucca kalebas, pompoen
zuccheriera suikerpot
zuccherino *m* snoepje; *bn* suiker-; *zuccherini, mv* suiker-, snoepgoed
zucchero *m* suiker
zucchina *v* courgette
zuffa vechtpartij
zufolare fluiten, sissen (slangen); gonzen (muggen)
zuppa *v* soep; warboel
zuppiera *v* soepterrine
zuppo kletsnat, doorweekt
Zurigo *v* Zürich

gebruik van de woordenlijst

afkortingen

~	herhaling trefwoord	onbep	onbepaald
[de]	niet-onzijdig Nederlands zelfstandig naamwoord	overg	overgankelijk
		onoverg	onovergankelijk
[hetw]	onzijdig Nederlands zelfstandig naamwoord	pers vnw	persoonlijk voornaamwoord
bez vnw	bezittelijk voornaamwoord	plantk	plantkunde
		pol	politiek
bijw	bijwoord	qd	qualcheduno (modern: qualcuno) 'iemand'
bn	bijvoeglijk naamwoord		
chem	chemie	qc	qualcosa 'iets'
cul	culinair	rel	religie
dierk	dierkunde	rk	rooms-katholiek
enk	enkelvoud	rtv	radio en televisie
fig	figuurlijk	scheepv	scheepvaart
gemeenz	gemeenzaam	sp	sport
geogr	geografie	taalk	taalkunde
jur	juridisch	techn	techniek
lett	letterlijk	tel	telefoon
luchtv	luchtvaart	telw	telwoord
m	mannelijk	theat	theater, toneel
m-v	mannelijk en vrouwelijk	tsw	tussenwerpsel
med	medisch	v	vrouwelijk
mil	militair	vz	voorzetsel
muz	muziek	wisk	wiskunde
mv	meervoud	ww	werkwoord
nat	natuurkunde	zeev	zeewezen, zeevaart
o	onzijdig	zn	zelfstandig naamwoord

- het klemtoonteken ' staat achter de lettergreep waar de klemtoon op valt, als dit niet de voorlaatste lettergreep is
- overal zijn bij de Italiaanse zelfstandige naamwoorden de geslachten aangegeven, behalve bij de woorden op –o die alle mannelijk zijn en de woorden op –a die alle vrouwelijk zijn; uitzonderingen zijn uiteraard wel aangegeven